本书的出版得到

国家重点文物保护专项补助经费资助

金牛山古人类遗址

北京大学考古文博学院
辽宁省文物考古研究院　编著

主编　吕遵谔

文物出版社

二○二一·北京

图书在版编目（CIP）数据

金牛山古人类遗址 / 北京大学考古文博学院, 辽宁省文物考古研究院编著. —— 北京：文物出版社, 2021.3

ISBN 978-7-5010-6409-0

Ⅰ.①金… Ⅱ.①北… ②辽… Ⅲ.①古人类学—文化遗址—介绍—大石桥 Ⅳ.①K878

中国版本图书馆CIP数据核字（2019）第248129号

审图号：GS（2021）763号

金牛山古人类遗址

编　　著：北京大学考古文博学院
　　　　　辽宁省文物考古研究院
主　　编：吕遵谔

封面设计：周小玮
责任印制：苏　林
责任编辑：蔡　敏

出版发行：文物出版社
社　　址：北京市东城区东直门内北小街2号楼
邮　　编：100007
网　　址：http://www.wenwu.com
经　　销：新华书店
印　　刷：河北鹏润印刷有限公司
开　　本：889mm×1194mm　1/16
印　　张：32.25
版　　次：2021年3月第1版
印　　次：2021年3月第1次印刷
书　　号：ISBN 978-7-5010-6409-0
定　　价：590.00元

The Jinniushan Hominin Site

(With an English Abstract)

by

School of Archaeology and Museology, Peking University

Liaoning Provincial Academy of Cultural Relics and Archaeology

Cultural Relics Press

Beijing · 2021

目　录

表 格 目 录

插 图 目 录

图 版 目 录

序

郭 大 顺

  在《金牛山古人类遗址》即将完成之际，黄蕴平老师两次与我通电话，希望我能为报告写个序言。

  我对旧石器时代考古无专门研究，不过在金牛山遗址发掘期间曾多次到过工地现场，对金牛山遗址的研究成果有所关注，还参与过遗址的保护工作，特别是有机会与吕遵谔先生接触、请教，也有不少收获体会。

  金牛山遗址是北京大学考古学系与辽宁省博物馆（1987年为辽宁省文物考古研究所）从1984年秋开始合作进行发掘的。工作之初就有古人类化石发现，虽然有些出人意料，工作计划也有所变动，但那是在对金牛山遗址有充分认识前提下的成果，是考古发现偶然性寓于必然性的例证。我曾回顾，吕遵谔先生于1980年8、9月间到辽宁省考察并到了金牛山遗址，他在应邀为辽宁省考古博物馆学会作讲演时，对包括金牛山遗址在内的辽宁地区旧石器时代早期已发现的70余种动物化石给予了很高的评价，并称金牛山为"小龙骨山"。认为这些动物化石作为一个动物群组合，基本不是东北动物群，而是属于华北动物群的，可能具有中间环节和桥梁的作用。特别是剑齿虎头骨化石的发现，显示其包含有早于晚更新世的年代较早的堆积。并进一步提醒，动物的分布决定了人的分布，因为人是随着动物走的，从而对辽宁境内发现古人类化石的前景充满期待。最终促成了对金牛山遗址发掘的再启动并不断取得成果。

  金牛山遗址古人类化石的发现，引起海内外科学界的很大反响。但对人类化石的时代与性质、A点洞穴是否为原生堆积，也有不同看法。在此后的连续工作中，人类化石的多手段年代测定、洞穴堆积的现场解剖，一度列为工作重点。吕先生充分利用学校优势，组建了包括地质、地层成因、古气候、古人类、动物群、文化、牙齿病理、CT研究、孢粉、测量、年代、资料等在内的研究组，对金牛山遗址进行综合研究。那几年，时常有多位各学科专家从北京等地赶赴现场考察、取样，一时成为辽宁考古的盛事。经过科学细密的工作，明确了A点洞穴地层是连续形成的原生性堆积而非不同时期堆积的复合体，并在建立标准地层的基础上，对人类化石的出土层位反复校正，确定其年代为中更新世晚期。还对金牛山地区的地质构造、第四纪气候变迁、环境变化、A点洞穴发育过程和古人类活动时间进行了科学鉴定分析乃至重建。不同意见的交流，推动了学科发展，金牛山遗址的发掘和研究的不断深入，再一次证明了这一科学发展规律。

　　金牛山遗址发现的意义是多方面的，报告对此有全面论述。除了上述人类化石和洞穴堆积在讨论中逐步达成共识以外，我体会较深的，还有几点：

　　一是关于古人类发展演化的不平衡性。这是贾兰坡先生于1985年在北京大学临湖轩举办的金牛山人化石科学鉴定会上提出来的。据说，那次会的召开，是国家教委出于对文科奖励无理工科那样的标准，想以金牛山项目作为试点，所以教委和学校都很重视。我有幸参加了那次鉴定会。会上对金牛山人类化石测定年代较早而体质特征较为进步这种似乎矛盾的现象，出现了不同的解释。对此，贾兰坡先生提出：金牛山遗址的人类化石进步，更接近于现代人，但动物化石古老，有肿骨鹿，是周口店代表性化石，年代在距今50~20万年，剑齿虎更早，是原始动物与进步人类共存，这是否说明在与周口店同时的其他地区，已有更进步的人类出现？此后，贾先生著文对这一观点有更为明确的表达：“人类在演化上的重叠现象不能忽视。人类演化不可能一刀切，即当某种人绝种之后，才出现有进步性质的新人。这就是说，我们还得承认，当北京人仍然生存于世，具有进步性质的金牛山人在世界上早已出现。”（贾兰坡，1994年）。此后这方面研究的进展如王幼平同志所述：“随着这种兼具较原始与较进步体质特征的人类化石的发现越来越多，上述疑虑已逐渐冰释。”（王幼平，2000年）

　　与此有关，我还想到一件事情，吕烈丹女士曾告诉我，有外国学者著文提出金牛山人是“现代人非洲起源说”的反证，并寄来了英文材料。由于金牛山遗址位于东亚地区的东部沿海，又是在非洲人踏入亚洲大陆之前就已演化为早期智人的，所以此论很值得重视。《金牛山古人类遗址》根据金牛山人类化石标本研究的丰硕成果，对人类起源这一前沿课题有更为详尽和有说服力的论证。

　　二是关于人类居住面的确认。旧石器时代由于年代久远和地质变化多而剧烈，居住面的保存与发现远较新石器时代难度为大，在人类活动面或居住面的确认上经常引起争议是可以理解的。金牛山遗址洞穴内人类居住面的揭露，从吕先生对整个发掘过程的描述看，当时既注重根据现场堆积的判断有针对性制定发掘方法，更在于有寻找居住面的强烈意识。这在旧石器时代考古以建立年代序列和遗物研究为主的20世纪80年代，是具有前瞻性的。

　　其实，早在1984年发现人类化石时，根据同层位有敲骨吸髓后扔弃、散布稀密有所不同的动物碎骨片、灰烬和烧骨等现象，发掘者就意识到可能有居住面的存在。1987年在检验人类化石地层时发现以出人类化石的层面为界，可明确分出上、下层，是确认居住面的进一步证据。所以在金牛山遗址发掘暂停数年后于1993至1994年的继续工作，是以揭示居住面为工作主要目标的。具体的操作除了进一步从已暴露剖面确认以居住面为界，上、下层堆积的结构和性质完全不同以外，主要是辨认出文化层非水平分布，北部高，南部低，向西南倾斜，层面内包含骨片等极为丰富且可能是有规律分布的遗物。于是决定采用平面与剖面相结合、野外剥离、测量与室内标本清理、登记紧密配合的发掘方法，两年来发现各类动物骨片上万件，这些以人工敲骨吸髓为主的碎骨片，与大量烧骨、石制品等一起，围绕着九个原位埋藏、大小不一的灰堆从密而疏分布，这就使20多万年前金牛山人生活场面的复原，建立在更为科学的基础上。在这次发掘期间，我曾到过现场，对在吕先生严格指导下工作的一丝不苟有实地感受。

　　三是关于金牛山遗址在东亚早期历史上的地位。苏秉琦先生于20世纪90年代倡导“古史重建”时，曾提出辽河流域“先走一步”的观点，红山文化是这一观点的主要依据，向前则追溯到金牛山遗址和附近旧石器时代晚期的小孤山遗址。

在 1991 年发表的《关于中国重建史前史的思考》一文中，苏先生引用和归纳了金牛山遗址发掘研究成果："另一个例子是发现于营口的金牛山人文化，其年代经测定在 20 多万年前，不论从地质年代还是动物群，都表明它与北京人文化晚期有相当一段时间是共存的，但金牛山人的体质特征都远较北京人为进步，吴汝康先生认为金牛山人已属于早期智人。这说明，不仅在文化发展上存在着不平衡，在人类体质进化上也存在着不平衡。就金牛山人本身的体质形态来说，其身体的不同部分也有进化快与慢的差别。"在大约同时发表的《重建中国古史的远古时代》一文中，苏先生除再次强调金牛山人是"体质特征进化最快的一个代表"以外，还提到金牛山人对东北亚远古文化的影响："由于中国东北的旧石器文化有时表现得比较先进（如金牛山人和小孤山文化），对周围的影响自然会比较大些，例如朝鲜和日本的旧石器文化就曾受到中国东北旧石器文化的影响，甚至有人类迁移过去。"

四是关于劣质石料。金牛山遗址的发掘一直存在的一个问题，就是石器的发现不理想。对此，吕先生在论及金牛山遗址出土的近 200 件石制品时，提到劣质石料问题："综观金牛山人的石制品，数量不多，制作技艺水平也不高。石器类型简单，以中小型为主，真正可称作器的数量很少。这种情况可能和石制品的原料有关。利用的石英多为小型块体，且含大量杂质并有错综复杂的纹裂，因此使用这种劣质原料很难制作大型石器，也无法进行精致的加工。"（吕遵谔，1996 年）对此，苏秉琦先生也谈到过周口店遗址的类似现象："北京人是用劣质的脉石英来制作小型石器的，有它自己的特点，这是它自己的文化源流。"（苏秉琦，1991 年）2016 年，我有机会参观法国、西班牙旧石器各时代遗址，北大西洋东海岸在与金牛山同时期前后，气候条件相对稳定，天然食物资源也较为充足，更以优质石料制作的包括形体较为规整的大型石器在内的各类石器为主要特征。相对而言，金牛山人是在自然环境变化较为频繁复杂、物质资源较为有限的情况下，体质特别是大脑快速进化并取得有效控制和保存火源等成就的。由此想到张光直先生对东西方文明所经历的不同道路的论述，看来中国古人对待大自然从敬畏到和谐共处的"连续性文明"道路，从旧石器时代就已开始。

金牛山遗址发掘已经三十多年了，有不少值得回忆的事。当时辽宁省在金牛山、牛河梁和姜女石三大遗址分别设立考古工作站，比较起来，金牛山工作站的条件稍差，但吕先生对金牛山工作站情有独衷，差不多每年或隔年都要来住上一段时间，特别是 1993 年和 1994 年的发掘，他一住就是三个月。那年进入 10 月，辽南突然提早降雪，吕先生仍忙碌于从遗物的野外现场观察到站里楼上楼下的标本处理，对天气的骤变似乎并不知觉。想到我们多次到工作站时，吕先生指导我们辨认人类敲骨吸髓与动物啃咬不同痕迹的认真态度，文物保护专家王㣿先生用界面渗透法成功提取人骨后，时任副系主任正在筹建文物保护专业的吕先生求贤若渴的神态，为争取早日建起遗址保护界墙与当地政府反复沟通的急切心情，以及吕先生为金牛山遗址的发掘、研究与保护所做的艰辛而科学严谨的工作和在他率领下参加金牛山遗址发掘的各位的贡献，时时浮现。正如报告后记所记，《金牛山古人类遗址》的出版，是对吕遵谔先生最好的纪念。

2019 年 4 月于沈阳御林家园

中文文献

1. 苏秉琦：《关于中国重建史前史的思考》，《考古》1991 年第 12 期。

2. 贾兰坡：《贾兰坡说中国古人类大发现》，香港商务印书馆，1994 年。

3. 吕遵谔：《金牛山遗址 1993、1994 年发掘的收获和时代的探讨》，《东北亚旧石器文化》，1996 年。

4. 王幼平：《旧石器时代考古》，文物出版社，2000 年。

第一章 金牛山遗址概况

第一节 遗址的地理位置和自然环境

金牛山遗址位于辽宁省营口市大石桥西南 8 千米处，辖属永安镇西田屯村，地理坐标为 N40°34′40″，E122°26′38″（图 1-1）。遗址所处的山体是下辽河平原上一座孤立的山丘，海拔 69.3 米，周长 1240 米，面积约为 0.308 平方千米（图版一）。山体基岩由前震旦纪辽河群大石桥组地层组成，岩性为白云质灰岩、含镁大理岩、泥质板岩等。岩层走向为东西向，倾角为 80°。

金牛山遗址所属的营口市坐落在辽东半岛中部，位于渤海辽东湾东北岸，是辽河入海口处，为全国重点沿海开放城市之一。下辖站前区、西市区、鲅鱼圈区、老边区和大石桥市（县级市）、盖州市（县级市）。地理范围为 N39°55′~40°20′，E121°56′~123°02′。地形狭长，南北长 111.8 千米，东西宽 50.7 千米，全市总面积 5402 平方千米，约占辽宁省总面积的 4.88%。

营口地区位于阴山东西向复杂构造带东端与新华夏体系等两个一级隆起带交接部位。早期地向斜构造运动频繁，引起海底火山多次喷发，形成辽河群沉积构造。第四纪以来转变为缓慢上升运动和构造体系复活运动阶段，所以温泉较为发育，地震亦较频繁。

该地区海岸线总长为 96.5 千米，由于地处下辽河平原，自第四纪以来共发生过三次大规模海侵。第一次海侵发生于中更新世晚期，相当于大姑—庐山间冰期，距今大约 30 万年，海侵层厚 30~60 米。第二次海侵发生于晚更新世中后期，相当于庐山—大理间冰期，距今大约 10~7 万年，海侵层厚 20~40 米。第三次海侵发生于全新世中期，距今约 8000~2500 年，海侵层厚 30~35 米。三次海侵的岩性特征、海侵范围及有孔虫、介形虫、孢粉等组合都各具特点。

该地区属华北地台辽东台背斜营口至宽甸隆起的南翼，受燕山运动影响形成的千山余脉，呈北东—南西向纵贯本地区。地形自东南向西北倾斜，逐渐由高变低，形成有规律的缓阶梯状变化，即：中低山—低山—高丘陵—低丘陵—滨海平原，而金牛山正是靠近滨海低丘陵地带的孤立小山。

营口市处于中纬度西风带，由于西临渤海，北靠欧亚大陆，气候受季风影响很大。渤海属内

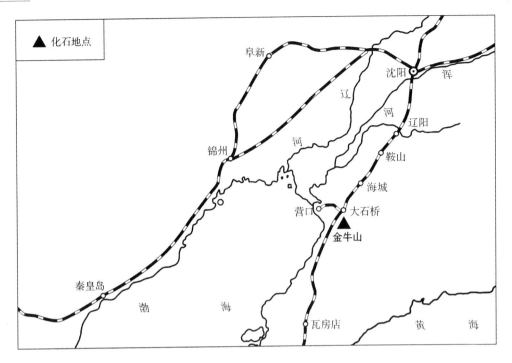

图 1-1　金牛山遗址位置图

陆海，具有大陆性气候特点，但渤海是一个较大水体，对沿岸气候有一定调节作用，使营口地区冬季的寒冷程度和夏季的炎热程度均小于内陆，昼夜温差也较小，形成光照充足、雨量适中、积温适度、四季分明的特征，属于暖温带大陆性季风气候。年平均气温 9℃ ~10.2℃，平均降雨量为 640~750 毫米，无霜期在 160 天左右。

大石桥市是营口地区的一座重要城市，处于沈阳、大连、丹东、锦州等城市的交叉线上，是东北地区重要的交通枢纽。该市地处千山余脉，地势东高西低，从海拔高度上观察，大致呈三个阶梯状，东部山区海拔 400 米以上，占全市面积 27.8%，最高峰——老轿顶海拔 1033 米；中部丘陵区海拔 20~200 米；西部平原区，海拔 30 米以下。辽宁省著名的母亲河——辽河流经境内 48.1 千米，最终经大石桥西侧平原入海口注入渤海。

第二节　遗址的发现和前期发掘研究概况

金牛山遗址的发现应追溯到 20 世纪 40 年代初，时值抗日战争时期，日本人大肆掠夺中国的地质矿产资源。因辽南海城—大石桥一带蕴藏着丰富的菱镁矿藏，更是遭到了疯狂的盗挖。1942 年，日本人田野光雄到大石桥调查和开采镁石，在当时称为"牛心山"的一处石灰岩溶洞中沉积的一套第四纪堆积物中发现了一些哺乳动物化石。1950 年，日本地质学家鹿间时夫研究并报道了这批材料。文中记载了在洞内更新世堆积中发现的 14 种动物化石，其中有居氏大河狸、肿骨鹿等典型的较古老种类，认为该堆积时代大致与北京猿人文化期相当，属于更新世中期，并将这组地层定名为"牛心山组"（鹿间时夫，1950）。

一直以来当地村民在金牛山开山采石，致使这个孤立的山丘被破坏得面目全非。1973年，辽宁省开展了文物普查工作，营口市文化局的杨庆昌到金牛山进行文物调查，从采石群众中征集到肿骨鹿下颌骨化石，引起了文物部门的高度重视。同年4月，辽宁省博物馆派张镇洪、傅仁义到金牛山进行实地考察，经实地调查，当时确定了3个含有化石的第四纪堆积地点（即后来编号为A、B、C点的3个地点）。

1974年5月，由辽宁省博物馆主持，有营口市、营口县文化局参加的"金牛山联合发掘队"开始对金牛山遗址A点和C点进行正式发掘，中国科学院古脊椎动物与古人类研究所张森水先生指导工作；1975年8月，又组织第二次发掘；1976年8月，进行了第三次发掘。1978年6月，营口市博物馆单独进行了第四次发掘。参与这四次发掘工作的有张镇洪、傅仁义、李有升、崔德文、杨庆昌、周宝军等。此外，辽宁省水文地质队顾尚勇、孙玉文、杨文才和大连自然博物馆周信学等先生也先后参加部分工作。

经过整理研究前四次发掘的材料，相关学者发表了《辽宁营口金牛山发现的第四纪哺乳动物群及其意义》（金牛山联合发掘队，1976）、《辽宁营口金牛山旧石器文化的研究》（金牛山联合发掘队，1978）、《金牛山（1978年发掘）旧石器遗址综合研究》（张森水等，1993）等论文和研究报告，确定了金牛山遗址的学术价值，引起国内外学者的关注。

金牛山遗址前期的发掘和研究工作成果，可以归纳为以下几点：

第一，在金牛山遗址发现了6个化石地点，编号为A、B、C、D、E、F点，其中对A点和C点进行了系统的发掘。A点位于金牛山的东南部，为一洞穴堆积，在此发现大量的动物化石，并将其确定为一处裂隙哺乳动物化石地点，其时代为中更新世；B点位于A点东约20米，残留少量堆积，时代为晚更新世；C点位于金牛山西北侧，亦为一洞穴堆积，在该地点发现了20余件石制品及灰烬、炭、烧土块等用火遗迹和中更新世动物化石；D点位于山的北侧，距C点40余米，该点仅残留夹角砾的橘黄色亚黏土，与A点下部相当，含少量动物化石；E点位于山的西南部，残存褐色砂土，为晚期堆积；F点在C点上部30米处，为红色黏土，可能是中更新世堆积物。

第二，A点和C点出土了大量动物化石，根据堆积物的岩性特征和化石种类，将金牛山遗址的地层分为上、下两组：A点的第3、4层和C点的第1至3层堆积物为黄色、棕黄色亚黏土，堆积中发现的动物化石，均为东北晚更新世哺乳动物群的常见种属，这一系列堆积被划分为金牛山上组，其时代为晚更新世；A点的第5、6层和C点的第4至6层堆积物为棕红色亚黏土，并含角砾，在堆积中发现了大量的中更新世哺乳动物化石，与周口店动物群相似，其中绝灭动物占44%。代表种属有硕猕猴、大河狸、变异狼、中华貉、三门马、梅氏犀、肿骨鹿等，这一系列堆积被划分为金牛山下组，其时代为中更新世。

第三，在A点和C点的下部堆积中都发现有石制品和用火遗迹，时代为旧石器时代早期。其中打制石器的石料为脉石英，用砸击法和锤击法打片，以劈裂面向背面加工的方式修理石器，工具以小型为主，类型有刮削器、尖状器、雕刻器等。其石器工艺特点与北京猿人时期的石器相似，说明金牛山文化与北京猿人文化有密切联系。

在C点上部堆积中发现2件磨制骨器，时代为旧石器时代晚期。一件是用动物的尾椎骨制成，其加工方式为：先剖开椎体中央的一半然后磨平，用两面对称刮钻的方法，穿透成圆孔，可能是要安柄做骨锤使用，或可能是钻孔的装饰品。这是我国首次在旧石器遗址中发现的大型穿孔骨器。

另一件是用哺乳动物的管状骨骨片打磨成的骨锥，尖端锋利，上半部经粗磨使弧形骨壁磨平，是典型的打、磨工艺相结合的骨锥。它们的发现为旧石器时代晚期文化内涵增加了新的内容。

前期金牛山遗址的考古发掘及研究成果为下一步开展工作奠定了坚实的基础。

中文文献

1. 鹿间时夫：《满洲的新生代后期地层》，《矿物与地质》1950 年第 3 期。

2. 金牛山联合发掘队：《辽宁营口金牛山发现的第四纪哺乳动物群及其意义》，《古脊椎动物与古人类》1976 年第 14 卷第 2 期。

3. 金牛山联合发掘队：《辽宁营口金牛山旧石器文化的研究》，《古脊椎动物与古人类》1978 年第 16 卷第 2 期。

4. 张森水等：《金牛山（1978 年发掘）旧石器遗址综合研究》，《中国科学院古脊椎动物与古人类研究所集刊》第 19 号，科学出版社，1993 年。

第二章　1984 至 1994 年金牛山遗址的发掘与收获

第一节　1984 至 1985 年的发掘与收获

一　1984 年的发掘与收获——发现金牛山人化石及其生活面

在辽宁省文化厅以及各级文物部门的支持下，1984 年 9 月，北京大学考古系吕遵谔带领研究生到辽宁省营口县大石桥金牛山进行教学实习，发掘金牛山遗址 A 点和 C 点。参加工作的有北京大学考古学系教师黄蕴平，研究生袁家荣、夏竞峰、王幼平、李卫东、刘景芝、戴成平，辽宁省博物馆傅仁义，营口市博物馆崔德文、杨洪琦和营口县文物管理所庞维国、李军等。

金牛山遗址 A 点于 1974 年至 1976 年和 1978 年前后进行过四次发掘，发掘深度距地表约 11 米，此次发掘区域选定在前四次发掘结束后的平面并继续向下发掘（图版二）。

9 月 16 日至 9 月 18 日：工作重点是清理洞顶石渣和洞内浮土。

在清理工作中发现洞的东部有一部分胶结坚硬的堆积物尚未发掘，东西长约 3.7 米、南北宽 1.5 米，高出过去已发掘平面约 2.3 米。堆积物为棕红色砂质土，含大量角砾，胶结坚硬，按照土质土色，将其归入 1978 年发掘划分的第 6 层堆积（图版三）。

9 月 19 日至 9 月 24 日：工作重点是发掘东部堆积。

东部堆积中含有大量的动物化石，由于胶结坚硬，很难取出完整的标本。重要的动物化石有：硕猕猴上颌骨、獾头骨、狐下颌骨、河狸下颌骨、鹿牙及残肢骨、龟甲和啮齿类动物骨骼等。东部堆积物中发现的标本编号：84.J.A. 东 .6。

东部堆积物清理完毕后，整个洞底呈一平面，面积约 56 平方米（图版四）。

9 月 25 日至 10 月 8 日：工作重点是分 4 个探方（T1~T4）发掘。按水平层面下挖第 6 层，并发现金牛山人化石。

在 T1 内发现金牛山人化石。在 T2 内发现大量的动物肢骨残片，同时在该方的东南部和西北部发现小片灰烬，并伴有烧骨。在 T3 内也发现大量动物化石，多为鹿化石，有肿骨鹿的角、肢骨和脊椎等。T4 内则多为大块角砾，发现化石较少（图 2–1）。

9 月 27 日下午 14 点 30 分，在 T1 东部发现人的足部化石，有跟骨、距骨、楔骨、舟状骨和趾骨以及髌骨，其中一部分骨骼压在石块下。当日，清理完部分骨骼，剩余几件骨骼因胶结在石块上未完全剔出。28 日，清剔出胶结在石头上的人骨化石，包含另一侧足的跟骨、距骨和两节趾骨，其中跟骨和距骨因胶结在石头上关节仍保存连接的状况（图版五）。

10 月 1 日，将人足化石完整地取回。2 日上午 9 点 50 分，在 T1 人足化石出土处西南约 0.4 米的地方发现人头骨颅顶。最先清剔出的是一段矢状缝，随后清理出整个颅顶。3 日，在 T1 紧靠头骨的西面清理出 2 件人的腰椎，向西 0.1 米处又清剔出人的肋骨、髋骨和尺骨（图版六，1、2）。在 T2 西部发现一件人的指骨；在 T3 西部清理鹿的骨骼时发现一件人的腰椎。

为了完整提取人骨化石，特请中国社会科学院考古研究所文物保护专家王㐨指导工作。制定了提取人头骨化石方案，决定先将头骨加固，再进行提取。对头骨进行加固处理的办法是采用胶条粘贴裂缝，然后用麻纸条将头骨整个糊裹，在外面用石膏加固。10 月 6 日，由王㐨和辽宁省博物馆李宏伟正式提取头骨。将整个头骨完整取出后，翻转放于纸盒中，可看到 5 颗完整的牙齿（P1–M3）（图版七）。同时，在人头骨南约 0.2 米处发现 1 件人的颈椎残块。

鉴于该层面发现大量的动物化石、人化石、灰烬、烧骨和大量碎骨，可能与人的活动有关，应予以保留，待以后进行研究（图版八），决定暂停此次发掘，并把东南角出土的大量动物化石和一个较完整的大角鹿头骨用硝基清漆浇灌加固，然后用细砂覆盖回填保护起来（图版九）。回填完毕，1984 年发掘工作结束（图版一〇、一一）。

发掘的标本编号：84.J.A.6.T1~84.J.A.6.T4，人化石编号：84.J.A.H 。

二　1985 年的发掘及金牛山人的初步研究成果

1985 年 4 月和 6 月，北京大学考古系吕遵谔、原思训、黄蕴平，地理系周慧祥，地球物理系刘皇风、李权和辽宁省博物馆傅仁义先后两次到金牛山遗址，清理 1978 年发掘的 A 点西壁剖面，采集土样分析样品和测年样品，以进一步确定 A 点洞穴堆积的时代，样品按西壁地层编号：85.J.A.1~6。北京大学电教中心的王新华等三位同志来金牛山拍摄发掘录像资料。此期间，吕遵谔同县、市和省的领导商谈金牛山遗址下一步的发掘、建设和保护工作。

田野工作结束以后，我们对发掘材料进行了初步整理，并对金牛山人的头骨化石进行了修复。同时北京大学考古系碳 14 实验室对与人类化石同层出土的动物化石进行不平衡铀系法年代测定。根据骨化石和钙板样品的测定结果，把含人类化石的第 6 层的年代初步定为距今 31 万 ~24 万年，平均为 28 万年左右（北京大学考古系，1985；吕遵谔，1985）。

1985 年 8 月 9 日，北京大学受国家教委委托，在北京大学临湖轩举行金牛山人化石科学鉴定会，我国著名学者吴汝康、贾兰坡、苏秉琦、安志敏、宿白、郭大顺等组成鉴定委员会。鉴定会委员一致认为：“金牛山发现的人类化石是重要发现”，“通过对这些化石的研究，将会提供丰富的直立人（猿人）过渡到智人的具体形态结构的知识，进一步提高对人类发展过程中这一时期的认识”，同时肯定了这次发掘“为旧石器时代考古和洞穴保护积累了经验”（图版一二）。

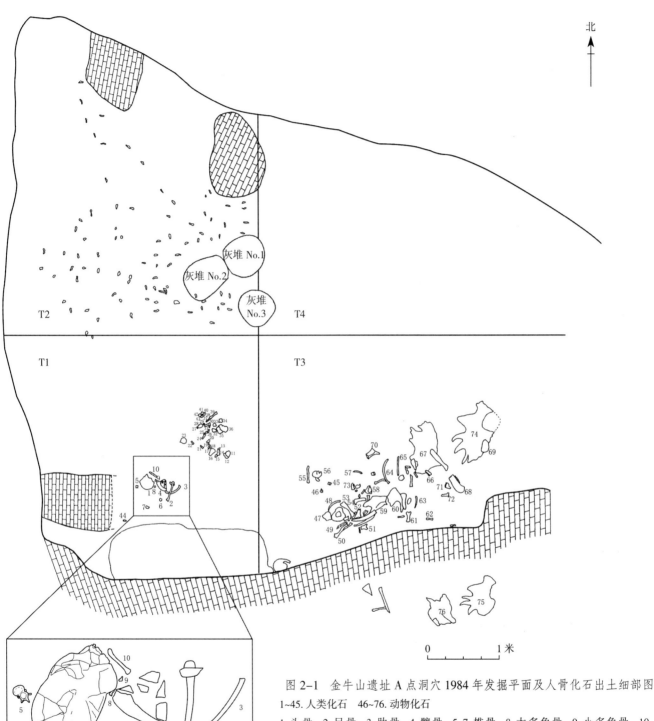

图2-1　金牛山遗址A点洞穴1984年发掘平面及人骨化石出土细部图
1~45. 人类化石　46~76. 动物化石

1. 头骨　2. 尺骨　3. 肋骨　4. 髋骨　5~7. 椎骨　8. 大多角骨　9. 小多角骨　10、
39. 掌骨　11. 左侧跟骨　12、35. 右侧距骨　13~20. 指骨（跖骨）　21、24、25、
38. 近节指骨　22、26、30、37. 中节指骨　23. 髌骨　27. 趾骨　28. 足舟骨　29、
31. 远节指骨　32、33. 楔状骨　34. 骰骨　36. 右侧跟骨　40~43. 腕骨　44. 颈椎
45. 脊椎　46. 椎骨　47、52、58、70. 肩胛骨　48、57. 肋骨　49. 趾骨　50. 尺桡骨
51. 犀牛距骨　53. 桡骨　54. 鹿肱骨　55. 鹿掌骨　56. 脊椎　59. 鹿头骨　60、67、
69、74~76. 鹿角　61. 尺骨　62. 熊掌骨　63~65. 肋骨　66、71. 鹿牙　68. 犀牛牙
72. 残骨　73. 鬣狗下颌骨

1985 年 9 月 28 日，国家教委在北京大学举行金牛山人化石发掘成果表彰会。同年，北京大学考古系旧石器考古实习队被评选为"北京市先进集体"，受到嘉奖（图版一三）。

金牛山人化石的发现引起了社会各界的高度重视。1985 年 3 月 10 日，新华社报道了我国近年考古的五项重大发现，金牛山人的发现被列为中国五大发现之首。国际学术界也给予了极大的关注，荷兰、美国、日本、韩国、俄罗斯、加拿大等国学者先后来金牛山遗址进行考察和学术交流。

鉴于金牛山人化石的重要性，为进一步科学地确定金牛山人化石的时代，继续寻找金牛山人的文化遗物，1985 年，北京大学考古系申报了国家"七五"科研项目——"金牛山古人类文化遗址的综合研究"，组织不同学科的专家教授进行分项课题研究，课题总负责人是吕遵谔。综合研究的子课题有：辽宁营口金牛山地区地质构造特征及洞穴的构造形成条件、金牛山地区第四纪海平面变迁和古水系的研究、金牛山洞穴堆积的研究、金牛山古人类化石的研究、金牛山动物群的研究、旧石器文化的研究、金牛山遗址孢粉研究、年代学研究和测绘金牛山地区的地形图等，分别由北京大学考古系、地质系、地理系、地球物理系、遥感技术应用研究所与电教中心的有关专家学者负责。1987 年，经全国哲学社会科学规划领导小组批准，该项目被列为哲学社会科学"七五"期间国家重点研究课题〔社科（1987）规字 106 号〕。

第二节　1986 至 1987 年的发掘与收获

——发掘西壁剖面并确定洞穴的堆积序列

1986 年，北京大学考古系与辽宁省文物考古研究所合作开始了对金牛山遗址的发掘工作，同时启动了"金牛山古人类文化遗址的综合研究"课题。此次发掘工作的时间为 9 月 17 日至 12 月 4 日。吕遵谔任领队，参加工作的有北京大学考古系教师黄蕴平、王幼平、李卫东及研究生房迎三、周军、吕烈丹、傅仁义，辽宁省文物考古研究所顾玉才、营口县文物管理所庞维国等。北京大学地质学系张臣老师带学生对金牛山地质构造和洞穴成因等问题进行了实地勘察，王宪曾老师带学生采集孢粉样品。地理学系的周慧祥、夏正楷、郑公望，遥感技术应用研究所的范心圻以及地球物理系的赵章元、王勇等老师先后来金牛山遗址考察和采集样品。

此次工作的重点是重新发掘 A 点西壁剖面，以进一步搞清 A 点地层堆积的序列，并确定 A 点洞顶和北部洞壁的保存状况。

9 月 19 日至 10 月 5 日：工作重点是寻找 A 点洞顶和北部洞壁。

这一阶段主要清理北壁外和洞顶上当地老乡采石废弃的石渣。石渣下为洞顶风化的岩层，岩性是含镁大理岩夹灰岩条带（图版一四）。由于北壁已被采石破坏，现存堆积仅厚 1~2 米，决定暂停对北壁进行发掘（图版一五）。

10 月 6 日至 11 月 18 日：发掘西壁剖面的第 I ~ VI 层。

发掘区域选定在西壁的西北部，南北长 2.9 米，东西宽 1 米。西壁洞顶保存厚度为 0.15~0.7 米，岩性为含镁大理岩，表面风化严重。清理完洞顶堆积之后进入堆积第 I 层。

第 I 层为黄褐色亚黏土层。化石很少，底部含大块白云质大理岩石块，厚 0.15~1.35 米（图 2-2；

图版一六）。在这一层中仅筛选出一些啮齿类动物化石。

第Ⅱ层为淡棕色亚黏土层。较致密坚硬，含白云质大理岩角砾和钙结核，厚 1.3~3 米。钙结核分布呈不连续的层状，共 4 层。第①层厚 0.05~0.1 米，在该层中采集钙结核进行铀系测年；第②层不连续；第③层较厚，且连续成层，走向 171.6°，倾向 261.6°，倾角 12.3°（图 2-3）。在该层中采集土样 6-7、孢粉样 7-8 和铀系测年样本。其下为橘黄色砂质土，发现有熊化石（图 2-4；图版一七，1）；在第④层中采集土样 11 和孢粉样 10。其下发现 1 个转角羚羊头骨，钙层底部出现成片的大石块，岩性为石灰岩和风化严重的含镁大理岩（图 2-5；图版一七，2）。

第Ⅲ层为角砾岩层。胶结极坚硬。角砾以灰岩为主，大者长 110、宽 70、厚 10 厘米，一般径长 30~42 厘米，部分角砾稍有磨圆。西北角为钙板，向南渐变为角砾岩。厚 0.35~0.6 米。

第Ⅳ层为棕褐色砂质土层。胶结一般，含黏土块、灰绿色板岩碎屑和灰岩角砾，个别灰岩砾岩块稍有磨圆，厚 0.7~1.5 米。底部为一层厚 0.1~0.3 米胶结坚硬的钙板。在此层的下部发现 1 个赤鹿的头骨，鹿角保存较完整，但头骨破损（图 2-6；图版一八、一九）。

第Ⅴ层为角砾—棕红色粉砂土层。角砾较大，内部充填物较松散，含化石，且啮齿类动物化石明显增多，厚 1.5~2.7 米（图版二〇）。在西北角发现鹿的骨骼化石，分布集中（图 2-7）。该

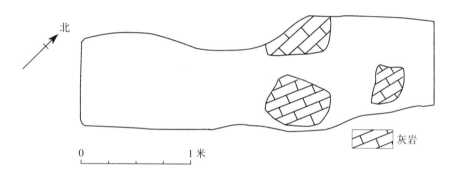

图 2-2　金牛山遗址 A 点洞穴西壁第Ⅰ层平面图（距洞顶 1.3 米）

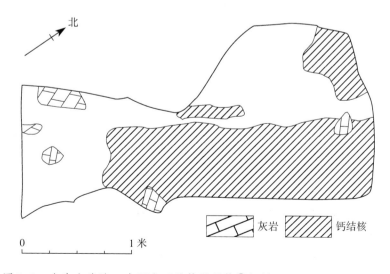

图 2-3　金牛山遗址 A 点洞穴西壁第Ⅱ层第③钙层平面图（距洞顶 1.9 米）

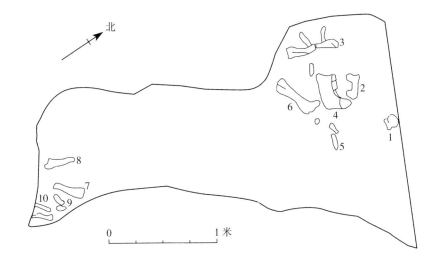

图2-4　金牛山遗址A点洞穴西壁第Ⅱ层熊化石出土平面图（距洞顶2.4~2.5米）
1.脊椎　2、4.下颌骨　3、5.肢骨　6.股骨　7.髋骨　8.尺骨　9、11.肋骨　10.肱骨

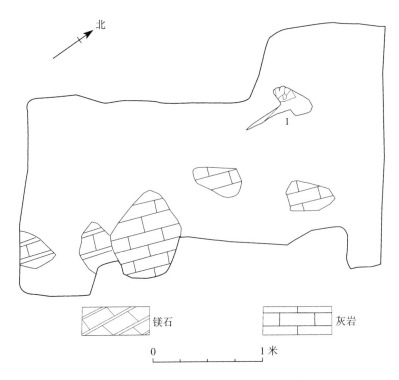

图2-5　金牛山遗址A点洞穴西壁第Ⅱ层转角羚羊头骨化石出土平面图（距洞顶3米）
1.转角羚羊头骨

层中含有大量的灰岩石块，且向西倾斜，倾角为40°，西南部的大石块较多，最大的一块灰岩块长200、宽60、厚50厘米。

　　第Ⅵ层为角砾层—棕红色砂质粉砂土层，颜色较第Ⅴ层更偏红，角砾相对较少，厚1.2~2.2米。

　　由于发掘区域向南和北扩展，将第Ⅵ层分为南、中、北三区往下发掘（图版二一）。南区

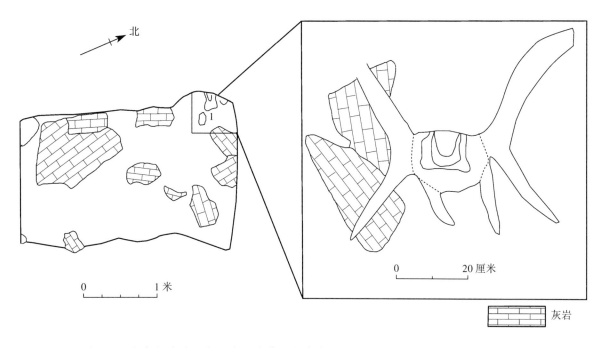

图 2-6　金牛山遗址 A 点洞穴西壁第 IV 层赤鹿头骨化石出土平面图（距洞顶 4.35 米）

1. 赤鹿头骨

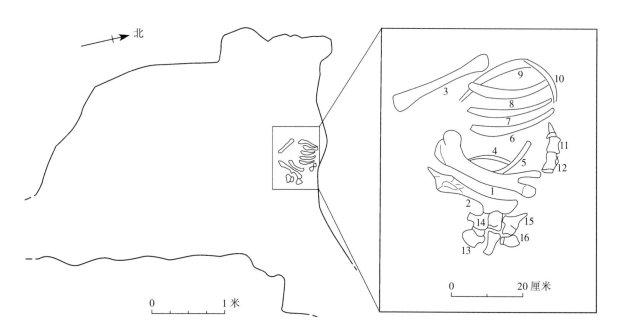

图 2-7　金牛山遗址 A 点洞穴西壁第 V 层鹿化石出土平面图（距洞顶 6.05 米）

1. 股骨　2. 髋骨　3. 距骨　4~10. 肋骨　11~16. 脊椎骨

和中区化石较多，但胶结坚硬，较难取出完整的化石（图版二二）。动物化石主要为鹿类骨骼（图 2-8）。在中区发现 1 件肿骨鹿的下颌骨和犀牛的头骨及下颌骨。

Ⅵ层清理完毕后 1986 年田野发掘结束，发掘深度距洞顶 8.6 米。

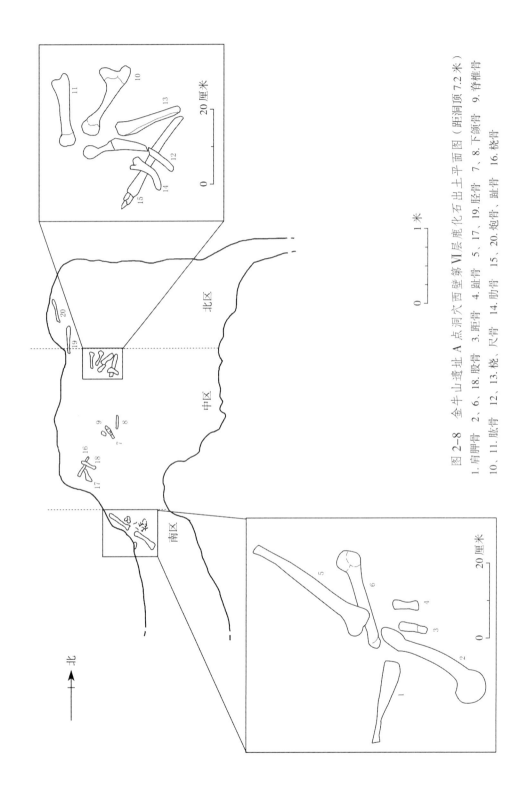

图 2-8 金牛山遗址 A 点洞穴西壁第 Ⅵ 层鹿化石出土平面图（距洞顶 7.2 米）
1. 肩胛骨 2、6、18. 股骨 3. 胫骨 4. 趾骨 5、17、19. 胫骨 7、8. 下颌骨 9. 脊椎骨 10、11. 肱骨 12、13. 桡、尺骨 14. 肋骨 15. 炮骨、趾骨 16. 桡骨 20. 桡骨

1987 年的发掘时间为 4 月 26 日至 6 月 11 日。此次发掘由北京大学的吕遵谔、辽宁省文物考古研究所的孙守道任领队，参加人员有北京大学教师黄蕴平、王幼平以及研究生朱晓东，辽宁省文物考古研究所傅仁义和顾玉才，营口县文物管理所金宪源、庞维国等。

此次工作是继续发掘西壁堆积，下挖第Ⅶ层至 1984 年发掘后的回填平面（图版二三），清理深度距洞顶 10.2~12.4 米。

第Ⅶ层为棕红色粉砂夹角砾——大石块，松散，个别小砾石稍有磨圆，大石块表面有溶蚀现象，似从洞壁或洞顶塌下，按照石质可分为镁石和石灰岩，其中镁石最大径 81 厘米，石灰岩最大径 80 厘米，未胶结。该层上部化石数量较少，仅在西南角发现兔头骨、鸟骨和一些啮齿类动物化石，西北角主要是啮齿类动物化石和一些残破的动物肢骨。在南、中、北三区出现一层不连续的厚约 0.1 米的钙板，由砂和角砾胶结而成，十分坚硬，内含化石，极难取出。在钙板层下是松散的粉砂——角砾堆积，内含大量的动物化石。其中在北区发现的较完整的有龟和 1 只鹿的部分骨架；在中区发现 1 件较完整的龟、河蚌、熊、鹿以及河狸的下颌骨（图版二四，1）；在南区发现 1 个幼年猪的骨架、龟（图版二四，2）、肿骨鹿下颌骨和河狸上颌骨。幼年猪骨架保存面向东北倾斜，与地层产状一致。此处的堆积为具层理的砂黏土（图 2-9；图版二五，1）。在幼年猪骨架之下发现 1 个保存完整的棕熊骨架（野外编号 1 号熊）。熊的骨骼叠压为两层，上、下距离 0.3 米（图 2-10；图版二五，2；图版二六，1），其间有 13 层砂——黏土水平层。发掘至 11.4~12 米处，在第Ⅶ层下部南区发现 1 个肿骨鹿的骨骼（图 2-11），在中区发现 1 个棕熊的部分骨骼（图 2-12；

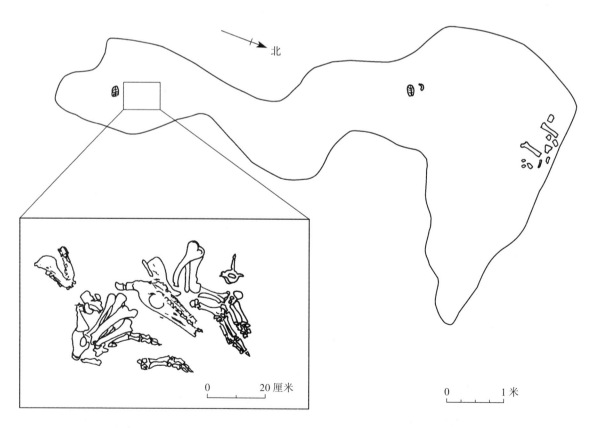

0   20 厘米

0   1 米

图 2-9　金牛山遗址 A 点洞穴西壁第Ⅶ层幼年猪化石出土位置及细部图（距洞顶 8.9 米）

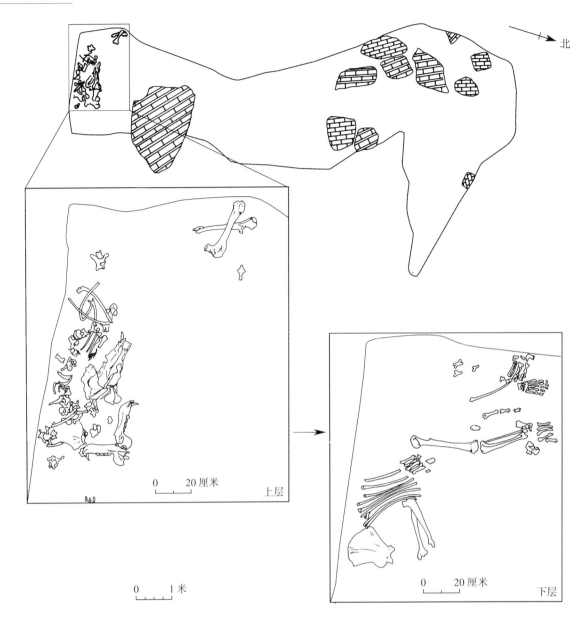

图 2-10 金牛山遗址 A 点洞穴西壁第Ⅶ层 1 号棕熊化石出土位置及细部图（距洞顶 10.5 米）

图版二七）和鹿、貉的化石。在北区发现犀牛的下颌骨和鹿角化石，犀牛下颌骨只保存了右侧，下颌体残破（图版二六，2），鹿角角柄长，呈柱状，只保留了部分掌状分枝，似为肿骨鹿的角。

发掘至 12.4 米，堆积为较纯净的中粗砂，往下土色变深，土的成分增多。发掘至 1984 年发掘平面时发掘工作暂停（图版二八、二九）。

在此次发掘工作中，北京大学城市环境学系老师周慧祥及研究生万波参与了相关科研工作，主要是测量金牛山岩层的节理，以了解洞穴的成因；采集金牛山人头骨出土层位上下堆积的热释光样品和埋了 4 个检测样品暗盒；并去陈家堡子和夏家屯采地层土样。

1986 至 1987 年发掘西壁剖面，从上往下共分 7 层（图版三〇）。标本编号按发掘年和地层层位：86.J.A.Ⅰ~86.J.A.Ⅵ和 87.J.A.Ⅶ。

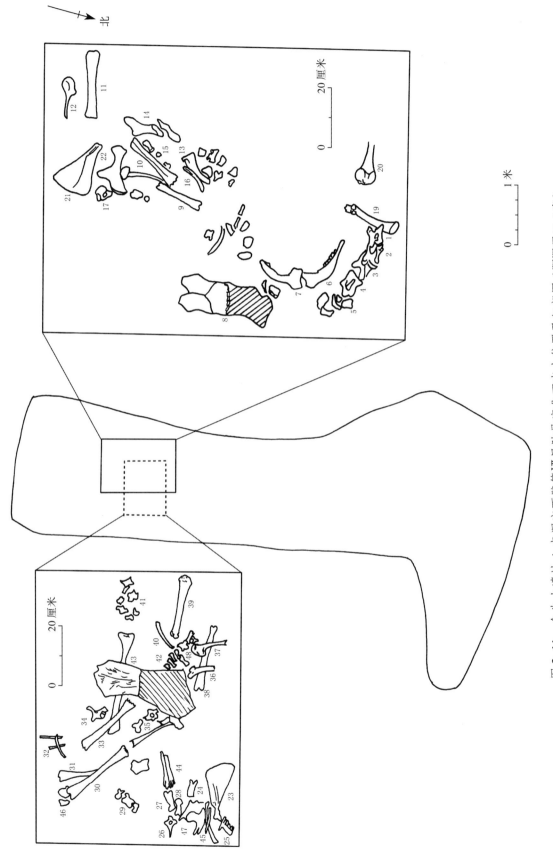

图 2-11　金牛山遗址 A 点洞穴西壁第 VII 层肿骨鹿骨化石出土位置及细部图（距洞顶 11.5 米）

1~5、17、18、26、34、35、41、48. 脊椎　6、7. 下颌骨　8. 头骨　9、39. 桡骨　10. 跗骨　11、31、33. 掌骨　12. 掌骨　13、14、22. 髋骨　15. 骶骨　16、32、40、45. 肋骨　19. 肱骨　20. 股骨　21、23. 肩胛骨　24、27、28、42. 指骨　25. 上颌骨　29. 距骨　30、38、43. 胫骨　36、37. 角　44. 炮骨　46. 胸骨　47. 跟骨

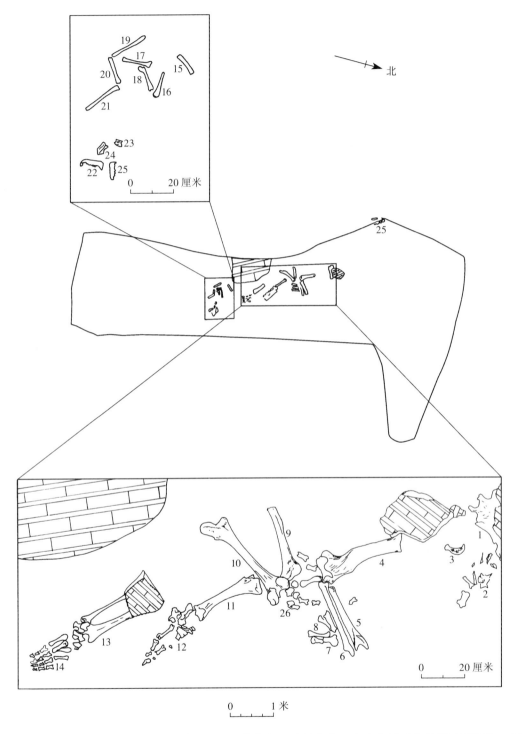

图 2-12　金牛山遗址 A 点洞穴西壁第Ⅶ层 2 号棕熊化石及其他化石出土位置及细部图（距洞顶 11 米）

1~14、26. 熊化石　15~25. 其他动物化石

1. 右下颌骨　2. 头骨片　3. 上颌骨　4. 右肱骨　5. 右桡骨　6. 右尺骨　7、26. 腕骨　8. 掌骨　9. 左桡骨　10. 右股骨　11. 左胫骨

12. 左足　13. 右胫—腓骨　14. 右足　15. 鹿左桡骨　16. 貉右胫骨　17. 貉左股骨　18. 貉右股骨　19. 鹿左胫骨　20. 鹿左跖骨　21. 鹿

右肱骨　22. 貉下颌骨　23. 貉颈椎　24. 貉枢椎　25. 犀牛右下颌骨

第三节　1988 年的发掘与收获
——确定洞穴的边界和结构

　　1988 年的发掘工作时间为 5 月 4 日至 6 月 4 日。此次发掘吕遵谔任领队，参加人员有北京大学教师黄蕴平、王幼平，辽宁省文物考古研究所傅仁义、顾玉才、惠忠元，营口市文化局杨洪琦，营口县文物管理所庞维国等。

　　此次发掘的工作重点是要确定金牛山遗址 A 点洞穴的边界与结构。

　　首先清理 A 点洞穴东部堆积，直至石灰岩基岩。基岩与南、北洞壁相连，因而可以确定 A 点洞穴东壁的范围。

　　然后清理 A 点北壁外堆积，露出残存的北壁基岩，确定了洞穴北壁范围。北壁洞外基岩倒置，层面倾角 89°、81°、89°，节理面倾角 80°、80°、46°（图 2-13；图版三一）。在北壁东北角出露洞内堆积，为棕红色亚黏土，局部含酱红色黏土块，含大量角砾，角砾表面有溶蚀现象，含化石，采犀牛牙作测年样品（实验室样品编号 91002 和 91003）。

　　南壁由石灰岩构成，壁面较平齐，但靠近东南部洞壁向里凹入，堆积物向里延伸。1984 年发掘时此处是一深坑，当时没有进一步发掘。为了进一步搞清此处的结构，重点进行清理。清理平面为 1984 年发掘后的平面，南北宽 1.3、东西长 2.4 米，距洞顶 11.3 米。清理完深坑，从其剖面可见南面和东面是洞壁，西面和北面是堆积物。堆积物厚 2.3~2.8 米，可分为上、下两部分，上部为棕红色砂质黏土夹角砾，较松散，黏土含量较第Ⅶ层明显增多，含化石，厚约 1 米；下部为一套角砾、钙板和砂—砂质土互层，水平层理清晰，厚 1.1~1.4 米。下部这套堆积是在一种稳定—不

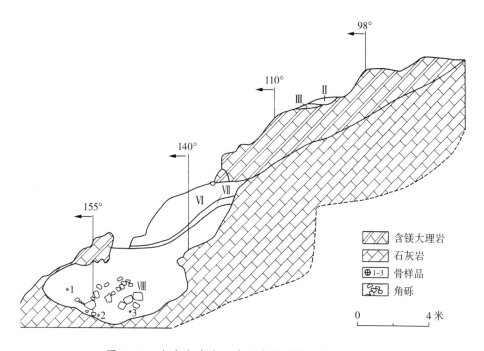

图 2-13　金牛山遗址 A 点洞穴北壁外侧堆积剖面图

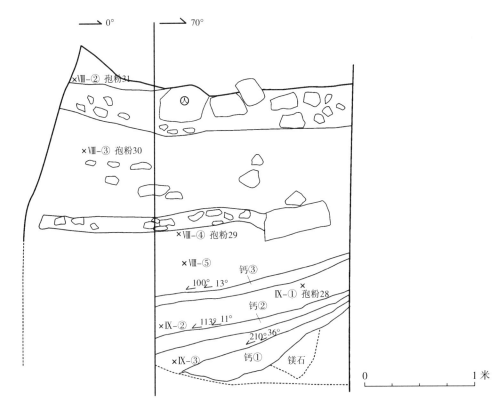

图 2-14　南小龛西—北壁剖面图

　　稳定的环境中形成的,即具水平层理砂—砂黏土层是静水环境中的产物,钙板层是在洞中地表形成,
角砾则是洞顶或洞壁坍塌时期的产物。堆积物中的动物化石胶结坚硬,很难完整取出。此层以下
出露大角砾,角砾紧贴南壁,多为镁石,且局部胶结,由此可见此深坑应是南壁溶蚀形成向里凹
的小龛,不是支洞。根据发掘堆积物的变化,将该剖面上部的棕红色砂质黏土夹角砾定为第Ⅷ层,
下部的一套角砾、钙板和砂—砂质土互层,定为第Ⅸ层,金牛山人化石出在第Ⅷ层上部(图 2-14)。

　　至此,1988 年金牛山 A 点发掘工作结束(图 2-15;图版三一、三二)。

第四节　1989 至 1992 年 A 点洞穴的加固和保护

　　金牛山遗址 A 点地质构造复杂,由于长期风化及近代的大规模开矿采石,洞顶和南壁岩体破
碎坍塌,致使下部及纵深还有更重要的文化堆积无法发掘。1988 年发掘工作结束后,根据洞穴保
存的现状,提出下一步工作计划:洞顶和南壁岩石长期风化破碎,应采取用环氧树脂浇灌,并用
钢筋混凝土串联的措施加固;为保护北壁仅存的少量堆积,应在北壁外侧用混凝土按照堆积的自
然状态,加筑护墙,以防堆积倾斜倒塌。经国家文物局批准,1991 年对金牛山遗址 A 点洞穴实施
加固工程,由国家文物局文物保护技术研究所设计、洛阳龙门石窟古建队施工。

　　此次加固工程以抢险加固、保持原貌为基本原则,分洞穴南壁、北壁及洞顶三个部分进行。

　　洞穴南壁是保存比较好的壁面,但也是裂隙切割风化破碎较严重的一面,由于多条不同方向

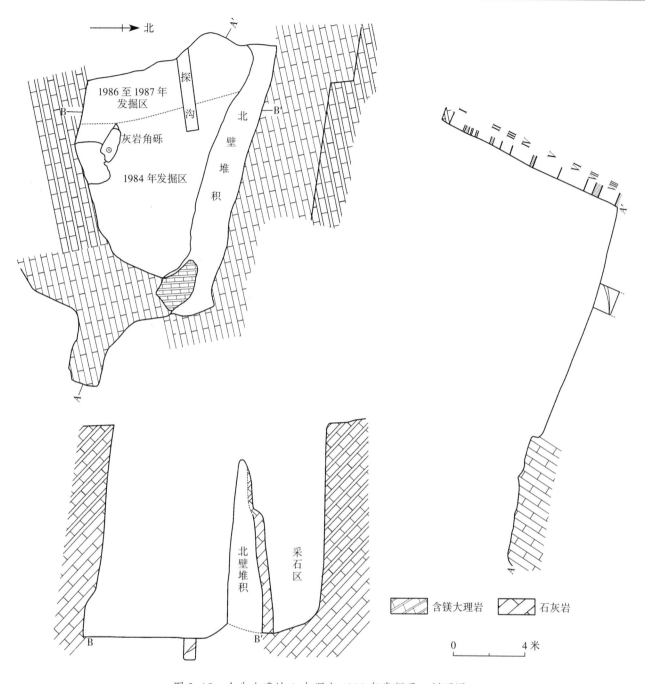

图 2-15 金牛山遗址 A 点洞穴 1988 年发掘平、剖面图

的裂隙纵横交叉，岩体随时都有坍塌的危险，故而在加固中采取了锚杆和灌浆加固两种综合治理的措施，锚杆的深度及方向根据岩层和裂隙的情况确定，锚杆方向基本垂直于裂隙，穿透洞壁成两端固定式，采用药包式砂浆固定锚杆。灌浆材料是以环氧树脂为主剂的黏结剂。

洞穴的北壁上部已被采石崩掉，堆积物外露并在北壁外侧形成一条宽约 3~5 米的深沟，为了恢复洞穴北壁的原始面貌，并承托洞顶钢筋混凝土梁板的荷载，沿北壁外侧自西向东以现存洞壁和堆积物为内模，浇筑一道厚约 0.5~1 米的钢筋混凝土墙，墙的外侧空隙部分，以碎石杂土分层填充夯实。在沟口筑钢筋混凝土的锚杆挡墙，挡墙宽度约 0.5 米，高约 5 米，使充填的碎石杂土按山体形状呈斜坡状。

洞顶部分，首先用环氧树脂灌浆黏结洞底碎石，然后沿水平方向打入锚杆，将洞顶危石挂在洞穴后壁基岩上，鉴于洞顶为直立的东西走向岩层，锚杆有一定斜度，斜穿岩层能达到较好的锚固效果。锚杆直径为22毫米的螺纹钢，焊接在将要复原的钢筋混凝土洞顶横梁主筋上，最后形成钢筋混凝土横梁与洞穴后壁基岩共同承托洞顶的结构形式。

为了防止洞顶雨水直接流入洞内，在新加洞顶的前端做南北向檐沟一条，以避免雨水沿接缝渗漏。

为了减少人工施工痕迹，最后进行了做旧处理，对于北侧采石沟做了填方，使三道挡土墙全部掩埋土中并呈自然斜坡状，顶盖可见部分用碎石浮土掩盖。那些明显裸露的钢筋混凝土墙体，选用107胶掺上就地取材的石粉涂刷，使整体颜色尽量接近于自然本色。

此次加固工程于1991年10月底完成，为下一步发掘工作的开展提供了有力的安全保障（图版三三、三四）。

第五节　1993至1994年的发掘与收获
——发现石制品、灰堆等遗存

1993年，北京大学考古系与辽宁省文物考古研究所再次组成联合发掘队对金牛山遗址进行发掘。发掘时间为8月18日至12月6日。此次发掘由吕遵谔任领队、孙守道任副领队，工作人员有北京大学考古系的黄蕴平，辽宁省文物考古研究所的傅仁义、顾玉才、顾罡、惠忠元，营口市文化局的景阳、马国虎也参加了短期工作。

此次工作重点是继续发掘并寻找与金牛山人相关的文化遗存。

8月20日开始清理洞内坍塌下来的堆积物以及之前发掘结束时回填的沙土，24日清理出1984年发掘回填的发掘平面，为堆积剖面的第Ⅷ层。

8月25日至11月4日：工作重点是发掘第Ⅷ层。

第Ⅷ层平面整体呈不规则状，南北最大长为1米，东西最大宽为11米。西北角为钙板，胶结坚硬，倾向163°，倾角为24°。发掘方法是将整个发掘平面按每平方米划分方格，从南到北分为A、B、C、D、E、F方格，从东到西用1~11序号排列，如A1、B1、C1、D1、E1、F1等，从东到西为A2、A3……，以此类推，共布方51个。按0.1~0.15米作为一个发掘层面，进行整体揭露，清剔出的所有遗物和遗迹原处保留，记录遗物和遗迹的位置、编号、绘图（1∶10）和照相，最后再进行提取。从上到下发掘层面分别编号为：93.J.A.Ⅷ-Ⅰ至93.J.A.Ⅷ-Ⅹ。金牛山人头骨、髋骨和肋骨等化石发现于93.J.A.Ⅷ-Ⅰ的B8、B9和C8、C9探方中的一块大石块上，因而将这块石头及以下的堆积作为关键柱保留。

第Ⅰ发掘层面（93.J.A.Ⅷ-Ⅰ）（图2-16；图版三五）。该层的重要遗迹有5个灰堆（No.1~No.5），其中灰堆No.1~No.3分布在探方E8、E9、F8、F9内，灰堆No.4、No.5分布在E6和D6探方。灰堆四周散布大量动物肢骨片，可鉴定的动物骨骼和牙齿有鹿的炮骨、下颌骨和猪的牙齿，在灰堆附近的D6、E7和E9探方发现11件石制品。在该层共发现动物化石444件，其中烧骨18件。

北

灰堆 No.1

探沟 1

探沟 2

灰堆 No.3

灰堆 No.2

灰堆 No.4

灰堆 No.5

F11　E11　D11　C11　B11

F5　E5　D5　C5　B5　A5

0　　　1 米

图 2-16　93.J.A.Ⅷ-Ⅰ 发掘平面图

动物种类有犀牛、斑鹿、肿骨鹿、棕熊和野猪。

第Ⅱ发掘层面（93.J.A.Ⅷ-Ⅱ）（图2-17；图版三六）。在探方D6和E6中继续发掘灰堆No.4、No.5。在该层共发现794件动物化石，其中烧骨19件。另发现石制品20件。动物种类有河蚌、棕熊、貉、狼、小型猫科动物、野兔、鹿、獐、野猪和鸟等。

第Ⅲ发掘层面（93.J.A.Ⅷ-Ⅲ）（图2-18；图版三七）。在探方E4中发现1个灰堆（No.6）。在该层共发现动物化石1020件，其中烧骨32件。另发现石制品13件。动物种类有河蚌、貉、猫科动物、棕熊、鹿、牛、野猪和鸟。棕熊的骨骼相对集中发现在A5、C5、C6和D5、D6以及C9、D8、D9，分别是带部分长骨的前后足骨以及部分脊椎骨。

第Ⅳ发掘层面（93.J.A.Ⅷ-Ⅳ）（图2-19；图版三八）。在该层共发现动物化石734件，其中烧骨39件。另发现石制品23件。动物种类有河蚌、鸟、河狸、鼢鼠、鹿、野猪、棕熊和貉等。

第Ⅴ发掘层面（93.J.A.Ⅷ-Ⅴ）（图2-20；图版三九）。在探方C5、C6内发现1个灰堆（No.7）。在探方B10、B11、C10、C11内出土1个不完整的棕熊骨架，骨骼互相叠压，可能是身体分解后埋藏的。在该层共发现动物化石857件，其中烧骨27件。另发现石制品20件。动物种类有貉、狐狸、狼、棕熊、鹿、野猪、野兔、犀牛、鸟。

第Ⅵ发掘层面（93.J.A.Ⅷ-Ⅵ）（图2-21；图版四○）。在探方E5、E6发现1个灰堆（No.8）。在探方B3与B4内发现灰堆遗迹（No.9）。No.9部分被压在探方A3上部的胶结物之下，灰堆中有较多的骨化石。在该层共发现947件动物化石，其中烧骨18件。另发现石制品12件。动物种类有棕熊、獾、狼、鹿、野猪、梅氏犀、野兔和鸟等。

第Ⅶ发掘层面（93.J.A.Ⅷ-Ⅶ）（图2-22；图版四一）。北部黄色堆积继续向南分布。在西南角探方B10和B11内发现1个棕熊骨架。在该层共发现动物化石808件，其中烧骨16件。另发现石制品17件。动物种类有棕熊、狐、狼、鹿、野猪、梅氏犀和鸟等。

第Ⅷ发掘层面（93.J.A.Ⅷ-Ⅷ）（图2-23；图版四二）。在探方C3与C4内发现棕熊的右侧肢骨（股骨、胫骨—腓骨、足骨），肢骨关节还处于连接状态。在该层共发现动物化石636件，其中烧骨18件。另发现石制品12件。

第Ⅸ发掘层面（93.J.A.Ⅷ-Ⅸ）（图2-24；图版四三）。在B5和B6发现4个相连的犀牛脊椎骨。发现动物化石963件，其中烧骨15件。另发现石制品22件。动物种类有棕熊、狼、貉、黄鼬、鹿、野猪、梅氏犀、野兔、鼢鼠和鸟等。

第Ⅹ发掘层面（93.J.A.Ⅷ-Ⅹ）（图2-25；图版四四）。该层主要是胶结的砂，下挖厚度0.2~0.3米。发掘面中部的骨化石较密集，东部骨化石减少，出现较多大石块。在探方A5内发现1个棕熊的前肢，骨化石向下倾斜29°，倾向138°，说明当时洞内堆积明显向东南方向倾斜。在探方C9内发现鹿的骨架。探方E6堆积出现一个大裂缝，裂缝向北延伸，在探方F7北壁镁石边撬去大石块，裂缝扩大成一个"洞口"，顺口而下，往东北方向走4米，为现在的地下水通道，空间范围不大，约有20平方米，可能是堆积形成后地下水继续溶蚀掏空形成的。两侧石块间的填充物为棕红色砂黏土，与第Ⅷ层堆积相同。在该发掘层面共发现动物化石1123件，其中烧骨16件。另发现石制品12件。动物种类有棕熊、狼、鹿、野猪、牛、梅氏犀、野兔和鸟等。

至此，1993年田野发掘工作结束。

图 2-17　93.J.A.Ⅷ-Ⅱ 发掘平面图

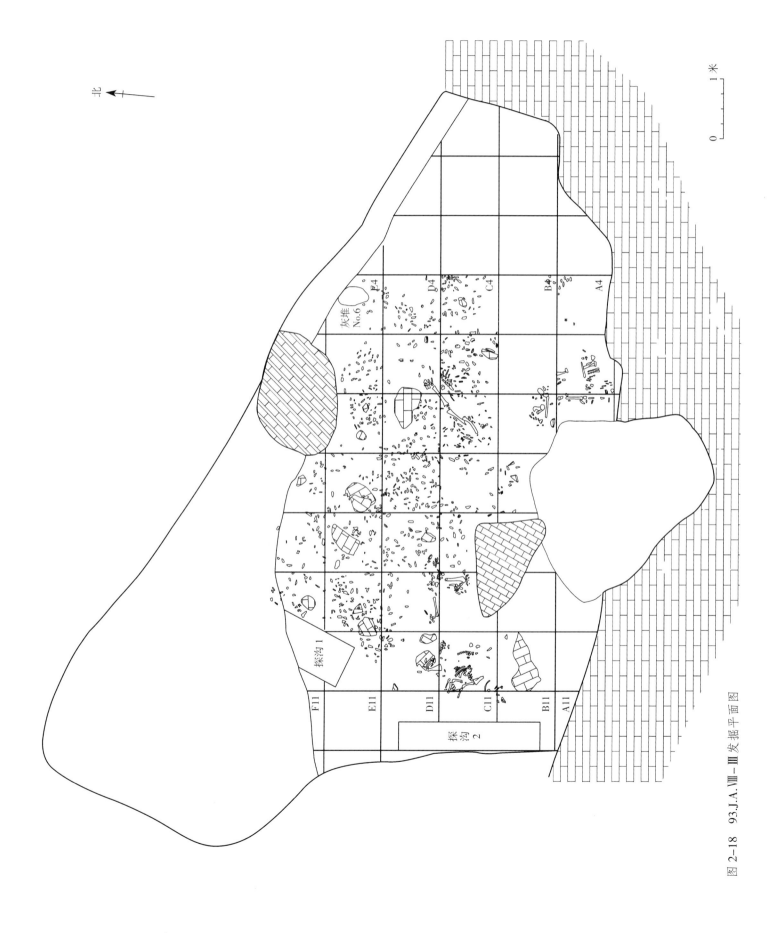

图 2-18 93.J.A.Ⅷ-Ⅲ发掘平面图

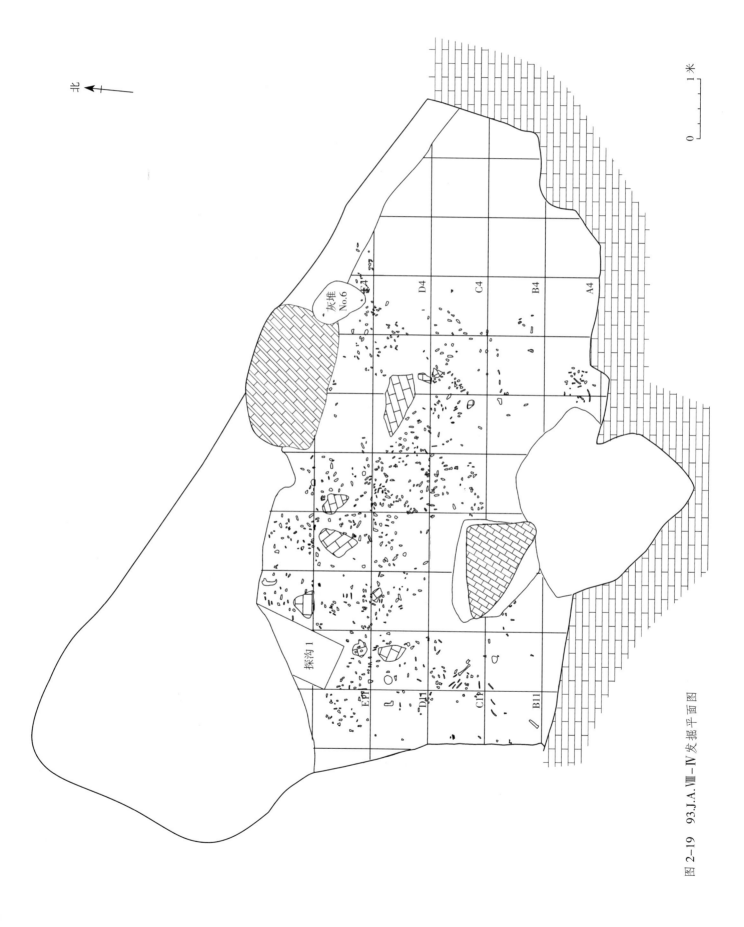

图 2-19　93.J.A.Ⅷ-Ⅳ 发掘平面图

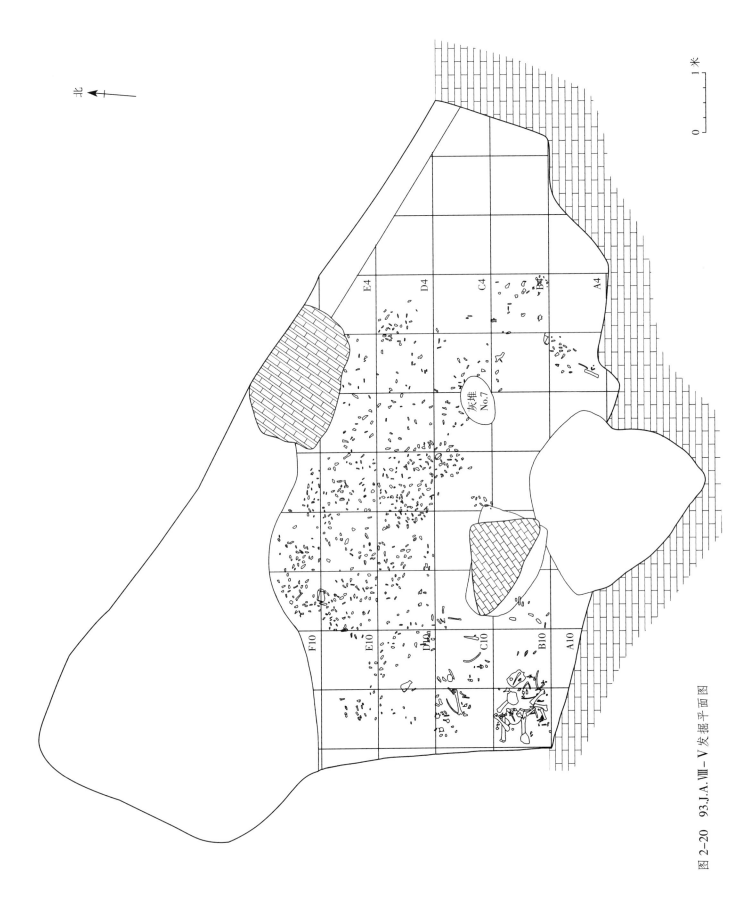

北

0 1 米

图 2-20　93.J.A.Ⅷ-Ⅴ发掘平面图

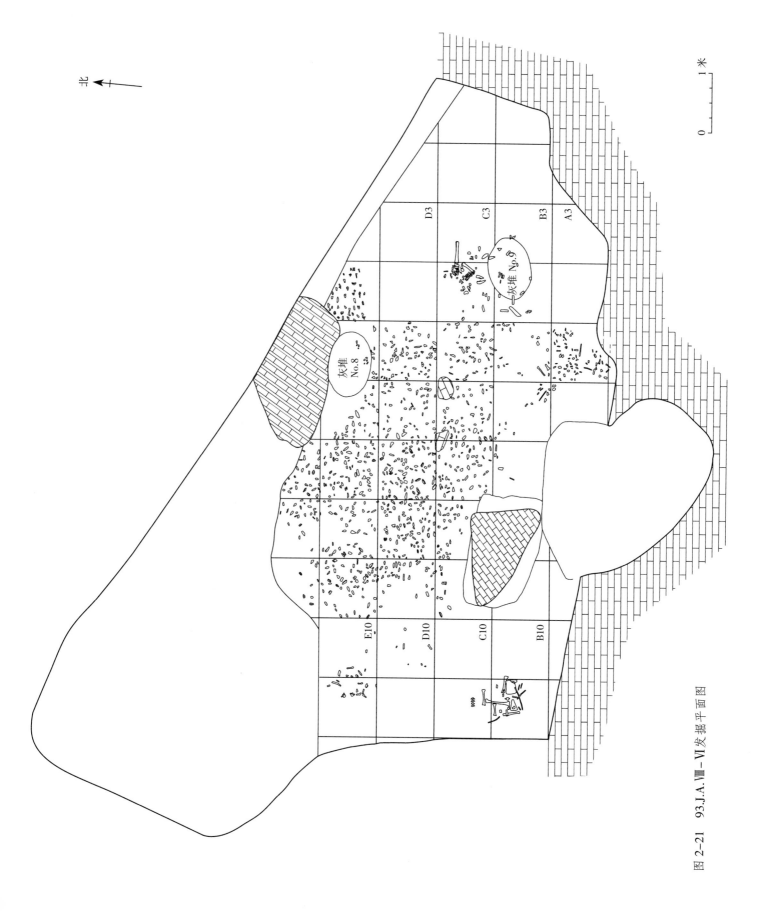

北

0 1 米

灰堆 No.8

灰堆 No.9

D3
C3
B3
A3

E10
D10
C10
B10

图 2-21 93.J.A.Ⅷ–Ⅵ发掘平面图

图 2-22 93.J.A.Ⅷ-Ⅶ发掘平面图

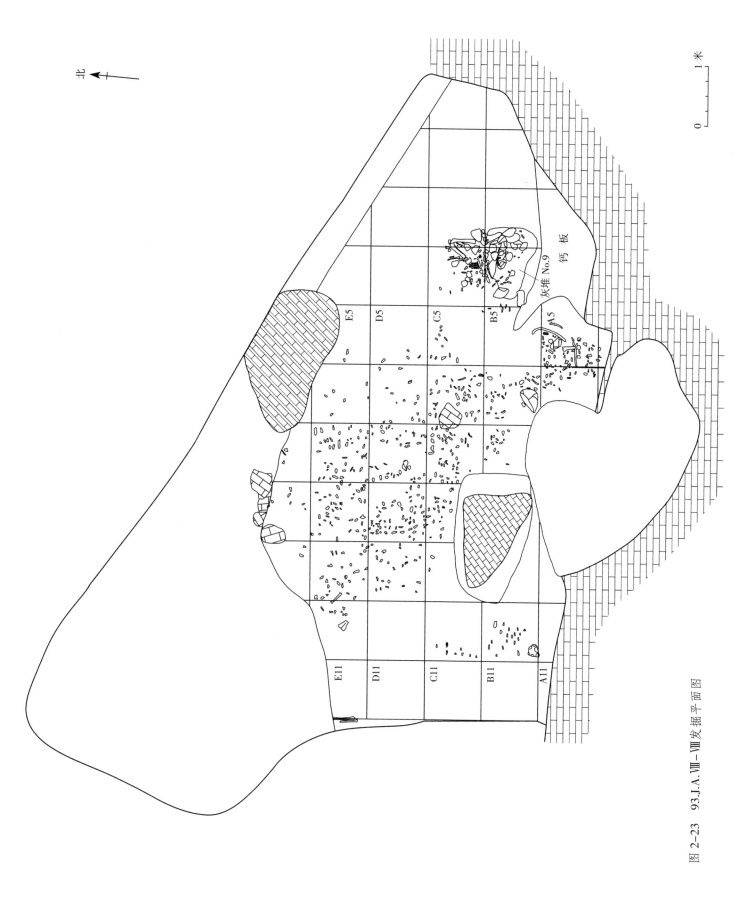

图 2-23 93.J.A.Ⅷ–Ⅷ发掘平面图

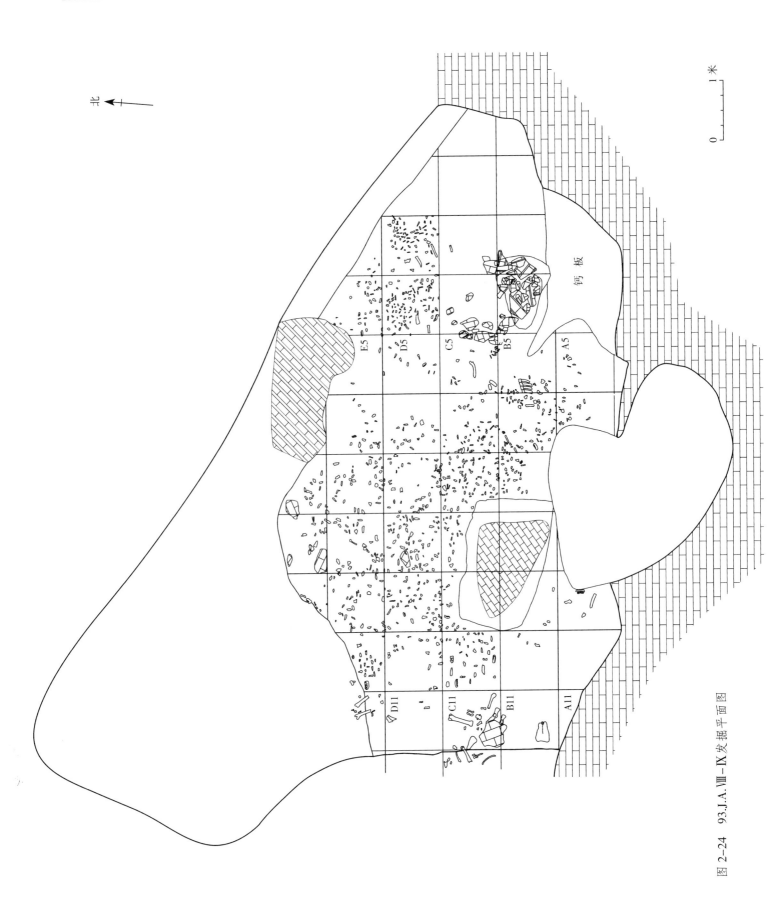

图 2-24 93.J.A.Ⅷ-Ⅸ发掘平面图

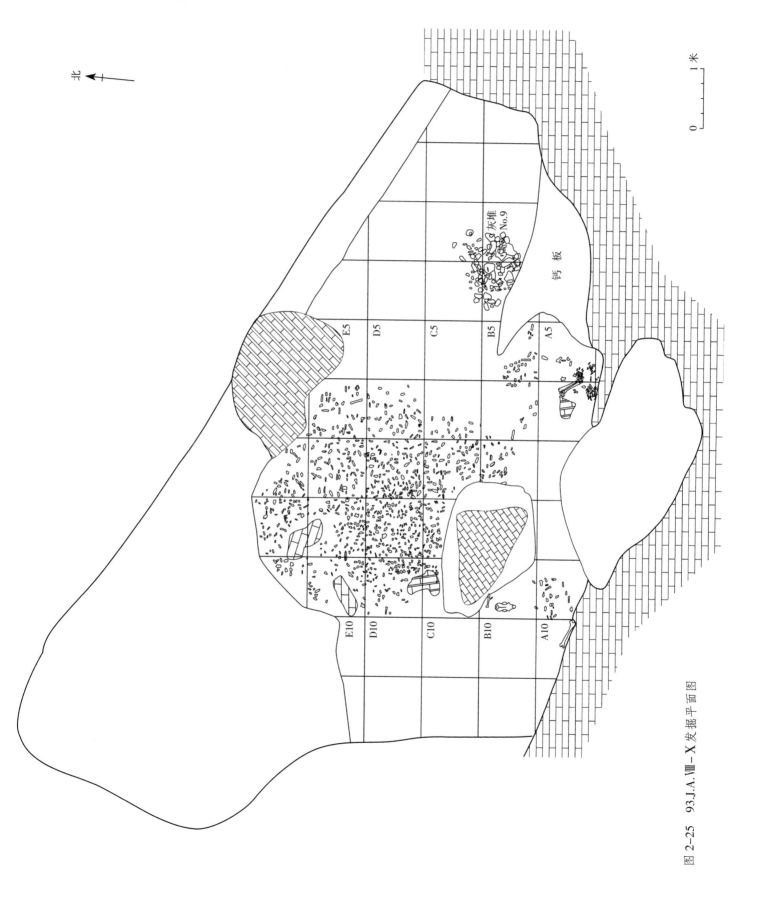

北

0   1 米

灰堆 No.9

钙 板

E5

D5

C5

B5

A5

E10

D10

C10

B10

A10

图 2-25 93.J.A.Ⅷ–Ⅹ发掘平面图

　　1994 年的发掘是 1993 年工作的继续，时间为 8 月 20 日至 9 月 27 日。此次发掘由吕遵谔领队，发掘工作人员有北京大学教师黄蕴平、研究生陈胜前，辽宁省文物考古研究所傅仁义、顾玉才、顾罡、惠忠元等。发掘层面编号为 94.J.A.Ⅷ-Ⅺ 至 94.J.A.Ⅷ-ⅩⅢ。在发掘过程中，北京大学城市环境系的周慧祥、夏正楷两位老师也到金牛山遗址采集样品并进行第四纪地质调查。

　　第Ⅺ发掘层面（94.J.A.Ⅷ-Ⅺ）（图 2-26；图版四五）。对该层面由西向东进行发掘。在西南角清剔出犀牛头骨、熊的足骨和鹿的肢骨。C7~C9 和 D7~D9 探方动物化石碎片集中，在关键柱北侧底部出有保存完整的食肉类动物肢骨；在 B9 关键柱下发现熊的下颌骨。在南壁的西部洞壁上，清理出石花和薄的钟乳石，这说明 A 点曾是有洞顶的封闭式洞穴，不是天仓。北部胶结钙板向西倾斜延伸，堆积逐渐减少。在该层面的探方 F6 撬开巨石出现裂缝。在该层共发现动物化石 705 件，石制品 4 件。动物种类有鼢鼠、河狸、貉、棕熊、狼、犀牛、鹿、野猪和鸟。在该层面的 F6 撬开巨石出现裂缝。

　　第Ⅻ发掘层面（94.J.A.Ⅷ-Ⅻ）（图 2-27；图版四六，1）。在 A9 探方发现鬣狗下颌骨和熊的肢骨（图版四六，2）。在探方 A11 内的犀牛头骨西侧出现大角鹿的角和头骨，紧靠大角鹿角的北侧探方 B11 内出土熊的肱骨、尺骨、桡骨及掌骨（图版四六，3）。在探方 B10 和 C10 内发现 2 个熊的前肢。在关键柱西侧 B9 和 C9 探方又发现 1 具较完整的熊骨架，但其头部叠压在关键柱下（图版四六，4）。在探方 B4 内清剔出 1 个大型鸟的后肢，其大小与 1993 年在探方 B3 内发现的鸟的前肢相似，可能是同一个体。这些化石同在洞壁钙板之上，向南倾斜，高差约 0.3~0.4 米，代表当时的原始堆积层面。西南部的钙板向南倾斜，顺斜面在探方 E11~D11 内，在此发现同属一个个体的大型鸟的肢骨。可以断定，这个层面也是当时的原始堆积层面。在该发掘层面共发现动物化石 649 件，石制品 13 件。动物种类有鼢鼠、猎豹、鬣狗、猫科动物、棕熊、牛、鹿、野猪、兔、鸟和鱼。

　　第ⅩⅢ发掘层面（94.J.A.Ⅷ-ⅩⅢ）（图 2-28；图版四七）。主要发掘了中部堆积，多为大石块，石块间填充棕红色亚黏土，内含碎骨化石，但化石数量减少。探方 D6 已见下部巨石，接近底部堆积。在该层面共发现动物化石 422 件，石制品 8 件。动物种类有棕熊、狐、黄鼬、鹿、野猪和犀牛等。

　　从Ⅷ-ⅩⅢ层 F6 裂缝下去可见第ⅩⅢ层面的下部是北壁底部倒塌的大角砾胶结物，经勘探其底下是地下水，用竹竿探测由石块间隙到水面 1.8 米，水深 2.3 米（底部可能是石头不是洞底）。

　　至此，A 点洞穴发掘结束。

　　1993 至 1994 年发掘的标本是按第Ⅷ层的发掘层面（93.J.A.Ⅷ-Ⅰ~93.J.A.Ⅷ-Ⅹ 和 94.J.A.Ⅷ-Ⅺ~94.J.A.Ⅷ-ⅩⅢ）和探方号编号的，如 93.J.A.Ⅷ-Ⅰ.B1-2，表示第Ⅷ层第Ⅰ发掘层面 B1 探方的第 2 号标本。

　　综上，可以将 1993 年和 1994 年发掘的主要收获归纳为以下 4 点：

　　1. 主要发掘第Ⅷ层，分 13 个发掘层面进行发掘，发现了大量的动物化石以及丰富的文化遗物和遗迹。其中文化遗物中有近 190 件石制品、大量的动物烧骨和人类敲骨吸髓产生的碎骨片等，遗迹中有 9 个大小不一的灰堆。这些文化遗物和遗迹极大地丰富了金牛山遗址的文化内涵，为研究当时人类的生产和生活状态提供了重要的资料。

　　2. 在第Ⅷ层不同的发掘层面中共发现 9 个灰堆遗迹，在灰堆及其周围分布有烧骨和砸击的碎

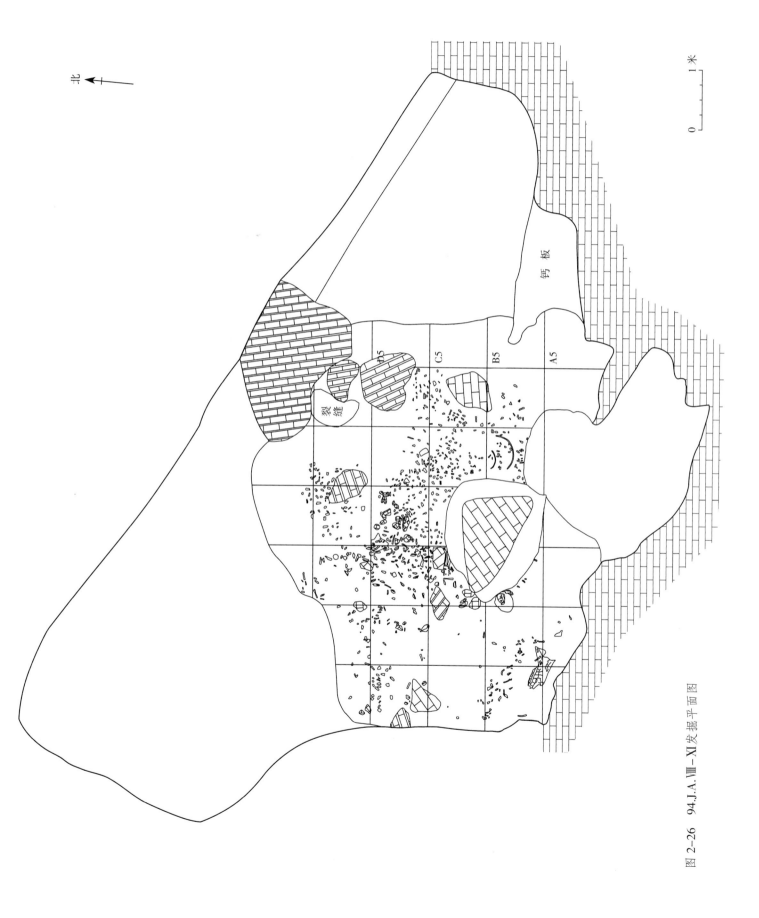

北

1 米

0

钙板

D5
C5
B5
A5

裂缝

图 2-26 94.J.A.Ⅷ－Ⅺ发掘平面图

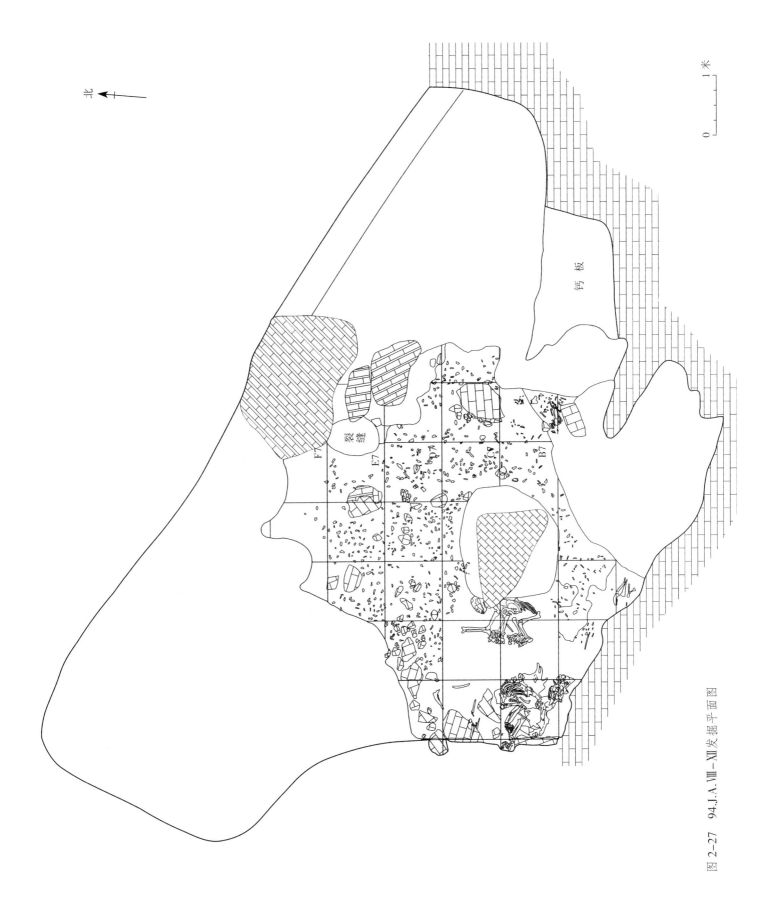

北

钙 板

裂缝

F7

E7

B7

图 2-27 94.J.A.Ⅷ-Ⅻ发掘平面图

0 1 米

北

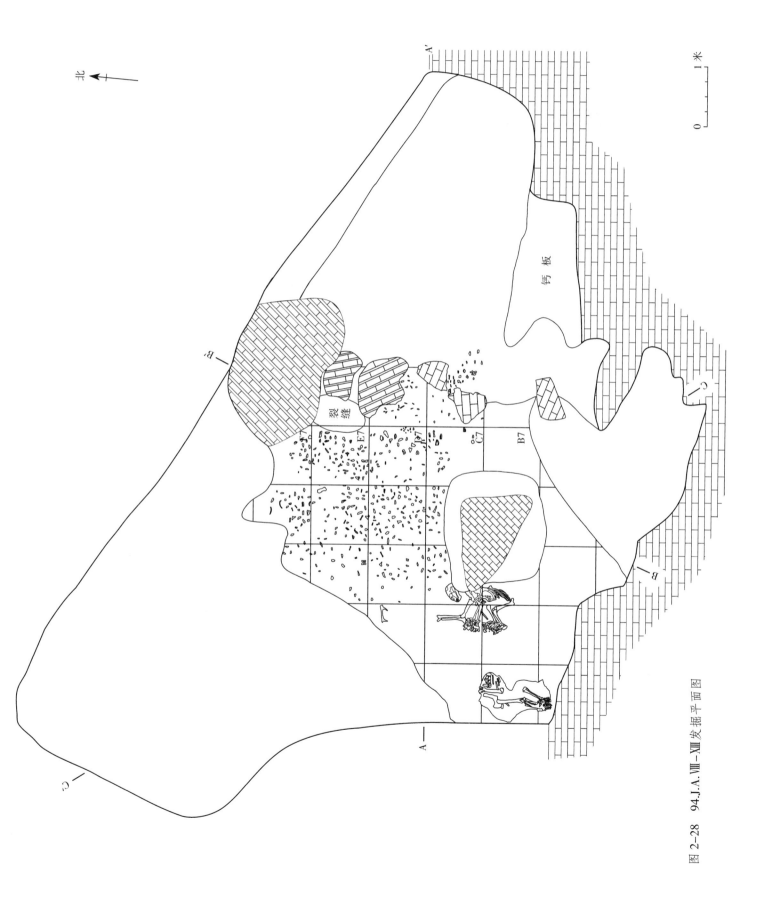

钙 板

裂缝

0　　　　1 米

图 2-28　94.J.A.Ⅷ-Ⅷ发掘平面图

骨片，说明每个发现灰堆遗迹的层面都应是古人类的生活居住面。这可以确认金牛山遗址 A 点洞穴是原始人类经常居住的地方。

3. 发现的 9 个灰堆遗迹为研究古人类用火和控制火的能力提供了宝贵的资料。其中 9 号是一个保存状况良好的最为典型的灰堆，直径为 0.77~1.19 米。该灰堆周边用大石块围筑，底部有用较大角砾摆成的近椭圆形石圈，角砾相接处都留出缝隙，以起到通风助燃的作用。这种用石块砌筑类似灶址的用火遗迹，在我国旧石器时代早期遗址里还是首次发现。

在发掘期间我们还做了封火模拟实验，观察用石块封火的条件、火种保存的时间以及烧烤兽骨的状况等。通过实验确定金牛山人已经完全具备长期保留和控制火种的能力。

4. 明确了金牛山遗址 A 点洞穴的堆积序列，洞内自上而下堆积层厚 16.8 米（其中发掘深度为 13.3 米，其下是未发掘的钙板和倒石堆，厚 3.5 米），共分 13 层，其中第Ⅷ层为主要文化层。1984 年"金牛山人"化石出土的层位是第Ⅷ层的第 1 发掘层（93.J.A.Ⅷ–Ⅰ），堆积为棕红色亚黏土含角砾。

中文文献

1. 北京大学考古学系：《金牛山遗址的发掘和意义——金牛山遗址发掘资料一》，1985 年 9 月。

2. 吕遵谔：《金牛山人化石的发现和意义》，《高等学校哲学社会科学研究优秀成果选编》第 1 辑，北京大学出版社，1985 年。

第三章　金牛山遗址的堆积

金牛山遗址 A 点洞穴保存有洞顶，岩性是白云质大理岩夹灰岩条带，洞顶保存厚度 0.15~1.7 米，表面风化严重（图 3-1；图版一四）。洞穴的北壁已被老乡采石破坏，现存北部的堆积宽度仅 1.3~2.2 米。北壁洞外基岩倒置，层面倾角 89°、81°、89°，节理面倾角 80°、80°、46°。南壁保存较完好，岩性为含镁大理岩夹灰岩条带。东面堆积已被发掘。1988 年发掘时找出东面的石灰岩基岩，基岩与南、北壁相连，因而可以确定 A 点洞穴东壁的范围（图版三二）。

A 点洞穴现存南北宽 8.6 米，东西长 11 米。

1986 至 1994 年发掘的西壁剖面厚约 16 米，从上往下可分 11 层（图 3-2）：

第 I 层：棕褐色粉砂质黏土层，较疏松，底部较致密，且含大块白云质大理岩石块。该层化石很少，仅筛选出一些啮齿类化石。厚 0.15~1.35 米。

第 II 层：黄褐色黏土质粉砂层，较致密坚硬，含白云质大理岩角砾和钙结核。钙结核分布呈不连续的层状，其中第①钙结核层厚 0.05~0.1 米；第②钙层不连续；第③钙层较厚，且连续成层，第③钙层层面平均走向 171.6°，倾向 261.6°，倾角 12.3°；第④钙层不连续分布。厚 1.3~3 米。发现动物化石 163 件，种类有狼 *Canis lupus*、洞熊 *Ursus spelaeus*、棕熊 *Ursus arctos*、黄鼬 *Mustela sibirica*、野猪 *Sus* sp.、赤鹿 *Cervus elaphus*、恰克图转角羚羊 *Spirocerus kiakhtensis*、野兔 *Lepus* sp.、仓鼠 *Cricetulus* sp.、鼢鼠 *Myospalax* sp.、田鼠 *Microtus* sp.、鼠兔 *Ohotona* sp. 以及鸟 Aves 等。

第 III 层：角砾岩层，胶结极坚硬，角砾主要成分为白云质大理岩。大者长 110、宽 70、厚 10 厘米，一般径长 30~42 厘米。部分角砾稍有磨圆。西北角为钙板向南渐变为角砾岩。厚 0.35~0.6 米。化石很少，且很难取出完整的化石，除一些啮齿类的牙齿和残破肢骨外，登记的标本有 23 件，动物种类有狼 *Canis lupus*、中华貉 *Nyctereutes sinensi*、野猫 *Felis* sp.、鹿 *Cervus* sp.、仓鼠 *Cricetulus* sp.、田鼠 *Microtus* sp.、鼠兔 *Ohotona* sp. 等。

第 IV 层：棕黄色砂质粉砂层，胶结一般，含黏土块、灰绿色板岩碎屑和灰岩角砾。个别灰岩砾岩块稍有磨圆。底部为一层厚 0.1~0.3 米的胶结坚硬的钙板。厚 0.7~1.5 米。发现动物化石 64 件，动物种类有狼 *Canis lupus*、棕熊 *Ursus arctos*、鼬 *Mustela* sp.、赤鹿 *Cervus elaphus*、牛 Bovidae gen.et.sp.indet.、马 *Equus* sp.、啮齿类和鸟的残肢骨。

第 V 层：大石块—角砾层，角砾较大，成分为白云质大理岩及富镁白云岩。砾径一般 30~50

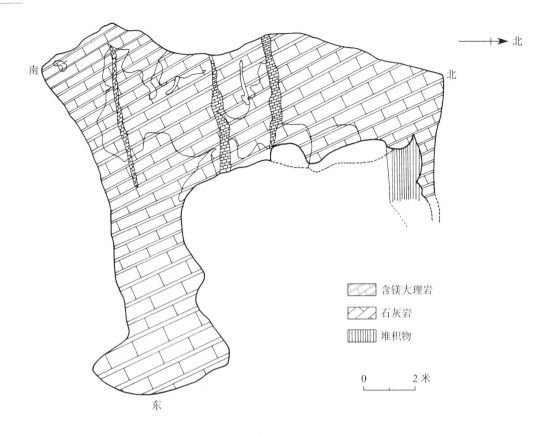

含镁大理岩

石灰岩

堆积物

0　　　2 米

图 3-1　金牛山遗址 A 点洞穴洞顶平面图

厘米，西南部大石块较多，最大的一块灰岩块长 200、宽 60、厚 50 厘米。砾间充填棕红色砂质粉砂，含化石。厚 1.5~2.7 米。发现动物化石 144 件，动物种类有棕熊 *Ursus arctos*、赤鹿 *Cervus elaphus*、野兔 *Lepus* sp.、鼬 *Mustela* sp.、野猪 *Sus* sp.、鹿 *Cervus* sp.、犀牛 *Dicerorhinus* sp.、仓鼠 *Cricetulus* sp.、鼢鼠 *Myospalax* sp.、田鼠 *Microtus* sp.、鼠兔 *Ohotona* sp.、鼩鼱 *Sorex* sp. 等。

第 VI 层：角砾—棕红色砂质粉砂土层，颜色较第 V 层更偏红，角砾相对较少。上部砾间充填较多的棕红色砂质粉砂土，含化石较集中，下部胶结坚硬，化石极少。厚 1.2~2.2 米。发现动物化石 232 件，种类有棕熊 *Ursus arctos*、狗獾 *Meles meles*、黄鼬 *Mustela sibirica*、梅氏犀 *Dicerorhinus mercki*、赤鹿 *Cervus elaphus*、野兔 *Lepus* sp.、肿骨鹿 *Megaloceros pachyosteus*、仓鼠 *Cricetulus* sp.、田鼠 *Microtus* sp.、野兔 *Lepus* sp.、鼠兔 *Ohotona* sp.、鼩鼱 *Sorex* sp. 和鸟 Aves 等。

第 VII 层：棕红色粉砂夹稀疏角砾层。松散，未胶结，局部可见水平层理及灰黑色透镜状砂层，透镜层厚 0.1~0.15、长 0.3~0.4 米，砂层中有铁锈网纹，部分水平层理在后期叠积角砾重力下略弯曲变形。该层的底部有断续延伸的薄钙层及层状排列的角砾石块与下部地层分隔。全层厚度变化较大，南部厚度大，向北呈楔形变薄。厚 0.55~3.2 米。发现化石 934 件，种类有棕熊 *Ursus arctos*、狼 *Canis lupus*、变异狼 *Canis variabilis*、中华貉 *Nyctereutes sinensis*、狐 *Vulpes* sp.、狗獾 *Meles meles*、梅氏犀 *Dicerorhinus mercki*、居氏大河狸 *Trogontherium cuvieri*、野猪 *Sus* sp.、肿骨鹿 *Megaloceros pachyosteus*、野兔 *Lepus* sp.、龟 *Chinemys reevesii*、鳖 *Amyda* sp. 及河蚌等。

第 VIII 层：棕红色砾质粉砂层，含有零星角砾，个别角砾较大，是主要的文化层。在该层底部

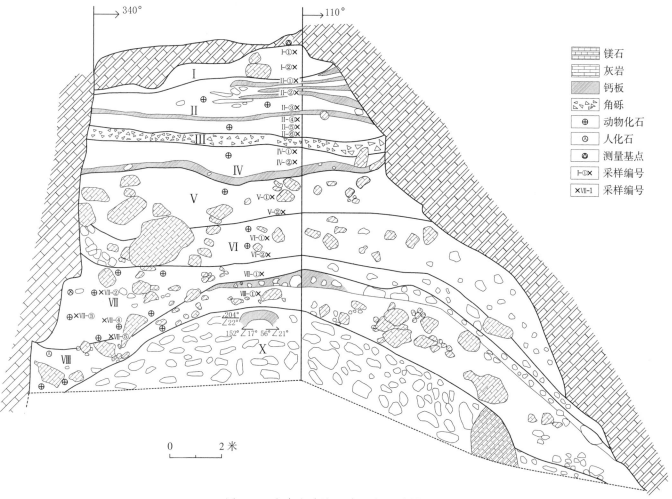

图 3-2　金牛山遗址 A 点洞穴西壁剖面图

的第Ⅷ–Ⅻ发掘层面，堆积集中在中部，多为大石块，有碎骨化石，但化石数量减少，在靠近北壁的探方 D6 已见下部巨石。厚 1.7~2.3 米（图 3-3）。

　　1984 年金牛山人发现的发掘层面归于 93.J.A.Ⅷ–Ⅰ。在第Ⅷ层的第Ⅰ发掘层面、第Ⅱ发掘层面、第Ⅲ发掘层面、第Ⅴ发掘层面、第Ⅵ发掘层面和第Ⅶ发掘层面先后发现了 9 个灰堆遗迹。在 13 个发掘层面均发现有石制品，共计 190 件。第Ⅷ层野外登记的动物化石标本共 10102 件，其中蚌壳 6 件、鱼胸鳍 4 件、鸟 393 件、哺乳动物的骨骼和牙齿 9699 件。在 9699 件哺乳动物的骨骼中有 7029 件为破碎的残骨，种属不可鉴，其余 2670 件可以鉴定种属，约占 27.6%。筛选的啮齿类化石有头骨、下颌骨和肢骨，其中田鼠的下颌骨就有 30664 件，但大多数残缺，保留有牙齿能鉴定的标本仅占 7%。动物的种类有狗獾 *Meles meles*、黄鼬 *Mustela sibirica*、中华猫 *Felis chinensis*、猎豹 *Acinonyx* sp.、豹 *Panthera pardus*、最后斑鬣狗 *Crocuta ultima*、变异狼 *Canis variabilis*、沙狐 *Vulpes corsac*、狐 *Vulpes Vulpes*、中华貉 *Nyctereutes sinensis*、棕熊 *Ursus arctos*、李氏野猪 *Sus lydekkeri*、肿骨鹿 *Megaloceros pachyosteus*、葛氏斑鹿 *Cervus grayi*、獐 *Hydropotes inermis*、狍 *Capreolus capreolus*、牛 Bovidae gen.et.sp.indet、黑线仓鼠 *Cricetulus barabensis*、变异仓鼠 *Cricetilus varians*、中国仓鼠 *Cricetulus griseus* 和大仓鼠 *Cricetulus triton*、黑线姬鼠 *Apodemus agrarius*、大林姬鼠 *Apodemus*

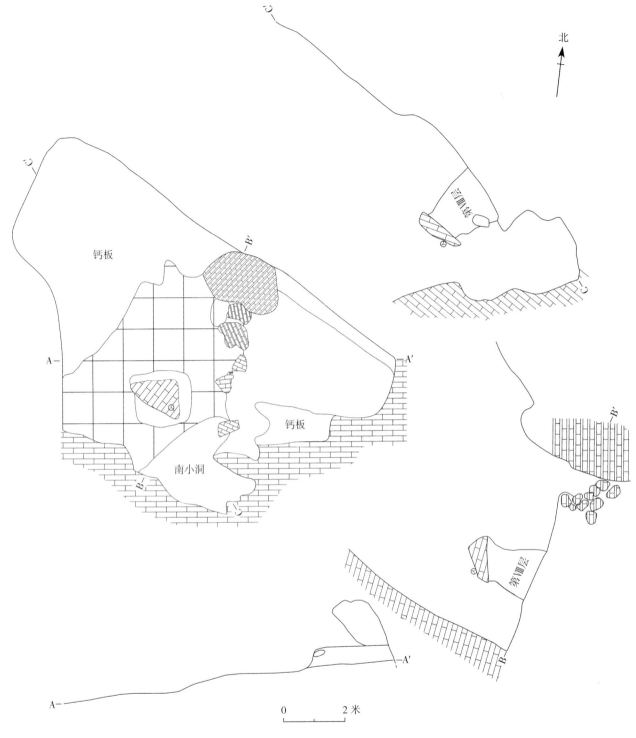

图 3-3　94.J.A.Ⅷ-Ⅻ底部平、剖面图

speciosus、姬鼠 *Apodemus* sp.、根田鼠 *Microtus oeconomus*、布氏田鼠 *Microtus bradti*、莫氏田鼠 *Microtus maximowiczii*、东方田鼠 *Microtus fortis*、棕背䶄 *Clethrionomys rufocanus*、红背䶄 *Clethrionomys rutilus*、鼢鼠 *Myospalax* sp.、河狸 *Castor fiber*、居氏大河狸 *Trogontherium Cuvieri*、小巨河狸? *Trogontherium minus*、野兔 *Lepus* sp.、鼠兔 *Ohotona* sp.、硕猕猴 *Macaca robustus*、貜

鼩 *Sorex* sp.。

鸟的种类有隼 *Falco* sp.、红隼 *Falco tinnunculus*、雀鹰 *Accipiter nisus*、鹰 *Accipiter* sp.、雕 *Aquila* sp.、金牛山秃鹫（新种）*Aegypius jinniushanensis* sp. nov.、秃鹫 *Torgos* sp.、鹇 *Lophura* sp.、环颈雉 *Phasianus colchicus*、鹌鹑 *Coturnix coturnix*、山鹑 *Perdix* sp.、鹤 *Gruidae* gen. et sp. indet.、吕氏秃鹳（新种） *Leptoptilos lüi* sp. nov、苇鳽 *Ixobrychus* sp.、鹦鹉 *Psittacula* sp.、金牛山草鸮 *Tyto Jinniushanensis*、耳鸮 *Asio* sp.、长耳鸮 *Asio otus*、林鸮? *Strix* sp.、小鸮 *Athene* sp.、赤膀鸭（赤颈鸭）*Anas strepera*、鹬 *Scolopacidae* sp.、丘鹬 *Scolopax rusticola*、鹡鸰 *Motacilla* sp. 等。

第Ⅸ层以下是局部勘察，未做发掘。

第Ⅸ层：钙板与浅棕红色粉砂质砂、砂质粉砂互层，单层钙板厚 0.04~0.08 米，钙板共 11 层，本层只见于南部"小龛"剖面，直接叠压在关键柱保留的第Ⅷ层之下。最大厚度 1.6 米，向南与南壁相连。底部出现大角砾，未继续向下发掘（图 3-4）。

第Ⅹ层：顶部是一层厚约 0.2 米的钙板，堆积物以巨石为主，夹有大小不一的角砾和黄色粉

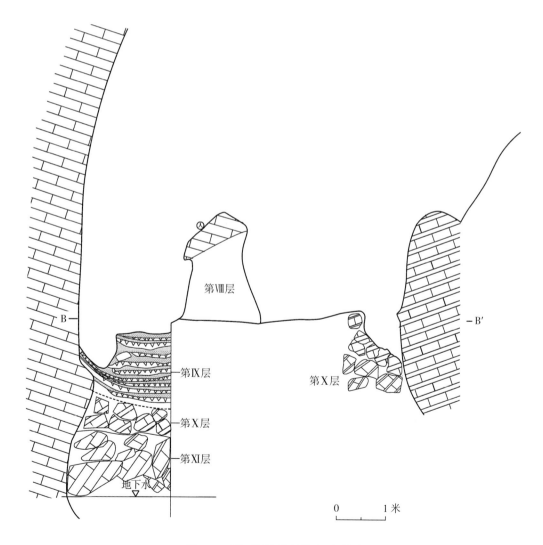

图 3-4　Ⅸ~Ⅺ层地层堆积示意图

砂土，粉砂土中有大量的啮齿类化石。巨石和角砾表面有溶蚀现象，且含有钟乳石。角砾倒石堆，几乎铺垫全洞底，最低点直通洞底基岩，堆积面倾向163°，倾角24°，角砾大者近50厘米，一般砾径20厘米左右，角砾经溶蚀及钙华膜包裹圆化呈次棱形至次圆形，堆积体表层有钙板胶结坚实，主体未胶结而且中空，全层北厚南薄，最大厚度约3米，是来自偏北方向的洞壁坍塌堆积。

第XI层：支撑洞底的破碎基岩岩块，因受地下水的淘蚀作用，石块间相互位移彼此架空，此处往下接近地下水位垂直振幅与水平动荡地带。

第四章　金牛山人化石研究

　　金牛山遗址 A 点出土的人类化石十分丰富，计有头骨 1 个（缺下颌骨）、脊椎骨 5 件、肋骨 2 件、尺骨及髋骨和髌骨各 1 件、腕骨 9 件、掌骨 2 件、指骨 7 件、跗骨 11 件、距骨 2 件、趾骨 13 件。这些化石除了 1 件指骨和 1 件脊椎骨是单独发现以外，其余的化石都集中发现于距洞穴南壁约 2 米处的 1.6 平方米范围内。从人类化石同在一个层面、分布集中、颜色相同、腕骨和跗骨等各部的关节面都能吻合连接在一起且没有左、右侧相同骨骼等情况判断，发现的全部骨骼属于同一个体。依照人类学和考古学的惯例，称之为"金牛山人"（图 4-1；图版四八）。

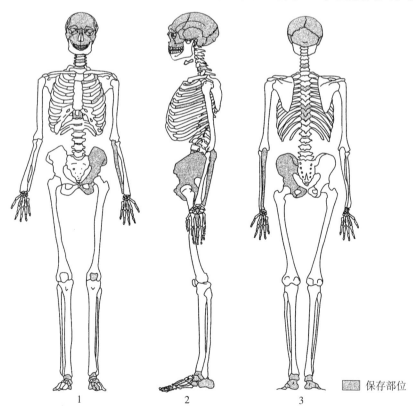

保存部位

图 4-1　金牛山人化石骨架保存状况示意图

1. 前面视　2. 侧面视　3. 背面视

第一节　金牛山人骨骼化石

一　头骨

头骨发现时被压在大石块下面，因而破碎。除额骨缺失较多以外，其他骨骼都能依裂缝拼对复原（图 4-2~4-6；图版四九 ~ 五三）。

金牛山人头骨硕大粗壮，颅长 206 毫米，颅宽 150 毫米，颅骨长宽指数为 72.8，属长颅型。颅穹窿较现代人明显低矮，颅高 126 毫米，颅长高指数为 61.2，属低颅型。颅宽的最大位置在两侧颞鳞的后上部，颅宽高指数为 84，属阔颅型。颅周长 591 毫米，颅矢状弧 365 毫米，颅横弧（过前囟点）为 302 毫米，脑量 1335 毫升。金牛山人的上面高（n-pr）为 73.5 毫米，颧宽（zy-zy）为 148 毫米，上面指数 49.7，介于阔面型和中面型之间。总面角（n-pr ∠ FH）为 89°，属于平颌型。齿槽突颌较弱。

（一）脑颅部分

金牛山人的脑颅部分有额骨、顶骨和枕骨，颞骨和蝶骨也大部分保存完好。

1. 额骨

额骨的眶上圆枕是影响面部形态的重要骨骼。左右两侧眉嵴相连，但不像北京人那样呈"一"字形，而是左右内侧段稍向下弯曲，眉间明显向前突出，两外侧段向后弯曲，形状与南京人相似

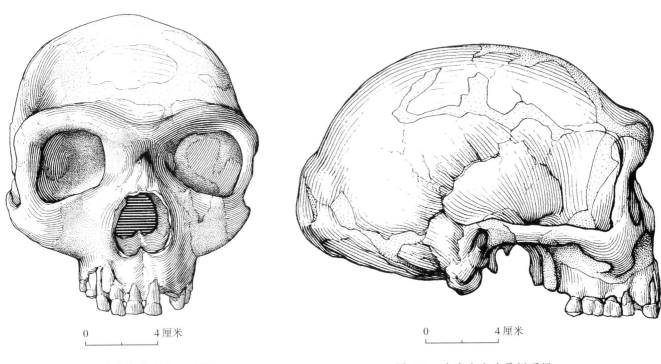

图 4-2　金牛山人头骨正面视　　　　　　　　　　图 4-3　金牛山人头骨侧面视

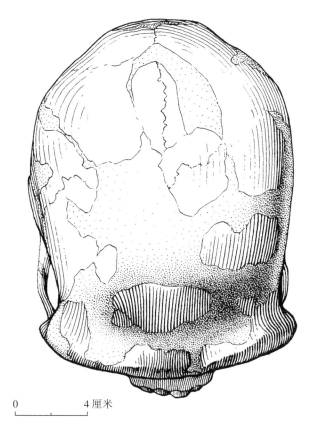

图 4-4　金牛山人头骨顶面视

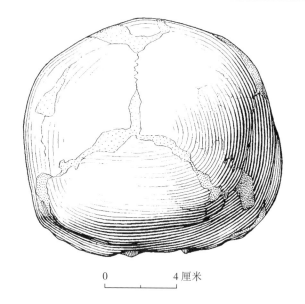

图 4-5　金牛山人头骨后面视

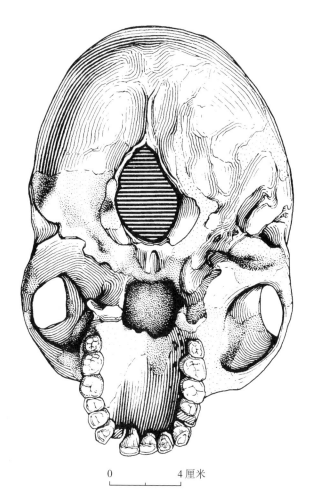

图 4-6　金牛山人头骨底面视

（图 4-2）。圆枕上沟平缓，不如北京人和南京人的深，而和大荔人的相似。眉间上点（sg）处远没有北京人和南京人突出。眶上圆枕长度较大，为 139.8 毫米，长于北京人和南京人 1 号头盖骨，而和大荔人相似。眶后缩窄区最窄处为 118.6 毫米，其眶后缩窄指数为 84.8。北京人 No.Ⅲ、No.Ⅴ和 No.Ⅻ分别为 80.7、82.9 和 81.2，和县人为 91，大荔人为 85.1。比较表明，金牛山人额骨的缩窄程度与大荔人相近，不如北京人，但比和县人更明显。

　　眶上圆枕，左侧眶内侧段、中段和外侧段的厚度分别为 14.3、10.3 和 13.8 毫米，右侧眶外侧段厚度为 13.6 毫米，内侧和中段厚度因残损无法测量。这种中段薄，内侧和外侧段厚的情况和北京人、南京人 No.1、郧县人 No.1、沂源人都相同，而和县人 PA830 则是中段厚于外侧段、而薄于内侧段（表 4-1）。

表 4-1　　　　　　　　　　　金牛山人眶上圆枕厚度测量及比较表　　　　　　　　　　　单位：毫米

标本	测量位置		厚度	标本	测量位置		厚度
金牛山人	左眶	内侧段	14.3	和县人[②]PA830	左眶	内侧段	19
		中段	10.3			中段	16
		外侧段	13.8			外侧段	12
	右眶	内侧段	15.2[**]		右眶	内侧段	18
		中段	11.8[**]			中段	17
		外侧段	13.6			外侧段	13
北京人 No.Ⅲ[*]	左眶	内侧段	13.2	南京人[③]No.Ⅰ	左眶	内侧段	13
		中段	11.8			中段	8.8
		外侧段	12.2			外侧段	12.5
	右眶	内侧段	13.4		右眶	内侧段	13
		中段	11.5			中段	10.6
		外侧段	12.1			外侧段	12.5
沂源人[①]No.Ⅰ	左眶	内侧段	13	郧县人[④]No.Ⅰ	左眶	内侧段	12.4
		中段	12			中段	11.7
		外侧段	16.5			外侧段	13.1（？）
	右眶	内侧段	–		右眶	内侧段	14.7
		中段	12			中段	10.7
		外侧段	14.7			外侧段	–

①引自吕遵谔等：《山东沂源猿人化石》，《人类学学报》1989 年第 8 卷第 4 期，第 306 页。
②引自吴汝康等：《安徽和县猿人化石的初步研究》，《人类学学报》1982 年第 1 卷第 1 期，第 4 页。
③引自南京市博物馆、北京大学考古学系汤山考古发掘队：《南京人化石地点 1993—1994》，文物出版社，1996 年，第 26 页。
④引自李天元等：《湖北郧县曲远河口人类颅骨的形态特征及其在人类演化中的位置》，《人类学学报》1994 年第 13 卷第 2 期，第 106 页。
* 数值由模型测得。
** 骨表面残，复原值。

眶上圆枕不具眶上孔，但有眶上切迹。在左眶上缘近内侧处有明显的眶上突，右眶则因此处稍残情况不详。这种特征和北京人、和县人、沂源人相同：北京人眶上突的位置更偏向外侧位于眶的中部；和县人的左眶不见眶上突，右侧的眶上突很弱；沂源人左眶（右眶此处残）也有眶上突。由于眶上突的存在，而使眶上切迹显得较深而窄，其程度和北京人及南京人 No.1 相近。

与眶上圆枕相连的额骨鳞部大部分缺失，仅保存了额鳞中前部一块骨片和其后左右侧两大块骨片，其他部分皆缺失。在保存的额鳞中前部的骨片中部，隐约能看出矢状嵴的痕迹。从保存的眶上圆枕外侧与额鳞相交界处可见弱的圆枕上沟，圆枕上沟似由眶上圆枕平缓向额鳞过渡，不像北京人和南京人呈宽而深的沟状，与和县人 PA830 头盖骨近似，也近似于爪哇猿人的头盖骨（黄万波等，1982）。

金牛山人的冠状缝因额骨后部多残缺，只能看到不完整断断续续的骨缝，但幸运的是有一段正和顶骨矢状缝相交，可以确定前囟点的位置。

金牛山人的额骨低平，由额鳞向后呈弱弧形延伸。由正中矢状线向左右侧也呈漫坡状向外下延伸，额顶平滑，弧度缓弱，不像北京人和南京人的额部呈两面坡状。额骨的矢状弦和矢状弧分别为115毫米和134毫米，额曲度指数是85.8；顶骨的矢状弦和矢状弧分别为113.9毫米和122毫米，金牛山人的额骨稍长于顶骨。这种情况和北京人、南京人相似而和现代人不同，也可以说是一种原始性质。但金牛山人这两块骨骼长度却又相差很小，可以说明它正由原始向进步方向演变。

　　从侧面观察，眉间隆突明显向前突出，鼻根点（n）到眉间上点（sg）弦长39.5毫米、弧长48毫米，眉间曲度指数为82.3。这一数据接近北京人平均值以及和县人、南京人和大荔人。金牛山人的脑部曲度指数为94.9，落入5个北京人头盖骨脑部曲度范围之中，和北京人平均值很接近，和大荔人95.5更为近似。关于金牛山人的眉区及脑部的测量数值见表4-2。金牛山人的最小额宽、最大额宽及额横指数见表4-3。

　　金牛山人额骨高度的数值见表4-4。表中共5项：第1项耳门前囟高金牛山人的数值和北京人No.X的相等，其他4项两者也很相近。从表中可以看到金牛山人额骨高度接近北京人No.X头盖骨，显示了它的额骨是较低平的。

　　可以利用其他测量数据和有关的人类化石作比较。从表4-5中可以看出金牛山人的头长和头宽都比北京人大，而与大荔人和昂栋人接近，也和西方早期智人相似，与柳江人和山顶洞人相去甚远。

表4-2　　　　　　　金牛山人额骨眉间区、脑部测量、指数及比较表　　　　　单位：毫米

测量项目	金牛山人	北京人[1]									南京人 No.I	蓝田人[2]	和县人*	大荔人*	马坝人*
		No.II	No.III	No.X	No.XI	No.XII	个体数（n）	分布范围（R）	均值（X̄）	标准差（S.D.）					
鼻根点—眉间上点弦长（n-sg）	39.5	22	22	25	21	28	5	21~28	23.6	2.88	21	33	30	28	24
鼻根点—眉间上点弧长（n^sg）	48	28	25	28	26	32	5	25~32	27.8	2.68	25	37	37	35	33
眉间上点—前囟点弦长（sg-b）	81.6	82.5	83	94	89.5	88	5	82.5~94	87.4	5.03	73	86	75	95.5	–
眉间上点—前囟点弧长（sg^b）	86	93	88	96	97	91	5	88~97	93	3.67	76	88?	80	100	–
眉间曲度指数	82.3	78.6	88	89.3	80.8	87.5	5	78.6~89.3	84.9	4.8	84	89.2	81.1	80	72.9
脑部曲度指数	94.9	88.8	94.3	98	92.3	96.7	5	88.8~98	94	3.65	96.1	97.7	93.8	95.5	–

[1]引自 Weidenreich F., The skull of *Sinanthropus pekinensis*: a comparative study on a primitive hominid skull, Palaeontologica Sinica, New Series D. 10. 1943. 107, Tab X、IX.
[2]引自吴汝康：《陕西蓝田发现的猿人头骨化石》，《古脊椎动物与古人类》，1966年第10卷第1期，第4页。原表眉间曲度指数为89。
* 由模型测得。

表 4-3 　　　　　　　　　　　　金牛山人额骨宽度测量及比较表 　　　　　　　　　　　单位：毫米

测量项目	马丁号	金牛山人	北京人[1]									南京人 No. I[2]	蓝田人	和县人[3]
			No. II	No. III	No. X	No. XI	No. XII	测量数值统计						
								个体数（n）	分布范围（R）	平均值（X̄）	标准差（S.D.）			
最小额宽（ft-ft）	9	110.3	84？	81.5	89	84	91	5	81.5~91	85.9	3.94	90.8	92	93
最大额宽（co-co）	10	128*	108？	101.5	110？	106	108	5	101.5~110？	106.7	3.23	101	109？	118.4
额横指数（ft-ft/co-co）×100	9/10*100	86.2	77.8？	80.3	80.9	79.2	84.2	–	–	80.5	–	89.9	84.4	78.5

①引自 Weidenreich F., The skull of *Sinanthropus pekinensis*: a comparative study on a primitive hominid skull, Palaeontologica Sinica, New Series D. 10. 1943.

②引自南京市博物馆、北京大学考古学系汤山考古发掘队：《南京人化石地点 1993—1994》，文物出版社，1996 年，第 47 页。

③引自吴汝康等：《安徽和县猿人化石的初步研究》，《人类学学报》1982 年第 1 卷第 1 期，第 7 页。

* 左侧冠状缝有缺损，为复原值。

表 4-4 　　　　　　　　　　　　金牛山人额骨高度测量及比较表 　　　　　　　　　　　单位：毫米

测量项目	马丁号	金牛山人	北京人[1]									南京人 No. I
			No. II	No. III	No. X	No. XI	No. XII	测量数值统计				
								个体数（n）	分布范围（R）	平均值（X̄）	标准差（S.D.）	
耳门前囟高 b-po	20	106	–	96.5	106	94	101.5	4	94~106	99.5	5.34	96
前囟点垂直 g-op（i）垂高	Bh¹w	76.5	78？	68	80	66	72.5	5	66~80	72.9	6.09	62
颅顶点垂直 g-l 垂高	22b	57.4	57？	47	57.5	45	49.5	5	45~57.5	51.2	5.75	45
前囟点垂直 n-o 垂高	Bh²w	99.8	–	89	97*	90	95	4	89~97	92.7	3.86	82.5
颅顶点垂直 n-o 垂高	vhw	106.1	–	103**	106*	100	101	4	100~106	102.5	2.65	99

①引自 Weidenreich F., The skull of *Sinanthropus pekinensis*: a comparative study on a primitive hominid skull, Palaeontologica Sinica, New Series D. 10. 1943. 107. TabXIX.

* 原著表中此项空白，据原著者 182 图测得数值。

** 原著表中此项数值为 103 毫米，但据 181 图实测为 100.3 毫米。

　　金牛山人额骨鳞部后面骨骼有些缺失，故关于两额结节的位置和它们的距离以及厚度包括额中点（m）的位置都不能精确确定，其相关数据缺如。

　　通过额骨的各种角度，可以了解金牛山人额骨发展的情况。关于额骨的各种角度的数值见表 4-6。表 4-6 共列出 5 项测量数据。这些角度越大则说明额骨越隆起，体质上越进步。第一项金

表 4-5　　　　　　　　　　金牛山人头骨长、宽、高度测量及比较表　　　　　　　　　　单位：毫米

标本 ＼ 项目及马丁编号		头长 g-op 1	头宽 eu-eu 8	颅高 ba-b 17	耳门前囟点高 po-b 20	正中矢状弧 n° 25	颅横弧 po^po（经 b） 24
金牛山人		206	150	126	106	365	302
北京猿人[1]	均值范围	196.9（6）188~213	140.3（4）137.2~143	115（复原）	99.5（4）94~106	330（3）321~337	286.8（4）277~310
大荔人[2]		207	149	118	102.5	379	299
昂栋人[3]	均值范围	203（6）197~219.5	146（6）138~156	122.7（6）118~131	107.4（6）105~111	353.3（6）338~381	287.2（6）275~305
西方早期智人[4]	均值范围	199.6（16）183~215	147.6（16）132~158	125.7（15）109~139	109.7（14）98~121	363.4（14）292~403	307.6（7）294~333
柳江人[5]		189.3	142.2	134.8	114.8	374	323
山顶洞人 101[6]		204	143	136	148	388.5	323
现代人[7]		158~203	124~157	123~141	104~121	343~398	286~344

[1]引自邱中郎、顾玉珉、张银运、张森水：《周口店新发现的北京猿人化石及文化遗物》，《古脊椎动物与古人类》1973 年第 11 卷第 2 期，第 109~131 页。
Weidenreich F., The skull of *Sinanthropus pekinensis*: a comparative study on a primitive hominid skull, Palaeontologica Sinica, New Series D. 10. 1943.
[2]引自吴新智等：《陕西大荔县发现的早期智人古老类型的一个完好头骨》，《中国科学》1981 年第 2 期，第 201~206 页。
[3][7]引自 Weidenreich F., The skull of *Sinanthropus pekinensis*: a comparative study on a primitive hominid skull, Palaeontologica Sinica, New Series D. 10. 1943.
[4]引自 Suzuki H, Hanihara K, The Minatogawa Man: The Upper Pleistocene man from the Island of Okinawa. The University of Tokyo Bulletin, No.19. Tokyo: University Museum. 1982.
[5]引自吴汝康：《广西柳江发现的人类化石》，《古脊椎动物与古人类》1959 年第 1 卷第 3 期，第 97~104 页。
[6]引自吴新智：《周口店山顶洞人化石的研究》，《古脊椎动物与古人类》1961 年第 3 卷第 3 期，第 181~203 页。

表 4-6　　　　　　　　　　金牛山人额骨角度测量及比较表　　　　　　　　　　单位：度

测量项目	马丁号	金牛山人	北京人[1] No.II	No.III	No.X	No.XI	No.XII	个体数（n）	分布范围（R）	平均值（X）	标准差（S.D.）	南京人 No.I	和县人[2]	大荔人[3]	昂栋人[4] 均值	范围	西方早期智人[5] 均值	范围	现代人[6] 均值	范围
额下部倾角 ∠ m-g-op（i）	32,a	60*	–	62	63	61	56	4	56~63	60.5	3.11	58	58	72	62（6）	54~66	68.2（20）	57~85	83.2	72~96
额倾角 ∠ b-n-op（i）	32,1	45.9	45?	44	46.5	42	44	5	42~46.5	44.3	1.64	46	~	54	48.7（5）	46~55	48（8）	39~56	50.8	45~59
额鳞倾角 ∠ b-g-op（i）	32,2	42.4	45?	42	45	38	42.5	5	38~45	42.5	2.87	43	41	50	45.8（6）	41~54	49.5（21）	42~66	–	56.5~61
眉间倾角 ∠ sg-n-op（i）	32,3	72.7	–	73	70	55	65	4	55~73	65.8	7.89	68	–	–						
额骨曲度角 ∠ m-n-b		22.5*	18	22	21	24	16	5	16~24	20.2	3.19	20	–	–						

[1][4][6]引自 Weidenreich F., The skull of *Sinanthropus pekinensis*: a comparative study on a primitive hominid skull, Palaeontologica Sinica, New Series D. 10. 1943. 107, TabXIX.
[2]引自吴汝康等：《安徽和县猿人化石的初步研究》，《人类学学报》1982 年第 1 卷第 1 期，第 7 页。
[3]引自吴新智等：《陕西大荔县发现的早期智人古老类型的一个完好头骨》，《中国科学》1981 年第 2 期，第 204 页。
[5]引自 Suzuki H, Hanihara K, The Minatogawa Man: The Upper Pleistocene man from the Island of Okinawa. The University of Tokyo Bulletin, No. 19. Tokyo: University Museum. 1982.
* 因额鳞缺损相对较多，额中点 m 的位置不易精确确定，此项为复原值。

牛山人的额下部倾角∠m-g-op（i）的数据为60°，与和县人、南京人No.1很近，也和4个北京人的平均值60.5°相差无几。第二项金牛山人的额倾角∠b-n-op（i）为45.9°，北京人5个个体的平均值为44.3°，大荔人为54°，昂栋人5个个体的平均值为48.7°，西方早期智人8个个体的平均值为48°，现代人平均为50.8°。金牛山人的数值比南京人No.1和北京人No.X仅大2°，额骨倾角比较分析，金牛山人的额骨前部比北京人的略为隆起，但比大荔人的低平，也弱于昂栋人以及西方早期智人。表中的第三项额鳞倾角∠b-g-op（i）金牛山人为42.4°，南京人No.1为43°，北京人No.Ⅱ、No.X、No.Ⅻ分别为45°（？）、45°和42.5°，都很相近。另外表中的前三个项目，金牛山人角度的数据都比大荔人为小。整体上看，金牛山人额骨的垂向膨隆程度较为原始。

金牛山人额骨长、宽和指数见表4-7。

额部的前囟位指数、额骨曲度指数和额横指数表明额部的扁平程度，指数愈大则愈原始，反之则表示在其发展序列中愈进步。由表4-7可知，金牛山人的这3个指数均在直立人范围内，说明金牛山人额骨的这一部分特征也是比较原始的。

2. 顶骨

金牛山人的顶骨比较完整，仅矢状缝左侧处缺失一小条骨片。其矢状缝尚清晰，前端接额骨，后端连枕骨。矢状缝形态较简单，应属微波型。其两侧未见顶骨孔。从后面观察矢状缝处较两侧

表4-7　　　　　金牛山人额骨长、宽测量、指数及比较表*　　　　　单位：毫米

测量项目	马丁号	金牛山人	北京人① No.Ⅱ	No.Ⅲ	No.X	No.Ⅺ	No.Ⅻ	个体数（n）	分布范围（R）	平均值（X）	标准差（S.D.）	南京人No.Ⅰ	蓝田人②	和县人③
额骨矢状弦长 n-b	29	115	113	102	115	106	113	5	102~115	109.8	5.54	92	–	99?
额骨矢状弧长 n⌒b	26	134	123	115	129	122	124	5	115~129	122.6	53	101	–	120?
额骨最小宽 ft-ft	9	110.3	84?	81.5	89	84	91	5	81.5~91	85.9	3.94	90.8	92	93
额骨最大宽 co-co	10	128	108?	101.5	110?	106	108	5	101.5~110?	106.7	3.23	101	109	118.4
前囟点垂直于 g-op（i）前段长	bp¹w	83.9	81?	74	74	79.5	78	5	74~81	77.3	3.19	66	–	–
前囟位指数	bp¹/₁₍₂₎	40.7	41.8	39.4	37.2	41.4	39.9	5	37.2~41.8	39.9	1.83	34.9	–	–
额骨曲度指数	29/26	85.8	91.9	88.7	89.1	86.9	91.2	5	86.9~91.9	89.6	21	91.1	–	82.5
额横指数	9/10	86.2	77.8?	80.3	80.9	79.2	84.2	5	77.8~84.2	80.5	2.38	89.9	84.4	78.5

①引自 Weidenreich F., The skull of *Sinanthropus pekinensis*: a comparative study on a primitive hominid skull, Palaeontologica Sinica, New Series D. 10. 1943. 106、107, TabXIX, 110, TabXXI.

②引自吴汝康：《陕西蓝田发现的猿人头骨化石》，《古脊椎动物与古人类》1966年第10卷第1期，第4、8页。

③引自吴汝康等：《安徽和县猿人化石的初步研究》，《人类学学报》1982年第1卷第1期，第4、7页。

* 表中北京人数值第6项由计算所得，第7项原表北京人No.Ⅱ、No.Ⅲ和No.X分别为91.8、90.5和89.2，第8项的77.8为本文著者计算所得，原表为空白。蓝田人、和县人的额横指数为计算所得。

顶骨有稍隆起的趋势，是矢状脊的遗留。在前囟点后 42 毫米范围内，矢状缝两侧的顶骨较平，有向两外侧倾斜略呈两面坡的屋脊形。右侧顶骨结节不及左侧的发育，两者之间距离约为 112 毫米（直线测量）。其厚度左侧为 6.5 毫米，右侧破损。总体来说，金牛山人的顶结节都不很发育，且头骨厚度较薄，顶骨切迹比北京人深，和大荔人相近。顶骨乳突角没有北京人那样发达。

金牛山人的顶骨矢状弦（b-l）长 113.9 毫米，矢状弧（b⌒l）长 122 毫米，顶骨曲度指数为94.2。大荔人的这一指数为 93。据吴新智所提供数据计算而得，和县人的顶骨曲度指数为 93.6，可知金牛山人的顶骨曲度指数与和县人、大荔人相当。其左顶骨前缘复原后的弦长为 98.3 毫米，前缘复原后的弧长为 106 毫米，顶骨前缘曲度指数为 92.7；右顶骨前缘复原后的弦长为 93.8 毫米，弧长为 102 毫米，曲度指数为 91.9。这两个指数比大荔人顶骨左右侧的曲度指数 87.7 和 86 稍大。金牛山人的左、右顶骨复原后的后缘弦长和弧长分别为 88.3、100 毫米和 95、104 毫米，顶骨后缘曲度指数分别为 88.3 和 91.3，也比大荔人的 87.6 数据大。这说明金牛山人顶骨这些部位的扁平程度都比大荔人更大（表 4-8）。从左右侧顶骨后缘曲度指数看金牛山人头骨的这一部位略显不对称，左侧比较饱满，右侧比较平些。

表 4-8　　　　　　　　　　　　　　金牛山人顶骨测量及比较表　　　　　　　　　　　　单位：毫米

测量项目		金牛山人*	北京直立人①	南京人②	大荔人③	欧洲中更新世古人化石	Ceprano④	Petralona⑤	Arago47⑥
顶骨矢状弧（M27.b⌒l arc）		122	92~113	102	115	98?~128	98?	114	103
顶骨矢状弦（M30.b-l chord）		113.9	86~106	96.4	107	95~119	95	106	96
顶骨曲度指数（M30/M27）		94.2	94.5	94.5	93		96.9?	93	93.2
顶骨前缘弧长 [M27（2）.Arc b⌒sphn]	左侧	106	99~102.5	100	104	100~110		100	110
	右侧	102			103				
顶骨前缘弦长 [M30（2）.b-sphn]	左侧	98.3	89~89.5	82	91.2	85.5~92		85.5	92
	右侧	93.8			88.6				
顶骨前缘曲度指数 [M30（2）/M27（2）]	左侧	92.7	97.3~89.9	82	87.7	83.6~85.5		85.5	83.6
	右侧	91.9			86				
顶骨后缘弧长 [M27（3）.l⌒ast arc]	左侧	100	88.5~93	108	105	103~117	112	110	117
	右侧	104					103		
顶骨后缘弦长 [M30（3）.l-ast chord]	左侧	88.3		90	92	74.5~102	98	98.5	102
	右侧	95					92		
顶骨后缘曲度指数 [M30（3）/M27（3）]	左侧	88.3	89.2~94.8	83.3	87.6	87.2~89.5	87.5	89.5	87.2
	右侧	91.3					89.3		

①引自 Weidenreich F., The skull of *Sinanthropus pekinensis*: a comparative study on a primitive hominid skull, Palaeontologica Sinica, New Series D. 10. 1943.

②引自南京市博物馆、北京大学考古学系汤山考古发掘队：《南京人化石地点 1993—1994》，文物出版社，1996 年，第 47 页。

③引自吴新智等：《陕西大荔县发现的早期智人古老类型的一个完好头骨》，《中国科学》1981 年第 2 期，第 201~206 页。

④引自 Ascenzi A, Mallegni F, Manzi G, et al. A re-appraisal of Ceprano calvaria affinities with *Homo erectus* after the new reconstruction. Journal of Human Evolution, 2000. 39: 443-450.

⑤⑥引自 Lumley M-A de, Grimaud-Hervé D, Li TY, et al. Les cranes d'*Homo erectus* du site de l'Homme de Yunxian, Quyuanhekou, Quingqu, Yunxian I et Yunxian II, Province du Hubei, République Populaire de Chine. In: H. E. Lumley et Li T eds, Le site de l'homme de Yunxian, Quyuanhekou, Quingqu, Yunxian, Province du Hubei. Paris: CNRS. 2008.

* 金牛山人为复原值。

金牛山人顶骨的颞线左侧因残缺不很清晰，右侧只在额骨上能隐约见到颞线的痕迹，至顶骨后则开始变得模糊，颞线残长 65 毫米，上、下颞线的间距为 2.8~6 毫米。

3. 枕骨

保存比较完整，仅枕骨大孔左侧部分骨骼缺失，左侧枕髁只保留了前 1/3。

人字缝大部分愈合，其中段呈微波型。金牛山人枕骨的枕平面长度明显小于项平面长度，亦即 1-op（i）的距离 40.2 毫米，小于项平面 62.4 毫米。枕平面和项平面的过渡部分呈圆枕状，而不是像北京人那样急剧的角状过渡。这种情况很接近大荔人的枕部特征。

金牛山人的枕脊不很发育，远没有北京人和南京人那样横贯整个枕鳞，只是从枕外隆突之上向左右延伸各约 45 毫米，而且枕脊向后突出的程度和北京人相差较远，其枕脊的整个结构和大荔人很相似。

项平面比较平坦，枕外脊从枕外粗隆点向下前 23 毫米处开始，向前直达枕骨大孔后缘处，脊长 43.2 毫米。

上项线由枕外嵴后端开始，向后左右弯曲弧形上突，行至枕鳞处变得细微呈锐嵴状。下项线低矮不如上项线清晰，但从枕外嵴后端向前 16 毫米处（即对应于颅内的枕内隆凸处），可看到两侧下项线的起点，往两侧的走行则逐渐模糊直至消失。在枕外嵴下项线起点处，以枕外嵴为中心形成一个方形平面。枕外嵴不像现代人那样粗直，而是在下项线之前的枕外嵴两侧各自形成两条较宽的沟，使枕外嵴由下项线到枕骨大孔后缘的部分变得细而锐。枕外嵴的后端，两侧上项线呈弧形向两侧伸展时，各自与横行的较弱的枕脊汇合，在枕外粗隆点 [op（i）] 到枕外嵴后端这一范围内形成一个相对较平滑的三角形面。

在项平面以枕外嵴为界将项平面分为左右两侧，右侧项面的表面比较平滑，仅在对应于颅内小脑窝中心位置的项平面上，有一较高出的约呈方形的骨块，其面积约为 24.5 毫米 × 24.5 毫米的正方形。这个正方形骨块的表面平滑。枕外嵴左侧的表面较粗糙，在与右侧的正方形骨块对称的位置，也有一块约呈圆形的骨块，面积比右侧的为小，且其表面稍凸出。在这块近圆形骨块外侧的骨面上有几条棱嵴，棱嵴间为深浅不一的浅沟，因而显得左侧项面更为高低不平且整体有向外下凸出的趋势。枕骨曲角 [∠1-op（i）-o] 为 105.3°。

枕骨大孔较大，近椭圆形，后端较尖，长 48.6、宽 34.3 毫米。枕骨大孔倾角 151.5°。右侧枕髁基本完整，左侧后 2/3 部分残破。枕骨测量数据见表 4-9。

枕骨的基底部比较完整，和枕骨大孔前部相连接处，也就是枕骨大孔前缘骨壁较薄，不像现代人那样斜着向前达咽结节，而且较陡直向上前达咽结节，且咽结节很不明显。大孔前缘到基底部（咽结节附近）厚 3.8 毫米，而现代人同一部位达 10 毫米；现代人由咽结节向后到左右两枕髁各形成一条长约 5 毫米的嵴和大孔前缘形成一个凹的三角形，而金牛山人因咽结节很不明显，所以同一部位较平坦。另外枕髁高出枕骨大孔前缘 12 毫米，而现代人只高出 6 毫米。从侧面观察金牛山人的基底部（由基底部前缘到枕骨大孔前缘点做一直线，到弧底的最大深度）深 5 毫米，而现代人深只有 2 毫米。在基底部的表面，金牛山人由咽结节向前约 4 毫米开始有左右各一条嵴直达基底部的前缘。两嵴中，右侧的粗大，左侧的细小，两嵴中间是一条 4.5 毫米的浅沟，在左侧嵴的外侧也有一条约 5 毫米宽的浅沟，而右侧嵴的外侧不见浅沟。这种结构和现代人不同，后者基本上最平的或只有细小的不规则的嵴。

表4-9　　　　　　　　　　　　　　金牛山人枕骨测量及比较表　　　　　　　　　　　　　　单位：毫米

测量项目	金牛山人	北京直立人[①]	和县人[②]	大荔人[③]	欧洲中更新世人[④]	现代人[⑤]
枕骨上鳞弧［M28（1）.l^i arc］	42	49~55		84		
枕骨上鳞弦［M31（1）.l-i chord］	40.2	47~52.5		71		
枕骨上鳞曲度指数［M31（1）/M28（1）］	95.6	95.4~96		84.5		
枕骨下鳞弧［M28（2）.i^o arc］	67	60~67		41		
枕骨下鳞弦［M31（2）.i-o chord］	62.4	57~63		40	35~49.5	
枕骨下鳞曲度指数［M31（2）/M28（2）］	93.1	94~96.6		97.6		
枕骨矢状弧（M28.l^o arc）	109	100?~118	110	122	109~129	112.7~120.3
枕骨矢状弦（M31.l-o chord）	82.6	75.8?~86	83	88	87~94.3	95.8~98.8
枕骨曲度指数（M31/M28）	75.8	71.6~75.8	75.5	72.1	70.5~83.9	82.4~85.1
枕外隆凸点—枕内隆突点距离	37.2	27.5~38	22	18		
枕骨倾角Ⅰ［M33（1a）.l-op（i）-n］	71.3°	60~70				80.9（♂）~82.1（♀）
枕骨倾角Ⅱ［M33（1b）.l-op（i）-g］	68.6°	57~68				78（♂）~78.7（♀）
枕骨下鳞倾角［M33（2a）.o-op（i）-n］	32.9°	34~43				31.1（♂）~33.8（♀）
枕骨总倾角（n-o-l）	105.4°	88~99				98（♂）~96.8（♀）
枕骨大孔倾角（n-ba-o）	151.5°					
枕骨曲度［l-op（i）-o］	105.3°	98~106	101°	99°	110.5~129.1°	

①引自 Weidenreich F.， The skull of *Sinanthropus pekinensis*: a comparative study on a primitive hominid skull，Palaeontologica Sinica, New Series D. 10. 1943.

②引自吴汝康等：《安徽和县猿人化石的初步研究》，《人类学学报》1982年第1卷第1期，第4、7页。

③④引自吴新智等：《陕西大荔县发现的早期智人古老类型的一个完好头骨》，《中国科学》1981年第2期，第201~206页。

⑤中国解剖学会体质调查委员会编：《中国人体质调查》，上海科学技术出版社，1990年，第72~73页。栏目中未注性别者，数据是按地区统计，只取最大和最小平均值。

4. 颞骨

两侧颞骨较完整，仅颞鳞边缘有残损，但根据尚保留在顶颞缘的生长线来看，都能修补复原，不妨碍测量和研究。

右侧的颞骨保留得更好些。颞鳞上缘呈弧形，其最高点在垂直于外耳门往前一些，而不是垂直于耳门上点，因此其弧形向后则较缓。不像北京人颞鳞较为平直，而和大荔人相近。右侧外耳门保留完整，呈椭圆形，其长轴略向前倾斜，与颧弓构成一锐角（表4-10）。

颧弓较纤细、平直，位置也较低，其上缘在眼耳平面以下。颧弓的走向不似大荔人的与法兰克福平面平行，而是和眼耳平面构成一向前下方向的约10°的夹角。颞鳞中心厚度为4毫米，较其他人类化石为薄。

金牛山人的颞鳞高左、右分别为44.5、46毫米，颞鳞长左、右侧分别为72.3、74毫米，两侧的长高指数分别为61.5、62.2（表4-11）。

表4-11的测量数据显示，金牛山人的颞骨总长度86.3毫米，与大荔人和北京人的No.Ⅲ、No.Ⅺ、No.Ⅻ比较接近，但短于郧县人Ⅱ和Ngandong 6、Ngandong 12。颞鳞长落于北京人变异

表 4-10　　　　　　　　　　　　金牛山人颞骨的外耳门测量、形态及比较表 *　　　　　　　　　单位：毫米

标本	高	宽	形状	长轴方向
金牛山人	19.3（右）	7.4（右）	椭圆形	前倾
郧县人 No.Ⅱ（右）	19	11	椭圆形	垂直
北京人 No.Ⅲ（右）	8	10.5	椭圆形	水平
北京人 No.Ⅲ（左）	8	11.5	椭圆形	水平
北京人 No.Ⅴ（右）	12	9.5	椭圆形	垂直
北京人 No.Ⅴ（左）	14	9	椭圆形	垂直
北京人 No.Ⅺ（左）	10	10	椭圆形	
北京人 No.Ⅻ	9	11	椭圆形	水平
和县人	10（左）	8（左）	椭圆形	前倾
	11（右）	8（右）		
Sangiran 2			圆形	
Sangiran 17（右）	12	11	圆形	
Ngandong 7（右）	15	10	椭圆形	垂直
Ngandong 7（左）	13	9	椭圆形	垂直
Narmada	17	12	椭圆形	亚垂直
现代人（n=30）			椭圆形	前倾

* 北京人数据依 Weidenreich F.，　The skull of *Sinanthropus pekinensis*: a comparative study on a primitive hominid skull，Palaeontologica Sinica, New Series D. 10. 1943.；和县人数据依吴汝康等：《安徽和县猿人化石的初步研究》，《人类学学报》1982 年第 1 卷第 1 期；Sangiran、Ngandong、Narmada 以及现代人数据引自 Lumley M-A de, Grimaud-Hervé D, Li TY, et al. Les cranes d'*Homo erectus* du site de l'Homme de Yunxian, Quyuanhekou, Qingqu, Yunxian I et Yunxian II, Province du Hubei, République Populaire de Chine. In : H. E. Lumley et Li T eds, Le site de l'homme de Yunxian, Quyuanhekou, Qingqu, Yunxian du Hubei. Paris: CNRS. 2008.

范围之内，与 No.Ⅲ、No.Ⅻ 以及 Narmada 相近；颞鳞长高指数高于北京人变异范围的上限，与郧县人 No.Ⅱ、和县人、大荔人和许家窑人接近。

下颌关节窝左侧的保存较完整，长 24.5、宽 28.9 毫米；深度较浅，仅 10 毫米。恐怕是人类化石头骨下颌关节窝较浅的一例。比郧县人 No.Ⅱ 的 11.7 毫米为浅，比北京人 No.Ⅲ、No.Ⅺ 和 No.Ⅻ（分别为 13、15 和 15 毫米）更浅。也比大荔人和许家窑人（11.5 和 13.4 毫米）为浅，仅和 Sangiran17（右）相近，比 Narmada 的 7 毫米为深。下颌关节窝的长度比郧县人 No.Ⅱ、5 个北京人都大，略短于大荔人、许家窑人和 Sangiran4、Sangiran2、Sangiran17。下颌关节窝宽和北京人 No.Ⅺ 及许家窑人相近。关节结节低矮。总之，下颌关节窝形态在人类演化中变异较大，彼此相差也很大，可能与颌骨及牙齿的功能状况存在较大的联系（表 4-12）。

乳突较小，右侧长 18、宽 16 毫米，乳突下部呈扁形，且向内弯曲。鼓乳裂清晰。左侧乳突破损。

左侧茎突破损，右侧保存。长 11 毫米，其底部前后距离为 7.4 毫米，内外距离为 11 毫米，呈三棱形的尖形。茎突的尖部锐利，没有残破的痕迹，和现代人的茎突结构完全不同。

5. 蝶骨

右侧蝶骨保存较完整，左侧的部分缺失。左侧蝶骨因有破损，所以和额骨、顶骨及颞鳞等骨

表 4–11　　　　　　　　　　　　金牛山人颞骨测量及比较表*　　　　　　　　　　单位：毫米

标本		颞骨总长度	颞鳞长	乳突部长	指数（乳突部长×100/颞骨总长）	颞鳞高	颞鳞长高指数[（颞鳞高/颞鳞长）×100]
金牛山人	左	86.3**	72.3			44.5	61.5
	右	85**	74	18	21.2	46	62.2
郧县 No. II	左	108	81	27	25		63.3
北京人 No. III		89	74	15	16.8		
北京人 No. XI		90	65	25	27.8		
北京人 No. XII		90	74	16	17.8		北京人：45.2~57.3**
和县人[①]	左		70			42	60
大荔人		89**	72	24	27**	46.5	64.6
Sangiran 17		93	79	14	15		
Ngandong 6		99	71	28	28.3		
Ngandong 12		94	71	23	24.5		
Narmada		87	73	14	16.1		
Arago21–47		95	83	12	12.6		欧洲中更新世人 69.3~79.7**
许家窑人[②]			69			44.5	64.5
现代人（n=30）		86.4	64.4（51~78）	14.6~20	20.2	42（32~54）	65.2（49.4~87.5）

①引自吴汝康等：《安徽和县猿人化石的初步研究》，《人类学学报》1982年第1卷第1期，第3页。

②引自吴茂霖：《许家窑人颞骨研究》，《人类学学报》1986年第5卷第3期，第220~226页。

* 除金牛山人和许家窑人外，均引自 Lumley M-A de, Grimaud-Hervé D, Li TY, et al. Les cranes d'*Homo erectus* du site de l'Homme de Yunxian, Quyuhekou, Quingqu, Yunxian I et Yunxian II, Province du Hubei, République Populaire de Chine. In: H. E. Lumley et Li T eds, Le site de l'homme de Yunxian, Quyuanhekou, Quingqu, Yunxian Province du Hubei. Paris: CNRS. 2008.

** 为复原值。

结合的骨缝都不很清晰，只隐约地看到翼区为 H 型。右侧蝶顶缝长 9 毫米。

从颅底部可以见到左右两侧翼突的内侧板和外侧板，两板之间有一深的纵行弧形沟槽，沟槽宽 7.5~14、长 25 毫米。翼突内侧板和外侧板的构造与现代人相似，只是沟槽比现代人较短些。

在翼突根部有卵圆孔，卵圆孔的后面稍偏外侧有较小的棘孔。棘孔的后方有一个小的三棱形尖状突。这种构造和现代人基本相似，不同的是金牛山人的卵圆孔和棘孔排列的位置与现代人有区别。现代人的棘孔位置常更向外侧偏移，因而其后的三棱状尖状突也随之偏移，致使卵圆孔、棘孔和三棱尖状突不在前后一条直线上。金牛山人三者基本处于一条直线上。另外，金牛山人颅底的左侧卵圆孔后面因稍有残破而棘孔情况不详。两侧翼窝保存很好，和现代人同部位骨骼的区别是稍向前倾斜，且窝的表面不是很光平。

（二）面颅部分

保存基本完整。右侧上颌骨额突、两眶的内侧壁及部分下壁和上壁残缺，两侧上颌骨颧突也有明显缺损，其余部分基本完好。经修复后面部基本完整，但下颌骨、犁骨等骨骼缺失。

表4-12　　　　　　　　　　金牛山人颞骨下颌关节窝测量及比较表 *　　　　　　　　单位：毫米

标本	长	宽	深	长深指数	宽深指数	长宽指数
金牛山（左）	24.5	28.9	10	40.8	34.6	84.8
郧县人 No. Ⅱ（左）	20	31	11.7	58.5	37.7	64.5
郧县人 No. Ⅱ（右）	（20）	（30）	11	55	36.7	66.7
北京人 No. Ⅲ（右）	18	25	11.5	63.9	46	72
北京人 No. Ⅲ（左）	16		13	81.3		
北京人 No. Ⅴ（左）	21		15	71.4		
北京人 No. Ⅺ（左）	21	27	15	71.4	55.6	77.8
北京人 No. Ⅻ（左）	18	23	15	83.3	65.2	78.3
大荔人（右）	25	32	11.5	46	35.9	78
大荔人（左）	25	35	11.5	46	32.9	71.4
许家窑人	27.2	30	13.4	49.2	44.7	90.7
Sangiran 4（右）	（27）	（31）	17.5	64.8	56.5	87.1
Sangiran 4（左）	26	31	15.5	59.6	50	83.9
Sangiran 2	28	23	13	46.4	56.5	82.1
Sangiran 17（右）	27	26	8	29.6	30.8	96.3
Narmada	31	25	7	80.6	28	80.6
现代人1	24.5	24.5	15	61.2	61.2	100
现代人2	23~27	21.5~26	12.5~16.5			
现代人3		19~29	5~9			

* 许家窑人的对比数据引自吴茂霖：《许家窑人颞骨研究》，《人类学学报》1986年第5卷第3期；其他对比数据引自 Lumley M-A de, Grimaud-Hervé D, Li TY, et al. Les crânes d'*Homo erectus* du site de l'Homme de Yunxian, Quyuanhekou, Quingqu, Yunxian I et Yunxian II, Province du Hubei, République Populaire de Chine. In: H. E. Lumley et Li T eds, Le site de l'homme de Yunxian, Quyuanhekou, Quingqu, Yunxian Province du Hubei. Paris: CNRS. 2008.

1. 鼻骨

　　金牛山人鼻骨的骨缝比较模糊，对观察有一定的影响。金牛山人的额鼻缝呈上凸的弧形，向两侧稍低并向外侧延伸，额鼻缝略高于额颌缝，和欧洲的尼安特人额鼻缝明显上凸不同。金牛山人的鼻骨较大荔人宽。由鼻根点下行约在鼻梁上1/3处，鼻骨外侧缘向内侧收缩变窄，再向下行又逐渐变宽，形成弧形。因此，鼻骨在鼻梁中、上1/3交接处鼻骨最窄。鼻梁较窄，鼻中缝不明显，左右鼻骨在鼻中缝处为嵴状连接过渡，呈明显的、较锐的隆起，尤以上1/2最为明显。金牛山人的梨状孔下缘为鼻前窝型。

　　金牛山人鼻根点凹陷程度属于分级中的3级，即鼻根点位置甚深，凹陷极明显。从侧面观察鼻额缝处形态，可见额骨鼻突向前突出，与鼻骨上部形成一个极为明显的转折。

　　金牛山人的鼻骨与南京人的鼻骨形态明显不同。南京人 No. Ⅰ 头骨的鼻骨保存完好，额鼻缝清晰，呈稍向上弯曲的弧线型。其鼻骨上宽10毫米，最小宽在中部稍上处，为8.2毫米，最宽处在鼻尖点上6毫米处，宽19毫米；外侧缘长17毫米（直线距离）；鼻中缝位置处是一条很浅的沟；

鼻根点下凹；鼻梁下凹的弧度很深。鼻梁呈狭窄的嵴形，鼻尖朝向前上方。

北京人 No.Ⅲ 的鼻骨上宽 17.3、最小宽为 17、外侧缘长 23 毫米，鼻骨下部虽然残破不能测得准确的数值，但根据复原头骨看，鼻骨呈上下宽度相似的亚腰长方形，鼻根点下凹较浅，鼻梁下凹弧度较小且不呈嵴状，和金牛山人也有明显的区别。

金牛山人的鼻高 53.3、鼻宽 31.6 毫米，鼻指数为 59.4，鼻指数属特阔鼻型。其鼻骨最小宽为 7.6、最小宽高为 4.6 毫米，鼻根指数为 60.5。北京人和南京人的鼻指数均为 57.1，属阔鼻型。但鼻根指数却相差较大，北京人的鼻根指数为 10.7，南京人的是 36.6（表 4-13）。金牛山人的鼻根指数明显高于北京人和南京人。

金牛山人的鼻骨由眉间点到鼻尖点的弦长 29.3、弧长 32 毫米，由弦到鼻中缝最大垂直距离为 7.2 毫米，鼻梁弦弧指数为 91.6，扁平指数为 24.6。南京人 No.Ⅰ 头骨的鼻骨由眉间点到鼻尖点的弦长 31、弧长 34 毫米，由弦到鼻中缝最大垂直距离为 7 毫米，鼻梁弦弧指数为 91.2，鼻梁扁平指数为 22.6。北京人复原颅骨前三项数值分别为 29、30 和 3 毫米。根据复原模型测得弦弧指数为 96.7，扁平指数为 10.3。蓝田人的鼻骨由眉间点到鼻尖点的弦长 37、弧长 40 毫米，由弦到鼻中缝最大垂直距离为 9 毫米，鼻梁弦弧指数为 92.5，扁平指数为 24.3。大荔人的鼻骨由眉间点到鼻尖点的弦长 29.5、弧长 32 毫米，由弦到鼻中缝最大垂直距离为 6.3 毫米，鼻梁弦弧指数为 92.2，扁平指数为 21.4（表 4-14）。由测量数值看，金牛山人鼻骨的下塌程度与南京人、蓝田人和大荔人相似，而与北京人相差较大，北京人的鼻梁下塌程度远不如前三者，鼻梁表现得更为平缓。

2. 颧骨

左侧颧骨与额骨、蝶骨及上颌骨相连，组成大致完整的左眼眶；右眼眶局部稍残破。从形态上观察颧额缝较清晰，但表皮稍有剥落。颧额切迹不明显，不似北京人复原颅骨那样稍弯曲。额蝶突不显著突出，左宽 12 毫米，右宽 11 毫米，比北京人 No.Ⅻ 和大荔人及南京人 No.Ⅰ 都窄狭。颞突较薄弱，左右厚度均为 4.3 毫米，宽分别为 8 毫米和 12 毫米。额蝶突和颧颞切迹比较见表 4-15。

表 4-13　　　　　　　　　　金牛山人鼻骨测量及比较表*　　　　　　　　　　单位：毫米

测量项目	马丁号	金牛山人	北京人	南京人 No.Ⅰ
鼻宽	54	31.6	30	28.2
鼻高 n-ns	55	53.3	52.5	49.4
鼻骨最小宽 sc	57	7.6	14（C17）	8.2
鼻骨最小宽高 ss		4.6	1.5	3
鼻指数		59.4	57.1	57.1
鼻根指数		60.5	10.7	36.6
鼻骨上宽	57（2）	13**	18（17.3）	10
鼻骨最大宽	57（1）	15.9**	18	19
鼻骨外侧缘长	56（2）	21**	22（23）	17

* 北京人数据引自 Weidenreich F., The skull of *Sinanthropus pekinensis*: a comparative study on a primitive hominid skull, Palaeontologica Sinica, New Series D. 10.1943，（　）内数据引自第 72 页；南京人数据引自南京市博物馆、北京大学考古学系汤山考古发掘队：《南京人化石地点 1993—1994》，文物出版社，1996 年。

** 复原值。

表 4-14   金牛山人颅骨鼻骨下塌程度测量及比较表 *   单位：毫米

测量项目	金牛山人	南京人 No. I	北京人	蓝田人	大荔人
眉间点—鼻尖点弦长（g-rhi）	29.3	31	29	37*	29.5**
眉间点—鼻尖点下凹弧长	32	34	30	40	32**
鼻中缝—弦（g-rhi）最大垂直距离	7.2	7	3	9	6.3
鼻梁弦弧指数	91.6	91.2	96.7	92.5	92.2
鼻梁扁平指数	24.6	22.6	10.3	24.3	21.4

* 除南京人和金牛山人以外，其余数据皆由模型测得。南京人数据引自南京市博物馆、北京大学考古学系汤山考古发掘队：《南京人化石地点 1993—1994》，文物出版社，1996 年。

** 鼻尖处稍残。

表 4-15   金牛山人额蝶突和颧颞切迹测量及比较表 *   单位：毫米

测量项目		金牛山人 左 / 右	南京人 No. I 左①	北京人 No.XII 左	蓝田人 右	大荔人 右
额蝶突宽		12 /11	19	16.7	13.5	13
颧颞切迹	宽	12.5/ 右残	14.5	18.3	25.5	16
	深	4.5/ 右残	7	5	6	5

①引自南京市博物馆、北京大学考古学系汤山考古发掘队：《南京人化石地点 1993—1994》，文物出版社，1996 年。

* 除金牛山人和南京人以外，其余皆由模型测得。

金牛山人的左右颧骨和上颌骨连接处都有不同程度破损，故其左、右颧上颌切迹形状不清楚。颧骨体的颧面较平，由眶下缘至咬肌缘高 31.2 毫米，北京人的高 31.5 毫米，两者很接近。颧高，即由颧额缝最外侧点（fmt）到颧颌点（zm），右侧为 51.1 毫米，左侧为 50.4 毫米。

金牛山人颧骨的颧面不见颧面孔，但北京人的颧骨却有此孔，南京人与金牛山人相同也无颧面孔。两颧弓由向外侧转向后方并以基本上是平直的走向和颞骨连接。颧弓细弱，上下宽 5.5~10 毫米，内外厚 4~7 毫米。用魏敦瑞的方法测得金牛山人的颧面倾角为 49°，北京人 No.XII 和南京人 No. I 皆为 50°，马坝人约为 49°，柳江人为 47°，山顶洞人 103 号头骨为 43°，大荔人 42°（表 4-16；图 4-7）。可见金牛山人的颧面朝向前方，和马坝人、南京人及北京人非常接近。北京人、南京人 No. I 和现代的爱斯基摩人颧面都向前方，具有明显的蒙古人种特征。而不具有蒙古人种特征的新苏格兰人和现代欧洲人的倾角很小，皆为 30°。非洲的罗德西亚人颧面倾角仅 29°。著者测量了在国内发现的古人类头骨和西周、战国时期及现代人的头骨，所测颧面倾角的数值在 33.5° 到 50° 之间，其中化石人头骨平均为 44.6°，现代头骨平均是 35.8°。较大的颧面倾角是蒙古人种的特征。东亚人类化石人的颧面倾角明显较大，这与这一地区化石人类蒙古人种成分更多有关。现代人此项测量值相对变小，似乎是和全新世以后的人类基因交流增多有关。若从个体考虑，则现代人最大的颧面倾角也高达 48°，接近北京人和南京人。而人类化石中如山顶洞 101 和 102 号头骨的鼻颧角数值却又和现代人相近，看不出化石人和现代人蒙古人种成分的差异。由于所测的化石人类和现代人类颅骨数量不多，正确的解释尚待更多的发现与研究。

表 4–16　　　　　　　　　　金牛山人颅骨颧面倾角测量及比较表 *

标本	角度	标本	角度	标本	角度
黑猩猩	84°	北京人 No.Ⅻ	50°	西周时期人	38°
大猩猩	70°	南京人 No.Ⅰ	50°	战国时期人	44°
爱斯基摩人（阿拉斯加）	57°	金牛山人	49°	现代中国人（1）	48°
爱斯基摩人（格陵兰）	55°	马坝人	约49°	现代中国人（2）	42.5°
猩猩	52°	柳江人	47°	现代中国人（3）	42°
新苏格兰人	30°	山顶洞人（103号）	43°	现代中国人（4）	40°
欧洲人	30°	大荔人	42°	现代中国人（5）	35°
美兰尼西亚人	30°	山顶洞人（101号）	36°	现代中国人（6）	34°
罗德西亚人	29°	山顶洞人（102号）	35°	现代中国人（7）	33.5°

* 左栏及北京人数值引自 Weidenreich F., The skull of *Sinanthropus pekinensis*: a comparative study on a primitive hominid skull, Palaeontologica Sinica, New Series D. 10. 1943. Plate XLVI, Fig.166.

金牛山人的颧上颌角（∠ zm-ss-zm）为126.1°，鼻颧角（∠ fmo-n-fmo）为145.9°。由表 4–16 可看出不同人群在颧面倾角上的变化是很明显的。这两项角度愈大，则颧骨愈朝向前方。颧骨朝向前方是蒙古人种的主要特征，与前面颧面倾角的含义相同。金牛山人这两个角度较大。

3. 上颌骨

大体完整，但左右侧上颌骨颧突以及右上颌骨前表面的局部直至梨状孔外侧缘部分有破损。右侧的额突也大部分缺失。两侧额突与鼻骨、泪骨以及额骨间的骨缝较模糊，使其接触情况不十分清晰。可测得左额突宽约 8.8 毫米。因两侧眶下孔处破损，该孔情况不得而知。其他部分尚保存完好。

上颌骨牙槽突的前部双侧犬齿之间并不像现代人那样向前突出而是较平坦的，曲度较小，不似现代人那样呈圆弧形。两侧犬齿处

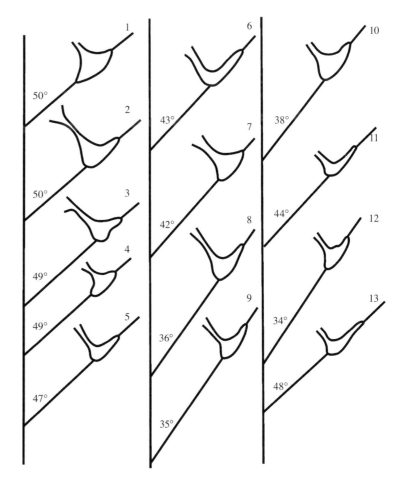

图 4–7　金牛山人颅骨颧面倾角及比较图

1. 北京人 No.Ⅻ　2. 南京人 No.Ⅰ　3. 金牛山人　4. 马坝人　5. 柳江人　6. 山顶洞人 103　7. 大荔人　8. 山顶洞人 101　9. 山顶洞人 102　10. 西周时期人　11. 战国时期人　12、13. 现代中国人

牙弓转折较明显，齿槽转折向后外延伸，到第 2 臼齿后缘又开始向内收缩。这使得金牛山人两侧后牙列夹角较小，齿弓形状为"U"字形，即前齿列（门齿，犬齿）排列几近一直线，两侧颊齿列（前臼齿，臼齿）较为平直。上颌骨左、右两犬齿之间的齿槽前面，即由鼻棘点至上齿槽前点之高度为 21.1 毫米，两犬齿间之距离为 49.4 毫米。左外侧门齿和右第 1 前臼齿断掉，牙根尚保留在各自的齿窝中；由于左外侧门齿断掉，所以该处之齿槽上缘小部分残缺，尚保存在齿窝中的牙根管清晰，其直径约为 1.5 毫米。上面高（n-pr）为 73.5 毫米。

腭横缝因该处残损，情况不清。硬腭腭面较平滑，不见明显的嵴和瘤，这种情况和现代人完全不同。金牛山人上颌骨齿槽弓长 59 毫米，齿槽弓宽 68.2 毫米，上颌齿槽指数为 115.5，按照此指数分类为短颌型。腭长 49.4 毫米，腭宽 36.9 毫米，腭指数为 74.7，属狭腭型；腭高 15.5 毫米，腭高指数为 42，应归于高腭型（表 4-17）。

上颌骨的牙齿除左外侧门齿及右第 1 前臼齿生前即崩断外，其余牙齿皆保存完好（详见后面的牙齿部分）。金牛山人的牙齿硕大，门齿磨耗较为严重，但尚能清晰地看到底结节和指状突的剩余部分。两左右门齿内外侧的边缘也能看出是铲形的特征。左右第 3 臼齿咬合面上的尖和棱嵴十分清晰，其大小比前面的其他牙齿都小，而且看不到磨耗的痕迹。根据牙齿萌生及磨耗程度，可认为金牛山人的年龄已经成年，约为 20 岁左右的青年个体。

眶下孔因残缺情况不详。颧颌缝走向也因骨骼破损情况不详，该骨缝仅保留有最靠下的部分。

金牛山人的眼眶保存相对较好，由额骨、上颌骨、颧骨等构成。由额骨组成的眶上壁和由颧骨组成的眶外侧壁较完好。蝶骨大翼大部分保存，眶上裂、眶下裂、筛骨以及泪骨大部分都缺失。两眶呈平直的圆角方形，两眶外侧稍向下倾斜，和大荔人相似。左眶宽（mf-ec）49.7、高（眼眶入口最大径）36.1 毫米，眶指数 I 为 72.7，属低眶型，与南京人和北京人不同，后者的眶指数分别为 78.6 和 81.8，属于中眶型（表 4-18）。

表 4-17　　　　　　　　金牛山人上颌及硬腭测量及比较表 *　　　　　　单位：毫米

测量项目	马丁号	金牛山人	南京人 No. I	北京人	新石器时代人
上颌齿槽弓长（pr-alv）	60	59	64	64	54
上颌齿槽弓宽（ecm-ecm）	61	68.2	70	71	69
齿槽弓后宽	62（1）	65	67.2	66	56
齿槽弓前宽（第 1 前臼齿前缘）	61（2）	54	46	46	41
腭长（ol-sta）	62	49.4	53	52	43
腭宽（enm-enm）	63	36.9	41	39	41
腭高或腭深	64	15.5	9	12	13
腭高指数		42	22	31	32
腭指数		74.7	77.4	75	95
上颌齿槽指数		115.5	109	111	127.8

* 北京人复原头骨数值引自 Weidenreich F., The skull of *Sinanthropus pekinensis*: a comparative study on a primitive hominid skull, Palaeontologica Sinica, New Series D. 10. 1943. 142, Tab. XXXII.

标本	眶宽 I mf-ec		眶宽 II 的 d-ec		眶高 I		眶高 II		两眶宽	眶指数 I
	左	右	左	右	左	右	左	右	ec-ec	眶高 I ×100/ 眶宽 I
金牛山人	49.7	48.5*	47.6	48.5*	36.1	35.3*	35	35*	122.7	72.7（左）
南京人 No. I [1]	42	42	39	39	33	33	32	32	94	78.6
北京人复原颅骨 [2]	44		40		36		–		–	81.8

表 4-18　　　　　　金牛山人眶宽、眶高、眶指数及比较表　　　　　单位：毫米

①引自南京市博物馆、北京大学考古学系汤山考古发掘队：《南京人化石地点 1993—1994》，文物出版社，1996 年。

②引自 Weidenreich F., The skull of *Sinanthropus pekinensis*: a comparative study on a primitive hominid skull, Palaeontologica Sinica, New Series D. 10. 1943. 141, Tab. XXXII.

* 金牛山人右眼眶稍残。

二　脊椎骨

共发现 5 件金牛山人的脊椎骨，其中颈椎 1 件，其余 4 件皆为胸椎。除第 9 胸椎棘突稍残外，其余的保存都基本完整（图版五四）。描述如下：

（一）第 6 颈椎

第 6 颈椎（84.J.A.H-2）（图 4-8；图版五四，1），较完整，仅两个横突孔前部残破，但根据保留部分可复原孔的全貌。

和现代人同位的颈椎相比，显得椎体较大，椎体的厚度和上下矢状径及横径都稍大于现代人。椎体上面的两侧都明显向上隆起。和左右隆起连接椎体上面的后缘也显得粗厚。这种结构虽然能加强椎间盘和第 5 颈椎连接的牢固性，但两节颈椎间的活动程度比现代人可能稍差些。在椎体下表面两侧都有明显的滋养孔，但其形态和现代人不同，而是在椎体的两侧各有一个直径约 3 毫米

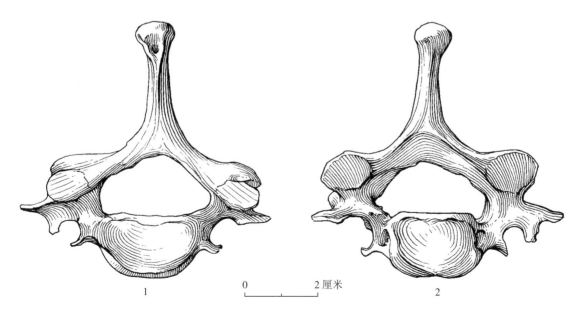

0　　　2厘米

1　　　　　　　　　　　2

图 4-8　金牛山人第 6 颈椎（84.J.A.H-2）

1. 上面　2. 底面

的浅窝，窝的底部各有两个纤细的滋养孔。由于这种构造，椎体和横突孔的距离则比现代人稍大一些。椎体后壁的上、下关节面向后突出，使椎体中间呈横向凹形。

横突孔稍有残破，但从保留的部分看，横突孔的直径约为 6~7 毫米，大致和现代人的相似。

椎孔比现代人的大，呈三角形，其矢状径和横径分别为 15.1 和 27.8 毫米，现代人为 15 和 25.5 毫米[1]。

椎弓比现代人粗厚，但上关节突的大小和形状与现代人相似，不同的是金牛山人的关节突稍向后倾斜，上关节突和下关节突也较厚大并向外侧突出。两个上关节突的下部各有一个滋养孔。

棘突粗大，且形状也和现代人不同，呈扁圆柱状。在棘突的下部有一条顺长轴的脊，到终端变平变扁形成一扁的粗隆，在脊的两侧各形成一个小凹。

棘突呈条形，长 32 毫米（由椎弓后缘至终端），最宽处在根部（即左右两椎弓接触处），为 12 毫米，上、下厚 10.7 毫米，在终端则变细宽仅 5.5 毫米，上下厚 6 毫米，最后形成一膨胀的扁形粗隆，并稍向后倾斜，宽 10.2 毫米，厚 7 毫米。

和现代人比较，金牛山人第 6 颈椎最特别处就是棘突的倾斜度问题。金牛山人第 6 颈椎棘突上缘倾角为 10°，下缘倾角为 9°，而现代人这一倾角为 40°，其上缘倾角为 41°，肉眼即可看出金牛山人的第 6 颈椎棘突几乎和椎体是平的，为何与现代人相差这么大值得研究。

（二）第 4 胸椎

第 4 胸椎（84.J.A.H-3）（图 4-9；图版五四，2），保存基本完整，仅椎体的左下缘和右下关节面稍有残缺，修补后则测量无碍。

综观全貌，和现代人同位脊椎比较显得稍大些。其他细部结构相差无几。

椎体前下缘附近有一个较大的滋养孔，开口向下；前上缘处有和椎体平行的 5 个小孔。椎体较现代人为大，上矢状径为 23 毫米，下矢状径为 23.3 毫米，而现代人的上、下矢状径分别为 20.4 和 21.5 毫米。上、下横径为 24.5 和 26.2 毫米。椎孔也较现代人为大，其矢状径为 17.7 毫米，现代人为 12.8 毫米，故金牛山人椎体上矢状径和椎孔上矢状径之和比现代人大 7.5 毫米。上观金牛山人椎孔的形状虽然和现代人相似，都是卵圆形，但尺寸却大，椎孔横径为 20.4 毫米，现代人为 15.9 毫米。

在两个左右上关节突下部的两侧椎弓板结合处，即椎孔的后上缘呈比现代人宽的"U"形。由后向前面观察，当椎体上面呈水平状态时，椎孔后上缘高度位于椎体的中下处，而现代人则是位于椎体的中上处。两侧椎弓板之间的最宽距离为 1 厘米，而现代人一般为 6.9 毫米。椎弓板处的两个下关节突处明显比现代人厚。棘突上缘锐利，下缘较厚，上下缘平行末端为弧形，长 38.8 毫米（由椎孔后上缘到末端）。

（三）第 8 胸椎

第 8 胸椎（84.J.A.H-4）（图 4-10；图版五四，3），仅椎体上面右侧边缘稍缺，左侧横突残缺一块，其余部位皆完整。

---

[1]文中所对比的现代人测量数据来源于实验室所藏标本。

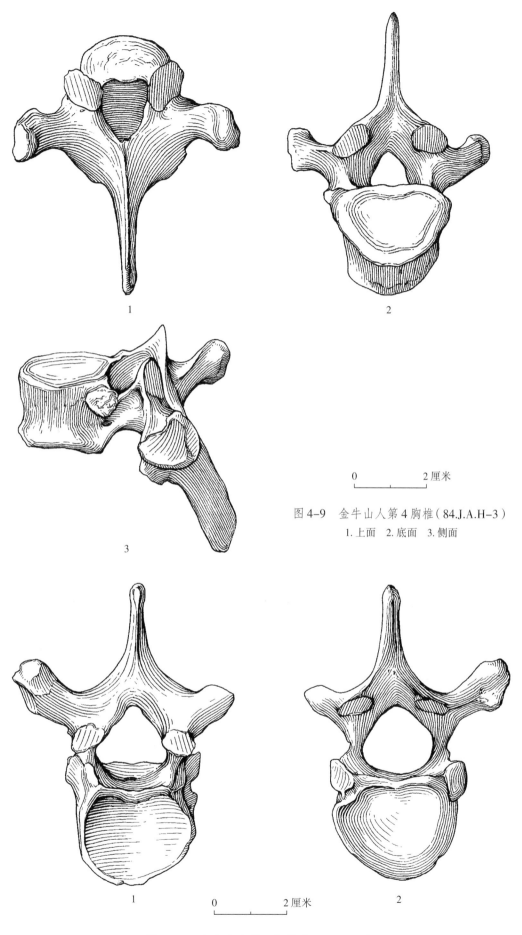

0   2厘米

图4-9　金牛山人第4胸椎（84.J.A.H-3）
1.上面　2.底面　3.侧面

0   2厘米

图4-10　金牛山人第8胸椎（84.J.A.H-4）
1.上面　2.底面

和现代人的同一椎体相比，各部位都显得大一些。除椎体高度和棘突长度相似以外，椎体的上下矢状径，上、中、下横径和椎孔都比现代人的大。在椎体中间横径上有十余个小孔。左右上下关节突之间的滋养孔呈卵圆形的坑状，坑底有 1~2 个小的滋养孔。

椎体后壁中间有一长径约 4 毫米的卵圆形坑，坑的周壁光滑圆钝，可见到椎体内部的骨松质。

椎孔大，呈两底角为圆弧形的等腰三角形。右侧横突粗大厚重，左侧的横突残缺。椎弓板厚重，两左右椎弓根的连接处较宽呈 "U" 形，两上关节突之间的距离为 13.3 毫米（两关节突底部处测量），而现代人仅 6.2 毫米。右上关节突的底部可见明显的滋养孔，而左侧不显。从后面平视，两椎弓板接触的上缘在胸椎的中部，现代人则在中上部。

棘突呈上缘锐利、下缘宽厚、两缘平行的板状，末端为弧形，长 46 毫米。

上下四个关节突的关节面和两个上肋凹的大小、形状和位置与现代人相同，而两个下肋凹的关节面不像现代人那样向后外侧而向下外侧。

（四）第 9 胸椎

第 9 胸椎（84.J.A.H-5）（图 4-11；图版五四，4），右侧横突由上关节突下方断掉，棘突在椎弓板下方缺失，左侧椎体下方边缘稍残，其余部位皆完整。

椎体上下面平坦，其表面布有较多的小孔，有的孔较大且深呈窄长或卵圆形。椎体上面呈扁圆形，横径大于矢状径，横径 32.4 毫米，矢状径 25.1 毫米。椎体下面矢状径为 26.9 毫米，横径 34.3 毫米。椎体后壁向前凹，中间处有一长 5 毫米之椭圆形孔，深可见骨松质。

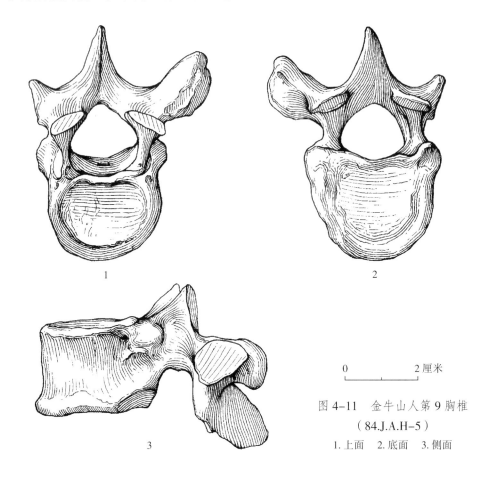

1

2

0 _____ 2 厘米

3

图 4-11　金牛山人第 9 胸椎
（84.J.A.H-5）
1.上面　2.底面　3.侧面

椎孔大，呈卵圆形。椎弓板较厚，其连接处呈"U"形，上宽 11.2 毫米，现代人 8.4 毫米，使椎骨呈水平状态由后向前可见椎孔的后上缘，即两椎弓板连接处和横突后壁上之孔的下缘重叠，"U"形的底缘处于椎体的中下部，这种情况与前述的第 8 胸椎相同。棘突断裂，只保留了椎弓板下面一小部分。从保存的情况看，其特征应和第 8 胸椎的棘突一样。

第 9 胸椎两个上关节突的关节面保存完整，两个下关节突的边缘都稍有破损，但其形态与现代人相似，只是面积稍大一些。四个上、下肋凹也保存完整，两个上肋凹后面各有一个大的滋养孔，上肋凹的接触面朝向外上，现代人的朝向外侧。两个下肋凹的接触面朝向下后，而现代人的则略向下后。右侧横突断掉，只左侧的保存完整，其关节面硕大，呈卵圆形，长 14.2 毫米，宽 11 毫米；现代人的较小，为 8.4 毫米左右。横突关节面倾斜度较大，关节面朝向前外，现代人的较平，朝向前上。

椎上切迹和椎下切迹都很完整，除椎上切迹向上弯曲的弧度比现代人的稍缓以外，其他特征如椎下切迹弯曲的宽度及深度都与现代人相似。

（五）第 10 胸椎

第 10 胸椎（84.J.A.H–6）（图 4–12；图版五四，5），椎体下面左右边缘处各有一小块破碎，

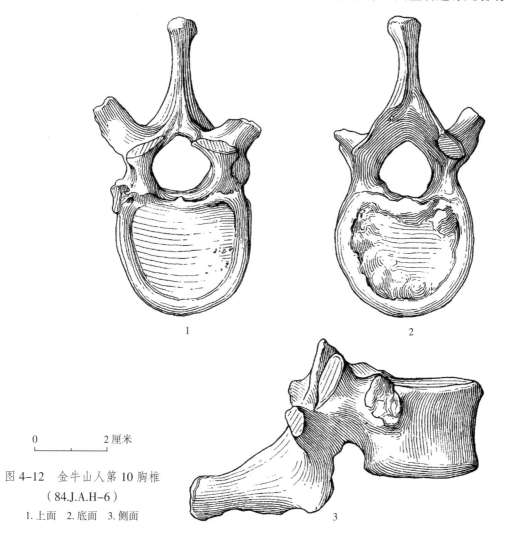

0 ——————— 2 厘米

图 4–12　金牛山人第 10 胸椎
（84.J.A.H–6）
1. 上面　2. 底面　3. 侧面

左侧椎弓板下部下关节突及左右侧横突部分缺失，其余部分完整。

椎体较大，中部向内收缩，其后壁向前稍凹，中央有小孔。

椎孔较第9胸椎为小，矢状径和横径分别为16.6和16.2毫米，第9胸椎这一部位则分别为16.8和18.7毫米，稍大于现代人的15.5和16.1毫米。

左右椎弓板接触处上缘开口为敞口的"U"形，开口宽6.3毫米。由后向前平视，开口底缘位于椎体后壁中部。椎弓板肥厚，棘突大，其上缘呈弧形（现代人棘突上缘是直的），末端膨隆，长36.6毫米。

左上关节突比右上关节突稍大，左下关节突残缺，右下关节突外侧边缘稍残。上下肋凹因被碳酸钙胶结很模糊。椎上切迹比现代人的较缓，椎下切迹和现代人的相似。

椎骨的各项测量值见表4-19。

表4-19　　　　　　　金牛山人脊椎骨测量表　　　　　　单位：毫米

测量项目	第6颈椎	第4胸椎	第8胸椎	第9胸椎	第10胸椎
椎体前高	11.2	18.4	19.2	21.3	22.8
椎体后高	11.9	19.5	21	22.2	23（边残）
椎体中心高	5.6	9.2	9.6	10.7	11.4
椎体上矢状径	14	23	24.3	25.1	29.2
椎体下矢状径	14.3	23.3	23.8	26.9	30.2
椎体中部矢状径	13.3	21	24	25	29
椎体上横径	24.9	25.2	29.2	32.4	34.2
椎体下横径	22.6	28.6	32	34.3	37.5
椎体中部横径	20.1	26.5	27.2	26	31.3
椎孔矢状径	15.1	17.7	20.3	16.8	16.6
椎孔横径	27.8	20.4	19.6	18.7	16.2
棘突上缘倾角	10°	52°	56°	57°	40°
棘突下缘倾角	9°	63°	54°	55°	
椎体垂直指数	108.2（腹楔型）	106（腹楔型）	109.4（腹楔型）	104.2（腹楔型）	
椎体横径矢状径指数	66.2	79.2	88.2	96.2	85.9
椎孔横径矢状径指数	54.3	83.3	103.4	89.8	102.5

三　肋骨

共发现2根金牛山人的肋骨，分别是左侧第2肋骨和左侧第5肋骨（图版五五）。

（一）第2肋骨

左侧第2肋骨（84.J.A.H-7）（图4-13；图版五五，2、3）在肋结节处断掉，肋颈和肋头缺失，其余部分完整。整个肋体的宽厚程度相差无几。最大宽为15.9毫米，中间宽14.5毫米，和肋软骨相接处最窄，为 11 毫米。肋骨体中间处（前锯肌粗隆）厚度为 8 毫米。肋角前厚度为 6.7 毫米。最薄处在前锯肌粗隆后延处，为 4.1 毫米。

综观左侧第 2 肋骨的大小和形状与现代人的同位肋骨相似，不同之处如下：

（1）金牛山人的第 2 肋骨较扁平，往接软骨处延伸则变得更窄，其最大宽处在前锯肌粗隆处，为 15.9 毫米，到接肋软骨处宽仅 11 毫米。

（2）前锯肌粗隆发达。从肋结节处就开始出现粗糙的脊状突起，其前锯肌粗隆长约 36 毫米，明显隆起，肋体最厚也在此处。往前延行则突然变得薄平而窄，宽仅 10 毫米。而现代人的同位肋骨从前锯肌粗隆往前至接肋软骨处，其宽度相差无几，和肋软骨连接处宽 14.8 毫米，比金牛山人宽约 5 毫米。

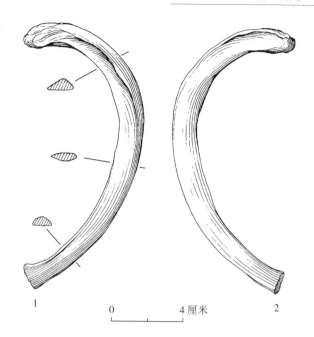

图 4-13　金牛山人左侧第 2 肋骨（84.J.A.H-7）
1. 外侧面　2. 内侧面

（3）弧度不同，这里所说的弧度包括前、后和上、下。如果将肋骨分成前、中、后三段，则明显可见金牛山人和现代人肋骨上下的弧度有明显的差异。

第一段是从肋结节到前锯肌粗隆；第二段是从前锯肌粗隆前延 55 毫米处；第三段是于前延处至和软肋骨连接处。

如果将金牛山人和现代人的肋骨放在同一平面上，观察肋骨的垂直向起伏，则可见金牛山人肋骨的第一段向上走起约 8 毫米，而现代人的则是几乎全段都紧贴平面。金牛山人肋骨的第二段紧贴平面，现代人的则向上起 15~20 毫米；金牛山人肋骨的第三段稍向上突起约 6 毫米，其和肋软骨接触的末端离平面约 3 毫米，现代人的则前延第二段向下弯曲使和肋软骨接触点直抵平面。简单地说，金牛山人第 2 肋骨的后段即由肋结节至前锯肌粗隆都向上弯曲，其前段即从前锯肌粗隆到和肋软骨接触处几乎与平面接触，仅最后部分稍向上翘起；而现代人同一肋骨的弯曲情况恰和金牛山人的相反。

金牛山人第 2 肋骨和现代人同一肋骨前后弧度的差异是：从肋结节开始至前锯肌粗隆这一部分两者基本相同，但从此向前延的部分则金牛山人的肋体明显向前突出，说明金牛山人胸腔的这一部位比现代人宽阔。

（二）第 5 肋骨

左侧第 5 肋骨（84.J.A.H-8）（图 4-14；图版五五，1、4）的整个标本十分完整，但显得很纤细，不仅比上述的第 2 肋骨细弱，也比现代人的更细弱。

和现代人的同位肋骨相比较，有以下几点不同之处：

（1）整个肋骨比现代人的同位肋骨纤细，最大宽 13.2 毫米（现代人 14 毫米），中间宽 11 毫米（现代人 15 毫米）。

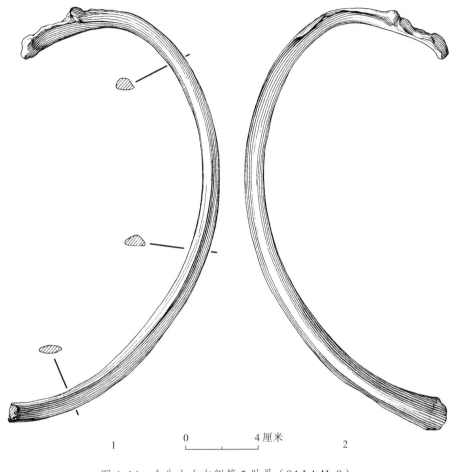

图 4-14　金牛山人左侧第 5 肋骨（84.J.A.H-8）
1. 外侧面　2. 内侧面

（2）肋体比现代人的同位肋骨长，如肋骨弦长 200 毫米（现代人的为 168~185 毫米），肋骨曲度指数为 54.35，现代人的为 62.08，由此可知金牛山人的胸腔比现代人的狭长，这说明金牛山人双手在胸前的活动程度不如现代人。

（3）肋骨头圆钝，肋头脊较宽厚，因而其两侧的肋头关节平且较小。肋骨颈较短，由肋骨头至肋结节中心仅 27.7 毫米，现代人为 34 毫米，肋颈粗壮。

（4）肋沟发育，从肋结节开始除肋体中部有小肋沟缓平外，其余直至胸骨端，肋沟都很明显，由于胸骨端肋沟的存在，胸骨端显得宽厚，有 19.5 毫米。现代人的一般为 14~16.5 毫米。

（5）滋养孔比现代人的少。据文献记载，现代人的肋骨平均每肋的滋养孔有 48.26 个，我国东北地区的现代人在第 5 肋骨有滋养孔 45 个（中国解剖学会体质调查委员会，1990），而金牛山人第 5 肋骨的滋养孔仅 14 个，滋养孔群的数量几乎不见。

若把金牛山人的左侧第 5 肋骨放在平面上，除肋角至肋小头一段上翘 10 毫米外，其余肋体全都和平面相贴，因胸骨端宽肥，其相邻一小段也离平面高 5 毫米；现代人同一肋骨除肋角至肋小头部分上翘约 20 毫米外，其余由肋体中部直至胸骨端上翘 12 毫米。

肋骨的测量结果见表 4-20。

表 4-20　　　　　　　　　　　金牛山人肋骨测量及比较表　　　　　　　　　　单位：毫米

测量项目		金牛山人		现代人			
		第 2 肋骨	第 5 肋骨	第 2 肋骨		第 5 肋骨	
肋骨宽	最大宽	15.9	13.2	12.8	14.4	13.2	14
	中间宽	14.5	11	11.8	14.4	13.2	15
	肋角前	12.8	9.2	10.1	10.5	11.1	10.1
肋骨厚	肋角前	6.7	7.4	6.9	6.2	6.5	5.8
	中间厚	8	8	6	6.9	4.8	4.7
肋骨弧	弧长	220	368	184	181	298	296
	复原弧长	245	–	206	204	–	–
肋骨弦	弦长	136	200	120	108	185	168
	复原弦长	111	–	102	90	–	–
肋骨曲度指数	指数	61.8	54.3	66.7	59.7	62.1	56.8
	复原指数	45.3	–	49.5	44.1	–	–

四　髋骨

髋骨（84.J.A.H-21）（图 4-15）1 件，发现于头骨的右上侧处，出土时已破碎为 30 余块，复原后为一完整的左侧髋骨。除髂窝部分因骨质较薄而破碎和耻骨联合面残缺以外，髂前下棘、由耻骨和坐骨组成的髋臼边缘小部分和耻骨结节也稍有残破，其他部分保存皆完整，解剖学上的主要部位也都完好（图版五六）。

（一）形态描述

从整体观察，金牛山人的髋骨远比现代人的粗厚硕大，骨表面比较光滑。有一些特征和现代人相似，但也有一些原始的性质。

1. 髂骨

宽阔，最宽处在髂前上棘和髂后上棘间，为 197.5 毫米，髂嵴的最高点在髂嵴弧长的前 1/3 处（现代人约在髂嵴的中间部位），其后部则呈缓弧形（现代人呈圆弧形），故而髂骨翼显得特别低宽，其最大高为 234 毫米。髂嵴呈平缓弯曲的"S"形，故髂窝较浅，深 7.5 毫米，髂窝指数为 3.8。

髂骨翼较薄。髂骨体发育适度，但因外侧面的髂柱较发育，故而显得重厚，髂骨体最小宽 61.4 毫米。

髂前上棘明显向前突出，因而使髂骨翼显得十分宽阔，同时也使髂前上棘和髂前下棘之间的切迹很深。髂前下棘中等程度发育，稍向内翻。髂后上棘向后内弯曲，和髂后下棘形成的切迹窄而深。

髂粗隆远较现代人的粗大隆起，厚 29 毫米，表面粗糙呈海绵状，可见此处的韧带和肌肉附着是十分牢固的。髂粗隆和耳状面的后缘有一较深的窄沟。

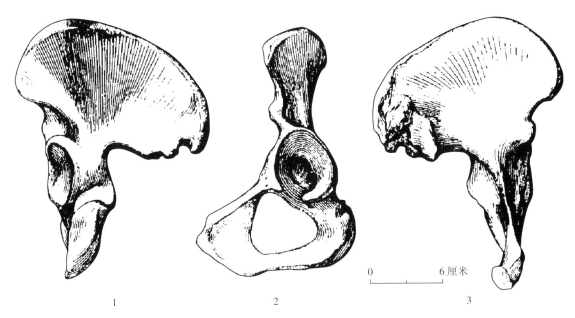

图 4-15　金牛山人左侧髋骨（84.J.A.H–21）
1. 外侧面　2. 前面　3. 内侧面

　　耳状面的后上缘稍有破损，从复原的形状看略呈矩形，而不是呈倒"L"形。耳状面表面不很粗糙，但有几组横向细小的棱嵴和细沟。耳状面前部即坐骨大切迹后内侧的骨面上有几条斜向后内的浅沟，但不见典型的耳前沟。弓状线不明显。

　　髂骨的外侧面最显著的特点是髂柱，位于髂前上棘后 50 毫米处。由于髂骨翼较宽，所以其位置更靠近前方，即髂骨宽的前 1/4 处（现代人位于髂骨宽的前 1/3 处）。髂柱比现代人的发育，尤其是靠近髋臼处的一段更为粗壮，近髋臼上缘处厚 27.7 毫米。向上和髂嵴相接，发育程度与现代人相似，厚 18.5 毫米。值得注意的是髂结节不在髂柱的顶端和髂嵴相接处，而在其后 35 毫米的外侧唇处。髂结节不像现代人呈粗厚的棱嵴状，而是呈扁的倒等边三角形，尖端向下稍向内弯。底边宽 15 毫米，高 8.5 毫米。这种髂结节的形态特征在现代人中是很少见的。

　　外侧面的另一特点，是在髋臼的上缘和髂前下棘到髂柱基底部的范围内有一约 22 毫米 ×16 毫米的不规则圆形窝。这种性状在欧洲和西南亚尼安德特人的髋骨上都未见到，现代人的髋骨上也无此构造，但在法国发现的距今约 45 万年的阿拉高（Arago）人的髋骨上却有类似的性状。

　　起于髂后下棘至于髂嵴的臀后线明显，且靠近髂嵴处成一棱嵴，嵴上有一突起的小尖，臀前线因髂窝破损而不显，臀下线极弱不明显。

　　髋臼大而深，上下径和前后径分别为 60 毫米和 57.7 毫米，深 32 毫米（图 4-15，2）。髋臼的上缘唇部较高且陡直，由髋臼缘至髂柱基底部深 12 毫米（现代人这一部位不陡直，呈缓坡状）。髋臼窝底部较浅平。在髂骨和坐骨部位的月状面下方，各有一深而大的窝。这种特征在现代人的标本上不明显。月状面清晰，其形状和现代人的相似。髋臼切迹的骨板较薄，且不像现代人那样凹陷。

　　坐骨大切迹宽度中等，切迹的前段弦长 51.63 毫米，后段弦长 40.07 毫米，宽 50.7 毫米，深 37.2 毫米，坐骨大切迹指数为 73.37。

2. 坐骨

坐骨体较现代人肥厚，骶棘韧带附着部分的坐骨小切迹也比现代人的缓长。坐骨结节比现代人的大而粗糙，且稍向外翻。一条由上内侧到后外侧的斜嵴贯通结节的上部。结节的中部也有一条不很明显的嵴使下部的结节面转向。坐骨支远比现代人的宽扁且厚并较向外翻。

3. 耻骨

主要的特征是长而细弱。耻骨上支长（由髋臼中心至耻骨联合面最上点）95 毫米。髋臼部位较厚，向前延伸逐渐变薄，至耻骨结节处厚仅 6.6 毫米。耻骨结节下方至闭孔前部位骨板远比现代人薄，厚仅 3~4 毫米。耻骨梳高耸于耻骨上支，其棱嵴十分明显而锐利。在耻骨上支和髂骨相接的髂耻隆起内侧，有两个并排的小棘状突起，内侧的较大些。在较小的突起前有一长 11.8、宽 2.5、高 2.3 毫米的嵴状隆起。

耻骨联合部位虽有残破，但耻骨下支保存较完整，和现代人相比显得十分宽扁且薄，坐耻支相接处最窄为 15 毫米。紧接耻骨联合面下端的部位不是一个小平面，而是一细的棱嵴，略向内侧弯曲。

闭孔大，约呈等边圆角三角形，其顶端位于髂耻隆起的下前方，长 59、宽 49.6 毫米。闭孔沟显得宽深，其前部耻骨上支的横断面为不规则矩形。

（二）比较分析

对人类化石进行比较研究，以同一时代（或时代相近）和同一地区（或地区相邻）的标本最为理想，但古人类化石发现的数量很少，骨盆和髋骨更是如此，且因它们比长骨和头骨骨质疏松，极易破碎。因此，获得理想的比较标本实非易事。时代和金牛山人相近的骨盆和髋骨，在国内尚无发现，国外虽有发现，但时代和金牛山人相近的则残破甚重，较完整的又时代较晚，因此在比较上有一定的困难。

1964 年在法国比利牛斯山陶塔维尔（Tautavel）附近的阿拉高（Arago）洞穴中发现的男性髋骨（Arago XLIV），时代为距今 45 万年左右（Becky A. Sigmon，1986），早于金牛山人。

1983 年在以色列距地中海岸约 2 千米的卡梅尔山（Mount Carmel）的卡巴拉（Kebara）洞穴中，于距地表约 8 米的莫斯特文化层中发现了一具约 30 岁的男性骨骼，骨盆保存较好，热释光测年为距今 6 万年（Valladas, et al，1987），晚于金牛山人。

我们将这三件不同时代（Arago XLIV 距今 45 万年，金牛山人距今 26 万年，Kebara Ⅱ 距今 6 万年）的髋骨进行比较。从总体看他们之间有许多共同性质，但也有一些差异。若和现代智人比较，他们的形态特征和各部位之间的关系，有着明显的差异。比较如下：

（1）三件髋骨都比现代人的粗大厚重。Kebara Ⅱ 的尺寸虽稍小些，但其粗壮度和肌腱附着部位的粗糙程度与 Arago XLIV 相似；金牛山人髋骨的整个骨面光滑，显得纤弱。

（2）Arago XLIV 和 Kebara Ⅱ 髂嵴粗大，并弯曲呈"S"形，其弯曲程度和现代人男性相似；金牛山人的髂嵴较细弱，呈缓"S"形，和现代人的女性相近。

（3）Arago XLIV 和 Kebara Ⅱ 髂骨翼呈圆弧形，最高点在髂嵴弧的中部，与现代人相近和相同；金牛山人的髂骨翼呈平缓的圆弧形，最高点在髂嵴弧的前 1/3 处。髂嵴弧的中间部分较平坦，往后下又呈弧形，这种髂嵴弧的形状，接近于 Arago XLIV，不同于 Kebara Ⅱ 和现代人。

（4）髂前上棘和髂前下棘都明显向前突出，两棘之间的切迹较深。

（5）髂柱粗壮，都靠向前方，几乎位于髂骨宽的前 1/4 处。金牛山人髂柱上端的粗壮程度不及 Kebara Ⅱ。

（6）髂结节厚肥，位于髂柱的上端。金牛山人的髂结节不是在髂柱的上端，而是在髂柱后方 35 毫米处。另外髂结节不粗肥圆钝，而是呈扁的锥体状。尖端向下紧贴于外唇处。

（7）髋臼大。Arago XLIV 髋臼径为 61.5 毫米，金牛山人为 60 毫米，Kebara Ⅱ 稍小于金牛山人。

（8）耻骨支扁平细长。Arago XLIV 耻骨支的长度虽未见于数据，但据研究，该标本的耻骨上支很长并偏弱；金牛山人和 Kebara Ⅱ 的耻骨上支也是长而细弱，前者长（由髋臼前缘到联合部）87、最小厚（上、下距离）7.8 毫米，后者长 89、最小厚 8 毫米。耻骨上支变得长而细弱，是中更新世人类骨盆演化的特点。到晚更新世，耻骨支变得粗短而壮，其横剖面也变成近乎圆形，和现代人没有多大差异。有关人类化石耻骨上支的测量数据比较见表 4-21。

（9）髋臼上窝（沟）。在 Arago XLIV 标本髋臼上缘和髂柱基部区有一明显的深沟，金牛山人在髋臼顶部和髂柱基部前区有一 22 毫米 ×16 毫米的窝，Kebara Ⅱ 和现代人都无此种构造。

通过这 3 件标本的比较，可以看出金牛山人和其时代较早的 Arago XLIV 及时代较晚的 Kebara Ⅱ 除有性别的差异（上述的 1、2 两项）外，其他特征（1、2、4、5、7、8 项）都相似和相同，但金牛山人所特有的（6 项）特征却不见于 Arago XLIV 和 Kebara Ⅱ，上述的第 9 项 Arago XLIV 和金牛山人相同或相似，而 Kebara Ⅱ 和现代人都无此特征。金牛山人髋骨的原始程度更接近 Arago XLIV，显然和其时代较早有关。

表 4-21　　　　　　　　　金牛山人耻骨上支测量及比较表　　　　　　　　　单位：毫米

标本		年代 / 万年	上下径	内外径	髋臼前缘—耻骨联合长	耻骨粗壮指数	耻骨扁平指数
金牛山人		26	12.3	14.7	87	31	83.7
Krapina 208		–	10	18	75~79[*]	31.1~37.3[*]	55
La Ferrassie I		7	17	16	98	33.7	106
Kebara Ⅱ		6	8	–	89	–	–
Shanidar I		5	13	12	93	26.9	108
Amud I		–	10.5	15.5	–	–	68
Tabun I		4	10	12	79.5	27.7	83
Skhul IV		9.5	18.5	17	72	49.3	108
Skhul IX		9.5	20	13	83	39.8	153
现代人	男（n=50）		18.2 ± 2.4	14.6 ± 1.4	67.7 ± 3.9	48.5 ± 5.1	125.2 ± 16.2
	女（n=50）		16.1 ± 2.2	10.2 ± 1.7	70.1 ± 4.9	39.9 ± 4.3	138.5 ± 23.7

* 为估计数字，此表据 Erik Trinkaus, The morphology of European and southwest Asian neandertal pubic bones.Am. J. Phys. Anthrop., 1976, 44: 95~104 略有增改。

耻骨上支粗壮指数 =（耻骨上支上下径 + 内外径）/ 髋臼前缘 – 耻骨联合 × 100。

耻骨上支扁平指数 = 耻骨上支上下径 / 耻骨上支内外径 × 100。

时代和金牛山人相近的克洛皮纳（Krapina 208）（Erik Trinkaus，1976），由于其髋骨坐耻支及髂骨和耻骨联合破损，只能看到其髋臼较大，耻骨梳锐利，高耸于耻骨上支之上，这两个特征和金牛山人的相同。时代约为距今 7 万年的 La Ferrassie I，闭孔的大小、形状和坐耻支的宽扁程度很近于金牛山人。Qafzeh 9，其年代虽为距今 9.5 万年（早于 Kebara II 3 万年），但那些具有特征的闭孔部位，其测得的全部数据均落在现代人范围之内，短而粗壮的耻骨上支（长仅 58 毫米）及其呈圆形的横剖面，和现代人无重大区别（Yoel Rak，1990）。

目前，国内发现的人类髋骨化石只有两处，一处是 1958 年在广西柳州发现的柳江人，系一男性，其耻骨上支和坐耻支（包括联合部）大部缺损，其他部位保存较完整（吴汝康，1959）。标本脱层时代不详，据洞内出土有晚更新世动物化石看，其时代约在距今 4 万年左右。另一处是 1988 年在河北省涞水县北边桥村发现的涞水人，是一具较完整的成年男性骨骼，有两侧的髋骨，左侧破损较重，右侧除髂后上、下棘和联合部上前部稍残以外，其他部分完好。金牛山人的髋骨和涞水人及柳江人的比较见表 4-22。

除表 4-22 所列的一些特征以外，在形态观察上金牛山人和涞水人的髋骨有很多相近的特征，而这些特征都不见于柳江人。如髂骨嵴"S"形弯曲相似，虽然骨表面涞水人显得稍粗糙些，这可能与性别差异有关。柳江人也是男性，但其髂嵴"S"形弯曲很厉害。髂柱的位置，涞水人也很靠前，而且靠前的程度和金牛山人完全一样，都在髂骨翼宽的 1/4 处，它们发育的程度也很相似，只是金牛山人稍粗厚些，而柳江人髂柱的位置和发育程度与现代人相近。金牛山人髂柱基部厚为 28 毫米，中部厚 16 毫米，髂结节厚 18.7 毫米；涞水人则分别为 22 毫米，13 毫米和 14.9 毫米；柳江人的髂柱这一部位的厚度分别为 19.9 毫米和 15 毫米。髋臼上窝的位置、形状和大小，金牛

表 4-22   金牛山人髋骨测量及比较表   单位：毫米

测量项目		金牛山人（左）	涞水人（右）	柳江人（右）
髋骨高		234	245	187.5
髂骨翼宽		197.5	189	137.6
髂窝深		7.5	11.5	7.5
髂骨翼厚（髂窝深处）		2.5	2	4
髂前上下棘之间的切迹	长	40.8	40	22.8
	深	12.6	10.2	4.5
髂后上下棘之间的切迹	长	14.8	–	12.4
	深	6	–	4
髋臼	长（上下径）	60	62.4	45.1
	宽（横径）	57.7	53	47
	深	32	32.8	24
坐骨大切迹	长	37.2	40.5	35
	宽	50.7	51.8	45.8
坐骨长 I		93	88	72
坐骨长 II		114	121	86.5

山人和涞水人都相同及相似，只是窝的深度（由髋上缘向髂柱轴作一线，垂直该线的最大距离）稍有差异。金牛山人窝深 12 毫米，涞水人为 10.5 毫米。而柳江人和现代人一样不见此窝。髂嵴的弧度金牛山人和涞水人的也很相近，只是后者髂柱后部的髂嵴弧比前者稍凸些，但却不是柳江人的圆弧形。金牛山人和涞水人的耻骨上支都较长而细弱，由髋臼前缘到耻骨联合面最短的距离，金牛山人为 87 毫米，涞水人联合面虽稍残但能复原，长 78 毫米。柳江人的耻骨上支缺失，虽无法测得，但从其残留的耻骨上支粗壮程度看应和现代人的相近。耻骨上支的发育程度金牛山人和涞水人很相似，两者都很细长，其横剖面的形状和尺寸也很相近；柳江人的耻骨上支部分断缺，其断口处的剖面近圆形（图 4-16）。闭孔的形状和尺寸也有差异，金牛山人和涞水人的都很大但形状不同。前者为三角形，长 59 毫米，宽 49.6 毫米；后者为椭圆形，长 67.8 毫米，宽 40 毫米。柳江人的耻骨上支和坐耻支缺如，但从保留部分总体观察，其耻骨上支粗短，横剖面近于圆形，闭孔的尺寸形状，都和现代人相近。

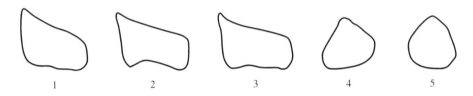

图 4-16　金牛山人与其他古人类及现代人耻骨上支横剖面比较图

1. 金牛山人　2. 涞水人　3. Kebara Ⅱ（据 Yoel Rak，1990）　4. 柳江人　5. 现代人

髂前上、下棘突出是一种较原始的性质。金牛山人这两个棘都向前十分突出，尤其是上棘更甚。涞水人也是如此，但突出程度逊于金牛山人。柳江人则不突出，和现代人相似。

从以上比较可以看出涞水人髋骨的一些特征和金牛山人十分相似，而柳江人则和现代人相近。值得注意的是金牛山人和涞水人的时代相距约 20 万年，但两者髋骨的性状都很相近。金牛山人髋骨的一些原始性质和早于它 19 万年的 Arago ⅩⅬⅣ 也很相似。涞水人和 Kebara Ⅱ 的时代一样，都是距今 6 万年。髋骨的特征也相一致。Skhul Ⅸ 以及柳江人的髋骨与金牛山人、涞水人和 Kebara Ⅱ 都不相似，而属于现代人的特征。通过以上分析和比较发现，从距今 45 万年到距今 5 万年这一漫长时期，人类骨盆演化的速度比较缓慢，相似的原始性质较多，进步的性状不很明显，但 5 万年以后，原始的特征被进步特征代替的性质增加，很快地完成了人类骨盆的演化过程（Qafzeh 9 的情况有些特殊，可能和时代有关）。是什么原因使骨盆如此迅速进化呢？这个重要的问题需与当时的自然环境、气候、生活、社会及姻缘关系诸方面进行研究方能解决。

在人类骨盆的演化过程中，到中更新世时，耻骨支细弱而长，坐耻支宽扁达到最高程度；到晚更新世时，耻骨上支变得粗而短，横剖面几乎呈圆形，坐耻支则显得较细窄。耻骨上支变长的原因是由于整个髋骨向外旋的结果，而不是和女性生产有关（Y. Rak, et al, 1987）。由此可见耻骨支变长而纤细是中更新世时期人类骨盆所特有的性状。如欧洲和西南亚的尼安德特人的耻骨支都是细长的，尤其是西南亚的尼安德特人更为明显。所以根据耻骨支的性状，可以将较原始的人类髋骨和晚期智人区别开来。

（三）性别和年龄

1. 形态观察

人体骨骼男女性别的鉴定较为理想的材料首属骨盆，其次是髋骨。在现代人的髋骨上约有50%的性别特征表现在男女两性重叠范围之内。如果是典型的男性或典型的女性髋骨，则从形态特征较易判断其性别；如果是具有较多的两性重叠特征的髋骨，则其性别就很难判断。金牛山人的髋骨恰是这种情况，即它既有某些男性特征，也有若干女性性状。

金牛山人髋骨的男性特征是：总体厚大，耳状关节面大而宽直，耳前沟不发育，髋臼大而深，闭孔大，坐耻支宽而厚，髂骨粗隆膨大，坐骨大切迹发育程度中等。女性特征是：总体虽厚大但整个骨面光平，附着肌腱的棘和突较细弱，隆突不很粗糙，坐耻支明显外翻，闭孔虽大但却是三角形，髂窝不很深，弓状线不明显和髂嵴的"S"形弯曲稍缓。根据形态的观察，著者曾认为金牛山人是一男性个体（吕遵谔，1989）。吴汝康先生对金牛山人的标本也进行过鉴定，也认为是一男性个体（吴汝康，1988）。

应该说明，在髋骨的性别鉴定中，其坐耻支的前部和耻骨联合部分是最重要的。但是金牛山人的髋骨恰在这个重要部位破损。由于耻骨联合面部分破损，所以位于该面内侧面上的弧线状结构的腹侧弧无法窥见。起自耻骨联合下端而下行的坐耻支稍向内凹入，即下凹面稍显著。耻骨联合下端的内侧缘是否为一平面，由于该处骨表皮稍有破损观察不清。经准确复原后则看出该部位是一棱嵴而不是平面。对髋骨性别的鉴定，腹侧弧、坐耻支的下凹面和坐耻支上端是平面还是棱嵴是很重要的，即有腹侧弧、下凹面和坐耻支上端是棱嵴为女性特征（邵象清，1985；T. W Phenic, 1969；Tim D. White, 1991）。根据金牛山人坐耻支有下凹面和其坐耻支上端呈棱嵴而不是平面并结合上述的形态观察特征来看，金牛山人的髋骨似应代表一女性个体。

2. 测量鉴定

髋骨性别的鉴定，坐骨大切迹不仅在形态观察上是重要的，而且在测量鉴定上也是重要的部位。因此，对有关部位进行了多次测量和核对。数据如下（耻骨和坐骨长的测量据邵象清，1985）：

坐骨大切迹宽为	50.7 毫米
坐骨大切迹深为	37.2 毫米
耻骨长Ⅱ为	95.5 毫米
耻骨长Ⅲ为	87 毫米
坐骨长Ⅱ为	93 毫米
坐骨长Ⅲ为	114 毫米

据此数据求得：

坐骨大切迹指数为	73.4
坐耻指数Ⅱ为	102.7
坐耻指数Ⅲ为	76.3

据邵象清所列（1985，下同）坐骨大切迹指数大于80.4者可考虑定为男性，小于57.1者可考虑为女性，则金牛山人处于重叠区。坐耻指数Ⅱ大于97.4可考虑定为女性，小于92.1可定为男性，则金牛山人应属女性。坐耻指数Ⅲ大于72.5者可考虑定为女性，小于67可定为男性，则金牛山

人也应为女性。

根据孙尚辉等关于坐骨大切迹测量与性别判断方法（孙尚辉等，1986），测得金牛山人坐骨大切迹的有关数据是：

1. 坐骨大切迹宽		50.7 毫米
2. 坐骨大切迹深		37.2 毫米
3. 坐骨大切迹宽后段长		14.9 毫米
4. 坐骨大切迹后缘长		40 毫米
5. 坐骨大切迹前缘长		51.6 毫米
6. 坐骨大切迹后角		68.01°
7. 坐骨大切迹前角		44.7°
8. 坐骨大切迹顶角		67.29°

将以上数据和该文给出的 3、6、8 项数据核对，金牛山人这三项全落入重叠区。由于国人坐骨大切迹重叠率在 50% 以上，所以需进行 t 值的验算。判别式 $Z=0.003793LA+0.005679 \times LC$，判别临界值为 $Z_0=0.6376$。大于此数值判为女性，小于此数值则判为男性。将金牛山人有关数据代入判别式内得出判别临界值 $Z_0=0.6401$，大于 $Z_0=0.6376$，故金牛山人应属女性。

根据吴新智等髋骨性别的差异和判断方法（吴新智等，1982）测出金牛山人髋骨的有关数据如下：

1. 耻骨长 I	95 毫米
2. 耻骨长 II	87 毫米
3. 坐骨长 I	93 毫米
4. 坐骨长 II	114 毫米
5. 髋臼最大径	60 毫米
6. 坐骨大切迹宽	50.7 毫米
7. 坐骨大切迹深	37.2 毫米
8. OB 长	14.9 毫米
9. OB × 100/ 坐骨大切迹宽 =29.4	
10. 髋臼径 × 100/ 耻骨长 II =69	
11. 坐耻指数 I 为	102.2
12. 坐耻指数 II 为	76.3

将以上数据和该文给出的八项数据的两性分析对比，以上的 3、4、5、8、9 五项为男性，10、11、12 三项为女性，即性别重叠率达 50% 以上。因为只用单项数据判断髋骨的性别，必然产生误判率。因此将两性差异较大的项目配对和六项综合坐标图对比。对比的结果：六项中除坐骨长 II（x）–OB（y）一项落入男性范围之内以外，其余五项皆在女性范围内。因此，金牛山人应为女性。

为了检验用以上三种方法鉴定髋骨性别的准确程度，我们将涞水人的两个髋骨用同样的方法进行了测量鉴定。涞水人的髋骨从形态观察已定为男性，测量鉴定的结果除坐骨大切迹指数落入重叠区（单项判别会产生误判率）以外，其余各项全部显示为男性，和形态鉴定是一致的。因此，在形态观察鉴定处于重叠区的情况下，用测量鉴定性别的方法是可信的。

从金牛山人的全部材料整体观察，个体虽然十分硕大，但全部骨骼表面都显得光平，附着肌腱、韧带的结节和粗隆也不像男性那样粗糙肥厚。另外头骨的顶结节较发育，枕外粗隆圆钝不突出和乳突较扁弱等形态也都暗示着女性的特征。结合髋骨的形态观察和测量鉴定的结果，将金牛山人定为女性较为稳妥。

关于金牛山人的年龄问题，在最初发现及以后的鉴定时，均认为她是一刚成年不久的个体，年龄约在 20 至 22 岁之间。吴汝康先生认为"牙齿除 M2 和 M3 外，均磨耗至暴露出齿质点，因而其年龄可能在 30 岁以上"。金牛山人牙齿上出现小的齿质点，不能和现代人的牙齿相比。一方面是因为金牛山人的食物比现代人的粗糙，对牙齿的磨耗显然比现代人要重；另一方面是 M2 以前的牙齿，现代人晚至 10 至 12 岁左右即全部萌出，而 M1 在儿童期 6 岁左右即萌生，所以其使用时间比其他牙齿都长。因此，金牛山人的牙齿出现小的齿质点是不足为奇的。我们认为金牛山人是刚成年不久的根据，除食物粗糙性之外，主要依据其第 3 臼齿的萌生、磨耗程度和有关骨骼的愈合情况。金牛山人两枚第 3 上臼齿萌生不久，尚稍低于前面的第 2 上臼齿，其齿尖十分尖锐，没有什么磨耗，显然是刚萌生不久。现代人第 3 上臼齿一般都是在成年期前后萌出（个别迟至 25 岁，甚至于终生不出）。因此，金牛山人不会是 30 岁以上的个体。另外，金牛山人的髋骨在髂嵴内、外侧（或腹、背侧）的唇部尚保留有大部分很清晰的骺线，说明髂骨嵴正处于愈合的后期。现代人髂骨嵴于 12 至 19 岁出现，20 岁时愈合。根据金牛山人髂骨愈合的程度看，她的年龄也应在 20 至 22 岁。

综合以上研究，金牛山人是一 20 至 22 岁的青年女性个体。

五　尺骨

（一）尺骨的测量

1. 测量项目的定义

参考 Martin（1928）、McHenry（1976）和 Solan（1992），对金牛山人尺骨测量项目定义如下（图 4-17），通过卡尺、测骨盘等工具对这些项目进行测量。

（1）最大长：鹰嘴最高点至茎突最低点之间的直线距离。

（2）鹰嘴小头长：鹰嘴最高点至尺骨小头最低点之间的直线距离。

（3）生理长：冠突上纵嵴最低点至小头最低点之间的直线距离。

（4）骨干中部横径：骨干中点处的横径。

（5）骨干中部前后径：骨干中点处的前后径。

（6）骨干近端横径：在尺骨粗隆远端边界水平处骨干的横径，与近端前后径垂直。

（7）骨干近端前后径：在尺骨粗隆远端边界水平处骨干的前后径。

（8）骨干最小径：骨干最细处的最小直径位于骨干的下部。

（9）远端宽：尺骨远端关节面（不含茎突）的最大宽。

（10）骨干最大横径：骨干骨间缘最发达处骨干的横径。

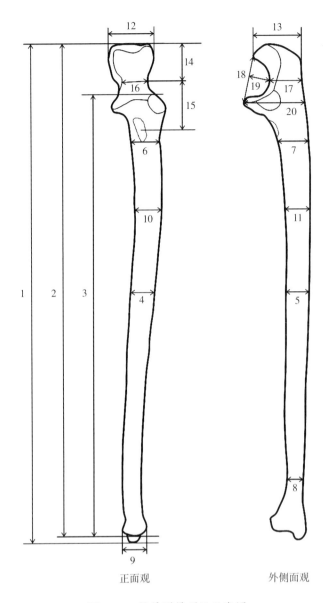

图 4-17　尺骨测量项目示意图

1.最大长　2.鹰嘴小头长　3.生理长　4.骨干中部横径　5.骨干中部前后径　6.骨干近端横径　7.骨干近端前后径　8.骨干最小径　9.远端横径　10.骨干最大横径　11.骨干前后径　12.鹰嘴内外径　13.鹰嘴前后径　14.鹰嘴高　15.尺骨粗隆位置　16.滑车切迹中部横径　17.滑车切迹前后径　18.滑车切迹长　19.滑车切迹深　20.冠突前后径

（11）骨干前后径：骨干最大横径位置处骨干的前后径。

（12）鹰嘴内外径：鹰嘴近端的最大内外径，与滑车切迹上的纵嵴相垂直。

（13）鹰嘴前后径：与骨干长轴垂直的鹰嘴尖端前表面与背侧面之间的距离。

（14）鹰嘴高：滑车切迹中部纵嵴与横线交点至鹰嘴顶最高点之间的投影距离，与骨干长轴平行。

（15）尺骨粗隆位置：滑车切迹中部与尺骨粗隆中部间的距离，与骨干长轴平行。

（16）滑车切迹中部横径：即滑车宽，指滑车中部的横径，与滑车长轴垂直。

（17）滑车切迹前后径：滑车关节面到背侧面之间的最小前后径，与骨干长轴垂直。

（18）滑车切迹长，即鹰嘴—冠突间距，从鹰嘴尖端至冠突尖端之间的直线距离。

（19）滑车切迹深：从滑车切迹的中部到鹰嘴冠突连线的垂距。

（20）冠突前后径：即冠突高，指冠突与背侧面之间的最大前后厚度，与骨干长轴垂直。

（21）滑车切迹角：正面观滑车切迹纵嵴（鹰嘴尖端至冠突尖端）与骨干上 1/3 长轴成角。

（22）骨干最小周长：骨干最细处的周长，位于骨干的下部。

2.测量结果

金牛山人尺骨测量数据见表4-23。

（二）尺骨形态及比较

尺骨十分完整，连下端细小的茎突都完整无损地保存下来（84.J.A.H-9）（图4-18；图版五七）。

尺骨鹰嘴突上端肱三头肌附着处的后缘比较光滑，没有明显的骨嵴或突起。相较而言，现代人滑膜囊覆盖的皮下区与鹰嘴最上部肱三头肌附着的交界处较为粗糙。金牛山人与黑猩猩的光平程度十分相似而远异于现代人。

冠突的形状、尺寸虽和现代人的相似，但内侧的关节面较浅平并略向内下方向倾斜，关节面的前缘较直。这些特征和现代人的明显不同，而和黑猩猩的十分相近。半月切迹较长，其纵嵴弧

表4-23　　　　　　　　　　　金牛山人尺骨测量值统计表　　　　　　　单位：毫米、度

测量项目	测量值	测量项目	测量值
最大长	263	鹰嘴内外径	24.1
鹰嘴小头长	258	鹰嘴前后径	24.2
生理长	232.2	鹰嘴高	19.2
骨干中部横径	12.6	尺骨粗隆位置	30.1
骨干中部前后径	11.4	滑车切迹中部横径	13.7
骨干近端横径	15	滑车切迹前后径	15.9
骨干近端前后径	15.1	滑车切迹长	24.8
骨干最小径	8.3	滑车切迹深	12.2
远端横径	13.4	冠突前后径	32.4
骨干最大横径	15.2	滑车切迹角	6.5
骨干前后径	14.7	骨干最小周长	32

长37.2毫米，大于现代人和黑猩猩的32.9毫米，但半月切迹的宽度却比现代人和黑猩猩的都窄，其上、中、下（分别不含桡切迹和含桡切迹）的宽度分别为22.7、13.7、21.3、24.1毫米，故半月切迹关节面呈上下宽中间窄的亚腰形。

半月切迹的开口朝前，而现代人半月切迹的开口朝前上方向。这是因为形态进步的尺骨冠突相对更高，而形态古老的尺骨鹰嘴高度相对较高。金牛山人尺骨在冠突与鹰嘴突高度的相对比例上显得古老，与边界洞（Border Cave）发现的尺骨化石相似（Churchill S.E., 1996; Pearson, et al. 1996）。

半月切迹的内侧缘是尺侧副韧带附着之处。金牛山人冠突的后内侧骨面略凹，稍深于现代人。在凹的上方，即半月切迹内侧缘中上部的后面，有一纵长4.5、宽2.5、最深约2毫米的卵圆形小坑。这些特征显示金牛山人的尺侧副韧带可能较发育。尺侧副韧带是维持肘关节稳定性的重要结构，尤其在维持肘关节外翻稳定性中发挥着重要作用，比如在"过头"的投掷等运动中发挥稳定作用。黑猩猩的这一部位骨面稍凹，现代人的较平，且两者都无卵圆形小坑。但金牛山人半月切迹关节面内侧边缘处相对较平滑，而现代人此处表面常更为粗糙。

半月切迹的后外侧桡骨切迹的后上方，有一纵长19、宽8.5、深约4毫米的长椭圆形深窝，窝底周围分布有一圈滋养孔。这个深窝是肘肌肌腱附着的地方。肘肌起自肱骨外上髁，向后下走行止于尺骨鹰嘴的外侧面，起伸肘、外展尺骨的作用，该深窝的存在表明金牛山人的肘肌非常发达，肘关节的伸展能力很强。黑猩猩尺骨的同一部位稍有凹陷，现代人的则平坦，两者都无这一构造。金牛山人尺骨上端的背面，骨面较光滑，远没有现代人那样粗糙，而是和黑猩猩的相近。

桡骨切迹的尺寸和形状与现代人接近，上下高11.8、前后长18.6毫米，其形状近似菱形，上、下、前、后的部位较尖。但其关节面却向外上方翻转，与滑车所处矢状面成角约20°。这个特征近于黑猩猩，异于现代人。现代人桡切迹关节面的方向与尺骨长轴大体平行。桡骨切迹的向外上方翻转，暗示桡骨可能处于一个相对更为外展的状态以及其骨干可能会存在较大的弧度，前臂骨间膜可能较宽，这样桡骨支撑作用加强，并使前臂粗阔有力。黑猩猩的桡骨弧度较大，上端相对于尺骨呈

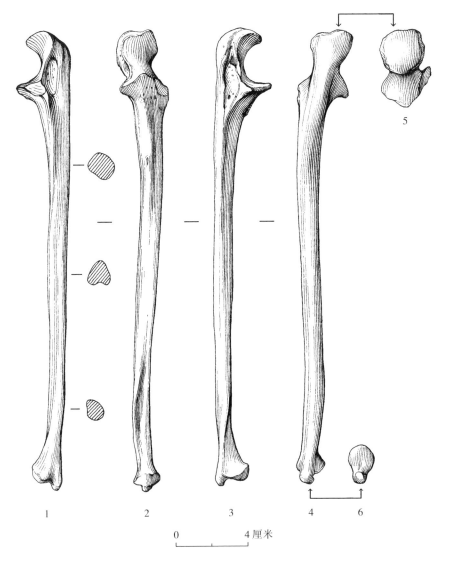

图 4-18　金牛山人尺骨（84.J.A.H-9）

1.外侧面　2.前面　3.内侧面　4.后面　5.近端　6.远端

外展状态。如果前述推断正确，那么金牛山人在这方面的表现与黑猩猩相近。但黑猩猩尺骨的前后向曲度也很明显，而金牛山人的前后向曲度小与现代人更相似。

桡切迹后缘向下，为一纵行长约 16 毫米的骨嵴，是旋后肌附着区域的后界。该嵴不如现代人发达，现代人常呈现为连贯的锐利骨嵴，且长度可达 30~40 毫米。尺骨粗隆远不像现代人的粗糙，而是和黑猩猩一样呈"V"形的纵嵴状隆起，表面较光滑。但黑猩猩尺骨粗隆的下方有一椭圆形凹陷，金牛山人的这一部位凹陷不明显，现代人则是平的。尺骨粗隆处纵嵴的存在，使得骨体上端 1/3 处横断面呈矢径大于横径的圆角矩形，既不同于黑猩猩的圆形，也不同于现代人的圆三角形。少数现代人桡切迹之下的旋后肌附着三角区的前缘也非常锐利，形成明显的骨嵴，致使该部位的横断面形态也表现为四边形。但该骨嵴向下、向外汇聚于骨间缘，与金牛山人骨嵴由尺骨粗隆参与构成并向下逐渐渐灭完全不同。骨体中部因有较弱的骨间嵴，其横断面呈圆钝的三角形，介于黑猩猩的扁圆形和现代人的三角形之间；骨体下部细而圆，横断面略呈三角圆形。

尺骨干细长，因而整个骨骼显得纤弱，最大长 263 毫米。骨干的前缘和后缘都十分圆钝，整个骨干除上部以外，中部和下部的形状介于黑猩猩和现代人之间。尺骨壁较厚，腔较小，腔径约占体径的 1/3，反映了其较原始的性质。

滋养孔在冠突关节面之下约 64 毫米处，开口向下，位于骨干的前内侧。尺骨体最大横径位于桡骨切迹下缘至滋养孔的中间部位，黑猩猩的最大横径位置在滋养孔附近，现代人的则更往下，在骨间嵴最发育处。

金牛山人的尺骨骨间嵴很微弱，现代人的却十分发育，黑猩猩则不见骨间嵴。由于金牛山人尺骨骨间嵴微弱，可以推测其桡骨骨间嵴也不发育。

前面观骨干整体较直，上端微向外凸，下端则因发达的旋前方肌骨嵴存在而微向内凸；骨干后缘的纵行骨嵴也钝于现代人，呈弱"S"形，上半向外凸，下半略内凸，这些特征都与现代人相似。内外侧观尺骨骨干下 2/3 较直，上 1/3 略前倾，也与现代人相似。但现代人尺骨干明显更为粗壮。旋前方肌附着区内侧缘的骨嵴长约 40 毫米，由上外向内下方向走行，与尺骨外侧的骨间缘之间形成一条浅沟，为旋前方肌附着区域。

尺骨下端纤细，尺骨茎突的尖端圆钝向前内弯曲，突出于远端关节面之下 4.8 毫米。黑猩猩的尺骨茎突为向前内弯曲的钩状，现代人是细弱的圆锥形。金牛山人尺骨茎突的形态，介于黑猩猩和现代人之间。现代人茎突位于后内侧，金牛山人茎突的位置比现代人更靠后。远端关节面的大小也小于现代人，其横径为 13.4 毫米，前后径含茎突和不含茎突分别为 19.9 毫米和 13.9 毫米。茎突的外侧与关节面之间的纵沟有尺侧腕伸肌肌腱经过，在现代人表现较为明显，而金牛山人的该纵沟微弱。

（三）小结

金牛山人的尺骨无论从宏观观察或微观比较，都反映了其原始特征较多。很多特征接近黑猩猩，但也有相当多的独有特征以及一些与现代人类相似的特征。虽然金牛山人尺骨表面整体光滑、纤细，但从其形态推断，金牛山人尺骨体现出较强的伸肘及外展尺骨的能力；前臂的旋前能力较发达，强于旋后；手指屈肌功能可能也较发达。

六　髌骨

左侧髌骨 1 件（84.J.A.H–22）（图版五八，2），内侧边缘残缺。髌骨最大高 46.9 毫米，最大宽（复原值）49.5 毫米，最大厚 21.4 毫米；关节面高 34.6 毫米，内侧关节面宽（复原值）22 毫米，外侧关节面宽 31.6 毫米，宽高指数为 94.7。与在鸽子洞发现的晚期智人化石（吕遵谔，1992）和现代人的髌骨测量数据比较见表 4–24。

金牛山人髌骨的特点，有许多处与现代人不同。

（1）髌底呈平面状，与髌骨前表面转角呈折角状，不像现代人那样呈弧状平缓过渡。

（2）宽大于高，呈扁心形，且髌骨前表面较平；现代人的则高大于等于宽，呈心形，且髌骨前表面呈弧形。

（3）髌尖较尖，且不在关节嵴垂直延长线上，而稍偏内侧关节面。

表4-24　　　　　　　　　　　金牛山人髌骨测量及比较表　　　　　　　　　单位：毫米

测量项目	金牛山人	鸽子洞人（KG7503）[①]	现代人（20例）
最大高	46.9	45	43.9（38.5~46.1）
最大宽	49.5*	45	44（40.6~45.9）
最大厚	21.4	21	19.3（18.6~22.6）
关节面高	34.6	30	30.3（29~32）
内侧关节面宽	22*	16	15.8（12.5~18）
外侧关节面宽	31.6	23	24.5（22~27.5）
宽高指数	94.7	100	99.8

① 引自吕遵谔：《鸽子洞的人类化石》，《人类学学报》1992年第11卷第1期，第10~12页。
* 为复原值。

（4）内外两个关节面均较大，两关节面之间的纵嵴明显。从关节面观察，内侧关节面的下缘与髌尖之间有明显的凹陷。现代人则关节面较小，且纵嵴多不如金牛山人明显，内侧关节面下缘与髌尖之间多呈缓弧形过渡，凹陷常不明显。

总之，金牛山人的髌骨形态特征，如宽大于高、形状似扁心状、关节面大、内侧关节面下缘与髌尖之间形成凹陷等特征与欧洲Krapina人的髌骨（Smith F H., 1976）相似。这些特征代表了原始特征。

七　手部骨骼

（一）保存状况

金牛山人的腕部骨骼有9件（图版五九）。其中左侧有：舟状骨（84.J.A.H-10）、月骨（84.J.A.H-11）、三角骨（84.J.A.H-12）、豌豆骨（84.J.A.H-18）和头状骨（84.J.A.H-13）。右侧：月骨（84.J.A.H-14）、大多角骨（84.J.A.H-16）、小多角骨（84.J.A.H-17）和钩状骨（84.J.A.H-15）。

金牛山人的掌骨有2件（图版六〇）：左侧第3掌骨（84.J.A.H-19）和右侧第2掌骨（84.J.A.H-20）。

金牛山人的指骨标本有7件（图版六一）。近节指骨：左侧第1（84.J.A.H-38）、第2（84.J.A.H-37）、第3（84.J.A.H-36）和第5（84.J.A.H-39）指骨。中节指骨：左侧第2（84.J.A.H-40）和第3（84.J.A.H-41）指骨。远端指骨仅有1件，为右侧第1远节指骨（84.J.A.H-42）。

根据现代人指骨侧别鉴定准确性的研究，在保存有全部指骨的情况下，近节和中节指骨鉴定准确率相对较高，可达90%左右甚至100%，而除第1远节指骨外的其他远节指骨侧别鉴定的准确性相对较差（Case, D.T. et al., 2000; Garrido Varas C.E. et al., 2011）。但金牛山人的指骨很不完整，增加了鉴定的难度，因而对金牛山人个别指骨标本（尤其是两个中节指骨）的侧别或位置的鉴定不能完全排除误判的可能。

（二）腕骨

1. 舟状骨

金牛山人舟状骨（左：84.J.A.H-10）（图4-19，1；图版五九，7）测量值见表4-25。其舟状骨与现代人舟状骨的区别主要是在三个关节面：

图4-19　金牛山人左舟状骨和左豌豆骨

1.左舟状骨（左.远端头状骨关节面，右.近端桡骨关节面）　2.左豌豆骨（左.背侧三角骨关节面，右.内侧面）

（1）远端接头状骨小头的关节窝，金牛山人的呈内—外为长轴、背—掌为短轴的椭圆形，底较浅平；现代人的则内—外径缩短，背—掌侧径展宽，形成一个深的关节窝，表明现代人的头状骨活动范围较金牛山人大。

（2）远端接大、小多角骨的关节，金牛山人的较现代人的低矮；现代人的此关节面增高，而背—掌侧缩短，形成表面微突的轴状关节，显然比金牛山人的更灵活。

（3）近端与桡骨相接的关节，金牛山人的不如现代人宽大；现代人的该关节面展宽，形成一个宽大的凸关节面，表明活动范围较金牛山人大，即腕部较金牛山人的更灵活。

2. 月骨

金牛山人的月骨有左侧（84.J.A.H-11）和右侧（84.J.A.H-14）2件，其中左侧稍残（图4-20；图版五九，6、9）。

与现代人的区别表现在金牛山人的月骨内外侧径较现代人宽，背掌侧径较现代人短。因而整个月骨显得宽；现代人的月骨则内外侧方向明显缩短，接头状骨的关节窝较金牛山人的深而窄。近端与尺骨和桡骨相接的关节隆凸较现代人宽大。

金牛山人的月骨测量数据见表4-26。

表4-25　　　　　　　　　　　　金牛山人舟状骨测量及比较表　　　　　　　　　　单位：毫米

测量项目	金牛山人	现代人
最大长	14.3	17
最大宽	25.5	25.8
最大高	13	14.5

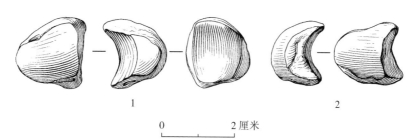

图4-20　金牛山人右月骨和左月骨

1.右月骨（左.桡骨关节面，中.三角骨关节面，右.头状骨、钩状骨关节面）　2.左月骨（左.舟状骨关节面，右.桡骨关节面）

表 4-26　　　　　　　　　　　金牛山人月骨测量及比较表　　　　　　　　　单位：毫米

测量项目	金牛山人		现代人
	左	右	
最大长	12	-	14
最大宽	15.5	15.2	10.5
最大高	16.5	-	18.5

3. 三角骨

金牛山人的左侧三角骨（84.J.A.H-12）（图 4-21；图版五九，2）测量数据见表 4-27。与现代人的三角骨区别主要有：

（1）外侧与钩状骨相接的关节面，金牛山人的呈长条形，窝底浅平，长 14、宽 10 毫米；现代人的则向背侧方向扩展，形成一个宽大的扇形关节窝，窝底较金牛山人的宽大且深，由关节窝的形态看，现代人的腕部三角骨与钩骨之间的活动范围加大，向背—掌侧方向活动较金牛山人灵活。

（2）近端接月骨的关节面，金牛山人的较现代人的窄小。

4. 豌豆骨

金牛山人的左侧豌豆骨（84.J.A.H-18）（图 4-19，2；图版五九，1）测量数据见表 4-28。

与现代人的区别是：

（1）金牛山人的豌豆骨比现代人的粗短；现代人的豌豆骨宽，结节边缘向掌侧弯曲。

（2）金牛山人的豌豆骨与三角骨相接的关节面圆，且向内侧倾斜；现代人的该关节面微凹，且倾斜的方向相反。

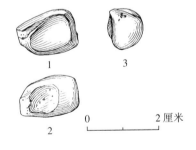

图 4-21　金牛山人左三角骨
1. 钩状骨关节面　2. 内侧面
3. 月骨关节面

表 4-27　　　金牛山人三角骨测量及比较表　　　单位：毫米

测量项目	金牛山人	现代人
最大长	16	17.5
最大宽	10	12
最大高	11.3	13.3

表 4-28　　　　　　　　　　金牛山人豌豆骨测量及比较表　　　　　　　　　单位：毫米

测量项目	金牛山人	现代人
最大长	12	14.5
最大宽	10	12
最大高	7.9	6.7

（3）金牛山人的豌豆骨不如现代人的粗硕。

5. 大多角骨

金牛山人的右侧大多角骨（84.J.A.H–16）（图4–22，1；图版五九，8）测量数据见表4–29。与现代人的不同处有：

（1）远端关节面（接第1掌骨的关节面），金牛山人的关节面比现代人的宽平，似葫芦形；现代人的远端关节面更像鞍状。现代人的关节面向掌面下方倾斜；金牛山人的关节面在掌面外侧向上突，形成一个明显的结节。因而现代人的关节面与第1掌骨连接的活动轴加大，金牛山人的关节窝较平，不如现代人灵活，尤其是前外侧的结节限制了

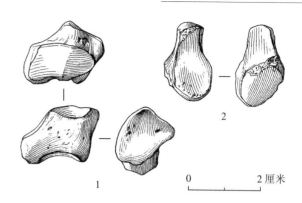

图4–22　金牛山人右大多角骨和右小多角骨
1.右大多角骨（上.舟状骨、小多角骨关节面，左下.背侧面，右下.外侧面）　2.右小多角骨（左.第二掌骨关节面，右.背侧面及舟状骨关节面）

第1掌骨向内弯曲的活动范围，说明金牛山人的向内侧弯曲不如现代人。

（2）近端关节面（与舟状骨和小多角骨连接），金牛山人的与现代人的特征差别较大，与舟状骨相接的关节面金牛山人的不如现代人的宽大，现代人的面积是9.5毫米×10毫米，金牛山人的是8.5毫米×9毫米。现代人的该关节面比金牛山人的更倾斜且深凹。与小多角骨相接的关节面，金牛山人的较现代人的宽平，现代人的该关节面扭曲且加长；金牛山人的由此关节面转向接第2掌骨的关节小面，其转角比现代人的平缓，关节面的特征介于黑猩猩与现代人之间，代表了原始性状。

表4–29　　　　　　　　　　　金牛山人大多角骨测量及比较表　　　　　　　　　　单位：毫米

测量项目	金牛山人	现代人	黑猩猩
最大长	11.5	13	13.7
最大宽	15.5	18.5	22.7
最大高	15	15.5	14.5

6. 小多角骨

金牛山人的右侧小多角骨（84.J.A.H–17）（图4–22，2；图版五九，3）与现代人的特征基本相似，不同点有：

（1）远端接第2掌骨的关节面较现代人的宽平。

（2）近端接舟状骨的关节面较现代人的窄长。

（3）最明显不同的是接大多角骨的外侧关节面以及接头状骨的内侧关节面，现代人的在接大多角骨的关节小面的远端和接头状骨的关节小面上各有一条深沟；金牛山人的与大多角骨相接的关节面的背侧有一条浅而窄的小沟，与头状骨相接的关节小面上没有沟。黑猩猩的小多角骨形态特征与金牛山人的区别明显，但在内外侧关节小面上也无沟的构造。因而可以认为这两条沟的出现时间较晚，可能与手的活动功能完善有关。

金牛山人的小多角骨测量数据见表4–30。

表4-30　　　　　　　　　金牛山人小多角骨测量及比较表　　　　　　　　单位：毫米

测量项目	金牛山人	现代人	黑猩猩
最大长	11.5	13.5	13.5
最大宽	11	13.3	14
最大高	16	18.5	18

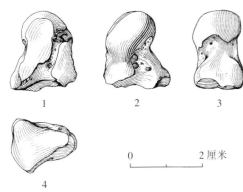

图4-23　金牛山人左头状骨
1. 内钩状骨关节面　2. 外舟状骨关节面、小多角骨关节面　3. 背侧面　4. 远端掌骨关节面

7. 头状骨

金牛山人左侧头状骨（84.J.A.H-13）（图4-23；图版五九，4）与现代人的不同之处有：

（1）接第3掌骨的关节面，金牛山人的是由外侧向内侧倾斜，而现代人的则相反；关节面在背侧方，金牛山人的不如现代人的宽，金牛山人的由两个小关节面组成，现代人的则有三个关节小面。

（2）内侧与钩状骨相接的关节小面，金牛山人的不如现代人的窄长，现代人的由于背侧面弯曲而使关节小面向远端加长。

（3）与小多角骨相接的关节小面最明显的区别是，金牛山人的接舟状骨的小头向上伸展，没有明显的断开；而现代人的小头与体分离，形成明显的颈。

（4）接舟状骨的小头，现代人的呈球状；金牛山人的小头隆凸，但于掌侧有明显的尖突形态，介于黑猩猩和现代人之间，小头的形态具有原始性。

头状骨的形态比较，表明金牛山人的头状骨与舟状骨相接的关节不如现代人活动范围大，腕部不如现代人灵活。

金牛山人的头状骨测量数据见表4-31。

8. 钩状骨

金牛山人右侧钩状骨（84.J.A.H-15）（图4-24；图版五九，5）与现代人比较，不同特征有：

（1）接4、5掌骨的关节面，金牛山人的接4、5掌骨的两个关节小面间没有明显的转折，且大小相似；现代人的接第5掌骨的小面宽大且较接第4掌骨的小关节面高。两者之间转折明显，金牛山人的接第4掌骨小面向背侧弯，在背侧折成一个小斜面；现代人的则无此特征。

表4-31　　　　　　　　　金牛山人头状骨测量及比较表　　　　　　　　单位：毫米

测量项目		金牛山人	现代人	黑猩猩
最大长		23.3	23.2	24.1
最大宽		14.5	16	15.2
最大厚		18.7	19.1	21
小头	内外侧径	13	12.4	13
	前后径	14.5	10.5	12
	高	11.5	10.5	9.5

（2）与头状骨相接的关节面，金牛山人的较现代人的窄长，关节面微突；现代人的该小面向掌侧扩宽，面较平。

（3）与三角骨相接的关节面，金牛山人的较窄长；现代人的近端向背侧，远端则向掌侧扩展，关节面呈弧形，表明其内侧与三角骨相接的关节面活动范围增大。从形态看，金牛山人的保留一些与黑猩猩相似的原始性状。

（4）掌骨钩突扭转的方向与现代人的相同，但钩突不如现代人的粗壮。黑猩猩的钩状骨接第4、5掌骨的关节小面与现代人的明显不同，接第

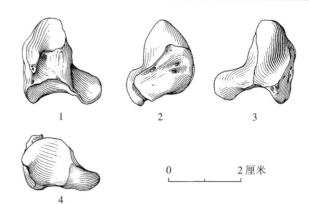

图 4-24 金牛山人右钩状骨
1. 头状骨关节面 2. 背面 3. 三角骨关节面 4. 掌骨关节面

5 掌骨小面小于接第 4 掌骨的小面。金牛山人的此关节面不如现代人的大，较现代人原始，但其形态却与现代人的相似。

钩状骨的对比表明，金牛山人的第 5 掌骨在腕关节面之间不如现代人灵活，钩状骨与三角骨相接的面也不如现代人活动范围大。

金牛山人的钩状骨测量数据见表 4-32。

表 4-32 　　　　　　　　金牛山人钩状骨测量及比较表　　　　　　　　单位：毫米

测量项目	金牛山人	现代人	黑猩猩
最大长	18.8	21.2	30
最大宽	15	14.6	17
最大高	19	22.7	22

由豌豆骨和钩状骨组成腕骨沟的尺侧隆起，桡侧隆起是由舟骨结节和大多角骨结节构成，腕横韧带横架在桡、尺隆起之上。金牛山人的大多角骨结节和舟骨结节不如现代人粗大，且较平直；现代人的大多角骨结节发育，舟骨结节向掌侧扭转且粗大。这表明金牛山人的桡侧隆起不如现代人发育。金牛山人尺侧的钩状骨隆突不如现代人粗大，豌豆骨也不如现代人粗大，说明尺侧隆突与现代人有区别，不如现代人发育。这些特征说明金牛山人的腕横韧带不如现代人粗大，即金牛山人腕部的活动不如现代人灵活有力。

（三）掌骨

1. 第 2 掌骨

金牛山人右侧第 2 掌骨（84.J.A.H-20）（图 4-25；图版六〇，2）的形态特征与现代人基本相似，而与黑猩猩的明显不同。

金牛山人右侧第 2 掌骨与现代人的掌骨比较不同点有：

（1）近端关节面

金牛山人第 2 掌骨的近端关节面较现代人的窄长，外侧与第 1 掌骨结合处有一深窝；现代人

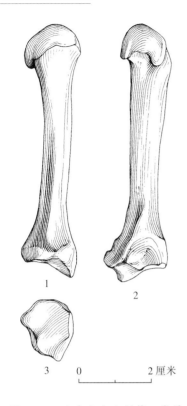

图 4-25　金牛山人右侧第 2 掌骨
1. 背面　2. 外侧面　3. 近端

该处的窝宽而低平。金牛山人的底关节窝的背—掌径为 16.2 毫米，内外侧径 15.7 毫米；现代人的分别为 16.6 毫米和 17.6 毫米。金牛山人第 2 掌骨外侧与第 1 掌骨结合的深窝高 6 毫米，宽 8.7 毫米，深 2 毫米；现代人的则是 3.5 毫米，8.5 毫米和 1.2 毫米。金牛山人第 2 掌骨的底关节面不如现代人宽平，而且在内侧有一深窝，说明金牛山人的大拇指不如现代人灵活。

（2）骨体

金牛山人掌骨骨体没有明显的棱，横断面为不甚规则的圆形；现代人的骨体在背侧有明显的棱，横断面似圆三角形。金牛山人掌骨的形状与黑猩猩的相似，反映了原始特征。

（3）远端关节头

金牛山人第 2 掌骨关节头的形态特征与黑猩猩和现代人相比更接近现代人，但一些细部特征却介于二者之间，表现在金牛山人第 2 掌骨关节小头与现代人的相似，比黑猩猩的关节头展宽即前后径缩短，而内外侧径宽，关节头变得宽平，从前面视关节头与骨体连接的颈线变得平缓，与现代人相似；黑猩猩的则是向下弯曲。掌面关节突发育的程度介于黑猩猩和现代人之间，说明金牛山人关节头附着肌腱处较现代人发育，但比黑猩猩弱。

综上，金牛山人第 2 掌骨的形态特征与现代人基本相同，保留的原始特征主要有 3 点：

（1）骨体的横断面较圆，与黑猩猩相似。

（2）近端外侧与第 1 掌骨连接面有发育的深窝。

（3）远端关节头与骨体连接的颈线有发育的钩突。

以上三点说明金牛山人的手可能不如现代人灵活，但附着肌腱强大，手的力量更强大。掌骨的测量和比较见表 4-33。

表 4-33								金牛山人第 2 掌骨测量及比较表

单位：毫米

标本	最大长	底部		骨体中部		关节头	
		宽	长	宽	长	宽	长
金牛山人	69.5	15.7	16	7.2	8.2	14.5	13.3
现代人	69.3	17.3	16.3	7.8	9.2	13.5	13.2
黑猩猩	81.6	13.1	16.5	8.4	8.2	14.2	14.4

2. 第 3 掌骨

左侧第 3 掌骨（84.J.A.H-19）（图 4-26；图版六〇，1）与现代人的不同点有：

（1）近端关节面

近端关节面的前方较现代人的宽平，向外侧转折形成陡直的关节小面与第 2 掌骨相接。现代人的第 3 掌骨近端关节的前方较窄，斜向外侧形成与第 2 掌骨相接的关节面。

近端外侧与第 2 掌骨相接的关节面金牛山人呈长条形，现代人的则是前宽后窄。内侧与第 4 掌骨相接的关节面，金牛山人的是由两个关节小面构成，现代人的则是靠背侧关节小面明显，靠掌侧的关节小面常不明显。在背侧金牛山人有明显的小凹，而现代人的则不明显。

（2）骨体

金牛山人掌骨的骨体底部有一发育的嵴，现代人的则无此嵴。外侧骨体扭转不明显，而现代人的明显。

（3）远端关节头

金牛山人的关节小头在掌面与体间转折较大，而现代人的不明显，现代人的关节小头比金牛山人的更隆起。

金牛山人的第 3 掌骨与现代人的不同特征，均是介于黑猩猩和现代人之间，反映了一些原始性。La chapelle aux Saints 尼安德特人的右侧第 3 掌骨底部关节，与第 4 掌骨相接的关节面为较直的转角小长关节面，与第 2 掌骨相接的关节面为一小的方形关节面，无后关节面。第 3 掌骨测量与比较见表 4-34。

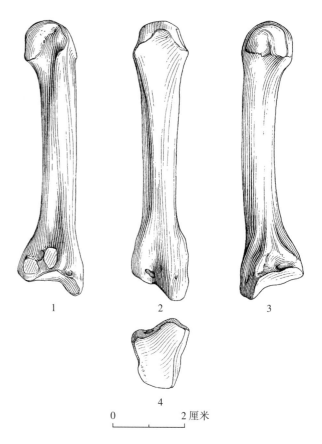

图 4-26　金牛山人左侧第 3 掌骨
1. 内侧面　2. 背面　3. 外侧面　4. 近端

表 4-34　　　　　　　　　　　　　金牛山人第 3 掌骨测量及比较表　　　　　　　　　　　单位：毫米

标本	最大长	底部		骨体中部		关节头	
		内外侧径	前后径	内外侧径	前后径	内外侧径	前后径
金牛山人	69.5	14.2	16.8	8.2	8.3	9.2	13.3
La chapelle aux Saints	70	15.6	17	8.6	10.3	16.2	15.3
现代人	64.7	13.7	16.7	7.7	8.3	13.3	13.6
黑猩猩	84.3	14.1	17.2	9	9.3	16.5	17.5

（四）指骨

1. 近节指骨

金牛山人的左侧第 1（84.J.A.H-38）（图 4-27；图版六一，7）、第 2（84.J.A.H-37）（图 4-28；图版六一，3）、第 3（84.J.A.H-36）（图 4-29，2；图版六一，2）和第 5（84.J.A.H-39）（图 4-29，1；图版六一，1）。近节指骨测量数据比较见表 4-35，其与现代人不同的特征是：

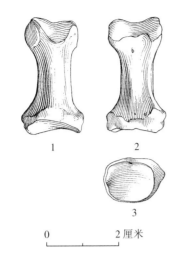

图 4-27　金牛山人左侧第 1 近节指骨
1.掌面　2.背面　3.近端

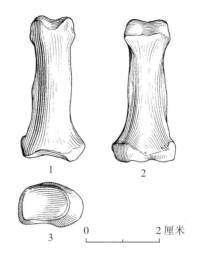

图 4-28　金牛山人左侧第 2 近节指骨
1.背面　2.掌面　3.近端

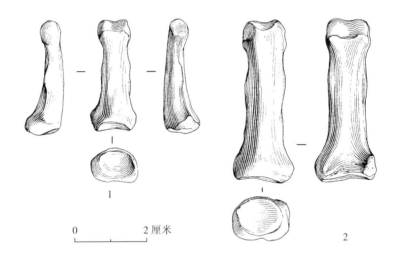

图 4-29　金牛山人左侧第 5 和第 3 近节指骨
1.左侧第 5 近节指骨（左.内侧面，中.背面，右.外侧面，下.近端）
2.左侧第 3 近节指骨（左.掌面，右.背面，下.近端）

（1）近节指骨比现代人的粗壮。

（2）第 2、第 3 和第 5 近节指骨的掌侧面沿骨体两侧有折棱（唇），现代人的指骨上此特征不显著。

（3）底端关节窝的特征与现代人相似，但周边隆突比现代人发育。

2. 中节指骨

金牛山人的中节指骨较现代人的粗大，骨体于掌侧面两侧有发育的折唇，现代人仅见残余的痕迹（表 4-36；图 4-30；图版六一，5、6）。

3. 远节指骨

金牛山人的远节指骨在骨体掌侧面靠下部的深凹较现代人的深，整个指骨较现代人的粗大（表 4-37；图 4-31；图版六一，4）。

表 4-35　　　　　　　　　　　　　金牛山人近节指骨测量及比较表　　　　　　　　　　单位：毫米

骨骼名称	测量项目	金牛山人	现代人
第 1 近节指骨	最大长	27.2（24.2）*	29.5
	底部宽	15.2	13
	底部长	11	10
	骨体中部宽	8	8
	骨体中部长	6	5.3
	头部宽	13	10.5
	头部长	8.2	8
第 2 近节指骨	最大长	36（33.6）*	38
	底部宽	15.8	14
	底部长	11.2	11
	骨体中部宽	9.3	8.6
	骨体中部长	6.4	5.7
	头部宽	11	10.7
	头部长	7	10.3
第 3 近节指骨	最大长	41（39.7）*	41
	底部宽	15.5	13.5
	底部长	11.7	11.1
	骨体中部宽	9.8	8.4
	骨体中部长	6.3	6
	头部宽	11.3	11
	头部长	7.7	7.4

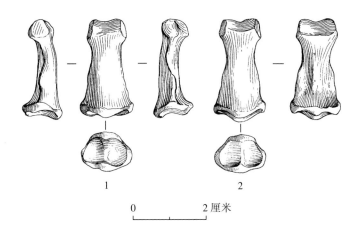

图 4-30　金牛山人左侧第 3 和第 2 中节指骨
1. 第 3 中节指骨（左. 内侧面，中. 背面，右. 外侧面，下. 近端）
2. 第 2 中节指骨（左. 背面，右. 掌面，下. 近端）

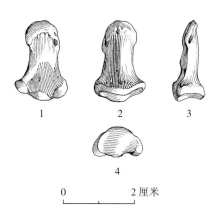

图 4-31　金牛山人右侧第 1 远节指骨
1. 掌面　2. 背面　3. 外侧面　4. 近端

续表 4-35

骨骼名称	测量项目	金牛山人	现代人
第5近节指骨	最大长	31.2（29.2）*	30.3
	底部宽	13	11.5
	底部长	9	8.1
	骨体中部宽	8.4	6
	骨体中部长	5.2	4.5
	头部宽	9.5**	7.7
	头部长	5.7	5.6

* 括号内的数值是两端关节面中间最凹点间的距离。
** 小头内侧残。

表 4-36　　　　　　　　　金牛山人中节指骨测量及比较表　　　　　　　　　单位：毫米

骨骼名称	测量项目	金牛山人	现代人
第2中节指骨	最大长	26.6（25）*	25.5
	底部宽	13.7	10.8
	底部长	10.5	8
	骨体中部宽	8	6.7
	骨体中部长	5.2	4
	头部宽	10.6	8
	头部长	6	5
第3中节指骨	最大长	25.6（26）*	26.4
	底部宽	13.2	11.2
	底部长	9.5	8.6
	骨体中部宽	7.5	7.6
	骨体中部长	5	5
	头部宽	10.6	8.8
	头部长	5.5	5.3

* 括号内的数值是两端关节面最凹点间的距离。

表 4-37　　　　　　　　　金牛山人远节指骨测量及比较表　　　　　　　　　单位：毫米

骨骼名称	测量项目	金牛山人	现代人
第1远节指骨	最大长	21（20.8）*	18.8
	底部宽	14.6	12.2
	底部长	8.2	6.8
	骨体中部宽	8.1	7.3
	骨体中部长	4.2	3.6
	头部宽	10	8.6
	头部长	4	3

* 括号内的数值是近端关节面最凹点至远端的距离。

八　足部骨骼[1]

金牛山人化石是目前唯一一个提供了东亚中更新世古人类足部解剖特征的人类化石，在研究人类双足直立行走演化上极具价值。双足行走一直被认为是人类辐射极具意义的适应，它的出现被认定标志了人类的起源。尽管有不同的解释，现代人类足部独特特征以及相应的步态是人类演化较晚才出现的，这些独特特征包括固定的足部纵弓和横弓，以及特有的大脚拇指的跖趾关节等。这里我们初步定量描述了金牛山人足骨并进行了选择性测量，通过分析促进我们对现代人类双足行走的了解，认识在人类进化历史中，现代人类足部特征是何时发展和调整的。

（一）保存状况

金牛山人保留的跗骨有：

左侧跟骨（84.J.A.H-23，胶结未清理）。

右侧跟骨（84.J.A.H-28）。

左侧距骨（84.J.A.H-24）。

右侧距骨（84.J.A.H-29）。

左侧骰骨（84.J.A.H-27，胶结未清理）。

右侧骰骨（84.J.A.H-33）。

右侧足舟骨（84.J.A.H-30）。

左内侧楔状骨（84.J.A.H-25）。

右内侧楔状骨（84.J.A.H-31）。

左外侧楔状骨（84.J.A.H-26）。

右外侧楔状骨（84.J.A.H-32）。

金牛山人保留的跖骨有：

左侧第 1 跖骨（84.J.A.H-34）。

左侧第 2 跖骨（84.J.A.H-35）。

金牛山人保留的趾骨有：

左侧第 1 近节趾骨（84.J.A.H-43）。

其他近节趾骨 5 个，左侧 3 个（84.J.A.H-46、84.J.A.H-47、84.J.A.H-48），右侧 2 个（84.J.A.H-44、84.J.A.H-45）。

中节趾骨 4 个（84.J.A.H-49~84.J.A.H-52）。

左侧第 1 远节趾骨（84.J.A.H-55）。

右侧第 1 远节趾骨（84.J.A.H-54）。

其他远节趾骨 1 个，可能属左侧（84.J.A.H-53）。

---

[1] 本部分引自已发表文章：Lu Z, Meldrum D J, Huang Y, et al. The Jinniushan hominin pedal skeleton from the late Middle Pleistocene of China. [J]. Homo-journal of Comparative Human Biology, 2011, 62(6): 389-401.

人类脚趾骨大小和形态变异较大。因而除了第 1 趾骨外，其他趾骨的侧别或位置鉴定结果不排除有误的可能。

（二）形态描述和测量

1. 跟骨

保存左、右跟骨（左侧 84.J.A.H-23，右侧 84.J.A.H-28）（图 4-32；图版五八，1），左侧跟骨胶结尚未清理。跟骨结节高度与现代人相近，但其内外宽却如同整个骨架一样表现得更为粗壮。跟结节的足底面有一个大而膨隆的内侧突。该内侧突表明跖腱膜以及跖长韧带在此有强力附着。外侧突位于外侧，且相对于现代人更向前移位而未与跟骨结节相融合。此外还有一个非常发达的跟骨前结节，是跖短韧带的附着，根据其发育程度可能也起到传导体重到足底的作用。跟骨载距突短，沿其内侧缘有明显的跟舟跖侧韧带（或称跳跃韧带）附着痕迹。载距突上有一关节面，是由跟骨背面前部的前关节面延展而来，对应于距骨头上的距骨中关节面。在载距突的下表面有拇长屈肌腱的浅沟。骰骨关节面不对称，对应于骰骨跟骨突的凹坑或多或少位于足底内侧。此关节面的背侧唇悬突。根据关节面的形状，跟骰关节在内翻时必定处于紧密连接的位置。这表明跟骰关节锁定结构在步行周期支撑阶段的后半段，提供了一个稳定的足部外侧支撑。跟骨外侧面的腓骨肌滑车（或腓骨肌结节）以及滑车后粗隆区域被破坏，无法对相关标志做出描述。

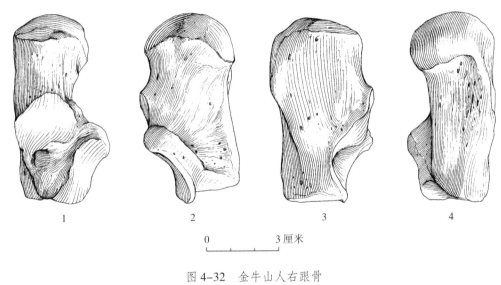

1   2   3   4

0   3 厘米

图 4-32　金牛山人右跟骨
1.上面　2.内侧面　3.外侧面　4.底面

2. 骰骨

保存有左、右侧骰骨（左侧 84.J.A.H-27，右侧 84.J.A.H-33）（图 4-33；图版六二，1），其中左侧骰骨与跟骨胶结在一起尚未清理，右侧骰骨的近端破损。虽然胶结，但可观察到左骰骨的跟骨突（齿状突）不如复原后的右骰骨突出。如前所述，骰骨的跟骨突与前面提到的跟骨上的凹陷相对应。同现代人一样，关节在足内翻时具有稳定中跗部的作用。跟骨突的足底面没有关节，其表面粗糙是发达的跟骰跖侧短韧带附着处。背侧观，骰骨向外侧逐渐缩窄呈楔形，使得近、远端表面形成约 42° 的夹角。骰骨与第 5 跖骨关节面的角度要比与第 4 跖骨关节面角度更略朝外一些。

这两个关节面基本是平坦的，表明金牛山人外侧跗跖关节只有很小的屈曲。背侧——足底方向上骰骨较厚，由于骰骨粗隆大而膨隆，说明跟骰跖侧深长和短韧带发育很好。粗隆之前的足底面及外侧面存在深沟，表明有发达的腓骨长肌腱。所有这些特征都有利于跟骰关节的稳固。

3. 距骨

保存左、右侧距骨（左侧84J.A.H–24，右侧84J.A.H–29）（图4–34、4–35；图版六三）。距骨滑车粗壮结实，两侧基本平行。胫骨关节面向前并未延展到距骨颈上。距骨头上足舟骨关节面向背侧有限的扩展，表明距骨——舟骨关节具有相对受限的背屈/旋转幅度。跟舟跖侧韧带附着区为三角形轮廓的表面，明确的以距骨头的足底内侧角为界。在距骨颈上对应于跟骨载距突有一单一连续关节面。右侧距骨颈部保存较好，较短，呈中等程度的向内侧转折。距骨后突以明显的拇长屈肌腱沟为界。内侧结节非常发达，是距胫后韧带的附着处。距骨头相对于内、外侧滑车嵴所定义平面的扭转角度为46°。从上面观，距骨头相对于内、外侧滑车嵴之间中线向内侧偏离30°。

4. 足舟骨

只保存有右侧足舟骨（84J.A.H–30）（图4–36；图版六四，3）。足舟骨前后向较短，有舟骨粗隆。该粗隆的大小和发育程度表明，足舟骨起传导体重到足底的作用。距骨关节面相对较浅，沿长轴轻度下凹，关节面弧度所对应的圆心角约为80°。关节面内外向较宽。沿其外侧边界，有一关节面对应骰骨，但没有对应于跟骨载距突的关节面。对应于内、外侧楔状骨的关节面较平坦且大致位于同一个平面内。内侧楔状骨关节面只很轻微地朝向内侧和足底。然而外侧楔状骨关节面是双凹形的。它向近端偏移并且相对于其他楔状骨向外侧倾斜。

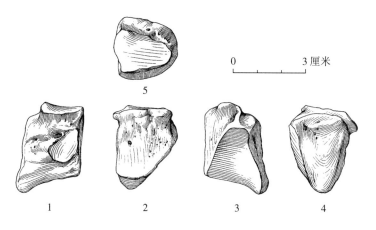

0　　　　　3厘米

图 4–33　金牛山人右骰骨
1. 内侧面　2. 上面　3. 外侧面　4. 底面　5. 远端

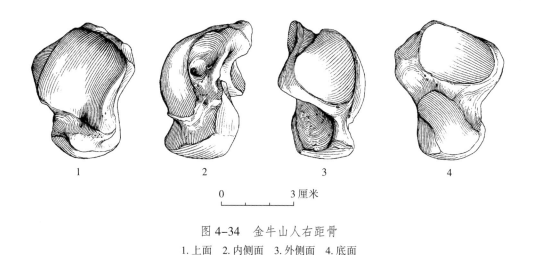

0　　　　　3厘米

图 4–34　金牛山人右距骨
1. 上面　2. 内侧面　3. 外侧面　4. 底面

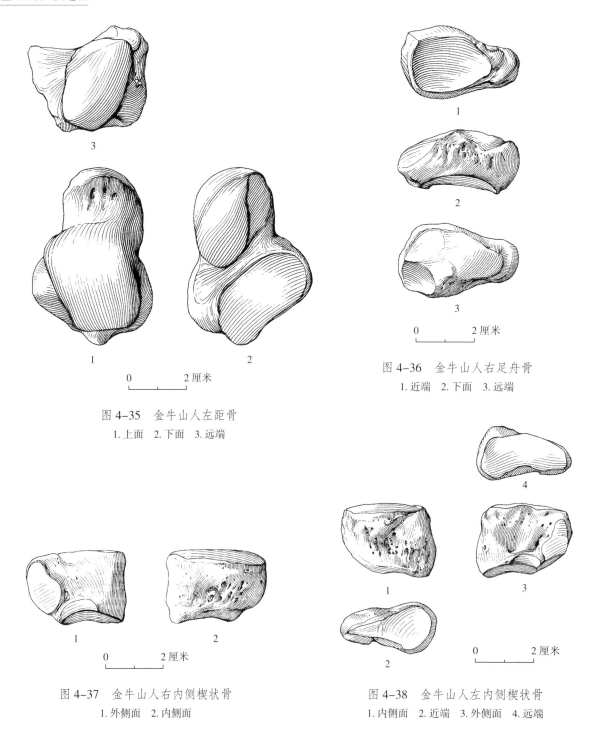

图 4-35　金牛山人左距骨
1. 上面　2. 下面　3. 远端

图 4-36　金牛山人右足舟骨
1. 近端　2. 下面　3. 远端

图 4-37　金牛山人右内侧楔状骨
1. 外侧面　2. 内侧面

图 4-38　金牛山人左内侧楔状骨
1. 内侧面　2. 近端　3. 外侧面　4. 远端

5. 内侧楔状骨

　　保存左、右内侧楔状骨（左侧 84.J.A.H-25，右侧 84.J.A.H-31）（图 4-37、4-38；图版六四、1、2）。内侧楔状骨有一个膨大的跖粗隆，表明该骨传导体重到足底。内侧楔状骨的近端和远端关节面分别对应于足舟骨和第 1 跖骨，它们彼此近平行，并几乎为平面，无起伏不平。舟骨关节面轻微朝向背侧并呈很浅的双凹形。第 1 跖骨关节面呈肾形，跖侧半的关节面比背侧半的要大。关节面呈轻微的内外向凸起。

6. 外侧楔状骨

保存左、右外侧楔状骨（左侧 84.J.A.H−26,右侧 84.J.A.H−32）（图 4−39、4−40；图版六二,2、3）。右外侧楔状骨保存好于左侧。它有一明显的足底粗隆,在近端有一个发达的沟,最可能对应于腓骨长肌腱。近端关节面对应于舟骨,有轻微的凸起并向内侧轻度倾斜。该骨的外侧面有一个大的、位于近端的、边界清楚的骰骨关节面。内侧面的近端也有一中等大小的关节面,与中间楔状骨对应;内侧面的远端有一个较小的关节面,对应于第 2 跖骨,向内侧倾斜。

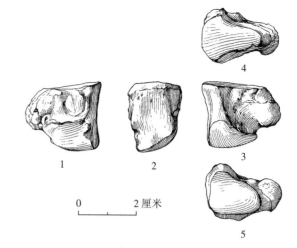

图 4−39　金牛山人左外侧楔状骨
1. 外侧面　2. 上面　3. 内侧面　4. 远端　5. 近端

7. 第 1 跖骨

保存有左侧第 1 跖骨（84.J.A.H−34）（图版六五,1）,其骨干较直。近端关节面大,背侧—足底方向厚度比内外向更宽。背侧观,跖骨头较宽,其关节面有显著的背屈。从远端观察,跖骨头近方形,背侧—足底方向厚度比内外径略宽。其下表面两侧有沟,分别对应于拇短屈肌内、外侧头肌腱内的籽骨。内侧沟较明显而外侧沟较模糊。中部的突起向足底面突出于内、外侧籽骨沟的内、外侧缘之下。后者使跖骨头的远端呈现"鸟喙样",其相似度与早期人类如 *Homo ergaster* 要比现代人更接近。跖骨头相对于该骨的内侧楔状骨近端关节面,向内侧扭转约 30°。

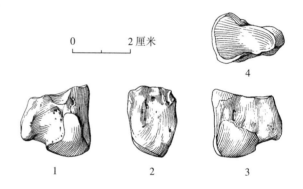

图 4−40　金牛山人右外侧楔状骨
1. 内侧面　2. 上面　3. 外侧面　4. 远端

8. 第 2 跖骨

保存有左侧第 2 跖骨（84.J.A.H−35）（图版六五,2）。第 2 跖骨骨干很直,远端关节面保存完好,但近端关节面破损较多。其与中间楔状骨相连接的近端关节面保存有上内侧部分,保留面积不足 1/2。近端内侧的上部保留有较完整的与内侧楔状骨相关联的关节面。近端外侧关节面缺损较多,仅在靠上部保留有少部分的与第 3 跖骨相关联的关节面。骨干和远端关节面的上下厚度大于内外侧宽。在金牛山人第 2 跖骨近端内侧的关节面之前有一个结节状突起,该突起之前表面是光滑的关节面,与第 1 跖骨的近端外侧关节面相接。现代人此结节状突起多不明显。远端关节面有明显的背屈表现。

9. 第 1 近、远节趾骨

保存有左侧第 1 近、远节趾骨（84.J.A.H−43）（图版六六,6）,（84.J.A.H−55）（图版六七,6）和右侧第 1 远节趾骨（84.J.A.H−54）（图版六七,7）。大拇趾趾骨粗壮,近端足底面骨结构显著增强。跖骨关节面相对于骨的长轴向背侧和内侧倾斜（角度分别约为 15° 和 8°）,表明了其背屈的位置。远节趾骨有弱的外侧偏移。拇长屈肌肌腱附着的凹坑较明显。

10. 第 2~5 趾骨

金牛山人第 1 趾骨外的其他近节、中节、远节趾骨共 10 个（84.J.A.H–44~84.J.A.H–53）（图版六六，1~5；图版六七，1~5）。由于骨骼的不完整和修复，只有一个近节趾骨可以直接测量（可能是第 2 或 3 近节趾骨）。所有趾骨的长度都较短，没有或很少有弯曲。有中等程度的屈肌鞘痕迹存在。骨间肌所附着的足底粗隆发达。近端跖骨关节面的轮廓几乎为圆形，并向背侧倾斜约 35°，这样关节面与正切趾骨头最低点与趾骨基部的水平面成角约 125°。中节趾骨以及唯一一节远节趾骨非常短而粗壮。远节趾骨尖端很窄，可能来自第 5 趾。

11. 足骨的测量

足骨的测量结果见表 4–38。

表 4-38　　　　　　　　　　　金牛山人足骨部分测量值　　　　　　　　　　单位：毫米

骨骼名称	长（或高）	宽	骨骼名称	长（或高）	宽
跟骨	75.6		跟骨突	8.4	
跟骨结节	42.4	33	内侧楔状骨	32.3	17.2
后距关节面	30	23.7	外侧楔状骨	24.5	18
骰骨关节面	27	29	第 1 跖骨关节面	28.3	10.4
距骨			第 1 跖骨	55.7	13.4
距骨滑车	36.5	30.3	第 1 跖骨头	21.1	20.5
距骨头	21.5	31.3	第 1 近节趾骨	29.1	10.5
足舟骨	24.3	40.3	第 2 趾骨	71	14.9
足舟骨粗隆	18.6	13.1	第 3 近节趾骨	26.4	13.3
骰骨	25.4	21.2			

（三）小结

金牛山人的年代为距今 26 万年，早于尼安德特人，虽然晚于 Sima de los Huesos 的古人类，但与欧洲海德堡人（*H. heidelbergensis*）年代上限相当。

金牛山人足骨的粗壮度以及体型所体现出来的全部运动行为特征与现代人明显不同。单个足骨的解剖特征更进一步表明了适应的镶嵌样式。跟骨结节具有现代样式的膨大，这与相应软组织和维持足部稳定纵弓所需要的力以及现代人类使用后足跟着地行走有关。发达的足底腱膜附着部位以及长而深的足底韧带，还有跟骨—骰骨关节面样式，都表明了中部跗骨以及跗跖关节较强的背—跖稳固性（更进一步的跟—骰关节稳固性的评估需要等待从胶结物里清理出保存更好的足骨）。然而可能发挥承重功能的足舟骨、内侧楔状骨粗隆，以及外侧楔状骨明显的腓骨长肌腱沟都表明，纵弓的高度有限而横弓可能存在相当大的活动度。

跟骨的足底外侧粗隆位于外侧，表明外侧跖韧带以及相关的组织产生拉力的方向与距长韧带明显不同，这样前足部与跟骨之间在很大旋转位置范围内稳定纵弓的力都能发挥作用。跟骨内侧及外侧粗隆所附韧带具有不同拉力方向，反映了跗间关节的旋转能力以及跗骨横弓的活动度要比通常所见的现代人更明显。而且外侧粗隆位置比现代人更靠前，表明外侧跖韧带在维持纵弓上不像现代人那么有效，也就是说韧带张力在跗骨及跗骨—跖骨间所产生的力矩臂要略小于现代人。

横弓活动度还通过足舟骨—外侧楔状骨的双凹关节面（表示了旋转能力）、足舟骨—骰骨关节面的存在以及距骨颈—跟骨间的单一关节面得以反映。后两组关节表明有距骨颈相对于跟骨可以产生明显的滑动，跗骨关节有像螺丝那样的旋转运动，尤其是距骨—跟骨关节。前后向较短的足舟骨，也是足舟骨和内侧楔状骨直接传导重量到足底的反映。

第1跖骨头内外较宽，但是籽骨的内外侧沟不如现代人明显，表明足部靠内侧的跖骨头在承受整个体重的时候不像现代人那么稳固。这样内侧跖骨头负载可能不像现代人那么大，更多的体重可能是由外侧跖骨头甚至整个前足来承受的。在第1跖骨线性测量值的多变量比较分析中，金牛山人位于现代人分布范围之外，但一直在其分布范围的边界附近（Meldrum, et al, 2008）。第1跖骨头轮廓形状（从远端看）在金牛山人和现代人体现出了更大的不同。对 LSTRA（least squares theta rho analysis）距离的 UPGMA（un-weighted pair group method with arithmetic mean）聚类分析将金牛山人的第1跖骨与其他上新世—更新世人类归为一类，如属于匠人的 KNM-BK63，属于傍人的 SK1818、SKX5017 等。对外形轮廓的分析进一步支持了金牛山人内侧跖骨头承重和助推能力可能小于现代人的认识。

在明显的粗壮度及其他足骨比例上，金牛山人与尼安德特人相似。尽管 Trinkaus 认为尼安德特人足部在整体形态和功能上与现代人没有实质的不同，但尼安德特人与现代人的差异不但表现在足部还体现在整个骨架上。整体上讲，这些差异包括骨骼的粗壮度、肢体比例、关节大小和匹配等等，不该被忽视，因为它们与特征性的行为能力密切相关。

金牛山人足骨的特征表明该物种在许多方面与现代人相似，但还具有一些与现代人不同的双足行走特征。金牛山人较矮的纵弓在步行周期支撑阶段的能量存储上不是最理想的。外侧跖韧带在维持纵弓时，至少对于力矩臂不太有利。金牛山人有比现代人更大的横弓活动度，从能量角度上可能是更耗能的，也就是说需要更多的肌肉能量来维持理想的高横弓姿势，以便使足部能够承受来自跖骨头的反作用最大弯曲力矩。内侧跖骨头相对不稳定，表明在以前足为支撑时金牛山可能不像现代人能站起那么高，因而步长减小了。这种不稳定性更进一步说明金牛山人在跑步时通过内侧跖骨头受力而快速的加速能力要比现代人弱。而且金牛山人可能通过整个前足负载更大比例的体重，而不是像现代人那样用内侧跖骨头承受大部分压力。很有可能金牛山人足骨缺少现代人那样的速度和耐力。

晚中更新世金牛山人缺少完全现代样式的足部适应对一些早期人类足部形态和功能的推断形成挑战。例如，Raichlen et al（2010）和 Crompton et al（2011）认为 Laetoli 足印是一个现代人样式的足，也就是拥有功能性纵弓、外侧到内侧力的传导、大脚拇趾的推力，尽管可能不如现代人那么发达而是处于中间阶段的人类。相反，Meldrum 等人的分析发现这些足印的古人类缺少足弓并具有相当大足中部活动度。在所有这些特征上，Laetoli 足印明显与同等状态下赤脚的现代人不同。

由于南方古猿相对于早期人属具有较短的腿和更高的重心，必然使其双足行走不像早期人属那么像人类。Ward 根据完整的 *A. afarensis* 第4跖骨推断出一个现代样式的纵弓和横弓。这没有考虑到大量人类足骨的研究，所有这些研究都表明这些人类缺少现代人的步态特征，也就是固定的足纵弓和横弓以及增大的大拇趾的跖—趾关节，它形成了内侧跖骨头的支撑点，在支撑期最后阶段是主要的足部受力点。

至于更晚的人类，Pontzer 等推断在 Damanisi 人类足部纵弓的存在并认为是现代人样式的足，尽管距骨是唯一已知的 Dmanisi 跗骨，且已知的跖骨（1、3、4、5）中只有两个是完整的（1、4），但却明确具有非现代人的形态。在这种情况下，Dmanisi 第 1 跖骨头的形态被描述。其古老形态以及其他同期标本如 Baringo 第 1 跖骨（KNM-BK 63），并不支持第 1 跖趾关节已经形成内侧支撑并在支撑期的最后阶段成为主要承重点这样的结论。金牛山人大拇趾与古老的非现代人类群体归为一组，是一个更有力的证据。在晚中更新世，人类足部还没有形成独特的完全现代化的大拇趾跖趾关节。

金牛山人足骨提供了最早的内侧纵弓稳定性增强的证据，但仍保存着一些明显是前现代人类的古老的特征，包括较低的足弓以及不如现代人稳固的大拇趾跖趾关节。这些特征反映了不同的足部能力，表明金牛山人的双足步态与现代人类有细微的区别。金牛山人足骨提供了人类足部演化的一个重要信息来源。

第二节　金牛山人牙齿

金牛山人有近完整的上颌牙列，可以观测其牙齿形态特征及功能状况。

（一）牙齿测量值

金牛山人上颌牙齿齿冠测量值及其指数值见表 4-39。上颌左侧门齿及右第 1 前臼齿齿冠缺失，仅余牙根。表中 I、C、P、M 分别代表门齿、犬齿、前臼齿和臼齿。

表 4-39　　　　　　　　　　金牛山人上颌牙齿齿冠测量表*　　　　　　　　　　单位：毫米

齿位	左侧				右侧			
	近远中径	颊舌径	牙冠高	长宽指数	近远中径	颊舌径	牙冠高	长宽指数
I1	10	8.4	（7.9）	119	10.2	8.5	（7.6）	120
I2	–	–	–		7.9	7.8	（6.9）	101.3
C	8.8	9.7	（7.5）	90.7	8.8	9.3	（8）	94.6
P1	8.2	10.6	（7.6）	77.4	–	–	–	–
P2	8.2	10.6	（7.3）	77.4	7.6	10.5	（7.2）	72.4
M1	11.3	12.7	（7.4）	89	11.6	12.3	（7.2）	94.3
M2	11.2	12.2	（6.6）	91.8	10.9	12.3	（7.2）	88.6
M3	8.7	10.5	6.6	82.9	8.2	9.2	5.6	89.1

*除指数外，其余测量值单位为毫米；长宽指数 = 齿冠近远中径 / 齿冠颊舌径 ×100；括号内数值表示牙齿有磨耗，牙冠高为磨耗后的剩余高度。

（二）牙齿形态特征

1.牙齿形态描述用语

据皮昕（1994）《口腔解剖生理学》及 Weidenreich F.（1937）对北京人牙齿化石之描述，对文中所用一些描述用语说明如下：

嵴：为牙釉质的长形隆起。边缘嵴位于牙面的边缘或牙面与牙面的交界处；牙冠四个侧面上由牙颈部伸向牙尖顶端的纵行隆起称轴嵴，在唇（颊）面称唇（颊）轴嵴，在舌面称舌轴嵴；咬合面上牙尖两斜面相遇形成的嵴为三角嵴；两牙尖三角嵴斜行相连形成的嵴称斜嵴，如上第1臼齿近中舌尖与远中颊尖三角嵴相连所形成的斜嵴；牙冠唇面及颊面上沿颈缘部位的釉质隆起称为颈嵴。

角：由牙冠上两或三个面相交而成，如门齿切嵴与近中面相交而形成的近中切角，臼齿近中面、颊面、咬合面相交形成的近颊𬌗角。

沟：牙齿生长发育时，两生长叶相连形成的沟为发育沟，发育沟以外的沟为副沟。上臼齿咬合面上的发育沟有：近中沟，也叫纵沟，沿近远中方向延伸分隔近中颊尖与近中舌尖；颊沟，也叫横沟，沿颊舌向延伸分隔近中颊尖与远中颊尖，颊沟与近中沟交于近中窝；远中舌沟，也叫斜沟，由舌侧两牙尖间斜向延伸至远中边缘嵴，分隔近中舌尖和远中舌尖。

齿带：指牙冠近颈部环绕牙冠的不甚规则近似带状的釉质隆起。牙冠各侧面的颈嵴、近远中边缘嵴、舌隆突、轴嵴及犬齿的三角形隆起等都参与了齿带的构成。

2.上中门齿

右上中门齿齿冠唇面在近远中方向上及切颈方向上均隆起。切缘磨耗使近中切角和远中切角均呈锐角，而近中切角更锐。唇面上有与切缘平行之两条棕黄色凹陷条纹，条纹处釉质低于两侧正常釉质。它并非牙齿釉面横纹，也不似埋藏过程中腐蚀所致，而是釉质发育不全所致的病理现象，后文将有更详细的描述。磨耗达齿结节，齿结节高度发育圆隆，显著强于现代人。它由近颈部向切缘方向宽度渐窄，厚度渐薄。是否存在指状突起则因磨耗情况不详，舌窝亦因磨耗完全消失无法观察。舌面近远中边缘嵴发达，因磨耗仅残余有近牙颈部的一小部分。齿结节和近、远中边缘嵴之间有发育沟分割。虽有显著磨耗，但由发达边缘嵴可推断该门齿呈铲形。牙齿的唇面呈现出一定曲度。左侧中门齿的齿结节中部存在一条纵沟。

右上中门齿齿冠磨耗重，牙冠剩余高度约为原高的1/2~2/3。切缘因磨耗而成切面，最宽处约5毫米。牙本质呈宽条带状暴露，略低于周围釉质，使切面中央略凹。切面与牙长轴约成78°角。右上中门齿牙根唇面牙槽破损暴露近一半，冠根长轴方向一致。

左上中门齿冠根形态及磨耗特点与右侧完全一致。其牙根唇面及远中面因牙槽骨不完整而暴露近3/4，可见牙颈部在近远中方向上略有收缩。牙根由已暴露出的部分看较粗壮，但不似北京人那样呈锥形，其中部较圆隆。

3.上侧门齿

右上侧门齿齿冠唇面近远中向及切颈向上均隆起，但不如中门齿明显。近中切角为锐角，远中切角残。唇面近颈部有不规则点状浅凹。近切缘有断续横行条纹，可能是釉质发育不全所致。

右上侧门齿舌面保留有部分舌窝，舌窝较深，向根的方向延伸，使该牙齿呈较显著的铲形。

舌窝两侧近远中边缘嵴发育，向牙颈部逐渐过渡为齿结节，两者间无明显界线。这种构造特点与中门齿不同。齿结节弱于中门齿。唇面的曲度较弱。切面形态与中门齿相近，切面最宽处约4毫米。牙齿磨耗重，牙冠剩余约1/2~2/3。切面与牙长轴成角约80°。牙颈部收缩不明显。

左上侧门齿为残根，断面呈卵圆形。

4. 上犬齿

右上犬齿牙尖被完全磨平，唇面形态与门齿相近。唇面中部有纵行之唇轴嵴，近颈部较宽。此嵴较钝，使唇面在近远中向上明显圆隆。唇面近颈部有弱的颈嵴。近颈部有三条可能是釉质发育不良所产生之条纹。

右上犬齿舌面因磨耗只保留了少部分，但仍可见近远中边缘嵴。齿结节明显弱于中门齿而与侧门齿相近。舌面中部有纵行之舌轴嵴。各嵴的发育程度均不显著。远中面没有明显的三角形隆起。该牙牙根唇面大部暴露，较粗壮，牙冠在颈部收缩不明显。

左上犬齿形态与右侧相近。不同之处在于唇面近颈部釉质有破损，影响了唇面的观察。该牙近中面上也没有明显的三角形隆起，有两种可能：本身发育就较弱，也不排除接触面的磨耗所致。从形态上来看，三角形隆起即使存在也不会很发达。

5. 上第1前臼齿

右上第1前臼齿牙冠缺失，仅余牙根。

左上第1前臼齿颊面𬴃缘至颈缘的高即𬴃颈高大于近远中长。颊面在近远中向及𬴃颈向上均较圆突。近中颊角较远中颊角锐。近颈缘处有弱的颈嵴，颊轴嵴呈三角形也较弱。颊面中部及近颈部各有一横纹，有可能是釉质发育不全所致。

舌面小于颊面，近远中向及𬴃颈向上均较圆突，尤以近远中向上更明显。咬合面颊舌径大于近远中径，中央沟宽而深，将其分为约相等的颊侧半和舌侧半。颊侧的近远中径大于舌侧。颊尖略高于舌尖，但两尖均因磨耗而近乎变平。颊尖咬合面观呈折角状而舌尖较圆钝。颊舌尖三角嵴与近远中边缘嵴间隔以发育沟。发育沟起自近、远中颊角和近远中舌角附近，斜向咬合面中央延伸，分别与中央沟交于近远中窝。中央沟即终止于近、远中窝。这样整个发育沟形态近似于宽"H"形。仅从现有的保存状况看，牙尖三角嵴未见明确的分叉，咬合面上无明确的副沟副嵴存在，但磨耗前情况如何并不容易判断。

6. 上第2前臼齿

右上第2前臼齿牙冠形态与第1前臼齿相近，但颊面圆凸程度不如第1前臼齿明显。颊轴嵴很弱。颊面近颈部有宽且凹陷的条带，可能与釉质发育不良有关。与第1前臼齿比，舌面更圆突。发育沟呈宽"H"形，近远中颊角及近远中舌角较第1前臼齿更圆钝。颈部略收缩。

左上第2前臼齿牙冠形态与右侧基本一致。

7. 上第1臼齿

右上第1臼齿牙冠大体呈斜方形，颊舌径大于近远中径又大于𬴃颈高。牙冠近中半颊舌径大于远中半。咬合面观，各牙尖以近中舌尖最大，次为近中颊尖，远中颊尖和远中舌尖大小相若。近中颊尖向近中颊向强烈突出，远中舌尖则向远中舌向略有突出。近中颊角、远中舌角为锐角，近中舌角、远中颊角为钝角。咬合面的近远中径表现为舌侧大于颊侧，使整体轮廓近似呈梯形。近远中颊尖之间隔以较宽而深的颊沟，它与颊面之颊沟相延续。近、远中舌尖以远中舌沟为界，此沟由舌弽缘中部向远中颊方向延伸，其舌侧部分已被磨平。近中舌尖和远中颊尖的牙尖三角嵴斜行相连形成明显的斜嵴。近中舌尖和近中颊尖以近中沟为界，近中沟与颊沟相交处凹陷形成近中窝。近中沟由近中窝向近中延伸并分支。近中舌尖斜面上可见少量细小副沟。各牙尖均被磨平，近远中颊尖出现小齿质点，近中舌尖齿质点较大。

颊面弽缘长于颈缘。颊沟由弽缘向颈部纵向延伸，位于颊面偏远中。舌面中部有纵向之浅凹。颊舌面均无齿带。颊面近颈部有两条模糊的条纹，可能与釉质发育不全有关。牙颈部收缩明显。

左上第 1 臼齿牙冠形态与右侧一致，只是磨耗略重，使咬合面发育沟更为模糊。

8. 上第 2 臼齿

右上第 2 臼齿牙冠形态与第 1 臼齿接近，磨耗不重。咬合面以近中舌尖最大，以后由大到小依次为近中颊尖、远中颊尖和远中舌尖。近中颊尖向近中颊向突出，但不如第 1 臼齿显著，远中舌尖较第 1 臼齿缩小，咬合面轮廓近似呈梯形。近中沟位于咬合面的中部。远中舌沟中部略凹陷变宽形成远中窝，由远中窝向远中发出数条沟达远中边缘嵴并分割该嵴使其呈锯齿状，并形成小的第 5 牙尖。斜嵴明显。咬合面可见少许副沟副嵴。远中舌尖小，与远中咬合面边缘嵴相连续，似乎成了它的一部分。咬合面较第 1 臼齿略收缩，面积缩小。右上第 2 臼齿颊面形态与第 1 臼齿一致，无齿带，颊面有纵行的颊沟位于偏远中的位置。颊、舌面均较第 1 臼齿圆凸。牙颈部收缩不如第 1 臼齿明显。舌面可见两条纵行的舌沟：其一从咬合面开始向颈部方向延伸终止于舌面中部，但因磨耗等原因与咬合面的远中舌沟并不连续；另一条舌沟位于舌面较偏远中的位置，并与咬合面上分隔近、远中舌尖的发育沟相连。第一条舌沟容易与卡氏尖相关的发育沟相混淆，但从该沟的走行方向以及位置等情况判断，此沟应与卡氏尖无关，即该牙齿不存在卡氏尖这一特征。与卡式尖相关的凹沟或者位于舌面偏近中，或者位于舌面中部，斜行并可与纵行的舌沟相交，这些都与金牛山人的牙齿表现不符。

左上第 2 臼齿牙冠形态与右侧一致，只是远中边缘嵴锯齿状不如右侧典型。

9. 上第 3 臼齿

右上第 3 臼齿牙冠整体较圆隆。牙冠各侧面除近中面外均圆凸，向咬合面渐收缩更明显，咬合面的面积显著缩小。咬合面近椭圆形，近弽边缘嵴较平直，远弽边缘嵴呈弧形；咬合面形态复杂，副沟副嵴相当发达。各牙尖嵴窄而细，沟则相对较宽。这也使得各牙尖界限不很清晰，大致以近中舌尖最大，以后依次为近中颊尖、远中舌尖和远中颊尖。远中舌尖和远中颊尖大小较接近。中央沟由近弽边缘嵴中部向远中直达远弽边缘嵴中部。近中舌尖、远中颊尖三角嵴未连成斜嵴，而被中央沟分隔。远中颊尖和远中舌尖较小，与咬合面边缘嵴相连，似乎成为它的一个组成部分。

左上第 3 臼齿形态与右侧基本一致，但近中面更平直，牙冠略大于右侧。咬合面上副沟嵴位置与右侧不同，仍可见斜嵴。

总之，金牛山人上颌由第 1 臼齿到第 3 臼齿大小递减，牙冠由斜方形渐趋近球形，咬合面由近梯形变为近椭圆形，沟嵴形态在第 3 臼齿也变得复杂。

10. 形态特征总结

根据亚利桑那州立大学牙齿人类学观察系统（ASUDAS），对前述金牛山人上颌牙齿的形态观察结果汇总如表 4-40。金牛山人具有铲形门齿、第 3 臼齿退化、中断沟、齿结节等现代东亚、北亚人群出现率较高的特征，但不具备双铲形门齿、釉质延伸等同样是现代东北亚人群常见特征。

表 4-40 金牛山人牙齿形态特征表

牙齿	特征	级别	有 / 无
上 I1	扭转 Winging	0	N
上 I1	铲形 Shoveling	?	Y
上 I2	铲形 Shoveling	6	Y
上 I1	双铲形 Double-shoveling	0	N
上 I2	双铲形 Double-shoveling	0	N
上 I1	齿结节 Tuberculum dentale	4	Y
上 I2	齿结节 Tuberculum dentale	3	Y
上 I1	唇面曲度 labial convexity	3	Y
上 I2	唇面曲度 labial convexity	1	N
上 I1	中断沟 Interruption groove	1	Y
上 I2	中断沟 Interruption groove	0	N
上 I2	形态变异（钉状、锥状等）	0	N
上 C	近中嵴 Mesial ridge, Bushmen canine	0	N
上 P1	牙瘤，畸形中央尖 Odontome	0	N
上 P2	牙瘤，畸形中央尖 Odontome	0	N
上 P1	远中矢嵴 Distosagital ridge, Uto-Aztecan premolar	0	N
上 P2	远中矢嵴 Distosagital ridge, Uto-Aztecan premolar	0	N
上 M1	次尖退化 Hypocone,cusp 4	4	N
上 M2	次尖退化 Hypocone,cusp 4	2	N
上 M1	卡氏尖 Carabelli's cusp	0	N
上 M2	卡氏尖 Carabelli's cusp	0	N
上 M2	第 5 尖 Cusp5,distal accessory tubercle	2	Y
上 M1	前副尖 Parastyle	0	N
上 M2	前副尖 Parastyle	0	N
上 M1	上后尖 Metacone	4	N
上 M2	上后尖 Metacone	4	N
上 M1	釉质延伸 Enamel extension	0	N
上 M2	釉质延伸 Enamel extension	0	N
上 M3	退化（钉状、缩小、先天缺失）	缩小	Y

这些都为了解东亚古人类的演化提供了重要线索。

（三）金牛山人牙齿测量值及形态特征之比较

在此将金牛山人牙齿化石与我国已发现的直立人牙齿化石及早期智人牙齿化石做比较（表4-41）。早期智人及直立人一些类别的牙齿数目较少，此时测量值的统计更易受各种偶然因素的影响，同时邻面的磨耗程度也会在相当程度上影响牙齿的近远中径值。虽然这些情况下容易产生

表 4-41　　　　　　　　　　金牛山人上颌牙齿测量值及比较表 *　　　　　　　　　单位：毫米

齿位及测量项目		金牛山人平均值	直立人			早期智人			现代人平均值
			例数	平均值	范围	例数	平均值	范围	
I1	MD	10.1	8	10.6	9.8~11.5	5	9.3	8.3~10	8.6
	BL	8.5	9	8	7.5~8.6	4	7.9	6.4~8.4	7.1
I2	MD	7.9	2	8.3	8.2~8.3	1	7		7
	BL	7.8	3	8.1	8~8.2	3	7.3	6~8.5	6.4
C	MD	8.8	6	9.4	8.5~10.5	2	10.1	9.4~10.8	7.9
	BL	9.5	6	10.2	9.8~10.6	3	9.6	8.7~10.4	8.2
P1	MD	8.2	7	8.6	7.4~9.2	5	8.5	7.4~9	7.2
	BL	10.6	7	12.1	10.5~12.8	5	11.6	10.6~12.8	9.5
P2	MD	7.9	16	8.1	7.2~9.2	2	8.5	8.4~8.5	6.7
	BL	10.6	16	11.6	9.9~13.4	2	12.5	12.3~12.7	9.3
M1	MD	11.5	13	11.8	10~13.1	6	11.6	10.5~13.4	10.1
	BL	12.5	12	13.3	11.7~14.8	6	13.1	11.1~14	11.3
M2	MD	11.1	11	11.2	10.2~12.5	3	11.7	11.4~12	9.6
	BL	12.3	11	13.2	12.2~15.5	3	13.9	13.7~14.1	11.4
M3	MD	8.5	10	9.7	8.7~10.4				9.1
	BL	9.9	10	11.9	10.4~13				11.2

* MD 和 BL 分别代表近远中径和颊舌径。直立人材料包括周口店、公王岭、元谋、和县、沂源、南京、洛南、淅川、郧县龙骨洞发现的牙齿，早期智人材料包括长阳、许家窑、新洞、巢县、盘县大洞、丁村、庙后山、桐梓发现的牙齿化石，测量值依原报告；现代人测量值转引自皮昕：《口腔解剖生理学·第三版》，人民卫生出版社，1994 年。

一些误差，但仍可通过比较了解金牛山人牙齿在形态及测量值上的一些特点。

金牛山人上中门齿测量值尤其是唇舌径较大，大于做对比的直立人和早期智人的平均值，与除丁村人之外的早期智人牙齿更为接近。这一特点与我国早期智人特点一致（张银运，1986）。门齿具有较明显的铲形和唇面曲度，同时具有发达的齿结节。这些形态特征的组合使金牛山人门齿的形态特征在总体上与东亚的周口店直立人及早期智人相似，因保留有较明显的古老特征而与现代人门齿存在较大不同。

金牛山人上第 3 臼齿显著缩小，甚至小于现代人的平均值。第 3 臼齿则牙冠圆隆，咬合面沟嵴复杂，加之尺寸很小，表现与现代人第 3 臼齿退化相近。金牛山人上第 3 臼齿缩小是牙齿退化的一种表现形式。作为牙齿退化的另一种表现形式的第 3 臼齿先天缺失在中国人群内有明显的时代连续性（刘武等，1996），第 3 臼齿退化在东亚地区人类体质上也具有连续性。

除门齿和第 3 臼齿外，金牛山人其余各牙齿的测量值总体上接近对比之直立人及早期智人分布范围之下限，表现出与较大门齿不同的尺寸特点，但明显大于现代人。各牙齿在形态上总体表现为齿带及相关的嵴发育较弱或没有发育，副沟、副嵴不发达的特点。后牙咬合面形态虽仍比现代人复杂，但相较于直立人却明显更为简单。前臼齿牙冠轮廓较为对称显得较为进步。臼齿 M1 仍保留有较大但并不明显突出的次尖而与周口店等东亚中更新世古人类化石相近，而 M2 的次尖已经显著缩小表现出类似智人的样式。金牛山人这些牙齿的形态特征体现出了古老和进步特征共存的镶嵌模式。

对金牛山人髋骨的研究表明其性别为女性（吕遵谔，1995），其牙齿测量值及形态上的总特点可能与此有一定关系。金牛山人牙齿大小符合同一人群内女性牙齿平均尺寸小于男性这一特点。就牙齿形态讲，与金牛山人做对比之牙齿无论是直立人的还是早期智人的，牙齿形态上均有两种情况出现：或是齿带、副沟副嵴等结构较显著与金牛山人不同，或是这些结构发育较弱甚至缺如而与金牛山人相近。这与我国早期智人牙齿在形态上与直立人相似甚至难以区分这一观点是一致的（张银运，1986）。根据魏敦瑞对北京人牙齿的研究，一些尺寸较小可能为女性的牙齿，齿带等结构发育较弱，现代人也有相似的现象。可以推测性别对牙齿形态可能会有一些影响，金牛山人牙齿形态上的特点可能有其女性性别上的原因。但除性别之外，可能还有其他影响因素。

近年来古人类研究的新发现表明东亚晚中更新世以来人类演化的图景是非常复杂的（刘武等，2016a，2016b；Athreya S, et al, 2017）。除性别原因之外，东亚晚中更新世古人类的迁徙、交流与演化也会对金牛山人牙齿形态有所贡献，但其作用的强度与表现有待进一步结合牙根形态、釉牙本质界形态等做更深入的比较分析。

（四）牙弓形态

金牛山人前部牙弓较平，在犬齿处牙弓转折较明显，两侧后牙列夹角近乎平行。北京人和现代人后牙列则向两侧张开。金牛山人的牙弓特点也可在测量值上得到反映（表4-42）。金牛山人与北京人上颌齿槽弓长宽比例相差无几，但犬齿远中齿槽宽无论绝对值还是相对值均以金牛山人为大。这与金牛山人两侧后牙列夹角较小相一致。

表 4-42　　　　　　　　　　　金牛山人上颌牙槽弓测量及比较表　　　　　　　　单位：毫米

项目	金牛山人	北京人	现代人
齿槽长（pr– alv）	59	64	52.2
齿槽宽（ecm– ecm）	68.2	71	63.6
犬齿远中齿槽宽	54	46	
齿槽弓指数	115.6	110.9	121.8
犬齿远中齿槽宽 ×100/ 齿槽宽	79.2	64.8	

金牛山人与北京人鼻面角相差无几（分别为88°和89°），而齿槽面角差异明显（分别为86°和72°），表明金牛山人前部齿槽突明显退缩。齿槽突退缩使可供牙齿排列的空间减小，尤其是金牛山人上中门齿相对增大，要使前部牙弓宽度增加才能使前部牙齿排列整齐。这也许就与金牛山人前牙齿槽弓较宽，前牙牙列较平相关（图4-41）。

（五）牙齿磨耗

金牛山人上颌牙齿磨耗有以下几个特点：前牙磨耗重于后牙，后牙舌侧牙尖磨耗重于颊侧，左侧牙齿磨耗略重于右侧（表4-43）。选取上颌牙列相对完整的北京人 No.Ⅴ标本及巢县人标本与金牛山人做牙齿磨耗之比较。

由表 4-43 可见，金牛山人及巢县人前牙磨耗级别重于后牙。北京人 No. V 上侧门齿磨耗虽也略重于后牙，但差别不如金牛山人明显。与化石人类相比，现代人同口牙齿前后牙磨耗级别基本一致，即使有差异也多在一个级别以内（不包括第 3 臼齿）（魏博源，1988）。所以金牛山人牙齿磨耗前后牙间差异与现代人明显不同。国外一些早期智人化石材料前牙磨耗较重，且尺寸较大，一些牙齿切面上有钝磨耗、槽痕、擦痕及剥落痕，因而据此提出有"早期智人前牙工具机能假说"。该假说认为前牙除行使咀嚼机能外，还行使工具机能，使前牙磨耗加重，同时产生适应性增大（Wolpoff，1980）。巢县人前牙重度磨耗被认为与

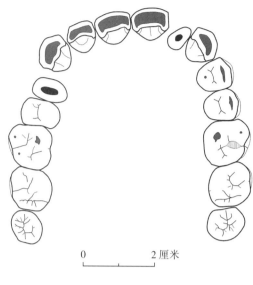

0　　　　2厘米

图 4-41　金牛山人牙列

表 4-43　　　　　　　　　　金牛山人上颌牙齿磨耗级别及比较表 *

标本	I1	I2	C	P1	P2	M1	M2	M3
金牛山人	5	5	4	3	3	3	2	0
北京人 No. V		6		5	5	5	4	3
巢县人		6		3	3	3	2	

* 前牙磨耗级别依魏博源：《同口牙齿磨耗级别的比较》，《人类学学报》1988 年第 7 卷第 2 期，第 160~166 页；后牙磨耗级别依吴汝康等：《人体测量方法》，科学出版社，1984 年；北京人牙齿磨耗级别依 Weidenreich F. The dentition of Sinanthropus pekinesis: A comparative odontography of the hominids. Pal Sin New Series D, 1937. 1: 1-180，并换算成上述分级标准。巢县人牙齿磨耗级别引自张银运：《安徽巢湖早期智人牙齿磨耗和早期智人前部牙齿工具机能假说》，《人类学学报》1989 年第 8 卷第 4 期，第 314~319 页。

前牙行使习惯上的非咀嚼性机能和经常啃咬坚韧食物有关，支持了这个假说（张银运，1989）。金牛山人前牙未见钝磨耗、擦痕、崩裂等特征，但其前牙磨耗较重的特点及增大的上中门齿则与这个假说一致。

另外从牙齿受力的角度考虑，其他一些因素也可影响前牙的磨耗。首先，作用于门齿的咀嚼力与门齿切面应是基本垂直的，这个力可以分解为与牙长轴方向一致的轴向分力和与牙长轴方向垂直的侧向分力。由于牙齿是通过牙周膜与牙槽骨相连的，轴向力可由全部牙周膜共同承担，而侧向力只由部分牙周膜承担，故牙齿承受轴向力的能力要大于承受侧向力的能力。这样前牙切面与牙长轴成角与牙周膜所能承受轴向力和侧向力比值两者间的关系问题，将影响牙齿所能承受咀嚼力的潜力。当牙长轴和切面成角的正切值与能承受的轴、侧向力比值相等时，将有最大的能承受咀嚼力的潜力。另外牙根的粗壮程度或说牙周膜的面积与牙齿对咀嚼力的耐受程度也是成正比的。现代人牙齿所能承受的轴向力和侧向力比值有不同的测量结果。周书敏（1982a）测量现代中国人上中门齿男性的比值为 3.2 ：1，假设金牛山人比值与此相等，同时考虑冠根比例与现代人的差异，按周书敏（1982b）公式计算，切面与牙长轴成角为 68° 时金牛山人上中门齿所能承受的咀嚼力潜力最大。此值与金牛山人的实测值更为接近，而与北京人的 54° 相差较远。计算时金牛山

人上中门齿根长因无法测量用北京人中门齿平均根长 20.3 毫米代替。由化石上看以及由所暴露出的上中门齿大部分牙根看，金牛山人上中门齿根长略小于此。牙根长的过高估计会使计算出的角度值减小。所以金牛山人上中门齿有最大承受咀嚼力能力时，切面与牙长轴成角应大于 68°。金牛山人的真实值与理论值更为接近，说明它有较大的承受咀嚼力之潜力。其牙根粗壮，也说明可承受较大咀嚼力。

其次，如前所述金牛山人前部牙槽后缩，如将下颌做一杠杆考虑，支点在下颌关节，前部牙槽相对后缩使抗力力臂减少（前牙咬合面至颞下颌关节窝），在闭口咀嚼肌的收缩力及附着位置等其他条件不变的情况下可产生更大的前牙咬合力，使前牙磨耗加重。因而从生理角度说，前牙的位置及其倾斜方向与其磨耗特点可能也存在着一定的关系。

金牛山人左侧牙齿磨耗略重，提示金牛山人可能有轻度的偏侧咀嚼习惯。

（六）牙齿病理

在观察金牛山人牙齿时，可看到在其多个牙冠唇颊面或舌面上（主要是唇颊面）出现一至数条与咬合面大致平行之条纹，以上中门齿及上第 2 前臼齿最明显。上中门齿在唇面距颈缘 3 毫米和 5 毫米处各有一条宽约 0.5 毫米的黄褐色条带，条带处釉质缺损呈浅凹形，条带平直，边界清晰锐利，凹浅，底光滑。两侧牙齿条带位置基本对称。上第 2 前臼齿在颊面距颈缘约 2 毫米处有一宽约 1 毫米的条带状釉质缺损，呈浅凹沟状，表面较光滑，灰黄色，边界尤其是右侧不如中门齿条带边界清楚，两侧位置对称。其余牙齿则表现为条纹，较细近似于加粗的釉面横纹，数目不等，多呈黄褐色，两侧对称。

由这些条纹的表现来看，它们不是正常的釉面横纹。釉面横纹是牙釉质内釉质生长线达牙表面的部分，是牙釉质节律性沉积的一个表现，横纹或生长线处釉质钙化较差。釉面横纹分布于牙面各部分，近颈部密度大些，咬合面密度较小，横纹间距从 50 微米至大于等于 100 微米不等，每颗牙齿横纹数可达百条以上，需放大才可清楚看出（Hillson S., 1997）。金牛山人牙齿条纹只有一至数条，可用肉眼清晰辨认，且条带状凹陷虽浅却很清晰，存在明确的釉质缺失而与正常釉面横纹不同。

由于金牛山人化石在地层中埋藏了 20 余万年，釉面横纹由于钙化差易于受腐蚀而加重，产生了类似金牛山人牙齿条纹的结构。但金牛山人牙齿条纹有对称性，这说明即使牙齿受到了埋藏作用的影响，其生前条纹处钙化程度也要较正常釉面横纹差。另外上中门齿和第 2 前臼齿的条带，尤其是上中门齿，由其相对较宽的釉质缺损、光滑的凹底和均匀的着色及其锐利平直的边界可见，其不似受到埋藏中的腐蚀。

因而金牛山人牙齿的这些条纹和条带，至少是上中门齿和第 2 前臼齿的条带应是病理现象。由其对称性、釉质缺损及着色这些特征来判断，金牛山人可能患有釉质发育不全症，其他牙病不具备这些特点。

釉质发育不全是由于釉质在发育期间因有机物釉基质形成或钙化障碍而使牙齿在萌出后表现出永久性釉质缺损（郑麟蕃，1994）。由于两侧牙齿几乎同时发育，全身性因素所造成的釉质发育不全会具有对称性。可造成釉质发育不全的病因很多，如严重的营养障碍、内分泌失调、母婴疾病等。它们可引起同一时期发育的一组牙齿的病变。但无法据釉质发育不全的表现来确定具体的病因，因而也无法得知造成金牛山人牙齿釉质发育不全的具体原因。由于致病因素持续时间的差异及个体对病因的易感性不同，釉质发育不全可有不同的表现：轻的可能只影响一条釉质生长线，使其宽度变宽、钙化程度更低，需显微镜观察才能确定；重者可影响二三十条或更多釉质生长线，可造成病损处釉质完全缺失。按现今临床标准看，金牛山人上中门齿及第 2 前臼齿的釉质发育不全条带较细较浅，属轻度的线性釉质发育不全。这说明金牛山人幼年时期所面对的生存压力情况，在其牙齿发育期间曾多次发生过营养不良、发热感染或其他相关疾病，虽然这些疾病可能并非很严重。

（七）小结

通过对金牛山人上颌牙齿、牙列的观察、测量及比较发现，其牙齿有如下一些特点：

（1）金牛山人上中门齿增大，在唇舌向上尤为明显；上第 3 臼齿退化、显著缩小。其余牙齿测量值在我国早期智人及直立人分布范围之下限。牙齿形态整体较为简单，牙嵴、齿带等结构发育弱，明显较直立人更为进步。金牛山人的牙齿体现出古老和进步特征共存的样式。

（2）金牛山人牙弓前牙部分较平较宽，犬齿处转折明显，两侧后牙成角很小，接近平行。这可能与门齿增大，齿槽后缩有一定关系。

（3）金牛山人前牙磨耗重于后牙，与"前牙工具机能假说"表现相符。但从生理机能角度考虑，前牙位置及排列方向与前牙磨耗重可能也存在密切联系。

（4）金牛山人上中门齿及上第 2 前臼齿可能患有轻度的釉质发育不全症，反映了其幼年时期所面对的生存压力。

第三节 金牛山人颅内模

颅内模是颅腔内表面的模型，它反映了大脑、小脑以及包绕其表面的被膜、血管的表面形态。在人类进化过程中，脑的绝对和相对大小都发生了非常显著的改变，成为人类体质演化最重要的事件之一。颅内模是反映脑形态变化的最直接材料，在古人类学研究中对探讨大脑、小脑、脑膜血管、静脉窦系统的演化乃至人类智力的发展，发挥着重要作用。中国古人类化石颅内模研究最早始于周口店北京直立人化石（Black D., 1933；Weidenreich F., 1936），近年来对和县人、柳江人、南京直立人、周口店直立人等化石也进行了更深入细致的分析，CT 扫描等新研究手段的运用，使得对古人类颅内模的分析较以往更为细致深入（Wu X J, et al, 2006; 吴秀杰等 , 2008; Wu XiuJie, 2010; Wu X J, et al, 2011）。迄今经详细研究的我国古人类颅内模包括了直立人、晚期智人等多个化石材料，但早期智人阶段的颅内模材料并不多。金牛山人颅内模就成为认识东亚地区这一阶段人类脑演化十分重要的研究材料。这里将对金牛山人颅内模进行详细的描述和测量，并与其他相关化石人类颅内模进行初步比较，以反映金牛山人颅内模的特点。

（一）颅内模的保存状况

金牛山人颅内模石膏模型是通过颅骨化石制作出来的。由于颅骨化石完整且复原良好，所制作出的颅内模模型也有良好的精确度，无变形。颅内模各部位的形态基本完好，表面血管较为清晰，但颅骨局部的缺损和某些骨片间的裂缝，也对颅内模表面形态的观察造成一些不利影响。

　　为了对颅内模进行面积、体积等更多项目的测量和分析，对制作好的颅内模石膏模型还进行了三维激光扫描，以建立数字三维模型。激光扫描是由北京大学信息科学技术学院视觉与听觉信息处理国家重点实验室利用高精度三维激光扫描仪完成的（图 4-42）。颅内模的石膏模型和虚拟数字三维模型是进行观测和分析的基本研究材料。下面将在石膏模型及三维数字模型上，对金牛山人颅内模的整体形态、脑膜动静脉系统、静脉窦系统、大脑不对称性等特征进行观察描述及测量分析。

（二）整体形态特征

　　金牛山人颅内模长而低矮，低矮程度与周口店直立人相近；但与后者相比，金牛山人颅内模

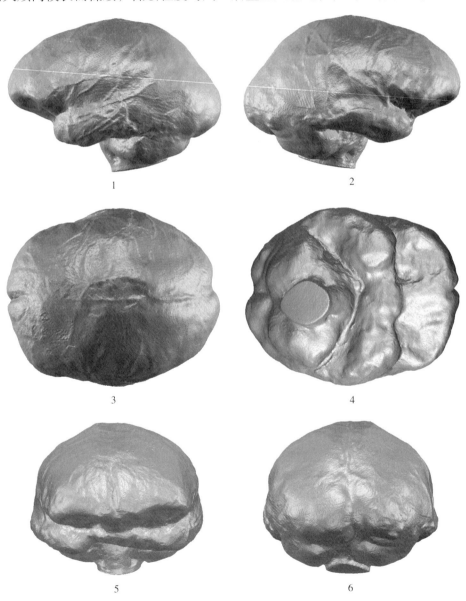

图 4-42　金牛山人颅内模 3D 模型

1.左侧面观　2.右侧面观　3.顶面观　4.底面观　5.前面观　6.后面观

在长、宽、高的尺寸上都明显更大，其长度和宽度甚至已经达到现代人水平。然而与现代人相比其颅内模高度较低，整体轮廓明显不如现代人膨隆。这些均与金牛山人头骨低颅、长颅的特点相符。顶面观颅内模呈椭圆形，最宽处位于中部；后面观其最宽处位置较低，位于颞叶外侧面中部附近，整体轮廓近似半圆形。

颅内模上可见一些脑的沟、裂痕迹。在颅内模额部前端的正中有矢状方向明显的深纵沟分隔左右额叶，是大脑纵裂的痕迹，与额骨内侧面的额嵴对应。该纵沟在向上向后延伸的过程中逐渐变浅、消失。在额中后部一直到顶部已经见不到该纵裂。至枕部正中，大脑纵裂痕迹再次变得清楚，分隔左右枕叶。在颅内模的外侧面还可见外侧沟痕迹，分隔大脑颞叶与额叶、顶叶。其前端界线较为清晰，向后上延伸过程中逐渐变浅直至模糊消失。分隔额叶、顶叶的中央沟模糊不清，枕叶与顶叶、颞叶间的界限也较难准确判断。但大脑和小脑之间界限较明确，在枕部两者以横窦为界。除中央裂与外侧沟外，大脑额叶、顶叶、枕叶上均未发现其他明显的大脑沟回痕迹。这样除小脑与大脑之外，大脑各叶之间的界线多难以精确划定，仅能判断大致位置。此外，一些颅缝也在颅内模上留有痕迹。

金牛山人颅内模的额部扁平，与周口店直立人相近，明显不如柳江人及现代人圆隆。金牛山人额叶宽度较大，显得额部宽阔，其宽度绝对值不但大于 WT15000、周口店直立人、Sambungmacan 3 等，甚至也大于柳江人及一些现代人标本。额叶最外突点位于额下回三角部，即 Broca 区所对应的位置。额叶下表面中部区域所对应的颅前窝骨质有较多缺损，因而颅内模额叶下表面相当于大脑直回、内侧眶回的位置是复原的。使得额叶下表面最低点处相对平坦，而非正常情况下的喙状下突，这对额叶高度的测量有一定影响。

金牛山人颅内模顶部在冠状方向上的曲度不大。颅内模顶部正中矢状方向上存在明显的矢状隆起。该矢状隆起前端起自内前囟点处，后端终止于内人字点附近，由前向后由较窄、较弱逐渐变宽、变高。前囟点之前的颅骨由于有一定的破损，矢状隆起情况无法判断。该隆起对应于内矢状缝，但其宽度和高度由前向后逐渐变大则与上矢状窦由前向后逐渐宽大相关。左右顶叶宽度大致相当。

颞叶占大脑比例与周口店直立人接近，但明显不如现代人发达。金牛山人颞叶上缘（即外侧裂）到下缘之间的厚度约为 30~35 毫米，明显小于现代人的约 45~55 毫米。枕叶与现代人相比非常明显的后突，近半球形。上面观可以十分清楚地观察到左枕叶相对于右枕叶更显著的后突。此外在枕部区域还可以观察到人字缝在颅内模上的痕迹，它只存在于内人字点附近很少的一部分，右侧保留约 2 厘米，左侧约保留 1.5 厘米。

小脑位于颅内模后半的底部，在顶叶之下、枕叶的前下部、脑干的后外侧并紧邻脑干。双侧均呈椭圆形隆起。由于枕叶的明显后突，金牛山人的小脑位置相对于现代人显得更为靠前。左右小脑半球的大小相近，其前后长与现代人接近，但内外宽度小于现代人，因而整体体积也小于现代人。小脑半球的长轴呈前外—后内方向，与正中矢状面呈约 35° 角。这样两侧小脑长轴相互间成角约 70°。左右侧小脑的大小相近。

（三）颅内模的测量与比较

1. 测量点

参照已有的文献资料（Grimaud-Hervé D, 1997; Holloway RL., et al, 2004; Wu X J, et al., 2006），

对金牛山人颅内模测量点定义如下。

额极（FP）：额叶的最前突点。

枕极（OP）：枕叶的最后突点。

前囟点（BR）：颅内模表面上颅腔内侧的冠状缝和矢状缝的交点。

人字点（L）：颅内模表面上颅腔内侧的人字缝和矢状缝的交点。

星点（AST）：颅内模表面上颅腔内侧的人字缝、顶乳缝、枕乳缝的交点。

顶点（V）：以额极、枕极连线为基准平面时颅内模的最高点。

颅内模最外侧点（EU）：颅内模两侧最外突点。金牛山人该点位于颞叶之上。

额叶最外侧点（FB）：额叶两侧最外突点。金牛山人该点位于 Broca 区所处位置。

额叶最低点（FI）：以额极、枕极连线为基准平面时，额叶腹侧面的最低点。

颞叶最低点（TI）：以额极、枕极连线为基准平面时，颞叶腹侧面的最低点。

小脑最低点（CI）：以额极、枕极连线为基准平面时，小脑半球腹侧面的最低点。

枕内隆凸点（TH）：枕内隆凸在颅内模上对应的最凹点，即颅内模上窦汇区的最凹点。

枕骨大孔前缘点（BA）：正中矢状面上枕骨大孔前缘对应于颅内模表面的点。

枕骨大孔后缘点（O）：正中矢状面上枕骨大孔后缘对应于颅内模表面的点。

2. 测量项目

以额极和枕极所确定的平面作为颅内模观测的基准平面。在确定测量点后对各项目进行测量。

（1）颅内模长（FP-OP）：即脑长，额极到枕极在正中矢状面上投影的距离。

（2）颅内模宽（EU-EU）：即脑宽，颅内模最外侧点之间的距离，与矢状方向垂直。

（3）额叶宽（FB-FB）：两侧额叶最外侧点之间的宽度，与矢状方向垂直。金牛山人该数值等同于 Broca 区间宽。

（4）颅内模高 1（V-BA）：颅内模顶点到大孔前缘点之间的距离。

（5）颅内模高 2（BR-BA）：颅内模前囟点到大孔前缘点之间的距离。

（6）颅内模垂直高（V-CI）：颅内模顶点到小脑最低点之间在正中矢状面及冠状面上的投影高。

（7）脑高 1（V-TI）：颅内模顶点到颞叶最低点之间在正中矢状面的投影高。

（8）脑高 2（BR-CI）：颅内模前囟点到小脑最低点之间在正中矢状面上的投影距离。

（9）背弧长：额极—枕极在矢状方向上的弧长。

（10）侧弧长：额极—枕极在水平状方向上的弧长。

（11）冠弧长：颅内模最外侧点之间在冠状方向上的弧长。

（12）额弦（FP-BR）：颅内模额极到前囟点之间的弦长在正中矢状面上的投影距离。

（13）顶弦（BR-L）：颅内模前囟点到人字点间的弦长。

（14）枕弦（L-O）：颅内模人字点到大孔后缘点间的弦长。

（15）上部枕弦（L-TH）：颅内模人字点到枕内隆凸点间的弦长。

（16）星点间宽（AST-AST）：颅内模两侧星点之间的弦长。

（17）小脑宽（含乙状窦）：含乙状窦的小脑最外突点之间的宽度，与矢状方向垂直。

（18）小脑宽（不含乙状窦）：不含乙状窦的小脑最外突点之间的宽度，与矢状方向垂直。

（19）额弧（BR⌒FP）：颅内模额极到前囟点之间的弧长。

（20）顶弧（BR⌒L）：颅内模前囟点到人字点间的弧长。

（21）枕弧（L⌒O）：颅内模人字点到大孔后缘点间的弧长。

（22）额叶高（BR-FI）：颅内模前囟点到额叶最低点之间在正中矢状面上的投影高。

（23）前囟—星点弦长（BR-AST）：前囟点到星点的弦长。

（24）前囟—星点弧长（BR⌒AST）：前囟点到星点的弧长。

各测量点和测量项目的示意见图4-43。

3. 测量结果

测量结果如表4-44所示。如左右两侧均可测量，则取其平均值。

4. 测量结果的比较

（1）脑量与颅内模表面积

通过3D模型计算的金牛山人的绝对颅内模容量为1324.7立方厘米。与Holloway（2004）所计算的不同类别古人类颅内模体积相比，这一数值明显大于直立人951.8立方厘米的平均值，也大于北京周口店直立人平均值1058立方厘米或时代更晚的Ngandong直立人均值1151立方厘米；金牛山人与欧洲、非洲古老型智人平均1262.8立方厘米的容量较为接近但更大。金牛山人的颅内模容量要小于尼安德特人1427.2立方厘米的平均值或晚期智人1496.5立方厘米的平均值。金牛山人的绝对颅内模容量介于直立人与晚期智人或尼安德特人之间。

由于脑量的大小与体型有一定关系，常使用EQ指数（Encephalization quotient）即脑量与体重的相对大小来反映脑整体发育水平并进行不同类别生物间的比较。参照Ruff（1997）的计算方法，按公式 $EQ=$ 脑重量 $/(11.22 \times$ 体重 $^{0.76})$ 来计算金牛山人的EQ值。其中金牛山人颅容量按前面所测得数据，依脑重量 $=1.147 \times$ 颅容量 $^{0.976}$

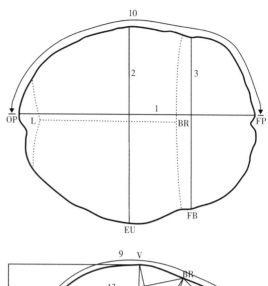

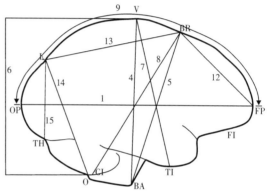

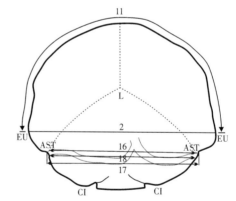

图4-43 金牛山人颅内模测量点及测量项目示意图

AST. 星点；BA. 枕骨大孔前缘点；BR. 前囟点；CI. 小脑最低点；EU. 颅内模最外侧点；FB. 额叶最外侧点；FI. 额叶最低点；FP. 额极；L. 人字点；O. 枕骨大孔后缘点；OP. 枕极；TH. 枕内隆凸点；TI. 颞叶最低点；V. 顶点

1. 颅内模长（FP-OP） 2. 颅内模宽（EU-EU） 3. 额叶宽（FB-FB） 4. 颅内模高1（V-BA） 5. 颅内模高2（BR-BA） 6. 颅内模垂直高（V-CI） 7. 脑高1（V-TI） 8. 脑高2（BR-CI） 9. 背弧长 10. 侧弧长 11. 冠弧长 12. 额弦（FP-BR） 13. 顶弦（BR-L） 14. 枕弦（L-O） 15. 上枕部弦（L-TH） 16. 星点间宽（AST-AST） 17. 小脑宽（含乙状窦） 18. 小脑宽（不含乙状窦）

表 4-44 金牛山人颅内模测量值统计表*

编号	测量项目	测量值	编号	测量项目	测量值
1	颅内模长（FP-PO）	174	17	小脑宽（含乙状窦）	112.4
2	颅内模宽（EU-EU）	144	18	小脑宽（不含乙状窦）	107.2
3	额叶宽（FB-FB）	123	19	额弧（BR⌒FP）	82.5
4	颅内模高 1（V-BA）	121.5	20	顶弧（BR⌒L）	111
5	颅内模高 2（BR-BA）	119	21	枕弧（L⌒O）	95
6	颅内模垂直高（V-CI）	110.5	22	额叶高（BR-FI）	（84）
7	脑高 1（V-TI）	104.7	23	前囟—星点弦（BR-AST）	118.7
8	脑高 2（BR-CI）	123.4	24	前囟—星点弧（BR⌒AST）	145
9	矢弧长（FP⌒PO）	227.8	25	长宽指数	82.8
10	侧弧长（FP⌒PO）	227.5	26	长高指数 1（V-BA）	69.8
11	冠弧长（EU⌒EU）	238	27	长高指数 2（BR-BA）	68.4
12	额弦（FP-BR）	77.7	28	宽高指数 2（BR-BA）	82.6
13	顶弦（BR-L）	101.8	29	额宽—颅内模宽指数	85.4
14	枕弦（L-O）	77	30	颅内模体积	1324.7
15	上枕部弦（L-TH）	50.3	31	颅内模总表面积	654.6
16	星点间宽（AST-AST）	112.6	32	上外侧面表面积	450

* 长度单位为毫米；体积单位为立方厘米；面积单位为平方厘米。括号内数值为复原值。可测量双侧的项目取其均值。

的公式来计算脑重量。Rosenberg（2006）曾根据身高、骨盆宽及髋臼大小等数据推算金牛山人的体重为 78.6kg，这里根据现代中国女性的公式所重新推算出的身高，按 Rosenberg 同样的方法重新估算体重为 78.4kg。所计算出的 EQ 值为 4.14，与 Rosenberg 先前计算出的数值基本一致。这一数值小于 Ruff 计算出的尼安德特人的 4.78，小于现代人的 5.29，小于晚期智人的 5.35~5.41，也小于柳江人的 5.60（刘武等，2007）。与晚中更新世古人类的 4.26 相近，大于中中更新世古人类的 3.82 以及更早古人类化石的 EQ 值。金牛山人的时代为晚中更新世，其 EQ 值与人类进化过程中这一时期古人类相对脑量持续增大的阶段性表现一致。

颅内模上外侧表面积是指去除了颅底部分之后所测得的面积，可以排除很多头骨化石颅底不完整对面积测量所带来的不利影响。金牛山人颅内模上、外侧表面积可以与 Grimaud-Hervé D（1997）所提供的古人类数据进行比较。印尼 Sangiran 直立人颅内模上的外侧表面积平均值约为 335.6 平方厘米，周口店直立人为 371.8 平方厘米，Ngandong 直立人为 405.1 平方厘米，欧洲和西亚尼安德特人为 498.3 平方厘米，而旧石器时代晚期的晚期智人为 530.9 平方厘米，现代欧洲人为 510.7 平方厘米。金牛山人相应的面积为 450 平方厘米，介于直立人与尼安德特人及晚期智人之间。

通过比较可以确定，金牛山人的绝对和相对脑量、颅内模表面积等各项数值，均处于直立人与尼安德特人及晚期智人之间的水平。

（2）颅内模整体形状的比较

金牛山人颅内模的整体形状可以通过长、宽、高、弧长、弦长等及相关指数来进行比较。通过变量间关系的散点图，对这些测量项目在金牛山人以及各对比材料中的分布情况进行分析。同时以标本量相对较多的直立人数值计算而得的回归直线为参照，对金牛山人及各对比材料颅内模整体形状进行比较（图4-44）。

在颅内模长和宽的相对关系上（图4-44，1），金牛山人明显的具有相当大的绝对和相对颅内模宽度值。其相对宽度不但明显的超出了直立人的宽度随颅内模增大而增加的趋势，也完全达到了尼安德特人及晚期智人的水平。较大的宽度成为金牛山人颅内模所具有的一个非常重要的特征。

通过额叶与颅内模宽度相对关系的进一步比较可以发现（图4-44，2），与直立人额叶宽度变化趋势不同，金牛山人额叶宽度相对于颅内模宽度增加得更明显，金牛山人的额叶宽大于具有同等颅内模宽度直立人的额叶宽。这种状况也是晚期智人颅内模材料所体现出的特点。从图上可以看出，相对较宽的额叶是晚期智人区别于直立人的主要特征之一。金牛山人颅内模在宽度上体现出与晚期智人类似却不同于直立人的进步特征。从顶面观察金牛山人颅内模，额部从前面向侧面的过渡有明显的转角，而不像直立人那样呈圆弧状，这也与金牛山人额叶宽度较大有关。然而虽然金牛山人额叶宽已经达到甚至超过了很多现代智人的水平，但与现代智人不同处在于金牛山人的额叶最大宽的位置在额下回下缘附近Broca区所处的位置，而现代人最大宽的位置要略高于Broca区的位置，额部在冠状方向上比金牛山人更圆隆。这与颅内模最大宽位置在金牛山人与现代人间的差异类似，金牛山人颅内模最大宽的位置也明显低于晚期智人。这与现代人脑部整体上更为圆隆有关。

对颅内模高度与长度相对关系的分析表明，金牛山人颅内模的相对高度仍较低（图4-44，3、4），无论是颅内模垂直高还是脑高都明显的低于对比材料中的晚期智人或现代智人，两者存在明显差异。与直立人相比，金牛山人颅内模绝对高度值在直立人分布范围上限的附近，但从其与直立人材料的回归直线关系来看，金牛山人颅内模高与直立人颅内模高随长度增大而增加的趋势相符，其高度与具有同等颅内模长度的直立人相当。这表明金牛山人颅内模仍比较低矮，这也与其低矮的头骨形态特征相符。金牛山人在颅内模相对高度这一特征上，体现出的是与直立人类似的原始特征。

弧长和弦长的相对大小，也可以反映出颅内模整体的膨隆情况（图4-44，5、6）。由于颅内模高度较低，金牛山人在背弧与颅内模长的相对关系的表现上与直立人接近，即具有较大的弦弧指数值，这表明金牛山人颅内模在矢状方向上比较低矮。而对比的晚期智人及尼安德特人则具有相对更小的弦弧指数，与他们更膨隆的颅顶相对应。相反，在侧弧长与颅内模长的相对关系上，金牛山人则具有了比直立人稍大一些的侧弧长及稍小些的弦弧指数，整体表现与尼安德特人相近。这应该与金牛山人颅内模具有较大宽度有关。宽度的增加使侧弧长度随之加大，导致金牛山人颅内模向两侧的膨隆程度有所增加。

通过比较可以确认，金牛山人颅内模在整体高度上具有与直立人相似的低矮特征，但其横向宽度明显增加，其额叶宽、颅内模宽度甚至达到了现代人的水平。这使其颅内模虽然整体低矮，但向横向外侧的膨隆更为明显。颅内模宽度的增加可能具有进化上的意义。

（四）脑膜动、静脉系统

在颅内模的顶、颞部区域可以比较清晰地观察到脑膜中的动静脉系统，但额叶上见不到脑膜

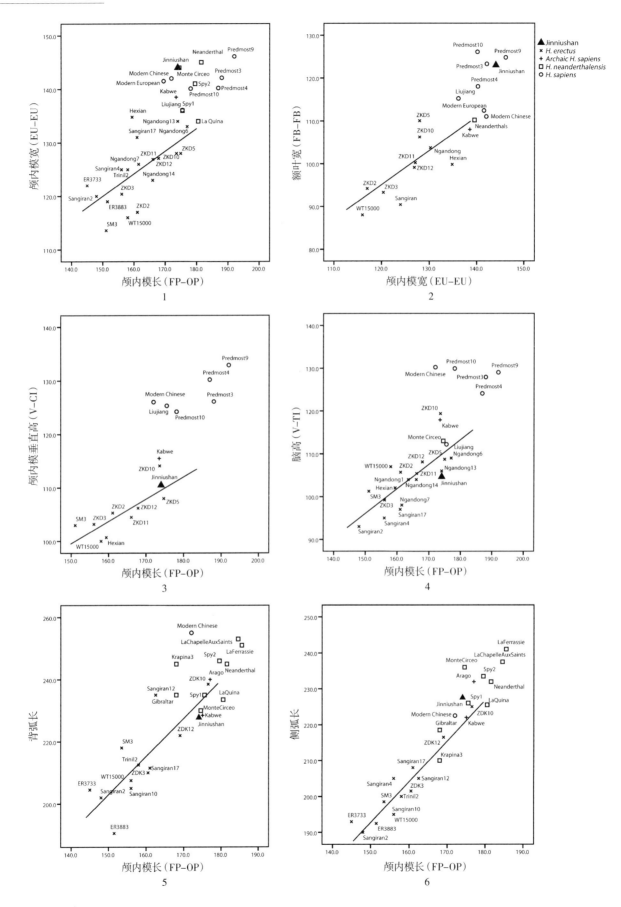

前动脉的血管痕迹。因头骨破损，颅内模上某些部位的血管印记因而中断；此外颅骨片间的裂缝也在颅内模表面上产生痕迹，从而与脑膜血管产生一定的混淆。经与头骨仔细比对后所确定的脑膜中动静脉血管系统的样式如图 4-45 所示。

1. 左侧

左侧的脑膜中动静脉血管自棘孔起始以后，主干从颞叶底部开始，向前、外、上方向延伸约 2 厘米的距离达颞叶前部的外侧面，然后继续向上、向后伸展并分支。主干处血管压迹的直径约为近 4 毫米。左侧的脑膜中动静脉系统主要分为前、后两个大的分支。分支的具体部位因颅骨破损等原因未在颅内模上留下痕迹。根据血管的走向判断，前、后支主干的分支部位应该在颞叶外侧面上部即大致相当于颞上回的位置。

前支相对较粗壮，由主血管平滑过渡而来，前支主干的直径因局部破损无法准确测量。在外侧沟之上约 6 毫米处，前支分为前、后两个主要分支，分别向前囟区和顶孔区方向伸展，这两个分支主干的直径约为 2.8 毫米和 2.5 毫米。这两个主要分支又逐步分出更细的分支。前分支的大小及血管分布区域的面积略大于后分支。

后支主干细于前支，分支也少于前支，主干直径约为 2 毫米。以与外侧沟走向大体一致的方向朝人字点区延展，并分为上、下两个主要的分支。上分支没有明显的继续分支痕迹；下分支则在向后延续过程中进一步分支。分支的末端中止于顶、颞叶与枕叶交界处附近。

除前、后这两个大的分支以外，在后支之下，颞叶后部外侧面的中央位置，还可以见到更细的血管痕迹。该血管走行方向大体为由前向后稍偏上，主干直径约为 1.5 毫米。在向枕部延伸的过程中分为上、下两分支，上分支比下分支延展的更远也相对更粗。因保存状况的原因，该血管起源位置难以判断。但从其走行方向判断，不排除其从颞叶下外侧表面直接起自于脑膜中动静脉主干的可能。总体上看，前支血管比后支更为发达。

2. 右侧

右侧血管的主干部分模糊不清。但在大脑外侧沟起始水平以及颞叶后部外侧面的下部可以见到前、后主分支的主干。

前支主干直径约 3.5 毫米。在向后上方延伸 1 厘米后，分出了前、后两个主要分支，这两个分支主干的直径分别约为 2.8 毫米和 2.2 毫米。前分支向前囟区方向延展并进一步分为两支；后分

图 4-44 金牛山人颅内模测量值及比较图

1.颅内模长—颅内模宽 2.颅内模宽—额叶宽 3.颅内模长—颅内模垂直高 4.颅内模长—脑高 5.颅内模长—背弧长 6.颅内模长—侧弧长

对比材料数据来自 Begun D, Walker A., The Endocast. In: Walker A, Leakey R, eds. The Nariokotome *Homo erectus* Skeleton. Cambridge: Harvard University Press, 1993. 326-358; Grimaud-Hervé D, 1997. L'évolution de l'encéphale chez *Homo erectus* et *Homo sapiens:* exemples de l'Asie et de l'Europe. Les cahiers de Paléoanthropologie, CNRS Editions, Paris; Broadfield DC, Holloway RL, Mowbray K. *et al*. Endocast of Sambungmacan 3 (Sm 3): a new Homo erectus from Indonesia. Anat Rec 2001. 262: 369-379; Holloway RL, Broadfield DC, Yuan MS. The Human Fossil Record, Volume Three: Brain Endocasts, the Paleoneurological Evidence. New Jersey: John Wiley-Liss Publication. 2004; Wu X J, Schepartz L, Falk D, et al. 2006. Endocast of Hexian Homo erectus from south China. Am J Phy Anthropol, 2006, 130: 445-454; Wu Xiujie, Lynne A. Schepartz and Wu Liu, A new *Homo erectus* (Zhoukoudian V) brain endocast from China. Proc. R. Soc. B., 2010. 277:337-344; 吴秀杰等：《柳江人头骨化石的 CT 扫描与脑形态特征》，《科学通报》2008 年第 53 卷第 13 期。

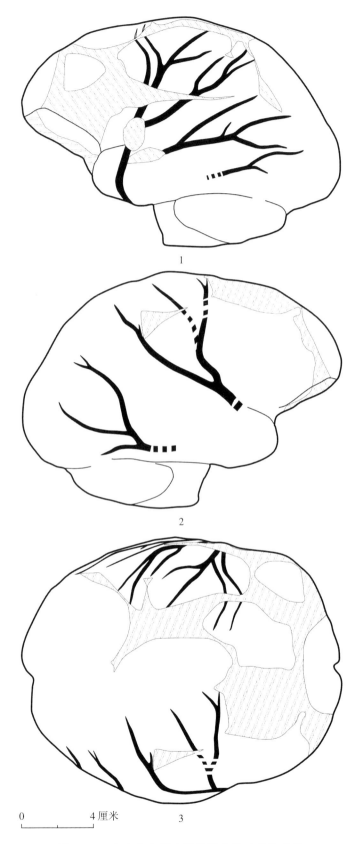

图 4-45　金牛山人颅内模脑膜中的动静脉系统
1. 左侧面观　2. 右侧面观　3. 顶面观

支向顶孔区方向延展，也发现有更小的分支。

后支主干的直径约为 3.2 毫米，在向后、向上的延展过程中逐步分支。后支的第一分支比较短，位于大脑、小脑界限之上水平向后伸展了 2.5 厘米，变细直至消失。在第一分支点之后的 1 厘米位置处血管再次分支，两个分支主干直径分别约为 2.2 毫米和 1.5 毫米，两分支均向人字区方向延展。

同左侧一样，右侧脑膜中动静脉的前支血管的大小及分支的分布范围比后支更广、更发达。

可见，金牛山人的脑膜中动静脉系统无论侧别，均表现出前支比后支发达的特点，这体现在血管印记的粗细、分支数量以及分布区域面积的大小上。两侧分布于顶孔区附近的血管（即中支）均来自于前支的分支。两侧也均未发现明确的血管交通支的存在。但左右两侧对比，血管的分支样式有一定的差异。左侧血管无论是前支还是后支，分支的数量及样式都更为复杂。这似乎与金牛山人颅内模左右侧面积和体积的差异相一致。

（五）静脉窦系统

在颅内模顶部正中可见由前向后逐渐变宽变高的脊状突起，其前端起自前囟点附近，后端终止于人字点附近。这一矢状突起与颅骨人字缝正相对应。然而其前窄后宽、前矮后高的特征表明，它同时也是上矢状窦在颅内模表面上留下的印迹。这样，从前囟点附近开始直至人字点，上矢状窦逐渐变明显，但整体宽度不大。前囟处上矢状窦痕迹宽度为 2 毫米；接近人字点处的最大宽度近 5

毫米。人字点之后上矢状窦没有在颅内模上留下明显痕迹。直至枕叶后部枕极水平近窦汇处，上矢状窦才再次清晰可见。此处上矢状窦的宽度明显变宽，宽度约为 8 毫米（图 4-46）。

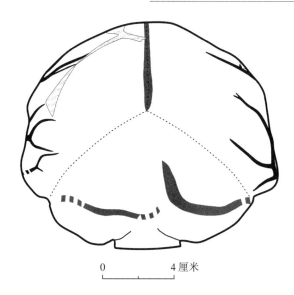

上矢状窦在窦汇处转折向右，平缓过渡延伸为发育良好的右横窦、乙状窦。左横窦存在但宽度较窄，界线和范围也不如右侧清晰，无论宽度还是延展长度都不如右侧发达。可观察到的主要是中部长约 2.5 厘米的一段。左右两侧横窦中点处的宽度分别为 6.2 毫米和 8.1 毫米。窦汇处观察不到左横窦的起始位置。因头骨保存和复原状况的原因，乙状窦的痕迹模糊不清，保存的不完整。颅内模上未见明显的蛛网膜粒凹的痕迹，也没有发现明确的枕边缘窦系统存在。金牛山人的硬脑膜静脉窦系统与多数更新世人类化石的表现相近。

图 4-46 金牛山人颅内模静脉窦系统及脑膜中动静脉系统（后面观）

（六）颅内模的不对称性

古人类颅内模的不对称性的研究多关注于额部、枕部的大小以及与语言功能相关区域如 Broca 区等部位。金牛山人颅内模的左、右枕叶具有显著的不对称性，左枕叶比右枕叶更向后突出约 4~5 毫米。枕叶的宽度虽然因界线难以确认无法定量测量，但目测其宽度左侧亦宽于右侧。在枕部，颅内模分割左右枕叶的中线（相当于大脑纵裂）相对于矢状缝开始明显地向右侧偏斜，这也是左枕叶相对更发达所致。

由于金牛山人左侧额骨存在较多缺损，相应区域颅内模表面是修复的，因而对额部尤其是宽度的观测产生不利影响。这是由于主要破损区域位于左侧额下回大致相当于 Broca 区所处的位置，也正是额叶最外突点所在的位置。因而虽然复原后的额叶宽度左、右侧基本相当，但其实际情况无法准确确认。左右额叶的前突程度似无显著差异。从目前保存情况判断，金牛山人颅内模枕叶存在显著的不对称性，而额叶部分的不对称性尚无法确定，Broca 区左右差异情况不详。

颅内模左右侧大小的差异可以通过测量值进行量化比较（表 4-45）。左侧的颅内模长、矢弧长、侧弧长、顶点—枕极在正中矢状面上投影长、前囟点—星点弦长、弧长以及通过虚拟三维模型测量的颅内模体积和表面积均为左侧略大于右侧。在数字三维模型上对颅内模进行的左右分割是沿着大脑纵裂、正中矢状嵴以及位于中线上的各测量点（如前囟点、人字点、枕内隆凸点、枕骨大孔前缘点、枕骨大孔后缘点等）进行的。这些测量项目左右侧大小差异多在 2%~4%，个别项目如侧弧长左右差异可达 8%。然额弦以及顶点—额极在正中矢状面的投影长则表现为右侧稍大于左侧，其差异小于 1 毫米。但由于金牛山人额骨有一定破损，额鳞正中部位的前端是与额骨其他部分相分离的独立骨片，该骨片正对应于颅内模额极的部分，因而其复原角度的极细微变化都可能造成两侧额极相对位置的细小改变，所以这不足 1 毫米的差异尚不能作为判断左右额叶大小差别的依据。测量值所得结果与前面观察结果一致。

表4-45 金牛山人颅内模左右不对称性比较表* 单位：毫米

项目	左	右
颅内模长 FP-OP	176	172
矢弧长	230.5	225
侧弧长	237	218
额弦投影长 BR-FP	77.5	77.9
顶点—额极投影长 V-FP	103.6	104.4
顶点—枕极投影长 V-OP	112	108
前囟点—星点弦长（BR-AST）	119.6	117.8
前囟点—星点弧长（BR^AST）	147	143
颅内模体积（立方厘米）	670.1（50.6%）	654.6（49.4%）
颅内模表面积（平方厘米）	332.4（50.8%）	322.3（49.2%）
颅内模上、外侧表面面积（平方厘米）	231（51.3%）	219（48.7%）

*面积体积值括号内的数据为该侧数值占总面积或体积的百分比。

（七）小结

综上人属化石的脑量在过去200万年的演化过程中逐步增大。金牛山人颅内模体积、面积等测量值均介于直立人与晚期智人之间，这些测量值与中、晚中更新世人类脑演化的表现相符。但金牛山人绝对颅容量相比同为中国发现的大荔人化石大近200立方厘米，也比欧洲非洲古老型智人材料的平均值大了约60立方厘米。由于金牛山人为女性个体，其脑量在古老型智人中是较大的。从金牛山人颅内模的整体形状看，其长和高与同类化石相比并没有明显的差别，颅内模比较低矮，但其宽度明显较大。金牛山人较大的绝对颅容量与宽度的增大应有直接的联系。较宽的额叶使得从上面观察金牛山人颅内模时，可发现额部前、外侧面过渡处形成明显的转角，而这一特征最常出现在晚期智人和尼安德特人化石材料中。较大的额叶宽、脑宽是金牛山人颅内模的一个重要特征。

从直立人到晚期智人除脑量增加这一趋势性改变之外，颅内模的整体形状也发生了显著变化，不同测量值间的比例关系在不同人类化石中存在差别。晚期智人与直立人相比，颅内模整体形状的变化最明显地体现在其相对高度和相对宽度上。图4-44显示，宽度的增加在尼安德特人和晚期智人最为明显，与Bruner等（2010）的观察结果相同；而相对高度的增加在晚期智人化石中表现最为突出，这可能与其不同于其他古人类的大脑顶部扩张有关（Bruner E., et al., 2003）。这样从时间上来看，宽度增长发生的时间要早于高度增加。金牛山人材料表明在东亚，颅内模宽度增加这一较进步的特征在中更新世中、晚阶段就已经开始发展了。

颅内模宽度尤其是额叶宽度的增大与大脑的功能存在着可能的重要联系。额叶尤其是前额叶与人类高级认知功能如思考、推理、决策、任务执行、某些记忆功能等密切关联（Fuster, et al, 2001），而在人类脑演化的研究中受到关注。古人类群体内与增强社会联系有关的一些活动，如食物采集与分配、原始语言的使用等都可能与额叶的演化紧密相关（Risberg J., 2006）。但有研究发现包括现代人在内的额叶正中矢状面的轮廓，在过去 50 万年内表现稳定，并没有发现明显的垂向的变化（Bookstein F. et al., 1999），这样额叶宽度的变化就具有了更重要的进化上的意义。Bruner E., et al（2010）比较了南方古猿以来人类额叶相对宽度的变化，发现额叶在现代人和尼安德特人变宽，并认为宽度的增加并非是脑量增加所引发的被动结果，而可能与相关神经组织的增加或至少是与额部皮质重新组织有关。虽然仅从颅内模本身很难获得脑内部神经组织发育和相互联系演化的直接证据，但这种解释和推论是合理的。人脑数百万年演化表现为镶嵌式的进化过程，即在不同阶段以不同方式经历了脑量的增大、内部的重组、不对称性的发育和神经受体的重新分布等事件（Holloway RL., et al, 2004）。金牛山人颅内模宽度以及额叶宽的增大，意味着金牛山人大脑相关部位神经组织所占比例或神经联系可能发生了重组和重新分布。脑宽及额叶宽度的增加是人类脑演化偏晚阶段才出现的特征，金牛山人颅内模宽度的增加具有明显的进步含义。

不对称性也是人脑在进化过程中的重组事件之一，是颅内模研究中的一项重要内容。它的形成可能是因两侧脑半球不同部位发育速度的细微差异所致，与习惯使用右手以及语言活动有关。金牛山人颅内模因保存状况的原因，与语言有关的 Broca 区左右差别情况无法判断，额叶也因同样的原因无法确定其不对称性。但金牛山人存在明确的枕部不对称，左枕叶更显著后凸，宽度也大于右侧。解剖学上不对称性是功能不对称性的结构基础，枕部的显著不对称性说明金牛山人很可能习惯使用右手行使主要功能。左枕—右额型不对称性（左枕部和右额部要较对侧更为宽大和突出）是人类化石中最常见的不对称表现形式，金牛山人枕部的表现与这种常见样式相符。

从颅内模左右侧体积的差异来看，金牛山人颅内模左半的体积更大。Collinson 通过 MRI 成像技术计算现代人脑左右半球体积，发现左右差异在男女性表现并不相同，但差异度均小于 1%（Collinson SL., et al., 2003）。直立人左右侧差异的表现也各异（Broadfield DC., et al, 2001）。从目前少量数据来看并未发现明显的演化规律性。金牛山人颅内模表面积同体积一样也以左侧为大，但 Grimaud-Hervé 根据数量不多标本的测量结果认为直立人、尼安德特人、欧洲晚期智人等多数化石人类都表现为右侧半的面积更大，只有现代智人左侧面积大，而 Ngandong 两侧的面积基本相等（Grimaud-Hervé D, 1997）。由于一方面测量颅内模面积、体积最实用的三维计算机技术在近十几年才得以较多的应用，加之颅内模的保存状况等原因，致使可获得的古人类准确相关数据很少；另一方面，对脑表面不同功能分区的测量比较要比整体面积、体积的比对更为合理也更具价值，比如左右侧整体的比较无法展现人类常见的枕、额部左右差异化发育和不对称性状况。而根据颅内模表面的形态只能对大脑各功能区进行粗略划分且很难达到精确的水平。这些都影响到对面积、体积不对称性表现的深入研究。金牛山人颅内模左侧半更大的表面积和体积对于人类脑演化的含义有待更深入的探讨。

金牛山人上矢状窦直接过渡为右横窦系统，这也与多数人属化石静脉窦系统的表现相同。有统计发现矢状窦汇入右横窦的比例，在直立人和尼安德特人为 85%，在现代人为 80%（Grimaud-Hervé D, 2004），矢状窦与横窦的这种血液汇流关系被认为与大脑枕叶不对称性有关。

金牛山人颅内模表面的脑膜动、静脉系统显示，脑膜中动脉前支比后支更为发达，顶孔支（中支）来源于前支。前支血管的分布范围达到了顶叶，后支分布于顶叶的后部。这种分布样式与周口店直立人多为后支大于前支的情况相反，但与欧、亚、非洲古智人多为前支大于后支的表现一致（吴秀杰，2003）。金牛山人脑膜动静脉系统未见明确的交通支存在，与现代人颅内模表面常有明显而大量交通支的存在不同。当然这也并非一定意味着金牛山人血管交通支的稀少，因为与解剖结构有关，并非所有的脑膜血管都一定能在颅内模表面显现出清晰痕迹。此外，金牛山人脑膜血管系统也体现出左右不对称性。左侧血管数量多于右侧，分支更为发育。脑膜动脉主要对颅骨、脑膜及邻近组织提供血液供应。由于它与皮质功能的联系尚无可靠的证据，目前对于血管分支的含义尚很难了解（Grimaud-Hervé D, 2004）。金牛山人脑膜血管的不对称性也有待进一步讨论。

十分完整的金牛山人颅内模为了解东亚地区古老型智人的脑演化提供了重要信息。在脑量及表面积上它介于直立人与晚期智人之间，在整体形态上它仍然保留有直立人颅内模低矮的特点。它还表现出明确的枕部不对称性，脑膜中动静脉系统前支比后支更发达，上矢状窦直接汇流入右横窦，这些都与已经发现的同一阶段古人类化石的演化规律相一致。但它的一些独特特征如较宽的额叶宽和颅内模宽却是古智人化石中所少见。金牛山人颅内模在相对高度没有明显增加的情况下，宽度却已经开始向晚期智人的方向发展并达到相当发达的水平，显示在东亚地区中更新世晚段人类大脑相应区域的重组可能已经开始出现，体现了人类脑演化的复杂性。

第四节　身高、体重与性别、年龄

（一）尺骨的身高估算

根据长骨长度可以对身高进行推算。金牛山人的左尺骨最大长为 263 毫米，生理长 232.2 毫米，鹰嘴小头长为 258 毫米。由于通常尺骨最大长与身高的相关性更好，因而主要选择尺骨最大长对金牛山人身高进行推算。推算公式均根据现代人数据统计而得。

（1）中国汉族女性长骨推算身高公式（张继宗，2001）：

身高 =742.932+3.530× 左尺骨最大长，计算结果为 167.1 厘米。根据左侧尺骨生理长、右侧尺骨最大长和生理长公式计算出的身高分别为 163.6 厘米、172.2 厘米、164.3 厘米。

（2）中国东北青年女性身高估算公式（陈文静等，2012）：

身高 =150.774+0.687× 尺骨最大长，计算结果为 168.8 厘米。该公式所统计对象虽为活体测量数据，但根据原文描述，所测尺骨长应为尺骨最大长。由于尺骨长度大于 24.5 厘米，这里选用的是身高分组为高组的公式。若选用未分组方程，则计算的结果为 166 厘米，但未分组方程估算效果不如分组方程。

（3）21 至 30 岁男性左侧尺骨回归方程（九省区公安厅及公安部 126 所，1984）：

身高 =928.21 ± 2.86× 尺骨最大长 ±44.68，结果为金牛山人身高为 168 ± 4.5 厘米。

（4）中国汉族男性四肢长骨推断身高公式（牛艳麟，2006）：

身高 =133.274 +0.130× 左尺骨最大长（小于 30 岁，长江以北人群公式），所得身高结果为167.51 厘米。若以左尺骨生理长、鹰嘴小头长公式计算（均为小于 30 岁，长江以北人群公式），结果分别为 169.4 厘米、169.1 厘米。

综上所述，由金牛山人尺骨推算出的金牛山人身高约为 168 厘米。

（二）体重估算

Rosenberg 曾根据身高、骨盆宽及髋臼大小等数据推算金牛山人的体重为 78.6 千克（Rosenberg K, et al, 2006），这里根据现代中国女性的公式所重新推算出的身高，按同样的方法重新估算体重为 78.4 千克，与先前计算基本相同。这一数值在更新世女性人类化石中是非常大的。

结合前面推算的身高，金牛山人体重指数（BMI）为 27.8。若按现代中国成人标准（中华人民共和国卫生部疾病控制司，2006），BMI 值小于 18.5 为体重过低，18.5~23.9 为正常，24~27.9 为超重，28 以上为肥胖。依此标准金牛山人体重超重。生存环境和营养状况等因素都可对体型造成影响。根据艾伦法则（Allen's Rule）"生活在寒冷地区的恒温动物与温暖地区的同种个体或近缘异种相比，其四肢（或其他附属器官）部分有缩短的倾向，以减少体表面积，有利于保持体温"。金牛山人相对较大的体重应该是随着人类扩散到更高纬度地区生活，逐渐形成的对更寒冷气候条件的适应。这种表现与现代人体型的地理分布及气候环境适应方式是一致的。

（三）性别和年龄

根据髋骨、头骨形态及测量分析，以及牙齿萌出和磨耗的情况判断，金牛山人是一 20 至 22 岁的青年女性个体。详细分析请见髋骨、上颌骨及牙齿相关内容。

第五节 金牛山人的演化地位

头骨在探讨化石谱系发生上非常重要。金牛山人头骨表现出进步的和原始特征的混合。原始特征主要反映在一些与以北京直立人为代表的直立人化石相似的特征上。如相对较长、低平的额骨，较为突出的眉间以及眶上圆枕不同部位厚度的差异等。但金牛山人头骨更多体现的是与早期智人相似的特征。比如尺寸较大的头骨，较大的脑容量，较薄的头骨壁厚度，颅骨最大宽的位置上移，眶后缩窄程度减弱，颞鳞的形态和高度，枕圆枕、角圆枕的发育程度减弱以及面部突颌程度减弱等特征。根据头骨的比较分析判断，金牛山人属于古老型智人（Archaic *Homo sapiens*）。

金牛山人头骨化石也对东亚地区人类演化历史的讨论提供了证据。鼻颧角、颧上颌角等面部角度表明金牛山人颧面朝前，说明金牛山人具有较大的面部横向扁平度，这是现代东亚蒙古人种具有的显著特征。类似的特征还有牙齿的一些特征，如铲形门齿、第 3 臼齿退化，这些都是东亚地区人类连续进化的有力证据。

躯干四肢骨上也表现出现代的、古老原始的以及独有特征的混合，如尺骨所表现。这些特征体现了人类发展过程中的复杂性和不平衡性。金牛山人手骨所反映的手部功能状况表明其手部运动灵活度可能不及现代人。而足部骨骼整体上则反映出了双足直立行走所应具备的足弓特征。但金牛山人足弓相对低矮，横弓存在着比现代人更大的活动度，第 1 跖趾关节也不如现代人稳固，其步态应与现代人存在细微差异。

古人类骨架化石十分稀少。金牛山人骨架是中更新世东亚地区唯一同时保存有头骨和躯干四肢骨的化石标本，因而尤为珍贵。它提供了 26 万年前中国东北地区女性个体的身高、体重、肢体比例及相对脑量的重要信息，这对于了解当时古人类体型时空差异及其适应意义、谱系发生具有极为重要的价值。金牛山人由于保存有尺骨而可以对身高进行推断，保存有髋骨可以对体宽进行计算。这两项数据显示的金牛山人具有相对较宽的身体、较短的上肢和较壮的体型，这是对高纬度寒冷气候条件适应的一种表现。根据体型计算的相对脑量也与其他中更新世人类化石接近，与古人类相对脑量持续增大的阶段性表现一致。

中文文献

1. 吴汝康：《广西柳江发现的人类化石》，《古脊椎动物与古人类》1959 年第 1 卷第 3 期。

2. 吴新智等：《中国汉族髋骨的性别差异和判断》，《人类学学报》1982 年第 1 卷第 3 期。

3. 黄万波、方笃生、叶永相：《安徽和县猿人化石及有关问题的初步研究》，《古脊椎动物与古人类》1982 年第 20 卷第 3 期。

4. 周书敏：《正常牙齿牙周膜对侧向力耐受阈的初步研究》，《中华口腔科杂志》1982a 年第 17 期。

5. 周书敏：《关于牙齿瞬时转动中心位置的理论分析及临床意义》，《北京大学学报（医学版）》1982b 年第 3 期。

6. 九省区公安厅及公安部 126 所（陈世贤执笔）：《中国汉族男性长骨推算身高的研究》，《刑事技术》1984 年第 5 卷第 1 期。

7. 邵象清：《人体测量手册》，上海辞书出版社，1985 年。

8. 吕遵谔：《金牛山人化石的发现和意义》，《高等学校哲学社会科学研究优秀成果选编（第一辑）》，北京大学出版社，1985 年。

9. 张银运：《中国早期智人牙齿化石》，《人类学学报》1986 年第 5 卷第 2 期。

10. 孙尚辉等：《国人坐骨大切迹的测量与性别判别分析》，《人类学学报》1986 年第 5 卷第 4 期。

11. 吴汝康：《辽宁营口金牛山人化石头骨的复原及其主要性状》，《人类学学报》1988 年第 7 卷第 2 期。

12. 魏博源：《同口牙齿磨耗级别的比较》，《人类学学报》1988 年第 7 卷第 2 期。

13. 吕遵谔：《金牛山人的时代及其演化的地位》，《辽海文物学刊》1989 年第 1 期。

14. 张银运：《安徽巢湖早期智人牙齿磨耗和早期智人前部牙齿工具机能假说》，《人类学学报》1989 年第 8 卷第 4 期。

15. 中国解剖学会体质调查委员会编：《中国人体质调查续集》，上海科学出版社，1990 年。

16. 吕遵谔：《鸽子洞的人类化石》，《人类学学报》1992 年第 11 卷第 1 期。

17. 皮昕：《口腔解剖生理学·第三版》，人民卫生出版社，1994 年。

18. 郑麟蕃：《口腔病理学》，上海科学技术出版社，1994 年。

19. 吕遵谔：《金牛山人髋骨研究》，《文物季刊》1995 年第 2 期。

20. 刘武、曾祥龙：《第三臼齿退化及其在人类演化中的地位》，《人类学学报》1996 年第 15 卷第 3 期。

21. 张继宗：《中国汉族女性长骨推算身高的研究》，《人类学学报》2001 年第 20 卷第 4 期。

22. 吴秀杰：《脑膜中动脉的形态变异及其在人类进化上的意义》，《人类学学报》2003 年第 22 卷第 1 期。

23. 牛艳麟：《中国汉族男性四肢长骨推断身高的研究》，山西医科大学硕士研究生毕业论文，2006 年。

24. 中华人民共和国卫生部疾病控制司：《中国成人超重和肥胖症预防控制指南》，人民卫生出版社，2006 年。

25.刘武、吴秀杰、李海军：《柳江人身体大小和形状：体重、身体比例及相对脑量的分析》，《人类学学报》2007 年第 26 卷第 4 期。

26.吴秀杰、刘武、董为、阙介民、王燕芳：《柳江人头骨化石的 CT 扫描与脑形态特征》，《科学通报》2008 年第 53 卷第 13 期。

27.陈文静、万立华、兰玉文等：《中国东北青年女性身高估算的新方法》，《重庆医科大学学报》2012 年第 37 卷第 5 期。

28.刘武、邢松、吴秀杰：《中更新世晚期以来中国古人类化石形态特征的多样性》，《中国科学：地球科学》2016a 年第 46 卷第 7 期。

29.刘武、吴秀杰、邢松：《现代人的出现与扩散——中国的化石证据》，《人类学学报》2016b 年第 35 卷第 2 期。

英文文献

1. Martin R., 1928. Lehrbuch der Anthropologie, 2nd edn. Jena: Fischer.

2. Black D., 1933. On the Endocranial Cast of the Adolescent Sinanthropus Skull On the Endocranial Cast of the Adolescent Sinanthropus Skull. Proceedings of the Royal Society of London. Series B, Containing Papers of a Biological Character, Vol. 112, No. 776, 263–276.

3. Weidenreich F., 1936. Observations on the form and proportions of the endocranial casts of *Sinanthropus Pekinesis*, other hominids and the great apes: A comparative study of brain size. Pal Sin N S D, Vol. VII, 1–50.

4. Weidenreich F., 1937. The dentition of *Sinanthropus pekinesis*: A comparative odontography of the hominids. Pal Sin New Series D, 1: 1–180.

5. T. W. Phenice, 1969. A Newly Developed Visu-al Method of Sexing the Os Pubis. Am. J. Phys. Anthrop., 30: 297–302.

6. Erik Trinkaus, 1976. The Morphology of Euro-pean and Southwest Asian Neandertal pubic Bones. Am. J. Phys. Anthrop., 44: 95–104.

7. Smith F H.,1976.The Neandertal Remains Fron Krapina: A Descriptive and Comparative Study.

8. McHenry, H. M., Corruccini, R. S. & Howell, F. C., 1976. Analysis of an early hominid ulna from the Omo Basin, Ethiopa. Am. J. phys. Anthropol. 44, 295–304.

9. Wolpoff MH.,1980.Palaeoanthropology. New York: A lfred A Knopf, 1–379.

10. Becky A. Sigmon，1986. Evolution in the Hominid Pelvis. Palaeontologia Africana，Volume 26.Number 3.

11. Y. Rak and B. Arensburg, 1987，Kebara2 Neanderthal Pelvis: First Look at a Complete Inlet. Am. J. Phys. Anthrop., 73: 227–231.

12. Valladas et al, 1987.Thermoluminescence dates for the Neanderthal burial site at Kebara (Mount Carmel), Israel. Nature 330: 159–160.

13. Yoel Rak, 1990.On the Differences Between Two Pelvises of Mousterian Context From the Qafzeh and Kebara Caves, Israel. Am. J. Phys. Anthrop., 81:323–332.

14. Tim D. White，1991.Human Osteology. SanDiego New York Boston London Sydeny Tokyo Toronto.

15. Solan, M., Day, M.H., 1992. The Baringo (Kapthurin) ulna. J. Hum. Evol. 22, 307–313.

16. Pearson, O.M., Grine, F.E., 1996. Morphology of the Border Cave hominid ulna and humerus. S. Afr. J. Sci. 92, 231–236.

17. Churchill S.E., 1996.Morphological affinities of the proximal ulna from Klasies River main site: archaic or modern? J. Hum. Evol. 31, 213–237.

18. Hillson S., 1997. Relationship of enamel hypoplasia to the pattern of tooth crown growth: A discussion. Am J Phys Anthropol, 104: 89–103.

19. Grimaud-Hervé D, 1997. L'évolution de l'encéphale chez *Homo erectus* et *Homo sapiens:* exemples de l'Asie et de l'Europe. Les cahiers de Paléoanthropologie, CNRS Editions, Paris.

20. Ruff C, Trinkaus E, Holliday T. 1997. Body mass and encephalization in Pleistocene Homo. Nature，387：173–176.

21. Bookstein F., Schäfer K., Prossinger H. et al, 1999. Comparing Frontal Cranial Profiles in Archaic and Modern Homo by Morphometric Analysis. Anat Rec, 257: 217–224.

22. Case D.T., Heilman J., 2000. New siding techniques for the manual phalanges: a blind test, Int. J. Osteoarch. 16,338–346.

23. Broadfield DC, Holloway RL, Mowbray K. et al. 2001. Endocast of Sambungmacan 3 (Sm 3): a new *Homo erectus* from Indonesia. Anat Rec 262: 369–379.

24. Fuster, JM., 2001. The prefrontal cortex--an update: time is of the essence. Neuron 30, 319–333.

25. Bruner E., Manzi G., Arsuaga JL., 2003. Encephalization and allometric trajectories in the genus Homo: Evidence from the Neandertal and modern lineages. PNAS, 100: 15335–15340.

26. Collinson SL., Mackay CE., James AC. et al. 2003. Brain volume, asymmetry and intellectual impairment in relation to sex in early-onset schizophrenia. Br J Psychiatry. 183: 114–120.

27. Grimaud-Hervé D, 2004. Endocranial vasculature, In: Holloway RL, Broadfield DC, Yuan MS. The Human Fossil Record, Volume Three: Brain Endocasts, the Paleoneurological Evidence. New Jersey: John Wiley-Liss Publication. 273–284.

28. Holloway RL, Broadfield DC, Yuan MS. 2004. The Human Fossil Record, Volume Three: Brain Endocasts, the Paleoneurological Evidence. New Jersey: John Wiley-Liss Publication.

29. Wu X J, Schepartz L, Falk D, et al. 2006. Endocast of Hexian *Homo erectus* from south China. Am J Phy Anthropol, 2006, 130: 445–454.

30. Rosenberg K, Lu Z, Ruff C. 2006. Body size, body proportions, and encephalization in a middle Pleistocene archaic human from northern China . PNAS, 103 :3552–3556.

31. Risberg J., 2006. Evolutionary aspects on the frontal lobes. In：Risberg J, Grafman J edit，The Frontal Lobes：Development, Function and Pathology. New York: Cambridge University Press, 1–20.

32. Rosenberg K, Lu Z, Ruff C. 2006. Body size, body proportions, and encephalization in a middle Pleistocene archaic human from northern China . PNAS, 103: 3552–3556.

33. Meldrum, D.J., Chapman, R.E., 2008. The hallucal metatarsal in the evolution of the modern human foot. Am. J. Phys. Anthropol. Suppl. 46, 154.

34. Raichlen, D.A., Gordon, A.D., Harcourt-Smith, W.E.H., Foster, A.D., Hass Jr., W.M.R., 2010. Laetoli

footprints preserve earliest direct evidence of human-like bipedal mechanics. PLoS One, 5, doi: 10.1371/journal. pone.0009769.

35. Wu Xiujie，Lynne A. Schepartz and Wu Liu, 2010. A new *Homo erectus* (Zhoukoudian V) brain endocast from China. Proc. R. Soc. B., 277: 337–344.

36. Bruner E., Holloway RL., 2010. A bivariate approach to the widening of the frontal lobes in the genus Homo. J Hum Evol, 58: 138–146.

37. Garrido Varas C.E., Thompson T.J.U., 2011.Metric dimensions of the proximal phalanges of the human hand and their relationship to side, position, and asymmetry. Homo, 62: 126–143.

38. Wu X J, Holloway R L, Schepartz L A, et al. 2011. A new brain endocast of *Homo erectus* from Hulu Cave, Nanjing, China. American Journal of Physical Anthropology, 145(3): 452–460.

39. Crompton, R.H., Pataky, T.C., Savage, R., D'Aout, K., Bennett, M.R., Day, M.H., Bates, K., Morse, S., Sellers, W.I., 2011. Humanlike external function of the foot, and fully upright gait, confirmed in the 3.66 million year old Laetoli hominin footprints by topographic statistics, experimental footprint-formation and computer simulation. J. R. Soc. Interface, doi: 10.1098/rsif.

40. Athreya S, Wu X., 2017. A multivariate assessment of the Dali hominin cranium from China: Morphological affinities and implications for Pleistocene evolution in East Asia. American Journal of Physical Anthropology, 164(4): 679–701.

第五章 文化遗物与遗迹

文化遗物主要是石制品，遗迹是用火遗迹。

第一节 石制品

一 石制品分布

1993、1994 年在金牛山遗址 A 点第Ⅷ文化层中发现了 190 件石制品。除 3 件为采集品外，其余 187 件分别出自Ⅰ～ⅩⅢ层共 13 个发掘层面。各发掘层面出土石制品数量如表 5-1。从表中可知，各发掘层面出土石制品数量不一。其中第Ⅳ层出土标本数量最多，共 23 件，占总数的 12.1%；其次为第Ⅸ层，22 件，占总数的 11.6%；再次为第Ⅱ、Ⅴ层，均为 20 件，各占总数的 10.5%；第ⅩⅠ和第ⅩⅢ层出土标本较少，分别为 4 件和 8 件。

从平面分布图来看（图 5-1），石制品在 D7、D8、D9、E7、E8、E9 这 6 个探方分布最为密集，其次为 B6、G7、F8，其余探方分布零星。

二 石制品分类

全部石制品共 190 件，可分为石料、石核、石片、工具和断块五大类型（表 5-2）。其中石料仅 1 件，

表 5-1　　石制品数量统计表　　单位：件

发掘层面	数量	百分比（%）
Ⅷ–0*	3	1.6
Ⅷ–Ⅰ	11	5.8
Ⅷ–Ⅱ	20	10.5
Ⅷ–Ⅲ	13	6.8
Ⅷ–Ⅳ	23	12.1
Ⅷ–Ⅴ	20	10.5
Ⅷ–Ⅵ	12	6.3
Ⅷ–Ⅶ	17	8.9
Ⅷ–Ⅷ	12	6.3
Ⅷ–Ⅸ	22	11.6
Ⅷ–Ⅹ	12	6.3
Ⅷ–ⅩⅠ	4	2.1
Ⅷ–ⅩⅡ	13	6.8
Ⅷ–ⅩⅢ	8	4.2
合计	190	100

* 采集。

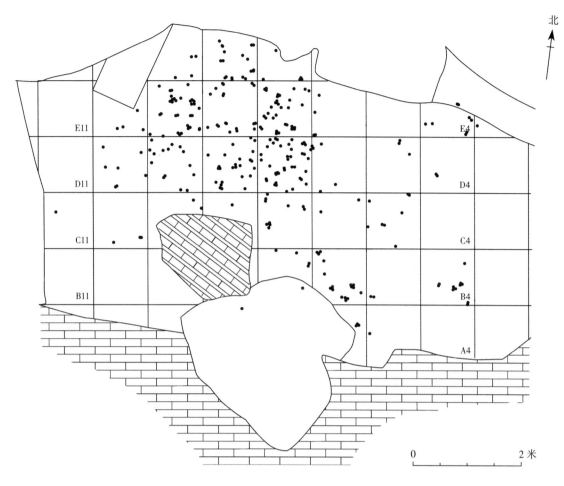

图 5-1　金牛山遗址 A 点洞穴第Ⅷ层石制品分布图

表 5-2　　　　　　　　　　　　　石制品分类统计表　　　　　　　　　　　　　单位: 件

类型		数量	百分比（%）
石料		1	0.5
石核		16	8.4
石片	完整石片	28	20
	断裂片	10	
工具	刮削器	10	8.4
	尖状器	5	
	砍砸器	1	
断块碎屑		119	62.6
合计		190	99.9

占 0.5%；石核和工具均为 16 件，各占总数的 8.4%；石片 38 件，占总数的 20%；断块碎屑数量最多，共计 119 件，占总数的 62.6%。

石片包括完整石片和断片、裂片等不完整石片。完整石片数量较多，共 28 件，占石片总数的 73.7%；不完整石片 10 件，占总数的 26.3%。

工具组合包括刮削器、尖状器和砍砸器三种。其中刮削器最多，共出土 10 件，占工具组合总数的 62.5%；其次为尖状器，出土 5 件，占工具组合总数的 31.3%；砍砸器仅有 1 件。

三　原料种类、来源及利用

金牛山遗址 A 点石制品的原料种类有脉石英、硅质灰岩和石英岩 3 种。

其中原料为脉石英的石制品共 138 件，颜色有白色、黄白色、褐色等，莫氏硬度大都在 7° 左右。脉石英石制品的质地差别较大，多数标本为单纯石英质地，少部分标本的质地为石英与方解石共生。根据质地与可利用边缘的多少可将脉石英标本分为优、中、差三个等级。优等品是指质地均一，颜色纯正，边缘均可利用的标本；中等品是指表面可见晶洞或者有其他矿物成分掺杂的标本，晶洞和杂质影响了原料的均一性，但大部分边缘可以利用；差等品是指质地非常不均匀，性质较脆，可利用的边缘非常少的标本。根据上述标准，对脉石英石制品进行统计。统计结果表明除废品断块外，石制品中有优等品 9 件、中等品 63 件、差等品 13 件。可见，优等品数量最少，中等品占有绝对优势，差等品数量比优等品略多，说明优等品可能不易获得，中等品最易获得。总之，金牛山人对脉石英原料可能采取了不区分质量而尽量都利用的原则，最常用的是中等品。

硅质灰岩，颜色浅灰至深灰色，莫氏硬度在 5° 左右，往往带有经过风化的石皮。金牛山石制品中被鉴定为硅质灰岩的标本大致可以分为两类：一类标本较软，用小刀刻划可留下肉眼可见的划痕；另一类标本较硬，小刀刻划后不能留下肉眼可观察到的划痕。后者与灰色的石英岩用肉眼难以区分。因此我们采用 ED-XRF 无损分析，辅以滴盐酸看是否有气泡产生的方法对这两类标本进行岩性鉴定。经过成分分析，发现无论是较软的标本还是较硬的标本，其成分主要为 CaO 和一定含量的 SiO_2 及 MgO（表 5-3），而石英岩和脉石英产品中 SiO_2 的含量占有绝对优势（90% 以上），由此可以断定这两类标本均属于含一定氧化硅的碳酸钙，即硅质灰岩，而不是石英岩。经统计，

表 5-3　　　　　　　　　　　岩石标本化学成分分析表　　　　　　　　重量百分比：%

标本编号	MgO	Al_2O_3	SiO_2	K_2O	CaO	Fe_2O_3	岩性
93.J.A.Ⅷ–Ⅰ.E7–44	14.05	6	12.7	0.4	62.1	2.5	硅质灰岩
93.J.A.Ⅷ–Ⅱ.D7–33	7.8	11.2	32.1	2.2	41.9	3.6	硅质灰岩
93.J.A.Ⅷ–Ⅹ.F8–32	1.5	4	92.8	0.7	0.5	0.4	脉石英
93.J.A.Ⅷ–Ⅶ.B6–25	1.3	3.5	92.7	0.5	0.6	0.8	石英岩
93.J.A.Ⅷ–Ⅶ.D7–68	15.3	5.6	11.2	0.3	64.6	0.9	硅质灰岩
93.J.A.Ⅷ–Ⅳ.E9–44	16.9	3.4	6.8	-	68.6	0.6	硅质灰岩
93.J.A.Ⅷ–Ⅹ.D8–114	13.9	5.1	11.2	0.4	64.8	2.3	硅质灰岩
93.J.A.Ⅷ–Ⅸ.D7–44	15.7	5.3	12.2	0.3	63.7	1.8	硅质灰岩

硅质灰岩标本共计 51 件。

石英岩，仅 1 件，颜色为褐色，莫氏硬度值在 7°以上，均质较好，有一定程度的韧性，是打制石制品较为理想的原料。

从辽东地区区域地质调查报告可知，在金牛山所属的营口地区广泛发育了条带状方解大理岩、白云质大理岩，局部有变质石英砂岩（辽宁省地质矿产局编，1989），说明在金牛山遗址发现的三种原料均能于附近岩层中找到，因此其来源应为附近岩层。那些保留了砾石石皮的标本，其原料可能系采集自附近的河流。

表 5-4 为石制品原料的统计表。由该表可知所有标本中，脉石英数量最多，共计 138 件，占总数的 72.6；其次为硅质灰岩，有 51 件，占总数的 26.8；石英岩最少，仅 1 件，占总数的 0.5%。这种原料比例表明了金牛山人对原料的认识和利用情况。对于金牛山人而言，硬度高、分布范围广、产量丰富的脉石英是他们最频繁使用的原料。同时，硅质灰岩在当地分布也较广，因此尽管硬度不太高，但也成为当时人们经常利用的原料。而石英岩并不是金牛山人活动范围内分布的主要岩石，因此尽管石英岩硬度与脉石英相当，且均质韧性均优于脉石英，是更为优质的原料，但由于可获得的资源极少，故其在石制品原料中所占的比重最低。

表 5-4　　　　　　　　　石制品原料数量统计表　　　　　　　　　单位：件

类型 岩性	石料		石核		石片		工具		断块碎屑		合计	
	数量	%	数量	%	数量	%	数量	%	数量	%	数量	%
脉石英	1	100	16	100	7	18.4	12	75	102	85.7	138	72.6
硅质灰岩	0	0	0	0	31	81.6	3	18.8	17	14.3	51	26.8
石英岩	0	0	0	0	0	0	1	6.2	0	0	1	0.5
合计	1	100	16	100	38	100	16	100	119	100	190	99.9

表 5-5 为石制品的重量统计，包括各类原料的总重量、平均重量以及各类石制品中不同原料的重量。

表 5-5　　　　　　　　　石制品原料重量统计表　　　　　　　　　单位：克

类型 岩性	石料		石核		石片		工具		断块碎屑		总重量		平均重量
	重量	%	重量	%	重量	%	重量	%	重量	%	重量	%	重量
脉石英	74.5	100	623	100	103	12	231	36	1127.5	68.5	2159	56.1	15.6
硅质灰岩	0	0	0	0	758.5	88	332	51.8	517.5	31.5	1608	41.8	31.5
石英岩	0	0	0	0	0	0	78.5	12.2	0	0	78.5	2	78.5
合计	74.5	100	623	100	861.5	100	641.5	100	1645	100	3845.5	99.9	20.2

从表中可以看出，就总重量而言，依然是脉石英最多，占总数的 56.1%；其次为硅质灰岩，占总重量的 41.8%。但就不同原料的重量而言，仅有的一件石英岩标本最重，达 78.5 克，而数量最多的脉石英平均重量仅有 15.6 克，硅质灰岩平均重量为 31.5 克。很显然，脉石英制品远比石英

岩和硅质灰岩小，从一个侧面说明了原料的特性影响了人类对其的利用率。脉石英原料脆性大、易碎的特性导致用该种原料打制的石制品尺寸小、重量轻。硅质灰岩韧性和质地均一性都较脉石英好，在打制过程中不易破碎，易形成小尺寸的制品，因此重量适中。石英岩的质地最好，可以制作较大的石制品。

不同的原料在不同种类石制品当中的分布情况也不相同（表5-5）。其中未加工的石料仅有1件，其质地为脉石英。而发现的16件石核，原料全部为脉石英，缺乏硅质灰岩和石英岩。这说明金牛山人可能并未将硅质灰岩和石英岩原料携带至遗址区域进行加工，而是直接在原料产地进行初步打片后，将可用的产品带回，因而遗址内缺乏这两种原料的石核。而石片类石制品则以硅质灰岩数量最多，占4/5以上，脉石英只有不到1/5。脉石英石片较少，应当与其质地易碎相关。在打制石器的过程中，由于脉石英性脆，不易形成具贝壳状断口的典型石片，反而经常形成断块类产品；硅质灰岩则质地较好，石片特征明显，可辨数量较多，不易产生断块。这种情况，从断块类制品的原料比例中得到了反映。所有断块当中，脉石英数量最多，占到了4/5以上，硅质灰岩则不足1/5。另外，工具类石制品以脉石英为主，占3/4；其次为硅质灰岩，不足1/4；石英岩最少。这应当是由于脉石英硬度更高，所制作的石器更为耐用，同时石英岩原料在金牛山人活动区域不易获得而导致的。

四　石制品分类描述

（一）石料

仅1件。标本93.J.A.Ⅷ-Ⅶ.D7-38，浅黄色脉石英。长74.5、宽59.3、厚45毫米，重74.5克。表面不平，可见晶体状凸起以及具有填充物的晶洞。原料硬度较高，但均质和韧性较差。未见打制疤痕，应当为原料产地带回、还未来得及进行加工的岩块。

（二）石核

共16件，原料均为脉石英，根据剥片技术可分为锤击石核和砸击石核。其中锤击石核13件，占81.3%；砸击石核3件，仅占18.8%。由此可见，金牛山石核的制作以锤击技术为主，偶尔也会使用砸击技术。

对于锤击石核，按照台面和剥片疤的数量可分为以下6种类型：

Ⅰ1型石核：单台面，1个剥片疤；
Ⅰ2型石核：单台面，2个剥片疤；
Ⅰ3型石核：单台面，多个剥片疤；
Ⅱ1型石核：双台面，2个剥片疤；
Ⅱ2型石核：双台面，多个剥片疤；
Ⅲ型石核：多台面，多个剥片疤。

表5-6为石核类型统计结果。其中锤击石核以单台面石核为主，共8件，占锤击石核总数的61.5%；双台面石核其次，共4件，占30.8%；多台面石核最少，仅1件。单台面石核中，Ⅰ1型最

表 5-6 石核类型统计表 单位：件

类型			数量		百分比（%）
锤击石核	单台面	Ⅰ1型	6	13	81.3
		Ⅰ2型	1		
		Ⅰ3型	1		
	双台面	Ⅱ1型	1		
		Ⅱ2型	3		
	多台面	Ⅲ型	1		
砸击石核				3	18.8
合计				16	100.1

多，6件，Ⅰ2型和Ⅰ3型各1件；双台面石核中，Ⅱ1型1件，Ⅱ2型3件。以上数据表明，锤击石核中以单台面单剥片疤的石核最多，由此可知金牛山人对石料的利用程度不高，以简单剥片为主。

表5-7为石核测量数据统计结果，从表中可以看到，所有石核的平均长度为32.1毫米，平均宽度为39.4毫米，平均厚度为28.8毫米，平均重量为38.9克。绝大多数石核尺寸均未超过40毫米，重量未超过40克，说明石核的大小和重量均适中。仅有一件石核的最大长度达到85.7毫米，重量为106.5克。

锤击石核的平均长度为35.1毫米，平均宽度为40毫米，平均厚度为28.9毫米，平均重量为42.7克。砸击石核的平均长度为19.3毫米，平均宽度为36.8毫米，平均厚度为28.3毫米，平均重量为22.5克。统计数据表明砸击石核的尺寸和重量明显比锤击石核小。

全部石核就台面角而言，最大值和最小值分别是96°和57°，平均值为79.7°。锤击石核和砸击石核的平均台面角分别为79.3°和81.3°，砸击石核略大。

自然面占整体石核的比例也可反应原料的剥片利用率。金牛山石核自然面比例平均值可达到28.8%，自然面的比率值比较大，说明原料的利用率并不是很高。

根据对金牛山石核的整体观察，可将石核的台面类型分为自然台面和打击台面两种类型。对全部16件石核的台面观察可知台面数量与台面类型的关系。8件单台面石核中，5件为自然台面，3件为打击台面；4件双台面石核中，自然与打击台面混合的标本2件，均为打击台面的标本2件；1件多台面石核则为自然与打击台面混合的标本；3件砸击石核的两级台面均为打制台面。统计可知，单纯自然台面的标本有5件，自然与打击台面混合的标本3件，单纯打击台面的标本为8件。由此可见，简单打击并含有自然台面的石核数量较多，说明了金牛山人对原料的加工程度仍处于初级阶段。

表5-8为锤击石核台面技术指标统计结果。13件锤击石核共有19个台面。台面性质方面，自然台面8个，打击台面11个。台面形状方面，不规则形13个，占有绝对优势；三角形和四边形台面各有2个和4个。3件砸击石核的台面均为打击，形状均为不规则。

对石核剥片面的观察包括剥片面的数量，该剥片面所产生的片疤数量，以及主要片疤的延展程度和深度几个方面。据表5-9统计，全部16件石核，单个剥片面的标本10件，占有绝对优势；2个和3个剥片面标本分别为4个和2个，缺乏更多剥片面的标本。对每个剥片面而言，单个片疤

表 5-7 石核测量表

类型		统计项目	重量（克）	长（高）（毫米）	宽（毫米）	厚（毫米）	台面长（毫米）	台面宽（毫米）	台面角（°）	主片疤长（毫米）	主片疤宽（毫米）	自然面比例（%）
锤击石核	单台面	计数	8	8	8	8	8	8	8	8	8	8
		平均数	47.1	39.1	41.2	26.1	39.5	21.8	83.3	17.5	26	41.3
		标准偏差	35.14	21.10	12.52	7.56	22.09	8.07	12.81	6.79	7.08	24.16
		最大值	106.5	85.7	57	38.9	85.7	31.4	96	26.3	35.9	80
		最小值	10.5	22.7	20.5	17.7	14.2	9.2	62	9	13.5	10
	双台面	计数	4	4	4	4	4	4	4	4	4	4
		平均数	33.8	27.6	37.8	32.2	37	26.4	71	21.8	19.2	12.5
		标准偏差	19.38	4.68	14.31	7.58	14.36	7.97	11.28	9.03	9.01	18.93
		最大值	60.5	32.1	55	43.1	55	32.8	82	33.2	27.8	40
		最小值	14.5	22	22.4	26.2	24.8	15.4	57	11.2	6.5	0
	多台面	计数	1	1	1	1	1	1	1	1	1	1
		平均数	44	32.5	39.2	38.1	21.4	19.5	81	26	25.8	10
	全部锤击石核	计数	13	13	13	13	13	13	13	13	13	13
		平均数	42.7	35.1	40	28.9	37.3	23.1	79.3	19.5	23.9	30
		标准偏差	29.22	17.18	12.05	7.98	18.99	7.72	12.70	7.4	7.75	25.50
		最大值	106.5	85.7	57	43.1	85.7	32.8	96	33.2	35.9	80
		最小值	10.5	22	20.5	17.7	14.2	9.2	57	9	6.5	0
砸击石核		计数	3	3	3	3	3	3	3	3	3	3
		平均数	22.5	19.3	36.8	28.3	23.2	19.8	81.3	12.7	21.7	23.3
		标准偏差	7.86	2.01	3.94	7.88	6.11	8.83	6.43	4.65	9.61	32.15
		最大值	29.5	21.6	40	34.4	30.2	29.7	86	17.8	30.6	60
		最小值	14	17.9	32.4	19.4	19.2	12.8	74	8.7	11.5	0
全部石核		计数	16	16	16	16	16	16	16	16	16	16
		平均数	38.9	32.1	39.4	28.8	34.7	22.5	79.7	18.2	23.4	28.8
		标准偏差	27.52	16.64	10.95	7.70	18.06	7.74	11.63	7.38	7.82	25.79
		最大值	106.5	85.7	57	43.1	85.7	32.8	96	33.2	35.9	80
		最小值	10.5	17.9	20.5	17.7	14.2	9.2	57	8.7	6.5	0

表 5-8 锤击石核台面技术指标统计表 单位：件

台面性质	自然台面	打击台面		合计
	8	11		19
台面形状	三角形	四边形	不规则形	合计
	2	4	13	19

表 5-9　　　　　　　　　　　　　　　　　石核剥片面技术指标统计表

剥片面数量	1个	2个	3个		标本数量 16
	10	4	2		
片疤数量	1个	2个	3个	>3个	标本数量 16
	9	3	2	2	
主片疤延伸程度	短	中	长		片疤总数量 22个
	3	7	12		
主片疤深度	浅平	较深	深		片疤总数量 22个
	13	8	1		

的标本共 9 件，占有一半以上；2 个及 3 个片疤的标本分别为 3 个和 2 个；大于 3 个片疤的标本为 2 个。就每个剥片面的主要片疤而言，延伸程度长（即片疤长度占石核长度的 1/2 以上）的片疤数量最多，12 个；中等（1/4~1/2）的片疤数量其次，7 个；延伸程度短（不足 1/4）的片疤仅 3 个。主片疤浅平者数量最多，13 个；较深的数量 8 个；很深的仅有 1 个。总之，金牛山石核以单剥片面、单片疤的剥片形式最多，长而浅平的片疤形态为主，说明对石料的利用率尚属于比较低的程度。

典型石核描述

93.J.A.Ⅷ-Ⅷ.D6-7，单台面石核，Ⅰ1 型，原料为脉石英，块状毛坯，残留自然面上可见晶洞。长 23.6、宽 28.9、厚 18.6 毫米，重 11 克。整体形状不规则，台面为自然面，台面形状不规则，表面不平整，台面长 18.3、台面宽 16 毫米，台面角 65°。可见一较深长石片疤，片疤长 26.3、宽 26.7 毫米。自然面比例为 30%（图 5-2，1；图版六八，1）。

93.J.A.Ⅷ-Ⅸ.D7-46，单台面石核，Ⅰ2 型，原料为脉石英，毛坯为石块。长 33.9、宽 50.9、厚 28.4 毫米，重 41 克。整体形状呈漏斗状。台面为自然面，形状不规则，表面不平整，留有自然节理面，长 42.1、宽 28.1 毫米，台面角 89°。有两个片疤，主片疤为宽型，较深，长 17.8、宽 24.9 毫米。自然面比例占 50%（图 5-2，2；图版六八，3）。

93.J.A.Ⅷ-Ⅱ.B4-5，双台面石核，Ⅱ2 型，原料为脉石英，块状毛坯。长 32.1、宽 43.2、厚 28.1 毫米，重 32.5 克。台面为自然面，均为钙覆盖，表面多沟脊，长 28.6、宽 18.2 毫米，台面角 72°。由此台面剥两石片，阴疤均较浅平，打击点清晰。之后以这两片片疤为台面，剥落一石片，阴疤较深，延展长，打击点清晰，台面角 57°。自然面比例占 40%（图 5-2，3；图版六八，2）。

94.J.A.Ⅷ-ⅩⅢ.E7-49，双台面石核，Ⅱ2 型，原料为脉石英，节理发育，块状毛坯。长 25.6、宽 30.6、厚 31.4 毫米，重 27.5 克。主台面打击而成，为一较完整的浅平剥片面，呈三角形，长 24.8、宽 25.8 毫米，台面角 78°。以此台面剥石片 2 个，打击点清晰，片疤较深，两片疤连成一面。将石核逆时针旋转 90° 为石核另一台面，应为剥片时所形成的节理面，以此台面剥落石片 2 个，片疤浅平，打击点较清晰，台面角为 100°。石核利用率较高。自然面比例占 15%（图 5-2，6；图版六八，4）。

93.J.A.Ⅷ-Ⅶ.D7-23，双台面石核，Ⅱ2 型，原料为脉石英，半透明，块状毛坯，残留自然面上可见黑色绢云母。长 30.8、宽 55、厚 43.1 毫米，重 60.5 克。共 2 个台面。主台面为打击台面，呈四边形，台面长 55、宽 31.7 毫米，台面角 82°。从该台面的前后两个方向各剥取一个石片疤，

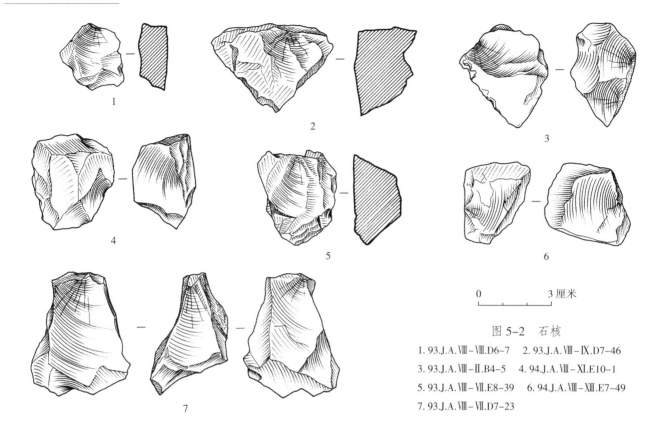

0   3厘米

图 5-2   石核
1. 93.J.A.Ⅷ－Ⅷ.D6－7   2. 93.J.A.Ⅷ－Ⅸ.D7－46
3. 93.J.A.Ⅷ－Ⅱ.B4－5   4. 94.J.A.Ⅷ－Ⅺ.E10－1
5. 93.J.A.Ⅷ－Ⅶ.E8－39   6. 94.J.A.Ⅷ－ⅩⅢ.E7－49
7. 93.J.A.Ⅷ－Ⅶ.D7－23

均为浅平的长疤。将石核旋转 90° 后，粗钝一端的自然面为另一个台面，剥取一个较深的小短疤，台面角为 85°（图 5-2，7；图版六八，7）。

94.J.A.Ⅷ－Ⅺ.E10-1，多台面石核，Ⅲ型，原料为脉石英，极少量节理，毛坯为石块。长 32.5、宽 39.2、厚 38.1 毫米，重 44 克。共有 3 个台面。最大的一个面为主台面，布满小片疤，形态微凸，以此为台面剥取 2~3 个片疤，其中两个片疤连续，台面角 81°。然后以最大的一个剥片疤为台面（第二个台面），剥取石片，形成一个小型片疤，片疤非常短，剥取效果不好，因而放弃了继续剥片，台面角 73°。另一个台面为平坦的节理面，试剥取 1~2 个小型片疤，台面角为 89°，片疤似被节理阻断，因而剥片效果也不好（图 5-2，4；图版六八，5）。

93.J.A.Ⅷ－Ⅶ.E8－39，砸击石核，原料为脉石英。长 18.4、宽 40、厚 34.4 毫米，重 24 克。台面呈不规则形，长 30.2、宽 29.7 毫米。与台面相对的受力面略呈钝尖状，可见若干阶梯状断口，应为砸击受力所致。剥片面非常平坦，台面角 86°，自然面比例占 60%（图 5-2，5；图版六八，6）。

（三）石片

共 38 件。其中完整石片 28 件，不完整石片 10 件（表 5-2）。

1. 完整石片

完整石片又可分为锤击石片和砸击石片两种，共 28 件，占全部石片的 73.7%。锤击石片 24 件，其中仅 1 件（4.2%）为脉石英，其余 23 件（95.9%）均为硅质灰岩。砸击石片 4 件，其中仅 1 件（25%）为硅质灰岩，其余 3 件（75%）为脉石英。

根据 Nick Toth 的分类原则，可将锤击石片分为以下 6 类：

Ⅰ式石片：自然台面，自然背面；

Ⅱ式石片：自然台面，部分自然背面＋部分人工背面；

Ⅲ式石片：自然台面，人工背面；

Ⅳ式石片：人工台面，自然背面；

Ⅴ式石片：人工台面，部分自然背面＋部分人工背面；

Ⅵ式石片：人工台面，人工背面。

表5-10为完整锤击石片的类型统计结果。锤击石片以Ⅱ型和Ⅴ型数量最多，分别为9件和6件。Ⅲ型石片次之，为4件。Ⅳ型和Ⅵ型石片数量均较少，均为2件，Ⅰ型石片仅有1件。也就是说，背面保留石皮的石片居多，说明金牛山人对原料的开发利用程度不高，反映了当时的剥片技术水平尚在初级阶段。

表 5-10 锤击石片类型统计表（完整石片） 单位：件

原料	Ⅰ型	Ⅱ型	Ⅲ型	Ⅳ型	Ⅴ型	Ⅵ型	合计
脉石英		1					1
硅质灰岩	1	8	4	2	6	2	23
合计	1	9	4	2	6	2	24

表5-11为完整石片的测量数据统计表。其中完整石片的平均长度为40.6毫米，平均宽度为36.9毫米，平均厚度为11.7毫米，平均重量为21.6克。平均长度、宽度均在40毫米左右，说明金牛山的石片以小型为主。但最小尺寸和最大尺寸悬殊，如最大长度81.3毫米，最小长度仅20毫米。重量差距亦较大，最大值127克，最小值仅1.5克。锤击石片比砸击石片的长、宽均大一些，说明砸击石片尺寸较小，这与石核统计得出的结果是一致的。

就形态而言，全部完整石片的平均宽长指数为96.86，属于比较接近方形的石片。厚长指数和厚宽指数分别为30.16、33.52，形态较薄。锤击石片的宽长指数（98.66）大于砸击石片（86.05），但厚长和厚宽指数小于砸击石片，说明整体而言锤击石片更接近方形，形体比较薄，而砸击石片相对较厚。

石片角的测量涉及到台面的保留程度，残缺的台面会导致石片角测量偏差太大，因此点状或者刃状台面的锤击石片以及砸击石片均未测量石片角，共计测量标本19件。测量结果为：最小值32°，最大值119°，平均值97.9°（表5-11）。

表5-12为石片台面的各项技术指标统计。与石核台面的观察相一致，石片台面按照性质分为自然台面与打击台面两大类。28件完整石片当中，具有自然台面的标本15件，打击台面的标本13件，自然台面标本略多。台面形状方面，三角形、四边形台面各为6件和5件，不规则台面为7件，线状、点状、零台面共计10件。打击点深的标本仅4件，打击点浅的标本13件，看不到打击点的标本11件。

表5-13为石片腹面各类技术指标统计。完整石片当中近一半标本具有放射线，达13件。打击泡明显的标本不多，仅2件，隐约可见打击泡的标本9件，多数（17件）标本未见打击泡。半锥体与打击泡的情况类似，多数标本（20件）不见半锥体，有7件隐约可见，而半锥体显著可见

表 5-11　　　　　　　　　　　　　　　　　　　完整石片测量表

类型	原料	统计项目	重量（克）	长（毫米）	宽（毫米）	厚（毫米）	石片角（°）	台面长（毫米）	台面宽（毫米）	宽长指数	厚长指数	厚宽指数
锤击石片	硅质灰岩	计数	23	23	23	23	18	20	20	23	23	23
		平均数	24.1	43.2	38.8	11.5	98.2	20.5	8.9	98	27.4	30.4
		标准偏差	31.79	13.45	13.91	5.75	20.29	12.12	8.51	41.23	13.35	13.09
		最大值	127	81.3	67	26.6	119	53	37.1	181.5	73.5	57.8
		最小值	1.5	20	16.3	5.2	32	0	0	39.9	13.9	14.3
	脉石英	计数	1	1	1	1	1	1	1	1	1	1
		平均数	22	34.7	39.7	18.2	94	31.3	15.2	114.4	52.5	45.8
	全部锤击石片	计数	24	24	24	24	19	21	21	24	24	24
		平均数	22.6	41.9	38.4	11.5	97.9	21	9.2	98.7	28.4	31
		标准偏差	31.3	13.82	13.72	5.9	19.15	12.04	8.41	40.46	14.03	13.18
		最大值	127	81.3	67	26.6	119	53	37.1	181.5	73.5	57.8
		最小值	1.5	20	16.3	5.2	32	0	0	39.9	13.9	14.3
砸击石片	硅质灰岩	计数	1	1	1	1	/	/	/	1	1	1
		平均数	31.5	46.6	39.7	12.8				85.2	27.5	32.2
	脉石英	计数	3	3	3	3				3	3	3
		平均数	8.7	28.3	23.8	12.6				86.3	44.9	54
		标准偏差	1.53	4.33	2.49	2.17				50.34	9.11	10.86
		最大值	10	30.8	26	15.1				172.1	42.6	40.4
		最小值	7	23.3	21.1	11.2				71.8	25.3	19.5
	全部砸击石片	计数	4	4	4	4	/	/	/	4	4	4
		平均数	14.4	32.9	27.8	12.7				86.1	40.6	48.5
		标准偏差	11.48	9.81	8.21	1.77				18.37	10.62	16.54
		最大值	31.5	46.6	39.7	15.1				111.6	49.4	71.6
		最小值	7	23.3	21.1	11.2				68.5	27.5	32.2
全部石片		计数	28	28	28	28	19	21	21	28	28	28
		平均数	21.6	40.6	36.9	11.7	97.9	21	9.2	96.9	30.2	33.5
		标准偏差	29.3	13.56	13.5	5.5	19.15	12.04	8.41	38.11	14.1	14.74
		最大值	127	81.3	67	26.6	119	53	37.1	181.5	73.5	71.6
		最小值	1.5	20	16.3	5.2	32	0	0	39.9	13.9	14.3

的标本仅 1 件。所有标本都不见同心波和锥疤。

　　由于脉石英数量较少，所以对于硅质灰岩和脉石英的石片腹面特征对比可能会有所偏差。仅就表 5-13 统计而言：可见打击泡的硅质灰岩石片标本（10 件）占所有硅质灰岩石片标本（24 件）总数的 71%，而存在打击泡的脉石英（1 件）仅占所有脉石英石片标本（4 件）的 25%。可见放射线的标本，硅质灰岩 11 件，占总数的 46%；脉石英 2 件，占总数的 50%，比较接近。可见半锥体

表5-12　　　　　　　　　　　　完整石片台面技术指标统计表　　　　　　　　　　单位：件

台面类型	原料	自然	打击					合计
	硅质灰岩	14	13					27
	脉石英	1	0					1
	合计	15	13					28
台面形状	原料	三角形	四边形	线状	点状	零台面	不规则	合计
	硅质灰岩	6	5	5	4	1	6	27
	脉石英	0	0	0	0	0	1	1
	合计	6	5	5	4	1	7	28
打击点	原料	深	浅	无				合计
	硅质灰岩	4	12	8				24
	脉石英	0	1	3				4
	合计	4	13	11				28

表5-13　　　　　　　　　　　　完整石片腹面技术指标统计表　　　　　　　　　　单位：件

半锥体	原料	显著	不显著	无	合计
	硅质灰岩	1	7	16	24
	脉石英	0	0	4	4
	合计	1	7	20	28
打击泡	原料	显著	不显著	无	合计
	硅质灰岩	1	9	14	24
	脉石英	1	0	3	4
	合计	2	9	17	28
同心波	原料	有	无		合计
	硅质灰岩	0	24		24
	脉石英	0	4		4
	合计	0	28		28
放射线	原料	有	无		合计
	硅质灰岩	11	13		24
	脉石英	2	2		4
	合计	13	15		28
锥疤	原料	有	无		合计
	硅质灰岩	0	24		24
	脉石英	0	4		4
	合计	0	28		28

的标本均为硅质灰岩。总体而言，硅质灰岩比脉石英的腹面特征更加明显一些。

石片背面自然面的比例可以反映石料的利用程度（表5-14）。石片背面均为石片疤的标本有6件，占全部石片的21.4%；石片背面带有自然面的标本22件，占全部石片的78.6%。可见，近4/5的完整石片背面带有自然面。在以上标本中，自然面不到一半的标本9件，一半以上的13件（包括背面全部为自然面的标本2件），由此可见金牛山石料的利用率不高。背面有石片疤的26件标本中，1~3片石片疤的标本共19件，4片以上的7件。说明多数完整石片是在前期少量剥片的基础上进行了剥片，反映了相对较为简单的打制程序。

表5-14 完整石片背面技术指标统计表 单位：件

	原料	0	1%~49%	50%~99%	100%				合计
自然面比例	硅质灰岩	6	8	11	2				27
	脉石英	0	1	0	0				1
	合计	6	9	11	2				28
	原料	0	1	2	3	4	5	大于5	合计
石片疤数量	硅质灰岩	2	7	6	5	2	2	3	27
	脉石英	0	0	1	0	0	0	0	1
	合计	2	7	7	5	2	2	3	28

表5-15为石片远端形态的统计。24件锤击石片当中22件为尖灭状，阶梯状和内卷状各1件。砸击石片4件，均无远端。可见完整石片以远端尖灭为绝对多数。

表5-15 完整石片远端形态统计表 单位：件

原料	尖灭	阶梯	内卷	无远端（砸击石片）	合计
硅质灰岩	21	1	1	4	27
脉石英	1	0	0	0	1
合计	22	1	1	4	28

2.不完整石片

共10件（表5-16），占全部石片的26.3%。

按照成因分为断片和裂片。断片7件，包括1件近端断片和6件远端断片；裂片3件，包括2件左裂片和1件右裂片。就岩性来讲，包括7件硅质灰岩和3件脉石英。

表5-16 锤击石片类型统计表（不完整石片） 单位：件

原料	左裂片	右裂片	近端断片	远端断片	合计
硅质灰岩	1	1	1	4	7
脉石英	1	0	0	2	3
合计	2	1	1	6	10

不完整石片的测量统计数据如表 5-17。不完整石片的平均长、宽、厚分别为 42.8、40.3、12.2 毫米，平均重量为 25.6 克。

表 5-17　　　　　　　　　　　　不完整石片测量表　　　　　　　重量单位：克　长度单位：毫米

原料	统计项目	重量	长	宽	厚
脉石英	计数	3	3	3	3
	平均数	18.3	38.4	28.3	12.4
	标准偏差	21.8	15.68	13.14	3.95
	最大值	43.5	55.6	43.3	16.8
	最小值	5.5	24.9	19	9.1
硅质灰岩	计数	7	7	7	7
	平均数	28.6	44.7	45.4	12.1
	标准偏差	29.69	13.19	19.29	5.7
	最大值	88.5	67.9	77.8	24
	最小值	6.5	23.8	21.5	6.9
全部标本	计数	10	10	10	10
	平均数	25.6	42.8	40.3	12.2
	标准偏差	28.19	13.7	19.9	5.15
	最大值	88.5	67.9	77.8	24
	最小值	5.5	23.8	19	6.9

3. 典型石片标本描述

93.J.A.Ⅷ-Ⅱ.D7-33，Ⅱ型石片，原料为硅质灰岩。长 23.3、宽 30.2、厚 5.9 毫米，重 4.5 克。整体形状不规则，台面较小，为点状台面，无法测量石片角。打击点明显，半锥体较清楚，打击泡微凸，腹面整体较平，中间部分略凸，隐约可见放射线。尾端为自然尖灭。背面大部分为自然面，右侧有 2 个小片疤（图 5-3，1；图版六九，1）。

93.J.A.Ⅷ-Ⅵ.D5-14，Ⅱ型石片，原料为硅质灰岩，宽型石片。长 52.8、宽 29.3、厚 12.6 毫米，重 20 克。整体形状不规则。零台面，可见打击点，有轻微打击泡，无半锥体，放射线不清晰。背面石皮占 70%，有 3 个石片疤，与石片打击方向相同，可能为打击石片时形成。石片面上有水浸痕迹，还有很硬的钙质结核（图 5-3，8；图版六九，2）。

93.J.A.Ⅷ-Ⅹ.D8-61，Ⅱ型石片，原料为硅质灰岩。长 38.6、宽 60.2、厚 12 毫米，重 29.5 克，石片角 119°。台面为石块自然面，呈弓形，半锥体打击点皆不明显，打击泡微凸。腹面左侧肩部有一较新剥片，远端尖灭。背面近端有多个重叠片疤，打击方向均自上而下，应为石片剥落前形成。背面下部为自然面（图 5-3，9；图版六九，3）。

93.J.A.Ⅷ-Ⅴ.D7-84，Ⅲ型石片，原料为硅质灰岩。长 32、宽 31.6、厚 5.4 毫米，重 6 克，石片角 82°。台面为自然面，形状不规则，半锥体打击点不清晰，打击泡微凸，放射线略可见，腹面右侧远端折断。背面有 2 个片疤，均沿右上左下方向延伸（图 5-3，4；图版六九，6）。

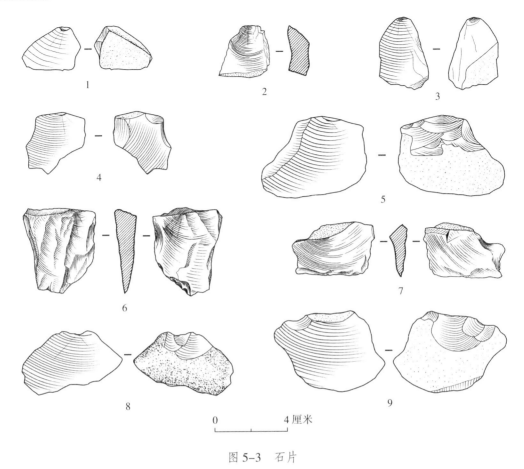

图 5-3 石片

1. 93.J.A.Ⅷ-Ⅱ.D7-33 2. 93.J.A.Ⅷ-Ⅲ.E6-1 3. 93.J.A.Ⅷ-Ⅵ.E8-42 4. 93.J.A.Ⅷ-Ⅴ.D7-84 5. 93.J.A.Ⅷ-Ⅶ.D7-68
6. 93.J.A.Ⅷ-Ⅹ.D8-114 7. 93.J.A.Ⅷ-Ⅴ.D10-24 8. 93.J.A.Ⅷ-Ⅵ.D5-14 9. 93.J.A.Ⅷ-Ⅹ.D8-61

93.J.A.Ⅷ-Ⅴ.E10-8，Ⅲ型石片，原料为硅质灰岩，长型石片。长 28.6、宽 16.3、厚 5.3 毫米，重 2 克。台面为自然面，呈四边形，可见打击点，打击泡微凸，有较清楚的半锥体，不见放射线，腹面整体较平。背面有 2 石片疤。

93.J.A.Ⅷ-Ⅴ.D10-24，Ⅲ型石片，原料为硅质灰岩。长 30、宽 43.6、厚 9.6 毫米，重 12 克，石片角 111°。整体形状近长方形。台面为自然面，形状不规则。腹面凸起，可见打击点和半锥体，放射线清楚。远端为尖灭。背面近台面处为石皮，其余为一片大疤及若干小疤组成（图 5-3，7；图版六九，5）。

93.J.A.Ⅷ-Ⅵ.E8-42，Ⅴ型石片，原料为硅质灰岩。长 37.3、宽 29.3、厚 5.2 毫米，重 6.5 克。整体形状不规则。点状台面，打击点明显，打击泡微凸，可见较为明显的半锥体，放射线较清楚。腹面整体较平，中间部分略凸，远端为折断形态。背面近端及右侧有石片疤，打击点附近有多次打击留下的叠层小片疤，右侧带石皮（图 5-3，3；图版六九，4）。

93.J.A.Ⅷ-Ⅶ.D7-68，Ⅴ型石片，原料为硅质灰岩。长 40.6、宽 52.8、厚 8.1 毫米，重 18.5 克，石片角 32°。台面线状，打击点清晰，半锥体不明显，打击泡微凸，放射线可见，远端尖灭。背面近端有多次剥片痕迹，成阶梯状重叠，打击方向皆由近端向远端，应为石片剥落前形成。背面下部为自然面（图5-3，5）。

93.J.A.Ⅷ-Ⅴ.D10-23，近端断片，原料为硅质灰岩。长36.6、宽44.3、厚8.1毫米，重14克。自然台面，不规则形。打击点不甚清楚，有明显半锥体，打击泡较平。腹面较平整。背面左侧有3个石片疤；右侧是石皮，石皮可见水浸痕迹。

93.J.A.Ⅷ-Ⅲ.E6-1，砸击石片，原料为脉石英。长23.3、宽26、厚11.5毫米，重10克。台面呈线状，不见半锥体，打击泡明显，隐约可见放射线。远端呈台阶状。腹面向内凹。背面80%为带有晶洞的自然面（图5-3，2；图版六九，7）。

93.J.A.Ⅷ-Ⅹ.D8-114，砸击石片，原料为硅质灰岩，带黑色条纹。长46.6、宽39.7、厚12.8毫米，重31.5克。较小的一端呈线状，可见砸击点及放射线。另一端较钝。在左侧边上有一正一反两个片疤，连成一条凸起的刃，刃角35°~70°。轻度自然磨蚀（图5-3，6；图版六九，8）。

（四）工具

共16件，可分为刮削器、尖状器和砍砸器三种类型（表5-2）。

1. 刮削器

刮削器数量最多，10件，占全部工具的62.5%。其中硅质灰岩2件，脉石英7件，石英岩1件。平均长、宽、厚分别为50.4毫米、33.5毫米、18.3毫米，平均重量为36.5克。不同原料尺寸比较，脉石英的平均数最小，硅质灰岩与石英岩的长宽接近，石英岩的厚度略大（表5-18）。

表5-18　　　　刮削器测量表　　　重量单位：克　长度单位：毫米

原料	统计项目	重量	长	宽	厚	宽长指数	厚长指数	厚宽指数
硅质灰岩	计数	2	2	2	2	2	2	2
	平均数	64.8	65.8	51.5	16.2	77.4	24.7	32
	标准偏差	61.87	20.08	19.02	4.45	5.29	0.76	3.16
	最大值	108.5	80	64.9	19.3	81.1	25.2	34.2
	最小值	21	51.6	38	13	73.6	24.1	29.7
脉石英	计数	7	7	7	7	7	7	7
	平均数	22.4	43.9	25.2	17.9	60.8	44.2	73.8
	标准偏差	15.73	18.09	7.27	5.34	13.74	14.86	20.12
	最大值	47	76.6	34	27.5	78.1	72.1	99.5
	最小值	4.5	24.4	17.3	11.8	41.4	26.9	38.3
石英岩	计数	1	1	1	1	1	1	1
	平均数	78.5	64.4	55.2	24.9	85.7	38.7	45.1
全部标本	计数	10	10	10	10	10	10	10
	平均数	36.5	50.4	33.5	18.3	66.6	39.7	62.6
	标准偏差	25.84	15.71	11.64	4.07	14.9	14.6	24.71
	最大值	108.5	80	64.9	27.5	85.7	72.1	99.5
	最小值	4.5	24.4	17.3	11.8	41.4	24.1	29.7

刮削器的平均宽长指数为66.57，说明整体而言，刮削器以长型为主。就不同原料而言，脉石英的宽长指数最小，其次为硅质灰岩，然后是石英岩。平均厚长指数为39.7，厚宽指数为62.55，显示刮削器形体较厚。不同原料比较，脉石英比较厚，其次为石英岩，硅质灰岩较薄。

表5-19显示刮削器的修理技术特征。加工刮削器的毛坯以块状毛坯为主，断块、石块以及石核共计8件，占到4/5，石片毛坯2件，仅占1/5。这与上文对宽长指数、厚长指数、厚宽指数的统计一致。每个标本加工的刃缘数量方面，仅加工了1条刃缘（单刃）的标本3件，加工了2条刃缘（双刃）的标本5件，多条刃缘都加工（复刃）的标本2件。

表5-19　　　　　　　　　　　　刮削器技术指标统计表　　　　　　　　　单位：件

毛坯	石片	石核	断块	石块		合计
数量	2	1	4	3		10
刃缘数量	单刃	双刃	复刃			
数量	3	5	2			10
加工方向	正向	反向	转向	同向	异向	
数量	3	0	1	2	4	10
加工部位（侧刃）	左侧	右侧				
数量	8	6				14
加工部位（端刃）	远端	近端				
数量	3	3				6
刃缘形态	直刃	凸刃	凹刃	凹凸	舌形	
数量	11	2	3	3	1	20
刃角	小于30°	31°~60°	61°~90°	90°以上		
数量	0	5	14	1		20
自然磨蚀程度	无磨蚀	轻度磨蚀	重度磨蚀			
数量	5	5	0			10

加工方向上分为对单条刃加工和多条刃加工的观察统计。单刃加工方面，由破裂面向背面或者由较平的一面向较凸的一面（正向）加工的3件，未见向背面加工或向较平一面（反向）加工的标本，同一刃缘上既有正向又有反向加工（转向）的标本1件；双条刃或多条刃加工的标本，不同刃缘均为同一方向加工（同向）的2件，不同刃缘不同方向加工（异向）的4件。以上统计表明，对于刮削器的修理加工可能并没有固定的模式，而是根据毛坯的形状和实际需求进行随机修理。

10件标本共计20条加工刃缘。在这些刃缘中，14条为对侧刃进行的加工，6条为对端刃进行的加工，侧刃加工多于端刃加工。侧刃加工中左、右侧刃加工接近，端刃加工中远、近端加工数量相等，说明没有对某条刃缘明显的倾向。加工的刃缘形态以直刃最多，11条；其次为凹刃和凹凸刃，各为3条；凸刃和舌形刃口较少，分别为2条和1条。可见，刮削器比较多地加工成直刃，但其他刃口形态数量也占有近一半，说明了加工的随机性。加工刃缘形成的角度方面，以61°~90°角数量最多，达14条，其次为31°~60°角，90°以上的钝角只1件，缺乏小于30°的标本，可见加工刃缘多数为钝角，锐角数量较少。

典型刮削器标本描述

93.J.A.Ⅷ-Ⅳ.E7-35，单直刃刮削器，原料为脉石英，毛坯为断块。长76.6、宽31.7、厚20.6毫米，重41克。左侧连续正向修理，刃缘长度73毫米，中到大疤，疤痕呈阶梯状，刃部较陡，刃角为80°（图5-4，1；图版七〇，8）。

93.J.A.Ⅷ-Ⅷ.B6-30，单凹刃刮削器，原料为硅质灰岩，毛坯为石片。长51.6、宽38、厚13毫米，重量21克。在石片左侧从背面向破裂面连续修理刃缘，长度为35毫米，刃角68°。左侧边缘近端为主要修理部分，呈凹刃，修疤中等大小，呈阶梯状。左侧边缘远端也进行了修理，略凹，修疤小。右侧边缘有一大的缺口，可能为自然形成（图5-4，2；图版七〇，6）。

94.J.A.Ⅷ-ⅩⅡ.F8-1，单凸刃刮削器，原料为脉石英，毛坯为断块。长41.2、宽23.4、厚16.9毫米，重13克。断块左侧边缘有一系列修理，上部为反向修理，下部为正向修理，中小疤痕，疤痕呈尾羽状，刃缘略凸，刃缘长度66毫米，刃角60°（图5-4，3；图版七〇，4）。

93.J.A.Ⅷ-Ⅴ.E9-46，双直刃刮削器，原料为脉石英，以板状石块为毛坯。长41.5、宽32.4、厚12.4毫米，重21克。近端右侧沿正反向打击系列片疤，形成刃缘，刃角51°。近端左侧反向剥落三片疤，形成一较平直刃缘，刃角75°。刃部有微疤，可观察到一定程度的磨圆与光泽，可能为使用所致。器身远端粗钝，为石块自然面，便于抓握（图5-4，6；图版七〇，5）。

93.J.A.Ⅷ-Ⅴ.E7-46，双直刃刮削器，原料为硅质灰岩，毛坯为石块。长80、宽64.9、厚19.3毫米，

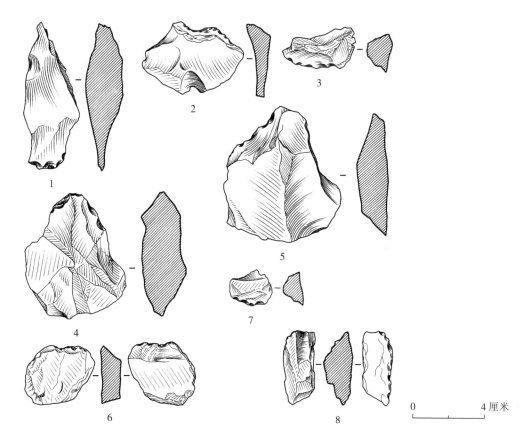

图 5-4　刮削器

1. 93.J.A.Ⅷ-Ⅳ.E7-35　2. 93.J.A.Ⅷ-Ⅷ.B6-30　3. 94.J.A.Ⅷ-ⅩⅡ.F8-1　4. 93.J.A.Ⅷ-Ⅶ.B6-25
5. 93.J.A.Ⅷ-Ⅴ.E7-46　6. 93.J.A.Ⅷ-Ⅴ.E9-46　7. 93.J.A.Ⅷ-Ⅸ.F9-1　8. 93.J.A.Ⅷ-Ⅸ.E9-37

重 108.5 克。较平的一面为自然面，另一面较凸，整体较厚。从左至右连续加工。左边转向加工，上段正向加工 2 个大疤，下段反向加工亦形成 2 个大疤。顶部有 1 个反向加工的小疤。右边有 1 个反向的大疤（图 5-4，5；图版七〇，3）。

93.J.A.Ⅷ-Ⅶ.B6-25，双刃（凹刃＋凹凸）刮削器，土黄色石英岩，含细小晶体。毛坯为Ⅱ型石片，破裂面由于沿自然节理断裂而不太平整。长 64.4、宽 55.2、厚 24.9 毫米，重 78.2 克。远端及右侧均有修理，基本连续，刃缘长度 113 毫米，刃角 45°。远端刃缘由两个大的石片疤组成，从背面向破裂面反向修理，其中一个有阶梯状的使用微疤。紧接着这两个大疤分布着一系列中小疤，均为破裂面向背面修理，刃缘略凸，这一段可见明显微疤和磨圆。近右侧台面有一个大疤，使刃缘略凹，可见磨圆（图 5-4，4；图版七〇，7）。

93.J.A.Ⅷ-Ⅸ.F9-1，双刃（凸刃＋凹刃）刮削器，原料为脉石英，毛坯为断块。长 24.4、宽 17.3、厚 11.8 毫米，重 4.5 克。断块左侧可见连续修疤，修疤在 2 毫米左右，均为从平的一面向凸的一面，刃缘长度 18 毫米，刃角 70°。右侧亦可见修疤，较钝，刃角为 75°，长度为 14 毫米（图 5-4，7；图版七〇，1）。

93.J.A.Ⅷ-Ⅸ.E9-37，复刃刮削器，修尖。原料为脉石英，毛坯为断块。长 39.2、宽 18.3、厚 16.9 毫米，重 12.5 克。顶部有 2 个长条疤，左侧有 1 个大疤，底部至少有 2 个连续的疤，呈阶梯状，右侧顶部有 1 长条形疤。顶部二疤组成尖角，度数为 62°。底部二疤亦组成 1 个尖角。度数为 78°。四个边缘均有加工疤痕，最长修理在左侧边缘，从较凸面向较平面反向修理，修疤 2~5 毫米，刃缘长度 70 毫米，刃角 65°（图 5-4，8；图版七〇，2）。

2. 尖状器

5 件，占全部工具的 31.3%，原料均为脉石英。平均长、宽、厚分别为 34.6、27.5、16.3 毫米，平均重量为 14.9 克，比刮削器小。平均宽长指数 78.16，说明形态总体为长型。平均厚长和厚宽指数分别为 49.51 和 64.72，表 5-20 数据显示形体较厚。

表 5-20 尖状器测量数据统计表 重量单位：克　长度单位：毫米

统计项目	重量	长	宽	厚	宽长指数	厚长指数	厚宽指数
计数	5	5	5	5	5	5	5
平均数	14.9	34.6	27.5	16.3	78.2	49.5	64.7
标准偏差	12.31	10.61	10.64	2.74	9.77	11.5	19.02
最大值	35	52.4	44.3	20.6	84.5	57.9	88.3
最小值	6	26.5	16.3	13.7	61.5	30	35.4

尖状器的毛坯均为块状，包括 4 件断块和 1 件石块。平均尖角度数 62°。具体见下文标本描述。

典型尖状器描述

93.J.A.Ⅷ-Ⅶ.E7-24，原料为脉石英，毛坯为断块。长 28.2、宽 21.8、厚 13.7 毫米，重 7 克。近端左右肩部连续加工出两较锋利直刃，刃角分别为 67°、84°，以正向加工为主，局部反向加工。两刃相交呈一 90° 尖角，远端则较粗钝。刃部与尖部可观察到微疤及一定程度的磨圆与光泽，可能为使用所致（图 5-5，1；图版七一，1）。

93.J.A.Ⅷ–Ⅸ.E4–33，原料为脉石英，质地较细腻，块状毛坯。长29.7、宽25.1、厚17.2毫米，重8克。近端两侧异向连续加工形成两刃，片疤相互连接形成一平面，肩部后侧利用石块自然棱脊，稍作打击呈一刃，与前述平面汇聚成三棱状尖，尖角约50°。尖部折断，有微疤，可能为使用所致。远端较少加工，厚钝，适于用拇指食指抓捏（图5–5，2；图版七一，2）。

93.J.A.Ⅷ–Ⅻ.E9–19，原料为脉石英，石块毛坯。长26.5、宽16.3、厚14.4毫米，重6克。近端以一自然面为台面正向修理形成一较平直刃。自然面和修理片疤与近端右侧一较大片疤相交，形成三棱状尖，尖角约30°。尖部刃部有微疤，可观察到一定程度的磨圆与光泽，可能为使用所致。器身中部隆起圆钝，便于拇指抓捏（图5–5，4；图版七一，3）。

93.J.A.Ⅷ–Ⅷ.D7–35，原料为脉石英，毛坯为石块。长52.4、宽44.3、厚15.7毫米，重35克。两面均为节理面，修理方向为从较平的一面向较凸的一面修理，左侧刃角70°，右侧刃角80°。厚刃，厚度为15.3毫米。修理片疤有中等、小型，右侧呈阶梯分布。尖部偏向左修理（图5–5，5；图版七一，4）。

93.J.A.Ⅷ–Ⅸ.E4–32，原料为脉石英，表面有晶簇，毛坯为断块。长36.3、宽30.1、厚20.6毫米，重18.5克。顶部从较平的一面向较凸的一面分别打制，形成边缘，组成一个尖角，尖角度数48°。左侧边缘凹，右侧边缘平直。尖角可能由于使用折断。修理的疤痕较大（图5–5，3；图版七一，5）。

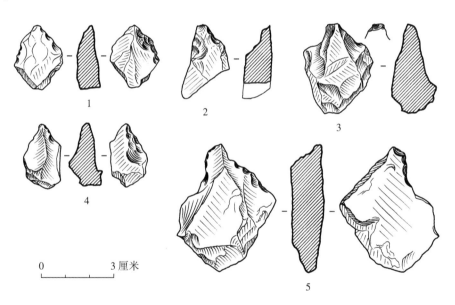

图5–5 尖状器

1.93.J.A.Ⅷ–Ⅶ.E7–24　2.93.J.A.Ⅷ–Ⅸ.E4–33　3.93.J.A.Ⅷ–Ⅸ.E4–32　4.93.J.A.Ⅷ–Ⅻ.E9–19　5.93.J.A.Ⅷ–Ⅷ.D7–35

3. 砍砸器

1件，原料为硅质灰岩。

93.J.A.Ⅷ–Ⅷ.B6–31，毛坯为扁平砾石。长93.2、宽72、厚23毫米，重202.5克。长轴近远端未经打击，左右侧均为异向加工的连续刃缘，刃角均为45°~55°。左侧刃缘片疤浅平，刃缘连续平滑，刃部有层状微疤，可能为砍砸痕迹，右侧刃片疤较深，刃缘曲折，刃部无使用痕迹，可能加工为把手（图5–6；图版七一，6）。

硅质灰岩: 计数 17 17 17 17; 平均数 30.4 47.6 33 15.4; 标准偏差 27.41 15.43 10.44 6.62; 最大值 103 73.3 54.4 26.7; 最小值 1.5 24.7 13.8 5.6

脉石英: 计数 102...; 平均数 11.1 30 21.8 14.4; 标准偏差 9.76 9.54 6.37 4.7; 最大值 59 67.7 45.9 29; 最小值 1.5 15.4 10.2 6.5

全部标本: 计数 119; 平均数 13.8 32.5 23.4 14.6; 标准偏差 15.16 12.18 8.07 5; 最大值 103 73.3 54.4 29; 最小值 1.5 15.4 10.2 5.6

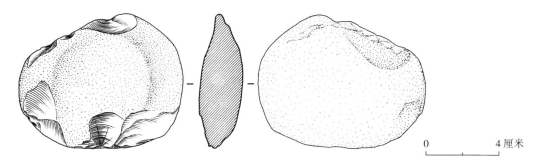

图 5-6　砍砸器（93.J.A.Ⅷ-Ⅷ.B6-31）

（五）断块和残片

共发现断块、残片 119 件，占所有标本的 62.6%，为数量最多的石制品（表 5-2）。其中硅质灰岩 17 件，脉石英 102 件。平均长、宽、厚分别为 32.5、23.4、14.6 毫米，平均重为 13.8 克。就不同原料来讲，硅质灰岩比脉石英尺寸大、分量重（表 5-21）。

表 5-21　　　　　　　　　　　　断块残片测量表　　　　　重量单位：克　长度单位：毫米

原料	统计项目	重量	长	宽	厚
硅质灰岩	计数	17	17	17	17
	平均数	30.4	47.6	33	15.4
	标准偏差	27.41	15.43	10.44	6.62
	最大值	103	73.3	54.4	26.7
	最小值	1.5	24.7	13.8	5.6
脉石英	计数	102	102	102	102
	平均数	11.1	30	21.8	14.4
	标准偏差	9.76	9.54	6.37	4.7
	最大值	59	67.7	45.9	29
	最小值	1.5	15.4	10.2	6.5
全部标本	计数	119	119	119	119
	平均数	13.8	32.5	23.4	14.6
	标准偏差	15.16	12.18	8.07	5
	最大值	103	73.3	54.4	29
	最小值	1.5	15.4	10.2	5.6

断块和残片当中有部分标本，边缘虽然未经修理，但有明显的微疤、磨损或者光泽，可能为使用所致。这类标本与普通的废品断块不同，我们称为"使用断块"。属于这一类的标本共计 14 件，包括 2 件硅质灰岩和 12 件脉石英。

表 5-22 为对这类断块的测量统计，可知平均长、宽、厚分别为 38.6、30.4、16.9 毫米，平均重量为 20.6 克。就形态来讲，宽长指数平均值 83.92，显示整体形态长宽比较接近，厚长和厚宽

表5-22   "使用断块"测量表   重量单位：克   长度单位：毫米

原料	统计项目	重量	长	宽	厚	宽长指数	厚长指数	厚宽指数
硅质灰岩	计数	2	2	2	2	2	2	2
	平均数	41.8	44.7	43.2	25.2	97.5	56.5	60.9
	标准偏差	19.45	1.98	14.42	2.12	36.59	7.25	15.43
	最大值	55.5	46.1	53.4	26.7	123.3	61.7	71.8
	最小值	28	43.3	33	23.7	71.6	51.4	50
脉石英	计数	12	12	12	12	12	12	12
	平均数	17.1	37.6	28.3	15.5	81.7	45.2	56.2
	标准偏差	13.53	16.06	8.4	4.54	26.38	16.13	13.95
	最大值	49	67.7	45.9	23	135.5	79.5	78.9
	最小值	3.5	20	18.4	8.3	54.5	24.4	36
全部标本	计数	14	14	14	14	14	14	14
	平均数	20.6	38.6	30.4	16.9	83.9	46.8	56.9
	标准偏差	16.25	15.01	10.25	5.49	26.92	15.53	13.63
	最大值	55.5	67.7	53.4	26.7	135.5	79.5	78.9
	最小值	3.5	20	18.4	8.3	54.5	24.4	36

指数平均值分别为46.84和56.85，显示厚度也相对较大。

表5-23为根据使用留下的边缘对该类断块的特征观察。使用所产生的疤痕与加工产生的疤痕类似，可分辨出正向、反向等。据统计，正向使用的4件、转向1件、同向1件、异向3件，还有5件由于疤痕细小不能确定使用方向。使用刃缘的数量以单刃为主，10件，双刃和多刃各2件。

14件标本共计22条使用刃缘。形状以直刃为主，共计17条；其次为凸刃，4条；还有1条边缘为舌形刃。刃角方面，以61°~90°为多，15条；其次为31°~60°，5件；小于30°和大于90°的边缘各1条。

根据以上统计，"使用断块"的平均尺寸和重量比刮削器略小。技术特征上，各个指标与刮削器类似，如使用方向多样化，刃缘数量以单刃为主，刃缘形状以直刃为主，刃角以60°以上为主。

表5-23   "使用断块"技术指标统计表   单位：件

使用方向	正向	反向	转向	同向	异向	不确定	标本数量合计
数量	4	0	1	1	3	5	14
刃缘数量	单刃	双刃	复刃				
数量	10	2	2				14
刃缘形状	直刃	凸刃	舌形				
数量	17	4	1				22
刃角	小于30°	31°~60°	61°~90°	大于90°			
数量	1	5	15	1			22

也就是说，这类断块在尺寸和重量上以及边缘角度等方面符合人类对使用的要求，便被直接拿来使用，起到与刮削器类似的作用。

典型"使用断块"标本描述

93.J.A.Ⅷ‒Ⅹ.F8-32，脉石英，表面有晶洞。长 28.8、宽 24.8、厚 18.4 毫米，重 12 克。在两个破裂面交界形成的刃缘上可见一系列微疤及磨圆的使用痕迹，细小微疤呈阶梯状分布，已基本被磨圆，刃缘长度 19 毫米，刃角 85°（图 5-7，1；图版七二，6）。

93.J.A.Ⅷ‒Ⅸ.E8-4，脉石英，带石皮。长 33、宽 22.3、厚 17.6 毫米，重 16 克。两侧边缘均有使用痕迹。一侧边缘微疤细小，不足 2 毫米；另一侧边缘微疤略大，有 3~4 毫米。此标本的石片疤很小，比工具上的片疤小很多（图 5-7，2；图版七二，1）。

93.J.A.Ⅷ‒Ⅷ.C8-8，脉石英，石英与钙质混搅在一起，石料差，但有脉石英的地方硬度够。刃缘长度和角度都合适，可见使用此刃缘留下的细小微疤。长 67.7、宽 45.9、厚 16.5 毫米，重 49 毫米。刃缘微凸，长度为 70 毫米，刃角 40°（图 5-7，4；图版七二，3）。

94.J.A.Ⅷ‒Ⅺ.B7-5，脉石英，表面崎岖不平，有晶洞，节理明显，石料差。长 57.6、宽 31.4、厚 23 毫米，重量 32.5 克。断块的自然边缘有一部分较平直，可见明显的微疤、磨圆以及光泽等使用痕迹（图 5-7，5；图版七二，4）。

93.J.A.Ⅷ‒Ⅶ.D8-37，脉石英，表面有晶簇。长 25.4、宽 33.5、厚 20.2 毫米，重 14.5 克。由一个较平面向一个较凸的面形成若干细小微疤，个别较大微疤也仅有 2 毫米宽，并形成阶梯状断口，刃部有磨圆和光泽，刃缘长度 21 毫米，刃角 50°（图 5-7，7；图版七二，5）。

93.J.A.Ⅷ‒Ⅵ.E9-45，硅质灰岩。长 46.1、宽 33、厚 23.7 毫米，重 28 克。左侧为直刃，右侧略凸，均可见细小微疤。左侧刃缘长度 30 毫米，刃角 78°；右侧刃缘长度 40 毫米，刃角 62°。两条刃缘相交形成一角，86°（图 5-7，3；图版七二，2）。

93.J.A.Ⅷ‒Ⅴ.E7-45，硅质灰岩。长 43.3、宽 53.4、厚 26.7 毫米，重 55.5 克。两个自然面的交界形成一个边缘，沿此边缘可见一系列细小微疤，刃缘长度 42 毫米，刃角 30°（图 5-7，6；图版七二，7）。

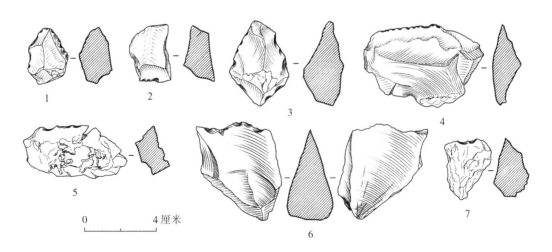

0　　　4厘米

图 5-7　使用断块

1.93.J.A.Ⅷ‒Ⅹ.F8-32　2.93.J.A.Ⅷ‒Ⅸ.E8-4　3.93.J.A.Ⅷ‒Ⅵ.E9-45　4.93.J.A.Ⅷ‒Ⅷ.C8-8　5.94.J.A.Ⅷ‒Ⅺ.B7-5
6.93.J.A.Ⅷ‒Ⅴ.E7-45　7.93.J.A.Ⅷ‒Ⅶ.D8-37

五 小结

综上所述，金牛山遗址 1993、1994 年度发掘共发现石制品 190 件。这些石制品在地层堆积中的分布比较分散，除靠底部几个水平层发现稍少，其余各水平层发现的数量均较接近。这种状况显示 A 点发掘区所在位置可能主要是石制品的使用区域，而不是加工地，因而石制品的分布均匀，数量也有限。

金牛山遗址石制品原料的岩性也相对简单，只有脉石英、硅质灰岩和石英岩三类；且以石英为主，硅质灰岩次之，石英岩者则仅见 1 件。原料的原型大部分为岩块，较少见砾石。大部分当来自遗址附近风化剥落的基岩碎块。个别原料的来源，如石英岩等则可能较远。这些原料的质量亦良莠不齐，且以质量一般或较差者为多，优质原料较难见到。原料的特点明显地影响到金牛山遗址石器工业的整体面貌。

在近 200 件石制品中，石核和工具的数量不多，均不足一成；石片稍多，占二成；超过六成是断块。石核以单台面单片疤者为主；石片则是 Ⅱ、Ⅴ 型石片居多。这些都说明金牛山人对石料的利用程度并不是很高。石英原料的比例最高，原料的体积不大，但仍以锤击技术剥片为主，较少应用砸击技术。工具的修理技术也较简单，很少见到连续均匀的修理痕迹，绝大部分都是权宜型工具。工具组合包括刮削器、尖状器和砍砸器等，且以刮削器为主。值得关注的是"使用断块"的存在，更反映了金牛山人工具的权宜性特点。

金牛山遗址石制品的上述特点与已经发现的中国北方北部地区旧石器时代早期多数文化遗存的技术特点都很接近。以石英等块状原料为主，石制品以中小型者居多，工具类型也以刮削器为主等，这些都是本地区旧石器时代早期石器工业的共性。较少使用砸击技术加工石英原料，工具加工简单随意，特别是"使用断块"的存在等，则反映了金牛山遗址石器工业地方的特点。总体而言，尽管有其特殊性，金牛山遗址的石器工业面貌仍在华北北部石片石器工业类型的变异范围之中。

第二节 金牛山人的用火遗迹和遗物

一 用火遗迹

（一）灰堆遗迹

1984 年和 1993 年在 A 点的第Ⅷ层堆积中发现了 9 个灰堆（图 5-8）。

按照层位和出土时间先后将灰堆遗存统一编号为 1~9（灰堆 No.1~No.9）号。其中在 93.J.A.Ⅷ-Ⅰ 层发现有 5 个灰堆遗迹（灰堆 No.1~No.5）；在 93.J.A.Ⅷ-Ⅲ 层发现灰堆 6（灰堆 No.6）；在 93.J.A.Ⅷ-Ⅴ 层发现灰堆 7（灰堆 No.7）；在 93.J.A.Ⅷ-Ⅵ 层发现灰堆 8 和灰堆 9（灰

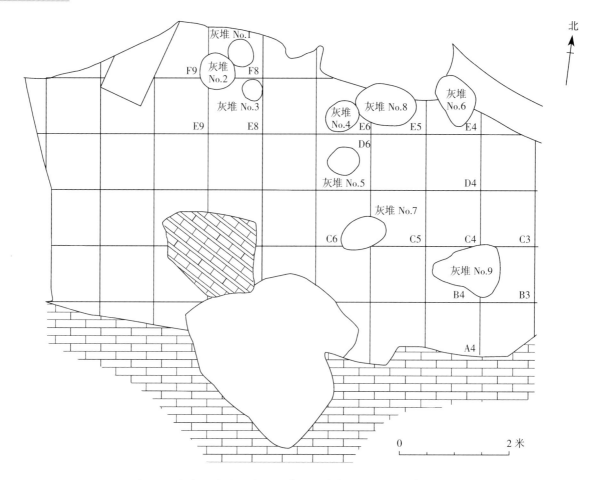

图 5-8 金牛山遗址 A 点洞穴第Ⅷ层灰堆遗迹平面分布图

表 5-24　　　　　　　　　金牛山遗址 A 点洞穴第Ⅷ层灰堆遗迹分布表　　　　　　　　单位：厘米

编号	层位	平面位置	形状与尺寸（长×宽）
灰堆 No.1	Ⅷ－Ⅰ	F8	近圆形，41×43
灰堆 No.2	Ⅷ－Ⅰ	F8，F9，E8，E9	圆形，65×65
灰堆 No.3	Ⅷ－Ⅰ	E8	近圆形，39×36
灰堆 No.4	Ⅷ－Ⅰ	E6	近椭圆形，65×50
灰堆 No.5	Ⅷ－Ⅰ	D6	椭圆形，59×50
灰堆 No.6	Ⅷ－Ⅲ	E4	不规则椭圆形，93×63
灰堆 No.7	Ⅶ－Ⅴ	C5、C6	近椭圆形，88×55
灰堆 No.8	Ⅶ－Ⅵ	E5、E6	椭圆形，108×77
灰堆 No.9	Ⅷ－Ⅵ	C3、C4、B3、B4	圆角三角形，119×77

堆 No.8 和灰堆 No.9）。灰堆的范围都不大，厚度也较小，结构有所不同，简要介绍如下（表 5-24；图 5-9）。

　　灰堆 No.1~No.3 是 1984 年发现的。1993 年发掘时将 1984 年发掘的平面归于第Ⅷ层的第Ⅰ发

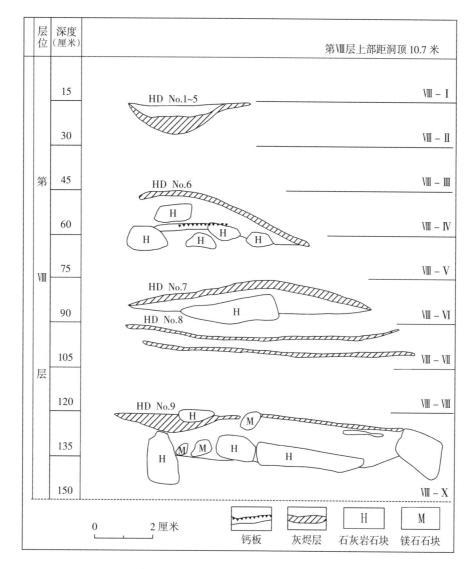

图 5-9　金牛山遗址 A 点洞穴第Ⅷ层灰堆剖面及层位分布图

掘层面。1993 年发掘又在该发掘层面发现了灰堆 No.4 和灰堆 No.5。灰堆 No.1~No.5 分布的范围不大，平面呈圆形或椭圆形，由灰烬和少量炭屑组成，可与周边的地层区分开；从剖面看，灰烬很薄，其中灰堆 No.5 保存较好。灰堆 No.5 平面呈规整的椭圆形，长轴 0.59、短轴 0.5 米，在其东侧和北侧分布着大小不一的角砾，角砾顶部及其附近可见炭粒、烧土等。从剖面来看，灰烬层呈明显的锅底形，中央部分相对较厚，最厚处达 0.1 米，向两侧逐渐变薄，厚约 0.02 米（图 5-10；图版七三，1）。

灰堆 No.6 平面呈不规则椭圆形，长轴长 93、短轴长 63 厘米，剖面灰烬很薄，断续分布，不成层。

灰堆 No.7 平面呈近椭圆形，长轴 88、短轴 55 厘米，该灰堆的结构比较特殊，从剖面看呈覆钵形，中间部分凸起，两侧向下倾斜并略减薄，灰烬层厚 0.01~0.04 米，其下为一层橘黄色黏土层，内含炭屑、烧骨和烧土块等，质地比较疏松，可明显将其与灰堆以外的堆积分开。

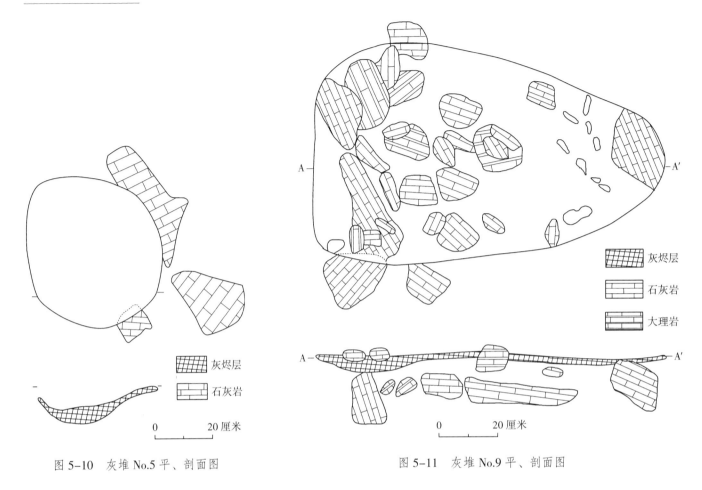

图 5-10 灰堆 No.5 平、剖面图　　　　　　　图 5-11 灰堆 No.9 平、剖面图

灰堆 No.8 平面略呈椭圆形，长轴 108、短轴 71 厘米。在灰堆北半部表面不规律地分布着 5 块烧石，个体都较小，最大者 25 厘米，小者仅 7 厘米，其表面多经烧烤而成层剥落碎屑或呈粉末状。从剖面来看，该灰堆由上、下两个灰烬层组成，两者的厚度都很小，一般在 0.005 米左右，最厚处仅 0.01 米。上灰烬层剖面呈锅底状，下灰烬层相对较平，中间部分微下凹，两层灰烬之间夹着一层橘黄色的亚黏土堆积，厚约 0.05~0.08 米，质地比较疏松，内含少量烧石和烧骨，有的土块经烧烤而成为橘红色。

灰堆 No.9 离东南角洞壁很近，是所有灰堆中平面位置最靠东的一个。平面形态比较特殊，大致呈圆角三角形，底边长 77~119 厘米，是所有灰堆中面积最大的一个（图 5-11；图版七三，2；图版七四，1）。该灰堆的结构复杂，从剖面来看，在灰烬层中部的表面，分布着一层角砾，有的平放在灰烬层表面，有的微微嵌入灰烬层中，一般个体较小，最大者长 15、宽 12、厚 10 厘米，最小者长 5、宽 3、厚 2 厘米。灰烬层表面共有 18 块石头，表面不同程度地留有被烧烤过的痕迹。其下的灰烬层颜色发黑，厚度不一致，东半部较厚，一般厚 0.03~0.05 米，最厚处达 0.08 米，西半部灰烬层逐渐减薄至 0.01~0.02 米。灰烬层的中间也分布着砾石和角砾，其个体较小，与位于灰烬层顶部差不多，一般为 10~20 厘米。灰烬层之下也是一套结构松散的亚黏土堆积，其上部呈橘黄色，厚约 0.04 米，下部呈灰白色，厚 0.04~0.06 米，内含炭屑、烧石和烧骨等。在亚黏土堆积的底部分布着一圈角砾，角砾个体较大，其分布范围稍大于灰烬层的范围。在灰烬底部的中间部分也有一些较大的石块，其长度一般在 20 厘米左右，在大石块的中间还零散地分布着一些 5~10 厘米的较小石块，推测这些石块是当时人类点火前有意放置的。在灰堆 No.9 的中间和周围还发现许多人工打碎的骨片，这些碎骨片在灰堆西部和北部的分布尤为集中，主要是鹿类的肢骨碎片，有的骨片已经被烧成黑色。除了碎骨片之外还发现了鹿的完整跗骨、距骨和跟骨，发现时这 3 块骨头的关节仍然连在一起，距骨表面呈有斑点状的烧痕，这种保存完整而且关节连在一起的烧骨在其他灰堆中没有见过。

（二）金牛山人保存火种方式的实验研究

火在远古人类的生活中有着十分重要的作用，照明、取暖、烧烤食物、驱赶野兽都离不开它，因而保存火种对远古人类来说便显得十分重要。我国旧石器时代遗址中虽多次发现用火遗迹，但是由于缺乏令人信服的证据，因而对当时人类究竟采用什么方法控制火和保存火种却知之甚少。金牛山遗址灰堆 No.9 等典型用火遗迹的发现，为研究这一问题提供了宝贵资料。灰堆 No.9 周缘垒砌石块，灰烬层的顶部、中间和底部也分布着许多砾石和角砾，这些石块很显然是当时人们有意识放置的。这种分布在灰烬层顶部和中间的烧石是否与民族志材料中关于用土石封火保存火种的记载有关？用石头封火是否能达到保存火种的目的？如果能，火种可以保存多长时间？要解决这些问题，仅仅依靠对用火遗迹本身的分析是远远不够的，为此我们进行了烧火和用石块封火保存火种的模拟实验。

实验地点选择在金牛山遗址 A 点洞穴中，因为这里比较背风，而且自然条件同当时"金牛山人"生活时期相似（图版七四，2）。

根据遗址用火遗迹底部结构形态的特点，我们在进行烧火实验之前，对其底部采取了两种不同的处理方式：一种是用直径 20 厘米以上的较大石块垒砌出一个椭圆形的石台，并在其底部散放一些直径 10 厘米左右的小石块；另一种是挖出一个平面近椭圆形的锅底形坑，直接进行烧火实验。根据金牛山遗址 A 点洞穴发现的灰烬及其他烧过物质的情况，选择了草、树枝和新鲜的兽骨作为实验烧火的材料。

一共进行了 6 个实验：实验 1 是在浅坑里烧火，任其自然熄灭，目的是观察在不封火的条件下火种能够保存多长时间。实验 2 至 4 均在石块垒砌的椭圆形石圈内点火，然后用石块封火，目的是观察在用石块封火的条件下火种能够保存的时间。实验 5 和实验 6 也是在石块垒砌的椭圆形石台上点火，主要目的是观察新鲜兽骨是否适宜作薪以及影响木本烧柴成炭的因素。

实验结果表明，在不封火的情况下，火种保存时间非常有限，仅 2 小时左右，若在明火熄灭后，用石块将火堆封起来可大大延长火种保存的时间，平均保持 16 小时 30 分。这样的话，早晨封火后出去狩猎、采集，待傍晚回到洞穴时火种仍不会熄灭，傍晚封火则可以将火种保存到次日早晨，只要注意防水防潮，将火种保存下来是不成问题的。

根据在金牛山遗址发现的用火遗迹，尤其是灰堆保存状况和模拟实验，可以对金牛山人控制火和保存火种的方法做出如下推测。

从该遗址发现的用火遗迹来看，当时人类采用两种方式控制火燃烧的范围：一种以灰堆 No.9 遗迹为代表，其底部先用石块垒砌出一个近乎圆形的石圈，灰烬基本分布在石圈的范围之内，这个石圈类似后来的灶，显然是为控制篝火的范围而垒砌的。另一种方式以灰堆 No.5 为代表，从剖面看，灰堆 No.5 的灰烬层呈明显的锅底形，底部与两侧灰烬层的高度差达 5 厘米，灰烬层底部的情况代表了当时火堆底部的情况，因而可以断定当时人类是在浅坑中点火的，既可以使火势集中，又便于控制火蔓延的范围，这也是当时人类控制火能力提高的表现。

灰堆 No.9 为探讨当时金牛山人保存火种的方式提供了依据。其底部先用较大石块垒砌出一个近椭圆形的石圈，仅在北部留一个缺口，石圈内散放一些小石块，灰烬集中分布在石圈的范围内。在灰烬层的底部和中间也分布相当数量的石块，这些石块由于火的长期烧烤作用，风化程度较高，灰岩表面多成层剥落石灰，含镁大理岩多粉成沙窝状。这些石块很显然是当时人类有意放置的，但所放置的位置不同，所起的作用也不一致。周缘的石块是为控制篝火的范围而垒起的；灰烬层底部的石块之间的间隙较大，便于空气渗透，可以起到助燃的作用；灰烬层顶部和中间的石块则可能是多次封火留下来的。由此可推测"金牛山人"是采用这种用石块封火的办法保存火种。

（三）灰堆遗迹分布特点和金牛山人洞内活动位置推测

根据灰堆遗迹出土层位的不同和结构的变化，在第Ⅷ层发现的 9 个灰堆遗存可以进一步细分为前后两段：

前段以灰堆 No.9、No.8、No.7、No.6 为代表，它们分别发现于第Ⅷ层的第Ⅳ~Ⅷ发掘层面，时代稍早；从平面形态来看不甚规则，有的呈不规则的椭圆形，有的呈圆角三角形，范围一般也较大，长多在 1 米左右，宽 0.7 米左右；从剖面来看，灰烬层的形态也不甚规则，有的较平或微下凹，也有的中间凸起呈覆钵状；从结构来讲，灰烬层的底部、中间和顶部常见大小不一的砾石；从数量上来看，火堆通常单个独立存在。

后段以灰堆 No.5、No.4、No.3、No.2、No.1 为代表，它们位于第Ⅷ层的第Ⅰ~Ⅱ发掘层面，时代相对较晚；从平面形态来看，多呈较规则的圆形或者椭圆形，范围一般较小，直径多为 0.5~0.6 米；从分布状态来看，灰堆常成组出现，如灰堆 No.5 和 No.4 同时，灰堆 No.3、No.2 和 No.1 同时。

从平面分布来看，早一阶段灰堆遗存主要位于洞穴的东半部；晚一阶段灰堆遗存则主要位于洞穴的西半部，即从早到晚灰堆由东南向西北方向移动。灰堆位置在平面分布上的变化可能与 A 点洞穴洞口位置发生变化有关系。A 点洞穴是一个沿东西向构造破碎带发育而成的垂直洞穴，从目前的洞壁保存情况和洞内堆积物的产状来推测，早一阶段洞口应在洞穴的东部，后来随着洞顶、洞壁不断崩塌，在西北部又形成了新的洞口，当时的人类在洞口附近活动，留下了这些文化遗迹和遗物。

二　用火遗物

用火遗物包括灰烬、炭屑、烧石和烧骨，其中前三项构成灰堆遗迹。在灰堆遗迹或附近发现一些烧过的动物骨骼，称为烧骨。骨骼破碎的状况可分为肢骨残块和肢骨片。因燃烧程度不同，烧骨大体呈现三种颜色，即表面烧焦呈黑色；骨片局部烧焦，另一部分为棕黄色；还有的被烘烤，骨表面呈深棕色。表面烧焦的骨片有的烧得很透，有的断面仍可看到原骨的本色。

对第Ⅷ层发现的烧骨观察和分析如下：

在第Ⅷ层共发现 227 件烧骨，散布在Ⅰ~ⅩⅢ发掘层面（图 5-12），其中第Ⅲ、Ⅳ、Ⅴ发掘层

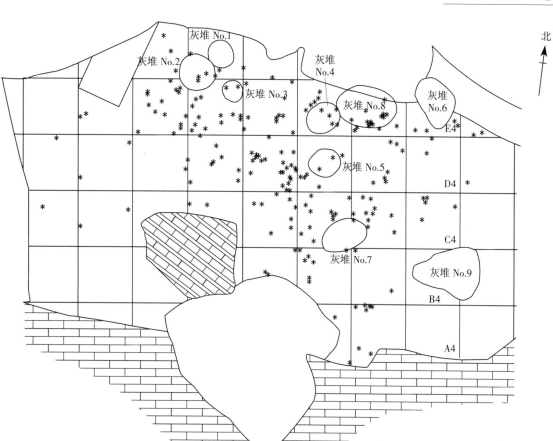

图 5-12　金牛山遗址 A 点洞穴第Ⅷ层烧骨平面分布示意图

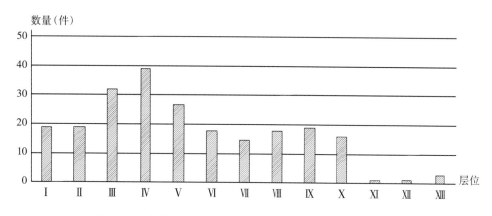

图 5-13　金牛山遗址 A 点洞穴第Ⅷ层烧骨分层数量对比图

数量为 20~40 件，第Ⅰ、Ⅱ、Ⅵ、Ⅶ、Ⅷ、Ⅸ和Ⅹ发掘层面数量为 15~19 件，第Ⅺ、Ⅻ和ⅩⅢ发掘层仅有 1~3 件（图 5-13）。烧骨平均长度为 55.3 ± 2.5、宽 20.7 ± 1.02、厚 6.03 ± 0.27 毫米。其中 64 件长度集中在 40~60 毫米，约占 39.5%；41 件长度为 20~40 毫米，约占 25.3%；33 件长度为 60~80 毫米，约占 20.4%；17 件长度为 80.1~100 毫米，约占 10.5%；其余的 7 件仅占 4.2% 左右。宽度为 15.1~20 毫米的有 45 件，约占 27.3%；宽度为 10.1~15 毫米的有 26 件，占 15.8%；宽度为

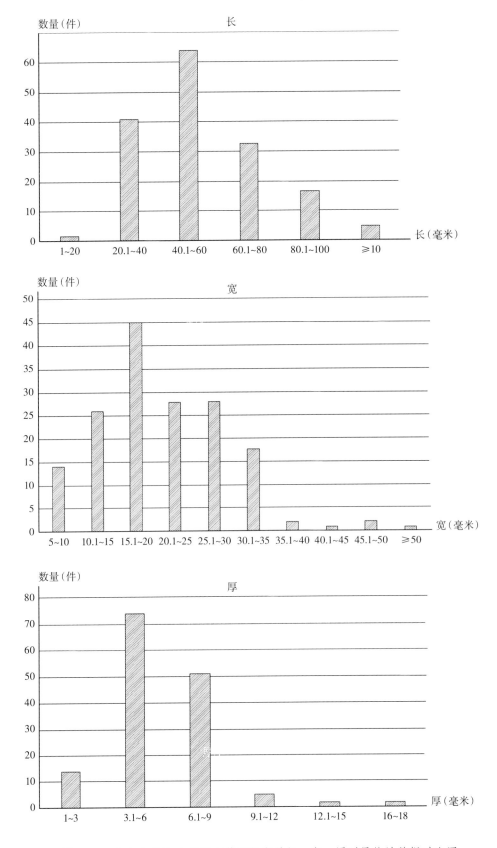

图 5-14　金牛山遗址 A 点洞穴第Ⅷ层烧骨长、宽、厚测量统计数据对比图

20.1~25 毫米和 25.1~30 毫米的数量相同，均为 28 件，各占 17%；宽度为 30.1~35 毫米的有 18 件，占 10.9%；宽度为 5~10 毫米的 14 件，占 8.5%；宽度大于 35 毫米的仅有 6 件，约占 3.6%。厚度为 3.1~6 毫米的有 74 件，约占 50%；厚度为 6.1~9 毫米的有 51 件，占 34.5%；厚度为 1~3 毫米的有 14 件，占 9.5%；其余的 9 件数量很少，均不到 5%（图 5-14）。

烧骨中可以鉴定动物种类和骨骼部位的有小型食肉类、大型鹿、中型鹿和小型鹿等的下颌骨、脊椎骨、肢骨片及掌骨、跗跖骨及指（趾）骨等。

标本 93.J.A.Ⅷ-Ⅰ.E6-18，獾的左侧下颌残块（图版七五，12）。

标本 93.J.A.Ⅷ-Ⅴ.D5-25，大型鹿胸椎，前后骨骺未愈合（图版七五，13）。

标本 93.J.A.Ⅷ-Ⅲ.E6-13，大型鹿股骨髌面外侧残块（图版七五，7）。

标本 93.J.A.Ⅷ-Ⅴ.D7-30，中型鹿的右跟骨，跟骨结节未愈合（图版七五，5）。

标本 93.J.A.Ⅷ-Ⅳ.D7-54，中型鹿股骨头，前后径 295 毫米，略大于对比的现生斑鹿股骨头的同一部位尺寸（图版七五，11）。

标本 93.J.A.Ⅷ-Ⅳ.E9-23，小型鹿炮骨下滑车，前后径约 18.9 毫米（图版七五，15）。

标本 93.J.A.Ⅷ-Ⅲ.E8-1，中型鹿股骨片，长 440、宽 120、厚 40 毫米（图版七五，6）。

烧骨中有 24 件骨表面有食肉类动物的咬痕。如标本 93.J.A.Ⅷ-Ⅹ.E7-63 和 93.J.A.Ⅷ-Ⅳ.D6-18 均为大型动物肢骨片，骨表面有动物咬痕，前者骨片长 41、宽 20、厚 7.8 毫米，后者长 30、宽 15、厚 8 毫米（图版七五，3、14）。标本 93.J.A.Ⅷ-Ⅹ.E7-2，肢骨片，长 70.2、宽 30.1、厚 3 毫米（图版七五，8）；标本 93.J.A.Ⅷ-Ⅸ.B5-10，肢骨片，长 66、宽 30、厚 17 毫米（图版七五，9）；标本 93.J.A.Ⅷ-Ⅵ.D7-33，鹿股骨片，长 86.5、宽 27.5、厚 2.5 毫米（图版七六，2）。这三件标本上均可见动物咬痕。

另外在 9 件烧骨上有人工敲击的疤痕，如标本 93.J.A.Ⅷ-Ⅴ.E7-22，长 55、宽 17、厚 7 毫米（图版七五，2）；标本 93.J.A.Ⅷ-Ⅱ.B5-37，长 96、宽 26、厚 6 毫米（图版七七，5）；标本 93.J.A.Ⅷ-Ⅱ.C4-54，长 93、宽 21、厚 7 毫米（图版七六，4）；标本 93.J.A.Ⅷ-Ⅷ.D7-11，长 49、宽 16、厚 6 毫米（图版七五，10）。这些鹿的肢骨片均有人工敲击的疤痕。标本 93.J.A.Ⅷ-0，则是敲击点掉下的小骨片（图版七五，1）。标本 93.J.A.Ⅷ-Ⅷ.D7-8，肢骨片，有敲击痕（图版七五，4）。

三　人工敲击破碎的骨片

有人工敲击的骨片有 188 件。典型敲击骨片记述如下：

标本 84.J.A.6.T2.⑥，大型鹿胫骨骨片，敲击痕，长 95、宽 27、厚 5.7 毫米（图版七七，4）。

标本 93.J.A.Ⅷ-Ⅰ.E8-5，大型鹿股骨骨片，敲击疤痕，骨片长 63、宽 42、厚 8 毫米（图版七七，6）。

标本 93.J.A.Ⅷ-Ⅲ.A5-1，大型鹿胫骨骨片，敲击疤痕，骨片长 88、宽 23、厚 6 毫米（图版七七，9）。

标本 93.J.A.Ⅷ-Ⅹ.E7-29，大型鹿桡骨骨片，敲击疤痕，骨片长 69、宽 27、厚 6 毫米（图版七七，8）。

标本 93.J.A.Ⅷ–Ⅹ.A5–3，大型鹿胫骨骨片，敲击裂痕，骨片长 102、宽 22、厚 5 毫米（图版七七，2）。

标本 93.J.A.Ⅷ–Ⅹ.B7–15，大型鹿跖骨后面骨片，敲击疤痕，骨片长 88、宽 30、厚 7 毫米（图版七六，5）。

标本 93.J.A.Ⅷ–Ⅶ.B5–22，大型鹿跖骨骨片，敲击疤痕，骨片长 107、宽 30、厚 7 毫米（图版七七，3）。

标本 93.J.A.Ⅷ–Ⅱ.D7–49，鹿肢骨骨片，敲击疤痕，骨片长 75、宽 24.5、厚 8 毫米（图版七七，7）。

标本 93.J.A.Ⅷ–Ⅷ.C6–20，大型鹿胫骨骨片，腔面敲击疤痕，骨片长 121、宽 33、厚 7 毫米（图版七七，1）。

标本 93.J.A.Ⅷ–Ⅴ.F8–2，大型鹿掌骨骨片，骨表面有动物咬痕，在腔面有敲击痕。骨片长 105、宽 26、厚 7 毫米（图版七六，3）。

标本 93.J.A.Ⅷ–Ⅹ.C7–30，大型鹿跖骨残段，在骨体的一端留有密集的咬痕，骨块长 100、内外径 27、前后径 29 毫米（图版七六，1）。

四　小结

1993 至 1994 年发掘第Ⅷ层，出土的标本共计 10102 件（野外编号的标本），其中骨片类有 6302 件，约占标本总数的 62.4%。骨片平均长 65.6±0.4、宽 24.1±0.2、厚 6.4±0.04 毫米。其中骨片长度主要分布在 40~80 毫米，宽度在 15~30 毫米，厚度在 3~9 毫米（图 5–15）。哺乳动物长骨骨壁的厚度和宽度与动物体型的大小相关，从骨片厚度和宽度看，以大、中型动物为主。在第Ⅷ层发现的大型动物有犀牛、棕熊和肿骨鹿，其中犀牛的标本有头骨、脊椎和肢骨，多保存完整；棕熊的标本多集中在洞的西南角，有完整的骨架和关节相连接的前后肢，骨骼上也没有发现有人工肢解或切割和敲击的痕迹。从骨骼保存状况看，这两种动物应是死亡后，尸体部分腐烂分解被水冲入洞内保存下来的。在西南角发现的完整的棕熊骨架也有可能是在洞内冬眠时因偶发事件死亡后就地埋藏保存下来的。它们不是当时人类的猎物而被带入洞内的。各种鹿类和野猪的骨骼却十分破碎，多为残破的上下颌骨和肢骨残片。在可辨认的骨片中也以大、中型鹿类的肢骨片为主，也有一些小型鹿类和食肉类的上下颌骨和肢骨残块。

骨片类标本中有敲击痕迹的标本 188 件、烧骨 227 件，有动物咬痕的标本 286 件。这三类骨片中有敲击痕迹的骨片和有动物咬痕的骨片大小相似，烧骨骨片稍小。有敲击痕的骨片和有咬痕骨片的长度主要分布在 40~100 毫米，烧骨主要分布在 20~80 毫米；敲击骨片和动物啃咬的骨片宽度分布相似，主要分布在 15~35 毫米，烧骨片的宽度分布在 5~30 毫米，以 15~20 毫米较多；厚度都集中在 3~9 毫米。

骨片类标本测量数据统计对比见表 5–25 和图 5–16。

骨片上保留的人工敲击痕迹说明当时人类为了获取更多的脂肪，会敲破动物的长骨取食其中的骨髓。各种鹿类动物是当时人类的主要猎物，有时也会猎取一些小型食肉类动物。在烧骨和敲击骨片上存在食肉动物咬痕，表明捡拾大型食肉类动物的食物残羹也是古人类获取食物的行为方式之一。

在第Ⅷ层中发现的9个灰堆出现在不同的层面上，在每个灰堆中或周围都发现了烧骨、石制品和大量敲骨吸髓产生的碎骨片，因而每一个灰堆出现的层面应是当时古人类在洞内生存的一个活动面。9个灰堆分布在不同的发掘层面说明，金牛山人间歇性在洞中居住，使用火烧烤食物和

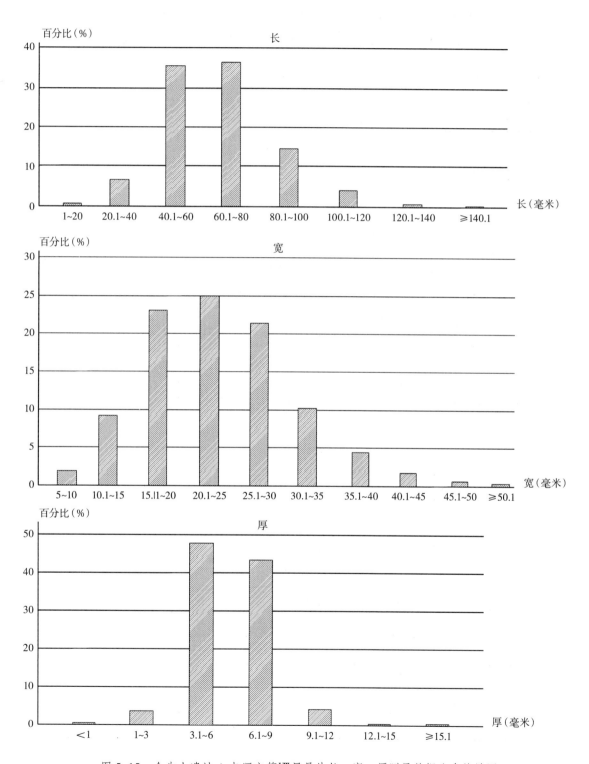

图5-15 金牛山遗址A点洞穴第Ⅷ层骨片长、宽、厚测量数据分布统计图

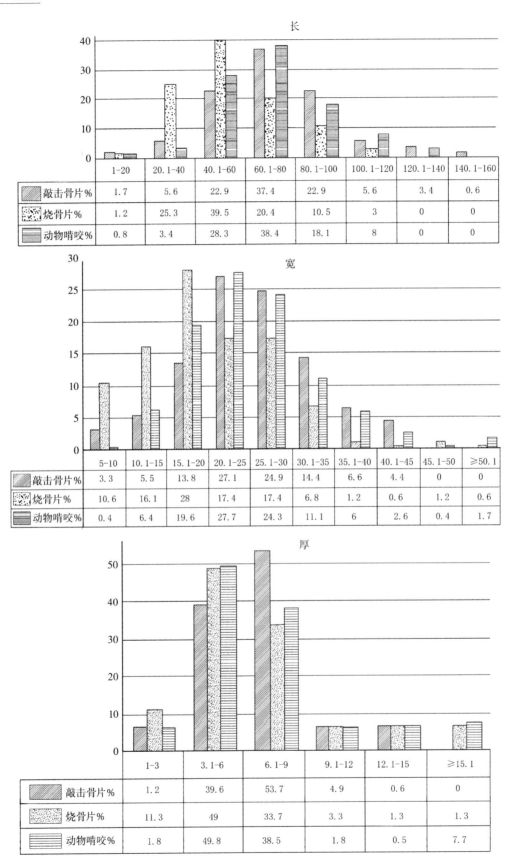

长

	1-20	20.1-40	40.1-60	60.1-80	80.1-100	100.1-120	120.1-140	140.1-160
敲击骨片%	1.7	5.6	22.9	37.4	22.9	5.6	3.4	0.6
烧骨片%	1.2	25.3	39.5	20.4	10.5	3	0	0
动物啃咬%	0.8	3.4	28.3	38.4	18.1	8	0	0

宽

	5-10	10.1-15	15.1-20	20.1-25	25.1-30	30.1-35	35.1-40	40.1-45	45.1-50	≥50.1
敲击骨片%	3.3	5.5	13.8	27.1	24.9	14.4	6.6	4.4	0	0
烧骨片%	10.6	16.1	28	17.4	17.4	6.8	1.2	0.6	1.2	0.6
动物啃咬%	0.4	6.4	19.6	27.7	24.3	11.1	6	2.6	0.4	1.7

厚

	1-3	3.1-6	6.1-9	9.1-12	12.1-15	≥15.1
敲击骨片%	1.2	39.6	53.7	4.9	0.6	0
烧骨片%	11.3	49	33.7	3.3	1.3	1.3
动物啃咬%	1.8	49.8	38.5	1.8	0.5	7.7

图 5-16　金牛山遗址 A 点洞穴第Ⅷ层骨片长、宽、厚分布比较图

表 5-25　　　　　　　　　　　动物肢骨片测量表　　　　　　　　　单位：毫米

骨片类别	统计项目	骨片长	骨片宽	骨片厚
敲击骨片	样品数	178	182	164
	最大值	147	44	16
	最小值	8	6.5	3
	平均值（95% 置信区间）	71.3 ± 2.6	25.9 ± 0.9	6.8 ± 0.2
烧骨片	样品数	162	161	151
	最小值	12	6	2
	最大值	120	63	17
	平均值（95% 置信区间）	55.3 ± 2.5	20.7 ± 1.02	6.03 ± 0.27
动物啃咬	样品数	237	235	221
	最小值	10.6	7.5	0.7
	最大值	137	69	45
	平均值（95% 置信区间）	71.7 ± 2.2	25.9 ± 0.79	7.9 ± 0.4
所有骨片	样品数	4997	5032	4794
	最大值	178	95	36
	最小值	5	3	0.7
	平均值（95% 置信区间）	65.6 ± 0.4	24.1 ± 0.2	6.4 ± 0.04

取暖，用石块封火，保存火种。灰堆堆积不厚和灰堆面积不大，推测当时的原始人群数量不多，固定在一个地方连续居住的时间不是很长。

中文文献

1. 辽宁省地质矿产局编：《中华人民共和国地质矿产部地质专报——区域地质第 14 号辽宁省区域地质志》，地质出版社，1989 年。

第六章　金牛山动物化石研究

第一节　动物化石分类

金牛山遗址动物化石共计有软体动物 3 种、鱼 1 种、爬行动物 2 种、鸟 26 种、哺乳动物 52 种，共计 84 种。

一　动物化石分类

动物界 Animalia

　无脊椎动物 Invertebrate

　　软体动物门 Mollusca

　　　瓣鳃纲 Lamellibranchia

　　　　真瓣鳃目 Eulamellibranchia

　　　　　珠蚌科 Unionidae

　　　　　　丽蚌属 *Lamprotula*

　　　　　　　丽蚌 *Lamprotula* sp.

　　　　　　矛蚌属 *Lanceolaria*

　　　　　　　矛蚌 *Lanceolaria* sp.

　　　　　　珠蚌属 *Unio*

　　　　　　　珠蚌 *Unio* sp.

　脊椎动物（Vertebrata）

　　辐鳍鱼纲 Actin opterygii

　　　鲇形目 Siluriformes

　　　　黄颡鱼　*Psendobagrus fulvidraco*
爬行纲 Reptilia
　龟鳖目 Chelonia
　　龟科 Emydidae
　　　乌龟属 *Chinemys* Smith,1931
　　　　乌龟 *Chinemys reevesii*
　　鳖科 Trionychidae
　　　鳖属 *Amyda* Oken,1816
　　　　鳖 *Amyda* sp.
鸟纲 Aves
　隼形目 Falconiformes
　　隼科 Falconidae
　　　隼属 *Falco* Linnaeus,1758
　　　　隼 *Falco* sp.
　　　　红隼 *Falco tinnunculus*
　　鹰科 Accipitridae
　　　鹰属 *Accipiter* Brisson,1760
　　　　雀鹰 *Accipiter nisus*
　　　　鹰 *Accipiter* sp.
　　　雕属 *Aquila*
　　　　雕 *Aquila* sp.
　　　秃鹫属 *Aegypius*
　　　　金牛山秃鹫（新种）*Aegypius jinniushanensis* sp. nov.
　　　肉垂秃鹫属 *Torgos*
　　　　秃鹫 *Torgos* sp.
　鸡形目 Galliformes
　　雉科 Phasianidae
　　　鹇属 *Lophura*
　　　　鹇 *Lophura* sp.
　　　雉属 *Phasianus* Linnaeusm, 1758
　　　　环颈雉 *Phasianus colchicus*
　　　　雉 *Phasianus* sp.
　　　鹌鹑属 *Coturnix*
　　　　鹌鹑 *Coturnix coturnix*
　　　山鹑属 *Perdix*
　　　　山鹑 *Perdix* sp.
　鹤形目 Gruiformes

鹤科 Gruidae

　鹤　属种未定 Gruidae gen. et sp. indet.

鹳形目 Ciconiiformes

　鹳科 Ciconiidae Gray, 1840

　　禿鹳属 *Leptoptilos* Lesson, 1831

　　　吕氏秃鹳（新种） *Leptoptilos lüi* sp. nov

　鹭科 Ardeidae

　　苇鳽属 *Ixobrychus*

　　　苇鳽 *Ixobrychus* sp.

鹦形目 Psittaciformes

　鹦鹉科 Psittacidae

　　鹦鹉属 *Psittacula*

　　　鹦鹉 *Psittacula* sp.

鸮形目 Strigiformes

　草鸮科 Tytonidae

　　草鸮属 *Tyto*

　　　金牛山草鸮 *Tyto jinniushanensis*

　鸱鸮科 Strigidae

　　耳鸮属 *Asio* Brisson, 1760

　　　耳鸮 *Asio* sp.

　　　长耳鸮 *Asio otus*

　　林鸮属 *Strix* Linnaeus, 1758

　　　林鸮 ? *Strix* sp.

　　小鸮属 *Athene* Boie, 1822

　　　小鸮 *Athene* sp.

雁形目 Anseriformes

　鸭科 Anatidae

　　鸭属 *Anas* Linnaeus, 1758

　　　赤膀鸭 *Anas strepera*

　　　绿头鸭 *Anas platyrhynchos*

鸻形目 Charadriiformes

　鹬科 Scolopacidae

　　鹬属 *Tringa* Linnaeus, 1758

　　　鹬 *Scolopacidae* sp.

　　丘鹬属 *Scolopax*

　　　丘鹬 *Scolopax rusticola*

雀形目 Passeriformes

鹡鸰科 Motacillidae

鹡鸰属 *Motacilla*

鹡鸰 *Motacilla* sp.

鸦科 Corvidae

鸦（属种未定）Corvidae gen. et sp. indet.

哺乳纲 Mammalia

食肉目 Carnivora Bowdich, 1821

犬科 Canidae Gray, 1821

犬属 *Canis* Linnaeus, 1758

狼 *Canis lupus*

变异狼 *Canis variabilis*

狐属 *Vulpes* Oken, 1861

狐 *Vulpes vulpes*

沙狐 *Vulpes corsac*

貉属 *Nyctereutes* Temminck, 1839

中华貉 *Nyctereutes sinensis*

熊科 Ursidae

棕熊属 *Ursus* Linnaeus, 1758

洞熊 *Ursus spelaeus*

棕熊 *Ursus arctos*

鼬科 Mustelidae Swainson, 1835

狗獾属 *Meles* Brisson, 1762

狗獾 *Meles meles*

鼬属 *Mustela* Linnaeus, 1758

黄鼬 *Mustela sibirica*

猫科 Felidae Gray, 1821

猫属 *Felis* Linnaeus, 1758

中华猫 *Felis chinensis*

猎豹属 *Acinonyx* Brookes, 1828

猎豹 *Acinonyx* sp.

虎豹属 *Panthera* Oken, 1816

豹 *Panthera pardus*

鬣狗科 Hyaenidae Gray, 1869

斑鬣狗属 *Crocuta* Kaup, 1828

最后斑鬣狗 *Crocuta ultima*

奇蹄目 Perrissodactyla Owen, 1848

马科 Equidae Gray, 1821

  马属 *Equus* Linnaeus, 1758

    马（未定种）*Equus* sp.

犀科 Rhinocerotidae Owen, 1845

  额鼻角犀属 *Dicerorhinus* Gloger, 1845

    梅氏犀 *Dicerorhinus mercki*

偶蹄目 Artiodactyla Owen, 1848

  猪科 Suidae Gray, 1821

    猪属 *Sus* Linnaeus, 1758

      李氏野猪 *Sus lydekkeri*

      野猪 *Sus*.sp

  鹿科 Cervidae Gray, 1821

    大角鹿属 *Megaloceros* Brookes, 1828

      肿骨鹿 *Megaloceros pachyosteus*

    鹿属 *Cervus* Linnaeus, 1758

      赤鹿 *Cervus elaphus*

      葛氏斑鹿 *Cervus grayi*

      梅花鹿 *Cervus nippon*

    獐属 *Hydropotes* Swinhoe, 1870

      獐 *Hydropotes inermis*

    狍属 *Capreolus*

      狍 *Capreolus capreolus*

  牛科 Bovidae Gray, 1821

    转角羚羊属 *Spirocerus* Boule et Teilhard, 1928

      恰克图转角羚羊 *Spirocerus kiakhtensis*

      牛（属种未定）Bovinae gen. et sp. indet.

啮齿目 Rodentia Bowdich, 1821

  河狸科 Castoridae Gray, 1821

    河狸属 *Castor* Linnaeus, 1758

      河狸 *Castor fiber*

    大河狸属 *Trogontherium* Fischer, 1809

      居氏大河狸 *Trogontherium cuvieri*

      小巨河狸? *Trogontherium minus*

  仓鼠科 Cricetidae Rochebrune, 1883

    仓鼠属 *Cricetulus* Milne-Edwords, 1867

      黑线仓鼠 *Cricetulus barabensis*

      变异仓鼠 *Cricetulus varians*

中国仓鼠 *Cricetulus griseus*

大仓鼠 *Cricetulus triton*

鼠科 Muridae Gray, 1821

姬鼠属 *Apodemus* Kaup, 1829

黑线姬鼠 *Apodemus agrarius*

大林姬鼠 *Apodemus speciosus*

姬鼠 *Apodemus* sp.

田鼠属 *Microtus* Schrank , 1798

布氏田鼠 *Microtus bradti*

莫氏田鼠 *Microtus maximowiczii*

根田鼠 *Microtus oeconomus*

东方田鼠 *Microtus fortis*

田鼠（未定种Ⅰ）*Microtus* sp. Ⅰ

田鼠（未定种Ⅱ）Microtus sp. Ⅱ

棕色毛足田鼠属 *Lasiopodonmys* Tokuda, 1941

棕色毛足田鼠 *Lasiopodonmys mandarinus*

䶄鼠属 *Clethrionomys* Tilesius, 1850

棕背䶄 *Clethrionomys rufocanus*

红背䶄 *Clethrionomys rutilus*

鼢鼠属 *Myospalax* Laxmann, 1769

鼢鼠 *Myospalax* sp.

豪猪属 *Hystris* Linnaeus, 1758

豪猪 *Hystris* sp.

兔形目 Lagomorpha Brandt, 1885

兔科 Leporidae Gray, 1821

兔属 *Lepus* Linnaeus, 1758

东北兔 *Lepus mandschuricus*

野兔 *Lepus* sp.

鼠兔科 Ochotonidae Thomas, 1897

鼠兔属 *Ohotona* Link, 1795

鼠兔 *Ohotona* sp.

灵长目 Primates Linnaeus, 1758

猴科 Cercopithecidae Gray, 1821

猕猴属 *Macaca* Desmarest, 1799

硕猕猴 *Macaca robustus*

鼩鼱属 *Sorex araneus* Linnaeus, 1758

鼩鼱 *Sorex* sp.

二 动物分类记述

（一）无脊椎动物（Invertebrate）

33 件。发现于第Ⅶ层（19 件）和第Ⅷ层（14 件），种类有丽蚌、矛蚌和珠蚌。除在第 93.J. A.Ⅷ–Ⅱ层发现 1 件矛蚌和 1 件未定种属的河蚌、在第 93.J.A.Ⅷ–Ⅵ层发现 1 件珠蚌外，其余均为丽蚌。

（1）丽蚌 *Lamprotula* sp.

93.J.A.Ⅷ–Ⅱ.B5–51，残块（图版七八，1）。93.J.A.Ⅷ–Ⅱ.C8–3，残块（图版七八，3）。

（2）矛蚌 *Lanceolaria* sp.

93.J.A.Ⅷ–Ⅱ.C4–49，残块（图版七八，2）。

（3）珠蚌 *Unio* sp.

93.J.A.Ⅷ–Ⅵ.C8–4，残块（图版七八，4）。

（二）脊椎动物（Vertebrata）

1. 辐鳍鱼纲 Actinopterygii

黄颡鱼 *Psendobagrus fulvidraco*

4 件。均为胸鳍棘。发现于第Ⅷ–Ⅰ、Ⅷ–Ⅲ和Ⅷ–Ⅻ层。标本 93.J.A.Ⅷ–Ⅻ.A10–11，胸鳍棘，长 28.4 毫米。胸鳍棘硬刺较发达，内侧棘宽大，尖部向基端倾斜成倒钩状，外侧棘突小而密集，朝向尖部（图版七八，5）。

2. 爬行纲 Reptilia

（1）乌龟 *Chinemys reevesii*

主要发现在西壁的第Ⅶ层，经室内整理修复后，编号标本 14 件（表 6–1），其中一件是保存有背甲和腹甲的完整龟甲，残背甲 4 件，腹甲 6 件。以保存最多的腹甲同一部位计算，最小个体数为 9。保存比较完整的三件龟化石均压在巨石下。另外在 1984 年发掘的东壁堆积中发现 7 件龟甲残块。

标本 87.J.A.Ⅶ：1 号龟，除左侧 6~8 肋板、第 6~11 缘板，右侧第 8 肋板和第 4~6、11 缘板，以及臀前板和臀板残缺外，背甲大部保存较好，保存最大长度为 144 毫米（从颈盾前缘到右侧第 10 缘板后缘）。腹甲后部的剑腹板残缺，其余保存完好，保存最大长度 104.2 毫米（图 6–1；图版七九，1）。颈板宽大于长，略呈宽的六边形；第 1 椎板长稍大于宽，前缘圆突，后缘平齐；第 2~5 椎板为短边朝前的六角形；第 6~8 椎板正中有一棱脊。第 1~4 椎盾的前缘正中向前突，臀前板和臀板残缺。腹甲平坦，前缘略向上翘，几乎与背甲前缘等长。骨桥强大与背甲相连。喉肱沟略在内腹甲的前 1/4 处穿过，内腹甲的后 1/3 被肱胸沟分割。背甲和腹甲的特征与周口店第 3 地点（Bien.M.N.，1934）、河南安阳（Bien, M. N.，1937）和现生的乌龟（*Chinemys reevesii*）相似。背甲从颈盾—第 8 椎板长 126 毫米，两侧第 3 缘盾后缘宽 91、前缘凹间宽 89.2 毫米。龟甲在颈盾前

表 6-1　　　　　　　　　　87.J.A.Ⅶ龟 *Chinemys reevesii* 化石保存状况表

标本编号	保存状况
87.J.A.Ⅶ: 1 号龟	除左侧 6~8 肋板和部分缘板残缺外，背甲大部保存较好；腹甲后部的剑腹板残缺，其余保存完好
87.J.A.Ⅶ: 2 号龟	背甲，保存第 2~5 椎板以及两侧的肋板
87.J.A.Ⅶ: 3 号龟	背甲，保存第 4、5 和 8 椎板以及两侧的肋板
87.J.A.Ⅶ: 4 号龟	腹甲，除后部剑腹板残缺，其余大部保存
87.J.A.Ⅶ: 5 号龟	腹甲，仅存舌腹板和下腹板及部分骨桥
87.J.A.Ⅶ: 6 号龟	腹甲残块 2 件（左、右侧舌腹板各 1 件）
87.J.A.Ⅶ: 7~10 号龟	腹甲残块 4 件（右侧下腹板 4 件）
87.J.A.Ⅶ: 11 号龟	腹甲，完整
87.J.A.Ⅶ: 12 号龟	腹甲，除右侧部分内腹板和上腹板残缺外，其余保存完整
87.J.A.Ⅶ: 13 号龟	背甲，保存左侧 1~7、右侧 5~8 肋板和 5~6 椎板
87.J.A.Ⅶ: 14 号龟	背甲，保存左侧第 1~5 肋板

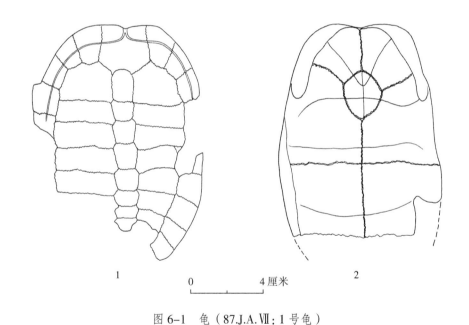

1　　　　　　0　　　4 厘米　　　　　2

图 6-1　龟（87.J.A.Ⅶ: 1 号龟）
1. 背甲　2. 腹甲

缘处高 41.8、第 3 椎板后缘处高 82.3、第 8 椎板中部棱脊后缘处高 53 毫米。背甲、腹甲和椎板测量数据见表 6-2、6-3、6-4。

标本 87.J.A.Ⅶ: 11 号龟（图 6-2；图版七九，2）和 87.J.A.Ⅶ: 12 号龟是两件保存较好的腹甲，腹甲后缘内凹，内腹板被喉肱沟和肱胸沟分割，骨桥强壮等特征与现生乌龟相同。

腹甲测量数据见表 6-5、6-6。

（2）鳖 *Amyda* sp.

4 件。肢骨 2 件、背甲 2 件。均发现在第Ⅶ层。

标本 87.J.A.Ⅶ: 鳖 3 为背甲残块（图版七八，6）。

表 6-2　　　　　　　　87.J.A.Ⅶ：1 号龟 *Chinemys reevesii* 背甲测量表　　　　　　　单位：毫米

测量部位	左侧			右侧		
缘板	内端长	外端长	长	内端长	外端长	长
1	10	22	20.5	10.5	22.5	17.1
2	11.8	18.1	16.5	11.5	19	14
3	12.5	16	13.5	13.1	15.8	17.5
4	14.5	14.1	17			
5						
6						
7						15.5
8				14.5	17.3	16.8
9				14.5	16.2	17
10				13	15.6	16.6
11						
肋板 cp.	左侧			右侧		
	内端长	外端长	最大宽	内端长	外端长	最大宽
1	18.5	14.9	40.6	18.3	13.9	39.8
2	14	13.7	41	14.1	13.3	40
3	16.3	9.1	43	16.2	11	43.5
4	12.7	14.5	44	13.2		
5	14	13.5	42.5	13.6		
6				10	20.5	37
7				10	13.4	29.5
8						
		前宽	后宽	长		
颈板		26.7	37.5	29.6		
椎板	1	15.5	16	19.5		
椎板	2	19	14.7	13.5		
椎板	3	19.1	16.6	15.2		
椎板	4	21.5	17	13.2		
椎板	5	22.3	19.5	13.3		
椎板	6	24	19	10		
椎板	7			7		
椎板	8	17.2	11.2	10.5		

表 6-3　　　　　　　87.J.A.Ⅶ：1 号龟 *Chinemys reevesii* 腹甲骨板测量表 *　　　　　　单位：毫米

腹甲长度	腹甲前叶长度	腹甲中部长度	腹甲后叶长度	腹甲后叶宽	中部宽	腋凹间宽	胯凹间宽	上腹板	内腹板	舌腹板	下腹板	剑腹板	骨桥前后长	
													左	右
						65	63.4	17.4	23.3	22.5	41			

* 均在中线测长度。

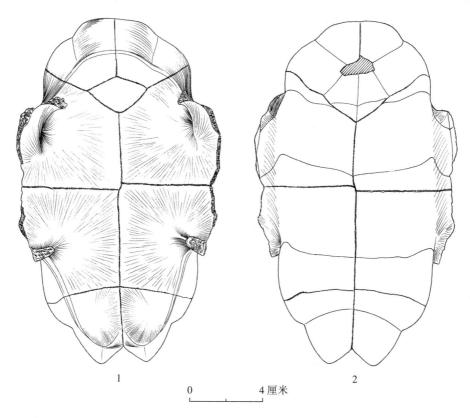

0 　　　　　4 厘米

图 6-2　龟腹甲（87.J.A. Ⅶ : 11 号龟）

1. 内面　2. 外面

表 6-4　　　　　　　　　　龟 *Chinemys reevesii* 背甲椎板测量及比较表　　　　　　　单位：毫米

椎板 测量项目 遗址	1		2		3		4		5		6		7		8	
	长	宽	长	宽	长	宽	长	宽	长	宽	长	宽	长	宽	长	宽
金牛山 （87.J.A. Ⅶ .1 号龟）	19.5	16	13.5	19	15.2	19.1	13.2	21.5	13.3	22.3	10	24	7	—	10.5	17.2
周口店第 3 地点 （C.L.G.S.C. NO. $\frac{C}{C9}$）*	21 ±	—	15.5	19.9	18	21	15.5	25 ±	15.5	24 ±	11	24	9	22	10	19
安阳殷墟**	32	21.5	27	27	29	26.5	24.5	28.5	25	28	17	29	13	24	13 ±	20 ±

* Bien. M.N., 1934. On the Fossil Pisces, Amphibia and Reptilia form Choukoutien Localities 1 and 3. Palae. Sinica., Ser. C,10, Fac.1，8.

** Bien, M.N., 1937. On the Turtle Remains from the Archaeological Site of Anyang, Honan, Bull. Geol. Soc. China, 17(1)，124.

表 6-5　　　　　　　　　龟 *Chinemys reevesii* 腹甲盾片长度测量表 *　　　　　　　　单位：毫米

标本编号	咽盾	肱盾	胸盾	腹盾	股盾	肛盾
87.J.A. Ⅶ : 11 号龟	30.2（修复）	19.3（修复）	37.1	41.7	28.2	24.1
87.J.A. Ⅶ : 12 号龟	30	11.3	29.8	43	25.2	20.7

* 均在中线测长度。

表 6-6   龟 *Chinemys reevesii* 腹甲骨板测量表*   单位：毫米

标本编号	腹甲长度	腹甲前叶长度	腹甲中部长度	腹甲后叶长度	腹甲后叶宽	中部宽	腋凹间宽	胯凹间宽	上腹板	内腹板	舌腹板	下腹板	剑腹板	骨桥前后长	
														左	右
87.J.A.Ⅶ：11 号龟	183.4	52.6	71.7	60.1	85.9	104.2	87.7	83.4	29.4	21.9	51.5	49.8	36.2	68.1	69.4
87.J.A.Ⅶ：12 号龟	167.5	45.9	65.9	56.2	78.9	99.5	83.2	77.6	21	26	31.8	47	30.5	62.5	61.5

* 均在中线测长度。

3. 鸟纲[1]

金牛山遗址 A 点堆积中，除第Ⅲ层因堆积胶结坚硬没有发现鸟的化石外，其他各层均发现有鸟类化石。但化石多是残破的肢骨，很难鉴定种属。研究的标本主要是第Ⅶ层和第Ⅷ层（包括1984 年发掘野外编号为 84.J.A.6）的鸟化石，其中 1984 年和 1987 年发掘的标本是发掘时筛选获得，野外仅有层位和探方标号， 1993 至 1994 年发掘的标本是按探方编号的。第Ⅷ层发掘所获得的鸟化石共有 393 件，从Ⅷ–Ⅰ到Ⅷ–ⅩⅢ的发掘层面都有分布，其中在Ⅷ–Ⅵ和Ⅷ–Ⅶ的 B11、Ⅷ–Ⅹ的 B5、Ⅷ–ⅩⅢ的 C11 和Ⅷ–ⅩⅢ的 D11 发现有秃鹫、秃鹳和鹤等大型鸟的部分骨骼。可能是鸟死亡后尸体尚未完全腐烂就被水冲入洞内保存下来的。

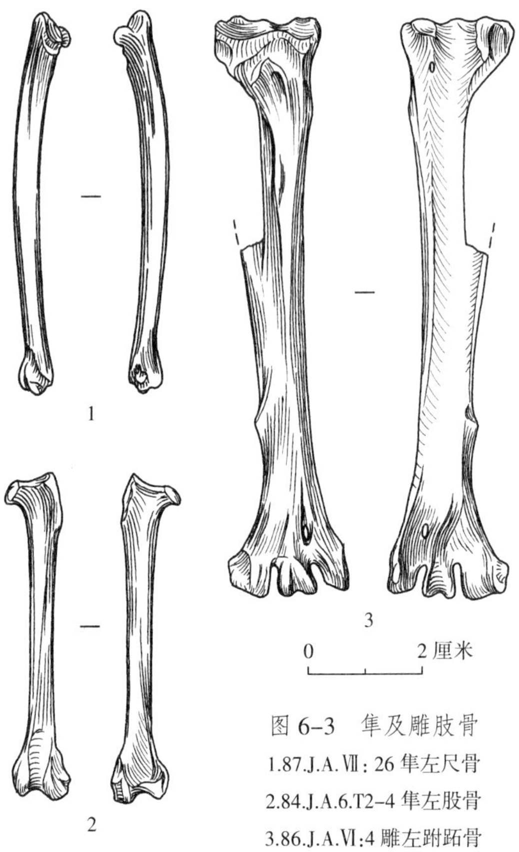

第Ⅶ层和第Ⅷ层可以鉴定的种属标本共有 251 件，主要是保存有关节的肢骨和头骨，共有 9 目 13 科 16 属 26 种，分类记述如下：

（1）隼（未定种）*Falco* sp.

11 件。其中右侧喙骨 1 件、左侧尺骨 1 件、右侧股骨 5 件和左侧股骨 4 件。

标本的特征与红隼的相同，但较红隼的大。

标本 87.J.A.Ⅶ：9，右侧喙骨。最大长 36.5 毫米，近端宽 34.5、远端宽 11.9 毫米（图版八〇，1）。

标本 87.J.A.Ⅶ：26，左侧尺骨。长 61.5 毫米，近端宽 7.1、长 7.4 毫米，远端宽 6.1、长 5 毫米，骨干最小宽 3.7 毫米（图 6-3，1；图版八〇，2）。

股骨计有 9 件，其中右侧 5 件、左侧 4 件，测量数据见表 6-7。

标本 84.J.A.6.T2-4，左侧股骨。最大长 53.2 毫米，近端宽 9.4、长 5.6 毫米，远端宽 9.7、长 7.8 毫米，骨干最小宽 4.5 毫米（图 6-3，2；图版八〇，3）。

隼的股骨最大长与近端宽有明显的相关性（图

0   2 厘米

图 6-3   隼及雕肢骨
1.87.J.A.Ⅶ：26 隼左尺骨
2.84.J.A.6.T2-4 隼左股骨
3.86.J.A.Ⅵ：4 雕左跗跖骨

[1] 鸟化石由中国科学院古脊椎动物与古人类研究所研究员侯连海先生鉴定。

表 6-7   隼 *Falco* sp. 股骨测量表   单位：毫米

标本编号	左/右	最大长	近端宽	近端长	远端宽	远端长	骨干最小宽
84.J.A.6.T1–6	左			9.9	5.46		4.89
84.J.A.6.T2–4	左	53.2	9.4	5.6	9.7	7.8	4.5
84.J.A.7：36	右	45.6	8.8	5.6	7.9	6.6	3.6
84.J.A.7：18	左	40.4	7.4	3.9	7.8	6	3.5
93.J.A.Ⅷ–Ⅲ.A5–17	右	54.7	9.8	6.3	9.5	8.3	4.3
93.J.A.Ⅷ–Ⅲ.B7–5	左	55.4	9.7	5.2	10	8.8	4.4
93.J.A.Ⅷ–Ⅵ.A5–24	右	57.2	10.7	5.9	9.8	8.3	4
93.J.A.Ⅷ–Ⅷ.A6–6	右	52.9	10.1	6.4	10.2	8.8	4.3
平均值（average）		51.3	9.4	6.1	8.8	7.8	4.2
标准差（stdevp.）		5.6	1	1.6	1.6	1	0.4
0.05% 置信区间（confidence）		4.2	0.7	1.1	1.1	0.7	0.3

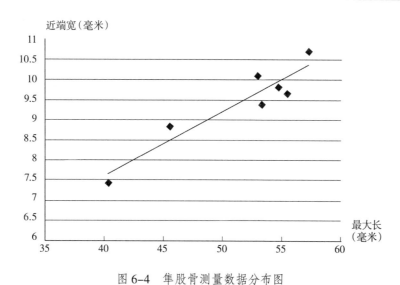

图 6-4 隼股骨测量数据分布图

6-4），代表了个体的变异范围较大，或存在不同种。

（2）红隼 *Falco tinnunculus*

3件。均为右侧肱骨，发现于Ⅷ–Ⅰ、Ⅷ–Ⅳ和Ⅷ–Ⅸ发掘层。其中标本 93.J.A.Ⅷ–Ⅳ.A5–14 和 93.J.A.Ⅷ–Ⅸ.D4–66（图版八〇，4）保存较好，最大长 57.2 和 56.8 毫米，近端宽 13.9 和 12.2、长 6.5 和 5.7 毫米，远端宽 10.9 和 9.6、长 6.2 和 5.9 毫米，骨干最小宽 4.7 和 4.1 毫米。肱骨的长度与周口店第 4 地点发现的红隼肱骨相似，后者长 57.5 毫米（侯连海，1993）。

（3）雀鹰 *Accipiter nisus*

1件。标本 87.J.A.Ⅷ：13，左侧股骨（图版八〇，5）。最大长 38 毫米，近端宽 5.8、长 4 毫米，远端宽 5.2、长 4.3 毫米，骨干最小宽 2.6 毫米。

（4）鹰 *Accipiter* sp.

5件。左右侧尺骨各 1 件（84.J.A.T4–7；84.J.A.0：8）、右侧腕掌骨 1 件（87.J.A.Ⅷ：32）（图

版八〇，6）、左侧股骨 1 件（84.J.A.0：2）和左侧胫跗骨 1 件（87.J.A.0：32）。除腕掌骨保存较完整外，其余的骨骼均残。腕掌骨最大长 45.5 毫米，近端宽 9.3、长 5 毫米，远端宽 8、长 4.2 毫米。

（5）雕 *Aquila* sp.

1 件。标本 86.J.A.Ⅵ：4，左侧跗跖骨（图 6-3，3；图版八〇，7）。最大长 94.4 毫米，近端宽 18.4、长 16.6 毫米，远端宽 19.9、长 13.2 毫米。

（6）秃鹫

40 件。有头骨、下颌骨、颈椎、喙骨、肱骨、尺骨、桡骨、腕掌骨、股骨、胫跗骨、指骨和趾骨等。出土于第Ⅶ层和第Ⅷ层的第Ⅰ、Ⅳ、Ⅴ、Ⅶ、Ⅸ和ⅩⅢ发掘层面。其中 2 件保存较好的头骨标本，根据其特征定为金牛山秃鹫（新种）*Aegypius jinniushanensis* sp. nov. 和秃鹫 *Torgos* sp.（Zhang Zihui, et al, 2012）。其余保存较好的标本有：

下颌骨，1 件（87.J.A.Ⅶ：6）。从一侧关节面最远点到尖端长 89.2 毫米，下颌联合，长 12.5 毫米（图版八〇，8）。

左侧肱骨，1 件（85.J.A.Ⅵ：1）。近端残，远端宽 45.6、长 22.8 毫米（图版八一，1）。

右侧桡骨，2 件。均残破。标本 87.J.A.Ⅷ：33，近端残，远端宽 20、长 10.5 毫米（图版八一，2）。

腕掌骨，6 件。其中左侧 4 件，右侧 2 件。4 件远端残破，2 件近端残破，只有标本 87.J.A.Ⅶ：47 保存完整，最大长 100.3 毫米，近端宽 23.4、长 10.3 毫米，远端宽 18.7、长 10.4 毫米（图 6-5，2；图版八一，4）。5 件腕掌骨近端平均宽 27.5±3.4、长 13.3±2.2 毫米。2 件腕掌骨的远端宽 18~18.7、长 10.4 毫米。

右侧股骨，2 件。其中 87.J.A.Ⅶ：44 保存完整，最大长 112.1 毫米，近端宽 24.5、长 14 毫米，远端宽 25.2、长 17 毫米，骨干最小宽 11 毫米（图版八一，5）。另一件标本 87.J.A.Ⅷ：28 下端关节残断（图 6-5，1）。

胫跗骨，5 件。其中右侧 3 件，左侧 2 件，均残断。87.J.A.Ⅶ：37，保存近端和部分骨干，近端宽 21.4、长 15.8 毫米（图 6-5，3）。3 件标本保存远端段（87.J.A.Ⅶ：1；87.J.A.Ⅶ：2；87.J.A.Ⅶ：24），远端宽 19.7~23.6、长 12.1~18.16 毫米。

跗跖骨，5 件。其中右侧 3 件，左侧 2 件，均残断。87.J.A.Ⅶ：30，近端宽 25.6~26.4、长 20.7~20.9 毫米，远端宽 21.1~29.3、长 12.1~17.2 毫米（图版八一，3）。

①金牛山秃鹫（新种）*Aegypius jinniushanensis* sp. nov. [1]

头骨，1 件。94.J.A.Ⅷ–ⅩⅢ.D11，残（图 6-6，1）。与同属的秃鹫区别在于脑颅大，鳞骨的颧突及耳道上突不甚发达，枕髁相对较大。

该新种鼻骨未保存，上颌骨鼻突后端与额骨相连，额鼻铰链区呈浅凹陷状。额鼻关节面在两侧均清晰可见，说明了前额骨（或泪骨）的存在。额骨的侧缘背面观为近乎平行的直线。后眶突长而发达，形近三角形。鳞骨的颧突短粗，伸向腹面，故其末端不与后眶突末端相连。鳞骨的耳道上突伸向外侧，是容纳方骨鳞骨头关节窝的一部分，同时构成外耳道的上缘，该突起在新鸟大致呈现为圆弧状，不及秃鹫的凸出。耳道上突的腹面具有一个竖直、三角形的薄骨片，说明方骨

---

［1］此部分描述摘自己发表文章。Zhang Zihui、Huang Yunping、Helen f. James、Hou Lianhai, Description of two new specimens of Old Worldvulture from the Middle Pleistocene of northeastern China and their biogeographic and paleoecological implications, Journal of Vertebrate Paleontology, 2012, 32(1), 117-124.

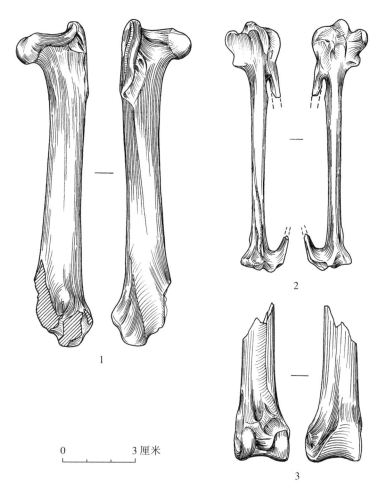

0 ———— 3 厘米

图 6-5 秃鹫肢骨
1. 87.J.A.Ⅷ：28 右股骨　2. 87.J.A.Ⅶ：47 左腕掌骨　3. 87.J.A.Ⅶ：37 右胫跗骨

的鳞骨头与听骨头是分离的、不相连的。由于后眶突发达且侧向伸展，故而颞窝较宽阔。颞窝的后面与背方呈现为浅凹状，为颞肌的主要附着面；该区的背方与后方分别由棱状的颞脊与颈横脊包围。枕旁突仅在右侧保存，构成耳部后壁。眶间隔保存完整，其上有一个大而圆的眶孔和一个小的眶间囟。头骨的腹面观可见在眶间隔的前方两侧有一对背板，因其侧面和后面均为高而隆起的脊，故呈现为凹陷状。嗅神经沟不存在。副蝶板形近锐角三角形，顶点指向前方，中央部位微凹。副蝶板后侧突短而粗壮。副蝶板侧翼发达，向侧后方伸展。新鸟的枕髁比所有现生种的都大，而且其背面可见清晰的正中切迹。介于副蝶板与枕髁之间的基枕骨区呈浅窝状，为髁下窝。窝的前缘有 1 对基突和 1 个正中突，基突与副蝶板的后侧突在一条线上，位于其内侧，他们都是颈肌的附着点。副基窝内可见 2 至 3 个小孔，但无法确定其归属为舌咽神经孔、迷走神经孔、颈动脉孔或外眼动脉孔。左侧保存有舌下神经孔。头骨后面观其颈脊非常明显，大致呈拱形，分隔在上枕骨与顶骨和鳞骨之间，并延伸至枕旁突的后侧缘。枕骨大孔的横径短于纵向径长。小脑隆突不甚发达。

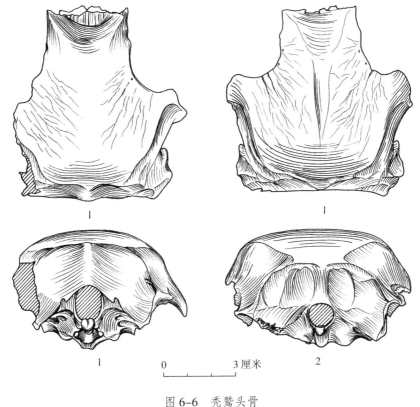

图 6-6 秃鹫头骨

1. 94.J.A.Ⅷ-Ⅻ.D11 2. 87.J.A.Ⅷ-0: 50

②秃鹫 未定种 Torgos sp. [1]

头骨，1件。87. J. A.Ⅷ-0: 50，残，缺失后眶突、眶间隔、副蝶骨吻突，以及副蝶板左侧等（图 6-6，2）。

与金牛山秃鹫发现于同一层位，大小与之近似，因其头骨形态结构大体近似于金牛山秃鹫，故不赘述。仅就其不同之处进行描述如下：鳞骨的颧突相对较狭长而且伸向腹前方；耳道上突发达，向外侧而非腹外侧伸展，该突起腹面的竖直薄片较大，为长而宽的三角状；后头部的背面与头侧颞肌附着面之间呈现急剧转折，头背部近似水平，颞肌附着面区域近乎竖直；颞脊轮廓鲜明，位于两者之间。由于耳道上突发达且伸向外侧，故而位于颞窝后方的颞肌附着面的上部和下部之间呈直角弯折。

（7）鹇 *Lophura* sp.

1件。标本 84.J.A.6.T4-5，左侧肱骨。上端残，下端宽 10.1 毫米（图版八一，6）。

（8）环颈雉 *Phasianus colchicus*

76件。有喙骨、肱骨、尺骨、桡骨、腕掌骨、股骨、胫跗骨、跗跖骨等。

喙骨，2件。左右各1件，残。标本 84.J.A.6: 26 为右侧喙骨（图版八一，7）。

肱骨，8件。右侧3件，左侧5件。标本 84.J.A.6.T2-1，左侧肱骨，保存完整（图6-7，1；

---

[1] 此部分描述摘自已发表文章。Zhang Zihui、Huang Yunping、Helen f. James、Hou Lianhai, Description of two new specimens of Old World vulture from the Middle Pleistocene of northeastern China and their biogeographic and paleoecological implications, Journal of Vertebrate Paleontology, 2012, 32(1), 117-124.

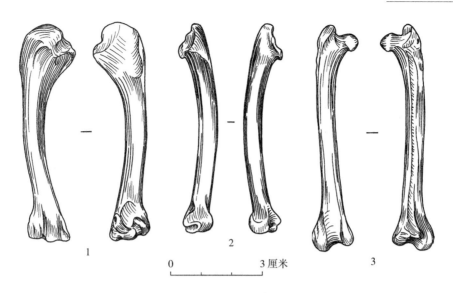

0 ━━━━━━━ 3 厘米

图 6-7 环颈雉肢骨

1. 84.J.A.6.T2-1 左肱骨　2. 87.J.A.Ⅶ：17 右尺骨　3. 86.J.A.Ⅵ：1 右股骨

表 6-8　　　　　　　　　　　　　环颈雉 *Phasianus colchicus* 肱骨测量表　　　　　　　　　　单位：毫米

标本编号	左/右	最大长	近端宽	近端长	远端宽	远端长	骨干最小宽
84.J.A.6.T2：1	左	69.6	17.5	8.5	13.2	7.5	6.6
84.J.A.6.T3：2	右	77.1	20.8	10.2	15.9	9.1	8.2
85.J.A.Ⅵ：2	左	78	20.3	9.8	15.6	9	7.8
87.J.A.Ⅶ：48	左	67.6	18	7.7	13.5	7.6	6.8
93.J.A.Ⅷ-Ⅲ.A5-16	左	77	20.6	10.2	16.2	9.2	7.9
93.J.A.Ⅷ-Ⅴ.B9-1	右	78	20.3	8.8	15.7	9	7.6
93.J.A.Ⅷ-Ⅵ.C3-6	左	68.7	18.2	8.2	14.1	7.7	6.9
93.J.A.Ⅷ-Ⅹ.A9-10	右	71	18.3	8.6	14.2	8	6.8

图版八一，9）。通过测量可知，平均最大长 73.4±3 毫米，近端平均宽 19.2±0.9、长 9±0.6 毫米，远端平均宽 14.8±0.8、长 8.4±0.5 毫米，骨干平均最小宽 7.3±0.4 毫米（表 6-8），肱骨的最大长与近端宽测量数据分布可以分为二组，可能与性别差异有关（图 6-8）。

尺骨，8 件。其中右侧 6 件，左侧 2 件。标本 84.J.A.6.T2-2，左侧（图版八一，8），标本 87.J.A.Ⅶ：17，右侧（图 6-7，2）。通过测量可知最大平均长 63.2±2.1 毫米，近端平均宽 8.7±0.4、长 12.2±0.6 毫米，远端平均宽 6±0.2、长 8±0.5 毫米，骨干平均最小宽 4.2±0.2 毫米（表 6-9）。尺骨最大长与近端宽测量数据分布也可以分为二组，特征与肱骨相似（图 6-9）。

桡骨，1 件。标本 84.J.A.6.T2-19，右侧。最大长 55.2 毫米，近端宽 4.6、长 4.9 毫米，远端宽 6.4、长 3.4 毫米，骨干最小宽 3.2 毫米。

腕掌骨，10 件。其中右侧 6 件，左侧 4 件。标本 93.J.A.Ⅷ-Ⅶ.C7-40，右侧（图版八二，1）。通过测量可知平均最大长 38±1.2 毫米，近端平均宽 10.9±0.73、平均长 6.1±0.4 毫米，远端平均

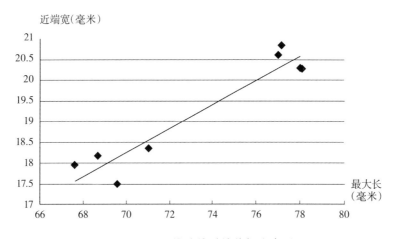

图 6-8　环颈雉肱骨测量数据分布图

表 6-9		环颈雉 *Phasianus colchicus* 尺骨测量表					单位：毫米
标本编号	左／右	最大长	近端宽	近端长	远端宽	远端长	骨干最小宽
84.J.A.6.T1-5	右	61.5	8.2	11.4	5.8	9.3	4.3
84.J.A.6.T2-2	左	62	8.3	11.4	5.8	7.3	4.3
84.J.A.6.0-17	右		9.3	13.4			
87.J.A.Ⅶ：17	右	66.8	9.3	12.8	6.4	8.5	4.2
87.J.A.Ⅶ：27	左	62.1	8.1	11.3	5.8	7.4	3.9
93.J.A.Ⅷ-0：25	右	58.5	8.2	11.3	5.6	7.5	3.8
93.J.A.Ⅷ-Ⅸ.B6-56	右	66.1	8.7	13.2	6.3	8	4.3
93.J.A.Ⅷ-Ⅸ.D8-46	右	65.6	9.2	12.7	6.5	8.2	4.3

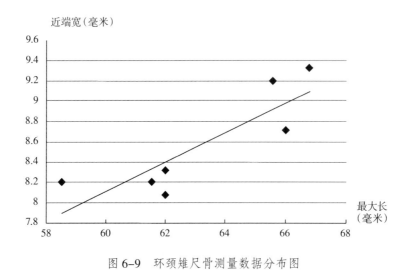

图 6-9　环颈雉尺骨测量数据分布图

宽 7.8±0.5、平均长 4.1±0.4 毫米（表 6-10）。腕掌骨的最大长与近端宽测量数据分组特征不如肱骨和尺骨明显（图 6-10）。

　　股骨，9 件。其中右侧 5 件，左侧 4 件。标本 86.J.A.Ⅵ：1，右侧（图 6-7，3）。标本

表 6-10　　　　　　　　　　　　　环颈雉 *Phasianus colchicus* 腕掌骨测量表　　　　　　　　　单位：毫米

标本编号	左/右	最大长	近端宽	近端长	远端宽	远端长
84.J.A.5：1	右	38.6	11.6	6.3	8.1	4.1
84.J.A.6.T1–4	左	37.2	10.6	5.8	7.2	3.3
84.J.A.6.T1–8	右	37.3	11.1	6	7.6	4.5
84.J.A.6.T4–2	左	36.4	10.6	5.3	6.9	3.8
84.J.A.6.T4–3	左	36	9	6.5	7.4	3.7
84.J.A.6.0–16	右		9.9	5.2		
93.J.A.Ⅷ–0：122	右	40.6	12.4	7	8.9	4.8
93.J.A.Ⅷ–Ⅶ.C7–40	右	40.1	12.1	6.6	8.7	4.5

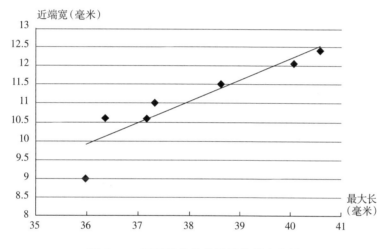

图 6-10　环颈雉腕掌骨测量数据分布图

84.J.A.6.T2–3，左侧（图版八二，2）。通过测量可知最大平均长 76.3±2.6 毫米，近端平均宽 14.4±0.9、长 10.1±1.3 毫米，远端平均宽 12.9±0.8、长 11.2±0.3 毫米，骨干平均最小宽 6.7±0.4 毫米（表 6-11）。

胫跗骨，20 件。其中右侧 13 件、左侧 7 件，除二件为近端残段外，均为远端残段。远端平均宽 10.2±0.5、长 10.2±0.4 毫米，测量数据分布见图 6-11。

跗跖骨，18 件。其中右侧 9 件，左侧 9 件。最大平均长 70±2.8 毫米，近端平均宽 11.1±0.5、长 11.2±0.4 毫米，远端平均宽 11.7±0.8、长 8.4±0.5 毫米，骨干平均最小宽 5.4±0.2 毫米（表 6-12）。根据跗跖骨骨干上是否有距的特征可以鉴别性别。其中 8 件有距，为雄性，如标本 84.J.A.6.T3–3（图 6-12，1；图版八二，3）；10 件无距，为雌性，如标本 87.J.A.Ⅶ：27（图 6-12，2；图版八二，4）。跗跖骨的最大长与近端宽的测量数值分布两性的大小虽有交叉，但仍可以看出雌性明显小于雄性（图 6-13）。

对表 6-8、6-9、6-10、6-12 的测量数据分析说明，环颈雉的尺骨、肱骨、腕掌骨和跗跖骨有性别差异，雄性大于雌性。

表 6-11　　　　　　　　　　　　　环颈雉 *Phasianus colchicus* 股骨测量表　　　　　　　　　单位：毫米

标本编号	左 / 右	最大长	近端宽	近端长	远端宽	远端长	骨干最小宽
84.J.A.5.T2：3	左	75.9	13.6	9.1	13.4	10.8	6.8
84.J.A.5.T2：10	右	76.2	13.1	8.6			
84.J.A.5.T3：13	左				13.1	11	
84.J.A.5.T4：8	左		15.8	10.4			
84.J.A.5.T4：9	右				12.7	11.2	
86.J.A.Ⅵ：1	右	72.5	14	9.2	13.1	11.2	6.4
87.J.A.Ⅷ：3	右	75.7	14.2	13.4	11		6.3
93.J.A.Ⅷ-0：77	右	81.5	16.1	9.8	14.4	11.9	7.3

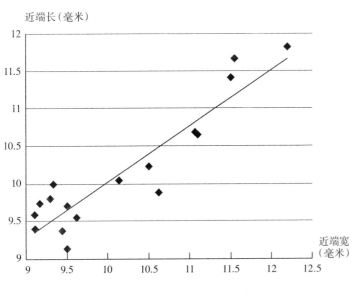

图 6-11　环颈雉胫跗骨远端测量数据分布图

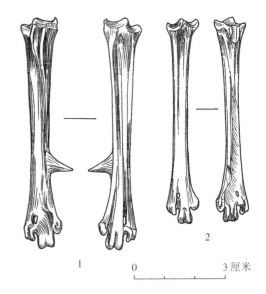

图 6-12　环颈雉跗跖骨
1. 84.J.A.6.T3-3 左（♂）　　2. 87.J.A.Ⅶ：27 右（♀）

表 6-12　　　　　　　　　　　　　环颈雉 *Phasianus colchicus* 跗跖骨测量表　　　　　　　　　单位：毫米

标本编号	左 / 右	最大长	近端宽	近端长	远端宽	远端长	骨干最小宽	特征	性别
84.J.A.6.T2-12	右	66.4	10.7	11	10.4	7.7	4.9	无距	♀
84.J.A.6.T2-13	左	62.5	9.4	10.2	10.1	7.7	5	无距	♀
84.J.A.6.T3-3	左	74	12.6	12.7	12.6	9.4	5.7	有距	♂
84.J.A.6.T3-14	左		11.2	11.3			6.2	有距	♂
84.J.A.6.T4-10	右				11.2	7.3	5	无距	♀
84.J.A.6.T4-12	左		10.4					无距	♀
84.J.A.6.T4-14	右				15.5	9.5	5.7	有距	♂
84.J.A.6.0：15	左				10.1	6.8		无距	♀
84.J.A.6.0：25	右		10.3				5	无距	♀

续表 6-12

标本编号	左/右	最大长	近端宽	近端长	远端宽	远端长	骨干最小宽	特征	性别
87.J.A.Ⅶ：25	左	71.8	11.5	11.6	11.5	8	5.3	有距	♂
87.J.A.Ⅶ：26	右	68.9	10.7	11	10.9	7.5	5	无距	♀
87.J.A.Ⅶ：27	右	65.9	10.6	10.8	10.6	7.9	4.8	无距	♀
93.J.A.Ⅷ－Ⅲ.A5－14	左	81.5	13.2		14.2	10.5	6	有距	♂
93.J.A.Ⅷ－Ⅸ.B6－23	右	65.8	10.2	10.7	10.6	8.5	4.8	无距	♀
93.J.A.Ⅷ－Ⅸ.D3－55	右	68.5	10.7	10.1	11.2	7.6	5.2	有距	♂
93.J.A.Ⅷ－Ⅸ.D3－35	右	71.2	11.8	11.6	12.5	8.8	5.7	有距	♂
93.J.A.Ⅷ－Ⅸ.E9－30	左	69.8	11.6	11.2	13.1	9.2	5.6	无距	♀
94.J.A.Ⅷ－Ⅺ.D7－41	左	73.2	12.2	12.2	12.3	9.3	5.8	有距	♂

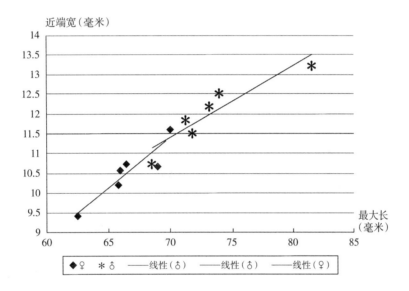

图 6-13　环颈雉跗跖骨测量数据分布图

（9）鹌鹑 *Coturnix coturnix*

20 件。包括肱骨、桡骨、股骨、胫跗骨和跗跖骨。均发现于第Ⅷ层。

肱骨，12 件。其中左侧 7 件，右侧 5 件。标本 84.J.A.6.T3-1，右侧（图 6-14，1；图版八二，5）。最大平均长 31.3 ± 0.4 毫米，近端平均宽 7.1 ± 0.1、平均长 3.7 ± 0.1 毫米，远端平均宽 5.1 ± 0.1、平均长 3.1 ± 0.05 毫米，骨干平均最小宽 2.4 ± 0.07 毫米（表 6-13）。肱骨的最大长和近端宽相差明显，可能与个体差异有关（图 6-15）。

桡骨，1 件。标本 84.J.A.Ⅵ：19，右侧，下端残。近端宽 4.1、长 2.9 毫米，骨干最小宽 2.4 毫米。

后肢骨骼，7 件。其中股骨 2 件，标本 87.J.A.Ⅷ：14，左侧（图版八二，7）；胫跗骨 2 件；跗跖骨 3 件，标本 87.J.A.Ⅷ：31，左侧跗跖骨（图 6-14，3；图版八二，6）。测量数据见表 6-14。

（10）山鹑 *Perdix* sp.

3 件。2 件肱骨和 1 件胫跗骨。发现于第Ⅷ层。除一件左侧肱骨（84.J.A.6.T3-4）（图 6-19，3；图版八二，9）保存较完整外，其余均残。测量数据见表 6-15。

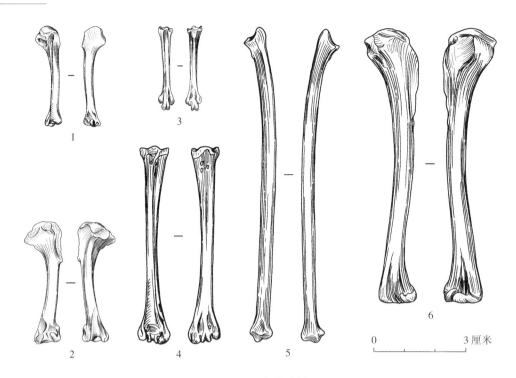

图 6-14　鸟类肢骨

1. 84.J.A.6.T3-1 鹌鹑右肱骨　2. 85.J.A.Ⅵ：1 鹦鹉左肱骨　3. 87.J.A.Ⅷ：31 鹌鹑左跗跖骨　4. 87.J.A.Ⅶ：28
草鸮左跗跖骨　5. 87.J.A.Ⅷ：25 金牛山草鸮左尺骨　6. 87.J.A.Ⅶ：46 长耳鸮右肱骨

表 6-13　　　　　　　　　　　　　　鹌鹑 *Coturnix coturnix* 肱骨测量表　　　　　　　　　　　单位：毫米

标本编号	左/右	最大长	近端宽	近端长	远端宽	远端长	骨干最小宽
84.J.A.6.T3-1	右	31.1	7.1	3.9	5.3	3.1	2.4
84.J.A.6.T3-17	右	31.7	7.1	3.7	5.3	3.3	2.3
84.J.A.6.T3-16	左	30.8	7	3.8	5.2	3.1	2.5
84.J.A.6.T4-15	左	30.7	6.9	3.9	5	3.1	2.4
84.J.A.6.0：27	左	30.2	6.9	3.7	5.1	3.2	2.4
84.J.A.6.0：28	右	31.9	7.3	3.8	5.3	3.2	2.6
84.J.A.6.0：29	左	31.2	6.8	3.5	5.1	3	2.4
87.J.A.Ⅷ：16	左	30	7.1	3.5	4.3	3	2.3
87.J.A.Ⅷ：21	左	31.9	7	3.8	5.2	3.2	2.7
87.J.A.Ⅷ：20	右	31.9	7.2	3.8	5.2	3.1	2.4
87.J.A.Ⅷ：22	右	32.8	7.6	3.7	5.2	3.2	2.3
93.J.A.Ⅷ-Ⅲ.D8：27	左	31.4	7	3.7	5.1	3.3	2.3

（11）鹤 Gruidae gen. et sp. indet.

2 件。分别为头骨和尺骨。

标本 93.J.A.Ⅷ-Ⅶ.B11-16，头骨，残。保存颅顶和枕部，颅底残。 颅基长 146.3 、颅后最大
高 37.4 毫米；额后突间最大宽 60、眼眶间背侧最小宽 24.5 毫米。喙最大宽 23.1 、高 21.3 毫米。

近端宽（毫米）

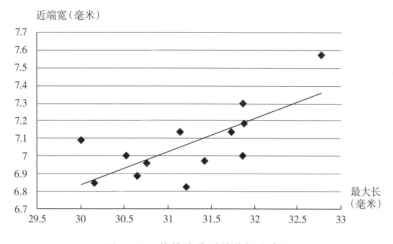

图 6-15 鹌鹑肱骨测量数据分布图

表 6-14 　　　　　　　　　　鹌鹑 *Coturnix coturnix* 后肢骨测量表 　　　　　　　单位：毫米

标本编号	骨骼名称	左/右	最大长	近端宽	近端长	远端宽	远端长	骨干最小宽
87.J.A.Ⅷ：14	股骨	右	33.8	6	4	5.2	4.3	2.4
87.J.A.Ⅷ：15	股骨	左	37.4	6.1	4	5.4		2.7
87.J.A.Ⅷ：11	胫跗骨	左	41.4	5.9		4.1	4.3	1.9
93.J.A.Ⅷ–Ⅸ.F8–7	胫跗骨	左				4.5	4.2	2.3
84.J.A.6.T4–16	跗跖骨	左	25.7	4.3	4.1			2.2
84.J.A.6.0：24	跗跖骨	右				4.9	3.4	
87.J.A.Ⅶ：31	跗跖骨	左	25.9	4.7	4	5	3.3	2.2

表 6-15 　　　　　　　　　　　　山鹑 *Perdix* sp. 肢骨测量表 　　　　　　　　　单位：毫米

标本编号	骨骼名称	左/右	最大长	近端宽	近端长	远端宽	远端长	骨干最小宽
84.J.A.6.T3–4	肱骨	左	40.5	10.2	4.3	7.1	4.2	3.6
84.J.A.6.0：4	肱骨	右		12		8.8	5	4.1
93.J.A.Ⅷ–Ⅰ.E9–28	胫跗骨	右		9.8	7.4			

额前骨尖端到眶下孔后缘 46.3、眶下孔高 13.8 毫米（右侧）（图 6-16）。

标本 87.J.A.Ⅶ:49，左侧尺骨。保存完整。最大长 215.5 毫米，近端最大宽 20.2、近端对角线长 21.8 毫米，远端对角线长 17 毫米，骨干最小宽 10.2 毫米（图版八三，10）。

（12）吕氏秃鹳（新种）*Leptoptilos lüi* sp. nov [1].

3 件。包括头骨、肱骨和指骨。

标本 94.J.A.Ⅷ–Ⅻ.C11，头骨。保存不完整，缺失额骨的右侧、右侧泪骨、左侧泪骨的远端、

---

[1] 此部分描述摘自已发表文章。Zhang Zihui、Huang Yunping、Helen f. James、Hou Lianhai, Description of a giant new fossil species of Leptoptilos (Ciconiidae) from the Middle Pleistocene Jinniushan archaic human locality of northeastern China, The Auk, 2012, 129(4), 699-706.

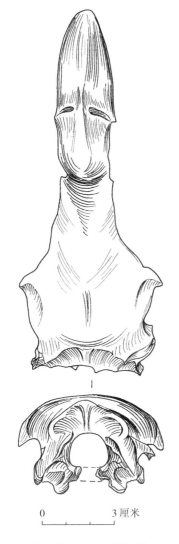

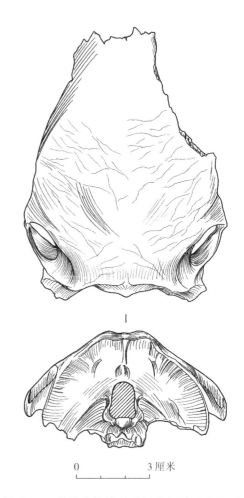

0 ———— 3厘米

0 ———— 3厘米

图 6-16 鹤头骨（93.J.A.Ⅷ–Ⅶ.B11–16）　　　图 6-17 吕氏秃鹳头骨（94.J.A.Ⅷ– ⅩⅢ.C11）

两侧的枕旁突、眶间隔的下部、副蝶骨吻突以及部分副碟板（图 6-17）。

　　背面观头骨宽（尤其是眶间区），短，平坦。左侧泪骨基部保存显示该骨与额骨完全愈合；泪骨与外筛骨基部具有一条非常规则的沟。外筛骨位于眶间隔前方两侧，构成眼眶的前缘与鼻腔的后缘。中筛骨构成眶间隔的前方以及背板。两侧背板在背中线交汇区形成的隆起低矮，所以中筛骨不参与形成鼻中隔。背板的后面和侧面围以隆起的片状脊，脊的后外侧角处具有一个大的、卵圆形孔，嗅神经经由此孔传出。与大秃鹳和非洲秃鹳一样，新鸟不具嗅神经沟。眶间隔的腹面未保存，眶间隔的后方可见大而近圆形的眶孔，但无眶间囟。视神经孔和动眼神经孔为两个独立的小孔，位于眶孔侧后方。眼眶和颞窝交汇处，即后眶突的下方对应处，具有一个非常明显的沟槽，用以附着浅假颞肌。颌神经孔很大，位于该沟槽的腹后方，推测上颌神经和下颌神经共同经由该孔穿出。容纳方骨鳞骨头和听骨头的关节窝，鳞骨头关节窝相对较大而凹，两者间隔以大的背侧气孔。副蝶板位置明显较枕髁的位置低，髁下凹大而深。秃鹳属现生种类副蝶板与枕髁位于同一平面，髁下凹小而浅。副蝶板的后缘具有侧突和基突。与其他秃鹳一样，新鸟无副基凹，所以舌咽神经空、迷走神经孔、颈动脉孔、眼动脉孔等松散排列在该区。后眶突发达，末端钝而且与颧突末端愈合。眶后突大致侧向伸展而非腹向，故而头骨背面观很宽大。颞窝很小而且凹陷程度低，颞脊不及头背中线。颞窝之间的顶骨区前后观之微凹、左右微凸。

头骨侧面观，颈横脊分两叉，向前的分支沿颞窝后缘延伸至颧突背面，向后的分支伸达上耳突。颧突发达，形近三角形，向前外侧伸展，最终和后眶突末端愈合。颧突的外侧面呈浅凹陷状，视为颞下凹。上耳突边缘轻度弯曲，不甚尖锐。小脑隆突不发达，头骨后面呈竖直平面状。

头骨后面观呈半圆形。枕骨大孔较大，高比宽长，背缘比腹缘窄。枕髁大，背缘平，无正中切迹。枕骨大孔的外侧具有大的、椭圆形的外枕静脉孔，它的背方内侧有 2~3 个小孔，应该穿行眼动脉的枕支。

头骨的高度愈合说明该标本为成体。

标本 94. J.Ⅷ–Ⅻ.C11，左侧肱骨。残，仅保留远端部分。向前适度弯曲，远缘与骨干长轴近乎垂直。肱骨远端宽大，肱肌凹宽阔，数个小气囊孔位于肱肌凹后方。背髁由远及近逐渐变窄，末端尖，指向腹面，未及肱肌凹的后缘。腹髁的长轴为背腹向，比背髁的长轴稍长，背腹髁近乎垂直排列。髁间切迹较浅，后面观呈 V 型。腹上髁发达，腹向凸出明显，其后表面可见大而深的旋前深肌、M. entepicondylo-ulnaris 肌痕。腹上髁突发达，伸向前背方，故而它与腹髁之间具有较深的凹陷。腹上髁突的腹面有圆形的旋前浅肌肌痕，背面为腹旁韧带的附着面。背上髁呈背腹向内缩状，其后表面与背髁的后表面位于同一平面上，其背方具深凹状的尺侧腕伸肌和 M. ectepicondylo-ulnaris 的肌痕。背上髁突为一长形、前背方伸展的隆突，其近端基部具有一个大的桡侧腕伸肌肌痕。肱骨远端后面的屈肌突发达，形近长三角状。肩胛肱三头肌沟和肱三头肌沟近等宽，前者相对较深，沟脊相对较高（尤其是远端）。肱三头肌沟稍浅，远端与肘窝相连。

左侧肱骨骨干表面光滑，远端细微结构均发育，说明其为成体。

第 2 指的第 1 指骨（84.J.A.6.T2–15）。大指的第 1 指骨明显较其他现生秃鹳的粗长，其前缘直且显著加厚，后缘薄而弯曲。近端关节面宽大，背腹向较头尾向长，腹侧关节窝较背侧关节窝小而深，背侧关节窝的走向近似头尾向而不是背腹向，这与其他现生秃鹳有很大差别。第 1 指骨近端腹面具一大的突起，指浅屈肌止点附着于此。该骨背面前缘由近及远可见一轮廓清晰的浅沟，后缘也有一条稍短的腱沟，沟的起始处具有一个凸出的大结节。第 1 指骨远端关节面较小，形近方形，其腹缘后方的 processus internus indicis 保存不全。第 1 指骨背腹平扁，其背、腹表面均为浅凹状，腹凹的近端和中央部可见数个气囊孔，背凹被一斜脊分为两部分，远端凹相对小而深。

综上可见吕氏秃鹳的头骨、肱骨以及近端指骨量度均较大，头骨的副蝶板与枕髁不在同一平面上，位置较其低，后眶突及颧突侧向伸展，副颞凹大。肱骨的腹上髁向腹面扩大，屈肌突发达，向远端凸出明显，肩胛肱三头肌沟的背棱发达。指骨近端的背侧关节窝不是背腹位，是前后位。

（13）苇鳽 *Ixobrychus* sp.

1 件。标本 87.J.A.Ⅷ: 19，左侧肱骨。最大长 36.2 毫米，近端宽 7.5、长 3.8 毫米，远端宽 5.1、长 2.9 毫米，骨干最小宽 2.2 毫米（图版八二，8）。

（14）鹦鹉 *Psittacula* sp.

1 件。标本 85.J.A.Ⅵ: 1，左侧肱骨。最大长 37.7 毫米，近端宽 11.5、长 5.9 毫米，远端宽 9.8、长 4.6 毫米，骨干最小宽 3.7 毫米（图 6-14，2；图版八二，10）。

（15）金牛山草鸮 *Tyto jinniushanensis*

13件。包括肱骨、尺骨、腕掌骨、股骨和跗跖骨。均发现在第Ⅶ、Ⅷ层。

肱骨，1件。标本93.J.A.Ⅷ-0：246，左侧。最大长89.2毫米，近端宽14.3、长6.7毫米，远端宽13.1、长8毫米，骨干最小宽6.7毫米（图版八二，11）。

尺骨，1件。标本87.J.A.Ⅷ：25，左侧。最大长98.4毫米，近端宽8.2、长9.3毫米，远端宽6.8、长6毫米，骨干最小宽4.2毫米（图6-14，5；图版八二，12）。

腕掌骨，3件，均为左侧。一件残，其余二件保存完整。标本87.J.A.Ⅷ：23为左侧腕掌骨（图版八三，1）。测量数据见表6-16。

表6-16　　　　　　　　　　金牛山草鸮 *Tyto jinniushanensis* 腕掌骨测量表　　　　　　　　单位：毫米

标本编号	骨骼名称	左/右	最大长	近端宽	近端长	远端宽	远端长
87.J.A.Ⅶ：23	腕掌骨	左	45.2	9.2	4.9	7.5	3.6
87.J.A.Ⅶ：12	腕掌骨	左	46.5	6	4.8	7.8	4.1
87.J.A.Ⅷ：23	腕掌骨	左	44.7	残	残	残	残

股骨，3件。一件保存完整，另二件仅保存下段。标本87.J.A.Ⅷ：4，左侧股骨，保存完整。最大长54.5毫米，近端宽10.3、长6毫米，远端宽10.4、长8.8毫米，骨干最小宽4.3毫米（图版八三，2）。

跗跖骨，5件。标本87.J.A.Ⅶ：28为左侧跗跖骨（图版八三，3）。最大平均长60.4±0.5毫米，近端平均宽9.4±0.3、长6.7±0.4毫米，远端平均宽10.7±0.2、长7.6±0.6毫米，骨干平均最小宽4.4±0.4毫米（表6-17）。

表6-17　　　　　　　　　　金牛山草鸮 *Tyto jinniushanensis* 跗跖骨测量表　　　　　　　　单位：毫米

标本编号	左/右	最大长	近端宽	近端长	远端宽	远端长	骨干最小宽
84.J.A.6.T4-11	右	61.3	9.4	7.1	10.7	8.2	4.8
87.J.A.Ⅶ：28	左	60.1	8.9	6.3	10.4	7.6	4
87.J.A.Ⅶ：6	左	60.1	9.5	6.9	11.1	8.2	5
87.J.A.Ⅶ：35	左	60.3	9.5	残	10.7	6.4	4.1
93.J.A.Ⅷ-Ⅶ.E8-49	右	60.4	9.7	6.5	10.6	7.5	4.3

侯连海先生曾研究1978年金牛山遗址发现的草鸮，根据跗跖骨的特征和大小确定了一个新种——金牛山草鸮 *Tyto jinniushanensis* sp.nov.（张森水等，1993）。此次研究的草鸮标本特征和大小与1978年的标本相似，因而将其归入金牛山草鸮。

（16）耳鸮 *Asio* sp.

2件。均为右侧尺骨，发现在第Ⅷ层。标本87.J.A.Ⅷ：2，右侧尺骨（图版八三，4）。测量数据见表6-18。

（17）长耳鸮 *Asio otus*

20件。包括喙骨2件，右侧肱骨1件，股骨10件，胫跗骨7件。标本84.J.A.6：12，右侧喙骨（图版八三，5）；标本87.J.A.Ⅶ：46，右侧肱骨（图6-14，6；图版八三，7）；标本87.J.A.Ⅶ：11

表 6-18　　　　　　　　　　　　　　耳鸮 *Asio* sp. 尺骨测量表　　　　　　　　　　　　　单位：毫米

标本编号	左/右	最大长	近端宽	近端长	远端宽	远端长	骨干最小宽
87.J.A.Ⅷ：1	右	100.87	8.02	9.31	6.75	5.58	3.91
87.J.A.Ⅷ：2	右	100.52	8.21	8.03	6.85	5.19	4.21

表 6-19　　　　　　　　　　　　　长耳鸮 *Asio otus* 肢骨测量表　　　　　　　　　　　　单位：毫米

标本编号	骨骼名称	左/右	最大长	近端宽	近端长	远端宽	远端长	骨干最小宽	备注
84.J.A.6.T3-9	喙骨	右	37.1	36.8（内侧）				下端残	
84.J.A.6：12	喙骨	右	34.1	33		10.7			
87.J.A.Ⅶ：46	肱骨	右	86.3	15	8.8	13	6.7	6.3	
84.J.A.东.6：9	股骨	右			10	6			下端残
87.J.A.Ⅶ：9	股骨	左	53.2	9.2	5.6	9.5	8.5	4.1	
87.J.A.Ⅶ：10	股骨	右	58.1	10.8	6.1	10.9	9.8	4.7	
87.J.A.Ⅶ：11	股骨	右	54.9	10	6.2	10.3	9.1	4.5	
87.J.A.Ⅶ：12	股骨	左	55.8	10.9	6.1	10.5	9.1	4.7	
87.J.A.Ⅶ：13	股骨	左	54.4	9.9	6.5	10.8	9.2	4.7	
87.J.A.Ⅶ：14	股骨	左	58.1	10.6	6.8	10.8	9	4.9	
87.J.A.Ⅶ：15	股骨	右	53.6	10.1	6.4	10.2	8.9	4.4	
87.J.A.Ⅶ：16	股骨	右	54.8	9.4	6.3	9.9	8.7	4	
87.J.A.Ⅷ：5	股骨	左	54.4	9.9	5.8	10.4	9	4.4	
84.J.A.6.T1-3	胫跗骨	左				9.7	9.3		上段残
84.J.A.6.T2-11	胫跗骨	右				8.9	8.9	4.3	上段残
84.J.A.6：6	胫跗骨	右				9.5	9.4		上段残
84.J.A.6：20	胫跗骨	左				8.7	7.6		上段残
84.J.A.东.6：10	胫跗骨	右				9.3	9.1	4.4	上段残
87.J.A.Ⅷ：29	胫跗骨	左	86.9	边缘稍残		9.7	9.2	4.6	
93.J.A.Ⅷ-Ⅵ.C5-9	胫跗骨	左	85.6（至下骺线）	10.7	9.4				下关节未愈合，未保留关节

为右侧股骨（图版八三，6）；标本 87.J.A.Ⅷ：29 为左侧胫跗骨（图版八三，8）。测量数据见表 6-19。

在 10 件股骨中，左侧、右侧分别为 5 件。股骨的最大平均长 55.2±1.1 毫米，近端平均宽 10.1±0.4、长 6.6±0.7 毫米，远端平均宽 9.9±0.8、长 9±0.2 毫米，骨干平均最小宽 4.5±0.2 毫米。股骨最大长与近端宽测量数据分布有一定的相关性（图 6-18）。

在 7 件胫跗骨中，右侧 3 件、左侧 4 件。其中 1 件左侧（93.J.A.Ⅷ-Ⅵ.C5-9）的下关节未愈合，属于幼年个体，其余 6 件上端均残断，下端平均宽 9.3±0.3、长 8.9±0.5 毫米，骨干最小宽 4.4±0.1 毫米。

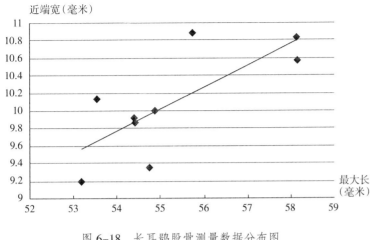

图 6-18 长耳鸮股骨测量数据分布图

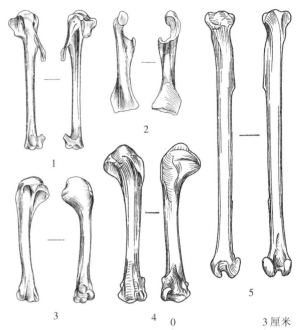

图 6-19 鸟类骨骼

1. 84.J.A. 东 .6：1 赤膀鸭左腕掌骨 2. 84.J.A.6.T1-1 林鸮？右喙骨 3. 84.J.A.6.T3-4 山鹬左肱骨 4. 86.J.A.Ⅵ：2 丘鹬右肱骨 5.87.J.A.Ⅶ：45 林鸮？右胫跗骨

（18）林鸮？ *Strix* sp.

12 件。其中喙骨 10 件，胫跗骨 2 件。标本 84.J.A.6.T1-1 为右侧喙骨（图 6-19，2；图版八三，9）。标本 87.J.A.Ⅶ：45 为右侧胫跗骨（图 6-19，5；图版八四，1）。测量数据见表 6-20。

在 10 件喙骨中，右侧 7 件、左侧 3 件。平均最大长 36.7±0.6、近端平均宽 34.3±0.9、远端平均宽 11.6±0.7 毫米。

表 6-20　　　　　　　　　　　　林鸮？ *Strix* sp. 肢骨测量表　　　　　　　　　　　单位：毫米

标本编号	骨骼名称	左 / 右	最大长	近端宽	近端长	远端宽	远端长	骨干最小宽	备注
84.J.A.6.T1-1	喙骨	右		32					下外侧缘残
84.J.A.6.T1-7	喙骨	右	36.8	35					下外侧缘残
84.J.A.6.T2-7	喙骨	右	36.5	33.9		11			
84.J.A.6.T2-9	喙骨	右	35.7	34.3					下外侧缘残
84.J.A.6.T3-11	喙骨	左		33.8					下外侧缘残
84.J.A.6：11	喙骨	右				11.3			上端残
84.J.A.6：13	喙骨	右							下端残
84.J.A. 东 .6：6	喙骨	左	38.2	36.7		12.9			
84.J.A. 东 .6：7	喙骨	左	36.5	34.8		12			
87.J.A.Ⅷ：8	喙骨	右	36.7	34.3		10.9			
87.J.A.Ⅶ：34	胫跗骨	左	86.8	10.3	8.8	9.4	9	4.9	
87.J.A.Ⅶ：45	胫跗骨	右	86.2	10.8	8.2	9.2	9.1	4.5	

（19）小鸮 *Athene* sp.

1 件。标本 84.J.A. 东.6：11，左侧股骨。最大长 41.2 毫米，近端宽 7.2、长 4 毫米，远端宽 7.6、长 5.4 毫米，骨干最小宽 3.3 毫米（图版八四，2）。

（20）赤膀鸭 *Anas strepera*

3 件，均为腕掌骨。其中 84.J.A. 东 .6：1 保存完整（图 6-19，1；图版八四，3）。测量数据见表 6-21。

表 6-21　　　　　　　　　　　　赤膀鸭 *Anas strepera* 腕掌骨测量表　　　　　　　　　单位：毫米

标本编号	左 / 右	最大长	近端宽	近端长	远端宽	远端长	备注
84.J.A.6.T3-12	右				6.9	3.6	上端残
84.J.A. 东 .6：1	右	45.5	9.3	4.5	6.5	3.9	
87.J.A.Ⅷ：17	左		9.5	4.9			下端残

（21）绿头鸭 *Anas platyrhynchos*

1 件。标本 93.J.A.Ⅷ-Ⅵ.E7-39，右侧腕掌骨。最大长 47.6 毫米，近端宽 11.1、长 5 毫米，远端宽 6.6、长 4.6 毫米（图版八四，4）。

（22）鹬 *Scolopacidae* sp.

1 件。标本 93.J.A.Ⅷ-Ⅷ.B4-8，左侧尺骨。最大长 52.3 毫米，近端宽 7.2、长 7.8 毫米，远端宽 6.7、长 4.2 毫米，骨干最小宽 3.2 毫米（图版八四，7）。

（23）丘鹬 *Scolopax rusticola*

9 件。包括肱骨、尺骨和胫骨。

肱骨，2 件。左、右各 1 件。其中 86.J.A.Ⅵ：2 保存较好（图 6-19，4；图版八四，6）。

尺骨，3 件。均为右侧。其中 87.J.A.Ⅷ：10 保存完整（图版八四，5）。

胫骨，4 件。均为右侧。

肱骨及尺骨的测量数据见表 6-22。

表 6-22　　　　　　　　　　　丘鹬 *Scolopax rusticola* 肱骨和尺骨测量表　　　　　　　单位：毫米

标本编号	骨骼名称	左 / 右	最大长	近端宽	近端长	远端宽	远端长	骨干最小宽
86.J.A.Ⅵ：2	肱骨	左	52.3	13.1	7.2	9.6	5.7	4.5
86.J.A.Ⅵ：3	肱骨	右	56	14.1	7.5	10.3	6.2	4.8
87.J.A.Ⅷ：10	尺骨	右	50.9	7.3	7.3	6.1	4.3	3.7

（24）鹡鸰 *Motacilla* sp.

1 件。标本 84.J.A.6：31，左侧尺骨。近端边缘稍残，最大长 35.1 毫米，近端宽 5.2、远端宽 4.5、长 2.8 毫米，骨干最小宽 2.5 毫米（图版八四，8）。

（25）鸦科 *Corvidae* gen. et sp. indet.

1 件。标本 87.J.A.Ⅷ：7，右侧喙骨，下端残。

小结

综上金牛山遗址鸟类化石非常丰富，它是我国继周口店北京猿人遗址之后，发现鸟类化石最多的地方之一。除本文研究的 232 件鸟类化石之外，还有已研究发表过的中国科学院古脊椎动物与古人类研究所于 1978 年采自金牛山遗址的近 80 件鸟类化石（计 7 目 11 科共 17 种）（张森水等，1993）。金牛山遗址鸟类化石的时代为中更新世至晚更新世，本文记述的这批鸟类全部采自第Ⅶ、Ⅷ层，属中更新世。

这批鸟类化石与 1978 年发现的鸟化石的不同之处在于不但新发现了两个目的珍贵鸟类，而且大大丰富了此前金牛山遗址已有的鸟类。大型涉禽鹳类——吕氏秃鹳不但是我国更新世的首次发现，而且系欧亚大陆的第一次记录。鹦鹉这种现生种是仅分布在我国亚热带的四川、云南和海南部分地区的树上攀缘鸟类，在金牛山这样高北纬度地区中更新世时期有这种鸟类生活意义非同一般。金牛山鸟类群的性质复杂，不但对鸟类种群的演变意义重大，更对探讨金牛山人类生存的生态环境具有十分重要的价值。

首先，金牛山遗址的鸟类，时代从中更新世到晚更新世，总计 34 种鸟类，分属于 9 目。本文记述的计 26 种，归属于 9 目 13 科 20 属内，并有 2 个新种。这批鸟类化石，绝大多数为现生种属，从地理区系分布分析，其中就有 5 种属的现生种属于东洋区的鸟类，大部分为古北区鸟类，如环颈雉等。本文记述的 20 余种鸟类全为中更新世，特别是鹦鹉这种鸟类出现于高北纬度的金牛山，证明它的地理分布和生存环境较现在广阔和复杂，同时说明金牛山地区中更新世时期的地理气候状况与现在有很大区别，再加上另外几种东洋区鸟类的出现，说明当时的气候环境很适于原始人类生存和居住，是与现在完全不同的温暖湿润的生态环境，适于生物的生存繁衍，给原始人类营造了一个很好的发展条件。

进一步分析金牛山人的生态环境，必须从鸟类的群落性质和属种的演化来推断。多种隼形目的中大型猛禽鸟类，如鹰、雕和鹫等，都为高山或旷野鸟类，而 5 种鸮形类猛禽，是栖息在山地森林和草丛林间的夜行性活动的鸟类，在金牛山的鸟类中，超过 1/3 为肉食性猛禽类，而且既有白天活动的也有夜间活动的鸟类，因而可以判断可供它们食用的中小型动物，尤其是中小型哺乳动物是十分丰富的。金牛山的鸟类中，属于低山平原的鸟类种类不是很多，但数量远比其他鸟类多。更重要且值得注意的是，金牛山地区还有不少大、中型涉禽类，如鹤和鹳类，其中还有一种现已绝灭的吕氏秃鹳，可以推测，当时这一地区还有大片湿地和河湖。据以上分析，当时的生态环境是一种有高山、有丘陵、有平原、有低地，还有湿地和河流的美丽地区，与现在金牛山的地理环境有些相似，但气候要较现在温暖得多，所以才有鹦鹉等多种现生东洋区的鸟类。有意思的是，金牛山地区，当时与北京周口店猿人地区不同，它没有草原性质的大型鸟类——鸵鸟出现。

就已研究的金牛山遗址更新世鸟类的分类系统的性质判断，这一鸟类群的属种演变规律并不清楚，因为地质沉积不完整，其时代顺序有间断，故它不像周口店鸟类的属种演变规律那么明显。例如鹦鹉这种典型的现生亚热带鸟类，周口店更新世时没有出现。同时，现仍是东北地区的标准候鸟，但周口店至晚期更新世也没有出现过。另外，内蒙古萨拉乌苏晚更新世遗址也有 11 种鸟类发现，它们是鸵鸟、角䴙䴘、鸭、翘鼻麻鸭、鸢、秃鹫、山鹑、鹌鹑、毛腿杀鸡、麻雀和一种涉水鸟类，可以看出这些多是在荒漠、草原和湖泊生态环境生存的鸟类。

国内更新世遗址的鸟类，除周口店、萨拉乌苏外，还有重庆巫山早更新世等，前者为亚热带和高原山区鸟类居多。在世界其他地区，更新世鸟类记述最多的是法国，总计约 90 余个产地，全为中、晚更新世，其成因多为雕、鸮或狐捕食堆积而成。英国晚更新世时期也有百余种鸟类化石发现，它们绝大多数是水鸟。此外，北美更新世的鸟类多发现于沉积层中，其成分多为大型水鸟类。其他还有非洲坦桑尼亚、赞比亚等少数更新世鸟类，多为草原、河湖和森林山地鸟类。而澳大利亚更新世鸟类则以大型鸸鹋为主。

综上所述，金牛山遗址的鸟类化石群的性质是比较复杂的，由于鸟类化石还有待进一步深入研究，或许还将有更多的鸟类被发现，到那时这一鸟类群的性质会更清晰。

4. 哺乳动物纲

（1）犬属 Canis Linnaeus，1758

属于犬属的动物骨骼共有85件，其中发现于Ⅱ层的有上颌骨（左P4—M1）1件、下颌骨（左P2—P4）1件，Ⅲ层的有牙齿3枚（2枚下M1和1枚下P4），Ⅳ层的有牙齿1枚（下M1），Ⅶ层的有下颌骨1件，其余均发现在第Ⅷ层中。第Ⅷ层发现的共有78件，计有上颌骨12件、下颌骨22件、肱骨7件、尺骨1件、桡骨5件、股骨2件、胫骨7件、肩胛骨1件、跟骨2件、距骨2件、掌（跖）骨10件、指骨1件、脊椎骨1件和牙5件。

上、下颌都是残块，测量数据见表6-23、6-24。从牙齿的特征和测量数据看，有狼（*Canis lupus*）和变异狼（*Canis variabilis*）两种。

①狼 Canis lupus

标本93.J.A.Ⅷ–Ⅱ.C10–11，右侧下颌骨。下颌支残，保存犬齿P3—M2。M3脱落，齿槽完整。M1的下前尖和下原尖高，外壁陡直，下后尖明显，下次尖和下内尖发育。M2的下原尖和下次尖在一条线，下后尖发育。犬齿长10.4、宽6.5毫米，P3长12.2、宽5.3毫米，P4长13.5、宽6.4毫米，M1长22.3、宽9毫米，M2长10.6、宽7.2毫米。P1–P4长43.4毫米，M1–M3长37.6毫米，

表6-23　　　　　　　　　　　狼 Canis 上颌骨测量表　　　　　　　　单位：毫米

标本编号	左/右	P3		P4		M1		M2		M1–M2
		长	宽	长	宽	长	宽	长	宽	
86.J.A.Ⅱ：狼13				22.2	11.1	14.7	残			
84.J.A.东.6：狼11										
84.J.A.6.T2–狼12		15.3	5.7							
84.J.A.6.T2–狼14						14.2		7.9	10.4	21.3
84.J.A.6.T3–狼15						14.6	18.5	8.3	12	22
93.J.A.0：110	左			21.5	10					
93.J.A.Ⅷ–Ⅵ.D8–70	右			22.3	11					
93.J.A.Ⅷ–Ⅵ.D5–35	右					14.4	17.3	8	11.8	22
93.J.A.Ⅷ–Ⅵ.B6–5	右			22.7						
93.J.A.Ⅷ–Ⅶ.D8–16	左			22.4	11.8	14	17.2			
93.J.A.Ⅷ–Ⅶ.E6–2	左									
93.J.A.Ⅷ–Ⅸ.D3–17	右			10.8						
93.J.A.Ⅷ–Ⅹ.C10–9				21.8	10.7	14.2	17.4	8.2	11.2	22.4

单位：毫米

表 6-24　狼 Canis 下颌骨测量表

标本编号	左/右	C 长	C 宽	P1 长	P1 宽	P2 长	P2 宽	P3 长	P3 宽	P4 长	P4 宽	M1 长	M1 宽	M2 长	M2 宽	M3 长	M3 宽	I1–M3	C–M3	P1–M3 长	P1–P4	M1–M3 长	下颌骨高 P2后	下颌骨高 M1之前	下颌支高 角突—喙突	下颌支高 角突—髁突
86.J.A.Ⅲ：狼9										17.7	7.4															
86.J.A.Ⅲ：狼10												24.5	9.1													
86.J.A.Ⅲ：狼7												26.4*	10.6													
87.J.A.Ⅶ：狼6		11.6	8					13.7	6.1			25.9	10.3	11	8											
87.J.A.Ⅶ：狼3												23.1	9													
84.J.A.东.6：狼1												24.6	9.4	10.6	8										56.4	28.2
84.J.A.6.T2-狼2						11.6	5.12	12.5	5.4					11.1	7.5											
84.J.A.6.T4-狼4										14.3	6.4			9.7	7.2						45.59					26.5
84.J.A.6.T2-狼5																										
84.J.A.6.T4-狼8																										
93.J.A.Ⅷ-Ⅱ.C10-11	右	10.4	6.5					12.2	5.3	13.5	6.4	22.3	9	10.6	7.2			97	94.5	80.2	43.4	37.6		20.8		
93.J.A.Ⅷ-Ⅱ.C6-7	右					11.3	4.9			14.6	6.7	25.6	9.3	11	7				103		47	42				
93.J.A.Ⅷ-Ⅱ.E7-44	右									15.1	6.5	25	9.8	10.2	7.5							41				
93.J.A.Ⅷ-Ⅱ.C9-10	左											25	10									40.5				
93.J.A.Ⅷ-Ⅱ.E6-6	右	12	7.4	4.5	4	11	4.6																21			
93.J.A.Ⅷ-Ⅱ.A4-22	右					12	5.5			14.5	7															
93.J.A.Ⅷ-Ⅵ.F7-20	左													9.7	7.7											
93.J.A.Ⅷ-Ⅵ.E4-28	右							12.8	6.2																	
93.J.A.Ⅷ-Ⅶ.B3-64	右					10.7	4.5			14	6.5	24.1	8.5	10.6	7				94	80.5	43.2	40		21.3		
93.J.A.Ⅷ-Ⅶ.B10-18	左											22.5	9													
93.J.A.Ⅷ-Ⅶ.A5-7 C5-26	左	10	7.5					14.2	5.8	15	7															
93.J.A.Ⅷ-Ⅶ.E5-1	右							11.8	5.5	13.5	6.7										43.5					
93.J.A.Ⅷ-Ⅶ.B6-7	左																							20.2		
93.J.A.Ⅷ-Ⅷ.B6-26	左							12.7	5.6	13.3	6.4	24	9.7	9.8	6.5	4.4					44.3		18.4	23.8		
93.J.A.Ⅷ-Ⅸ.C9-11	左	10	7							12.8	6.2	23	8.5	9.2	6.3	3.9		93.6	87.5	75.5	42	35.3	17.5	19.5		
94.J.A.Ⅷ-13.E7-17												24.5	10.3													

* 牙系修复，数据偏大。

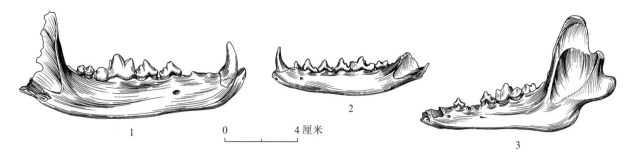

图 6-20 哺乳动物下颌骨

1.93.J.A.Ⅷ–Ⅱ.C10–11 狼右下颌骨 2.94.J.A.Ⅷ–ⅩⅢ.E8–44 沙狐左下颌骨 3.93.J.A.Ⅷ–Ⅴ.E8 中华貉左下颌骨

P1–M3 长 80.2 毫米。M1 前下颌高 20.8、厚 10.5 毫米（图 6-20，1）。

②变异狼 *Canis variabilis*

与狼主要的区别是下 M1 小，下前尖和下原尖不如狼的高，外壁不如狼的陡直，跟座较低，其上的下次尖较圆钝，下内尖小不发育。

标本 93.J.A.Ⅷ–Ⅸ.C8–11，下颌骨。保存左侧下颌骨和右侧下颌骨前部，左侧下颌支残。左侧除门齿和部分前臼齿残缺外，其余牙齿保存较好，右侧保存 I1–P3。左侧犬齿长 10、宽 7 毫米，P4 长 12.8、宽 6.2 毫米，M1 长 23、宽 8.5 毫米，M2 长 9.2、宽 6.3 毫米，M3 长 4.4、宽 3.9 毫米。左侧齿列（I1 内侧齿槽 –M3）长 93.6 毫米，P1–P4 长 42、M1–M3 长 35.3、C–M3 长 87.5、P1–M3 长 75.5 毫米。M1 前下颌骨高 19.5、厚 10 毫米，P2 后高 17.5、厚 10.5 毫米，两侧犬齿外侧间宽 22.5 毫米（图版八四，11）。

变异狼是裴文中先生根据北京周口店第 1 地点发现的材料定的一个新种 *Canis Lepus var. variabilis* pei，其头骨的主要特征是尺寸小，吻部纤细，矢状脊弱或缺失。通过对 63 件标本的裂齿 P4 测量可知其尺寸为长 22~24、宽 10~8 毫米，长宽比为 2.4~2.07；下裂齿 M1 特征与狼相似，统计的 50 件标本尺寸为长 21~25、宽 8.5~9.3 毫米（Pei Wenzhong，1934）。金牛山遗址没有发现狼的头骨，只有残破的上下颌，上裂齿（P4）仅有 5 枚，长 21.5~22.4、宽 10~11.8 毫米，长宽比

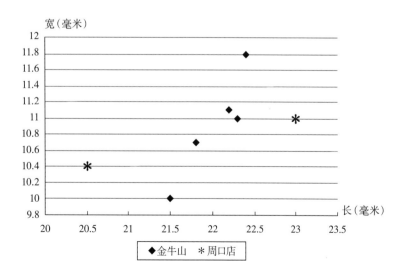

图 6-21 犬属上裂齿（P4）测量数据比较图

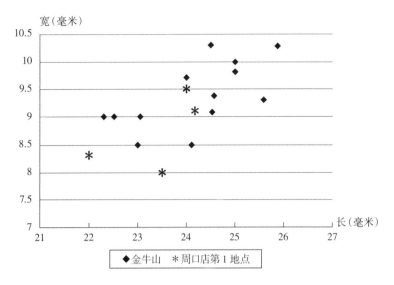

图 6-22 犬属下裂齿（M1）测量数据比较图

例为 1.8~2.2（图 6-21）。14 枚下裂齿（M1）长 22.3~26.4、宽 8.5~10.6 毫米。上、下裂齿测量数据与周口店变异狼的测量数据比较见图 6-22。我们暂将上裂齿长度在 25 毫米以下的定为变异狼，狼的稍大，但两者之间没有明显的界线。

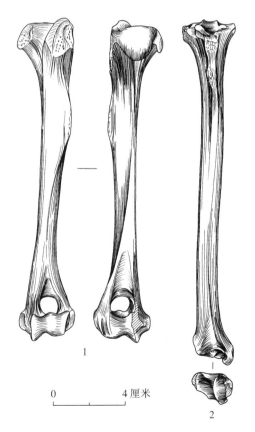

图 6-23 狼 的 肢 骨
1. 93.J.A.Ⅷ–Ⅵ.A5–61 左肱骨
2. 93.J.A.Ⅷ–Ⅵ.B5–19 右胫骨

从化石出土的层位看，西壁上部的第Ⅲ层（86.J.A.Ⅲ）发现的两枚下 M1 长 25、宽 9.1 和长 26、宽 10.6 毫米。下部堆积的第Ⅶ和Ⅷ层共发现 12 件下 M1，其中有 4 件牙齿的长度大于 25 毫米（含 25 毫米）。所以似乎可以认为，下部堆积中存在狼和变异狼，以体型较小的变异狼为主，上部堆积中则只有体型较大的狼。

除上下颌骨外，还发现了大量狼的骨骼，只对保存状况较好的骨骼部位进行了简单的分类统计。但仅仅通过对肢骨和跗骨统计测量，我们还不能将狼和变异狼区分开来。

肢骨，22 件。计有肱骨 7 件、桡骨 5 件、尺骨 1 件、股骨 2 件、胫骨 7 件（表 6-25）。标本 93.J.A.Ⅷ–Ⅵ.A5–61 为左侧肱骨（图 6-23，1），标本 93.J.A.Ⅷ–Ⅵ.B5–19 为右侧胫骨（图 6-23，2）。

跗骨，4 件。计有跟骨 2 件、距骨 2 件（表 6-26）。

（2）狐属 *Vulpes* Oken，1861

71 件。计有左侧上颌残块 2 件、左侧下颌骨 7 件、右侧下颌骨 4 件、左侧肩胛骨 1 件、左侧肱骨 1 件、右侧肱骨 1 件、左侧尺骨 5 件、右侧尺骨 1 件、左侧桡骨 5 件、右侧桡骨 1 件、左侧股骨 7 件、右侧股骨 2 件、左侧胫骨 10 件、右侧胫骨 1 件、掌（跖）骨 14 件、指（趾）骨 3 件、左侧髋骨 1 件、左侧距骨 1 件、牙 4 件。均发现在第Ⅷ层。

表 6-25　　　　　　　　　　　　　　　　狼 *Canis* 肢骨测量表　　　　　　　　　　　　　　单位：毫米

标本编号	骨骼	左/右	全长	上端		下端	
				长	宽	长	宽
93.J.A.Ⅷ-Ⅵ.A5-61	肱骨	左	172	37.6	27.1	26.5	31.4
93.J.A.Ⅷ-Ⅴ.A5-14	肱骨	左		36.6	24.5		
93.J.A.Ⅷ-Ⅲ.E5-14	肱骨	左		36	26.5		
93.J.A.Ⅷ-Ⅴ.A5-17	肱骨	左		37.7	26		
93.J.A.Ⅷ-Ⅸ.D4-3	肱骨	左				26	33.3
93.J.A.0：101	肱骨	右				27.2	33.3
93.J.A.Ⅷ-Ⅵ.C5-26	肱骨	右				27.2	33.7
93.J.A.Ⅷ-Ⅸ.D5-2	桡骨	左				12.4	23.2
93.J.A.Ⅷ-Ⅸ.D4-62	桡骨	左				13.5	24
93.J.A.Ⅷ-Ⅸ.E4-9	桡骨	左		12.2	16.7		
93.J.A.Ⅷ-Ⅶ.B5-14	桡骨	左	161.8	11	16.7	12	22
93.J.A.Ⅷ-Ⅷ.C4-26	桡骨	左		10			
93.J.A.Ⅷ-Ⅲ.D7-18	尺骨	左				14.4	
93.J.A.Ⅷ-Ⅸ.A5-16	股骨	右				37	30.4
94.J.A.Ⅷ-Ⅱ.C9-26	股骨	左	189	18.3	39	36	30.2
93.J.A.Ⅷ-Ⅵ.B5-19	胫骨	右	186	37.5	32	15.6	22.5
93.J.A.Ⅷ-Ⅶ.B5-10	胫骨	右	187.5	38.9	33.8	17.6	23.6
93.J.A.Ⅷ-Ⅶ.C5-12	胫骨	左	192	38.3	33		
94.J.A.Ⅷ-Ⅱ.C9-28	胫骨	左	191.5	37.2	33.5	15.3	22
94.J.A.Ⅷ-Ⅱ.C9-7	胫骨	右				15.5	21.5
94.J.A.Ⅷ.Ⅱ.B11-18	胫骨	右				13.5	18.5
93.J.A.Ⅷ-Ⅹ.B3-13	胫骨	右	181	37	34	16.2	22

表 6-26　　　　　　　　　　　　　　　　狼 *Canis* 跗骨测量表　　　　　　　　　　　　　　单位：毫米

标本编号	骨骼	左/右	长	宽	高
94.J.A.Ⅷ-Ⅺ.C9-17	跟骨	右	44	17	18.8
94.J.A.Ⅷ-Ⅺ.C9-27	跟骨	左	43.2	16.5	19
94.J.A.Ⅷ-Ⅺ.C9-21	距骨	右	26	16.6	13.8
94.J.A.Ⅷ-Ⅺ.C9-29	距骨	左	26	16.5	13.6

　　由于狐的其他部位骨骼破损严重，保存状况较好的下颌骨下颌支都残缺，仅保存有部分齿列。通过对牙齿及颌骨的大小来看，金牛山遗址发现的狐属应有狐（*Vulpes vulpes*）和沙狐（*Vulpes corsac*）两种。

　　①狐 *Vulpes vulpes*

　　标本 84.J.A.6.T2- 狐 5，上颌骨。保存有 P4-M2 齿列，牙齿大小和特征与貉的相似，不同的是 P4 的后尖切割刃缘更延长，M1 和 M2 的内侧更向后凸且窄一些。P4 长 14.1、宽 7.1 毫米，M1 长 10.1、宽 12 毫米，M2 长 5.6、宽 7.9 毫米。P4 与 M1 和 M2 之和的比例为 88.9。该标本的牙齿比 1978 年发现的沙狐的同类牙齿稍大，1978 年发现的沙狐上颌标本 Y.K.M.M.31.4 的 P4 长 13、宽 6.6 毫米，标本 Y.K.M.M.31.5 的 P4 长 13.2、宽 6.9 毫米（张森水等，1993）。

标本 84.J.A.6.东：狐 4，左侧下颌骨。残破，保存 P2–P4，P4 尚未完全萌出齿槽，幼年个体，P2 原尖锋利，无前后附尖，P3 和 P4 有后附尖（图版八四，9）。

②沙狐 *Vulpes corsac*

可鉴定为沙狐的部位均为下颌骨。其下裂齿（M1）长度和宽度都落入周口店第 1 地点发现的沙狐（v.cf.corsac）的上限值，小于周口店第 3 地点发现的狐（v.cf.vulgaris）（表 6-27），只有标本 84.J.A.6.T2– 狐 1 的下裂齿与第 3 地点狐（v.cf.vulgaris）的长宽值相似（图 6-24）。因此该遗址归于沙狐的标本，其上下裂齿均比周口店第 1 地点的沙狐稍大。

标本 94.J.A.Ⅷ–XⅢ.E8-44，左侧。下颌支残，保存 C–M2，齿尖锋利，青年个体。C–M3 齿列长 65.4 毫米，P2 后下颌骨体高 11、厚 5.4 毫米，M1 后下颌骨高 12.7、厚 6.4 毫米（图 6-20，2；

表 6-27　　　　　　　　　　　　　　　沙狐 *Vulpes corsac* 下颌骨测量表　　　　　　　　　　　　　　　单位：毫米

标本编号	左/右	C 长	C 宽	P1 长	P1 宽	P2 长	P2 宽	P3 长	P3 宽	P4 长	P4 宽	M1 长	M1 宽	M2 长	M2 宽	M3 长	M3 宽	I1–M3	C–M3	P1–M3	P1–P4	M1–M3	下颌骨体高 P2后	下颌骨体高 M1后
84.J.A.6.T2– 狐 7	左											15	5.6											
84.J.A.6: 狐 6	右													7.5	5.9									
84.J.A.6.T2– 狐 1	左					8.6	3.2	9.5	3.4	9.6	3.9	16.2	5.8	7.5	5.6	3.5	3.3	78	78	63.3	36.1	27.4	12.3	13.7
87.J.A.Ⅷ: 狐 2	左	6.1	4.4			8.2	3	8.2	3	9.4	3.7	14.3	6.1								31.2			
87.J.A.Ⅷ: 狐 3	右	6.2	4.2			8.1	2.9	8.5	3.	9.4	3.9													
94.J.A.Ⅷ–XⅢ.E8-44	左	6.4	4.8	3.7	2.5	7.5	3	9.3	3	9.3	3.5	15	5.5	7.3	4.7			67	65.4	56	32	24.7	11	12.7

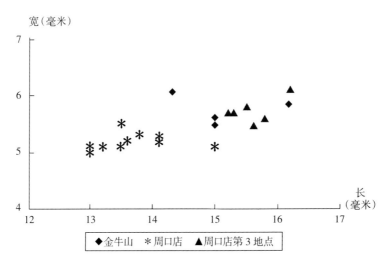

图 6-24　狐下裂齿（M1）长、宽比较图

表 6-28 　　　　　　　　　　　　　狐 *Vulpes* 肢骨测量表 　　　　　　　　　　单位：毫米

标本编号	骨骼名称	左 / 右	保存部位	全长	上端		下端	
					长	宽	长	宽
93.J.A.Ⅷ-Ⅲ.E9-50	肱骨	左	下部				17	23
93.J.A.Ⅷ-Ⅷ.C4-8	肱骨	右	上部		27.7	22.7		
93.J.A.Ⅷ-Ⅵ.B11-11	桡骨	左	下部				11.5	17
93.J.A.Ⅷ-Ⅳ.D7-41	桡骨	左	完整	107	8	12	10	16.7
93.J.A.0-97	桡骨	右	上部		7	11.8		
93.J.A.Ⅷ-Ⅴ.C6-13	股骨	左	上部		13.7	29.4		
93.J.A.Ⅷ-Ⅷ.B11-10	股骨	左	完整	133				
93.J.A.Ⅷ-Ⅴ.C6-9	股骨	左	下部				26	23.6
93.J.A.Ⅷ-Ⅵ.B11-8	股骨	右	下部				25	24.5
93.J.A.Ⅷ-Ⅵ.E4-9	股骨	左	完整	134				
93.J.A.Ⅷ-Ⅲ.D7-68	股骨	右	下部				23	23
93.J.A.Ⅷ.E6-24	股骨	左	下部				22	21.4
94.J.A.Ⅷ-ⅩⅢ.D9-17	股骨	左	完整		11.8	26.2	19.5	21
93.J.A.Ⅷ-Ⅷ.C4-14	胫骨	左	下部				14.8	21.2
93.J.A.Ⅷ-Ⅵ.B6-8	胫骨	左	下部				13.6	18.5
93.J.A.Ⅷ-Ⅲ.D7-9	胫骨	左	上部		27	26		
93.J.A.Ⅷ-Ⅵ.B11-72	胫骨	左	下部				13	15.5
93.J.A.Ⅷ-Ⅲ.D7-71	胫骨	左	下部				13.5	15
94.J.A.Ⅷ-Ⅱ.D6-14	胫骨	右	上部		18.1	17.5		
94.J.A.Ⅷ-Ⅱ.D8-66	胫骨	左	上部		17	16.6		
94.J.A.Ⅷ-Ⅱ.D6-11	胫骨	左	上部		18	17		
94.J.A.Ⅷ-Ⅱ.D6-17	胫骨	左	上部		17.5	17.3		
94.J.A.Ⅷ-Ⅱ.D8-13	胫骨	左	下部				11.5	15.7

图版八四，10）。

狐的肢骨保存状况较差，测量数据见表 6-28。

（3）貉属 *Nyctereutes* Temminck，1839

中华貉 *Nyctereutes sinensis*

76 件。主要发现在第Ⅶ、Ⅷ层，上部的第Ⅲ层仅有 2 枚牙齿（右上 M1 和 M2），第Ⅶ层和第Ⅸ层也偶有发现（表 6-29）。能鉴定的材料主要是上下颌和肢骨。上颌骨均为残块，有的保存有 P4-M2 齿列。上、下颌骨的测量数据见表 6-30、6-31。

标本 93.J.A.Ⅷ-Ⅷ.B4-11，左侧上颌骨。P4 的第 2 尖发育，凸出于齿冠的前内侧缘，在原尖和后附尖的内侧底缘有明显的齿带，M1 有前齿带和外侧齿带，后小尖发育，有的有弱小的前小尖，有的前小尖部明显，次尖高，向后内侧突起。M2 齿尖特征与 M1 相似，但牙齿小。在 M2 后方可

表 6-29　　　　　　　　　　　　　　　貉 *Nyctereutess* 骨骼测量表　　　　　　　　　　　　　单位：件

层位	上颌骨		下颌骨		肱骨	尺骨		桡骨	股骨		胫骨		掌（跖）骨	零牙	合计
	左	右	左	右	左	左	右	左	左	右	左	右			
III														2	2
VII	1	1	1	1										4	8
VIII	6	4	10	11	1	1	2	5	5	4	2	5	4	4	64
IX			1	1											2

表 6-30　　　　　　　　　　　中华貉 *Nyctereutes sinensis* 上颌骨牙齿测量表　　　　　　　　单位：毫米

标本编号	左/右	P2		P3		P4		M1		M2		P4–M2	M1–M2	P4/M1+M2 ×100
		长	宽	长	宽	长	宽	长	宽	长	宽	长		
貉 27	左							10.1	11.5					
86.J.A.III：貉 29	右							10.4	11.8					
86.J.A.III：貉 30	右									6.6	7			
84.J.A.6.T3– 貉 33	左													
84.J.A.6：貉 26	右									10.4	11.6			
87.J.A.VII：貉 20	右	7.1	3.3	9.1	5.2	14.2	7.3	11.2	12.1					
87.J.A.VII：貉 21	右					12.6	7.2	10.4	12					
84.J.A.6.T4– 貉 18	左					11.8	6.5	9.8	11.4					
84.J.A.东.6：貉 22	左							10.2	11.6	6.4	7.6			
85.J.A.西.6：貉 24	左							10.1	11.4	5.9	6.8			
87.J.A.VIII：貉 19	右			7.7	4.1	12.3	6.8	10.4	11.4	6.1	7.7		16.7	73.4
93.J.A.VIII–III.E4–10	右					14.6	6.3	10.8	11.8	7.2	8	29	16.5	88.5
93.J.A.VIII–IX.D4–74	左									6.4	7.5	26.5	16	
93.J.A.VIII–VIII.B4–11	左					12.4	7.5	10.3	11.4	6.3	6.5	25.7		
93.J.A.VIII–IV.D4–40	右					13.5	8	12	12.5	7.7	8.2	30.7	19	71.1
93.J.A.VIII–II.B2–B、3–12	左					13.2	8	11.7	12.1	7	8	27.3	18.5	71.4
94.J.A.VIII–11.C7–61	左					13.1	9.3	11.5	6	7.5	26.5	15.2	86.2	

见腭部后缘超出颊齿列最末端的水平连线（图版八五，1）。

　　标本 93.J.A.VIII–V.E8，左侧下颌骨。亚角突明显，保存 P2、P4–M2 牙齿。P2 原尖高，无前后附尖，P4 后附尖明显，M1 前部的三角座高，下前尖和下原尖组成的切割刃缘较陡直，下后尖发育，后部的跟座低矮，其上有下次尖和下内尖，跟座后缘下次小尖部明显。M2 小，下原尖和下后尖高起，下次尖低矮，弱小，下内尖不明显（图 6-20，3；图版八五，2）。

　　中华貉是我国北方地区常见的一种化石种，从上新世一直生存到更新世晚期，其牙齿与骨骼的特征与现生的貉（*Nyctereutes procyonoides*）相似，但尺寸较现生貉大（Pei,1934）。图 6-25、

表 6-31　　　　　　　　　　　　　中华貉 *Nyctereutes sinensis* 下颌骨测量表　　　　　　　　　　　单位：毫米

标本编号	左/右	P1		P2		P3		P4		M1		M2		M3		C-M3	P1-M3	I1-M3	下颌骨高		
		长	宽	长	宽	长	宽	长	宽	长	宽	长	宽	长	宽	长	长	长	P2后	P4后	M1后
86.J.A.Ⅲ：貉16	左													5	5.7						
87.J.A.Ⅵ：貉13	右							8.9	4.5												
87.J.A.Ⅵ：貉23	右									16.2	5.8										
87.J.A.Ⅵ：貉31	左											8.3	5.3								
87.J.A.Ⅶ：貉8	左									15.2	6.2	7.8	5.5					14.4			
87.J.A.Ⅶ：貉9	右									15	6.5							66.8*		14.2	
87.J.A.Ⅶ：貉10	左									15.4	6.5	7.5	5.3					64.6*		12.7	
87.J.A.Ⅶ：貉6	左			6.4	3.2	7.3	3.5	8.6	4.7	16	6.4									15.6	
87.J.A.Ⅶ：貉3	右			7	3.2			8.7	4.4	15	6.1	8.1	5.5				54.7	14.8			
87.J.A.Ⅶ：貉12	左																			14.2	
84.J.A.东.5：貉25	左									15.2	6.8										
84.J.A.东.5：貉17	左																				
84.J.A.东.6：貉5	左					7.4	3.3	8.3	4.1	14.8	5.8	7.6	5.6	2.6	2.4					13.8	
84.J.A.东.6：貉28	左									15.1	6.2										
84.J.A.东.6：貉34	右									16.4	7										
84.J.A.6.T4-貉2	右					7	3.2			14.4	6	7.7	5							12.9	
84.J.A.6：貉14	左																				
84.J.A.6：貉11	左			6.3	3.1	7.3	3.4	8.3	4.1	15.1	6.2	7.6	5.6							12	
85.J.A.Ⅵ.西：貉1	右			6.4	3.2			9.3	3.9	15.4	6.7	7.9	5.4			62				12.4	
85.J.A.Ⅵ.西：貉7	左							8.6	4	15.7	6.1	7.6	5.8	3.4	2.7					12.4	

续表 6-31

标本编号	左/右	P1 长	P1 宽	P2 长	P2 宽	P3 长	P3 宽	P4 长	P4 宽	M1 长	M1 宽	M2 长	M2 宽	M3 长	M3 宽	C-M3 长	P1-M3 长	I1-M3 长	下颌骨高 P2后	下颌骨高 P4后	下颌骨高 M1后
87.J.A.Ⅷ:貉4	左							8.8	4.5	15.2	6.8	7.6	5.4					69.4*		16	
87.J.A.Ⅷ:貉15	右							8.21	4.1	13.92	6.36	6.68	4.57							12.9	
93.J.A.Ⅷ-Ⅳ.B9-6	右			6.3	3.2			8.5	4	15	6.2	6.1	5								15.8
93.J.A.Ⅷ-Ⅴ.E8	左			6.6	2.9			8.6	4.1	14.7	6	8	5				56.5	71.5*	11.1	14	17.6
93.J.A.Ⅷ-Ⅳ.B9-5	左							8.4	4.1	15	6									13.2	15.7
93.J.A.Ⅷ.TG-15	右	3.2	2.4	7.1	3.2			8.5	4	14.5	5.8	7.7	5			64	55				
93.J.A.Ⅷ-Ⅸ.B4-17	右									15.1	6.5	8.2	5.1								18
93.J.A.Ⅷ-Ⅷ.A5-44	右									15.1	6.2									14	17.5
93.J.A.Ⅷ.0:363	右																		11.2	14	17
93.J.A.Ⅷ-Ⅸ.D3-58	右					7.7	3.2	7.8	4.3			7.5	5			66.3	54.5			12.7	

* 测量齿槽。

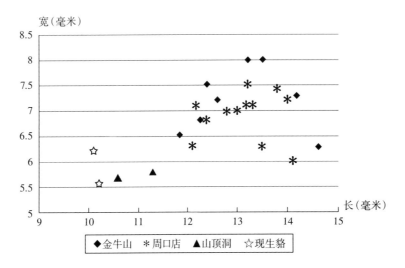

图 6-25 貉上裂齿（P4）测量数据比较图

周口店数据引自 Pei Wenzhong, On the Carnivora from Locality 1 of Choukoutien, Series C Vol.VILL, Fascicle 1, Published by the Geological Survey of China Peiping (Peking), 1934, May. 山顶洞数据引自 Pei Wenzhong, The Upper Cave fauna of Choukoutien, Palaeontologia Sinica, New Series C, No.10; Whole Series No.125. Published by the Geological Survey of China Chungking October 1940. 20. 现生貉为北京大学考古文博学院标本室教学标本，图 6-26 同

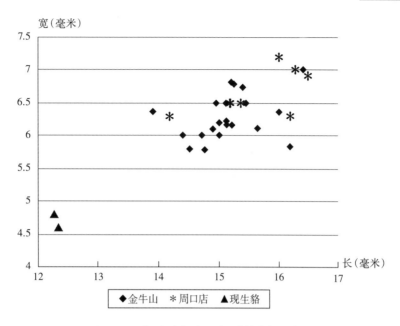

图 6-26　貉下裂齿（M1）测量数据比较图

6-26 是金牛山遗址和北京周口店遗址中华貉（*Nyctereutes sinensis*）与北京周口店山顶洞的貉 [*Canis (Nyctereuties) procyonoides*] 以及现生貉（*Nyctereutes procyonoides*）上裂齿 P4 和下裂齿 M1 测量数据比较。金牛山遗址发现的中华貉上 P4 平均长 13.1 ± 0.67、宽 7.2 ± 0.44 毫米；P4 与 M1 和 M2 长度之和的比为 71.1~86.2；下 M1 平均长 15.1 ± 0.24、宽 6.3 ± 0.14 毫米。北京周口店第 1 地点发现的中华貉上 P4 平均长 13.1 ± 0.38、宽 6.9 ± 0.26 毫米，P4 与 M1 和 M2 长度之和的比为 69.5~86。下 M1 平均长 15.7 ± 0.81、宽 6.7 ± 0.36 毫米。金牛山遗址和周口店第 1 地点发现的中华貉大小基本相同，两者均大于山顶洞发现的貉，更大于现生貉。

（4）棕熊属 *Ursus* Linnaeus，1758

①洞熊 *Ursus spelaeus*

5 件。计有右侧下颌骨 1 件、左侧下颌骨 1 件、右上 M1 牙胚 1 件、左下 M3 牙胚 1 件以及左侧肱骨 1 件。均发现于西壁剖面第 Ⅱ 层。

标本 86.J.A.Ⅱ③钙下：2，左侧下颌骨。保存 M1-下颌支，牙脱落，仅存 M3 在齿槽中尚未萌出，M2 前下颌骨高 40.5 毫米，下颌支角突—喙突高 88.6 毫米，角突—髁突高 43.1 毫米，下颌支基部长 54 毫米，是一个尚未成年的幼年个体（图版八五，3）。

标本 86.J.A.Ⅱ③钙下：11，右侧下颌骨。除门齿缺失外，保存基本完整，带犬齿、第 4 前臼齿、第 1~ 第 3 臼齿。M1 原尖崩损，M2 原尖稍磨，M3 齿尖未磨蚀，代表一个成年的青年个体（图 6-27；图版八五，4）。有 P1 齿槽，P1 未保存。无 P2 和 P3，形成齿隙。P4 宽短，原尖粗壮，内侧有 3 个发育的小附尖，后部低矮，其上有 3 个明显的附尖和一些小的瘤状小尖。M1 的下前尖残缺，下原尖和下次尖之间有一个发育的附尖，下前尖和下后尖之间也有一个小附尖，下内尖脊状，由 3 个小尖组成，齿冠后面的跟座部分向颊侧凸，明显较前部宽，有外侧齿带。M3 宽大，嚼面瘤状小尖发育。M2 和 M3 都有外侧沟。下颌体明显较棕熊的高，齿隙下方的骨体凹陷，表面凹凸不平。有 4 个颏孔，P4 距下方的颏孔有 46.9 毫米，M1 距其下的颏孔 37.3 毫米。下颌支宽大。下颌骨的

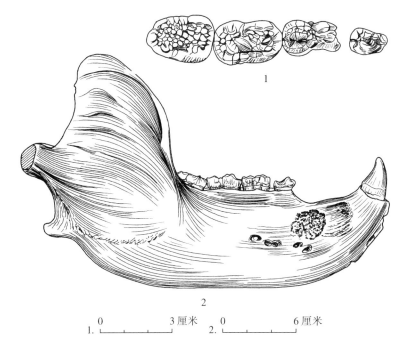

1

2

0 ___ 3厘米   0 ___ 6厘米
1. └──────┘   2. └──────┘

图 6-27　洞熊右下颌骨（86.J.A. II ③钙下：11）

1. 下 P4-M3 嚼面视 X1　2. 颊侧视 X2/3

表 6-32　　　　　　　　　洞熊 Ursus spelaeus 下颌骨测量及比较表　　　　　　　　　单位：毫米

测量项目	金牛山	周口店山顶洞*		
	86.J.A. II ③钙下：11	Spec.2	Spec.a	Spec.b
髁突 –I1 前缘全长		284	273	280
I3 后缘—角突长	301			
C 前缘—髁突长	298			
C 前缘—喙突长	269			
C 前缘—角突与髁突凹长	279			
角突—髁突高	72.5			
角突—喙突高	158.5			
髁突＝喙突高	125.2			
P4 前下颌体高	65	54	63	54.4
M1 前下颌体高	79			
M2 前下颌体高	76			
M2 后下颌体高		64	58.3	56.3
I1–M3 长		177	175	181
犬齿前 –M3 长	174.7			
P4–M3 长	101.8	94.4	98.9	100
M1–M3 长	85.2			
犬齿长	23.7			

续表 6-32

测量项目	金牛山	周口店山顶洞 *		
	86.J.A.Ⅱ③钙下：11	Spec.2	Spec.a	Spec.b
犬齿宽	19.1			
P4 长	16	15.2	15	17.2
P4 宽	10.8	8.8	7.6	9.1
M1 长		27.8	28.2	29.3
M1 宽	15.3	13.7	13.6	15.3
M2 长	29.3	28	30.4	29.8
M2 宽	18.6	17.9	18.4	19.6
M3 长	28.7	23.5	25.1	24.1
M3 宽	19.3	18	18.2	18.4

* 数据引自 Pei Wenzhong, The Upper Cave fauna of Choukoutien, Palaeontologia Sinica, New Series C, No.10. Whole Series No.125. Published by the Geological Survey of China Chungking October 1940. 20.

高度和 P4-M3 的长度与北京山顶洞洞熊标本 Spec.a 相似，下颌骨测量和比较见表 6-32。

标本 86.J.A.Ⅱ③钙下：10，左侧肱骨。保存完整，上端关节骺线可见，未完全愈合，属于未成年个体。肱骨最大长 352 毫米，近端宽 74、长 90 毫米，远端最大宽 111、长 63 毫米；滑车宽 80 毫米（图版八五，5）。

洞熊肱骨与棕熊肱骨比较主要的区别有：肱骨体后面，洞熊的较宽平，内侧面与前面以直角相交，骨体较棕熊的粗壮；棕熊的内侧面较凹入，后面显得较窄。在肱骨头的后面，洞熊的平坦，不见脊；棕熊的则有两条竖立的脊。前面肱骨脊的下端，洞熊的外下方边缘粗厚，呈脊状，末端平缓的变尖；棕熊的边缘锐，末端呈锐角三角形。金牛山洞熊的肱骨比北京周口店第 1 地点发现的洞熊稍小，后者肱骨远端宽 121 毫米（Pei Wenzhong，1934），可能与未成年有关。

②棕熊 Ursus arctos

棕熊的化石非常丰富，除第Ⅲ层外，各层都有发现，各层发现棕熊标本如下：

第Ⅱ层，6 件。计有老年个体左侧下颌骨 1 件、左侧肱骨 1 件、左侧桡骨 1 件、左侧尺骨 1 件、左侧胫骨 1 件、右侧股骨 1 件。标本左侧桡骨（86.J.A.Ⅱ3：3）与左侧尺骨（86.J.A.Ⅱ3）关节面不吻合，不是同一个体，因此可判断第Ⅱ层棕熊的最小个体数为 2。

第Ⅳ层、Ⅴ层和Ⅵ层只发现少量的掌（跖）指（趾）骨和距骨、髌骨等。

第Ⅶ层，发现骨架 2 件、肢骨和脊椎骨 116 件。其中骨架中 1 号熊保存完整。2 号熊保存有头骨、下颌骨和部分前后肢骨。最小个体数 4（除 1、2 号熊外，另两个个体以 2 件右侧胫骨计算，共计 4 个个体）。

第Ⅷ层，发现骨架 2 件、各部位骨骼 583 件，最小个体数 9（以右侧股骨 9 计算）。从熊骨骼分布看，Ⅷ-Ⅰ到Ⅷ-Ⅳ熊的骨骼主要分布在洞的东部，最少有 1 个幼年熊和 2 个成年熊，它们死亡后骨骼部分分解，其中部分前、后肢骨骼的关节还连接在一起时被水冲入洞中埋藏。在Ⅷ-Ⅴ发掘层，熊的骨骼明显增多，共有 89 件，主要集中在洞西南角的 B10、B11、C10 和 C11，有前后肢骨和脊椎骨，其中有 2 件右侧肱骨和股骨，可能是两头熊死后骨骼尚未完全分解时就被冲入洞中集中埋藏在这里。在Ⅷ–Ⅶ和Ⅷ–Ⅷ的 B10 和 B11 有一个保存较完整的熊的骨骼。在Ⅷ–Ⅻ的 B9 和 B10 又发现一具完整的熊骨骼，应是先后有两头熊的尸体埋藏在此，没有被扰动。

棕熊骨架（87.J.A.Ⅶ: U1）。发现于第Ⅶ层上部靠近西南壁的细沙透镜层中，是一个没有被扰乱的完整骨架。

头骨，除左侧颧弓发掘残缺外，保存基本完整。右侧犬齿残损，第 1、2 门齿和右侧 P3 发掘残损，其余牙齿均保存。牙齿齿尖稍磨，属于 1 个成年的青年个体（图 6–28，1~3；图版八五，6）。头骨的鼻面部较长，鼻骨长 96.9 毫米，大于 M1 前头骨的宽度 84.3 毫米；眼眶前缘—中央门齿槽前缘距离 141.5 毫米，大于左右眶后突间距 110 毫米，M1 到 M2 长 55.4 毫米，约等于 M1 之间骨质腭宽度 55.2 毫米，这些特征均与棕熊的特征相同（高耀亭等，1987）。头骨的矢状脊发育，眶下孔小，腭面凹入。P1 因修复特征不清，P2 处形成齿隙，P3 小，单尖。P4 的原尖发育，后附尖低，在内侧后部有一个低矮的第 3 尖，齿冠的颊侧有明显的齿带。M1 长方形，前后附尖弱小，有外侧齿带。M2 后部稍收窄，原尖和次尖下方有齿带。头骨测量数据见表 6–33。

下颌骨，保存完整。P1 为椭圆形的单尖，在 P1 和 P4 之间形成齿隙，P4 较窄，前附尖弱小，无后附尖。M1 和 M2 为一般熊形，M3 稍缩窄，呈长圆形，瘤状小尖远不如洞熊的发育。下颌体较低矮，左侧骨体有 4 个颏孔，右侧有 2 个颏孔，P4 齿槽距下方颏孔 25.4（左）和 25.2（右）毫米。下颌支前缘的根部在 M3 后，下颌支较洞熊的低窄（图 6–28，4；图版八六，1）。下颌测量数据见表 6–34。

肩胛骨，标本 87.J.A.Ⅶ: U1-3，右侧。长 257、宽 86.5 毫米，关节端长 75.5、宽 36 毫米。

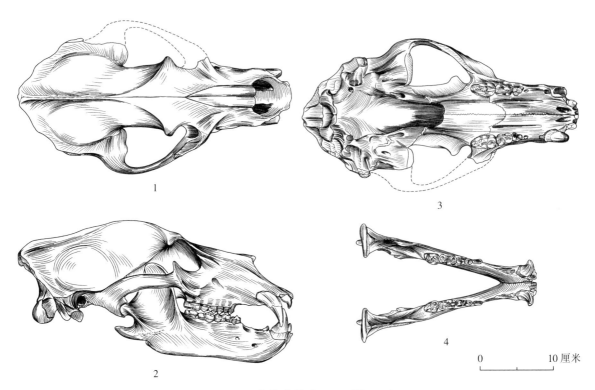

图 6–28　1 号熊头骨（87.J.A.Ⅶ: U1）

1. 颅顶视　2. 侧面视　3. 颅底视　4. 下颌骨嚼面视

表 6-33　　　　　　　　　　棕熊 *Ursus arctos* 头骨测量表　　　　　　　　　　单位：毫米

测量项目	87.J.A.Ⅶ:U1	93.J.A.Ⅷ-Ⅴ.B11-49	93.J.A.Ⅷ-Ⅶ.B10-1	93.J.A.Ⅷ-Ⅶ.B4-29	93.J.A.Ⅷ-Ⅹ.B9-1	周口店	现代棕熊
颅全长	386				380	385	400
颅基长	361				366		372
基长	341				343		347
基底长	335				336		343
腭长	186				188.5		190
腭底长	182				182.5		188
颧宽	残				228		233
眶间宽	75.5		103		91.3？（左侧修复）		89.4
后头宽	149.6				162		163
鼻骨长	99.1（左）		191		98（左）98.5（右）		109.1（左）110.2（右）
骨缝长	95.3（？）		110		100		110.2
听泡长	听泡扁平，界限不清				52（右）		
齿列长（I1-M2）	150.8（左）152.9（右）				162.5（左）163（右）		165（左）168（右）
颊齿列长（C-M2）	130.5（左）130.3（右）				139（左）139？（右）（修复）		143.4（左）145.2（右）
C-C 外侧间宽	75.7		103.5？（左，修）		84	97.5	83.8
齿隙处最小宽	68.4		88		72		70.4
M2-M2 外侧间宽	92.8	99.2	104	115.2	102		92.5
犬齿长	18.6（左）		29.8（右）	27.5	20（左）19.8（右）		20.8（左）21（右）
犬齿宽	13.2（左）			20	14.5（左）14.2（右）		14.7（左）15.6（右）
P1 长	P1 处残，特征不清	左 P1 在齿槽中未出	4.5（左）4.1（右）		8.5（左）8.4（右）		5.3（左）6.6（右）
P1 宽			3.7（左）3.5（右）	有 P1，齿槽测（残）	4.8（左）5.1（右）		4.3（左）4.4（右）
			无 P2		有 P2、牙脱，齿槽测		
P3 长	6.5（左）右齿槽牙脱落	此处修不清	8（右）	无 P2、P3	5.6（左）5.7（右）		4.4（左）4.4（右）
P3 宽	5.3（左）		6.2（右）		5（左）（有 P3 齿槽侧）5.2（右）		3.5（左）4.9（右）

续表 6-33

测量项目	87.J.A.Ⅶ：U1	93.J.A.Ⅷ-Ⅴ.B11-49	93.J.A.Ⅷ-Ⅶ.B10-1	93.J.A.Ⅷ-Ⅶ.B4-29	93.J.A.Ⅷ-Ⅹ.B9-1	周口店	现代棕熊
P4 长	15.4（左） 15（右）	18.7（左）	18（左） 18（右）	20（左）	17.1（左） 17（右）		16.9（左） 17.2（右）
P4 宽	11.7（左） 11（右）	13.5（左）	13（左） 13.8（右）	14.3（左）	11（左） 11（右）		14.6（左） 13.8（右）
M1 长	21.6（左） 21.4（右）	24.7（左） 23.8（右）	26（左） 25.5（右）	27（左）	24（左） 24.1（右）		24.8（左） 24.7（右）
M1 宽	16.2（左） 15.2（右）	18（左） 17.6（右）	19.5（左） 18.5（右）	20.5（左）	17.3（左） 17.5（右）		19.5（左） 19（右）
M2 长	33.1（左） 33.9（右）	41（左） 42（右）	左38（左） 右38.5（右）	43.5（左） 43.5（右）	36.7（左） 37（右）		40（左） 40.8（右）
M2 宽	17.2（左） 17.6（右）	20.5（左） 20.5（右）	21.5（左） 21.5（右）	21.5（左） 21（右）	20（左） 20.1（右）		21.3（左） 21.5（右）
P3-M2 长	79.3（左）		90.5（右）		85.1（左） 85.3（右）		88（左） 88.6（右）
P4-M2 长	70.4（左） 69.6（右）			91.5			81.9（左） 82.7（右）
P2-M2 长		左118（左）？（齿槽修）	114.5（左） 112.5（右）	120？（P2前齿槽残）	110.2（右） 110.5（左）（齿槽侧）		
P1-P4							112.3（左） 112.8（右）
眶后突—犬齿前	173.1（左） 175.3（右）		206		184		186.7（左） 185（右）
枕髁下—矢状脊*	103.9（左）	143.6	134.5		125.4		114.5
大孔前缘点—矢状脊*	96.8	101？（修）	133		116		111.4
颈突—矢状脊*	97.2	130？（修）	147		129		
颅高（颧弓底—矢状脊）最高点	136	141	141		148.7		154
腭面—鼻骨高	55	81	81		69		72
腭后—眶后突高	84	115			105（右）		108
颅底—颅顶高（枕基底部—颅顶最大高）	98	133					111
眶后突间宽	90.8				125.4		128
眼眶最大高	47（右）	54.5（左）	55（右）		63.3（左） 56.4（右）		55.5（左） 55.7（右）
眼眶最大宽		42（左）	40（右）		38（右）		44.3（左） 44.2（右）
颧突—眶后突间距			31		31.3（右）		31.2（左） 31.1（右）
鼻腔高					59（左） 60.8（右）		57（左）

续表 6-33

测量项目	87.J.A.Ⅶ：U1	93.J.A.Ⅷ-Ⅴ.B11-49	93.J.A.Ⅷ-Ⅶ.B10-1	93.J.A.Ⅷ-Ⅶ.B4-29	93.J.A.Ⅷ-Ⅹ.B9-1	周口店	现代棕熊
鼻腔最大宽			77		57		58.6
门齿列宽（I3-I3 外侧）	42.6				52		50.7
眶下孔间宽	85					87	81
眶后突 -I1 前缘距离	195（左）198（右）				207（左）204（右）		207（左）208（右）
眶后突—枕脊距离	219（左）218（右）		249		207.5（左）214（右）		228（左）232（右）
颧弓高（颧突处）	28.8（右）	49（左）	47.1（右）		43.5（左）40.5（右）		42.7（左）40.1（右）
颧弓最小高（基部）	17.4（右）	24（左）			15.3（左）		21（左）20.2（右）
颧弓最大高（基部）	45.6（右）		59.5（右）		46.5（左）右 47（右）		37.3（左）38.9（右）
颅后最大宽	147	·119	122		111	125	232
眶后宽	82	80	69.2		86		81
腭骨长	81.7？（修复）				89.3		95.2
腭缝前缘 -I1 前缘	106.3				100.6		97
腭宽（M2-M2 内缘）（M2 跟座）	56.7	58	60		57.2	64	49.2
宽（P4-P4 内缘）（前侧）	54.1		72		66.5		51.7
颅后基底宽（关节突最小间宽）	80.2	76			83.5		83.6
颈突间宽	162.5？（左）		98.5		73		144.3
颅后长（翼间孔前缘—大孔前长）	153.9		217		154		158.2
颅前长（翼间孔前缘 -I1 前缘长）	188.6				188.4		189
矢状脊中（最高点）—枕后脊	131.1		146		132.2		198
矢状脊中—眶后突	95.1	137（左）	123		112（左）115（右）		30.62
矢状脊中—鼻骨前	124.9		230		中缝 209		153.5

* 稍残，复原。

标本 87.J.A.Ⅶ：U1-4，左侧。长 270、宽 86.3 毫米，关节端长 82、宽 44.3 毫米。

标本 87.J.A.Ⅶ：U1-63，右侧跟骨。长 82、宽 44.3 毫米。

足骨，左侧。保存完好（图 6-29；图版八六，2）。

四肢骨（87.J.A.Ⅶ：U1）测量数据见表 6-35。

表 6-34　　　　　　　　　　　　　棕熊 *Ursus arctos* 下颌骨测量表　　　　　　　　　　　单位：毫米

测量项目	93.J.A.Ⅷ-Ⅳ.F9-4	93.J.A.Ⅷ-Ⅶ.B4-29		93.J.A.Ⅷ-Ⅶ.B10-1		87.J.A.Ⅷ	87.J.A.Ⅶ：U2		87.J.A.Ⅶ：U1		现代标本	
	左	左	右	左	右	右	左	右	左	右	左	右
I1-角突长	260	314		280		262			252		251	256
I1-髁突长	265	314		290		265			248	246	254	256
I1-喙突长	239	311		277		262			239	236	246	246
I1-角突与髁突凹长	252	306		275		245			234	232	236	240
犬齿外侧间宽					61				47.7	50.4		
齿隙最小间宽					40				36.3	33.4		
M2 外侧间宽					77				76.3	78.1		
犬齿内侧间宽					25				21.4	20.3		
M2 后内侧间宽					43				54.9	43.7		
角突内侧间宽									107.1			
髁突内侧间宽									68.7	71.9		
髁突外侧间宽									160.7	176.6		
角突—髁突高	56	57.5		63		53.8		62	43.2	45.5	51.4	49.8
角突—喙突高	111	134		136		120.3		140	103.5	103.6	110.3	110.6
髁突—喙突高	80.2	104		100		90.8	102	105.2	82.7	81.6	84.8	86.4
P4 前下颌体高（齿缺最小高）	55.2	69.5		56.4	56.4*	54.4			48.1	47.4	43.8	46.1
M3 前下颌体高	56.5	69.2	69.5	63.8	62*	58.2		63.49	50.2	50	53.8	52.2
M2 前下颌体高						53.6		61.8	48.8	50.6	51	49.1
M1 前下颌体高						55.2		61.7	50.9	52.8	54.4	53.4
I1-M3 长	163.2	196		180.5	177.8	163.6			151.8	151.4	167	168
犬齿前 -M3 长	159	187		176	170.3	161.9		177.5	147.7	145.7	161.4	160
犬齿后 -M3 长	134	155		142	140	135.6		152.6	128.4	126.5	131.5	131.7
P4-M3 长	89.6	101			91	P3-M3 长 108.3	93.19	97.5	76.7	78.1	91.8	91.2
P1-M3 长	129.5				131.5	131.8		140.7		120.6	130.6	129.6
P4 与 P1 间长	31				32.5	P1-P3 长 17.8	38.3		37.4		30	31.2
M1-M3 长	76.5	86	85.5	77		80.9		82.8	64.2	64.6	78.8	77.9
犬齿长	22	29.5		26	26.5	25.6		25.3	19.7	19.7	24.4	24
犬齿宽	16	20		17	17	15.6		22.8	12.9	12.4	16.3	15.3
P4 长	13	14.5			13.5		12.96		12.2	12.5	12.7	13.7
P4 宽	8.3	9.5			8.5		9.52		6.3	6.8	8.2	8
M1 长	27.6	29	28	28	27.5			28	22.8	23	26.9	26.2
M1 宽	13.5	13.5	13.4	14	14			14.3	10.1	10.3	14	13.1

续表 6-34

测量项目	93.J.A.Ⅷ-Ⅳ.F9-4	93.J.A.Ⅷ-Ⅶ.B4-29		93.J.A.Ⅷ-Ⅶ.B10-1		87.J.A.Ⅷ	87.J.A.Ⅶ:U2		87.J.A.Ⅶ:U1		现代标本	
	左	左	右	左	右	右	左	右	左	右	左	右
M2长	26.5	29*	29.2	28	27.8	29	27.25	26.9	23	22.7	28.5	28.1
M2宽	17	15	14.8	17.3	18	19	17.87	18.3	12.9	13.1	18.8	18.6
M3长	23.5	27.5	27.3	21	21	24.7	24.49	23.2	17.7	18.9	23.6	23.2
M3宽	17	20	19.5	17.5	18	17.4	18.22	18.5	14.5	14.2	19	18.5

* 稍残，修复。

　　头骨，4 个（93.J.A.Ⅷ-Ⅴ.B11-49、93.J.A.Ⅷ-Ⅶ.B4-29、93.J.A.Ⅷ-Ⅶ.B10-1、93.J.A.Ⅷ-Ⅹ.B9-1（图 6-30）。保存较完整。特征和 1 号熊（87.J.A.Ⅶ:U1）相似，测量数据见表 6-33。

　　下颌骨，22 件。其中发现于第Ⅷ-Ⅱ层的有 3 件、第Ⅷ-Ⅶ层 7 件、第Ⅷ-Ⅷ层 12 件。部分标本可见 P1 齿槽，无 P2 和 P3，形成齿隙。下颌体和下颌支的高、宽要小于洞熊。从牙齿的萌出和磨蚀看，有幼年、青年和老年个体。

　　94.J.A.Ⅷ-ⅩⅢ.D8-52，右侧。M2 尚未完全萌出，幼年个体（图版八六，3）。

　　93.J.A.Ⅷ-Ⅳ.F9-4，左侧。牙齿外侧齿尖磨蚀，露出齿质，中年个体（图 6-31，1；图版八六，4）。

　　93.J.A.Ⅷ-Ⅶ.B4-29，左侧。保存完整。门齿残缺，带 C-M3，齿隙段边缘残。M2 和 M3 嚼面釉质磨蚀，嚼面全为齿质，老年个体（图 6-31，2；图版八六，5）。

　　保存较好的棕熊下颌骨测量数据见表 6-34，棕熊下牙测量数据统计见表 6-36。

　　保存较好的棕熊肢骨测量数据见表 6-37~6-43。其中右侧肱骨（94.J.A.Ⅷ-Ⅻ.B9-1-11）、左侧肱骨（94.J.A.Ⅷ-Ⅻ.B9-1-3）、右侧尺骨（94.J.A.Ⅷ-Ⅻ.B9-1-12）、左侧桡骨（94.J.A.Ⅷ-Ⅻ.B9-1-1）、右侧桡骨（94.J.A.Ⅷ-Ⅻ.B9-1-13）、右侧股骨（94.J.A.Ⅷ-Ⅻ.B9-1-43）和左侧胫骨（94.J.A.Ⅷ-Ⅻ.B9-1-16）为 1 个个体；右侧肱骨（94.J.A.Ⅷ-Ⅻ.B11-1-58）、右侧尺骨（94.J.A.Ⅷ-Ⅻ.B11-1-43）、左侧尺骨（94.J.A.Ⅷ-Ⅻ.B11-1-41）、右侧桡骨（94.J.A.Ⅷ-Ⅻ.B11-1-44）、左侧桡骨（94.J.A.Ⅷ-Ⅻ.B11-1-42）、右侧股骨（94.J.A.Ⅷ-ⅩⅢ.B11-55）、左侧股骨（94.J.A.Ⅷ-ⅩⅢ.B11-10）、右侧胫骨（94.J.A.Ⅷ-ⅩⅢ.B11-6）、左侧胫骨（94.J.A.Ⅷ-ⅩⅢ.B11-21）、右侧腓骨（94.J.A.Ⅷ-ⅩⅢ.B11-3）、左侧腓骨（94.J.A.Ⅷ-ⅩⅢ.B11-8）为同一个体。

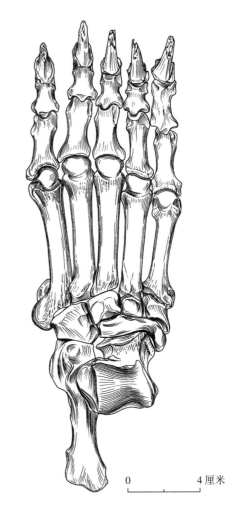

0　　　　　　4 厘米

图 6-29　熊左足骨（87.J.A.Ⅶ:U1）

表 6-35　　　　　　　　　　　　棕熊 *Ursus arctos* 87.J.A. Ⅶ：U1 肢骨测量表　　　　　　　　单位：毫米

标本编号	骨骼名称	左 / 右	全长	上端		中部		下端	
				长	宽	长	宽	长	宽
87.J.A. Ⅶ：U1-36	肱骨	右	347	84	64	38	30	60	97
87.J.A. Ⅶ：U1-37	尺骨	右	341	59	50	33.5	21	41	24
87.J.A. Ⅶ：U1-43	桡骨	右	295	40	32	24.3	16.5	51	34
87.J.A. Ⅶ：U1-29	桡骨	左	299	39.5	31	24	17	34	50
87.J.A. Ⅶ：U1-60	股骨	右	394	46	92.5	27	33.5	58	77
87.J.A. Ⅶ：U1-61	胫骨	右	修复			30	25.5	32	61
87.J.A. Ⅶ：U1-90	腓骨	右	254	20.5	16	10.5	10.5	28	15
87.J.A. Ⅶ：U1-62	腓骨	左	259	19	17	13	11	26	17

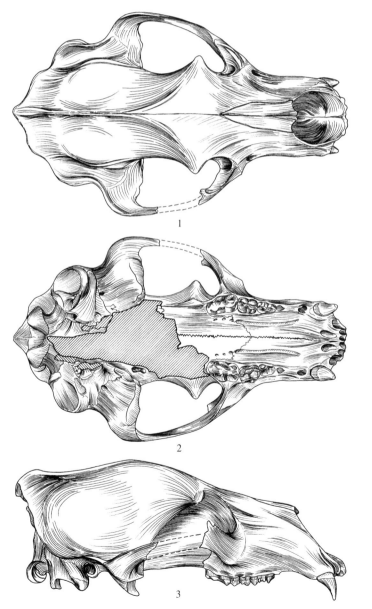

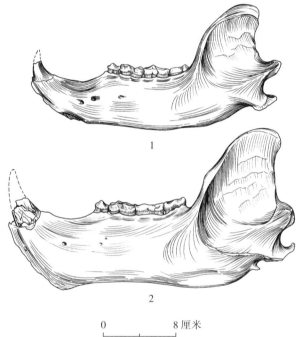

0 ———— 8 厘米

图 6-31　棕熊左下颌骨

1. 93.J.A. Ⅷ-Ⅳ.F9-4　2. 93.J.A. Ⅷ-Ⅶ.B4-29

0 ———— 8 厘米

图 6-30　棕熊头骨（93.J.A. Ⅷ-Ⅹ.B9-1）

1. 颅顶视　2. 颅底视　3. 侧面视

表 6-36　　　　　　　　　　　　　　棕熊 *Ursus arctos* 下牙测量表　　　　　　　　　　单位：毫米

统计项目	P4 长	P4 宽	M1 长	M1 宽	M2 长	M2 宽	M3 长	M3 宽
n	9	9	13	12	18	18	18	18
最大值	15.5	9.5	29	14.3	29.2	19.2	27.5	20
最小值	12.2	6.3	22.8	10.1	22.7	12.9	17.7	14.2
平均值	13.4	8.2	26.7	12.8	27.3	16.4	22.9	17.3
95% 置信区间	13.4 ± 0.7	8.2 ± 0.7	26.7 ± 1.1	12.8 ± 0.8	27.3 ± 0.8	16.4 ± 0.9	22.9 ± 1.2	17.3 ± 0.8

表 6-37　　　　　　　　　　　　　　棕熊 *Ursus arctos* 肱骨测量表　　　　　　　　　　单位：毫米

标本编号	左 / 右	全长	近端		骨体中部最小处		远端	
			长	宽	长	宽	长	宽
94.J.A.Ⅷ－Ⅻ.B11-1-58	右	431		85	44	50	80	132.3
94.J.A.Ⅷ－Ⅻ.B9-1-11	右	482	108	82	44.5	43	76	124
94.J.A.Ⅷ－Ⅻ.B9-1-3	左	432	106	93	44	46	77	127
93.J.A.Ⅷ－Ⅷ.A5-16	右	402	106	83	44	48	73	125
93.J.A.Ⅷ－Ⅶ.B11-2	左	407			48	46.5	71	129
93.J.A.Ⅷ－Ⅵ.B11-3	右	421	99	81	47	45	78	123
93.J.A.Ⅷ	右	407		95	46	52	75	131

表 6-38　　　　　　　　　　　　　　棕熊 *Ursus arctos* 尺骨测量表　　　　　　　　　　单位：毫米

标本编号	左 / 右	全长	近端		骨体中部最小处		远端	
			长	宽	长	宽	长	宽
94.J.A.Ⅷ－Ⅻ.B11-1-41	左	409		67	45	27	46	31
94.J.A.Ⅷ－Ⅻ.B11-1-43	右	409	80.5	66	45	31	47.5	29.5
93.J.A.Ⅷ－Ⅹ.A5-39	右	391	69	57	36	25	46	32
93.J.A.Ⅷ－Ⅵ.B11-19	右	345	68		39	19.5	41.5	25.3
94.J.A.Ⅷ－Ⅻ.B9-1-12	右		77	63	42	24		
93.J.A.Ⅷ－Ⅷ.B11-24	右	379	84	66	44	33	51	32

表 6-39　　　　　　　　　　　　　　棕熊 *Ursus arctos* 桡骨测量表　　　　　　　　　　单位：毫米

标本编号	左 / 右	全长	近端		骨体中部最小处		远端	
			长	宽	长	宽	长	宽
94.J.A.Ⅷ－Ⅻ.B11-1-42	左	359	55	42	28	25	61	41
94.J.A.Ⅷ－Ⅻ.B9-1-1	左	368	52	40	30.5	21	65.5	43
94.J.A.Ⅷ－Ⅻ.B9-1-13	右	362	51	40	29	21	57	46
93.J.A.Ⅷ－Ⅵ.C3-4	右		51	40	33	27	63	41
94.J.A.Ⅷ－Ⅻ.B11-1-44	右	361	55	43	31	26	63	42
93.J.A.Ⅷ－Ⅹ.北落水洞	右	337	49	40	29	21	58	38
93.J.A.Ⅷ－Ⅴ.B11-26	右	290			26	19	56	34

表 6–40　　　　　　　　　　　　　棕熊 *Ursus arctos* 股骨测量表　　　　　　　　　　　　单位：毫米

标本编号	左 / 右	全长	近端		骨体中部最小处		远端	
			长	宽	长	宽	长	宽
94.J.A.Ⅷ–Ⅻ.B11–55	右	485	59.5	125	36	45	75	96
94.J.A.Ⅷ–Ⅻ.B11–10	左	465	56.5	120	36	44.3	79.5	94.5
93.J.A.Ⅷ–Ⅴ.B11–35	右	399	47.5	99	29.5	40	66	80
93.J.A.Ⅷ–Ⅷ.B11–16	右	462	58	126	37.5	44.5	76	99
93.J.A.Ⅷ–Ⅴ.C11–16	右	483	57.5	125	34.5	44.3	84	97
93.J.A.Ⅷ–Ⅱ.A4–21	左	486	56	111	33.5	40	77.4	92
94.J.A.Ⅷ–Ⅻ.B9–1–43	右	493	59	123	33.5	38.5	76	96.5

表 6–41　　　　　　　　　　　　　棕熊 *Ursus arctos* 胫骨测量表　　　　　　　　　　　　单位：毫米

标本编号	左 / 右	全长	近端		骨体中部最小处		远端	
			长	宽	长	宽	长	宽
94.J.A.Ⅷ–Ⅻ.B11–6	右	336	69.5	98	43.5	34	39	75
93.J.A.Ⅷ–Ⅴ.B11–34	左	290	60	84	36.5	27	37	68
94.J.A.Ⅷ–Ⅻ.B11–21	左	342	69.5	100	39	32	40	76
93.J.A.Ⅷ–Ⅲ.C6–51	右	344	73	98	37.4	30.2	46.5	44
93.J.A.Ⅷ–Ⅲ.C9–19	左	350	79	104.5	40.5	33	41.5	80
94.J.A.Ⅷ–Ⅻ.B9–1–16	左	345	73	93	39	30	38	
93.J.A.Ⅷ–Ⅵ.C11–2	右	287	61	88	39.5	30	37	66
93.J.A.Ⅷ–Ⅵ.B11–21	左	319	80	104	36	29	42	80

表 6–42　　　　　　　　　　　　　棕熊 *Ursus arctos* 腓骨测量表　　　　　　　　　　　　单位：毫米

标本编号	左 / 右	全长	近端		骨体中部最小处		远端	
			长	宽	长	宽	长	宽
93.J.A.Ⅷ–Ⅴ.C9–7	左	316	32	26	13	12	33	19
94.J.A.Ⅷ–Ⅻ.B11–3	右	304	22	19.2	18	12	31	20
94.J.A.Ⅷ–Ⅻ.B11–8	左	305	25	20	16.5	13	23.5	20
93.J.A.Ⅷ–Ⅴ.C9–7	左	316	32	26	13	12	33	19
93.J.A.Ⅷ–Ⅷ.B11–23	左	282	28	22.5	15	15	36	20

（5）狗獾属 *Meles* Brisson，1762

狗獾 *Meles meles*

20件。计有头骨2件、上颌骨1件、下颌骨15件和桡骨2件。其中在第Ⅵ层发现下颌骨3件，第Ⅶ层发现下颌骨3件、上颌骨1件，第Ⅷ层发现头骨2个、下颌骨9件和桡骨2件。

头骨（84.J.A.东.6）。鼻吻部显得较粗短，颅顶从Ⅰ1到眶后突的距离是58.7毫米，明显短

表 6-43　　　　　　　　　　　　棕熊 *Ursus arctos* 跟骨测量表　　　　　　　　　单位：毫米

标本编号	左 / 右	长	宽	高
93.J.A.Ⅷ–Ⅲ.C5–73	左	103	70.7	50
93.J.A.Ⅷ–Ⅲ.C9–12	右	104	66	58
93.J.A.Ⅷ–Ⅲ.D5–4	右	104	69.5	52
93.J.A.Ⅷ–Ⅷ.C4–39	左	93	69	49
93.J.A.Ⅷ–Ⅵ.B11–17	左	85	56	42
93.J.A.Ⅷ–Ⅸ.C5–3	右	98		53
93.J.A.Ⅷ–Ⅲ.A6–1	左		60	49
93.J.A.Ⅷ–Ⅷ.C4–24	右	93.5	66	48
93.J.A.Ⅷ–Ⅲ.D5–1	右	64	55	38
93.J.A.Ⅷ–Ⅲ.C5–74	左	64	55	34.5

于从眶后突到颅后的距离（77.3 毫米），两侧犬齿槽外侧吻部宽 28 毫米。眶后突发育，位于上 M1 后缘同一水平，且向眼眶下方延伸。眶下孔大，圆形，与眼眶部相通。颧弓粗壮。腭骨长，延伸至关节窝处，听泡三角形，较扁平。上第 1 臼齿（M1）宽大，呈矩形（图版八七，1）。头骨和牙齿的特征与大小均与现生的狗獾相似（表 6-44）。

下颌骨（93.J.A.Ⅷ–Ⅷ.C6–25）。下缘较平直，下颌骨的髁突与下齿列几乎在同一个平面（图版八七，4）。下齿列长 45.5~47.8 毫米，在现生狗獾齿列长度分布范围之间。下裂齿（M1）平均长 15.2±0.48、宽 6.9±0.2 毫米（表 6-45），与周口店第 1 地点发现的狗獾相似，后者下裂齿平均长 15.1±0.41、平均宽 6.8 毫米（图 6-32）。

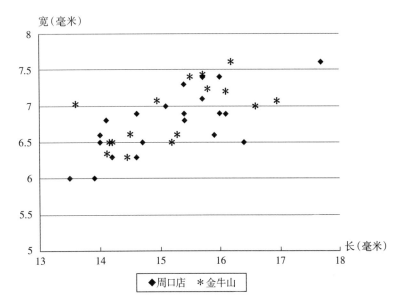

图 6-32　狗獾下裂齿（M1）测量数据比较图

周口店狗獾牙齿测量数据引自 Pei Wenzhong, On the Carnivora from Locality 1 of Choukoutien, Series C Vol.VILL, Fascicle 1, Published by the Geological Survey of China Peiping (Peking), 1934, May. P75.

表 6-44 　　　　　　　　　　狗獾 *Meles meles* 头骨测量及比较表　　　　　　　　　　单位：毫米

测量项目	金牛山标本		现生狗獾（东北亚种）*	
	87.J.A.Ⅷ	84.J.A. 东 .6	♂	♀（样本数 5）
门齿列宽	16.2	17		
两侧 C 外侧宽	25.5	28		
颧弓宽	62.6	右侧颧弓残	64.1	54.3~68.9
颅后宽	左侧耳孔处残	49		
眶下孔	26.2	27.5		
眶间最小宽	24.5	27.4	25.1	22.1~26.6
眶后突	27.7	30.5		
枕骨最大宽	38.8	右侧颅底残		
枕髁宽	残	29.7		
枕髁高	残	11		
M1 外侧最大宽	35.4	39		
I- 枕骨大孔前缘	颅底残	115	102.4	95.6~103.5
I- 枕骨大孔后缘	110.5	120.3		
鼻骨前缘—颅后长	103.4	110		
颅全长	117.8	127.3	118.2	114.7~122.9
颅后宽	45.6	右侧残	58.9	55.5~57.9
腭长	残	65.7	60.5	55.2~61.3
眶下孔后缘 –I 前缘长	38.5（左）39.1（右）	残		
眼眶前沿 –I	37.2（左）37.7（右）	41.8（左）		
眼眶前沿—颅后	84.9（左）84.9（右）	91（左）		
I1–M1 长	48.14（左）47.2（右）	49.3（左）	46.8	41.5~52
C–M1	38.1（左）38.1（右）	40（左）39.1（右）		
P2–P4	17.4（左）17.8（右）	18.5（左）18.1（右）		
C 长	6.9（左）7.6（右）	残		
C 宽	5.3（左）6.2（右）	残		
P2 长	3.8（右）	5.2（右）		
P2 宽	2.8（右）	2.8（右）		
P3 长	5.2（左）5.4（右）	5.8（左）5.6（右）		
P3 宽	3.5（左）4（右）	3.6（左）3.8（右）		
P4 长	7.5（左）7.9（右）	8.6（左）7.2（右）		
P4 宽	6.4（左）6.4（右）	6.5（左）7（右）		
M1 长	12.8（左）12.4（右）	12.6（左）13（右）		
M1 宽	10.3（左）10.6（右）	11（左）10.8（右）		

* 数据引自高耀亭等编著：《中国动物志·兽纲·第八卷·食肉目》，科学出版社，1987 年，第 220 页。

表 6–45 　　　　　　　　　　狗獾 *Meles meles* 下颌骨测量表 　　　　　　　　　单位：毫米

标本编号	左/右	C 长	C 宽	P2 长	P2 宽	P3 长	P3 宽	P4 长	P4 宽	M1 长	M1 宽	M2 长	M2 宽	齿列长 I1-M2	齿列长 P2-P4	齿列长 M1-M2	下颌骨 M1 前高	下颌枝高 角突—喙突	下颌枝高 角突—髁突
93.J.A.Ⅷ–Ⅶ.E7–11	右									14.5	6.6	4.9	5.3			19.7	14		
93.J.A.Ⅷ–Ⅶ.C6–25	右	9.4	6					6.6	4.1	16.6	7			47.8			12.5		
93.J.A.Ⅷ–Ⅶ.D8–34	右									15.2	6.5			45.6			11.6		
93.J.A.Ⅷ–Ⅶ.D8–34	左									15.3	6.6						11.2		
93.J.A.Ⅷ–Ⅵ.C4–33	右							6.1	3.5	14.2	6.5						13.6		
93.J.A.Ⅷ–Ⅲ.D10–9	右									16.2	7.6						14.1	34.7	11.8
94.J.A.Ⅷ.B6–12	左							6.3	3.7	16.1	7.2	5.5	6			11.8	11.8		
84.J.A.6.T1–獾4	左			5.1	3.1					14.1	6.3						11.7		
84.J.A.6.T3–獾2	右			3.7	2.6	4.9	2.8	6.4	3.4	14.4	6.3			45.5	16.1		11.9		
87.J.A.Ⅶ:獾3	左							6.1	3.8	15.7	7.4			49.5（齿槽）	15.2（齿槽）	21.2（齿槽）	12	34	12.8
87.J.A.Ⅶ:獾6	右							5.9	3.8	15.8	7.2	5.7	5.5		15.5 齿槽	21.9			
87.J.A.Ⅶ:獾9	右	7.6	5.2							15.5	7.4				15.6	21.3			
86.J.A.Ⅵ:獾1	左									16.9	7.1						12.6	35.6	15.1
86.J.A.Ⅵ:獾5	右									14.2	6.5								
86.J.A.Ⅵ:獾8	右											5	5.7						

桡骨（93.J.A.Ⅷ–Ⅸ.B4–13），左侧。长 75 毫米，上端宽 10.6、下端宽 15 毫米。

（6）鼬属 *Mustela* Linnaeus，1758

黄鼬 *Mustela sibirica*

18 件。计有头骨 6 件、下颌骨 12 件。其中第Ⅵ层发现完整的下颌骨 1 件，第Ⅶ层发现左侧下颌骨 1 件，其余均发现在第Ⅷ层。

头骨保存状况一般，部分头骨仅保留前额。头骨测量数据见表 6–46。

标本 93.J.A.Ⅷ–Ⅹ.A6–13，头骨，除前颌骨和右侧头骨的前额部发掘残缺外基本保存完整。头骨的鼻骨、前颌骨、上颌骨和额骨愈合，看不见骨缝。吻部短，从眼眶前缘到鼻骨前缘长 12 毫米，额部稍隆突，眶后缩窄明显，听泡略呈矩形，长 17.9、宽 11.1 毫米。表面较隆起，内侧壁陡直，前后缘变尖，在靠近外耳道的内侧听泡表面有一明显的脊，向前听泡逐渐变低平。上牙齿式：3.1.3.1.P3 原尖发育，有一个小的前附尖，没有后附尖。P4 内侧的第 2 尖发育，前附尖弱小，后附尖延长，与原尖组成切割刃缘，M1 小，横列。头骨颅基长 61.6、腭长 29.2 毫米，犬齿到第 1 臼齿（M1）长 19 毫米，眶后缩窄处宽 10、颅后宽 31.8 毫米（图 6–33；图版八七，2）。

标本 84.J.A.6.T3–鼬9，头骨。保存头骨的前额部分，与其他几个头骨不同的是：鼻额部较宽且中间明显凹平，眶间宽 14.4 、眶后突宽 17.2、眶后突后缩窄处宽 12.8 毫米，其他几个头骨的眶

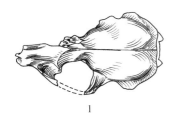

图 6-33 黄鼬头骨

（93.J.A.Ⅷ－Ⅹ.A6-13）

1. 颅顶视 2. 侧视

间宽是 12~13 毫米；眶后突宽 15.2 毫米，眶后突后缩窄处宽 10.1~10 毫米（图版八七，7）。这些不同是个体的差异还是不同种，由于标本保存不完整，不能确定。

下颌骨 12 个，其中完整下颌骨 2 个，左、右侧残块各 5 件，测量数据见表 6-47。

标本 93.J.A.Ⅷ－Ⅸ.D3-42，右侧下颌骨。下牙齿式：3.1.3.2。下 P2 小，仅靠犬齿后，P3 和 P4 无前后附尖，下裂齿（M1）长，下前尖和下原尖形成切割刃缘，跟座低矮，有一个锋利的尖。M2 小，略呈圆形。下颌骨的下缘较平直，髁突与齿列几乎在同一平面，下颌支略似等腰三角形，喙突尖锥状（图版八七，5），牙齿和下颌骨的特征均与现生黄鼬相同。

金牛山遗址发现的黄鼬牙齿和下颌骨测量数据与北京周口店第 1 地点发现的黄鼬下颌骨的测量数据相似（表 6-48）。

表 6-46　　　　　　　　　　　黄鼬 *Mustela sibirica* 头骨测量表　　　　　　　　　　　单位：毫米

标本编号	左/右	C 长	C 宽	P2 长	P2 宽	P3 长	P3 宽	P4 长	P4 宽	M1 长	M1 宽	I1-M1	C-M1	P2-M1	门齿列宽	眶间宽	颅基长	基长	腭长	后头宽	听泡长	听泡宽
84.J.A.6.T1-鼬 8	左					3.7	2.2	6.8	3.5	2.9	4.7	21.5	18.2	14.1								
	右			2.2	1.4	3.8	1.9	6.6	3.5	2.9	5.2	21	17.1	14	5.7	12.6						
84.J.A.6.T1-鼬 7	左															12.8						
	右																					
84.J.A.6.T3-鼬 9	左					4.1	2.1			3	5.9	21.3	18.5							28.1		
	右					4	2.1	6.7	3.8		5.4	21.1	17.9	13.6	6.4	14.4						
93.J.A.Ⅷ－Ⅹ.下洞	左					3.7	1.9	6.8	3.7	2.9	5.4		19	14.5			61.6	57.9	29.2	31.8	17.9	11.1
93.J.A.Ⅷ－Ⅱ.B6-8	左			1.9	1.3	3.7	1.9	6.1	3			17.4	15.8			12						
	右												16.2									
93.J.A.Ⅷ－Ⅲ.A4-8	左					3.7	2					17.6				13						
	右	3.6	2.7	2.3	1.4	3.7	2					17										

表 6-47　　　　　　　　　　　黄鼬 *Mustela sibirica* 下颌骨测量表　　　　　　　　　　　单位：毫米

标本编号	左/右	C 长	C 宽	P2 长	P2 宽	P3 长	P3 宽	P4 长	P4 宽	M1 长	M1 宽	M2 长	M2 宽	I1-M2	C-M2	P2-M2	I1-髁突	C-髁突	M1前下颌骨高	下颌支高 角突－喙突	下颌支高 角突－髁突	下颌支高 髁突－喙突	下颌骨宽 M1-M1	下颌骨宽 C-C
86.J.A.Ⅵ:鼬 6	右	3.6	3			3.2	2	4.3	2.4	8	2.8			22.4	22	18.7	33.8	33.5	6.6	18.6	7.3	14.7	14.8	8
	左			1.8	1.6	3.1	2	4.1	2.4	7.5	2.9	2.1	1.8	22.8		17.5	33	33.1	6.3	18.7	7.2	14.6		

续表 6-47

标本编号	左/右	C长	C宽	P2长	P2宽	P3长	P3宽	P4长	P4宽	M1长	M1宽	M2长	M2宽	I1-M2	C-M2	P2-M2	I1-髁突	C-髁突	M1前下颌骨高	角突—喙突	角突—髁突	髁突—喙突	M1-M1	C-C
87.J.A.Ⅶ:鼬1	左	存齿槽，牙脱落		2.5	1.5	3	1.9	3.8	2.2	7.5	3	1.9	1.8		21.1	17.5		33.9	7	18.8	7	15.3		
84.J.A.6.T2:鼬2	右			2	1.5							1.9	1.9			17.3			6.5	18.9	8.4	15.6		
84.J.A.6.T2:鼬3	左					3.4	2.2	4.2	2.5	7	2.6				19.7	16.7			5.8					
84.J.A.6.T2:鼬4	右	3.7	2.9			2.6	1.9	3.5	2	7.1	2.6				20.4	16.4			5.8					
84.J.A.6.T2:鼬5	左	3.4	2.8	1.6	1.5	2.9	1.9	3.7	2.1	7.1	2.7	1.6	1.6		19				5.7					
93.J.A.Ⅷ-Ⅸ.D3-42	右	4.5	2.8			3.2	1.8	3.9	2.3	8	2.8	2.1	2		22.2	18		35.1	6.6	15.5	7	11.5		
93.J.A.Ⅷ-Ⅲ.D5-20	右	2.7	2.5	2.2	1.4	3.1	1.7	3.7	2.1	7	2.6				21	18.3			5.6					
93.J.A.Ⅷ-Ⅲ.B7-4	右			2	1.6	3.5	1.8	4	2.3	8	2.8	2	2						6					
93.J.A.Ⅷ-Ⅲ.B7-4	左									7.7	2.8								6.5					
93.J.A.Ⅷ-Ⅲ.A4-8	左					3	1.8	3.8	2.4	7.3	2.8	1.8	1.8	22.4	21.2	17.4			6.7					
94.J.A.Ⅷ.A8-52	右	4.1	2.8	长	宽	3	2	3.7	2.1	7.5	2.9				21.6	16.3	33.4			17.7	7.2	14.8	16.7	7.6
	左	3.9	3			3.1	1.8	4	2.2	7.3	2.8				22					17.8	7	15		

表 6-48　　　　　　黄鼬 *Mustela sibirica* 下颌骨测量及比较表　　　　　　单位：毫米

遗址	统计项目	P2长	P2宽	P3长	P3宽	P4长	P4宽	M1长	M1宽	M2长	M2宽	I1-髁突	M1前下颌骨高
金牛山	平均值（95%置信区间）	2±0.25	1.5±0.06	3.1±0.1	1.9±0.08	3.9±0.13	2.3±0.09	7.5±0.2	2.7±0.1	1.9±0.1	1.8±0.1	33.4±0.45	6.3±0.26
	样本数（n）	6	6	12	12	12	12	13	13	7	7	3	12
	离差范围（R）	1.6~2.5	1.4~1.6	2.6~3.5	1.7~2.2	3.5~4.3	2~2.5	7~8	2.6~3	1.6~2.1	1.6~2	33~33.8	5.6~7
周口店第1地点	平均值（95%置信区间）	2.3±0.07	1.4	3.1±0.14	1.9±0.07	4±0.21	2.1±0.08	7.6±0.24	2.7±0.12	1.8±0.14	1.8±0.19	35.9±0.68	6.4±0.3
	样本数	3	3	6	6	6	6	6	6	4	4	3	4
	离差范围（R）	2.3~2.4	1.4	2.8~3.3	1.8~2	3.6~4.3	2~2.3	7.1~8	2.6~3	1.6~1.9	1.5~1.9	35.3~36.5	6.1~6.8

（7）猫属 *Felis* Linnaeus，1758

中华猫 *Felis chinensis*

1件。头骨，残破，发现在第Ⅷ层。

标本 93.J.A.Ⅷ–Ⅸ.D8–24，保存前颌骨、左右侧上颌骨和部分额骨。齿式 3.1.3.1。P2 小；P3 的前附尖弱小，后附尖和齿带明显；P4 的前附尖小，原尖高，后附尖延伸成片状，与原尖形成锋利的切割刃，内侧的第 2 尖小。原尖的前内侧有两条棱脊向下分别与前附尖和第 2 尖相接，形成一个三角形的凹面，与下牙相剪切。眶下孔圆，眶后突发育，额骨顶面较宽平，有弱的人字脊与眶后突连接，眶后缩窄处宽 27.2 毫米。门齿列宽 9.7、两侧犬齿外侧宽 26.3、两侧 P4 后外侧上颌骨宽 38.2 毫米。左侧眶后突到 I1 长 56.1、I1–M1 长 36.8、C–M1 长 31.1 毫米。犬齿长 4.8、宽 3.8 毫米；P3 长 7.3、宽 3.6 毫米，P4 长 11.8、宽 5.1 毫米。右侧 P2–P4 长 21.2 毫米。P2 长 2、宽 1.3 毫米，P3 长 7.4、宽 3.5 毫米，P4 长 11.9、宽 5.2 毫米。左侧眼眶保存较好，眼眶最大高 25.5 毫米（图版八七，3）。

金牛山遗址发现的中华猫与周口店第 1 地点发现的野猫（*Felis* cf.*microtis*）头骨的特征和大小相似，后者齿列长（I1–M1）38、P2–P4 长 22 毫米。P3 长 8、宽 4 毫米，P4 长 12.2、宽 5.9 毫米（Pei Wenzhong，1934）。

（8）猎豹属 *Acinonyx* Brookes，1828

猎豹 *Acinonyx* sp.

2件。计有上颌骨 1 件、上裂齿（P4）1 件。均发现于第Ⅷ层。

标本 84.J.A.东.6：猎豹 3，左侧上颌骨，残。保存 P3–P4，P4 后叶残。尚存 P2 齿槽，P2 小，紧靠犬齿槽后，没有齿隙，齿槽长 2.3、宽 2.7 毫米。P3 原尖高，有前后附尖，后附尖较前附尖稍高且大，在后附尖后还有一个小的附尖。P3 长 14.5、宽 6.7 毫米。

标本 84.J.A.6.东：猎豹 1，右侧上裂齿。前附尖小，外侧基部有一个小尖；原尖高，后附尖与原尖长度相似，但低平，齿尖呈切割刃叶；第 2 尖弱，没有形成独立的小尖，仅在原尖的前内侧底部向舌侧凸起。牙齿长 22.2、宽 9.7 毫米（图版八七，6）。

1978 年，金牛山遗址曾发现鬃猎豹 *Acinonyx* cf.*jubatus* 的上、下颌残块，研究者认为上、下裂齿的特征与山顶洞和现生的鬃猎豹相同，但牙齿比现生鬃猎豹的稍大，因而定为鬃猎豹相似种（*Acinonyx* cf.*jubatus*）（张森水等，1993）。1984 年发掘的猎豹牙齿却与现生猎豹的同类牙齿大小相似，而小于 1978 年的标本（表 6–49）。由于标本太少，且残破，不能做更细的观察和鉴定，

表 6–49　　　　　　　　　　　　　猎豹牙齿测量及比较表　　　　　　　　　　　单位：毫米

标本			P3		P4	
			长	宽	长	宽
金牛山	猎豹 *Acinonyx* sp.	84.J.A.6.东：猎豹 1			22.2	9.7
		84.J.A.6.东：猎豹 3	14.5	6.7		
	鬃猎豹 *Acinonyx* cf.*jubatus*	78.Y.K.M.M.42	15.8	7.7	24.7	10.2
		78.Y.K.M.M.42.1	16	7.8		10
山顶洞鬃猎豹 *Acinonyx* cf.*jubatus*					26.1	10.7
猎豹现生种 *Acinonyx jubatus*					22.1	9

暂不定种。

（9）虎豹属 *Panthera* Oken，1816

豹 *Panthera pardus*

1件。右侧下颌骨（84.J.A.6. T2-豹1），发现于第Ⅷ层。仅保存 P3-M1 段骨体，带 P3-M1，M1 齿冠残，牙齿和下颌骨都不如虎的大及强壮（图6-34；图版八七，8）。该标本齿列长度略小于周口店发现的豹而稍大于现生的豹，但在 M1 后下颌骨较高（表6-50）。

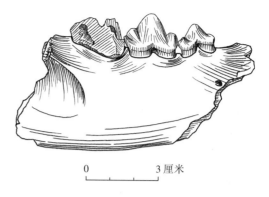

图6-34　豹右下颌骨（84.J.A.6.T2-豹1）

表6-50　　　　　　　　　　豹 *Panthera pardus* 下颌骨测量及比较表　　　　　　　　单位：毫米

标本	P3-M1	P3		P4		M1		M1 后下颌骨高
		长	宽	长	宽	长	宽	
84.J.A.6.T2-豹1	59.3	15.3	8.1	22.4	11.7	23.6	12.7	46
周口店 C/C.1211*	62	16.3	9	23.2	12	24	12.2	39.8
现生豹	58	14.6	8.2	21.4	11.3	23	12.1	38.3

* 数据引自 Pei Wenzhong, On the Carnivora from Locality 1 of Choukoutien, Series C Vol.VILL, Fascicle 1, Published by the Geological Survey of China Peiping (Peking), 1934, May.

（10）斑鬣狗属 *Crocuta* Kaup，1828

最后斑鬣狗 *Crocuta ultima*

7件。计有2件下颌骨、4枚恒齿牙胚（犬齿、第2、第3和第4前臼齿）和1件肱骨化石，均发现于第Ⅶ、Ⅷ层。

标本 84.J.A.6.T3 下颌骨，保存较为完整，带乳 P4 和乳 M1，恒齿 M1 在齿槽中尚未萌出，为幼年个体（图6-35；图版八八，1）。

标本 94.J.A.Ⅷ-Ⅻ.A9-37，右侧下颌骨。保存 P2-下颌支，P2-下颌支的髁突长181毫米。下颌支的喙突残，残高83.6毫米，上升支基部长59.2毫米。P2 椭圆形，前部较后部缩窄，前部缩窄处宽12.5毫米，后部最大宽14.1毫米；原尖粗壮，高12.5毫米，无前附尖，后附尖发育，齿冠的前外侧和后外侧有齿带。P3 原尖高，高24.9毫米，朝向后方倾斜，基部似圆锥形；原尖前下方有一脊向下与前附尖连接，前附尖很弱小，原尖后形成跟座，其上有一个后附尖。P4 的原尖较 P3 的低矮，高21.5毫米，前附尖明显，后部跟座加长，后附尖粗大。M1 的下原尖与下后尖形成刃脊，前刃叶较后刃叶高而长，跟座低而小，跟座上有一个小附尖；齿冠的前外侧有齿带。下颌体的下缘明显向下弯曲，尤其是在 M1 下方形成弧形的下缘（图6-36；图版八八，2）。

最后斑鬣狗下裂齿（M1）的前后刃脊比中国鬣狗的明显伸长，形成一个新月形的切割刃脊，下裂齿的长度比中国鬣狗的长，而宽度则变异范围较大。金牛山遗址发现的最后斑鬣狗下颌骨特征和大小与在周口店第1地点及山顶洞发现的最后鬣狗相似（表6-51）。图6-37是周口店第1地点（Pei Wenzhong，1934）发现的中国鬣狗与金牛山遗址、周口店第1地点、山顶洞遗址等发现的最后斑鬣狗下裂齿的测量数据比较，中国鬣狗下裂齿长度平均值为 28.1±1.8、宽 14.8±0.5 毫米；最后斑鬣狗下裂齿长度平均值为 33.9±1.1、宽 14.5±0.5 毫米。最后斑鬣狗下颌骨的下缘呈弧形，而中国鬣狗下颌骨下缘较平直，两者区别明显。

标本 87.J.A.Ⅶ 左侧肱骨，保存基本完整。大结节高于肱骨头，上缘向后外侧伸展，从顶视，大结节上缘与肱骨头的长轴约呈 50° 的夹角。大结节的前外侧面平直，后外侧缘向外侧突起，形成一个粗大的隆突。骨体上部扁平，内外侧宽 26.3 毫米，远小于前后长（49.5 毫米）。没有髁上孔，有滑车上孔，后面鹰嘴窝宽高几乎相同。肱骨最大长 261、近端最大宽 66.8、骨干最小宽 22.2、远端最大宽 64.7 毫米。近端最大宽约占肱骨最大长的 25.6%，远端最大宽约占肱骨最大长的 24.8%（图版八八，

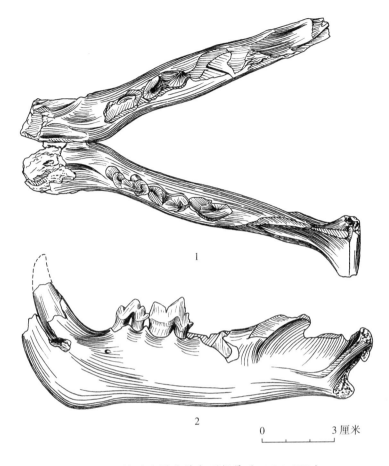

图 6-35　最后斑鬣狗幼年下颌骨（84.J.A.6.T3）
1. 嚼面视　2. 颊侧视

3）。肱骨的特征与非洲斑鬣狗（*H. crocuta*）相似，后者肱骨长 210~245 毫米，近端宽 65~85 毫米，远端宽 50~60 毫米，近端宽与肱骨长的比例大于 25%，远端宽于肱骨长的比大于 23%（B. 格罗莫娃，1960）。

（11）马属 *Equus* Linnaeus，1758

马（未定种）*Equus* sp.

3 件，计有掌骨 2 件、指（趾）骨 1 件。发现于西壁剖面第Ⅳ层。

掌骨（86.J.A.Ⅳ），左侧第 3 掌骨，除下端滑车后面残缺，保存基本完好。全长 249、上端宽 59.1、中间骨体宽 37.8、下端宽 51.6 毫米（图版八九，2）。

1978 年，曾在第 5 层发现一件马（*Equus* sp.）的下 M2，研究者认为，马的下臼齿比较大，但"双叶"不是"古马型"，因而不能归于三门马，牙齿的形态特征无异于北方时代较晚出现的一种大型马（张森水等，1993）。1986 年在西壁第Ⅳ层发现的这件马的掌骨的测量数据均在大连马（*Equus dalianensis*）第 3 掌骨测量数据（全长 231~249.5、上端宽 49~61、中间骨体宽 37.8 毫米）（周信学等，1985）的范围之内。

（12）额鼻角犀属 *Dicerorhinus* Gloger，1845

梅氏犀 *Dicerorhinus mercki*

155 件。包括牙齿、头骨、下颌骨、脊椎骨、肋骨、肢骨等。主要发现于第Ⅵ~Ⅷ层，相对集

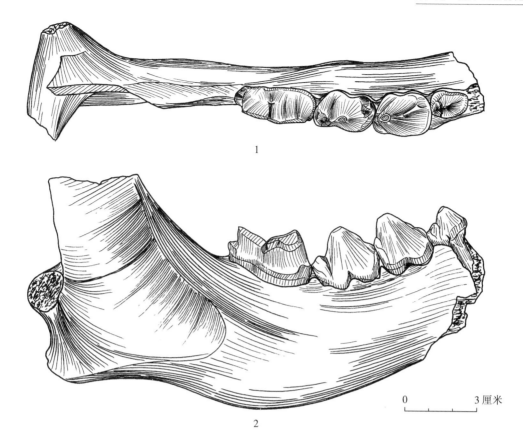

0　　　　　3厘米

图 6-36　最后斑鬣狗右下颌骨（94.J.A.Ⅷ-Ⅻ.A9-37）
1. 嚼面视　2. 颊侧视

表 6-51　　　　　最后斑鬣狗 *Crocuta ultima* 下颌骨测量及比较表　　　　　单位：毫米

测量项目	金牛山 A 点	周口店第 1 地点[*]	周口店山顶洞[**]
	94.J.A.Ⅷ-Ⅻ.A9-37	Cat.C/C.1856	
P2 长 / 宽	17.7/14		17.3/13.5
P3 长 / 宽	24/17.1	23.6/17.2	
P4 长 / 宽	26.2/15.3	25/15.3	
M1 长 / 宽	34.6/13.7	31.4/14.1	35.5/14.6
P2–M1 长	98.1		94
P4 前下颌骨高 / 厚	42.3/21.6		
M1 前下颌骨高 / 厚	53/18.5		
M1 后下颌骨高 / 厚	57.6/14.9		
角突—髁突高	47.2		
M1 第 1 叶长 / 宽	19.3/14.1		18.8/14.6
M1 第 2 叶长 / 宽（含跟座）	17.5/12.8		17.6/13.2

[*] 数据引自：Pei Wenzhong, On the Carnivora from Locality 1 of Choukoutien, Series C Vol.VILL, Fascicle 1, Published by the Geological Survey of China Peiping (Peking), 1934, May. P117.

[**] 数据引自：Pei Wenzhong, The Upper Cave fauna of Choukoutien, Palaeontologia Sinica, New Series C, No.10; Whole Series No.125. Published by the Geological Survey of China Chungking October 1940. P31.

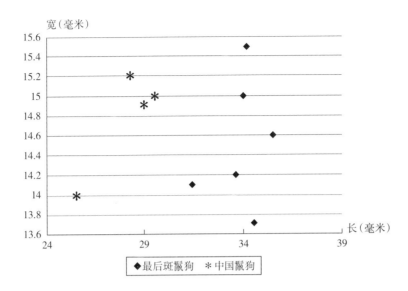

图 6-37 鬣狗下裂齿（M1）测量数据比较图

中于洞穴的东南部和西北角。其中 1984 年，主要在 A 点东壁和 T2、T3 发现犀牛的下颌骨、股骨和残肢骨各 1 件以及 9 件牙齿化石。1986 年，在西壁第Ⅵ层发现犀牛的头骨 1 件（含下颌骨）以及 1 枚残破的牙齿。1987 年，在西壁第Ⅶ层发现犀牛的髋骨、距骨和指骨以及 1 枚左上 M3，共 23 件；并在西北角胶结坚硬的钙板层下的第Ⅷ层发现犀牛的下颌骨、脊椎骨和肢骨等 78 件，遗憾的是在西北角由于堆积胶结坚硬，很难取出完整的化石，下颌骨和肢骨多残破。1993 至 1994 年，在第Ⅷ层发现犀牛的头骨、下颌骨、脊椎骨、肋骨和肢骨共 40 件，其中在第Ⅷ层的第 1 发掘层的 A5 探方（93.J.A.Ⅷ-Ⅰ.A5）发现犀牛的头骨、肩胛骨、肱骨、桡骨、距骨和肋骨等共 9 件标本，头骨上可见 M1 刚萌出，肱骨和桡骨的上下骺线均未愈合，应属于同一个幼年个体的骨骼；在第 9 发掘层发现 1 件幼年犀牛的左侧上颌骨（93.J.A.Ⅷ-Ⅸ.E10-12）；在第 11 发掘层发现 1 个犀牛的头骨化石（94.J.A.Ⅷ-Ⅺ.B11-1）。

头骨和上颌骨

头骨 3 个。其中一个头骨（含下颌）发现于西壁第Ⅵ层，其余两个发现于第Ⅷ层。

标本 86.J.A.Ⅵ，头骨（含下颌骨）。头骨残破，仅存右侧上颌骨和右侧下颌骨，上颌骨保存 DM1-M2，M2 萌出尚未磨蚀，M3 未萌出。上颊齿的外侧壁光滑，前肋发育；嚼面小刺和前刺发育，反前刺不明显；原脊和后脊底部膨大。DM1 长 35.3、宽 39.9 毫米；DM2 长 46.1、宽 45.5 毫米；DM3 长 52.1、宽 47.4 毫米；M1 长 59.2、宽 52 毫米；M2 长 55.9、宽 60.2 毫米。下颌骨保存 DM2-M1，DM2 前下颌骨残缺，下颌支保存较好，下颌角修复。M2 前叶刚萌出齿槽。DM2 长 41.9、宽 25.2 毫米；DM3 长 44.7、宽 26；M1 长 53、宽 26.4 毫米。DM2 前—喙突后缘长 345 毫米；DM2 前—髁突后长 395 毫米。喙突—下颌骨下缘高 290 毫米；下颌支最小宽 139.2 毫米。DM2 下颌体高 96.4、DM3 后下颌体高 105.7 毫米。该头骨属于一个 M2 正萌出的未成年个体，死亡年龄约 4.5 岁左右（图 6-38；图版九〇，1、2）。

标本 93.J.A.Ⅷ-Ⅸ.E10-12，左侧上颌骨。幼年。保存 DM1-M1，M1 萌出未磨蚀，牙齿残破，死亡年龄约 4 岁左右（图版八九，1）。

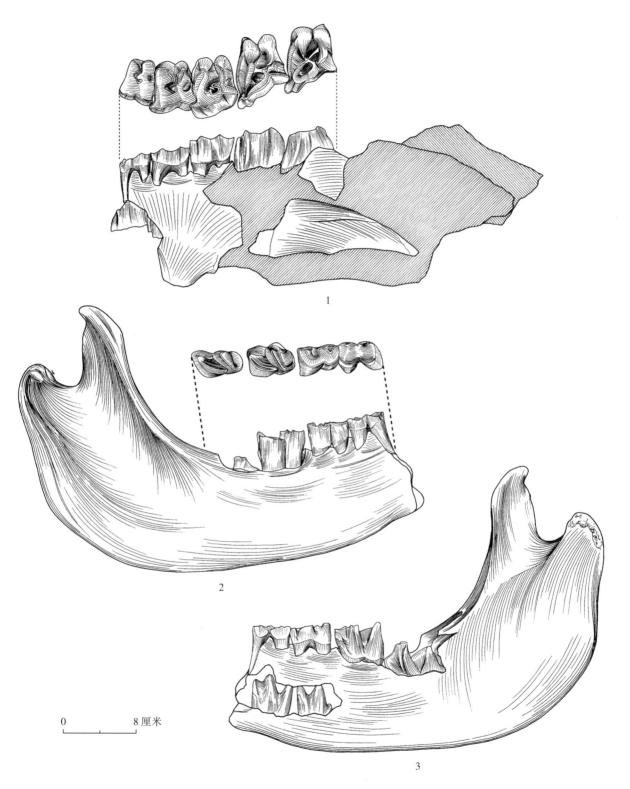

0   8厘米

图 6-38 梅氏犀颌骨（86.J.A.Ⅵ）

1.右上颌骨 2.右下颌骨颊侧视 3.右下颌骨舌侧视

标本 94.J.A.Ⅷ–Ⅻ.B11-3，头骨。青年个体。上颌和牙齿保存较好，脑颅的后部修复，但头颅破损严重不能修复。除右侧 P2 残缺，上颊齿保存完整，M3 刚萌出尚未磨蚀，死亡年龄约 10 岁左右（图 6-39；图版八九，3）。牙齿测量数据见表 6-52。

下颌骨共有 5 件，发现于第Ⅷ层，其中一件是 1984 年在东壁发现，其余的是 1987 年发现于第Ⅷ层。

标本 87.J.A.Ⅷ，左侧下颌骨。保存下颌前部 –M3 段。前部齿槽残，P2 和 P3 萌出未磨蚀，DM3 仍在使用。M1 萌出，齿冠已磨出齿质。M2 残缺，估计已萌出。M3 牙胚在齿槽中未萌出，估计死亡年龄约 6 至 7 岁。下颌骨保存长度 320 毫米。下颌骨下缘呈弧形，前部外侧可见 4 个颏孔，其中一个颏孔在前外侧。P2 下方有 3 个颏孔，其中最大的一个颏孔距 P2 齿槽缘 37 毫米。P2 前下颌骨高 78.2 毫米，P3 前下颌骨高 72 毫米，P4 前下颌骨高 85 毫米，M1 前下颌骨高 96 毫米，

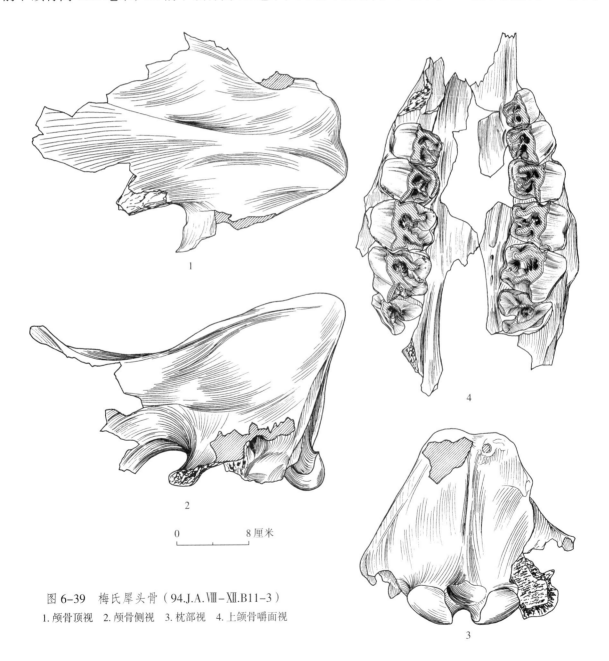

0   8 厘米

图 6-39　梅氏犀头骨（94.J.A.Ⅷ–Ⅻ.B11-3）
1.颅骨顶视　2.颅骨侧视　3.枕部视　4.上颌骨嚼面视

M1 后下颌骨高 91 毫米。P2 长 32.8、宽 18.4 毫米，P3 长 39.5、宽 25.4 毫米，DM3 长 45.3、宽 28.1 毫米，M1 长 50.1、宽 28.7 毫米（图版九〇，3）。

牙齿 10 件。单个牙齿测量数据见表 6–53。

肱骨，3 件（87.J.A.Ⅷ、93.J.A.Ⅷ–Ⅰ.A5–9 和 93.J.A.Ⅷ–Ⅰ. A5–15）。其中标本 93.J.A.Ⅷ–Ⅰ. A5–9 和 93.J.A.Ⅷ–Ⅰ.A5–15 属同一个体，上下关节在骺线处脱落，为幼年个体。

表 6–52　　　　梅氏犀 *Dicerorhinus mercki* 上颌骨（94.J.A.Ⅷ-Ⅻ.B11–3）牙齿测量表　　　单位：毫米

齿位	测量项目	左侧	右侧
P2	长	37.3	
	宽	38.5	
P3	长	42.7	40.9
	宽	54.2	50.4
P4	长	45.7	44.7
	宽	55.2	56.2
M1	长	49.5	54.6
	宽	62.5	63.8
M2	长	59.2	59.2
	宽	61.5	62.8
M3	长	57.5	56.7
	宽	47.9	47.6
P2–P4	长	118.4	
M1–M3	长	150.8	159.3
P2–M3	长	265	
P2 前缘外侧间宽		180.3	

表 6–53　　　　　　　　梅氏犀 *Dicerorhinus mercki* 单个牙齿测量表　　　　　　　单位：毫米

牙齿名称	标本编号	齿位	左 / 右	长	宽
上牙	87.J.A.Ⅶ	M3	左	56.7	49.3
	84.J.A. 东 .6	P4/M1	左	45.2	53.5
	84.J.A.6.T3	M3	左	60.3	
	87.J.A.Ⅷ	M1	右	53.9	60.6
	94.J.A.Ⅷ–Ⅻ.D10–13	P4	左	37.8	51.9
下牙	84.J.A. 东 .6	P2	右	35.8	19.2
	84.J.A. 东 .6	P2	右	35.3	19.9
	84.J.A. 东 .6	P3	左	39.7	23.8
	84.J.A. 东 .6	M2	左	55.3	29.8
	93.J.A.Ⅷ–Ⅷ.A5–14	M2	右	54.9	28.4

尺骨，3件（87.J.A.Ⅷ）。右侧。其中一件标本上、下端关节未愈合（图6-40，1；图版九一，4）。一件残。保存较好的二件尺骨测量数据见表6-54。

桡骨，3件。左侧1件，右侧2件。标本93.J.A.Ⅷ−Ⅰ.A5-12，左侧桡骨，上关节脱落，代表未成年个体。右侧桡骨（87.J.A.Ⅷ）仅有一件保存较好，外侧最大长402、上端宽101.7、骨体中部宽57.3、下端宽99.7毫米（图版九一，2）。

股骨，3件。右侧2件，左侧1件（87.J.A.Ⅷ）。其中一件右侧股骨上关节未愈合，属未成年个体（图6-40，2；图版九一，3），股骨至上关节髂线处长465毫米，上端髂线处最大宽158.3毫米；骨体中部最小宽66.2、最小长57.6毫米；下端最大宽147、最大长160毫米；第三转子至

表6-54　　　　　　　　　　　梅氏犀 *Dicerorhinus mercki* 尺骨测量表　　　　　　　　　单位：毫米

标本编号	下端至半月切迹上缘距离	半月切迹处最大宽	下端宽	下端长
87.J.A.Ⅷ	447	83.2	72.9	36.3
87.J.A.Ⅷ	417	83.6	35.5	63.7

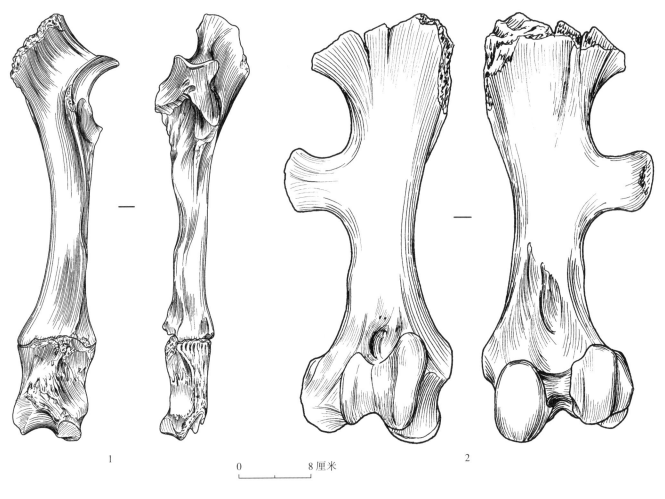

1　　　　　　　0　　　　8厘米　　　　2

图6-40　梅氏犀肢骨

1. 87.J.A.Ⅷ右尺骨　2. 87.J.A.Ⅷ右股骨

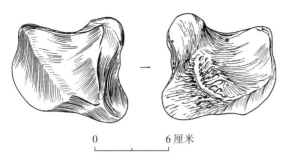

图6-41 梅氏犀髌骨（87.J.A.Ⅶ）

骨体的内侧宽136.1毫米。左侧股骨的上端残，股骨中部最小宽78.4、最小长65.4毫米；下端最大宽146、最大长159毫米（图版九一，5）。

髌骨，3件。其中右侧2件，左侧1件（图6-41；图版九一，6）。髌骨测量数据见表6-55。

跟骨，2件。左、右侧各1件（图版九一，7）。测量数据见表6-56。

表6-55　　　　　　　　　　　梅氏犀 *Dicerorhinus mercki* 髌骨测量表　　　　　　　　　　单位：毫米

地层	骨骼名称	左/右	GB（最大宽）	GL（最大长）	厚
87.J.A.Ⅶ	髌骨	右	95.1	107.5	
87.J.A.Ⅶ	髌骨	右	93.2	89.7	47.2
87.J.A.Ⅶ	髌骨	左	90.3	87.3	42.3

表6-56　　　　　　　　　　　梅氏犀 *Dicerorhinus mercki* 跟骨测量表　　　　　　　　　　单位：毫米

地层	骨骼名称	左/右	跟骨结节宽	跟骨结节高	前关节面宽	前关节面高	最大长（GL）	最大宽（GB）
87.J.A.Ⅷ	跟骨	左	56.2	68.5	60.1	31.7	135.7	88
87.J.A.Ⅷ	跟骨	右	53.9	70.6	54.1	30.9	135.5	88

距骨，1件（87.J.A.Ⅷ）。最大高79.6、最大宽99.7、远端关节面宽79.3、远端关节面高47.9、距骨内侧部的关节面长71.5毫米（图版九一，8）。

掌跖骨，14件。包括第Ⅶ层2件，第Ⅷ层12件。其中掌骨2件（图6-42，1、2；图版九一，10）、跖骨3件（图6-43；图版九一，11）保存完整。掌骨和跖骨测量数据见表6-57。

指（趾）骨，23件。其中6件是1993至1994年发掘时发现，其余的是1987年发掘发现的（图6-44；图版九一，12）。犀牛指（趾）骨测量数据统计见表6-58。

脊椎骨，14件。计有胸椎13件、腰椎1件。均发现于第Ⅷ层（图版九一，9）。

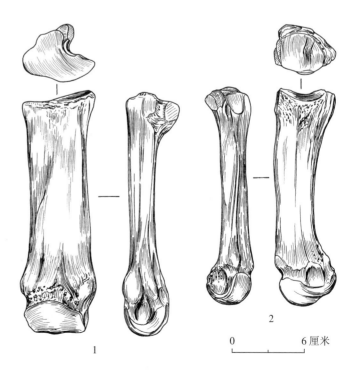

图6-42 梅氏犀掌骨（87.J.A.Ⅷ）
1. 左第3掌骨　2. 左第4掌骨

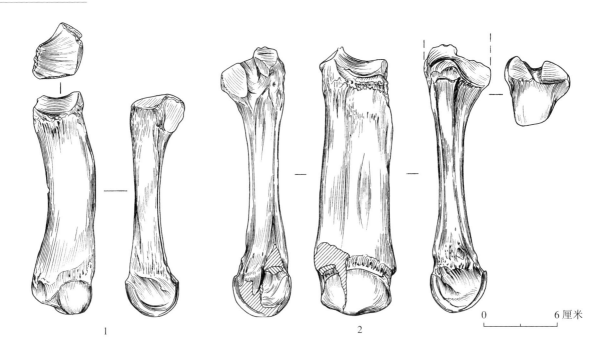

图 6-43 梅氏犀跖骨（87.J.A.Ⅷ）

1. 左第 2 跖骨　2. 左第 3 跖骨

表 6-57　　　　　　　　　梅氏犀 *Dicerorhinus mercki* 掌骨、跖骨测量表　　　　　　　单位：毫米

标本编号	骨骼名称	最大长（GL）	近端最大宽（Bp）	骨干最小宽（SD-KD）	远端最大宽（Bd）
93.J.A.Ⅷ‑Ⅹ.B3‑66	第 4 掌骨	157	43.7	37.5	38.8
93.J.A.Ⅷ‑Ⅹ.B3‑65	第 3 掌骨	198	58.9	62.3	55
87.J.A.Ⅶ	第 2 跖骨	180	42	26	51
87.J.A.Ⅶ	第 3 跖骨	216	57	54	51
87.J.A.Ⅶ	第 4 跖骨	155	45	27.5	32.5

表 6-58　　　　　　　　　梅氏犀 *Dicerorhinus mercki* 指（趾）骨测量表　　　　　　　　单位：毫米

标本编号	骨骼名称	全长	上端宽	上端长	中部最小宽	中部最小长	下端宽	下端长
87.J.A.Ⅷ	第 1 节指 / 趾骨	44.4	39.8	40.8	35.9	27.1	35.9	25.6
87.J.A.Ⅷ		43.3	36.2	39.5	34.9	26.8	31	26.9
87.J.A.Ⅷ		46.8	36.9	42.4	36.4	29.9	35.7	26.9
93.J.A.Ⅷ‑Ⅳ.A5‑9		31.9	54.3	30.6			56	22.7
93.J.A.Ⅷ‑Ⅹ.B3‑6		39.5	53.3	38			43.6	26.3
93.J.A.Ⅷ‑Ⅶ.C4‑45		37.5	50	28.9			47	24.7
87.J.A.Ⅷ	第 2 节指 / 趾骨	35.4	33	29.3			29	25
87.J.A.Ⅷ	第 2 节指 / 趾骨	36.1	40.3	29.4			33.7	23.3

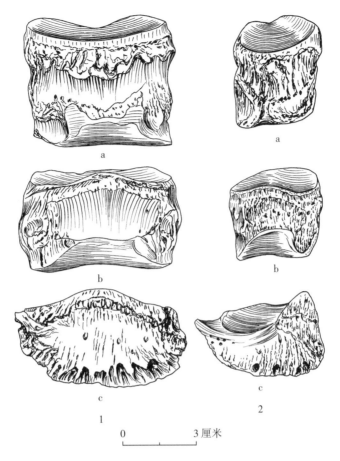

图 6-44　梅氏犀指（趾）骨（87.J.A.Ⅷ）

1. 第 3 指（趾）骨　2. 第 2 指（趾）骨　（a. 第 1 节　b. 第 2 节　c. 第 3 节）

续表 6-58

标本编号	骨骼名称	全长	上端宽	上端长	中部最小宽	中部最小长	下端宽	下端长
87.J.A.Ⅷ	第 2 节 指 / 趾骨	30.4	32.7	27			29.1	25.2
87.J.A.Ⅷ		31.6	58.1	30.6			70.6	23.1
87.J.A.Ⅷ		34.2	51.2	29.8			52.4	21.2
93.J.A.Ⅷ–Ⅹ.B3–8		28.1	40.7	34			35.9	26.5
93.J.A.Ⅷ–Ⅵ.B5–2		27.7	35.2	28.4			30.1	26.8
87.J.A.Ⅷ	第 3 节 指 / 趾骨	38.6	79.7	25.3				
87.J.A.Ⅷ		34.8	68.4	26.2				
87.J.A.Ⅷ		33.4	73.2	23.6				
87.J.A.Ⅷ		33.1						
87.J.A.Ⅷ		36	40.8	25.3				
87.J.A.Ⅷ		36.9	43.2	27.1				
87.J.A.Ⅷ		37.3	37.2	19.6				
93.J.A.Ⅷ–Ⅹ.A5–58		35.9	30.2	24.8				

其中 1993 年在第Ⅷ层的第Ⅸ发掘层发现 4 件胸椎属于同一个体，其前后关节面未愈合，属于未成年个体。1987 年在第Ⅷ层发现的 5 件胸椎（87.J.A.Ⅷ: 胸椎 1~87.J.A.Ⅷ: 胸椎 5）的后关节面未愈和，也属于未成年个体。脊椎骨测量数据统计见表 6-59。

髋骨，1 件（87.J.A.Ⅷ）。左侧。髂骨翼和部分耻骨残。髋臼长 107.4 、髂骨干最小高 69、髂骨干最小周长 171、闭孔内缘长 116.4 毫米（图版九一，1）。

表 6-59　　　　　　　　　梅氏犀 *Dicerorhinus mercki* 脊椎骨测量表　　　　　　单位：毫米

标本编号	骨骼名称	横突宽	BFcr（前关节面宽）	BFcd（后关节面宽）	HFcr（关节面高）
93.J.A.Ⅷ-Ⅸ.B5-19	胸椎	145.1	50.9 104.4*	119.7*	72.3
93.J.A.Ⅷ-Ⅸ.B5-18	胸椎		57	104.3*	69.8
93.J.A.Ⅷ-Ⅸ.B5-21	胸椎	128.2	55.8	残	63.3
93.J.A.Ⅷ-Ⅸ.B5-20	胸椎	133.3	56.6	113.1*	65.6
87.J.A Ⅷ: 胸椎 1	胸椎		64.9	残	63.6
87.J.A Ⅷ: 胸椎 2	胸椎		58.9	残	64.6
87.J.A Ⅷ: 胸椎 3	胸椎		58.7		
87.J.A Ⅷ: 胸椎 4	胸椎		64.1	残	70.6
87.J.A Ⅷ: 胸椎 5	胸椎	135.9	62.7 109.8*	109.5*	
87.J.A.Ⅷ: 胸椎 6	胸椎		63	残	69.3
87.J.A.Ⅷ: 胸椎 7	胸椎		64.4	残	66.8
87.J.A Ⅷ: 胸椎 8	胸椎		52.2	残	69.9
87.J.A Ⅷ: 胸椎 9	胸椎		52.6	残	63.3
87.J.A Ⅷ: 腰椎 1	腰椎		53.8		68.5

*加两侧关节窝宽。

（13）猪属 *Sus* Linnaeus，1758

李氏野猪 *Sus lydekkeri*

猪的化石主要发现于第Ⅶ层和第Ⅷ层，在上部的第Ⅱ层仅发现 1 件上颌骨残块，在第Ⅴ层发现 1 件猪的臼齿残块。在上部的第Ⅱ层和第Ⅴ层发现的猪化石少且残破，未定种；在第Ⅶ层和第Ⅷ层发现的野猪定为李氏野猪。

第Ⅶ层，26 件和 1 个幼年猪的骨架。幼年猪的骨架发现于洞穴的西南角（87.J.A: S1）（图 2-9；图版二五，1），猪的骨骼基本保持原状，后期扰动不大，应是死后被水冲进洞里埋藏起来的。26 件标本有：乳猪的左侧肱骨和右侧股骨各 1 件；属于幼年个体猪的头骨残块 1 件、右侧肩胛骨 1 件、左右侧肱骨各 1 件、桡骨残块 1 件、右侧胫骨 1 件和指骨 5 件，共 13 件。另外还有成年猪的残肢骨和牙齿 13 件：计有左侧肱骨 2 件、左侧桡骨 1 件、髋骨残块 2 件、右侧股骨 1 件、距骨 1 件和零牙 6 件。最小个体数 5，即 1 个乳猪、2 个幼年猪和 2 个成年猪。

第Ⅷ层，97 件。主要是猪的肢骨、上下颌残块以及零牙（表 6-60）。

表 6-60　　　　　　　第Ⅷ层李氏野猪 *Sus lydekkeri* 骨骼统计表　　　　　单位：件

骨骼名称	左	右	左/右未定	合计	备注
肱骨下端	1	1	1	3	
肱骨体	1			1	上下未愈
肱骨		1		1	未成年
桡骨远端		1	1	2	均未愈合
桡骨上端		1		1	
股骨上端	1	1		2	均未愈合
股骨头		1		1	未愈合
股骨	1			1	
胫骨近端	1			1	
胫骨远端	1	1		2	其1未愈合
胫骨	1	3		4	其2远端未愈合
距骨				1	
腕骨				4	
掌骨				1	
跖骨				4	
指骨/趾骨				5	
上颌骨	6	5	4	15	
下颌骨	6	7	15	28	
零牙				20	包括门齿/犬齿/前臼齿和臼齿
合计	18	17	27	97	

标本 87.J.A.Ⅶ：S1-12，为幼年猪骨架的头骨，保存较好，但前颌骨的前端、鼻骨前部、两侧颧弓和眼眶部及颅底残破，左侧上颌骨的外侧挤压变形，右侧上颌骨残（图 6-45；图版九二，1）。上颌保存左右侧 DM1-M1，M1 尚未完全萌出，P1 齿槽完整，但牙残缺，门齿和犬齿残缺，死亡年龄约 6 月龄左右。前颌骨前部残，前颌骨的鼻突向后延至 DM1 的后缘。上颌的腭突保存较好，腭突的腭沟浅平，腭大孔位于 M1 前内侧，腭骨挤压变形。眶下孔位于 DM2 上方。鼻部宽平，额顶部稍隆起，由眶上孔起始的眶上沟直达鼻额缝。枕部仅存部分鳞部，枕骨大孔和茎突残。枕骨鳞部高，中间凹入，枕脊宽平。头骨测量数据见表 6-61。

牙齿，上犬齿，3 件（84.J.A.6.T2-2、93.J.A.Ⅷ-Ⅶ.A5-49 和 93.J.A.Ⅷ-Ⅶ.D11-12）。雄性。犬齿的外侧圆弧形，有宽的釉质条带，内侧较平，前后边缘各有一条窄的釉质条带。垂直径/水平径分别为 25.6/20.1、25.1/15.1 和 23.9/15.8 毫米，比周口店李氏野猪（*Sus lydekkeri*）的成年雄性犬齿稍小，后者垂直径为 22、水平径 27 毫米（C.C.Yang，1932）。

下犬齿，1 件（93.J.A.Ⅷ-Ⅶ.B4-23）。左侧。雄性。齿冠底部断面约呈三角形，前面釉质宽 21.8、外侧宽 15.7、后面宽 16 毫米，周口店李氏野猪（*Sus lydekkeri*）的成年雄性下犬齿的形态变化较大，有的横断面呈几乎等边的三角形，也有的向侧面压扁（C.C.Yang，1932）。

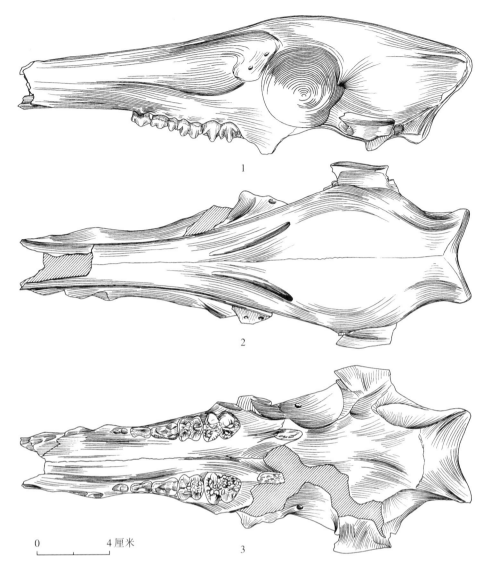

图 6-45 李氏野猪头骨（87.J.A.Ⅶ：S1-12）
1. 侧面　2. 颅顶　3. 颅底

表 6-61　　　　李氏野猪 *Sus lydekkeri* 头骨（87.J.A.Ⅶ：S1-12）测量表　　　　单位：毫米

测量项目	数据	备注
现保存头骨最大长（OP-P*）	251	前颌骨前缘残
颅全长（A-P*）	247	前颌骨前缘残
脏颅长（N-P*）	107.3	前颌骨前缘残
额正中长（A-N）	145.8	
面长（Sp-P*）	146	前颌骨前缘残
颅顶长（Sp-A）	106.5	
顶骨长（A-Br）	55.3	
额骨长（N-Br）	92.8	

续表 6-61

测量项目	数据	备注
额骨最大宽（Ect-Ect）	79.4	
脑颅长 B-N	137	
腭正中长（St-P*）	132.9	前颌骨前缘残
St- 大孔后缘点	93.1	
枕骨鳞部宽	50.4	左侧边缘稍残
外耳道最大宽	95	
基底长（大孔后缘点 -P*）	228	前颌骨前缘残
两侧 M1-M1 齿槽外缘间宽	53.5	最大宽
P1-M1 齿列长	75.4（左）	
	75.5（右）	
DM1- DM 3 齿列长	43.1（左）	
	43（右）	
DM 1- DM 1 外侧间宽	38.8	最小宽
DC 外侧间宽	41.8	
腭骨最大长	36	
上颌的腭突长	83.9	
DM 1 长 / 宽	11.8/6.8（左）	
DM 1 长 / 宽	12/6.4（右）	
DM 2 长 / 宽	15.2/9.8（左）	
DM 2 长 / 宽	15.3/10.1（右）	
DM 3 长 / 宽	16.1/13.5（左）	
DM 3 长 / 宽	16.2/13.3（右）	

* 前颌骨口侧点（Prosthion），该标本的前颌骨前缘残，实际数据应大于此数据，下同。

　　仅有 2 枚上 M3 和 3 枚下 M3，保存完整（图版九二，2、3）。上 M3 长 38.9~41.6、宽 19.1~21.7 毫米。下 M3，分别长 44.7、42.5 和 39 毫米，宽 17.8、17.3 和 15 毫米（表 6-62）。周口店李氏野猪（*Sus lydekkeri*）的上 M3 平均长 39.9 ± 0.85、离差为 37.5~42.5 毫米，平均宽 23.4 ± 0.74、离差为 21.5~25.5 毫米。下 M3 平均长 42.2 ± 1.1、离差为 40~45 毫米，平均宽 19.2 ± 0.49、离差为 18.5~21 毫米（C.C.Yang, 1932）。与周口店的李氏野猪（*Sus lydekkeri*）相比，金牛山的野猪上下 M3 的长度均在周口店李氏野猪的数据之间，但宽度略小于后者，显得稍窄。

　　对猪死亡年龄的推测以第Ⅷ层发现的标本为基础，该层出土的下颌骨数量较多，共有 28 件，但多为残块，只能根据保存有牙齿的标本推测其死亡年龄。其中仅有八件标本可以鉴定年龄：一件乳猪的下颌残块（94.J.A.Ⅷ–Ⅸ.C11-5），保存乳齿，M1 未出；一件 M1 刚出，尚未磨蚀的幼年个体的右侧下颌骨（94J.A.Ⅷ–Ⅻ.E9-31）；M2 萌出，M3 未萌出的左、右侧下颌骨各 1 件（93. J.A.Ⅷ–Ⅱ.E9-27 和 93.J.A.Ⅷ–Ⅵ. E11-11），属于亚成年个体；4 件保存有 M3 的下颌残块（93.

表 6-62　　　　　　　　　　　　　　　野猪牙齿测量数据比较表　　　　　　　　　　　　单位：毫米

齿位	遗址名称		M1			M2			M3		
			长	宽	长/宽×100	长	宽	长/宽×100	长	宽	长/宽×100
上臼齿	金牛山		18.6	15.8	117.7	26.8	20	1.34	38.9	19.1	203.7
			13.9	13	106.9	23.3	21.9	106.4	41.6	21.7	191.7
	周口店	N	13	13	13	13	13	13	13	13	13
		最小值	15.5	15	91	22.3	20	108	37.5	21.5	158
		最大值	20	18	117	28	24	124	42.5	25.5	181
		平均值（95%置信区间）	16.9±0.6	16.6±0.5	101.8±3.8	25±0.9	21.4±0.7	116.4±3.5	39.9±0.9	23.4±0.7	169.5±4.2
下臼齿	金牛山		20.1	13.2	152.3	22.8	15.2	1.5	44.7	17.8	251.1
			16.9	12.4	136.3	24.1	15.4	156.5	42.5	17.3	245.7
			16.2						39	15	2.6
	周口店	N	10	10	10	10	10	10	9	9	9
		最小值	13.5	12.5	100	22	16	125	40	18.5	195
		最大值	18.5	14.5	138.4	27.5	18	160.6	45	21	240.5
		平均值（95%置信区间）	16.03±1.1	13.3±0.4	120.6±9.1	24.5±1.1	17.1±0.5	143.4±8.3	42.2±1.1	19.2±0.5	219.6±8.4

J.A.Ⅷ–Ⅴ.E7-43、93.J.A.Ⅷ–Ⅸ.B7-7、93.J.A.Ⅷ–Ⅸ.C10-31、93.J.A.Ⅷ–Ⅹ.D10-10），代表成年个体。以下颌骨统计野猪的死亡年龄，半岁左右的幼年猪和 1 至 2 岁的亚成年野猪各 2 个，各占总数的22.2%；2 岁以上的成年野猪 4 个，约占 55.5%。

（14）大角鹿属 *Megaloceros* Brookes，1828

肿骨鹿 *Megaloceros pachyosteus*

334 件。包括头骨、上下颌骨、椎骨和肢骨残块。均发现于第Ⅶ、Ⅷ层。

头骨（含下颌骨），1 件（94.J.A.Ⅷ–Ⅻ.B11-1）。出土于第Ⅷ层的第 12 发掘层面。头骨上有保存较好的鹿角。出土时是颅底朝上，右侧角保存较好，左侧角仅保存部分主枝，主枝的掌状面破碎（图版四六，3）。眉枝靠近角环处，残断，特征不明，但从保存的角环和残断处看可以确定眉枝不与头骨的矢状脊平行，与河套大角鹿（*Megaceros ordosianus*）角的眉枝与头骨矢状脊平行明显不同。主枝向两侧伸出，主枝的底部为柱状，长约 110 毫米，向上变成扁平的掌状角，右侧掌状角的前缘保存有 3 个指状突小分枝，角的后部残断。左侧角的边缘均残断（图 6-46；图版九三）。修复后的头骨和鹿角测量数据见表 6-63。角的形态与大小和周口店第 1地点肿骨鹿的 B 型相似。

下颌骨，左侧。保存完整。紧贴在头骨下面，与头骨为同一个体，右侧下颌骨与头骨相距约 1 米，牙齿磨蚀特征与左侧下颌骨相似，估计为同一个体（图 6-47；图版九四，1）。牙齿的磨蚀特征为：P2-P4 齿尖磨蚀磨平，嚼面全为齿质，M1-M3 颊侧齿尖磨圆钝，舌侧齿尖磨蚀出齿质，代表中年个体。下颌前部齿隙断面呈椭圆形，下颌体肿厚，尤其是在 M1-M3 之间外侧下颌体明显隆起，

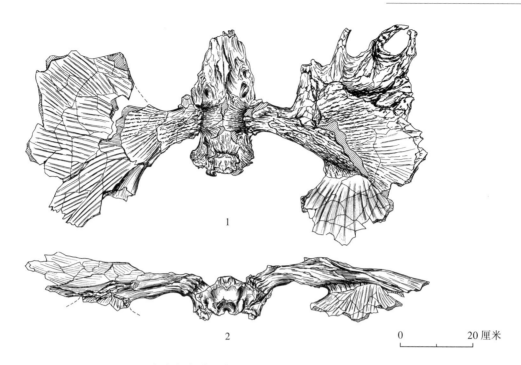

图 6-46　肿骨鹿头骨和角（94.J.A.Ⅷ-Ⅻ.B11-1）
1. 颅骨顶　2. 颅骨后面

表 6-63　　肿骨鹿 *Megaloceros pachyosteus* 头骨和角（94.J.A.Ⅷ-Ⅻ.B11-1）测量表　　单位：毫米

测量项目	测量数据
左侧—右侧角保存最大距离	610.8
保存右侧主枝的最大长	490
右侧角后缘—前缘第 2 指状突分枝长	440
保存左侧主枝的最大长	440
左侧角后缘—前缘长	480
左右侧角环内测距离	130
左右侧角柄外侧距离	180
角环前后 / 背腹径	左 72/74
	右 74/70
右侧主枝主干长	130
头骨最大长	410
颅后最大宽	190
眶上孔间距	150
眶上孔至鼻骨距离	195
前部吻宽	130
枕部最大高	107
枕骨大孔宽	430
枕骨大孔上缘—颅后脊高	74

内侧壁隆起较平缓，外侧壁弧形，下颌骨断面呈椭圆形。下颌骨颏孔小，位于 P3 后下方。下颌角向后突出形成圆弧形的角，下颌支显得低而粗壮，喙突直，髁突发育。前臼齿磨蚀较重，P3 下前尖和下后尖分离，P4 的下前尖和下后尖愈合，为普通鹿型。臼齿的肋和附尖褶较发育，齿冠表面较粗糙，M1 前外侧齿带发育。下颌骨测量数据见表 6-64。

上、下颌骨均为保存有部分牙齿的残块。其中上颌骨残块计有左侧 13 件、右侧 5 件；下颌骨残块计有右侧 75 件、左侧 51 件。

下颌骨残块中有 16 件为前部残块，其中左侧 3 件、右侧 13 件。均保存门齿到齿隙处，在颏孔后面残断，保存长度 46.8~107.4 毫米不等。下颌残块中有的在断茬处的骨表面有人工敲击断裂形成的崩疤痕，如标本 93.J.A.Ⅷ-Ⅸ.C5-5（图版九四，2）；有的断茬平齐，如标本 94.J.A.Ⅷ-

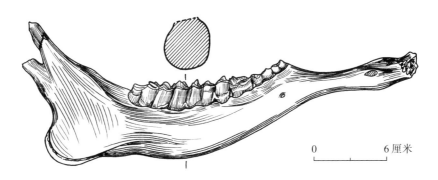

图 6-47　肿骨鹿右下颌骨（94.J.A.Ⅷ-Ⅻ.D11-1）

表 6-64　　肿骨鹿 *Megaloceros pachyosteus* 下颌骨（94.J.A.Ⅷ-Ⅻ.B11-1、D11-1）测量表　　单位：毫米

测量项目		左侧	右侧
下颌骨长	I1- 下颌角后缘长	327	321
	I1- 髁突长	336	336
	I1- 喙突长	339	334
下颌支高	下颌支高	142	140
	下颌支下缘到髁突高	105	103
下颌体高 / 厚	齿隙最窄处高 / 厚	20.3/16	19/15
	P2 前下颌骨高 / 厚	31.5/16.7	29.6/-
	M1 前下颌体高 / 厚	32/23	30.5/23.6
	M2 前下颌体高 / 厚	35.2/27.3	33.2/28.8
	M3 中叶下颌骨高 / 厚	41/33.6	36/34.2
	下颌骨厚度指数（M3 中叶下颌骨厚 / 高 ×100）	82	95
齿列长	P2-M3 长	129	121.3
	P2-P4 长	48	43.5
	M1-M3 长	81	79
牙齿 长 / 宽	M1 长 / 宽	23/15	23/16
	M2 长 / 宽	26/17	26/17
	M3 长 / 宽	33/16	33/16.7

XI.D6-9（图版九二，7）。有的有食肉动物的咬痕。从残段处的特征看，有的下颌骨是古人类敲击断裂，有的则是食肉类动物进食时咬断的。

上、下颌残块上牙齿测量数据统计见表6-65。

用下颌骨P2前、M3中叶的厚度指数比较肿骨鹿下颌骨的肿厚程度。金牛山遗址发现的肿骨鹿下颌骨中仅有5件标本可以测量M3中叶的高和厚，计算下颌骨厚度指数（表6-66），所有数据均在周口店北京人遗址发现的肿骨鹿（*Megaloceros pachyosteus*）下颌骨数据变异范围内（C.C.Yang，1932）。测量数据统计比较结果表明，金牛山遗址发现的肿骨鹿下颌骨总体不如周口店北京人遗址和南京人遗址发现的肿骨鹿下颌骨肿厚，其中标本93.J.A.VIII-0:48与周口店第3地点大角鹿（*Megaloceros* sp.）相似，但比丁村98地点发现的大角鹿（*Megaloceros* sp.）下颌骨肿厚，后者下颌骨的M3中叶内侧下颌高46.1、厚24.2毫米，下颌骨厚度指数为52.5（裴文中等，1958）

表6-65　　　　肿骨鹿 *Megaloceros pachyosteus* 上、下颌骨牙齿测量表　　　　单位：毫米

齿位	测量项目	上颌骨				下颌骨			
		n	最小值	最大值	平均值（95% 置信区间）	n	最小值	最大值	平均值（95% 置信区间）
P2	长					16	12.2	15.1	13.3 ± 0.4
	宽					16	8.1	11	9.1 ± 0.4
P3	长	2	14.7	15.5		23	13.3	19.8	16.8 ± 0.6
	宽	2	16.5	18.3		23	9	12.6	10.8 ± 0.4
P4	长	5	13.7	17.3	15.6 ± 1.1	21	15.6	20	17.8 ± 0.5
	宽	5	17.6	19.3	18.7 ± 0.6	21	10.5	15	12.7 ± 0.5
M1	长	4	18.9	22.7	20.5 ± 1.6	26	19.6	25.7	22.6 ± 0.6
	宽	4	18.4	22	20.8 ± 1.6	26	11.9	16.9	14.6 ± 0.5
M2	长	6	21.8	25.9	23.8 ± 1.6	13	20.5	26.4	24 ± 0.9
	宽	6	18.8	26.8	21.9 ± 2.3	13	11.6	17.5	15.5 ± 0.8
M3	长	5	22.9	25.4	24.2 ± 1	11	28.8	34.6	31.7 ± 1.1
	宽	5	19.4	24.3	22 ± 1.6	11	14.1	17.9	15.9 ± 0.63
P2-M3 长		3	47.7	51.3	49.3 ± 2.1	6	41.3	50	47.1 ± 2.6
M1-M3 长		3	58.9	69.2	64.1 ± 5.8	1			81.5

表6-66　　　　肿骨鹿 *Megaloceros pachyosteus* 下颌骨 M3 中叶高和厚度测量表　　　　单位：毫米

标本编号	左/右	M3 中叶内侧下颌高	M3 中叶内侧下颌厚	下颌骨厚度指数（厚/高）×100
94.J.A.VIII-XI.E-20	右	38.8	24.3	63.3
93.J.A.VIII-VII.C10-1	左	40.4	30.9	76.5
93.J.A.VIII-0:48	右	43.8	28.2	64.4
94.J.A.VIII-XIII.D11-1	右	38.6	31.8	82.4
94.J.A.VIII-XII.B11-1	左	41	33.6	82

（表6-67；图6-48、6-49）。这可能与金牛山人的时代较晚有关。

根据肿骨鹿下颌骨及牙齿可以鉴定死亡年龄。金牛山遗址发现的肿骨鹿下颌骨残块上保存最多的是P4，因而主要根据恒齿的萌出状况和下颌骨上保存P4的磨蚀特征估计死亡年龄。可分为：

幼年个体：恒齿萌出时期。

表 6-67　　　　　　　肿骨鹿 *Megaloceros pachyosteus* 下颌骨测量及比较表　　　　　　　单位：毫米

遗址名称	统计项目	P2 前			M3 中叶		
		下颌高	下颌厚	厚度指数（厚/高）	内侧下颌高	下颌厚	厚度指数（厚/高）
金牛山	n	10	14	10	4	12	5
	最小值	23.6	12.8	49	38.6	24.3	63.3
	最大值	29.8	17.5	61	43.8	44	82.4
	平均值（95% 置信区间）	27.3 ± 1	15.2 ± 0.7	55 ± 0.6	41 ± 2.9	31.2 ± 3.3	73.2 ± 6.9
周口店	n	32	32	32	107	107	107
	最小值	20	14	53	43	29.6	0.64
	最大值	29	19	88	61.8	52	0.9
	平均值（95% 置信区间）	23.9 ± 0.8	16.6 ± 0.3	0.7 ± 0.03	51.2 ± 0.7	41.3 ± 0.8	81 ± 0.01
南京汤山	n	10	10	10	25	25	25
	最小值	21.1	15	53	43.5	32	67
	最大值	32.4	22.5	78	52.9	45.3	88
	平均值（95% 置信区间）	28.6 ± 2.1	17.7 ± 1.3	62 ± 0.05	47.4 ± 1.1	36.1 ± 1.2	76 ± 0.02
周口店第 3 地点					44.1	28.5	64.6
丁村 98 地点					46.1	24.2	52.5

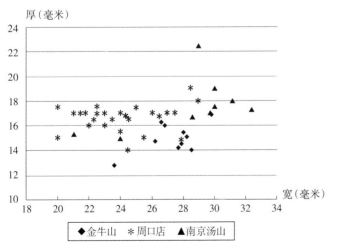

图 6-48　肿骨鹿下颌骨 P2 前高和厚测量数据比较图

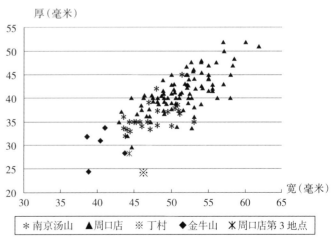

图 6-49　肿骨鹿下颌骨 M3 中叶高和厚测量数据比较图

标本 93.J.A.Ⅷ–Ⅱ.E7–31，左侧。DM3–M1，M2 未出（图版九二，4）。

标本 87.J.A.Ⅶ，右侧。P3 已萌出，未磨蚀，P2 正萌出（图版九二，6）。

成年个体：恒齿萌出，并开始磨蚀，根据 P4 磨蚀的状况，可分为三个阶段，分别代表青年、中年和老年个体。

青年，标本 93.J.A.Ⅷ–Ⅸ.B6–41，左侧。P4–M2，P4 齿尖开始磨蚀（图版九二，5）。

中年，标本 94.J.A.Ⅷ–Ⅺ.D6–9，左侧。P2–P4，P4 齿尖磨平，嚼面出现两个独立的齿质环（图版九二，7）。

老年，标本 93.J.A.Ⅷ–ⅩⅢ.E7–32，左侧。P3–M1，P4 磨至齿冠下部，嚼面有三个釉质齿环（图版九二，8）

按最小个体数统计，全部下颌残块共代表 54 个个体，其中未成年个体约占 33.3%，青年个体占 29.5%，中年个体占 11.1%，老年个体占 25.9%（表 6–68）。

椎骨，6 件。包括寰椎 3 件、枢椎 2 件、颈椎 1 件。

标本 94.J.A.Ⅷ–Ⅻ.C11–4，寰椎。右侧椎翼边缘残，最大长 91.2、前关节面宽 84.6、后关节面宽 76.2、前后关节面长 65.8、高 57.9 毫米（图版九四，3）。

表 6–68　　　　　　肿骨鹿 *Megaloceros pachyosteus* 死亡年龄鉴定表

牙齿萌出和磨蚀特征	右侧	左侧	估计年龄	MNI	%
M1 未出	4	2	未成年	4	33.3
M1 正出		1		1	
M2 未出	6	9		9	
M2 正萌出		1		1	
M3 未出	2			2	
P2 正萌出	1			1	
P4 齿尖开始磨蚀	16	9	青年	16	29.6
P4 齿尖磨平	4	6	中年	6	11.1
P4 磨至齿冠下部	14	8	老年	14	25.9
合计	47	36		54	99.9

标本 94.J.A.Ⅷ–Ⅻ.B11–3，枢椎。高 132.2、锥体长 139.9、椎弓长 141.3、前关节面宽 92.1、后关节突间宽 74.8、锥体最小宽 70.3 毫米（图 6–50；图版九四，7）。

肢骨，183 件。多为残块，除指骨 / 趾骨外，仅有左侧桡—尺骨 1 件、右侧胫骨 1 件和右侧距骨 1 件保存完整。

左侧尺桡骨（94.J.A.Ⅷ–Ⅻ.C10–2）。仅尺骨下端残，保存基本完整。桡骨最大长 366 毫米，近端宽 82.8、长 44.5 毫米，骨体中部最小宽 42、长 33.3 毫米，远端宽 73.1、长 53.9 毫米（图 6–51，1；图版九四，4）。

右侧胫骨（93.J.A.Ⅷ–Ⅴ.B11–37）。胫骨脊稍残，最大长

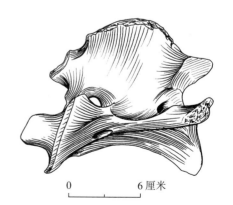

0　　　　　　6厘米

图 6–50　肿骨鹿枢椎
（94.J.A.Ⅷ–Ⅻ.B11–3）

422、上端宽 105.5 毫米，骨体中部最小宽 45.5、长 32.3 毫米，下端宽 70.2、长 53.4 毫米（图 6-51，2；图版九四，6）。

右侧跖骨（94.J.A.Ⅷ-Ⅻ.C10-1）。最大长 341 毫米，上端宽 48.8、长 53.3 毫米，骨体中部最小宽 33.3、长 34.4 毫米，下端宽 63.9、长 38.7 毫米（图 6-51，3；图版九四，5）。

肢骨残块和指骨 / 趾骨测量数据统计见表 6-69。

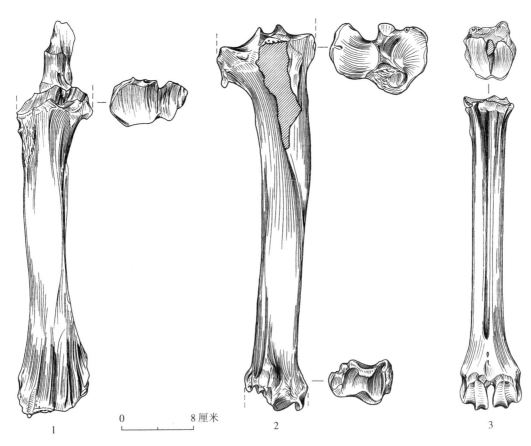

图 6-51　肿骨鹿肢骨

1. 94.J.A.Ⅷ-Ⅻ.C10-2 左尺桡骨　　2. 93.J.A.Ⅷ-Ⅴ.B11-37 右胫骨　　3. 94.J.A.Ⅷ-Ⅻ.C10-1 右跖骨

表 6-69　　　　　　　　　　肿骨鹿 *Megaloceros pachyosteus* 肢骨测量表　　　　　　　　　　单位：毫米

骨骼名称	测量项目	样品数（n）	最小值	最大值	平均值（95% 置信区间）
肱骨上端	宽				
	长				
肱骨下端	宽	1			78.5
	长	1			77.9
桡骨上端	宽	4	59.3	78.5	68.2 ± 7.8
	长	5	33.6	43.1	38.2 ± 3.7
桡骨下端	宽				
	长				

续表 6-69

骨骼名称	测量项目	样品数（n）	最小值	最大值	平均值（95% 置信区间）
掌骨上端	宽	5	32.6	36.1	34.8 ± 1.2
	长	5	23.8	26.7	25 ± 1.1
掌骨下端	宽	1			36.3
	长	1			24
股骨上端	宽				
	长				
肱骨上端	宽				
	长				
胫骨上端	宽				
	长				
胫骨下端	宽	6	57.6	70.2	62 ± 3.6
	长	6	43.3	53.4	46.5 ± 2.9
跖骨上端	宽	1			48.8
	长	1			53.3
跖骨下端	宽	3	55	63.9	58.3 ± 5.5
	长	3	34.8	38.7	36.3 ± 2.4
中央跗骨	最大宽	5	50.2	59.4	53.5 ± 3.2
	最大长	1			47
跟骨	最大宽	2	49.3	51	
	最大长	1			150.9
	最大高	1			53.9
距骨	外侧长				
	内侧长				
	近端宽				
	内侧厚				
第 1 节指 / 趾骨	最大长	9	67.2	76.3	71.1 ± 2
	上端宽	10	27.3	31.9	29.2 ± 1.1
	上端长	10	31.2	39.8	35.2 ± 1.5
	下端宽	10	24.1	29.4	26.2 ± 1.1
	下端长	10	19.6	25.8	21.8 ± 1.1
第 2 节指 / 趾骨	最大长	9	46.9	57.5	51.3 ± 2.3
	上端宽	9	24.2	29.3	26.5 ± 1.1
	上端长	9	30.6	38.5	33.8 ± 1.5
	下端宽	7	20.2	24.8	23 ± 1.2
	下端长	7	27.9	33.1	31.3 ± 1.3
末端指 / 趾骨	蹄底对角线长	39	52.3	74.4	64.6 ± 1.4
	背侧面长	39	47.6	65.6	56.4 ± 1.3
	蹄底对中部宽	38	19.2	28.5	23.4 ± 0.7

（15）鹿属 *Cervus* Linnaeus，1758

①赤鹿 *Cervus elaphus*

10 件。包括头骨、上下颌骨。主要发现于西壁剖面的第Ⅱ层和Ⅳ~Ⅵ层。

参照 W. A. B. BROWN 方法鉴定赤鹿死亡年龄（W. A. B. BROWN，1991）。

第Ⅱ层，左右侧上颌骨各 1 件，恒齿完全萌出，牙齿齿尖稍磨，代表 1 个青年个体。

第Ⅳ层，头骨 1 件，鹿角保存较完整；左侧下颌骨 1 件，带 DM1–M1，M2 牙胚在齿槽中，属于 1 个约 10 月龄的幼年个体。

第Ⅴ层，右侧下颌骨 1 件，保存有 DM3–M1，M2 未萌出，代表 1 个约 10 月龄的幼年个体。

第Ⅵ层，左侧下颌骨 2 件和右侧下颌骨 3 件，最小个体数 3。其中两个 M3 正萌出，约 27 月龄；一个 M2 正萌出，约 13 月龄。

典型标本描述如下：

头骨（86.J.A.Ⅳ）保存颅顶和鹿角（图 6–52，1；图版九五，1）。右侧鹿角在埋藏过程中挤压变形较重，左侧鹿角保存较好。在角环上方分出第 1 枝。紧靠第 1 枝分出第 2 枝，第 2 枝比第 1 枝长。主枝粗大，斜向后上方，其余分枝残缺（图 6–52，2；图版九五，1）。左侧角的角柄前后径长 53.2、内外侧径宽 53.9 毫米。角环上方角基底前后径 77.3、内外侧径 62.8 毫米。第 1 枝分叉处距角环底高 72.4 毫米，第 2 枝分叉处距角环底 117.7 毫米。第 1 分枝基部稍残，修复，长 200 毫米；第 2 分枝长 317 毫米，角基部周长 130 毫米。主枝发掘残断，现保存长约 300 毫米。主枝圆柱状，最大径 51.5、周长 161 毫米。

左侧下颌骨（86.J.A.Ⅵ），带 DM2–M2，P2 和 M3 在齿槽中未萌出，未成年个体（18 月龄）（图 6–53；图版九六，1）。

上颌骨和下颌骨的牙齿测量见表 6–70 和表 6–71。

②葛氏斑鹿 *Cervus grayi*

238 件。包括头骨、鹿角、上下颌骨、脊椎骨及肢骨。均发现于第Ⅶ、Ⅷ层。

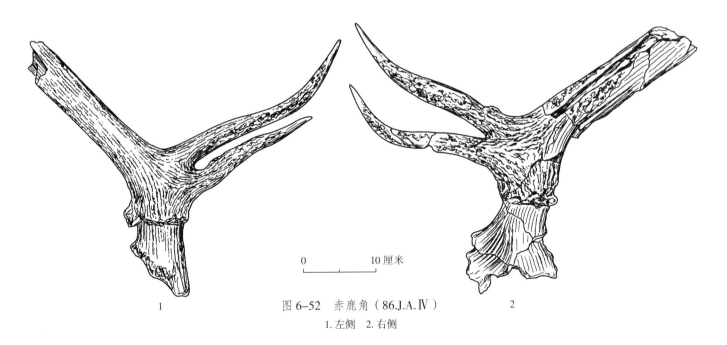

图 6–52 赤鹿角（86.J.A.Ⅳ）

1. 左侧　2. 右侧

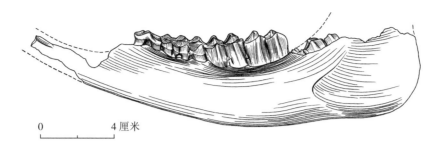

0　　　　　　4厘米

图 6-53　赤鹿左下颌骨（86.J.A.Ⅳ）

表 6-70　　　　　　　　　　　　　赤鹿 *Cervus elaphus* 上颌骨牙齿测量表　　　　　　　　　单位：毫米

标本编号	M1		M2		M3		齿列长		
	长	宽	长	宽	长	宽	P2-M3	P2-P4	M1-M3
86.J.A.Ⅱ: 1	20.1	14.5	25.8	15.6	24.1	13.7	108.1	39.8	68.7
86.J.A.Ⅱ: 2	20.6	14.2	28.4	15.3	24.3	13.2			73

表 6-71　　　　　　　　　　　　　赤鹿 *Cervus elaphus* 下颌骨牙齿测量表　　　　　　　　　单位：毫米

标本编号	左/右	DM1		DM2		DM3		M1		M2	
		长	宽	长	宽	长	宽	长	宽	长	宽
86.J.A.Ⅳ: 1	左	11.1		17.4	9.1	24.2	11	22.9	11.9		
	右			17	8.2	23.8	13	22	12.4	26.6	12.8
86.J.A.Ⅴ: 1	右					30.3	11.7	24.8	11.6		
86.J.A.Ⅵ: 2	右							22.6	11.8	25.8	11.4
86.J.A.Ⅵ: 3	右			15.2	7.9	22.1	11.2	22	11.1	23.9	10
86.J.A.Ⅵ: 6	左	12.7	7.1	16.9	8	26.8	10.6	25.5	11.9		
86.J.A.Ⅵ: 7	左			15.4	7.7	25.2	11.1	20.8	11.4	24.2	10.4

　　头骨，2 件。标本 84.J.A.6.T3，保存部分顶骨和左右侧角柄，左侧角柄稍残，额骨部分保存右侧眶上孔。右侧角环周长 125 毫米。角环表面光平，是自然脱落的（图 6-54，1；图版九五，5）。93.J.A.Ⅷ–Ⅷ.A5-29，为鹿角自然脱落的青年个体（图 6-54，2；图版九五，4）。

　　鹿角，9 件。标本 93.J.A.Ⅷ–Ⅹ.D10-9，左侧角，保存眉枝及部分主枝，眉枝与主枝成直角，主枝残断，保存长度为 250 毫米。角环光平，是自然脱落的鹿角（图版九五，3）。

　　标本 94.J.A.Ⅷ–ⅩⅢ.D10-1，左侧角，自然脱落。保存角环至第 2 分枝，第 2 分枝上主枝残断。第 1 分枝与主枝的夹角约小于 90°，在距角环上约 48.4 毫米分出第一枝，第 2 枝距第 1 分枝处约 245 毫米，主枝为圆柱状，表面沟纹不很发育，青年个体（图 6-55；图版九五，2）。鹿角测量数据见表 6-72。

　　颌骨残块，63 件。上颌骨 13 件，下颌骨 50 件，均保存有部分牙齿。标本 87.J.A.Ⅶ，右侧下颌骨，下颌支残，保存 P2-M3 齿列（图 6-56；图版九六，2）。牙齿测量数据均在周口店发现的葛氏斑鹿的变异范围内（表 6-73、6-74）。

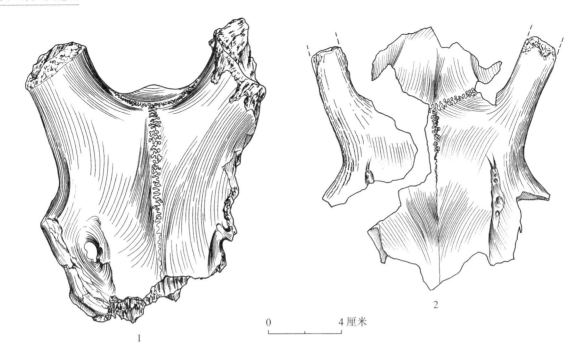

0 ————— 4厘米

图 6-54 葛氏斑鹿头骨
1. 84.J.A.6.T3 2. 93.J.A.Ⅷ－Ⅷ.A5–29

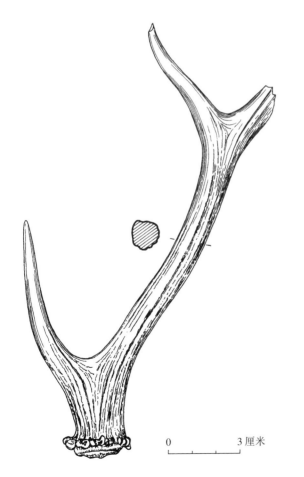

0 ————— 3厘米

图 6-55 葛氏斑鹿角（94.J.A.Ⅷ－ⅩⅢ.D10–1）

肢骨及脊椎骨等 164 件。其中部分肢骨保存完整。

肱骨（93.J.A.Ⅷ－Ⅲ.C10–27），右侧。远端内侧后方关节处脱落，上下端未愈合（图 6-57，2；图版九六，6）。至下端滑车最大长 198、近端宽 47.6、长 63.9 毫米，骨体中部最小宽 18.4、长 24.2 毫米，远端滑车宽 44.3 毫米。其大小与周口店发现的葛氏斑鹿肱骨相似，后者肱骨最大长 276、骨干中部长 25.5、远端宽 40~43 毫米（C.C. Yang, 1932）。

桡骨（93.J.A.Ⅷ－Ⅱ.D10–3），右侧。最大长 246 毫米，近端宽 46.5、长 24.5 毫米，骨体中部最小宽 26.7、最小长 19 毫米，远端宽 42.3、长 29 毫米（图 6-57，1；图版九六，7）。稍大于周口店葛氏斑鹿的桡骨，后者近端宽 43、中部宽 26、远端宽 40 毫米（C.C.Yang, 1932）。

股骨（93.J.A.Ⅷ－Ⅳ.C10–19），左侧，骨体中部稍残。最大长 282 毫米，近端宽 77.3、长 35 毫米，骨远端宽 63.5、长 79.6 毫米（图 6-58，1；图版九六，8）。周口店葛氏斑鹿股骨长 260、中

表 6-72　　　　　葛氏斑鹿 *Cervus grayi* 左侧角（94.J.A.Ⅷ-ⅩⅢ.D10-1）测量表　　　　单位：毫米

测量项目	数据
角环长 / 宽 / 周长	40.5/38.8/128
角环以上主枝粗（从内侧到外侧）	23.8
角环以上主枝粗（从前到后）	38
从角环到第 1 枝的距离	57
第 1 枝长	137
第 1 枝底部宽 / 长 / 周长	20.1/19.8/68
从第 1 枝的上缘到第 2 枝分叉处的距离	245
第 2 枝长（修复）	100
第 2 枝底部宽 / 长 / 周长	19.1/19.6/65
第 1 枝分叉与第 2 分枝中部主枝宽 / 长 / 周长	22.8/23.2/74
第 2 分枝上主枝宽 / 长	23.1/21.4

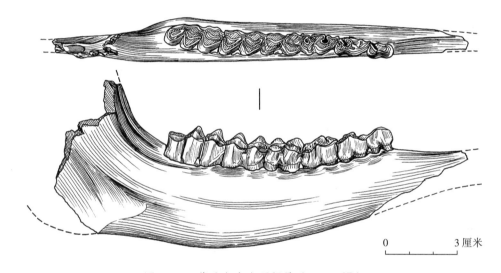

0　　　　3 厘米

图 6-56　葛氏斑鹿右下颌骨（87.J.A.Ⅶ）

表 6-73　　　　　　葛氏斑鹿 *Cervus grayi* 上颌骨牙齿测量及比较表　　　　　单位：毫米

齿位	测量项目	金牛山标本				周口店葛氏斑鹿[*]
		n	最小值	最大值	平均值（95% 置信区间）	
P2	长	1			14.2	12~14.5
	宽	1			12.9	11~15
P3	长	4	12.6	14.3	13.3 ± 0.8	12~14.5
	宽	4	13.8	15.6	14.7 ± 0.9	11.5~16
P4	长	3	11.8	13.1	12.2 ± 0.9	11~13
	宽	3	13.8	15.8	15 ± 1.2	13~17
M1	长	4	13.6	17.1	15.8 ± 1.6	14~16
	宽	4	16.7	18.1	17.4 ± 0.6	16~19

续表 6-73

齿位	测量项目	金牛山标本				周口店葛氏斑鹿[*]
		n	最小值	最大值	平均值（95%置信区间）	
M2	长	7	16.2	20.6	18.3 ± 1.3	15~18.5
	宽	5	15.7	19.7	17.9 ± 1.3	17.5~21
M3	长	6	17.4	20.9	19.1 ± 1.1	17~19
	宽	8	17.2	20.4	18.2 ± 0.7	15~22
M1-M3	齿列长	2	45.2	53.6	45.2~53.6	48~56

* 数据引自：C.C.Yang, On the Artiodactyla from the Sinanthropus Site at Chou, outien, Series Vol.Ⅷ, Fascicle 2, Published by the Geological Survey of China Peiping (Peking), June 30, 1932, 32-33.

表 6-74　　　　　　　葛氏斑鹿 *Cervus grayi* 下颌骨测量及比较表　　　　　　　单位：毫米

齿位	测量项目	金牛山标本				周口店葛氏斑鹿[*]
		n	最小值	最大值	平均值（95%置信区间）	
P2	长	5	9.9	12.9	11.5 ± 1.1	9~10.5
	宽	5	6.9	9.1	7.7 ± 0.8	6~7
P3	长	20	11.4	16.3	13.8 ± 0.6	13~14
	宽	19	7.7	11.1	8.5 ± 0.4	7~9
P4	长	21	11.7	16.1	14.3 ± 0.5	15~16
	宽	20	8.6	11	9.6 ± 0.3	8~11
M1	长	23	12.5	19.1	15.5 ± 0.7	15~15.5
	宽	20	9.1	12.9	11.1 ± 0.4	11~12
M2	长	23	15.2	21.5	18.3 ± 0.5	17~18
	宽	21	9.9	12.8	11.6 ± 0.4	12~13
M3	长	17	23.5	27.6	25 ± 0.6	24~27
	宽	17	9.9	12.9	11.6 ± 0.4	11.5~12
P2-M3 齿列长		5	90.4	101.7	96.7 ± 4.7	97~108
P2-P4 齿列长		7	34.3	42.1	38.9 ± 2.1	40~43.5
M1-M3 齿列长		8	54.7	59.7	57.8 ± 1.4	59~66
P2 前下颌	高	10	18.3	24.9	22.3 ± 1.2	26~29
	厚	10	8.4	12	10.5 ± 0.6	10~11
M1 前下颌	高	10	25.3	32.1	28.1 ± 1.4	
	厚	9	13.4	16	14.5 ± 0.6	
M3 第2叶处下颌	高	6	33	36.2	34.6 ± 1	33~38
	厚	7	16.7	18.4	17.4 ± 0.5	18.5~19.5

* 数据引自：C.C.Yang, On the Artiodactyla from the Sinanthropus Site at Chou, outien, Series Vol.Ⅷ, Fascicle 2, Published by the Geological Survey of China Peiping (Peking), June 30, 1932, 32-33.

部厚 24、远端宽 54 毫米，金牛山遗址发现的这件标本显得更粗大。

胫骨（93.J.A.Ⅷ-Ⅲ.D9-22），左侧。最大长 331 毫米，近端宽 67.8、长 51.7 毫米，骨体中部最小宽 25.6、最小长 20.8 毫米，远端宽 42、长 31.4 毫米（图 6-58，2；图版九六，9）。周口店发现的保存较好的胫骨较多，长度 300~305、近端宽 62~65、中部宽 24~26、远端宽 37~42 毫米，金牛山的标本显得更长一些。

跗骨（93.J.A.Ⅷ-Ⅱ.A4-5），左侧。最大长 261 毫米，近端宽 32.8、长 33.8 毫米，骨体中部最小宽 20.9、最小长 21.1 毫米，远端宽 36.4、长 24.1 毫米（图 6-58，3；图版九六，10）。其大小与周口店遗址葛氏斑鹿跗骨的小型者相似，后者长 260、近端宽 35、中部宽 20、远端宽 34 毫米。

肢骨残块测量数据见表 6-75。

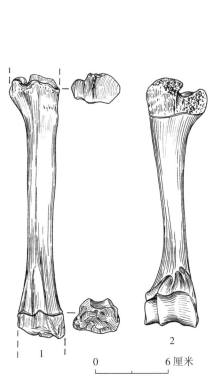

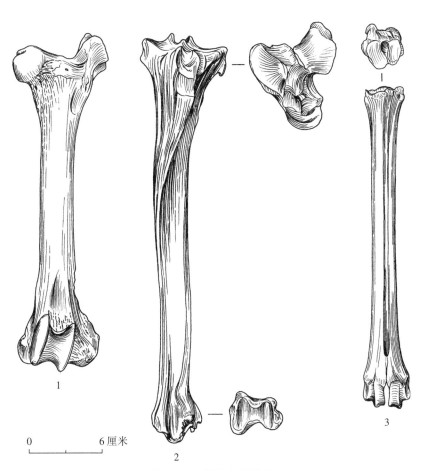

图 6-57　葛氏斑鹿肢骨
1.93.J.A.Ⅷ-Ⅱ.D10-3 右桡骨
2.93.J.A.Ⅷ-Ⅲ.C10-27 右肱骨

图 6-58　葛氏斑鹿肢骨
1. 93.J.A.Ⅷ-Ⅳ.C10-19 左股骨　2. 93.J.A.Ⅷ-Ⅲ.D9-22 左胫骨　3. 93.J.A.Ⅷ-Ⅱ.A4-5 左跗骨

表 6-75　　　　　　　　　　　葛氏斑鹿 *Cervus grayi* 肢骨测量表　　　　　　　　　　单位：毫米

骨骼名称	测量项目	样品数（n）	最小值	最大值	平均值（95% 置信区间）
肱骨上端	宽	1			47.6
	长				63.9
肱骨下端	宽	10	42.8	49.3	45.4 ± 1.3
	长	8	41.1	47	43.6 ± 1.3

续表 6–75

骨骼名称	测量项目	样品数（n）	最小值	最大值	平均值（95% 置信区间）
桡骨上端	宽	11	41.3	49.4	45.5 ± 1.5
	长	11	23.7	26.7	24.7 ± 0.5
桡骨下端	宽	14	41.3	59.3	47.1 ± 2.5
	长	14	23.7	33.6	25.8 ± 1.5
掌骨上端	宽	5	32.6	36.1	34.8 ± 1.2
	长	5	23.8	26.7	25 ± 1.1
掌骨下端	宽	1			36.3
	长	1			24
股骨上端	宽	2	65.8	77.3	
	长	2	32.6	35	
股骨下端	宽	4	56.8	63.5	60 ± 3.2
	长	4	73	79.6	77.1 ± 3.04
胫骨上端	宽				
	长				
胫骨下端	宽	14	37.3	44.3	40 ± 1.02
	长	14	27.3	34.2	31 ± 1
跖骨上端	宽	6	30	33.4	31.7 ± 1.2
	长	6	31.1	33.8	32.8 ± 1
跖骨下端	宽	5	33.6	37.3	35.6 ± 1.2
	长	5	23.1	24.6	23.6 ± 0.6
中央跗骨	最大宽	1			36.1
	最大长				
跟骨	最大宽	7	27.6	32.1	29.6 ± 1.4
	最大长	6	88.3	104.4	95.9 ± 4.3
	最大高	7	33.5	38.4	35.3 ± 1.2
距骨	外侧长	2	43.9	48.3	
	内侧长	3	40.3	43	42 ± 1.7
	近端宽	3	27.9	29.6	28.9 ± 1
	内侧厚	3	25.1	25.9	25.6 ± 0.5
第 1 节指 / 趾骨	最大长	37	45.3	55.6	50.2 ± 0.8
	上端宽	37	14.8	21.7	17.6 ± 0.4
	上端长	37	19.4	25	21.9 ± 0.5
	下端宽	36	14.1	19.4	16.4 ± 0.4
	下端长	36	12.8	15.7	14.5 ± 0.3
末端指 / 趾骨	蹄底对角线长	14	33.4	43.1	38.8 ± 1.8
	背侧面长	14	30.5	39.6	35.8 ± 1.4
	蹄底对中部宽	14	8.6	13.8	11.1 ± 0.7

根据保存有牙齿的上下颌骨鉴定鹿的死亡年龄。可以鉴定年龄的上、下颌骨共有34件。其中带有乳齿的幼年个体2件，占5.9%；恒齿出齐，臼齿齿尖开始磨蚀的青年个体15件，占44.1%（图版九六，3、4）；臼齿齿尖磨平的中年个体11件，占32.4%；齿冠磨至底部的老年个体6件，占17.6%（图版九六，5）。

（16）獐属 *Hydropotes* Swinhoe，1870

獐 *Hydropotes* sp.

89件，主要有头骨，犬齿，残上、下颌骨以及肢骨。均发现于第Ⅶ、Ⅷ层。

头骨，1件（93.J.A.Ⅷ-Ⅱ.A4-23）。发掘加固，未取出修复。头骨除颅顶和下颌前部残缺，保存较完好。有泪前窝，可以与麝区分开。下颌骨保存完好（图6-59；图版九七，1）。测量数据见表6-76。

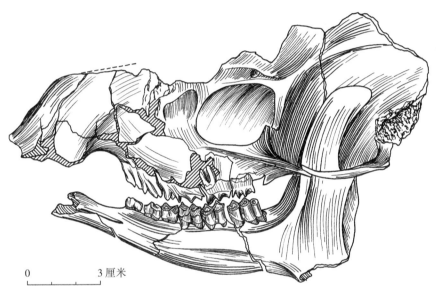

图6-59 獐头骨（93.J.A.Ⅷ-Ⅱ.A4-23）

表6-76　　　　　　　獐 *Hydropotes* sp. 头骨（93.J.A.Ⅷ-Ⅱ.A4-23）测量表　　　　　　单位：毫米

测量项目	数据
P2–M3长	58.5
P2–P4长	22.9
M1–M3长	33.7
P4–下颌角长	92.6
P4–喙突长	106.8
P4–髁突长	97.5
下颌支高	73.8
P4前下颌骨高	15.2
M1前下颌骨高	16.8
下颌骨前后两颏孔间距	18.2
下颌齿隙处最窄处高	11

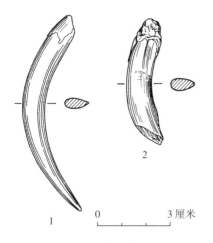

图 6-60 獐左上犬齿
1. 84.J.A.6.T3-7 2. 84.J.A.6.T3-1

上颌骨，上颌骨残块 9 件。其中右侧 5 件、左侧 4 件。上颌骨残块中一件保存有部分颧骨，颧骨下缘起始于 M3 后叶上方，由基部斜向上方，变成窄的颧弓，形态与獐的相同而不同于麝的，后者颧骨下缘呈平齐的直线，向后形成宽的颧弓。

犬齿，16 件。均为上犬齿。其中右侧 7 件、左侧 9 件。完整的标本齿根是封闭的。牙齿的形态可分为二型。

Ⅰ型：牙齿宽短较扁平。如标本 84.J.A.6.T3-1：左侧上犬齿，保存完整，长 50.1 毫米，牙齿前后径 10.2、内外侧径 6.7 毫米（图 6-60，2；图版九七，5）。

Ⅱ型，牙齿窄长，内侧面平，外侧面圆凸，刃缘锋利。其中右侧犬齿标本 84.J.A.6.T2 保存完整（图版九七，6），长 65.3 毫米，牙齿前后径 10.7、内外侧径 6.4 毫米。标本 93.J.A.Ⅷ-Ⅹ.C10-4，右侧，根部残，长 70.5 毫米，牙齿前后径 11.9、内外侧径 6.8 毫米（图版九七，4）。标本 84.J.A.6.T3-7，左侧，根部稍残，长 70.8 毫米，牙齿前后径 10.8、内外侧径 6.6 毫米（图 6-60，1；图版九七，3）。

以上两种类型的犬齿均属于獐的，可能属于个体和年龄差异。

下颌骨残块，计有 17 件。其中右侧 13 件、左侧 4 件。

84.J.A.6.T2-1，右侧。青年个体。保存 I1-M2，P2、P4 残，门齿脱落。M1 和 M2 齿尖开始磨蚀。在 P2 下方有一个小的颏孔，距颏孔前约 20 毫米的齿隙有一个大颏孔，两个颏孔间的上方骨体变扁平，向上形成锐的齿隙边缘（图版九七，8）。P3 长 8.7、宽 5.3 毫米，M1 长 11.4、宽 6.6 毫米，M2 长 12.3、宽 7 毫米。M1-M2 长 22.5 毫米。下颌骨齿隙最窄处高 10 毫米，P2 前下颌骨高 14、厚 4.8 毫米，P4 前下颌骨高 14.1、宽 6.9 毫米，M1 前下颌骨高 15、厚 8 毫米。相同特征的标本还有一件（87.J.A.Ⅶ：1）右侧下颌骨，保存部分齿隙 -P4 段，P4 齿尖刚开始磨蚀，青年个体。P3 下前尖分裂为 2 个小尖，P4 的下前尖与下后尖愈合，属普通鹿型。P3 长 8.1、宽 6.1 毫米，P4 长 8.8、宽 6 毫米。P2-P4 长 22.6 毫米，下颌骨齿隙最窄处高 10.7 毫米，P2 前高 15.3、厚 5.9 毫米。

下颌残块中有两件 M3 未萌出的幼年个体，一件 M2 磨蚀至冠底的老年个体，其余为牙齿齿尖稍磨的青年个体。上下颌骨上保存的牙齿均小于周口店第 1 地点发现的麝（*Moschus moschiferus*），而与周口店第 1 地点发现的獐（*Hydropotes* sp.）相似（C.C.Yang, 1932），测量数

表 6-77　　　　　　　獐 *Hydropotes* sp. 下颌骨牙齿测量表　　　　单位：毫米

统计项目	P3		P4		M1		M2		M3		P2-P4	M1-M3
	长	宽	长	宽	长	宽	长	宽	长	宽		
n	4	4	5	5	6	6	8	8	6	6	2	3
最小值	8.1	4.7	8.3	5.5	9.6	6.2	10.2	6.4	12.9	5.8	22.6	33.1
最大值	9.1	6.1	9.2	6.3	11.4	7	12.3	7.9	14.4	7.2	22.4	34.4
平均值（95% 置信区间）	8.6 ± 0.4	5.3 ± 0.6	8.7 ± 0.3	5.9 ± 0.3	10.5 ± 0.6	6.6 ± 0.3	11.3 ± 0.5	6.9 ± 0.3	13.5 ± 0.5	6.4 ± 0.5	22.5	33.7 ± 0.7

据统计见表 6–77 和表 6–78。

肢骨，53 件。其中保存完整的右侧肱骨 1 件（93.J.A.Ⅷ–Ⅱ.A3–7），长 140 毫米，上端宽 29.9、长 35.1 毫米，骨体中部最小宽 10.4、长 13.4 毫米，下端宽 26、长 24 毫米。保存完整的右侧掌骨 1 件（93.J.A.Ⅷ–Ⅱ.A3–11），长 135 毫米，上端宽 20.5、长 14.4 毫米，骨体中部最小宽 12.9、长 11.8 毫米，下端宽 25.5、长 17 毫米。肢骨残块测量数据统计见表 6–79。

表 6–78　　　　　　　　　　　　　獐 *Hydropotes* sp. 上颌骨牙齿测量表　　　　　　　　　单位：毫米

统计项目	P3		P4		M1		M2		M3		P2–P4	M1–M3
	长	宽	长	宽	长	宽	长	宽	长	宽		
n	4	4	6	6	9	9	7	7	4	4	1	4
最小值	7.01	8.1	7.1	8.9	6.7	9.5	9.6	10.5	10.7	10.3		30
最大值	7.4	9.4	7.8	10.2	10.9	12.2	12.11	12	11.1	11		31.6
平均值（95% 置信区间）	7.2 ± 0.2	8.6 ± 0.6	7.5 ± 0.3	9.5 ± 0.4	9.3 ± 0.7	10.6 ± 0.5	10.7 ± 0.6	11.3 ± 0.45	10.9 ± 0.2	10.7 ± 0.3	22.8	30.7 ± 0.7

表 6–79　　　　　　　　　　　　　獐 *Hydropotes* sp. 肢骨残块测量表　　　　　　　　　单位：毫米

骨骼名称	测量项目	n	最小值	最大值	平均值（95% 置信区间）
肱骨上端	宽	1			29.9
	长	1			35.1
肱骨下端	宽	5	23.6	26.1	25.1 ± 1
	长	5	23.3	27.7	24.9 ± 1.5
桡骨上端	宽	7	30.7	33.4	32.1 ± 0.8
	长	7	18.2	20.4	19.3 ± 0.5
桡骨下端	宽	1			18.3
	长	1			20.7
掌骨上端	宽	2	17.7	20.5	
	长	2	12.5	14.4	
股骨下端	宽	3	34.6	36.4	35.2 ± 1.2
	长	3	44.8	46.4	45.7 ± 0.9
胫骨上端	宽	1	37.9		
	长	1	39		
胫骨下端	宽	4	20.5	26.3	24.1 ± 2.4
	长	4	19.9	24	21 ± 1
跖骨上端	宽	1			18.4
	长	1			18
跖骨下端	宽	5	21.1	23.7	22.5 ± 1
	长	5	13.7	16.3	14.6 ± 0.9

续表 6-79

骨骼名称	测量项目	n	最小值	最大值	平均值（95% 置信区间）
中央跗骨	最大宽	1			21.7
	最大长				
跟骨	最大宽	1			18.2
	最大长	1			55.1
	最大高	1			20.7
距骨	外侧长	3	28.3	30.2	29 ± 1.2
	内侧长	3	26.8	29.8	28.1 ± 1.7
	远端宽	3	17.1	19.5	18.3 ± 1.4
	内侧厚	3	14.7	17.2	15.9 ± 1.4
第 1 节指 / 趾骨	最大长	11	31.5	36.7	34 ± 1.1
	上端宽	11	9.2	11.5	10.4 ± 0.4
	上端长	11	11.6	14.7	13.1 ± 0.7
	下端宽	11	7.7	9.5	8.6 ± 0.4
	下端长	11	7.3	8.9	8 ± 0.4
第 2 节指 / 趾骨	最大长				
	上端宽				
	上端长				
	下端宽	1			8.9
	下端长	1			8.4
末端指 / 趾骨	蹄底对角线长	2	23.8	29.6	
	背侧面长	2	24.7	28.1	
	蹄底对中部宽	2	6.8	7.1	

（17）狍属 *Capreolus*

狍 *Capreolus capreolus*

50 件。包括角 2 件、下颌骨 4 件和肢骨 44 件。均发现于第Ⅷ层。

下颌骨和肢骨的测量数据大于獐，小于斑鹿。

角（84.J.A.6.T1-2），角枝长 117.7 毫米，单枝，未分叉，角表面有瘤状突起（图 6-61，1；图版九七，2）。标本 87.J.A.Ⅶ为狍的右侧角（图 6-61，2）。

下颌骨（94.J.A.Ⅷ–ⅩⅢ.E7-1），右侧。保存 P2-M3，下颌骨前部和下颌支残断。P4 臼齿化，下原尖与下后尖未连接。P2-M3 齿列长 83.9 毫米，P2-P3 长 35.4、M1-M3 长 47.8 毫米。下颌骨体在 M2 后内侧高 23.5、厚 12.4 毫米（图 6-62；图版九七，7）。下颊齿的长度大于东北更新世晚期的东北狍子（*Capreolus manchuricus*）（P2-M3 长 73 毫米）（古脊椎动物研究所高等脊椎动物组，1959）和现生东北狍（*Capreolus capreolus bedfordi*）（P2-M3 长 71.1 ♂和 72.2 ♀毫米）（盛和林等，1992）。

肢骨残块 44 件，测量数据见表 6-80。

肿骨鹿、葛氏斑鹿、狍和獐这四种鹿的体型大小有明显的差异。肿骨鹿、葛氏斑鹿是已绝灭的种类，前者是一种大型鹿，后者的角较现生斑鹿粗壮，体型可参照现生的斑鹿。现生大型鹿中的马鹿雄性体重 200~250 千克，雌性体重 150 千克；中型鹿中的斑鹿（梅花鹿）雄性体重 150 千克，雌性体重 100~120 千克；狍和獐为小型鹿，狍为小型鹿体型最大者，体重 25~45 千克；獐体重仅 15 千克（盛和林等，1992）。金牛山遗址第Ⅷ层发现的肿骨鹿为大型鹿，葛氏斑鹿属中型鹿，狍和獐为小型鹿，这四种鹿类的肢骨测量数据分布可以区分开（图 6-63~6-74）。

（18）牛属种未定 Bovinae gen. et sp. indet.

4 件。在西壁剖面的第Ⅳ层发现残臼齿 1 枚；在第Ⅷ层发现臼齿 2 枚和左侧下颌骨残块 1 件。

标本 93.J.A.Ⅷ–Ⅲ.A4-7，左下 M1。长 29、宽 17 毫米。牙齿表面没有白垩质覆盖。标本 93.J.A.Ⅷ–Ⅹ.B5-15，左下 M3，后叶残，牙齿表面有白垩质覆盖。

标本 85.J.A.Ⅵ，左侧下颌骨。幼年。保存 DM1–DM3 残段，其上的 DM1 和 DM3 残，DM2 长 23、宽 10.2 毫米（图版九七，9）。

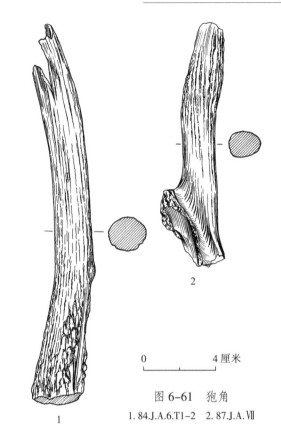

图 6-61 狍角
1. 84.J.A.6.T1-2 2. 87.J.A.Ⅶ

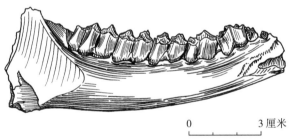

图 6-62 狍右下颌骨（94.J.A.Ⅷ–ⅩⅢ.E7-1）

表 6-80　　　　　狍 Capreolus capreolus 肢骨测量表　　　　单位：毫米

肢骨名称	测量项目	n	最小值	最大值	平均值（95% 置信区间）
肱骨下端	宽	8	32.2	35.5	33.9 ± 0.7
	长	7	31.6	33.9	32.9 ± 0.5
桡骨上端	宽	2	36.4	37.9	
	长	2	22.5	22.8	
掌骨上端	宽	2	24.8	25.7	
	长	2	19.2	20.9	
掌骨下端	宽	1			25.5
	长	1			17
股骨下端	宽	1			41.4

续表 6-80

肢骨名称	测量项目	n	最小值	最大值	平均值（95% 置信区间）
胫骨上端	宽	2	43.3	44.2	
	长	2	43.8	44.9	
胫骨下端	宽	9	27.8	35.4	31.9 ± 1.6
	长	9	22.7	26.7	24.8 ± 0.8
跖骨上端	宽	3	23.4	25.5	24.4 ± 1.2
	长	3	25	27.9	26.3 ± 1.7
跖骨下端	宽	3	25.8	27.4	26.5 ± 0.9
	长	3	17.5	17.7	17.6 ± 0.1
中央跗骨	最大宽	2	27.2	27.9	
	最大长	1			27.7
跟骨	最大宽	1			24
	最大长	1			74.8
	最大高	1			27.1
距骨	外侧长	1			34.7
	内侧长	1			33.5
	远端宽	1			21.3
	内侧厚	1			21.2
第 1 节指 / 趾骨	最大长	1			41.5
	上端宽	1			12.6
	上端长	1			15.4
	下端宽	1			11.1
	下端长	1			10.7
第 2 节指 / 趾骨	最大长	1			31.9
	上端宽	1			13.2
	上端长	1			17.1
	下端宽	1			10.1
	下端长	1			14.3

（19）转角羚羊属 *Spirocerus* Boule and Teilhard，1928

恰克图转角羚羊 *Spirocerus kiakhtensis*

1 件。发现于西壁剖面第 Ⅱ 层中的第 4 钙层下，为 1 个残破的头骨，其上的右侧角保存较好，但被挤压变形（图 6-75）。角直，角尖残，角的下部变形且残，尚可见两条旋转的脊，前脊粗，后脊较弱，从保存脊的旋转趋势看前后两条脊各旋转一圈，特征与周口店的裴氏转角羚羊（*Spirocerus peii*）不同，而和恰克图转角羚羊（*Spirocerus kiakhtensis*）相似。角心也不如周口店的裴氏转角羚羊（*Spirocerus peii Young*）粗壮和长，前者角心长 270 毫米（C.C.Yang, 1932），金牛山遗址的标本角心残长 195 毫米，复原长度不会超过 210 毫米。

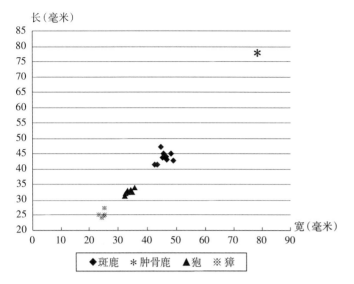

图 6-63　鹿肱骨下端测量数据比较图

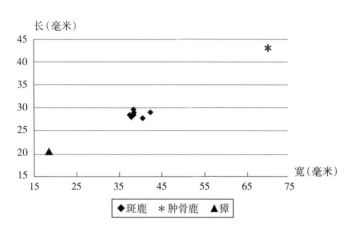

图 6-65　鹿桡骨下端测量数据比较图

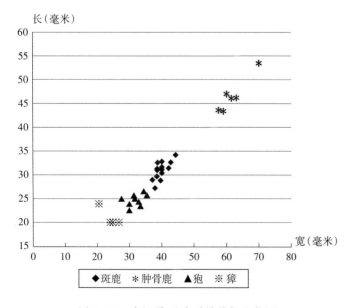

图 6-67　鹿胫骨下端测量数据比较图

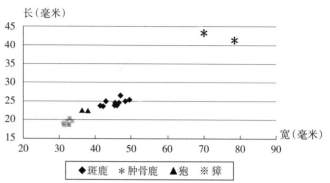

图 6-64　鹿桡骨上端测量数据比较图

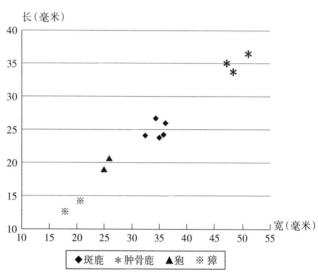

图 6-66　鹿掌骨上端测量数据比较图

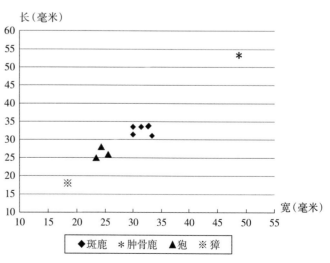

图 6-68　鹿跖骨上端测量数据比较图

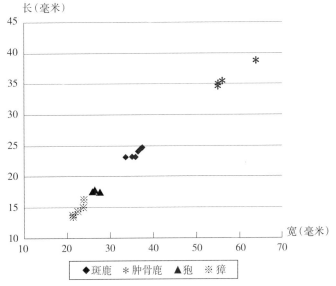

图 6-69　鹿距骨下端测量数据比较图

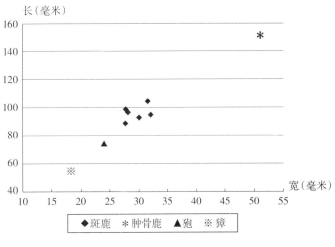

图 6-70　鹿跟骨测量数据比较图

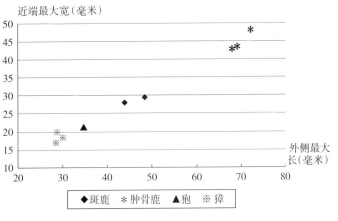

图 6-71　鹿距骨测量数据比较图

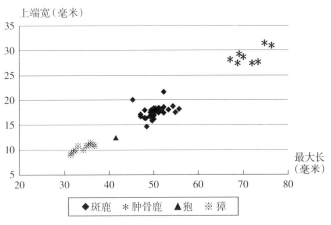

图 6-72　鹿第 1 节指骨趾骨测量数据比较图

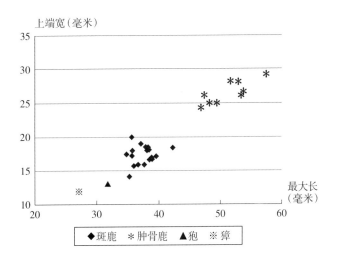

图 6-73　鹿第 2 节指骨趾骨测量数据比较图

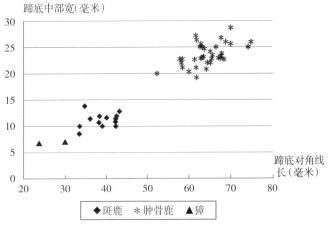

图 6-74　鹿第 3 节指骨趾骨测量数据比较图

（20）河狸属 *Castor* Linnaeus，1758

河狸 *Castor fiber*

3 件。右侧下颌骨 1 件、左右上 P4 各 1 件。发现于第Ⅶ和Ⅷ层。

标本 93.J.A.Ⅷ–Ⅳ.C7–39，右侧下颌骨，下颌骨的下颌支和下颌骨后部下缘残缺，保存门齿和 P4–M2。下颌升支始于 M1 下外沟旁；咬肌脊前端在 P4 中部下方，距齿槽缘约 11.6 毫米；咬肌窝不明显。下颌联合面长 40.7、最大宽 13.4 毫米，后端止于 M1 后。下门齿断面似三角形，前面釉质层平，宽 8.2 毫米；内侧面平，宽 6.8 毫米；外侧面宽 7.5 毫米。门齿后部残，门齿槽穿过 M3 后残缺。P4–M2 长 24.4 毫米，下颊齿（P4–M3 齿槽后缘）长 35.5 毫米，下臼齿（M1–M3 齿槽后缘）长 26.3 毫米。门齿后缘到 P4 前缘齿隙长 25.4 毫米。颊齿颊侧的下外沟，舌侧的下前沟、下中沟和下后沟均延伸进齿槽，沟的表

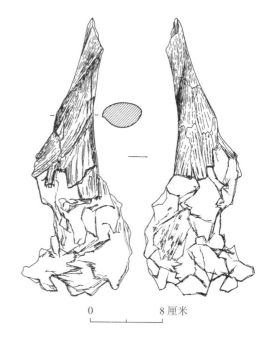

0   8 厘米

图 6-75 恰克图转角羚羊角（86.J.A.Ⅱ④钙下）

面被白垩质覆盖。颊齿舌侧缘较直，颊侧缘呈双叶。P4 的下前棱指向前，其后与下中棱连接，下后棱横向颊侧，下外棱向后伸向下中棱后面。M1 和 M2 下前棱、下中棱和下后棱平行地横向颊侧，下外棱的末端分成双叉，止于下中棱和下中棱与下后棱间（图 6-76）。

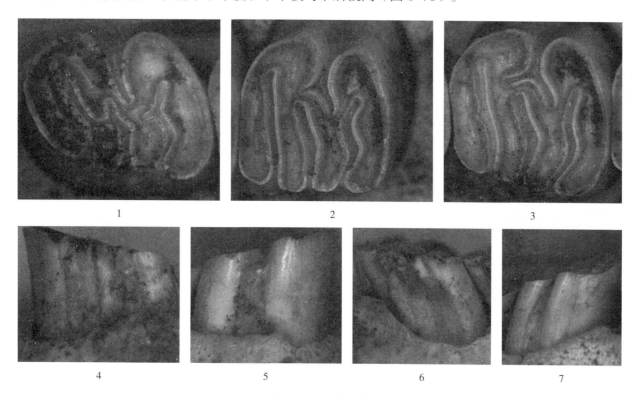

1   2   3

4   5   6   7

图 6-76 河狸牙齿

1. P4 嚼面　2. M1 嚼面　3. M2 嚼面　4. P4 舌侧　5. P4 颊侧　6. M1 舌侧　7. M1 颊侧　（1~3. 约 ×5.5，4~7. 约 ×4.5）

标本 87.J.A.Ⅷ：河狸 14，右侧上 P4。齿冠高 25.4、长 8.1、宽 7.5 毫米。标本 87.J.A.Ⅷ：河狸 15，左侧上 P4。齿冠高 25.8、长 8、宽 7.7 毫米。无齿根，舌侧有一条直通冠底的沟，颊侧的前沟和后沟达齿冠的中部，中沟到冠底，均覆盖有白垩质。嚼面外侧有三条平行的褶棱，内侧有一条褶棱，但形态稍有不同（图 6-77）。

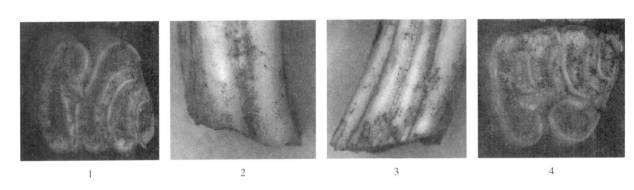

图 6-77　河狸牙齿

1~3. 87.J.A.Ⅷ：河狸 14，右侧上 P4 嚼面、舌侧、颊侧　4. 87.J.A.Ⅷ：河狸 15，左侧上 P4 嚼面　（约 ×4）

（21）大河狸属 *Trogontherium* Fischer，1809

①居氏大河狸 *Trogontherium Cuvieri*

A 点发现的标本 9 件。包括下颌骨 2 件、上门齿 1 件、上颊齿 6 件。发现于第Ⅶ、Ⅷ层。

87.J.A.Ⅶ：河狸 17，右侧下颌骨。下颌升支、下颌角和下颌下缘残缺，保存门齿和 P4-M2 颊齿（图版九八，2）。下颌升始于下 M1 中部外侧旁，咬肌脊前端位于 P4 与 M1 之间的下方，距齿槽缘约 22.4 毫米；咬肌窝发育；2 个颏孔，上前下后，相距约 4.1 毫米。门齿前面为圆弧形，内侧面较平直，有一明显的纵沟，外侧面斜向内侧。门齿前面宽 10.1、内侧宽 8.2、外侧宽 10.9 毫米。下颌下缘残，可见门齿穿过 M3 齿槽，保存弦长 111.6 毫米。P4 长圆形，后部比前部宽，颊侧和舌侧可见磨蚀殆尽的下外沟及下中沟残余，仅高 1 毫米左右。嚼面下外棱斜向后面，下前棱、下中棱和下后棱横向平行排列（图 6-78，1、4、5）。M1 和 M2 略呈前窄后宽的圆角三角形，M1 较 M2 稍宽大，舌侧和颊侧未见沟，嚼面可见下外棱、下中棱与下后棱，下前棱已磨蚀消失（图 6-78，2、3）。

标本 84.J.A.6.T2：河狸 16，前颌骨。仅保留前部左右侧门齿。门齿断面似圆角三角形，前面和外侧面弧形，内侧较平直，门齿前面珐琅质呈橘黄色，表面褶纹较细，纵沟明显。左侧门齿内—外径 8.9、前—后径 9 毫米；右侧门齿内—外径 8.9、前—后径 9.2 毫米。左右上门齿外侧宽 27.4 毫米。前面梨状孔下缘至内侧门齿齿槽隔长 37.1 毫米，颅底视，门齿齿槽前缘至前颌骨与上颌骨骨缝长 45.6 毫米（图版九八，1）。

上颊齿，6 枚。包括 3 枚 P4 和 3 枚 M2。

标本 84.J.A.东.6：河狸 2，右上 P4。牙齿大，嚼面略呈圆角三角形，内侧的棱与外侧的前棱相对，中棱与后棱平行的稍向后弯，内侧沟高约 1.4 毫米，颊侧未见沟，前面齿冠高 26.2 毫米，牙齿长 10.7、宽 10.1 毫米。

标本 84.J.A.东.6：河狸 5，右上 M2。牙齿特征与 P4 相似，但明显小，前面齿冠高 19.9 毫米，

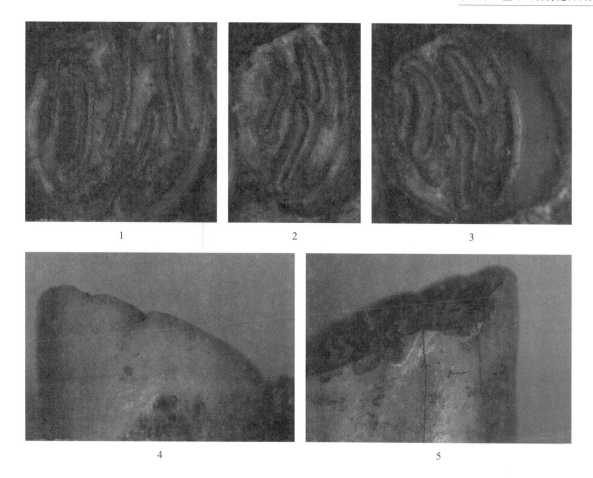

图 6-78　居氏大河狸右下 P4-M2（87.J.A.Ⅶ：河狸 17）
1. P4 嚼面　2. M1 嚼面　3. M2 嚼面　4. P4 舌侧　5. P4 颊侧　（约 ×4）

牙齿长 7.4、宽 8.4 毫米。舌侧沟高约 0.5 毫米。单个颊齿测量数据见表 6-81。

1984 年发掘 C 点[1]，发现 2 件居氏大河狸的标本。一件是前颌骨（84.J.C.①：河狸 2），保存左右侧门齿。另一件是上颌骨（84.J.C.①：河狸 1），保存左右侧 P4-M2（图 6-79；图版九八，3）。

C 点大河狸的上门齿与 A 点发现的大河狸上门齿不同的特征是，前面珐琅质呈橘红色，表面褶纹细密，纵沟不明显，但有纵向和横向的细纹。P4 大，圆角三角形，嚼面内侧棱脊与外侧前棱脊相对，中棱脊和后棱脊平行且向后弯曲，牙齿长 13、宽 12.2 毫米。M1 和 M2 小，M1 长 6.7、宽 8.5 毫米，M2 长 6.8、宽 9.1 毫米，嚼面只见两条棱脊。所有颊齿内外侧均未见褶沟。

②小巨河狸？ *Trogontherium minus*

7 件。有下颌骨 1 件和颊齿 6 件。下颌骨和颊齿都较居氏大河狸小，颊齿较窄长，舌侧和颊侧有短的褶沟。

标本 93.J.A.Ⅷ-Ⅱ.C5-6，左侧下颌骨。保存 M2-M3（图版九八，4）。下门齿止于下颌角，

[1] 1984 年仅对 C 点进行了局部清理，在 1978 年的下部地层发现 20 余件动物化石，其中保存较好的是 2 件河狸化石，因洞壁破碎严重，出于安全考虑未进行进一步发掘。

标本编号	齿位	上/下	左/右	齿冠高	冠面长	冠面宽	外侧沟高（下）/ 内侧沟高（上）	前沟高	中沟高
84.J.A. 东.6：河狸 2	P4	上	右	26.2	10.7	10.1	1.4		
84.J.A. 东.6：河狸 3	P4	上	左	19.9	10.7	11.5	2.6		
85.J.A.6：河狸 7	P4	上	左	23.6	9.7	10.4	4.9	1.8	1.6
84.J.A. 东.6：河狸 4	M2	上	左	19.6	7.4	8.5	0.6		
84.J.A. 东.6：河狸 5	M2	上	右	19.9	7.4	8.4	2.7		
84.J.A. 东.6：河狸 6	M2	上	左	20.3	6.7	8.9			
87.J.A.Ⅷ：河狸 13	M3	下	左	5.6	7	8.3	8	2.4	

表 6-81　　　　　　　　　居氏大河狸 *Trogontherium cuvieri* 牙齿测量表　　　　　　　　单位：毫米

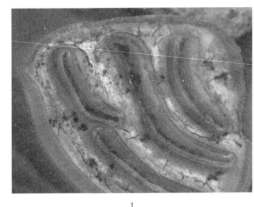 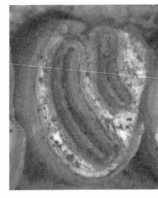 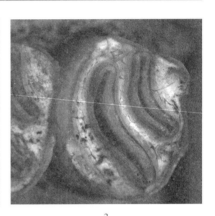

1　　　　　　　　　　　　　2　　　　　　　　　　　　　3

图 6-79　居氏大河狸左侧上颌骨颊齿嚼面视（84.J.C.①：河狸 1）
1. P4　2. M1　3. M2　（约 ×4.5）

下颌角向外侧突起成结节状。M2 方形，颊侧的下外沟高 5.3 毫米，舌侧的下中沟高 3、下后沟高 1 毫米。M3 的下外沟伸入齿槽缘，高度无法测定，舌侧可见下中沟和下后沟，前部齿冠残缺。嚼面下外棱斜向插入下中棱和下后棱之间，下前棱、下中棱和下后棱平行排列。M2 长 7.1、宽 7.2 毫米，M3 长 8、宽 7.3 毫米（图 6-80）。

标本 84.J.A.东.6：河狸 1，右上 M3。牙齿冠面长三角形，可见前内侧沟和后外侧沟，齿冠高 17.6 毫米，牙齿长 10.8、宽 7.8 毫米，前内侧沟高 1 毫米左右（图 6-81）。

标本 87.J.A.Ⅷ：河狸 11，左上 M1。齿冠高 23.7 毫米，嚼面似长方形，可见前内侧沟和颊侧的中沟，前内侧沟高 7.8 毫米，约占齿冠高度的 1/3，颊侧中沟短，仅高 2.6 毫米（图 6-82）。

单个颊齿测量数据见表 6-82。

金牛山遗址发现的河狸虽然只有残破的上下颌骨和单个的牙齿，但根据其特征可以明显地区分为 3 种：河狸 *Castor fiber*、居氏大河狸 *Trogontherium Cuvieri* 和小巨河狸？ *Trogontherium minus*。河狸的下门齿断面似三角形，上、下颊齿的舌侧和颊侧均有发育的沟，沟的表面被白垩质覆盖。无齿根，嚼面的棱脊平行排列。居氏大河狸和小巨河狸？上、下颊齿的舌侧和颊侧靠近齿冠上部有短沟，沟的表面没有白垩质覆盖，沟的长度随牙齿的磨蚀变短，直至消失。有短的牙根。两者的区别是，居氏大河狸的下颌骨和颊齿大，嚼面为圆角三角形，小巨河狸？的下颌骨和颊齿

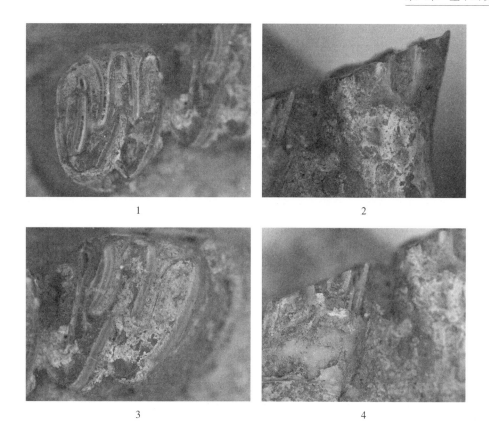

图 6-80　小巨河狸? 左下 M2、M3（93.J.A.Ⅷ-Ⅱ.C5-6）
1. M2 嚼面　2. M2 舌侧　3. M3 嚼面　4. M3 舌侧　（1、2. 约 ×4，3、4. 约 ×4.5）

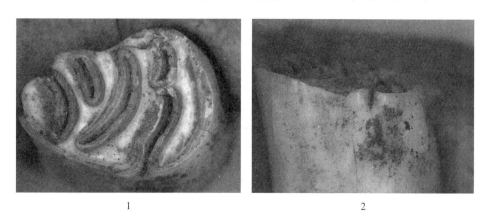

图 6-81　小巨河狸? 右上 M3（84.J.A.东.6：河狸 1）
1. 嚼面　2. 舌侧　（约 ×4.5）

明显小，嚼面较为窄长，略呈前窄后稍宽的长方形。另外小巨河狸? 颊齿的沟比居氏大河狸的长，在未磨蚀或磨蚀较轻的上 M3 上，侧沟的长度可占齿冠高度的 1/3 到 1/2。小巨河狸? 嚼面棱脊的排列也较居氏大河狸的复杂，在上颊齿上可见内侧棱斜插入外侧的中棱和后棱之间，前面有完整的前棱；居氏大河狸的上 M1 和 M2 嚼面只有两个平行排列的棱脊。

在金牛山遗址发现的 3 种河狸下颌骨测量数据比较见表 6-83。测量数据比较表明，居氏大河狸下颌骨和牙齿均比河狸的大，普通河狸和小巨河狸? 的牙齿（M2）虽然大小相近，但根据牙齿

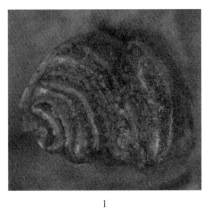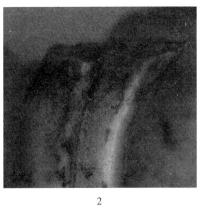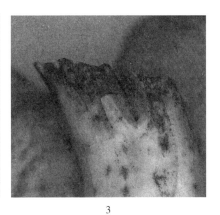

1　　　　　　　　　　2　　　　　　　　　　3

图 6-82　小巨河狸？牙齿左上 M1（87.J.A.Ⅷ：河狸 11）

1. 嚼面　2. 舌侧　3. 颊侧　（约 ×5）

表 6-82　　　　　　　　　小巨河狸？ *Trogontherium minus* 上颊齿测量表　　　　　　单位：毫米

标本编号	齿位	左 / 右	齿冠高	冠面长	冠面宽	内侧沟高	后沟高
87.J.A.Ⅷ：河狸 10	M1	左	23.1	7.57	7.13	7.81	
87.J.A.Ⅷ：河狸 11	M1	左	23.65	7.14	6.91	8.65	
87.J.A.Ⅷ：河狸 12	M1	右	21.9	7.9	6.5	8.36	
87.J.A.Ⅷ：河狸 8	M3	右	19.65	8.63	5.86	8.82	
87.J.A.Ⅷ：河狸 9	M3	左	18.72	7.53	5.6		
84.J.A. 东 .6：河狸 1	M3	右	17.57	10.77	7.76	1.04	0.9

表 6-83　　　　　　　　　　　　河狸下颌骨测量及比较表　　　　　　　　　　单位：毫米

测量项目		普通河狸	居氏大河狸		小巨河狸？
		93.J.A.Ⅷ-Ⅳ.C7-39 河狸 19	87.J.A.Ⅶ：河狸 17	85.J.A.Ⅵ：河狸 18	93.J.Ⅷ-Ⅱ.C5-6 河狸 20
齿缺长		25.4		32.7	
M3 前下颌深（内侧）		17.9	27.1		
门齿	内侧径	6.8	8.2	6.9	
	外侧径	7.5	10.9	11.2	
	前宽	8.2	10.6	9.9	
	前后径	8.5	12.6	12.7	
P4	冠面长	9.2	11.8	12.3	
	冠面宽	7.4	10.2	10.1	
M1	冠面长	7.7	7.5		
	冠面宽	8	10.2		
M2	冠面长	7.4	7.6		7.2
	冠面宽	7.8	9.3		7.3

续表 6-83

测量项目		普通河狸	居氏大河狸		小巨河狸?
		93.J.A.Ⅷ−Ⅳ.C7−39 河狸 19	87.J.A.Ⅶ：河狸 17	85.J.A.Ⅵ：河狸 18	93.J.Ⅷ−Ⅱ.C5−6 河狸 20
M3	冠面长				8.5
	冠面宽				7.2
P4−M3		35.5（齿槽）	39（齿槽）		
M1−M3		26.3			
P4−M2		24.4	27.1		

嚼面和沟的特征完全可以区分开来。

（22）仓鼠属 Cricetulus Milne-Edwords，1867

鉴定的标本是保存有牙齿齿列的上、下颌骨，种类有黑线仓鼠 Cricetulus barabensis（图 6-83，1、2）、变异仓鼠 Cricetulus varians、中国仓鼠 Cricetulus griseus（图 6-83，3）和大仓鼠 Cricetulus triton。

黑线仓鼠、中国仓鼠和大仓鼠下颌骨测量数据统计见表 6-84~6-86。

（23）姬鼠属 Apodemus Kaup，1829

种类有：黑线姬鼠 Apodemus agrarius（图 6-84，1）、大林姬鼠 Apodemus speciosus（图 6-84，2~5）和姬鼠 Apodemus sp.（图 6-84，6）。

黑线姬鼠下颌骨测量数据统计见表 6-87。

（24）田鼠属 Microtus Schrank，1798

种类有根田鼠 Microtus oeconomus、布氏田鼠 Microtus brandti、莫氏田鼠 Microtus maximowiczii、

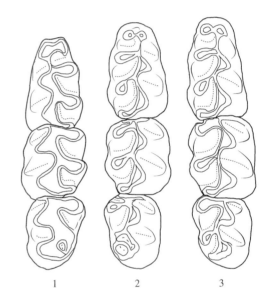

图 6-83　仓鼠牙齿形态图

1. 黑线仓鼠右下 M1−M3　2. 黑线仓鼠左下 M1−M3
3. 中国仓鼠左 M1−M3

表 6-84　　　　　　黑线仓鼠 Cricetulus barabensis 下颌骨牙齿测量表　　　　　　单位：毫米

统计项目	n	最小值	最大值	平均值（95% 置信区间）
M1−3 长	16	3.9	4.3	4.1 ± 0.07
M1 长	16	1.5	1.7	1.6 ± 0.03
M1 宽	16	0.9	1.1	1 ± 0.03
M2 长	16	1.2	1.4	1.3 ± 0.03
M2 宽	16	1.1	1.2	1.1 ± 0.02
M3 长	16	1.1	1.4	1.2 ± 0.03
M3 宽	16	0.9	1.1	1 ± 0.03

表 6-85　　　　　　　　　　中国仓鼠 *Cricetulus griseus* 下颌骨测量表　　　　　　　单位：毫米

统计项目	n	最小值	最大值	平均值（95% 置信区间）
M1-3 长	10	3.8	4.3	4 ± 0.08
M1 长	10	1.5	1.6	1.6 ± 0.03
M1 宽	10	0.9	1.1	1 ± 0.05
M2 长	10	1.2	1.4	1.3 ± 0.04
M2 宽	10	0.9	1.2	1.1 ± 0.05
M3 长	10	1.1	1.3	1.2 ± 0.03
M3 宽	10	1	1	1 ± 0.02

表 6-86　　　　　　　　　　大仓鼠 *Cricetulus triton* 下颌骨牙齿测量表　　　　　　单位：毫米

统计项目	n	最小值	最大值	平均值（95% 置信区间）
M1-3 长	18	5.2	6	5.6 ± 0.1
M1 长	18	1.9	2.2	2 ± 0.04
M1 宽	18	1.2	1.4	1.3 ± 0.02
M2 长	18	1.7	1.9	1.8 ± 0.03
M2 宽	18	1.4	1.6	1.5 ± 0.02
M3 长	18	1.5	2.1	1.8 ± 0.06
M3 宽	18	1.3	1.5	1.4 ± 0.02

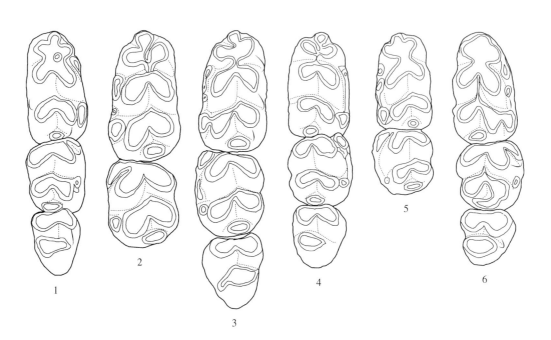

图 6-84　姬鼠属牙齿形态图

1. 黑线姬鼠右下 M1-M3　2. 大林姬鼠左下 M1-M2　3. 大林姬鼠右下 M1-M3　4. 大林姬鼠右下 M1-M3

5. 大林姬鼠左下 M1-M2　6. 姬鼠右下 M1-M3

表 6-87　　　　　　　　黑线姬鼠 *Apodemus agrarius* 下颌骨牙齿测量表　　　　　　单位：毫米

统计项目	n	最小值	最大值	平均值（95% 置信区间）
M1-3 长	8	3.9	4.7	4.2 ± 0.21
M1 长	8	1.5	2	1.8 ± 0.12
M1 宽	8	1	1.3	1.1 ± 0.07
M2 长	8	1.2	1.4	1.3 ± 0.05
M2 宽	8	1.1	1.3	1.1 ± 0.07
M3 长	8	0.9	1.3	1.1 ± 0.08
M3 宽	8	0.9	1.1	1 ± 0.05

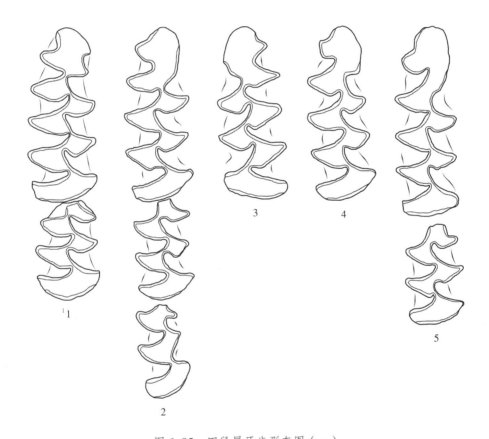

图 6-85　田鼠属牙齿形态图（一）
1. 莫氏田鼠左下 M1-M3　2. 根田鼠左下 M1-M3　3. 根田鼠右下 M1　4. 根田鼠左下 M1　5. 根田鼠左下 M1-M2

东方田鼠 *Microtus fortis* 及两种田鼠未定种 *Microtus* sp.。图 6-85 是各种田鼠的上下齿列图，表 6-88~6-91 是各种田鼠牙齿测量统计结果。

莫氏田鼠 *Microtus maximowiczii*（图 6-85，1）。

根田鼠 *Microtus oeconomus*（图 6-85，2~5）。

东方田鼠 *Microtus fortis*。

田鼠（未定种 1）*Microtus* sp.1（图 6-86，1）。

田鼠（未定种 2）*Microtus* sp.2（图 6-86，2）。

表 6-88　　　　　　　　　　布氏田鼠 *Microtus brandti* 上、下颌骨牙齿测量表　　　　　　　　单位：毫米

骨骼名称	测量项目	n	最小值	最大值	平均值（95% 置信区间）
上颌骨	M1–3 长	7	5.7	6.1	6 ± 0.09
	M1 长	8	2.3	2.5	2.4 ± 0.03
	M1 宽	8	0.2	1.4	1.3 ± 0.03
	M2 长	7	0.7	1.9	1.8 ± 0.03
	M2 宽	7	1	1.2	1.1 ± 0.05
	M3 长	7	1.6	1.9	1.8 ± 0.07
	M3 宽	7	0.9	1.1	1 ± 0.04
下颌骨	M1–3 长	11	5.6	6.6	6.1 ± 0.18
	M1 长	11	2.7	3.1	2.9 ± 0.09
	M1 宽	11	1.1	1.4	1.3 ± 0.04
	M2 长	11	1.7	1.9	1.7 ± 0.03
	M2 宽	11	1	1.2	1.1 ± 0.03
	M3 长	11	1.3	1.6	1.4 ± 0.06
	M3 宽	11	0.9	1	0.9 ± 0.03

表 6-89　　　　　　　　　　莫氏田鼠 *Microtus maximowiczii* 上、下颌骨牙齿测量表　　　　　　　　单位：毫米

统计项目		n	最小值	最大值	平均值（95% 置信区间）
上颌骨	M1–3 长	11	6.1	6.4	6.2 ± 0.06
	M1 长	11	2.2	2.4	2.3 ± 0.03
	M1 宽	11	1.3	1.4	1.4 ± 0.03
	M2 长	11	1.7	2	1.9 ± 0.04
	M2 宽	11	1.1	1.2	1.2 ± 0.02
	M3 长	11	2	2.2	2.1 ± 0.04
	M3 宽	11	1	1.1	1 ± 0.02
下颌骨	M1–3 长	3	6.1	6.3	6.2 ± 0.11
	M1 长	3	2.9	3	2.9 ± 0.09
	M1 宽	3	1.2	1.3	1.3 ± 0.06
	M2 长	3	1.6	1.8	1.7 ± 0.09
	M2 宽	3	1.1	1.1	1.1 ± 0.02
	M3 长	3	1.6	1.6	1.6 ± 0.05
	M3 宽	3	0.8	1	0.9 ± 0.09

（25）棕色毛足田鼠属 *Lasiopodomys* Tokuda，1941

棕色毛足田鼠 *Lasiopodomys mandarinus*（图 6-86，3~6）。

（26）鼩鼠属 *Clethrionomys* Tilesius，1850

种类有棕背鼩 *Clethrionomys rufocanus* 和红背鼩 *Clethrionomys rutilus*（图 6-87，3）2 种。棕

表 6-90　　　　　　　　　　根田鼠 *Microtus oeconomus* 下颌骨牙齿测量表　　　　　　　单位：毫米

统计项目	n	最小值	最大值	平均值（95% 置信区间）
M1-3 长	84	5.8	7.2	6.4 ± 0.29
M1 长	84	2.5	3.3	3 ± 0.03
M1 宽	84	1.1	1.8	1.3 ± 0.02
M2 长	84	1.5	2.1	1.8 ± 0.02
M2 宽	84	0.8	1.3	1.1 ± 0.02
M3 长	84	1.4	1.9	1.7 ± 0.02
M3 宽	84	0.8	1.1	0.9 ± 0.01

表 6-91　　　　　　　　东方田鼠 *Microtus fortis* 上、下颌骨牙齿测量表　　　　　　　单位：毫米

统计项目		n	最小值	最大值	平均值（95% 置信区间）
上颌骨	M1-3 长	23	6	7.3	6.8 ± 0.14
	M1 长	27	2.2	2.8	2.5 ± 0.06
	M1 宽	26	1.3	1.6	1.4 ± 0.03
	M2 长	24	1.8	2.2	2 ± 0.04
	M2 宽	24	1.1	1.3	1.2 ± 0.02
	M3 长	23	2	2.5	2.3 ± 0.06
	M3 宽	23	1	1.2	1.1 ± 0.02
下颌骨	M1-3 长	1			7.2
	M1 长	1			3.5
	M1 宽	1			1.4
	M2 长	1			1.9
	M2 宽	1			1.1
	M3 长	1			1.8
	M3 宽	1			1

背鼹下颌骨，右侧，M1-M3 长 5.33 毫米；M1 长 2.39、宽 1.11 毫米；M2 长 1.51、宽 1 毫米；M3 长 1.42、宽 0.79 毫米（图 6-87，1、2）。

以上几种啮齿类动物保存下齿列或部分牙齿的下颌骨计有 3723 件，其中以根田鼠数量最多，约占 77%，其次是布氏田鼠和 *Microtus* sp.1，各约占 10.8% 和 10.7%，其余几种数量很少，均不到 1%（表 6-92；图 6-88）。

（27）鼢鼠属 *Myospalax* Laxmann，1769

鼢鼠 *Myospalax* sp.

40 件。包括残头骨 2 件、下颌骨 35 件、牙齿 3 件。发现于西壁第 Ⅱ、Ⅴ 和Ⅷ层（表 6-93）。

头骨残，没有保存完整的齿列。从下颌骨上保存的牙齿特征看，下 M3 似有 2 种，如 94.J.A.Ⅷ-Ⅻ.A10-10（左下）和 93.J.A.Ⅷ-Ⅳ.E3-1（右下），下 M3 外侧有一个凹缺，后端有

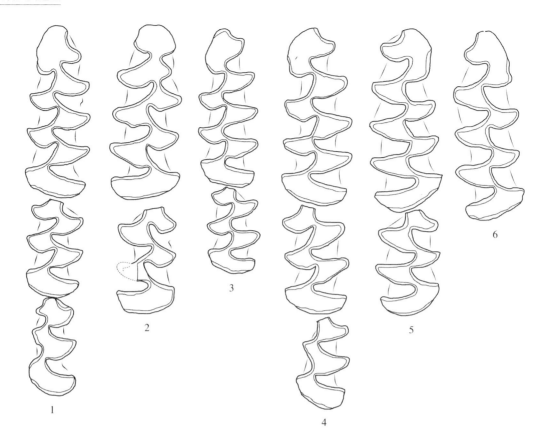

图 6-86　田鼠牙齿形态图（二）

1. 田鼠（未定种 1）右下 M1-M3　2. 田鼠（未定种 2）左下 M1-M2　3. 棕色毛足田鼠右下 M1-M2　4. 棕色毛足田鼠
右下 M1-M3　5. 棕色毛足田鼠左下 M1-M2　6. 棕色毛足田鼠左下 M1

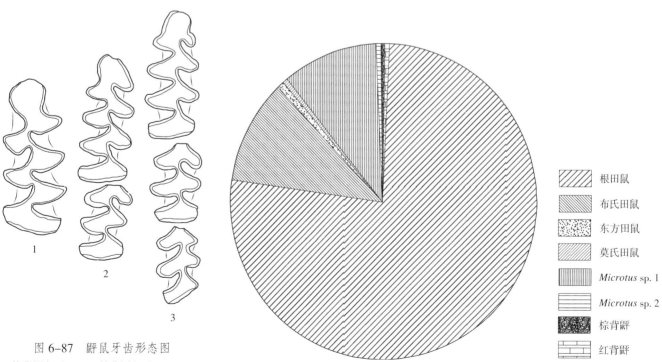

图 6-87　䶄鼠牙齿形态图

1. 棕背䶄右下 M1　2. 棕背䶄左下 M1-M2
3. 红背䶄左下 M1-M3

图 6-88　鼠类动物数量百分比统计图

根田鼠
布氏田鼠
东方田鼠
莫氏田鼠
Microtus sp. 1
Microtus sp. 2
棕背䶄
红背䶄

表 6-92　　　　　　　　　田鼠亚科 *Arvicolinae* 动物种属和下颌骨统计表　　　　　单位：件

标本	左	右
根田鼠	1358	1518
布氏田鼠	195	208
莫氏田鼠	5	2
东方田鼠	2	9
Microtus sp.1	333	64
Microtus sp.2	2	1
棕背鼠䶄	8	8
红背鼠䶄	5	5
合计	1908	1815

表 6-93　　　　　　　　　　　鼢鼠 *Myospalax* sp. 统计表　　　　　　　　　单位：件

地层	标本编号	骨骼名称	左 / 右	数量
86.J.A.Ⅱ		下颌骨		14
86.J.A.Ⅴ		下颌骨		4
87.J.A.Ⅷ		下颌骨	左	6
87.J.A.Ⅷ		下颌骨	右	4
87.J.A.Ⅷ		头骨		1
93.J.A.Ⅷ–Ⅰ	93.J.A.Ⅷ–Ⅰ.D9–10	下颌骨	右	1
93.J.A.Ⅷ–Ⅳ	93.J.A.Ⅷ–Ⅳ.E3–1	下颌	右	1
93.J.A.Ⅷ–Ⅳ	93.J.A.Ⅷ–Ⅳ.E4–21	下颌	左	1
93.J.A.Ⅷ–Ⅸ	93.J.A.Ⅷ–Ⅸ.D3–51	头骨		1
94.J.A.Ⅷ–Ⅺ	94.J.A.Ⅷ–Ⅺ.B7–15	门齿		1
94.J.A.Ⅷ–Ⅺ	94.J.A.Ⅷ–Ⅺ.B7–36	门齿		1
94.J.A.Ⅷ–Ⅺ	94.J.A.Ⅷ–Ⅺ.B10–3	门齿		1
94.J.A.Ⅷ–Ⅻ	94.J.A.Ⅷ–Ⅻ.A10–10	下颌		1
94.J.A.Ⅷ–Ⅻ	94.J.A.Ⅷ–Ⅻ.D7–22	下颌残段	左	1
94.J.A.Ⅷ–Ⅻ	94.J.A.Ⅷ–Ⅻ.D10–33	下颌骨	右	1
93.J.A.Ⅷ–Ⅷ	93.J.A.Ⅷ–Ⅷ.E4–21	下颌骨	左	1

一个微弱的折曲，特征与东北鼢鼠（*Myospalax psilurus*）的下 M3 特征相同（图 6-89，1、2）；标本 93.J.A.Ⅷ–0.D9–10（右下）下 M3 后端有一个向后的突起，特征与草原鼢鼠（*Myospalax myospalax*）的相似（图 6-89，3）。鼢鼠下颌骨统计数据见表 6-93。

鼢鼠下颌骨测量数据见表 6-94。

（28）豪猪属 *Hystris* Linnaeus，1758

豪猪 *Hystris* sp.

2 件，门齿。发现于第Ⅲ层。

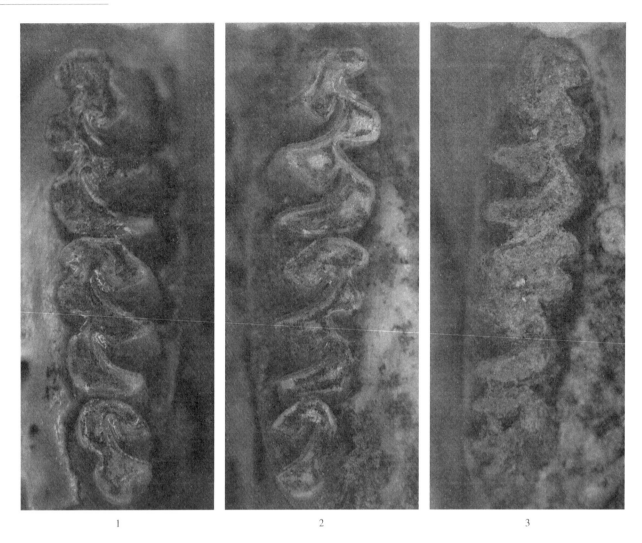

1   2   3

图 6-89 鼢鼠牙齿

1. 94.J.A.Ⅷ–Ⅻ.A10–10 左下 2. 93.J.A.Ⅷ–Ⅳ.E3–1 右下 3. 93.J.A.Ⅷ–0.D9–10 右下 （约 ×12）

表 6-94 　　　　　　　　　　　　　鼢鼠 *Myospalax* sp. 下颌骨测量表 　　　　　　　　　　　单位：毫米

标本编号	左/右	门齿–髁突	门齿–M3	齿缺长	M1–M3	下颌骨高 M1 内侧	门齿		M1		M2		M3	
							长	宽	长	宽	长	宽	长	宽
94.J.A.Ⅷ–Ⅻ.A10–10	左		23	7	10.4	7.3	3.3	2.3	4.5	2.3	3.6	2.3	2.4	1.8
93.J.A.Ⅷ–Ⅳ.E3–1	右				11.4	7			4.6	2.26	3.5	2	2.3	1.7
93.J.A.Ⅷ–0.D9–10	右						2.9	2.4	4.3	2.1	3.6	2.2		
87.J.A.Ⅷ：鼢 1	左				9.8	6.8			3.9	2.1	3.3	2		
88.J.A.Ⅷ：鼢 4	右			7.1	11.1				4.8	2.3	3.7	2.2	2.6	1.9
89.J.A.Ⅷ：鼢 5	右				8.9				3.6	2	3.2	1.9	1.9	1.5
90.J.A.Ⅷ：鼢 7	左	35.4	24.3	7.4	10.8		3.1	2.6	4.5	2.3	3.7	2.2	2.4	1.8
91.J.A.Ⅷ：鼢 8	右	29.7	20	6.4	10.2	6.4	2.2	2.2	4.6	2.2	3.4	2.1	2.7	1.8
92.J.A.Ⅷ：鼢 9	左		21.9	6.4	10.7	8	3.3	2.8	4.4	2.2	3.7	2.2	2.7	1.8

（29）兔属 *Lepus* Linnaeus，1758

野兔的化石在第Ⅱ层、第Ⅴ层、第Ⅵ层和第Ⅷ层均有发现，其中在第Ⅱ层发现上、下颌骨残块各 1 件；第Ⅴ层发现左右下颌骨残块各 1 件；第Ⅵ层发现 2 件残头骨和 2 件下颌骨；第Ⅷ层发现上颌骨 4 件和下颌骨 17 件。从下颌骨和牙齿特征看似有两种野兔。

①东北兔 *Lepus mandschuricus*

标本 86.J.A.Ⅱ：兔 1，右侧上颌骨。保存 P2-M3 齿列。P2-M3 齿槽长 15.17 毫米，内鼻孔前缘—前腭后缘长 5.58 毫米。

标本 86.J.A.Ⅴ：兔 1，左侧下颌骨。保存门齿到 M1。P3 长 3.8、宽 3.75 毫米，M1 长 3.44、宽 3.84 毫米（图 6-90，1）。

标本 86.J.A.Ⅴ：兔 2，右侧下颌骨。保存 P3-M1。齿缺长 17.9 毫米，P3 长 3.94、宽 3.5 毫米，P4 长 3.73、宽 3.89 毫米，M1 长 3.51、宽 3.77 毫米（图 6-90，2）。

标本 86.J.A.Ⅵ：兔 1，残头骨。仅保存额骨、左侧上颌骨和右侧颞骨的颧突。额骨宽平，眶间最小宽 15.8 毫米，左侧上颊齿齿槽长 16.9、残存的腭桥最窄长 6.6 毫米（图版九八，5）。

标本 84.J.A.6.T4：兔 2，保留有右侧颊齿列和部分腭桥，P2 窄，颊侧尖，前面有 3 个褶沟。P2-M3 齿槽长 16.37 毫米，腭桥长 8.6、最窄处长 7 毫米。

下颌骨标本中有 9 件保存有 P3，P3 由三个横脊组成，可分为前、后两部分，前部由前脊和中脊组成，横脊宽大，其前内侧呈弧形，有两个褶曲，后面一个横脊窄，并有一个褶沟从颊侧横穿到舌侧将其与前部的横脊分开。其余下颊齿（P4-M2）由两个横脊构成，前脊高而宽，后脊窄而低；M3 小，由两个小齿柱组成。如标本 93.J.A.Ⅷ-Ⅲ.B2-3，右侧下颌骨，除下颌支残缺外，基本保存完整，保存门齿和 P3-M3 齿列（图 6-91；图版九八，6）。

下颌骨测量数据统计见表 6-95。下颌骨齿缺的长度与下齿列（P3-M3）长度大致相似（图 6-92），从下 P3 测量数据分布图说明牙齿的长度与宽度分布相关性大，表明牙齿的形态基本相似（图 6-93）。

1978 年发掘报告（张森水等，1993）曾将金牛山遗址 A 点发现的野兔定为东北兔（*Lepus mandschuricus*），我们发掘的标本中缺乏头骨，仅根据下 P3 的形态和下齿列的平均长度与之相似，

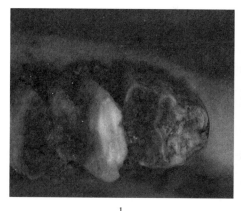

图 6-90　兔属牙齿 1

1. 86.J.A.Ⅴ：兔 1 左下 P4-M1　2. 86.J.A.Ⅴ：兔 2 右下 P3-M1　（约 ×6）

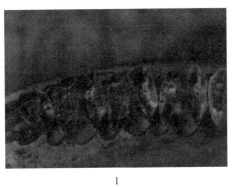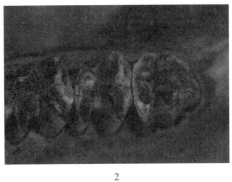

1　　　　　　　　　　2

图 6-91　东北兔右下颌骨（93.J.A.Ⅷ–Ⅲ.B2–3）
1. P4–M3　2. P3–M1　（约 ×6）

表 6-95　　　　　　　　　东北兔 *Lepus mandschuricus* 下颌骨测量表　　　　　　　单位：毫米

统计项目		样品数（n）	最小值	最大值	平均值（95% 置信区间）
齿缺长		15	16.9	20	18 ± 0.4
P3–M3（齿槽）		13	16	18.5	17.5 ± 0.3
下颌骨高（M1 内侧）		12	14.3	16.6	15.3 ± 0.4
P3	长	10	3.4	3.9	3.6 ± 0.1
	宽	10	3.1	3.9	3.4 ± 0.6
P4	长	17	2.6	3.3	3 ± 0.1
	宽	17	3.3	4.1	3.7 ± 0.1
M1	长	15	2.9	3.3	3.1 ± 0.1
	宽	15	3.1	3.9	3.6 ± 0.1
M2	长	13	2.8	3.7	3.2 ± 0.1
	宽	13	3.1	3.8	3.5 ± 0.1
M3	长	5	2.2	2.5	2.3 ± 0.1
	宽	5	1.9	2.3	2.1 ± 0.1

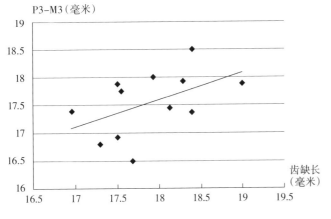

图 6-92　第Ⅷ层东北兔下颌齿缺长与 P3–M3 齿列长
测量数据分布图

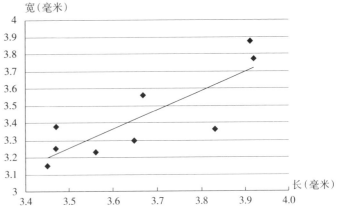

图 6-93　第Ⅷ层东北兔下 P3 测量数据分布图

似可以归属东北兔（*Lepus mandschuricus*）。

②野兔 *Lepus* sp.

在金牛山遗址的第Ⅵ层和第Ⅷ层还发现一种小型野兔，标本为 3 件下颌骨，下颌骨的齿缺比下颊齿列（P3–M3）长度短，下 P3 略呈三角形（图 6-94），测量数据见表 6-96。由于材料太少，不能定种。

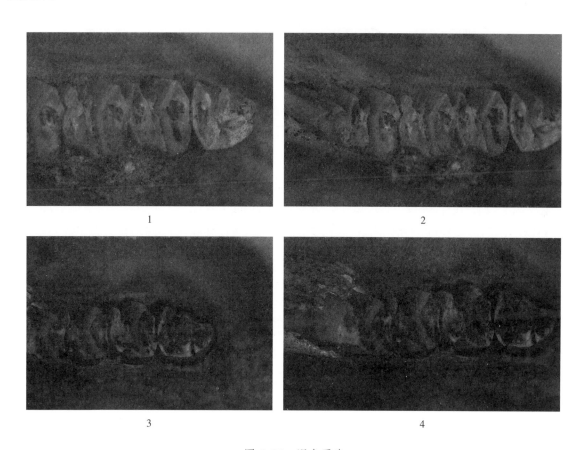

图 6-94　野兔牙齿

1. 84.J.A.6.T1 左下颌骨 P3–M1　2. 84.J.A.6.T1 左下颌骨 P3–M3　3. 86.J.A.Ⅵ左下颌骨 P3–M2　4. 86.J.A.Ⅵ左下颌骨 P3–M2　（约 ×5）

表 6-96　　　　　　　　　　　　　　　野兔 *Lepus* sp. 下颌骨测量表　　　　　　　　　　　单位：毫米

标本编号	齿缺长	P3–M3 齿槽	下颌骨 高 M1 内侧下	P3		P4		M1		M2		M3	
				长	宽	长	宽	长	宽	长	宽	长	宽
93.J.A.Ⅷ–Ⅱ.E4–30	10.6	12.5	10.9	2.7	2.5	2.1	2.6	2.1	2.7	2.2	2.6	1.1	1.5
84. J.A.6.T1	12.9	14.6	12.2	2.7	2.6	2	3.1	2.5	3	2.1	3	1.4	1.8
86.J.A.Ⅵ	12.6		11.8	2.9	2.4	2.3	2.9	2.4	2.7	2.5	2.6		

（30）鼠兔属 *Ohotona* Link，1795

鼠兔 *Ohotona* sp.

标本 93.J.A.Ⅷ–Ⅳ.E4–30，右下颌骨。

（31）猕猴属 *Macaca* Desmarest，1799

硕猕猴 *Macaca robustus*

1984 年在东壁第 6 层发现硕猕猴的右侧上颌骨（保存 P2–P3）以及 1 件头骨和 2 枚臼齿，遗憾的是堆积物胶结严重，标本未完整取出。

（32）鼩鼱属 *Sorex araneus* Linnaeus，1758

鼩鼱 *Sorex* sp.

在第 V 层发现 11 件下颌骨，其中 2 件保存较完整。在第Ⅵ层发现残头骨 2 件；下颌骨 8 件，其中 3 件残。

第二节　金牛山遗址动物群的地质时代和气候

1984 至 1994 年发掘金牛山遗址 A 点，共发现软体动物 3 种、鱼 1 种、爬行动物 2 种、鸟 26 种、哺乳动物 52 种，共计 84 种。鉴于第 I～Ⅶ层是发掘剖面，目的是为进一步搞清地层堆积序列，发掘的面积小，因而发现的动物化石数量不多。而第Ⅷ层的发掘面积约为 56 平方米，发现的动物化石数量多，种类也很丰富。在讨论地层的时代仅就动物种属展开，对各层动物的丰富度不作对比。各层出土的哺乳动物化石属种统计见表 6-97。

表 6-97　　　　　　　　　金牛山遗址哺乳动物化石属种分层统计表 *

属种名称 \ 地层	II	III	IV	V	VI	VII	VIII
狼 *Canis lupus*	△	△	△			△	△
变异狼 *Canis variabilis*						△	△
狐 *Vulpes vulpes*							△
沙狐 *Vulpes corsac*							△
中华貉 *Nyctereutes sinensis*		△ sp.				△	△
洞熊 *Ursus spelaeus*	△						
棕熊 *Ursus arctos*	△		△	△	△	△	△
狗獾 *Meles meles*					△	△	△
黄鼬 *Mustela sibirica*	△		△		△	△	△
中华猫 *Felis chinensis*							△
猎豹 *Acinonyx* sp.							△
豹 *Panthera pardus*							△
最后斑鬣狗 *Crocuta ultima*						△	△
马（未定种）*Equus* sp.			△				
梅氏犀 *Dicerorhinus mercki*					△	△	△
李氏野猪 *Sus lydekkeri*						△	△
野猪 *Sus* sp.	△ sp.			△ sp.			

续表 6-97

属种名称 \ 地层	II	III	IV	V	VI	VII	VIII
肿骨鹿 *Megaloceros pachyosteus*						△	△
赤鹿 *Cervus elaphus*	△		△	△	△		
葛氏斑鹿 *Cervus grayi*						△	△
梅花鹿 *Cervus nippon*	△	△	△	△	△	△	△
獐 *Hydropotes inermis*						△	
狍 *Capreolus capreolus*							△
牛（属种未定）Bovinae gen. et sp. indet.			△				△
恰克图转角羚羊 *Spirocerus kiakhtensis*	△						
河狸 *Castor fiber*						△	△
居氏大河狸 *Trogontherium cuvieri*						△	△
小巨河狸? *Trogontherium minus?*							△
黑线仓鼠 *Cricetulus barabensis*							△
变异仓鼠 *Cricetulus varians*	△ sp.	△ sp.		△ sp.	△ sp.		△
中国仓鼠 *Cricetulus griseus*							△
大仓鼠 *Cricetulus triton*							△
黑线姬鼠 *Apodemus agrarius*							△
大林姬鼠 *Apodemus speciosus*							△
姬鼠 *Apodemus* sp.							△
布氏田鼠 *Microtus bradti*	△ sp.	△ sp.		△ sp.	△ sp.		△
莫氏田鼠 *Microtus maximowiczii*							△
根田鼠 *Microtus oeconomus*							△
东方田鼠 *Microtus fortis*							△
田鼠（未定种Ⅰ）*Microtus* sp. Ⅰ	△						△
田鼠（未定种Ⅱ）*Microtus* sp. Ⅱ							△
棕色毛足田鼠 *Lasiopodonmys mandarinus*							△
棕背䶄 *Clethrionomys rufocanus*							△
红背䶄 *Clethrionomys rutilus*							△
鼢鼠 *Myospalax* sp.	△			△			△
豪猪 *Hystris* sp.		△					
东北兔 *Lepus mandschuricus*	△			△	△	△	△
野兔 *Lepus* sp.					△		△
鼠兔 *Ohotona* sp.	△	△		△	△		△
硕猕猴 *Macaca robustus*							△
鼩鼱 *Sorex* sp.				△	△		

* △ sp. 属种未定。

哺乳动物中的绝灭种或地理迁徙种有：中华貉 *Nyctereutes sinensis*、变异狼 *Canis variabilis*、洞熊 *Ursus spelaeus*、最后斑鬣狗 *Crocuta ultima*、梅氏犀 *Dicerorhinus mercki*、李氏野猪 *Sus lydekkeri*、赤鹿 *Cervus elaphus*、肿骨鹿 *Megaloceros pachyosteus*、恰克图转角羚羊 *Spirocerus kiakhtensis*、河狸 *Castor fiber*、居氏大河狸 *Trogontherium Cuvieri*、小巨河狸？ *Trogontherium minus*、变异仓鼠 *Cricetilus varians*、中国仓鼠 *Cricetulus griseus* 和大仓鼠 *Cricetulus triton*、黑线姬鼠 *Apodemus agrarius*、大林姬鼠 *Apodemus peuinsulal*、布氏田鼠 *Microtus brandti*、硕猕猴 *Macaca robustus* 和鼩鼱 *Sorex* sp. 等。

中华貉 *Nyctereutes sinensis* 主要发现于第Ⅶ～Ⅷ层。中华貉 *Nyctereutes sinensis* 是一种比现生貉体型小的绝灭种，是北方中更新世常见的种类。

变异狼 *Canis variabilis* 发现于第Ⅶ～Ⅷ层。在周口店的第 13 地点、第 1 地点和第 3 地点均有发现，在东北地区的庙后山遗址也有发现，是北方地区中更新世常见的种类。

洞熊 *Ursus spelaeus* 发现于第Ⅱ层。在周口店第 1 地点发现有似洞熊 *Ursus* cf. *spelaeus*，在北方地区更新世晚期的山城子、小孤山和山顶洞遗址均有发现，在我国其生存的时代为中更新世到晚更新世。

最后斑鬣狗 *Crocuta ultima* 发现于第Ⅶ、Ⅷ层。该种动物在我国北方地区最早出现在周口店第 1 地点的上部地层，与中国鬣狗同层出现，到更新世晚期在我国广泛分布，是晚更新世代表种类，其生存时代是更新世中期的后一阶段到晚更新世。

梅氏犀 *Dicerorhinus mercki* 发现于第Ⅵ～Ⅷ层。梅氏犀是一种双角犀，该属有几个种，是更新世在北方分布较广的种类，在陕西蓝田公王岭、北京周口店、东北庙后山以及山西丁村等遗址都有发现，时代主要为中更新世，在华北南部可生存到晚更新世。在晚更新世随着气候变冷，我国东北和华北北部逐渐被喜冷的披毛犀所替代。

李氏野猪 *Sus lydekkeri* 主要发现于第Ⅶ、Ⅷ层，是一种生活在早更新世到中更新世的大型野猪，在山西西侯度、陕西蓝田、北京周口店、东北庙后山等遗址均有发现。

赤鹿 *Cervus elaphus* 发现于第Ⅱ层和第Ⅳ～Ⅵ层。赤鹿最早出现在周口店第 1 地点的第 3 层，与肿骨鹿同层，时代为中更新世晚期，在晚更新世分布很广，是一种代表性的动物。

肿骨鹿 *Megaloceros pachyosteus* 是中更新世的典型动物，发现于第Ⅶ～Ⅷ层。肿骨鹿 *Megaloceros pachyosteus* 在周口店的第 13、第 1 和第 15 地点，山东沂源、南京汤山、东北庙后山等遗址均有发现。据卡尔克等的研究，周口店第 1 地点肿骨鹿下颌的厚度，有由早到晚从较扁平到厚又变较扁平的变化（H.D. 卡尔克，1958）。在金牛山遗址发现的肿骨鹿下颌骨总体不如在周口店北京人遗址和在南京人遗址发现的肿骨鹿下颌骨肿厚，而和在周口店遗址上部地层发现的肿骨鹿相似。

恰克图转角羚羊 *Spirocerus kiakhtensis* 发现于第Ⅱ层，出现在更新世晚期，在甘肃的楼房子、辽宁的古龙洞遗址有发现。

居氏大河狸 *Trogontherium Cuvieri* 发现于第Ⅶ～Ⅷ层，河狸 *Castor fiber* 和小巨河狸？ *Trogontherium minus* 发现在第Ⅷ层。居氏大河狸在河北唐山贾家山和山西芮城西侯度、北京周口店第 1 地点的 9~5 层及安徽和县等遗址均有发现，生存的时代是早更新世到中更新世晚期（郑绍华，1983）。河狸是分布在古北区的现生种，现在我国新疆地区仍有分布（黄文几等，1995）。最早出现在周口店第 1 地点中更新世地层中。小巨河狸？ *Trogontherium minus* 在我国仅发现于山西襄汾大柴遗址更新世早期地层中（郑绍华等，1986），金牛山遗址的发现对于探讨它的地史分布意义重大。

变异仓鼠 *Cricetilus varians*、中国仓鼠 *Cricetulus griseus*、大仓鼠 *Cricetulus triton*、黑线姬鼠 *Apodemus agrarius*、大林姬鼠 *Apodemus peuinsulae* 和布氏田鼠 *Microtus brandti* 等，除变异仓鼠是绝灭种外都是现生种，但它们都在周口店第 1 地点发现过。

硕猕猴 *Macaca robustus* 和鼩鼱 *Sorex* sp. 在华北地区最晚生存到中更新世。

在第 II 层共发现 14 种哺乳动物化石，均为现生种，其中地理位置迁移的种有洞熊和恰克图转角羚羊及赤鹿，时代不会晚于晚更新世。

在第 III 层共发现 7 种哺乳动物化石，均为现生种，其中现生豪猪主要分布在我国南方地区（黄文几等，1995）。

在第 IV 层共发现 6 种哺乳动物化石，均为现生种，其中赤鹿、马和牛均为晚更新世华北地区常见的种类。

在第 V 层共发现 10 种哺乳动物化石，其中重要的有赤鹿、鼩鼱。

在第 VI 层共发现 12 种哺乳动物化石，出现了梅氏犀等时代较早的动物。

在第 VII 层共发现 16 种哺乳动物化石，出现变异狼、中华貉、肿骨鹿、梅氏犀、居氏大河狸、硕猕猴等中更新世常见的种类。

在第 VIII 层共发现 44 种哺乳动物化石，其中小巨河狸？、变异狼、中华貉、猎豹、最后斑鬣狗、梅氏犀、肿骨鹿、居氏大河狸、硕猕猴等是中更新世的代表种类。

综上，根据各地层发现的哺乳动物群特征，并结合各地层堆积物的岩性特征可将金牛山 A 点洞穴堆积分为上、中、下三部分：

上部地层为 I ~ IV 层，由棕褐、棕黄色黏土质粉砂和洞穴角砾堆积为主，颜色较浅。发现 18 种哺乳动物化石，其中洞熊 *Ursus spelaeus*、棕熊 *Ursus arctos*、赤鹿 *Cervus elaphus*、恰克图转角羚羊 *Spirocerus kiakhtensis*、牛 *Bovidae gen. et* sp. *indet*、马 *Equus* sp. 等都是晚更新世常见的种类，时代为更新世晚期。

中部地层为 V ~ VIII 层，由胶结坚硬的洞穴角砾、棕红色砂质粉砂、粉砂质砂和巨砾组成，颜色较深。发现 47 种哺乳动物化石、27 种鸟类化石以及龟鳖等爬行动物和河蚌化石等。其中重要的哺乳动物有猎豹 *Acinonyx* sp.、豹 *Panthera pardus*、最后斑鬣狗 *Crocuta ultima*、变异狼 *Canis variabilis*、中华貉 *Nyctereutes sinensis*、棕熊 *Ursus arctos*、李氏野猪 *Sus lydekkeri*、肿骨鹿 *Megaloceros pachyosteus*、葛氏斑鹿 *Cervus* cf.*grayi*、獐 *Hydropotes inermis*、梅氏犀 *Dicerorhinus mercki*、河狸 *Castor fiber*、居氏大河狸 *Trogontherium Cuvieri*、小巨河狸？ *Trogontherium minus*、变异仓鼠 *Cricetilus varians*、中国仓鼠 *Cricetulus griseus*、大仓鼠 *Cricetulus triton*、黑线姬鼠 *Apodemus agrarius*、大林姬鼠 *Apodemus peuinsulae*、布氏田鼠 *Microtus brandti*、硕猕猴 *Macaca robustus* 和鼩鼱 *Sorex* sp. 等，动物的种类与周口店动物群相似，时代为中更新世。

下部 IX ~ XI 层为洞穴形成初期坍塌的巨砾堆积，未发掘，估计时代为中更新世早期或更早。

在发现金牛山人化石的第 VIII 层发现的哺乳动物群中绝灭种约占 22%，其中有早更新世出现的小巨河狸？肿骨鹿下颌骨肿厚的程度虽然在周口店第 1 地点发现的肿骨鹿下颌骨厚度的变异范围之间，但其平均值稍小，也小于在南京汤山人地点发现的肿骨鹿下颌骨的厚度指数。

最后鬣狗出现在周口店第1地点的上部地层，金牛山遗址没有发现中国鬣狗，只发现最后鬣狗，据此我们认为金牛山遗址 A 点的第Ⅷ层时代相当于周口店第 1 地点的上部，为中更新世中晚期，距今约 26 万年，与铀系法测年的年代基本吻合。

1984 至 1994 年发掘金牛山遗址 A 点发现的哺乳动物化石的种类没有超出 1978 年发掘发现的种类（张森水等，1993）。按哺乳动物的生态类型分为森林—林缘型、草原型、广栖型三种，各层分布数量统计结果见表6-98。

表 6-98   金牛山遗址哺乳动物生态类型统计表

层位	种类数	森林—林缘型	草原型	广栖型
Ⅱ	14	8	5	2
Ⅲ	7	4	1	2
Ⅳ	7	4	1	2
Ⅴ	10	8	2	
Ⅵ	12	9	2	1
Ⅶ	16	10	1	5
Ⅷ	44	27	7	10

在金牛山遗址 A 点发现的哺乳动物以森林—林缘型动物数量较多，各层均大于 50%，但从第Ⅴ层开始森林—林缘型动物增加，而草原型动物种类减少。从大的环境来看，气候由中更新世晚期温暖湿润，到晚更新世气候逐渐变冷，即第Ⅷ～Ⅴ层发现有犀牛、硕猕猴等喜暖的动物，从第Ⅳ层开始，草原动物增加，出现马，到第Ⅱ层出现了洞熊和转角羚羊等喜冷的动物。

由于第Ⅰ～Ⅶ层主要是清理剖面，发掘的面积小，发现的动物化石数量和种类不多，在分析生态环境时有较大的局限性。金牛山人生存时期的第Ⅷ层发掘面积54平方米，发现44种哺乳动物，其中森林—林缘型动物占 61.4%，草原型动物仅占 15.9%。棕熊、猎豹、豹、中华猫、李氏野猪、硕猕猴等生活在森林地区；在山麓和林缘地带有犀牛、狼、狐、鬣狗以及各种鹿类动物和羚羊等。平原上生活着湿地各种啮齿类动物，平原上还有宽阔的河流、沼泽和湿地生活着河狸、獐、龟、鳖和蚌等，为原始人类的生存提供了丰富的食物资源。犀牛、硕猕猴等喜暖的动物出现说明当时的气候比现在温暖湿润。

在第Ⅷ层发现了丰富的鸟类化石，其中鹦鹉等属于东洋区的鸟类，出现于高北纬度的金牛山，也说明金牛山地区中更新世晚期的气候环境比现在温暖湿润。

中文文献

1. 裴文中等：《山西襄汾县丁村旧石器时代遗址发掘报告》，科学出版社，1958 年。

2. H.D. 卡尔克：《周口店肿骨鹿腭骨的肿厚现象》，《古脊椎动物学报》1958 年第 2 卷第 2~3 期。

3. 古脊椎动物研究所高等脊椎动物组：《东北第四纪哺乳动物化石志》，科学出版社，1959 年。

4. B. 格罗莫娃（著）、刘后贻等（译）：《哺乳动物大型管状骨检索表》，科学出版社，1960 年。

5. 郑绍华：《和县猿人地点小哺乳动物群》，《古脊椎动物与古人类》，科学出版社，1983 年第 21 卷第 3 期。

6. 周信学等：《记大连晚更新世马属一新种》，《古脊椎动物学报》1985 年第 23 卷第 1 期。

7. 高耀亭等编著：《中国动物志·兽纲·第八卷·食肉目》，科学出版社，1987 年。

8. 郑绍华、李传夔：《中国的莫鼠（Mimonys）化石》，《古脊椎动物学报》1986 年第 24 卷第 2 期。

9. 盛和林等著：《中国鹿类动物》，华东师范大学出版社，1992 年。

10. 侯连海：《周口店更新世鸟类》，《中国科学院古脊椎动物与古人类研究所集刊》第 19 号，科学出版社，1993 年。

11. 张森水等：《金牛山（1978 年发掘）旧石器遗址综合研究》，《中国科学院古脊椎动物与古人类研究所集刊》第 19 号，科学出版社，1993 年。

12. 黄文几、陈延熹、温业新：《中国啮齿类》，复旦大学出版社，1995 年。

英文文献

1. C.C.Yang, 1932. On the Artiodactyla from the Sinanthropus Site at Chou, outien, Series Vol.Ⅷ, Fascicle 2, Published by the Geological Survey of China Peiping (Peking), June 30, 8.

2. Pei Wenzhong, 1934, On the Carnivora from Locality 1 of Choukoutien, Series C Vol.Ⅷ, Fascicle 1, Published by the Geological Survey of China Peiping (Peking), May.

3. Bien. M.N., 1934. On the Fossil Pisces, Amphibia and Reptilia form Choukoutien Localities 1 and 3. Palae. Sinica., Ser. C,10, Fac.1, 15–20 .

4. Bien, M.N., 1937. On the Turtle Remains from the Archaeological Site of Anyang, Honan, Bull. Geol. Soc. China, 17(1).

5. W. A. B. BROWN, 1991, The dentition of red deer (Cervus elaphus): a scoring scheme to assess age from wear of the permanent molariform teeth J. Zoo., Lond. 224, 519–536.

6. Zhang Zihui, Huang Yunping, Helen f. James, Hou Lianhai, 2012, Description of two new specimens of Old World vulture from the Middle Pleistocene of northeastern China and their biogeographic and paleoecological implications, Journal of Vertebrate Paleontology, 32(1), 117–124.

7. Zhang Zihui, Huang Yunping, Helen f. James, Hou Lianhai, Description of a giant new fossil species of Leptoptilos (ciconiidae) from the Middle Pleistocene Jinniushan archaic human locality of northeastern China, The Auk, 2012, 129(4), 699–706.

第七章　金牛山遗址相关问题研究

第一节　地质构造特征及洞穴的成因条件[1]

一　地质构造特征

（一）区域构造

金牛山位于阴山东南构造带东段与新华夏系渤海营潍断裂带（即郯庐断裂带的北延）交接部位。为华北克拉通中元古代燕辽拗拉谷东侧的北东向山海关隆起区（钱祥麟，1980）。遗址区内出露一套含镁大理岩、大理岩、白云质灰岩、泥质板岩和炭质板岩岩层。地层走向东西，倾向南，为一倒转单斜构造，区域上东西向构造和新华夏系北北东向构造极为发育（图7-1）。本区受阴山东西向构造带影响，在区外南北两侧二逆冲断层控制下，北部夏家屯发育夏家屯冲断层FA。该断层走向东西，倾向南，倾角65°。断层破碎带宽15米，出露长2千米，断带内挤压扁豆体，高岭土化，断层泥发育。南部为后三块石—石佛寺冲断层FB，断层走向东西，倾向北，倾角60°~86°，出露长17千米，呈舒缓波状延伸。破碎带挤压强烈，发育有挤压扁豆体、斜冲擦痕等。本区因北部夏家屯冲断层和南部后三块石—石佛寺冲断层控制而抬升。金牛山遗址区又因处于新华夏系渤海营潍断裂带东侧边缘，受新华夏系构造影响，东部发育有眼泉沟—盖县冲断层FC，断层走向北东30°，倾向北西，倾角60°，破碎带宽30米，可见延伸长达4千米。断带内挤压强烈，断层泥、角砾岩、糜棱岩和挤压扁豆体发育。西部发育有东海山寨—营房冲断层FD，其走向北东20°~30°，倾向南东，倾角59°~70°，断裂呈舒缓波状延伸，断带内糜棱岩、挤压扁豆体、挤压片理发育。金牛山正是由于受南北两侧近东西走向两断层带控制抬升和东西两侧北东走向两断层带

---

[1] 此部分原文发表在《北京大学学报》（自然科学版）1988年24卷第6期，第729~737页。

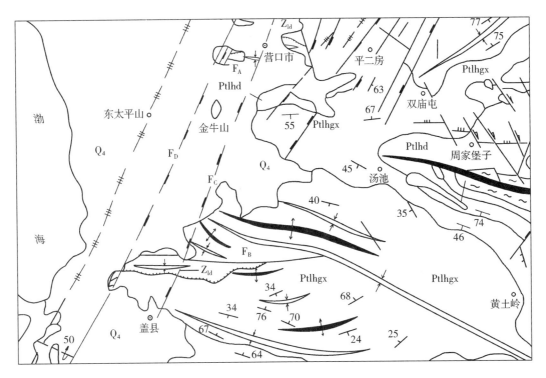

图 7-1　金牛山区域构造略图

控制抬升而形成的由古老基岩组成的孤立山体。

（二）金牛山地质构造

1. 地层

金牛山山体由前震旦纪辽河群大石桥组（Ptlhd）上亚组地层组成。岩性为深灰色厚层状中粗粒白云质大理岩，灰白色中粗粒不等粒结晶大理岩，灰白色浅粉色厚层状中粗粒含镁白云质大理岩夹菱镁矿石及滑石层，深灰色中厚层状细粒结晶灰岩，含黄铁矿泥质板岩，黑色炭质板岩组成。地层总体走向近东南，倾向南，倾角 70°~80°，为一陡倾的倒转单斜构造岩带（图 7-2）。AB 剖面层 4 为含黄铁矿泥质板岩，层 8 为中厚层状细粒结晶灰岩与泥质板岩互层的泥质板岩，其底层面均为发育大量底流冲刷槽模。槽模一般长 6~7 厘米，宽 3~4 厘米，呈椭圆锥状突起。一端呈浑圆形突起稍高，另一端变宽阔缓斜且逐渐与底层面一致。由槽模指示该区底层层序为向南倾斜的倒转层序。此外，AB 剖面层 11 为薄层细粒结晶大理岩内发育有 S 型小寄生褶皱和板劈理。该寄生小褶皱轴面倾向 230°，倾角 36°；板劈理面倾向 192°，倾角 70°。两者与岩层的倾向基本相同，而寄生小褶皱轴面和板劈理倾角均小于岩层倾角，也显示了该区地层层序为一向南倾斜的倒转层序（图 7-3）。

2. 构造

金牛山断裂构造极为发育，有东西走向、北西走向、北东走向三组。东西走向断裂构造以 F1 断层为代表，发育在区内中部，出露长度 500 米，贯穿本区，期间被 F1 断层切错，东西两端均被第四纪覆盖。该断层走向 NE80°，倾向南，倾角 75°~85°。破碎带挤压强烈，宽 2~5 米，断带内

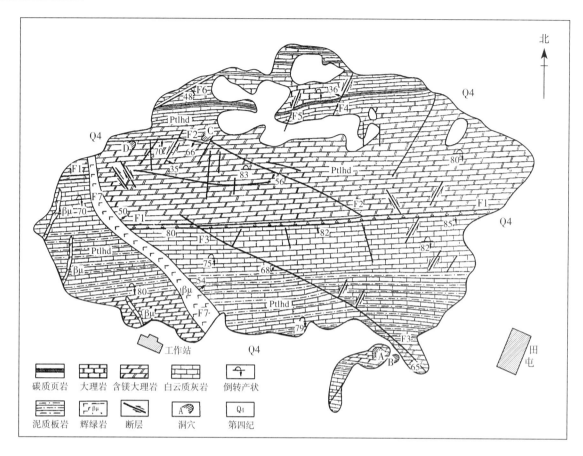

图 7-2 金牛山地质构造示意图

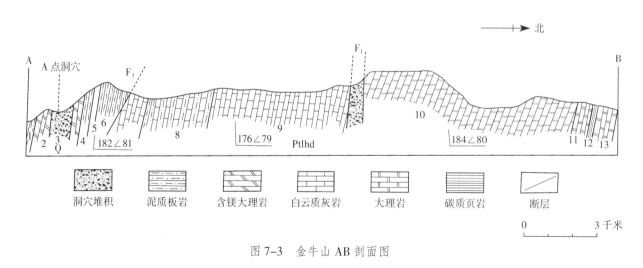

图 7-3 金牛山 AB 剖面图

发育有挤压扁豆体和断层角砾岩。挤压扁豆体最大扁平面产状为走向 70°，倾向 340°，倾角 82°，指示 F1 断层具右行压扭性特征。其断层角砾岩成分主要为深灰色结晶灰岩，灰白色含镁大理岩，泥质板岩。角砾大小一般 2~4 厘米，个别达 7~8 厘米，多呈次棱角状，略具定向排列，具压性特征。同时在该角砾岩带内发育一组与挤压扁豆体最大扁平面产状近乎一致的平直剪切裂隙，该组剪切裂隙切穿角砾岩带，属后期作用产物。在 F1 断层东段南侧紧靠 F1 断层破碎带发育一组剖面共轭剪切裂隙（图7-4）。恢复其最大主应力δ1应为SE176°方向平缓，最小主应力δ3应为NE83°方向陡立（图7-5）。反映早期在南北向挤压应力场作用下，该区地层倒转陡倾，形成与南北向主压应力方向直交的陡立岩带和F1挤压破碎带。后期F1断层受新华夏系构造影响再活动形成切穿角砾岩带的平直剪切裂隙和挤压扁豆体，显示右行压扭性活动特征。

北向东断裂构造以F4、F5断层为代表，发育在金牛山北侧（图7-2）。F4断层产状为走向26°，倾向296°，倾角36°。断层北西盘为灰色薄层状结晶灰岩，岩层产状为倾向187°，倾角81°。断层南东盘为灰白色厚层状结晶大理岩，岩层产状为倾向194°，倾角75°（图7-6）。两者呈断层接触。断面

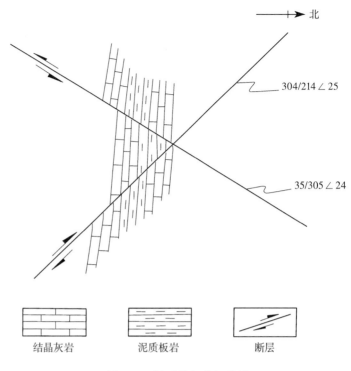

图7-4　剖面共轭剪切裂隙

上发育有擦痕，擦痕向北东侧伏，侧伏角55°。断带内发育有10~40厘米厚的楔状角砾岩带，角砾岩成分为灰色薄层状结晶灰岩、灰白色厚层状结晶大理岩。角砾径一般2~3厘米，个别达4~5厘米，角砾多呈次棱角状，略具定向排列，显示压扭性特征。断裂北西盘薄层灰岩产状随远离断层，地层产状由倾向315°、倾角57°逐渐相应过渡为320°角41°、339°角54°及343°角59°，显示左

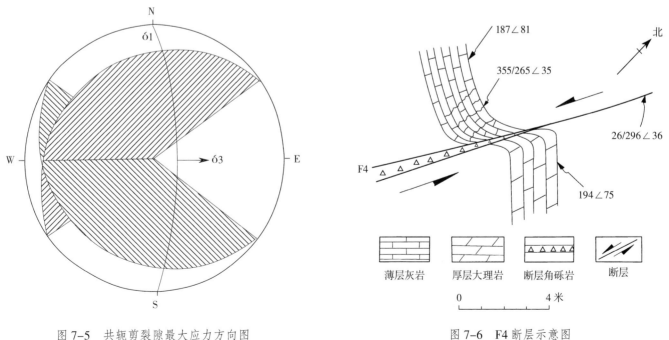

图7-5　共轭剪裂隙最大应力方向图

图7-6　F4断层示意图

行拖曳构造特征。在地层拖曳构造弧形弯曲处发育一组已由方解石细脉填充的张性裂隙，产状为走向 355°，倾向 265°，倾角 35°。该组张性裂隙与 F4 断层面所夹锐角亦指示 F4 断层为左行压扭性特征。同时在断层南东盘灰白色厚层状结晶大理岩中的压溶缝合线也具有左行拖曳现象。

北西向断裂构造以 F2、F3 断层为代表，也是控制本区洞穴发育的一组主要断层。F3 断层发育在山的南侧（图 7-2），破碎带宽 30~40 厘米，区内延伸长达 600 米，走向 302°，倾向 212°，倾角 68°，使层 7 深灰色厚层状与层 6 含黄铁矿泥质板岩沿走向错断不连续，显示右行压扭性特征。在断层东段西侧深灰色厚层状白云质含镁大理岩中发育一组密集平直剪切裂隙，密集程度有 1 米内 10~15 条，一般 3~4 条。该组剪切裂隙平均产状为走向 105°，倾向 195°，倾角 63°。剪切裂隙与主断层 F3 所夹锐角亦指示主断层具右行压扭性特征。西段可见 F3 断层把 F1 断层右行切错现象。此外在 F3 断层东段可见有 40 厘米厚的断层角砾岩，角砾成分为深灰色白云质含镁大理岩、泥质板岩，粒径一般 2~3 厘米，个别达 5~6 厘米，呈次棱角状，大小混杂，无定向性，属张性角砾岩特征。同时在断裂两侧发育一组与地层层理产状近乎一致的方解石脉填充的张裂隙，局部见有溶蚀现象。由方解石脉填充的这一组张裂隙与 F3 断层所夹锐角指示 F3 断层具左行张扭性特征。由上可知，F3 断层显示两期活动特征，早期受南北向挤压应力场作用显示右行压扭性活动，晚期受新华夏系构造影响显示左行张扭性活动。

F2 断层见于金牛山山顶的北侧（图 7-2），产状为走向 310°，倾向 220°，倾角 56°，破碎带宽 10~15 厘米，区内出露长达 500 米，断面平直光滑并发育有擦痕，擦痕向南东侧伏角 41°，擦痕阶步指示该断层具右行压扭性。断层北东盘灰白色厚层含镁大理岩内发育有一小型压扭性断层，产状为走向 295°，倾向 205°，倾角 61°，断面平直光滑，为 F2 断层的小型次级构造，亦指示 F2 断层具有右行压扭性特征。同时在 F2 断层下盘靠近断层带的 C 点洞穴北洞壁附近发育有一组剪切裂隙，产状为走向 82°，倾向 352°，倾角 73°，剪裂面平直光滑，延伸性好，与 F2 断层所夹锐角亦指示 F2 断层具右行压扭性特征。

F7 断层发育在金牛山西侧，产状为走向 310°，倾向 40°，倾角 54°，破碎带宽 3~8 米。该断层将两侧地层错开，显示右行压扭性特征。断带内发育有张性角砾岩，角砾成分为浅灰白色结晶灰岩、灰白色白云质大理岩、含镁大理岩、泥顶板岩，粒径一般 10~30 厘米，个别达 1 米，大小混杂，无定向性，具有张性角砾岩特征。该张性角砾岩被后期辉绿岩脉填充胶结，灰岩砾石有岩脉侵入时受热变质作用烘烤为大理岩化和褪色现象，该断层切错 F1 断层，为一右行张扭性断裂，是后期作用的产物。

综上所述，该区断裂构造主要可分为两期活动。早期在南北挤压应力场作用下，该区地层陡倾倒转，形成与南北向主压应力方向近直交的陡立岩带和 F1 挤压破碎带，同时发育了北西向以 F2、F3 断层为代表的右行压扭性断裂和北东向以 F4、F5 断层为代表的左行压扭性断裂，它们相互切错，具统一的运动方式，但以北西向的 F2、F3 这组较为发育，为南北向挤压应力场作用下形成的一组共轭剪切构造。在区域上，本区北部夏家屯东西向断层带和南部后三块石—石佛寺东西向断层带也是这早期南北向挤压应力场作用的产物。该两组东西向冲断层控制了震旦纪的沉积和分布，使青白口纪钓鱼台组石英砂岩在本区南北两侧分别不整合在盖县组（Ptlhgx）和大石桥组不同层位之上。因此，该区南北向挤压应力场作用时期应为晚震旦亚代。晚期即第二期，本区由于处于渤海营滩断裂带东侧边缘，区域上受新华夏系构造的影响，在南北向力偶应力场作用下，本区早期南北向挤压应力场作用下行程的断裂作为构造薄弱面再次活动，使 F1 断层后期在南北向力偶应力场作用显示右行压扭性特征，F3 断层后期在南北向力偶应力场作用下显示左行张扭性特征，同时形成了与 F4、F5 断层相互平行的切割早期断裂的晚期左行压扭性小断裂，并沿着新华夏系断裂填充有辉绿岩脉。区域上又有花岗闪长岩脉侵入上侏罗统地层中。因此晚期南北向力偶应力场作用时代应为晚侏罗世。

二　洞穴的地质构造控制条件

（一）A 点洞穴形成的岩性构造控制条件

金牛山目前已经发现有第四纪洞穴堆积物地点 4 处（图 7-2）。A 点洞穴和 B 点洞穴均位于山的东南坡，地势由北向南倾斜。A 点洞穴宽 9 米，第四纪洞穴堆积物发掘剖面高 16 米，未见底，洞顶较连续。南洞壁面产状大致为倾向 175°，坡角 85°，北洞壁面产状为倾向 5°，坡角 86°，向东呈收敛趋势，洞穴延伸方向近东西。A 点洞穴以东 13 米处的 B 点洞穴堆积宽 3 米，发现有少量哺乳动物化石。A 点和 B 点洞穴均发育在同一层深灰色厚层状白云质含镁大理岩中，由 A 点洞穴第四纪堆积物可追索到 B 点洞穴，A、B 两点洞穴的第四纪堆积物时代相当，因此 A 点和 B 点两洞穴应为同一洞穴，期间因采石破坏而被分割为两处。A 点洞穴是本区最大最重要的洞穴。

1. 岩性控制因素

A 点洞穴发育在前长城系辽河群大石桥组的上亚组下部深灰色厚层状含镁大理岩中，层厚 16.75 米。南侧为灰色薄层状细粒结晶灰岩夹微细层理完好的泥质板岩，含硅铁成分较高。北侧为层厚 16.5 米的灰褐色泥质板岩夹一层厚 2.79 米的白云质灰岩，泥质板岩微细层理发育，含有黄铁矿晶体，硅铁质含量较高。厚层状含镁大理岩的岩石化学成分（表 7-1）、中粗粒结构、发育微细裂隙特征，都有利于地下水的渗流，较南北两侧的泥质板岩易受地下水的溶蚀作用，其两侧的泥质板岩作为隔水层使地下水在含镁大理岩集中并发生岩溶作用，成为 A 点洞穴发育的岩性控制因素的基础。

表 7-1　　　　　　　　　金牛山遗址碳酸盐岩岩石化学分析数据表

洞穴	岩性	CaO%	MgO%	Al$_2$O$_3$%
A	含镁大理岩	28.67	20.43	0.26
B	含镁大理岩	12	43.43	0.1
C	含镁大理岩	13.7	44.22	0.11

2. 构造控制因素

发育 A 点洞穴的含镁大理岩地层为走向近东西的倒转向南陡倾的单斜层构造。A 点洞穴发育除受岩性控制外，主要受断裂和地层产状的构造因素控制。A 点洞穴北侧 9 米处发育一 F3 断层，在伴随早期右行压扭性活动过程中，两侧发育有密集剪切裂隙，已如前述。A 点洞穴与剪切裂隙组延伸方向大体一致，沿裂隙有明显的溶蚀现象。F3断层还因受到新华夏系南北向力偶应力场作用影响，伴随新的左行张扭性活动，在两侧发育一组与陡倾地层产状大体一致的张裂隙，沿该组张裂隙亦有溶蚀现象。A点洞穴明显受上述早、晚两期的两组裂隙控制，两组裂隙呈网格状交叉，岩石破碎，成为地下水的良好循环通道，岩溶作用活跃，在陡倾的层理面控制下，岩溶作用进一步发展，通道扩大并联合成较大的洞穴，从而形成了与裂隙面和层里面近乎一致的规模较大的洞穴。

（二）C点洞穴形成的岩性构造控制条件

C点和D点洞穴位于山的北坡，C点洞穴宽4米，高13米，南洞壁参差不齐，北洞壁较为平直，洞顶为F2断层面，保存完好。在C点洞穴延伸方向以西40米尚有1处残留洞穴堆积，编号D，亦发现有少量动物化石。C点洞穴和D点洞穴均发育在F2断层下盘灰白色厚层状含镁大理岩中，沿F2断层面走向可延至D点洞穴，D点洞穴洞顶因采石已遭破坏，仅残留北洞壁和部分第四纪洞穴堆积物。D点洞穴北洞壁产状大体一致，经探槽揭露，D点洞穴第四纪堆积物可追索到C点洞穴，与C点洞穴第四纪堆积物时代相当。因此，C点和D点应为同一洞穴。期间因采石破坏而成为二处洞穴堆积。C点洞穴是本区重要的洞穴之一。

1. 岩性控制因素

C点洞穴发育在大石桥组灰白色浅粉色含镁大理岩中，该层厚97米。含镁大理岩岩石化学成分（表7-1），钙镁含量之和为57.92%，易于溶蚀。发育C点洞穴的灰白色浅粉色含镁大理岩为粗粒结构，微裂隙发育，显微镜下可见沿微裂隙有明显溶蚀现象。岩石具良好的孔隙度，有利于地下水的渗流和发生岩溶成为C点洞穴发育的岩性控制因素的基础。

2. 构造控制条件

C点洞穴发育除了受到上述岩性控制之外，主要受到F2断层控制，C点洞穴洞顶即可见F2断层面通过。F2断层在早期南北向应力场作用下具右行压扭性特征，伴随该期右行压扭性活动，在F2断层下盘灰白色厚层状含镁大理岩中发育一组走向82°、倾向352°、倾角73°的密集剪切裂隙，延伸性好。该组剪切裂隙产状与C点洞穴北洞壁产状大体一致，沿剪切裂隙有明显的溶蚀现象。南洞壁靠近断层破碎带，岩石破碎参差不齐，在倾向南西的F2破碎带和陡倾剪切裂隙控制下，含镁大理岩层的岩溶作用沿断层破碎带和剪切裂隙进一步发展，扩大通道，从而形成了与剪切裂隙面近乎一致的较大洞穴。

综上所述，金牛山遗址A点和C点洞穴的发育，除受可溶性碳酸盐岩层和充沛地下水的作用控制外，主要受区内北西向断层及其派生的剪切裂隙和岩层产状控制。区内地质构造特征决定了区内洞穴的发育及其形态和分布。据目前出土的哺乳动物化石金牛山下部动物群的生态分析，有喜暖耐湿并栖于森林中的分子如李氏野猪、硕猕猴、豪猪等，占鉴定种的50%以上。栖于草原的有三门马、翁氏兔和肿骨鹿，占鉴定种的30%。广栖型的动物有中华貉，占鉴定种的20%。据此推测，在中更新世中期，金牛山一带的气候是温暖湿润的，为一森林—草原植被环境，雨量充沛，加上地形中间高南北两侧低，有充足的地下水来源，有利于岩溶发育。

第二节　地貌与第四纪地质

一　金牛山地区的地貌特征

本区位于下辽河平原东南一隅，介于东面的千山山脉和西边的辽东湾之间，区内地势平坦，为一狭窄的海滨冲积—海积平原。

区域地貌结构比较简单，东部侵蚀中低山（山地）和黄土覆盖的丘陵低山与黄土台地（Q_3^{p+d}）；中部洪积平原（Q_4^{1d+p}）和冲积平原（Q_4^{2a}）；西部冲积海积平原（Q_4^{3m+a}）和滨海海积平原（Q_4^{3m}）（图版九九）。

东部侵蚀中、低山，属于辽东半岛千山山脉的南延部分，主要由前震旦系的石英岩和灰岩组成，受区域构造线的控制，山体呈北东—南西向分布，东坡平缓，西坡相对较陡。主峰海拔高程1325米，属侵蚀中山；由东向西逐渐降低到100~200米，为侵蚀低山；如金牛山东北面的青龙山，海拔仅248米。

在低山朝西（海岸）的山坡上，可以见到残存的古海蚀地貌，如海蚀平台、海蚀柱和海蚀穴等，其中以金牛山西北娘娘庙山最具代表性，这里海拔120米和140米的石英岩山坡上，保存有典型的海蚀地貌，其年代不详。

在东部中、低山的东麓山地与平原的过渡带，广泛分布有黄土覆盖的低山丘陵和黄土洪积台地。低山丘陵上覆盖的黄土，主要是风力搬运而来的粉尘堆积，而黄土洪积台地的黄土则属于经河流搬运、堆积而来的次生水成黄土。黄土洪积台地一般海拔在100米左右，高于平原面20~40米不等，台地面平坦，向平原倾斜，台地前缘陡坎明显。沿台地的沟谷中，可以见到组成台地的黄土堆积出露。

本区中、西部为冲积平原和海积平原，冲积平原由周边河流带来的冲积物组成，平原面略有起伏，有零星的灰岩孤丘突兀于平原面之上。孤丘一般规模不大，面积在几十平方千米之内，海拔在百米以下，金牛山就是其中的一个，海拔仅69.3米。冲积平原向西逐渐过渡为冲积、海积平原，其基底为下辽河中新生代裂谷盆地的一部分，其中充填有厚层（400米左右）的第四纪海陆交互相堆积，地势平坦，海拔高度不超过10米（图7-7）。

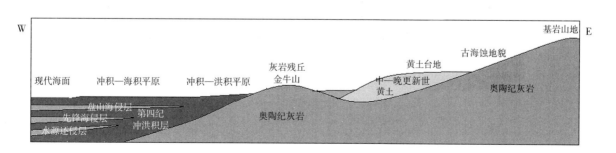

图7-7　金牛山地区地貌与第四纪地质剖面示意图

二　第四纪地层

金牛山及其周边地区第四纪地层出露不佳，仅零星见于山麓地带的黄土台地和石灰岩山地的喀斯特洞穴中。但据钻孔揭示，在广大的冲积、海积平原之下，掩埋有较厚的第四纪地层。

（一）井下第四纪地层

前人根据营口市第二纺织厂、营口县水源公社先锋大队、大洼县榆树农场（LP24 场部后院）和盘山县郑家店（LP17 养路段院内）等地的钻孔资料及古地磁测试结果，划分了 8 个岩性段，初步建立了区域第四纪地层序列（辽宁省地质局水文地质大队编著，1983）（表 7-2）。

表 7-2　　　　　　　　　　　金牛山附近井下第四纪地层划分表

时代			岩性段		岩性	沉积相
全新世			I	上	灰褐色粉砂质黏土	河湖相
				中	上部为灰黑粉砂质黏土夹薄层粉砂，下部为细砂夹薄层黏土	海相层
				下	灰黑色细砂夹有薄层黏土，含炭化植物	海陆交互
更新世	晚期	榆树组	II	上	深灰、灰黑色粉砂质黏土	河湖相
				下	灰、深灰色粉细砂夹薄层粉砂质黏土	
			III	上	薄层粉砂质黏土	河湖相夹有海相层
				下	粉砂质黏土含泥砾	
			IV	上	灰、浅灰绿色细砂夹黏土质粉砂、粉砂质黏土透镜体	河湖相夹有海相层
				下	灰黑色、灰色粉砂质黏土与细砂互层，含泥砾	
	中期	郑家站组	V	上	灰色粉细砂夹薄层粉砂质黏土	冲积成因
				下	灰黑、浅灰绿色粉砂质黏土、含砾粉砂质黏土和中细砂	
			VI	上	浅灰、灰白色粉细砂夹薄层粉砂质黏土	海陆交互
				下	灰、灰黑和黄绿色黏土、黏土质粉砂和粉细砂互层	
	早期	田庄台组	VII		浅灰绿色细砂、细粉砂夹薄层粉砂质黏土	河湖相
			VIII	上	灰、灰黑和灰绿色粉砂质黏土、粉砂和细砂互层	河流相
				下	灰白、灰绿色粉细砂、含砾中粗砂层	
			IX	上	灰白、灰绿色中细砂、含砾中粗砂和砂砾石层	河湖相
				中	灰黑、灰绿色含砾粗砂和砂砾石	
				下	杂色含砾粗砂层	洪积相

1. 全新世地层

第 I 岩性段：

在滨海平原地区分布广泛，成因类型复杂，厚度较薄，一般为 20~30 米左右，称第 I 岩性段，属全新世。

依岩性特征，本段可以划分为上、中、下三个亚段。

上部：岩性以灰褐色亚黏土为主，呈小团块状，黏性强，层内含有零星的贝壳化石。在 2~3 米的深度，可见有较集中的氧化铁结核层，植物根系发育，有机质含量高。属陆相湖沼堆积。

中部：岩性上部为灰黑、深灰色薄层黏土质粉砂，含少许半炭化植物。层中有丰富的有孔虫化石，达 10~18 种，其中有部分海相介形虫。向下变为灰色粉细砂夹亚黏土薄层，细砂分选良好，黏土层中含有半炭化植物碎屑。属海相沉积。

下部：为灰色细砂夹有黏土薄层。细砂以石英为主，暗色矿物少量。薄层黏土含炭化植物。本层含有孔虫，但种数少，个数不多。为海陆交互相沉积（相当于冰后期海侵的开始时期）。

第 I 岩性段下部为海陆交互相，中部为海相，上部为湖沼相，组成一个完整的海进—海退序列。

2. 晚更新世地层（榆树组）

第 II 岩性段：

上部：灰色薄层粉砂质黏土，单层厚 10 厘米左右，层次多。

下部：灰色、浅黄绿色粉砂质黏土含泥砾，并含菱铁矿结核。泥砾直径较小，仅 0.2~0.5 厘米。菱铁矿结核呈浅黄绿色，扁平状，直径为 0.5~1 厘米。

本段为河湖相。

第 III 岩性段：

上部：以细砂为主，夹亚砂土亚黏土透镜体层。上细下粗的特征明显，颜色由灰色逐渐变为浅灰绿色。砂的成分主要是石英，暗色矿物少，颗粒比较均匀，局部出现亚砂土或亚黏土薄层透镜体。

下部：灰黑色含泥砾粉砂质黏土与灰白色细砂互层，以粉砂质黏土为主，质地致密，碎块状。层厚 20~30 厘米，含有直径 0.2~0.5 厘米的泥砾和 1~1.5 厘米的菱铁矿结核。细砂呈薄层状，以石英为主，颗粒均匀，暗色矿物少。含少量海相贝壳。

本段主要为河湖相堆积，夹有海相层。

3. 中更新世地层郑家店组

第 IV 岩性段：

上部：为灰色粉细砂夹亚黏土薄层，砂层以石英为主，颗粒均匀，含有云母和菱铁矿结核，结核大小为 0.5~2 厘米。

下部：为灰、灰黑、浅灰绿色粉砂质黏土夹中细砂。粉砂质黏土含有小泥砾及菱铁矿结核，泥砾直径为 0.2~0.5 厘米，菱铁矿结核直径 2~5 厘米，还含有少量的木炭和草炭。砂层主要为中细砂，以石英为主，暗色矿物增多。

本段为河湖相堆积，夹有海相层。

第 V 岩性段：

上部为深灰、灰黑色亚黏土夹薄层粉砂。亚黏土细腻，有滑感，干时坚硬。

下部为灰、深灰色粉细砂夹薄层粉砂质黏土。粉细砂主要成分为灰白色透明石英，暗色矿物少量，颗粒比较均匀。薄层粉砂质黏土单层厚 10 厘米左右。

本段均为冲积成因。

第 VI 岩性段：

上部为浅灰、灰白色粉细砂夹薄层粉砂质黏土，粉细砂由棱角状分选较差的石英颗粒为主，夹有透镜体状粉砂质黏土，其中含菱铁矿结核和炭化植物碎屑。

下部为呈灰、浅灰、灰黑和浅黄绿色黏土质粉砂、粉细砂和含泥砾的黏土互层。粉细砂层以石英为主，暗色矿物较少。黏土层颜色深，含泥质小砾，泥砾大小为 0.5~2 厘米，并含有直径约 10 厘米的菱铁矿结核。含炭化植物碎屑。

本段属于海陆交互相堆积。

4. 早更新世田庄台组

第Ⅶ岩性段：

为浅灰绿色细砂、细粉砂，夹 10~40 厘米厚的数层薄层粉砂质黏土。石英颗粒均匀，磨圆好，暗色矿物增多。粉砂质黏土中含有炭化植物碎屑。

本段为河湖相沉积

第Ⅷ岩性段：

上部为灰、灰黑和灰绿色粉砂质黏土、黏土质粉砂和细砂互层。粉砂质黏土呈薄层状与黏土质粉砂灰黑相间，细砂颗粒均匀，以石英为主。

下部为灰白、灰绿和浅黄绿色粉细砂、中粗砂含细砾层。细砾成分均为石英，砾径一般为 0.3~0.5 厘米，最大为 1~1.5 厘米，集中分布。含菱铁矿结核，直径达 5 厘米。

本段为河流相沉积。

第Ⅸ岩性段：

上部为灰黑、灰绿、浅黄绿及灰白色粉砂质黏土、含砾粉砂质黏土、黏土质粉砂及含砾粗砂层，以含砾粉砂质黏土和含砾粗砂为主。

中部为薄层的含砾粉砂质黏土、粉砂质黏土、黏土质粉砂和砂砾石互层。含砾粉砂质黏土中砾石较小，砾径 0.4~0.6 厘米，成分为石英和砂质页岩砾石，并含有少量的炭化植物和菱铁矿结核。砂砾石以石英岩、石英砂岩为主，砾径 2~4 厘米，磨圆不好，具棱角状。

下部为浅绿、绿色、灰白色含砾粗砂层，以粗砂为主，含少量小砾石。砾石成分以石英为主，磨圆不好，多棱角状，砾径 0.2~0.5 厘米，最大为 2~3 厘米，大小混杂。

本段下部为洪积相，中上部为河湖相。

（二）第四纪黄土地层

黄土分布于金牛山东部的山麓地带，组成山前黄土台地，部分覆盖在低山丘陵之上。厚度一般 10~25 米，最厚处可达 30 米。其上部为全新世灰黄色黏土质粉砂堆积，粉砂堆积之下发育有灰黑色古土壤层，富含有机质，属 S_0 古土壤层；中部为晚更新世灰黄、褐黄色砂质粉砂和粉砂质细砂，质地均一，空隙较大，垂直节理发育，可见零星的钙质结核，与黄土高原的马兰黄土相近，但粒度较粗，其中常发现有少量有孔虫和放射虫壳体，说明在黄土粉尘的堆积过程中，有海滩风力吹扬堆积作用的加入。黄土中夹有 1~2 层成土作用明显的棕红色古土壤层，可能属于 S_1 古土壤层；下部为中更新世棕红黄色黏土质粉砂，质地均一，具垂直节理，其性状与离石黄土相近，也发育有 1~2 层铁锰薄膜发育的红棕色古土壤层。靠近底部有少量岩屑和小角砾。下伏地层为新近纪红土风化壳或基岩（李培英等，1992）。

典型黄土剖面见于金牛山附近娘娘庙山南麓的朴家岗子。该剖面位于山前洪积台地后缘，厚 14.45 米。根据岩性特征，剖面由上而下可以划分为 7 层（图 7-8）：

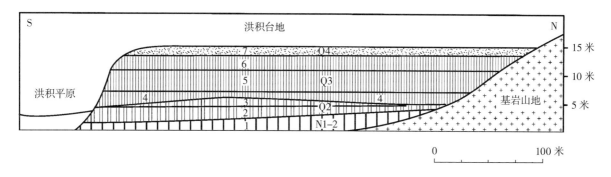

图 7-8　朴家岗子第四纪黄土地层剖面

第 7 层，棕灰黄色粉砂质黏土，中、下部为黑褐色古土壤层，色深质黏，发育有灰白色菌丝体。属于 S_0 古土壤层。厚约 1.5 米。

第 6 层，黄灰、灰褐色砂质黏土，具水平层理。厚约 1.5 米。

第 5 层，灰黄色砂质黏土，底部含小角砾，垂直节理发育。厚 7~9 米。

第 4 层，棕红色粉砂质黏土，富含铁锰质结核，结核呈球状，直径约 1 毫米，夹角砾透镜体，推测为 S_1 古土壤层。厚约 5.2 米。

第 3 层，棕褐、棕灰色粉砂质黏土，可以分三部分。上部棕灰色、棕褐色砂质黏土，多孔隙。厚约 1.5 米；中部棕褐色粉砂质黏土与角砾层互层，厚 0.55 米；下部棕褐色粉砂质黏土，黏质较高，有铁锰质污染，偶夹角砾层，可能为古土壤层。厚约 1.7 米。总厚约 3.75 米。

第 2 层，杂色、灰褐色砂砾石层，主要成分为石英岩和片岩，略有磨圆，分选不好。厚约 1 米。

下伏地层：

第 1 层，棕红色粉砂质—砂质黏土，质地致密，柱状发育，沿节理面有灰绿色黏膜和灰黑色铁锰污染。属发育在前震旦纪片岩上的红土风化壳。厚约 4 米。

本剖面缺乏化石和测年数据，仅根据剖面岩性、古土壤层特征以及区域对比，暂将发育有灰黑色古土壤层（S_0）的第 7 层划归全新世；而含有铁锰结核的第 4 层，对应于 S_1 古土壤层，故将第 6、5、4 层划归晚更新世；铁锰污染明显的第 3 层下部，对应于 S_2 古土壤层，故将第 3、2 层，划归中更新世；第 1 层为新近纪风化壳。

（三）洞穴堆积

金牛山地区属石灰岩分布区，区内洞穴发育，洞穴中往往充填有厚层的洞穴堆积，主要为大小石灰岩岩块（角砾）、石钟乳碎块与棕红、棕黄色粉砂质黏土或黏土质粉砂，它们或混杂在一起，或交互出现，其间常夹有板状碳酸钙沉积（钙华）形成致密钙板层。洞穴堆积中往往含有较多的第四纪哺乳动物化石。其中以金牛山 A 洞的堆积最具有代表性（万波，1988）。

金牛山 A 洞位于金牛山孤丘东南，洞穴走向西北，洞穴顶板为白云岩，白云岩之下为厚层的洞穴堆积。1986 至 1994 年发掘的西壁堆积层厚 16 米，其剖面由上而下可以分为上、中、下三部分，共 11 层（表 7-3）：

上部 I ~ IV 层：

I 层棕黄黏土质粉砂，较疏松，底部较致密，夹杂有白云岩石块。该层化石很少，仅筛选出一

表 7-3　　　　　　　　　　　　　金牛山遗址 A 点洞穴堆积剖面分层表

剖面	层	岩性特征	成因	化石数目及哺乳动物种类	时代
上部	I	棕黄色黏土质粉砂夹较大岩块	风力、水流堆积，崩塌	仅啮齿类	晚更新世
	II	黄褐色黏质粉砂，水平层理，向北变薄	洞内流水、化学堆积	163 件 14 种	
	III	角砾层，向西北过渡为钙板	南壁楔状崩塌体	23 件 7 种	
	IV	棕黄色粉砂，混杂有岩块和角砾，底部为厚层钙板层	洞内化学、流水和崩塌堆积	64 件 6 种	
中部	V	大角砾层，角砾向北减少	洞顶坠落和西壁崩塌	144 件 10 种	中更新世中晚期
	VI	棕红粉砂与角砾混杂	化学、流水堆积	232 件 12 种	
	VII	深棕红粉砂质砂，水平层理	水流堆积	934 件 16 种	
	VIII	棕红粉砂（文化层）向北叠压在角砾层之上	流水、崩塌堆积和北壁楔状崩塌体	10102 件 44 种及人化石	
下部	IX	灰白色钙板与浅棕红色粉砂—砂层互层	洞内积水注地堆积	未发现化石	中更新世早期
	X	大角砾层，北厚南薄	北壁楔状崩塌体	未发现化石	
	XI	巨大的岩块堆积，中空，无充填物，有地下水在其中流动	洞顶崩塌堆积	未发现化石	

些啮齿类化石。主要为风力或坡面流水带来的黄土和次生黄土堆积，混有崩塌岩块。厚 0.15~1.35 米。

II 层棕黄、黄褐色黏土质粉砂，较致密坚硬，上部略具微型水平层理，混杂有白云岩角砾。粉砂中夹有 4 层钙结核层，由钙结核成层分布而成，单层厚 10~15 厘米左右，由北向南尖灭。主要为洞内流水堆积。发现动物化石 163 件。厚 1.3~3 米。

III 层角砾岩层，胶结极坚硬，角砾主要成分为白云质大理岩。砾径一般为 5~20 厘米，最大可达 110 厘米，部分角砾稍有磨圆。向西北方向，角砾个体变小，数量变少，并出现钙板层。出土化石很少，仅 23 件。厚 0.35~0.6 米。

IV 层棕黄色砂质粉砂，混杂有白云岩角砾，砾径 5~20 厘米，为洞内水流堆积，并有洞顶坠落物介入。出土动物化石 64 件。底部为一层厚 10~30 厘米的坚硬钙板层，属化学堆积，可作为洞穴堆积上部和中部的分界。厚 0.7~1.5 米。

中部 V ~ VIII 层：

V 层胶结坚硬的大角砾层。角砾主要为白云质大理岩及富镁白云岩。角砾砾径较大，一般 30~50 厘米，砾间充填棕红色砂质粉砂。靠近洞穴西南部大石块较多，最大的一块岩块有 1 米见方，向西北方向角砾变小，数量减少。为洞顶坠落和洞穴西壁崩塌共同形成的洞穴崩积物。出土有动物化石 144 件。厚 1.5~2.7 米

VI 层棕红色砂质粉砂与角砾混杂，颜色偏红，角砾相对较少，靠上部砾间充填较多的棕红色砂质粉砂土，化石丰富，计有 232 件。下部胶结坚硬，化石极少。为洞壁流水堆积和洞内化学沉积。厚 1.2~2.2 米。

VII 层棕红色粉砂质砂，具有铁锈网纹，局部可见水平层理，在后期叠压角砾的压力下，部分水平层理略有弯曲变形。砂层中夹有稀疏角砾，松散，未胶结。局部还夹有灰黑色透镜状砂层，透镜体厚约 0.1~0.15 米，长 0.3~0.4 米。该层的底部有断续延伸的薄钙层及层状排列的角砾石块。

化石丰富，共 934 件。本层南部厚度较大，近 2 米，向北变薄。为洞内流水堆积。厚 0.55~3.2 米。

VIII层上部为棕红色含砾粉砂层，下部为角砾堆积。含砾粉砂层主要分布在位置较低洼的洞穴南部，为洞内蚀余堆积或洞壁面状流水堆积，其中混有零星灰岩、白云岩和石钟乳角砾，个别角砾较大，说明当时洞顶时有岩块和石钟乳坠落，金牛山人残骸就发现在一块坠落的大角砾之下。其下的角砾堆积主要分布在洞穴北部，由灰岩、白云岩岩块组成，岩块间空隙度大，岩块 AB 面倾向东南，总体上呈北厚南薄的楔状，倾角以 30°~50° 居多。靠近北洞壁厚度最大，岩块也较大，向南变薄，并尖灭于南侧的含砾粉砂层之下。为北洞壁崩塌堆积体。本层上部的含砾粉砂层是金牛山 A 洞的主要文化层，除金牛山人化石之外，还发现有灰堆、烧骨和 200 多件石制品等，并出土有大量的动物残骸，共 10102 件。厚 1.7~2.3 米。

下部：未发掘。

IX层浅棕红色粉砂质砂、砂质粉砂与灰白色钙板互层，单层钙板 0.04~0.08 米，共 11 层。本层只见于近南壁基岩处，向北尖灭。属洞中积水洼地堆积。厚 0~1.6 米。

X层大角砾层，主要由大小不一的灰岩、白云岩和钟乳石碎块组成，砾径一般在 20 厘米左右，大者可达 50 厘米。角砾表面有溶蚀现象，并被钙膜包裹。砾间空隙较大，充填有黄色粉砂。本层呈楔状，顶面倾向 163°。靠北壁角砾较大，达 0.5 米，厚度可达 3 米，向南角砾变小，厚度变薄，并尖灭于第IX层之下。属于北洞壁坍塌堆积体。堆积体表层有钙板覆盖，为崩塌后坡面流水沿堆积体表面形成的化学沉积。厚 0~3 米。

XI层为大岩块堆积，主要由灰岩、白云岩和石钟乳碎块组成，岩块大小超过 1 米，岩块间彼此叠置，中空，为洞顶崩积物。有地下水在砾间流动。厚度大于 4 米。

古地磁测定表明，整个剖面都在布容正极性世之内，属中、晚更新世。通过野外观察，剖面的上、中、下三部分存有明显的区别：

上部以水流堆积和层状钙质化学堆积为主，混杂有少量角砾和岩块，靠近顶部有外来的黄土物质加入。说明这一阶段洞穴发育处于稳定时期，以细粒物质（包括外来的黄土粉尘）的充填为主，偶有洞顶崩塌发生。出土的动物化石较少。划归晚更新世。其中第 I 层有可能属于全新世。

中部以混杂有岩块的水流堆积为主，夹有洞壁崩塌堆积体，反映洞穴发育处于稳定时期，以流水充填为主，但时有洞壁崩塌发生，且崩塌作用有向上减弱的趋势。在稳定期的细粒物质堆积中，出土有大量的动物化石，还有古人类化石和人类活动遗迹，是动物和人类占据洞穴的主要时期。根据动物化石和测年数据，划归中更世中晚期，大致在距今 26 万 ~19 万年左右。

下部以粗大的角砾和岩块堆积为主，向上变为细粒的水流堆积和钙质化学堆积互层，代表洞穴早期强烈崩塌过程的结束，洞穴进入一个稳定的充填时期。这一阶段几乎没有发现化石。根据测年数据和堆积特征，可能属早更新世，或中更新世早期，有待进一步工作。

三 第四纪环境演变

（一）第四纪植被与古气候

根据前人提供的孢粉资料，我们对区域第四纪的植被和古气候进行讨论（表 7-4）。

表 7-4   金牛山地区第四纪孢粉组合表

时代		孢粉组合			气候	植被类型
		草本植物	木本植物	蕨类植物		
全新世	中	39%~47% 以蒿属、唐松草为主并有禾本科、眼子菜、孤尾藻，香蒲属（9.5%~11%）	23%~50%，有栎属、椴属、鹅耳枥属、榛属	11%~30%，水龙骨大量	温暖湿润	阔叶林森林草原
	早	71.8%，有唐松草、蒿属，藜科，菊科	8.4%，有桦属、栎属	7%，水龙骨大量	温凉湿润	草甸草原
晚更新世	晚	70%，以蒿属和藜科为主	栎属、桦属、云杉属	无	寒冷阴湿	草甸草原
	中	73%~74%，有蒿属、藜科和唐松草、香蒲（31.3%）	15.8%~19%，有栎属、柳属	水龙骨大量	温和湿润	草甸草原+沼泽
	早	33%~72% 蒿属和藜科为主	20%~47% 降到 17%~44%，以松属为主	7.4%~22%，水龙骨	凉爽略潮	草甸草原
中更新世	晚	48%~72% 蒿属，藜科	20%~47%，桦属、榆属、椴属	水龙骨少量	温和湿润	疏林草原
	早	由 44%~59.4% 增加到 57%~70%，蒿属、藜科增多	由 37.6%~53.5% 增加到 20%~43%，桦属、榆属减少	水龙骨大量	冷湿	森林草原
早更新世	晚	44%~59.4%，以蒿属、藜科为主	37.6%~53.5%，榆属、桦属	水龙骨增多	温湿	森林草原
	中	76%~90%，以蒿属、藜科为主	8%~23.5%，以榆属、松属、桦属为主	未见	干冷	草甸草原

早更新世：

下段孢粉罕见。

中段的孢粉组合草本植物占 76%~90%，以蒿属、藜科为主。木本植物占 8%~23.5%，以榆属、松属、桦属为主。一些亚热带和温带的植物，如山矾、椴、桤木等在此段已消失或大量减少，而适应干冷气候的草本植物则大量增加。为干冷的疏林草原植被。

上段孢粉组合中草本植物占 44%~59.4%，以蒿属、藜科为主，水龙骨有所增加；木本植物占 37.6%~53.5%，以榆属、桦属为主，适应于干冷气候的草本植物蒿属和藜科显著减少，而一些木本植物的桦属、榆属又有所增加,形成了以蒿属、榆属为主的优势孢粉组合。属于温湿的森林草原植被。

中更新世：

下段孢粉组合以蒿属、桦属占优势为特征，其中蒿属、藜科等草本植物由 44%~59.4% 增加到 57%~70%；而以桦属、榆属为代表的木本植物由 37.6%~53.5% 下降到 20%~43%，出现云松属；蕨类植物的水龙骨大量增加，属于冷湿气候环境下的疏林草原植被。

上段孢粉组合以蒿属和阔叶树占优势为特征。草本植物以蒿属、藜科为主，占 48%~72%；木本植物以桦属、榆属、椴属为主，占 20%~47%，较下段有所增加；蕨类植物中有少量的水龙骨。属于温和湿润条件下的疏林草原环境。

晚更新世：

下段地层的孢粉组合以蒿属、松属占优势为特征，草本植物占 33%~72%，以蒿属和藜科为主，含量变化不大；而木本植物含量有所下降，由 20%~47% 降到 17%~44%，以松属为主。蕨类植物也有所增加，占 7.4%~22%，以水龙骨为主。属于气候凉爽略潮的疏林草原植被。

中段的孢粉组合中草本植物占 73%~74%，其中，蒿属、藜科、唐松草等减少到 40%，而水生植物香蒲属则大量出现，占 31.3%。木本植物占 15.8%~19%，以栎属、柳属为主。蕨类植物主要是水龙骨孢子。属于气候温和湿润条件下的疏林草原 + 沼泽植被景观。

上段孢粉组合中香蒲属基本消失，而蒿属和藜科等草本植物含量无多大变化，但木本植物的含量却有所下降，变化较大。以桦属、栎属、云杉属为主，形成了蒿属、栎属优势组合。这说明此期是寒冷阴湿的疏林草原植被景观。

全新世：

全新世早期以草本植物花粉占优势，其中以唐松草为主，占 27%，蒿属占 19.8%，藜科占 12.2%，菊科占 12.5%；木本植物的桦属仅占 5.2%，栎属仅占 3.2%；而蕨类植物的水龙骨却占 7%。属比较温冷的疏林草原气候。

全新世中晚期，草本植物大量下降，占 39%~47%，其中蒿属为主，占 15.8%~31.1% 唐松草的含量降低。香蒲属占 9.5%~11%，并有禾本科、眼子芽、孤尾藻等水生植物。木本植物大量增加，占 23%~50%。其中，栎属占 3.3%~5.1%，椴属占 1.9%~4.3%，鹅耳枥属占 3.7%，榛属占 1.5%~4%。蕨类植物含量增高，占 11%~30%，而以水龙骨孢子占主导地位。属于暖湿阔叶林森林草原环境。

（二）古气候

1. 孢粉分析提供的气候信息

根据上述孢粉组合表，可以看出金牛山地区第四纪期间植被变化不大，主要以疏林草原和草甸草原植被为主，其中早更新世主要为森林草原和草甸草原，中更新世以疏林草原、森林草原为主，晚更新世主要以草甸草原为主，并出现沼泽，全新世出现以阔叶树为主的森林草原。植被的变化指示本区第四纪气候总体上偏温湿，属于温带气候。受全球气候变化的影响，早更新世以温凉湿润为主，中更新世由冷湿向温和湿润变化。中更新世晚期金牛山人来此栖息，当时气候温和湿润，蒿属、藜科等草本繁茂，分布有较多的落叶阔叶树，主要为温带森林草原、疏林草原环境。晚更新世气候由温凉、湿润向寒冷阴湿变化。全新世早期比较干燥寒冷，中晚期以温暖湿润为主。

（三）第四纪洞穴发育

金牛山地区碳酸盐岩发育，喀斯特溶洞比较广泛。本区第四纪喀斯特溶洞的演化过程大致经历了如下几个阶段：

第一阶段：地下溶洞系统发育阶段（图 7-9，1、2）。

在上新世温暖湿润的气候环境下，地下水溶蚀作用强烈，在碳酸盐岩层中可以形成复杂的地下溶洞系统。在溶洞中，除了化学沉积普遍发育之外，较大的溶洞中甚至会出现地下河，形成河流堆积物，而重力作用造成的洞顶崩塌、岩块坠落，则形成洞内崩塌堆积物。在溶洞发育过程中，这三者可以同时出现，也可以交替出现，形成复杂多变的溶洞堆积物。当洞穴中沉积物的堆积速度超过溶洞的扩展速度时，溶洞会逐渐被堆积物填满，溶洞停止发育。如果溶洞中沉积物的堆积速度小于溶洞的扩展速度，则溶洞就会一直处于发育状况，只有当气候或构造等原因造成地下水位下降，溶洞才会由于渗水带下移而终止发育。

第二阶段：洞穴出露阶段（图 7-9，3）。

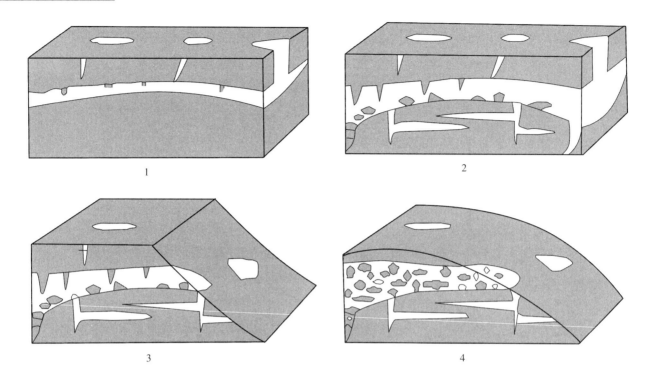

图 7-9　金牛山地区洞穴演变过程

1、2.地下溶洞系统发育阶段　3.地下溶洞的洞口暴露阶段　4.洞穴逐步填埋阶段（金牛山人活动时期）

在上新世、早更新世期间，受喜马拉雅运动的影响，地壳抬升，本区发生河流的下切，导致地下溶洞暴露地表，在山坡和岩壁上会出现大小不一的洞口，金牛山遗址 A 洞就是其中之一。这样一些未被洞穴堆积物完全填满的溶洞，由于出露的洞口位置适宜，进出方便，洞穴内空间较大，温度适宜，光照较好，可能成为古代人类和动物的栖息地。

第三阶段：洞穴填埋阶段（图 7-9，4）。

在这一阶段，此时洞穴内仍然存在有岩层裂隙水和洞壁渗水的溶蚀、化学沉积作用、地下河带来的侵蚀、机械沉积作用，以及重力原因造成的崩塌作用，而且还有洞外流水作用携带物质的充填，因此洞穴内仍存在着洞穴继续扩大与洞穴堆积物不断充填这两个过程的相互作用。这一时期是古人类和动物经常来此栖息的时期，直到洞穴最后被堆积物填满，洞口封闭，他们才不再到此活动。

（四）第四纪海侵

第四纪期间，受全球海面变动的影响，渤海也发生过多次海侵。根据以有孔虫为标志海相层，目前可以确定的至少有三次，分别称水源海侵、先锋海侵和盘山海侵（杨文才，1990）。

水源海侵：发生在中更新世末期，海相层埋深 161.18~98.2 米（lp25 孔）和 148~110 米（lp24 孔），海相层厚 30~60 米，时代大致在距今 30 万年左右，当时海岸线到达营口附近，没有到达金牛山。

先锋海侵：发生在晚更新世中、晚期，海相层厚 20~40 米，埋深 79.1~44.6 米，时代大致在距今 7 万~1 万年左右。当时海岸线到达营口附近。

盘山海侵：发生在全新世中期，海相层厚 30~35 米，埋深 31.07~35 米，时代大致在距今 8000 年 ~2500 年左右。当时海岸线可能到达金牛山以东。

我们在金牛山以东夏家屯附近的娘娘庙山南坡，在石英岩组成的山坡上，于海拔 120 米和 140 米的地方，分别发现有海蚀崖、海蚀洞和海蚀平台等海蚀地貌，说明这里曾经是古海面的位置，其年代由于缺乏相应的沉积物及化石证据，目前很难确定，初步认为可能与盘山海侵有关。

四　金牛山人的生存环境

根据以上有关区域第四纪环境的讨论，我们可以大致恢复金牛山人的生存环境。

（一）气候环境

金牛山人生活在中更新世晚期，这个时期的孢粉组合以蒿属和阔叶树占优势为特征。草本植物以蒿属、藜科等中生草本为主，占 48%~72%；木本植物以桦属、榆属、椴属等暖温带落叶阔叶树为主，占 20%~47%，蕨类植物中有少量的水龙骨。说明当时这里属于气候温和湿润的温带森林草原环境。适宜的气候和森林草原环境，为金牛山人提供了适宜的生存环境。

金牛山人生活时期洞内孢粉组合以含有大量适宜洞内阴湿环境的蕨类和苔藓类孢子为特征，有一定数量的从洞外带进来的阔叶树和草本植物花粉，包括水生植物的花粉。表明金牛山人居住的洞穴比较阴湿，但洞外比较温和湿润，属于生长有较多阔叶树的温带疏林草原环境，金牛山 A 洞也出土了大量动物化石，其中与金牛山人相伴生的动物基本上都属于温带疏林草原常见的动物，也说明当时金牛山周围的生态环境还是相当不错的。

（二）地貌环境

1. 水源海侵

在金牛山人生活的更新世中期，渤海发生过一次规模较大的海侵，称"水源海侵"。据前人资料，这一期海侵的范围可以到达金牛山以西约十几千米处（图 7-10）。目前在金牛山地区没有发现这一时期的海蚀地貌或海相地层。根据这一期海相层的埋深大致在 160~100 米左右，推断当时金牛山为滨海地带一座高于古海面约 230~170 米左右的小孤山，A 洞的位置在金牛山半腰，高于古海面约 100~50 米左右，未受高海面的影响，洞口直接面对大海，山前为平坦的冲积、海积平原。

2. 洞穴环境

在中更新世期间，金牛山 A 洞高于当时的海面，因此基本上处于地下水的垂直循环带，其底部接近水平循环带，属于靠近侵蚀基准面发育的地下洞穴，这类洞穴中地下河不甚发育，溶蚀、侵蚀作用微弱，因此洞穴规模不大，一般比较狭窄，其暴露之后出现的洞穴是当年动物和古人类的栖息地。

金牛山 A 洞的暴露时间，目前没有确切的年代证据。洞穴堆积物第Ⅷ层出土有大量的动物化石，表明可能在 40 万年之前，已经有动物经常出入金牛山 A 洞，说明 A 洞洞口当时已经存在。由于在洞穴堆积下部的第Ⅸ ~ Ⅺ层中没有发现动物化石，目前还无法推断洞口出现的最早年代。

考古发掘中从第Ⅷ层开始一直到靠近顶部的第Ⅱ层，各层基本上都有动物化石发现，说明从

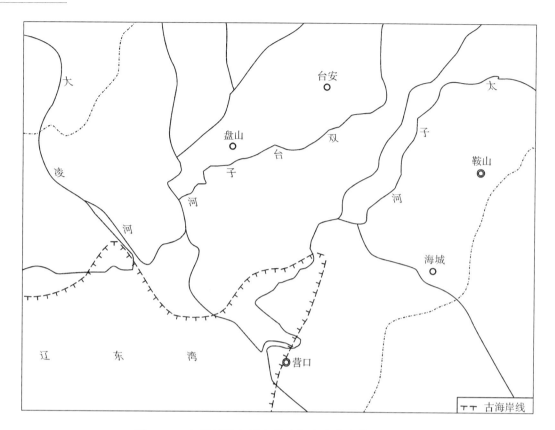

图 7-10　中更新世水源海侵时期古海岸线位置示意图

第Ⅷ层开始，金牛山遗址 A 洞在填埋过程中始终没有被洞穴堆积物填满，长期保留有一定的空间，故一直有各种动物进入洞穴逗留或栖息，在第Ⅷ层堆积的后半段时期，更有古人类一度在洞穴中生活。

从洞口暴露开始，金牛山遗址 A 洞开始自己的演变过程：洞顶和洞壁的不断崩塌与地下水的溶蚀、侵蚀作用，以及由此带来的崩塌物、流水堆积和化学堆积的不断充填，导致洞穴空间不断缩小，直至完全被洞穴堆积物填满，洞穴最终停止发育。这一过程从早、中更新世开始，到晚更新世末至全新世初结束，至少经历了 40 万年以上。

在这一过程的早期（第Ⅺ层），大致在更新世早期，当时洞口虽然已经敞开，但洞内的洞顶崩塌严重，崩塌物多为大块角砾，大小都在 20 厘米以上，角砾未经圆化，角砾间的孔隙大，属于洞穴强烈崩塌时期，没有发现动物化石，说明当时不适宜于人类和动物在洞内生活。

这个过程的中期（第Ⅹ～Ⅱ层），相当于中更新世，距今 >40 万年～<19 万年。这一时期的堆积物主要为细粒碎屑沉积和化学沉积，混杂有零散角砾、岩块，夹有三层角砾层，构成三个下粗上细的沉积旋回。除第一个旋回上部的第Ⅸ层之外，其他旋回的中细粒碎屑堆积层都出土有丰富的动物化石，其中第二个旋回上部的细粒碎屑堆积层（第Ⅷ层）中还发现有古人类化石及其生活遗迹，说明这一时期洞穴发育处于一个相对比较稳定的状况，但有间歇性的洞壁倒塌和洞顶崩塌发生。受洞穴堆积物充填的影响，此时洞穴空间在不断缩小，但仍保持有可供动物和人类活动的空间，是哺乳动物和金牛山人在洞内生活的主要时期。进而根据剖面中第Ⅶ层以下各层堆积均向洞穴南侧倾斜，第Ⅶ层之后，地层基本上保持水平，表明在第Ⅶ层之前，洞穴 A 南侧有落水洞

发育，第Ⅶ层之后由于堆积物的不断填塞，落水洞停止活动。

这一阶段晚期（第Ⅰ层），在晚更新世末至全新世，洞穴经长期的充填，已经变得十分狭小，再加上这一时期洞顶崩塌和洞外坡面流水堆积与粉尘物质的加入，洞穴基本上被填满封闭，除啮齿类之外，不再有人类和其他动物光顾。

金牛山人化石和生活遗迹出土于第Ⅷ层上部，是一个相对比较稳定的时期，距今约26~20万年左右。人类在A洞生活了一段时间，可能是由于洞穴被其他猛兽占据，或洞内时有落石发生，金牛山人的生命安全受到威胁，他们只好离开了此处。

（三）地震活动

金牛山地区位于郯庐断裂带北端的东侧，区内断裂发育，岩体破碎，沿断裂地下水活跃，常有溶洞发育，金牛山A洞就发育在一条近东西走向、产状近乎垂直的次一级断裂带上（张晓初，1987）。沿断裂带地震活动频繁，受其影响，不仅洞穴顶部的岩石和石钟乳易发生坠落，成层或零散分布在洞底，形成崩塌堆积（落石或落石堆），而且近乎直立的洞壁，在地震发生时也容易发生倒塌，在洞壁基部形成楔状堆积体。这种楔状堆积体通常由倒塌的岩块组成，靠近洞壁处堆积厚度最大，岩块也大，远离洞壁则厚度逐渐变薄，岩块变小，最后尖灭在洞穴的细粒堆积物之中。这种楔状堆积体被称之为"地震楔状体"，被认为是判断古地震活动的重要标志。

据野外实地观察，在A洞的堆积剖面中由下而上可以识别出多个地震楔状体（图7-11）：

地震楔状体A：即剖面第Ⅹ层（大角砾层）。角砾堆积呈楔状，顶面倾向163°，靠北壁角砾较大，达0.5米，厚度可达3米，向南角砾变小，厚度变薄，并尖灭于第Ⅸ层的细粒堆积物之下。属于地震引发的北洞壁倒塌堆积体。楔状堆积体表面被后期钙板覆盖。

地震楔状体B：剖面的第Ⅷ层下部。主要分布在洞穴北部，角砾堆积由灰岩、白云岩岩块组成，岩块间空隙度大，岩块AB面倾向东南，总体上呈北厚南薄的楔状，倾角以30°~50°居多。靠近北洞壁厚度最大，岩块也较大，向南变薄，并尖灭于南侧的含砾粉砂层之下。也属于地震引发的北洞壁倒塌堆积体。

地震楔状体C：见于第Ⅴ层，由大角砾组成，靠近洞穴西南部大石块较多，最大的一块岩块有1米见方，向西北方向角砾变小，数量减少。为洞顶坠落和洞穴西壁崩塌共同形成的洞穴崩积物。

地震楔状体D：见于第Ⅲ层，规模较小。靠南壁角砾较多，向北过渡为夹多层钙板的含角砾细粒堆积。

地震楔状体的出现说明金牛山遗址A洞至少经历过四次地震活跃期。其中第一次地震活动早于40万年，第二次地震活动早于20万年，大致为20万至30万年，第三次地震活动大致在20万年。至于洞穴底部的第Ⅺ层巨大岩块堆积和细粒堆积中散布的大小角砾，包括金牛山人化石上面叠压的大石块，可能与地震活动有关，也可能与重力作用（或其他原因）引起的洞顶岩层崩落有关，这有待于进一步研究。

楔状体之间的细粒堆积则代表相对稳定的时期。目前发现的动物化石和人类化石都出土于崩塌体之间的细粒沉积物之中，在崩塌体中发现极少。说明只有在地壳比较稳定的时期，动物和人类才到洞穴中生活。其中第Ⅷ层上部细粒堆积物中发现的金牛山人化石及其生活遗迹，说明在第二次和第三次地震活跃期之间的地壳稳定时期，大致在20万年前后，人类曾一度在洞穴中生活。

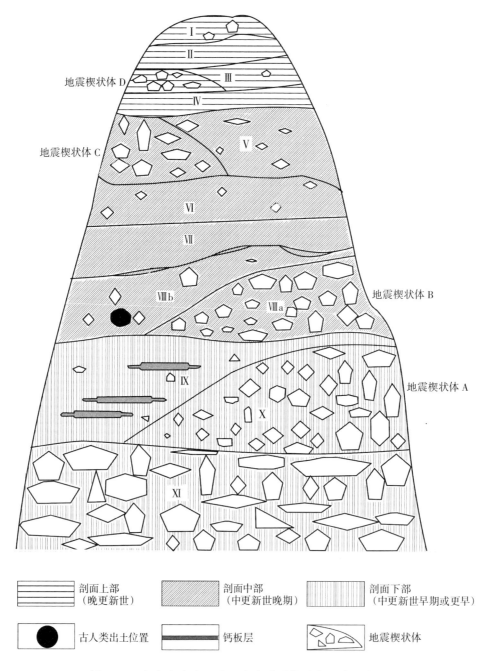

图 7-11　金牛山遗址 A 点洞穴古地震楔状体分布示意图

第三节　A点洞穴堆积物的特征及其形成环境

　　本文是用沉积学研究的方法对金牛山遗址 A 点洞穴堆积进行分析。随着洞穴发掘不断地深入,我们先后在1986至1994年四次去金牛山遗址及其附近进行野外调查和化石点剖面碎屑标本的采集。

　　该溶洞发育在层间破碎带,洞穴堆积物常见是由化学沉积的石灰华类和洞穴角砾碎屑组成。

　　金牛山遗址 A 点洞穴石灰华主要有两种:一是洞底型钙华板沉积,其产状近似水平或略向一侧倾斜，指示碎屑堆积过程中的再溶沉积阶段，具有分层意义；另一种是悬挂式的洞顶型钟乳石，但因后期洞顶崩塌已坠落于洞底，数量不多；此外还有滴石类的石笋沉积，发育极不完全，处于雏形，数量亦少，但后两类亦反映了此地洞穴的演化，曾有过洞顶、洞壁、洞穴空室的存在，只不过空室时间较为短暂，而后就进入了顶塌填充至洞穴衰亡阶段。至于洞穴中的角砾碎屑，在此大小不等，个别大者长径可达 1~2 米，角砾大小和数量在剖面各层中有差异，在近洞底的一侧甚至几乎全由角砾倒石堆组成，细碎屑很少。我们的任务就是对这些洞穴碎屑物进行分层并对各层碎屑作野外量计和采样，并将细粒碎屑作室内实验分析，综合上述碎屑所反映的沉积环境标志，阐述金牛山遗址 A 点洞穴的形成过程及其形成时的古环境。

一　A 点洞穴堆积剖面野外观测

A 点洞穴基本上是沿层面堆积，地层走向近似东西，在堆积体残留的剖面靠近南端的洞穴堆积壁倾向175°，我们称南壁，靠北端的堆积壁倾向95°，北、西壁相连一线，延伸方向角度略有差异，全宽约9米。西洞壁堆积保存较完好，从顶部基岩以下开始至近洞底的角砾层以上，最大堆积厚度约16米。在此以下的角砾层本身为锥状堆积，厚度变化较大。根据剖面显示的沉积组构特征，即颜色、胶结度、粒度、角砾岩块大小及相对多少、石灰华的表现等，将剖面分为11层，采样分析只取到Ⅸ层，它们自上而下是：

第Ⅰ层，棕褐色粉砂质黏土（采样号 A–Ⅰ–①、②）。紧贴0.5~1.5米厚的白云质大理岩下堆积，部分较疏松，底部较致密。厚0.15~1.35米。

第Ⅱ层，黄褐色黏土质粉砂（采样号 A–Ⅱ–①、②至⑤、⑥）。上部略具微型水平层理，有多层钙核层，断续穿插其间并向南尖灭，单层钙厚10~15厘米，胶结坚实。层厚1.3~3米。

第Ⅲ层，胶结的角砾层。坚硬，角砾砾径5~20厘米，主要成分为白云质大理岩。厚0.35~0.6米。

第Ⅳ层，棕黄色砂质粉砂（采样号 A–Ⅳ–①、②）。含分散角砾，砾径几厘米至30厘米不等，半胶结，厚0.7~1.5米。底部有0.3米厚的钙层，与下部第Ⅴ层分隔。

第Ⅴ层，大石块角砾与充填其间的棕红色砂质粉砂（采样号 A–Ⅴ–①、②）。多数角砾砾径30~50厘米，个别巨砾1米见方，嵌插于本层与下层位之间，角砾成分为白云质大理岩及富镁白云岩，全层胶结坚硬。厚1.5~2.7米。

第Ⅵ层，角砾与充填其间的棕红色砂质粉砂（采样号 A–Ⅵ–①、②）。与第Ⅴ层不同的是颜色更偏红，角砾相对少量，胶结坚硬。厚1.2~2.2米。

第Ⅶ层，深棕红色砂土（采样号 A–Ⅶ–①、②至⑤）。较疏松，有稀疏角砾，角砾平均砾径20~30厘米，局部可见水平层理及灰黑色透镜状砂层，透镜层厚约10~15厘米，长30~40厘米，砂层中有铁锈网纹，部分水平层理在后期坠积角砾的重力下略弯曲变形。层的底部有断续延伸的薄钙层及层状排列的角砾石块与下部地层分隔。全层厚度变化较大，由厚3.2米的南部向北呈楔形变薄。

第Ⅷ层，棕红色砾质粉砂（采样号 A–Ⅷ–①、②至⑤），即文化层。根据碎屑堆积状况可分为三部分：近南洞壁基岩处的堆积位置较低，粉砂层中有零星角砾及个别粒径30~50厘米的大角砾。大角砾石块之下正是金牛山人化石堆积点。由此向北的砂质粉砂层中埋藏有坠落的钟乳石及成片的灰堆，在起伏不平的层底有锥形小石笋。该层在北壁为角砾倒石锥，石锥角砾间粉沙胶结度轻，孔隙度大。实测角砾方位，角砾 AB 面倾向大部分朝向东南，其次为近南偏西，AB 面倾角 30°~50° 的占 50%，大于 50° 的占 14%，角砾是来自北和西北方向为原洞壁破碎后小范围的就地堆积。本层厚 1.7~2.3 米。

第Ⅸ层，钙板与浅棕红色粉砂质砂、砂质粉砂（采样号 A–Ⅸ–①、②、③）互层。单层钙板 4~8 厘米，钙板共 11 层，本层只见于近南壁基岩处，向北尖灭，全层最大厚度 1.6 米，南端底部与洞底相通。

第Ⅹ层，角砾倒石堆。几乎铺垫全洞底，最低点直通洞底基岩。堆积面倾向 163°，倾角 24°，角砾大者近 50 厘米，一般砾径 20 厘米左右，角砾经溶蚀及钙华膜包裹圆化呈次棱形至次圆形，堆积体表层有钙板胶结坚实，主体未胶结而且中空。全层北厚南薄，最大厚度约 3 米，是来自偏北方向的洞壁坍塌堆积。

第Ⅺ层，支撑洞底的破碎基岩岩块。因受地下水的淘蚀作用，可见石块间相互位移彼此架空，此处往下接近地下水位垂直振幅与水平动荡地带。

据以上剖面堆积状况所示，第Ⅹ层角砾锥几乎全直铺洞底，当时的洞穴已存在一定的堆积空间。第Ⅶ层以下各层的堆积均向南洞壁倾斜，南洞壁附近是堆积的最低点；第Ⅷ层以下的层位可与洞底相通，明显受洞中消水的影响。有了第Ⅶ层及前期堆积层的支撑和洞底填平，不仅使上覆地层有一个较平坦的堆积底面，而且使其受洞底消水的影响较小。溶洞的上部靠洞顶部分曾有过较强的崩塌阶段，坠积物主要集中在剖面中部，即第Ⅴ、Ⅵ层堆积，这些崩塌并未使洞顶基岩全部坠落，洞顶基岩以下留出的上部空间成为后期层状水流堆积的场地。

第Ⅱ层的钙板夹层向南尖灭以及近底部的堆积层向南倾现象，均证明本洞穴的主要堆积物源来自北洞壁方向，这是洞穴所在的地质构造决定的。洞穴南壁是中厚层白云质大理岩，北壁紧邻薄层白云质灰岩与泥质板岩互层区，厚度的差异造成相对溶蚀速率的不同，即使同属碳酸盐岩厚薄层之间的厚层岩层也会成为暂时的隔水层，本洞穴正处于厚薄碳酸盐岩的接触带，南洞壁一侧层厚是这里的富水带。由于地层陡立，南洞壁汇水顺层面而下产生了溶洞中的消水带，是本洞穴底层堆积的最低点。此外，洞穴北壁一侧不仅地层薄且受附近断层影响，此处不仅多构造裂隙且有由构造破碎带所产生的碎屑物，这些都为本洞穴堆积提供了丰富的角砾物源。

由于 A 点洞穴洞壁两侧地层陡立，这种地质背景下所产生的溶洞，在发育的初期会产生洞顶岩层互相挤靠起拱砌体作用。岩层之间可稳定维持一段时期，在这期间形成了第Ⅶ层以下地层的所占空间和堆积的时期，但背景条件毕竟是处于陡倾角地层之间，这种拱砌体作用时间是较短暂的，当上部岩石重量大于岩层间的拱挤力时则发生洞顶崩塌。一般洞穴演化伴随的崩积过程分为以下几个阶段：溶蚀作用阶段→早期崩塌（坍塌）阶段→渗流活动洞穴扩大阶段→中期洞顶崩塌阶段→晚期大量外流物及崩积物累积全部充填洞穴衰亡阶段。按此演化序列，A 点洞穴规模不大，在特定的地质自然环境下，每个阶段均未达到成熟程度，但也经历了上述的演化过程。

二　A 点洞穴堆积剖面采样室内分析

探讨洞穴堆积过程中的环境演变，需要对洞穴碎屑物进行室内分析，我们按层（考古地层）

系列采样。采样分析的样品，只采集到第Ⅸ层，共采样 27 个，每层采样不少于 2 个，分析内容及结果如下：

（一）粒度特征分析

标本经去胶结物的分散处理后，取粒径小于 4 毫米（-2φ）的颗粒作分析，根据其中不同大小颗粒的分布状况和某些特征，进行各层之间的对比，以了解该层的搬运动力性质、强弱、搬运方式等动力条件。

1. 粒度成分

即不同粒级重量分布状况（表 7-5；图 7-12）、粒度组合命名是参考林克（Link.1966）的三角形图解混积岩分类点聚而取得。

从表格及图解，可以看到有以下的粒度特征：

（1）各层都具有各自不同的粒级组合及粒度曲线特点，说明野外地层的划分基本正确。

（2）每层均是有序的堆积，无地层混淆现象。

（3）细砾（2~4 毫米）成分较多的层是第Ⅳ、Ⅴ、Ⅵ层位，第Ⅳ层是因含有分散的钙核粒，第Ⅴ、Ⅵ层是多角砾层。含砂量最高的是第Ⅶ层，其次是第Ⅷ层，说明这两个层位是水动力较强作用下的堆积。

（4）粉砂质是各层共同的主要成分，黏土成分比较多的在上部地层，可能是与物源区的岩性有关，除受物源影响外，也可能是少雨气候或水动力低能条件下的堆积。

表 7-5　　　　　　　　　　金牛山遗址 A 点洞穴堆积各层细碎屑粒度成分表*

层位	层厚（米）	层位最大深度（米）	采样编号	采样深度（米）	各粒级（毫米）重量 %				组合名称	粒径分布频率曲线	备注
					4~2（细砾）	2~0.05（砂）	0.05~0.005（粉砂）	<0.005黏土			
残坡积			edL								角砾岩屑
基岩	0.3~1.5		Ptihd								白云质大理岩
第Ⅰ层	0.15~1.35	1.35	A-Ⅰ-①	0.3	1.67	15.7	53.7	29	黏土质粉砂	细粒单峰	
			A-Ⅰ-②	0.8	1.2	18.3	55.2	24.2			
第Ⅱ层	2~2.5	3.8	A-Ⅱ-①	1.4	2.44	25.3	56.5	15.76	砂质粉砂	细粒主峰和次峰细双峰	钙核层间采样
			A-Ⅱ-②	1.95	2.63	23.71	62.6	12			
			A-Ⅱ-③	2.48	5.13	19	64.2	17			
			A-Ⅱ-④	2.94	2.8	29.34	45.7	21.2			
			A-Ⅱ-⑤	3.29	0.68	26	57.3	16.06			
			A-Ⅱ-⑥	3.64	2.17	24.07	63.13	9.8			
第Ⅲ层	0.35~0.6	4.3							角砾层		未采样
第Ⅳ层	0.7~1.5	5.5	A-Ⅳ-①	4.2	8.6	17	53	21.4	黏土质粉砂	粗粒低峰细粒主、次峰	
			A-Ⅳ-②	4.8	7.5	11.8	58.7	22			

续表 7-5

| 层位 | 层厚（米） | 层位最大深度（米） | 采样编号 | 采样深度（米） | 各粒级（毫米）重量 % | | | | 组合名称 | 粒径分布频率曲线 | 备注 |
					4~2（细砾）	2~0.05（砂）	0.05~0.005（粉砂）	<0.005 黏土			
第V层	1.5~2.7	8	A-V-①	6	8.1	30.9	43.3	18.7	砂质粉砂	多峰	多角砾
			A-V-②	6.6	14.2	30.2	38.7	14.9			
第VI层	1.2~2.2	9.8	A-VI-①	7.6	8.6	40	44.5	7.2	砂质粉砂	多峰	多角砾
			A-VI-②	8.2	8.27	41.2	43.47	7.19			
第VII层	0.55~3.2	12.7	A-VII-①	9	3.84	67.55	24.6	4	砂土	中粒主峰细粒次峰双峰	由此向南平移 3.2 米垂直向下采样
			A-VII-②	9.4	4	79.2	13.93	2.68			
			A-VII-③	10.4	4.3	64.17	26.43	5.08			
			A-VII-④	10.6	7.25	71.83	18.43	2.58			
			A-VII-⑤	11.3	6.1	60	26.64	5.59			
第VIII层	1.7~2.3	14.3	A-VIII-①	9.9	13.22	48	30	8.32	粉砂质砂	中粒、细粒近等值鞍状峰	多细砾
			A-VIII-②	11.6	3.24	52.85	33	10.87			
			A-VIII-③	12.4	2.7	44	42.24	10.5			文化层
			A-VIII-④	13	1.96	35.85	53.56	8.7	砂质粉砂		
			A-VIII-⑤	13.5	1.71	40	50.58	7.71			
第IX层	1.6	16	A-IX-①	14.3	6.5	50	30.25	4.25	粉砂质砂	细粒主峰中粒次峰双峰	采集于钙板夹层中
			A-IX-②	14.8	1.92	36	50.7	14	砂质粉砂		
			A-IX-③	15.3	1.7	39.3	45.4	13.5			
第X层	锥状堆积		角砾一般粒径 5~15 厘米						角砾层		未采样

* I ~ VII采样点见图 3-2，VIII ~ IX层采样点见图 2-14。

2. 粒度参数

从粒度曲线获取特定粒径（在此用 Φ 值表示，Φ 值与真值粒径大小成反比，即 Φ 值越大粒径越细，反之亦然），再经过各种公式计算出相应的参数。这些参数反映了地层的粗细分选及搬运堆积等状况，用数字等级来进行对比（表 7-6）。

（1）中值粒径（Md）。累积曲线占 50% 的点所在的粒径，即样品中有 50% 的颗粒大于此粒径和 50% 的颗粒小于此粒径，其值比较接近平均粒径。用此对比地层的粗细，反映搬运距离介质的平均动能或源区物质的粒度。从表中看出中值粒径细的（φ 值大）层是第 I 、 II 、 IV 层，其中第IV层虽多分散钙粒，但基质成分仍很细。较细的地层是 V 、 VI 、 IX 层，第 V 、 VI 层在野外宏观是多角砾的地层，由于采样是取自角砾渣隙间的细粒组分，说明这两个地层是粗细相差很大的混杂堆积。第IX层较细粒度现象，只能说明，在第 X 层洞壁坍塌堆积之后，进入第IX层则是有过缓慢的水流堆积。中值粒径较粗的地层是第VII、VIII层，相对而言应是水动力较强或气候多雨条件下的堆积。

（2）分选系数（δ）。分选系数的大小反映沉积物分选的程度，在此是按福克分类，分选系

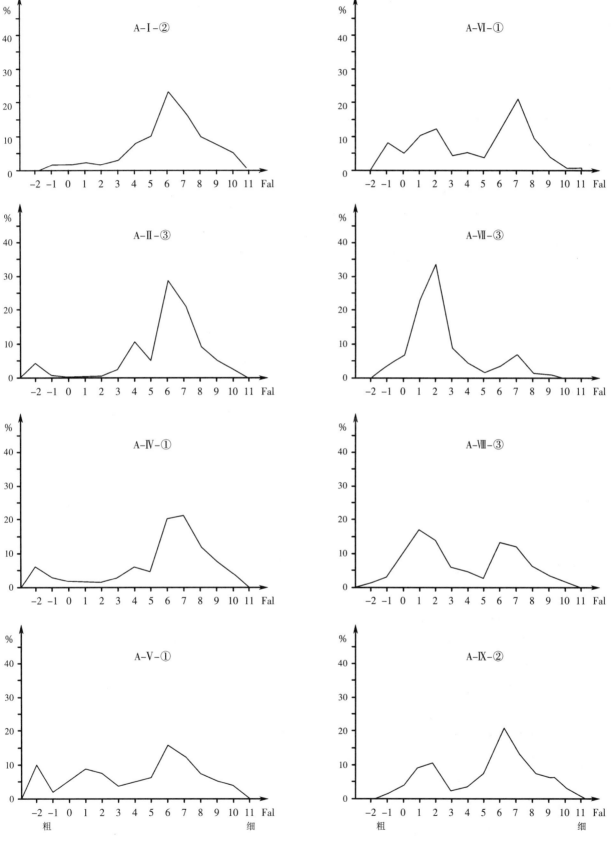

图 7-12　粒度频率曲线

表 7-6 　　　　　　　　　　　金牛山遗址 A 点洞穴堆积各层粒度参数表

采样编号	中值粒径		分选性		峰态等级		偏度等级	
	Md（φ）	相对粗细	δ（φ）	程度	Kg（φ）	宽、窄	SK（φ）	偏度
A-Ⅰ-①	6.24	细	2.35	较差	1.53	窄	−0.18	极负偏
A-Ⅰ-②	6.26		2.52		1.42		−0.15	
A-Ⅱ-①	5.64	较细	2.31	较差	1.21	窄	−0.22	极负偏
A-Ⅱ-③	5.98		2.57		1.61		−0.28	
A-Ⅱ-⑤	5.88		2.12		1.15		−0.34	
A-Ⅳ-①	5.25	较细	2.75	差	1.06	窄	−0.23	极负偏
A-Ⅳ-②	5.65		2.88		1.46		−0.29	
A-Ⅴ-①	4.34	较粗	3.53	极差	0.76	宽	−0.45	负偏
A-Ⅴ-②	4.66		3.13		0.86		−0.44	
A-Ⅵ-①	4.07	较粗	3.72	极差	0.78	宽	−0.46	负偏
A-Ⅵ-②	4.31		3.33		0.75		−0.35	
A-Ⅶ-①	2.81	较粗	2.73	较差	0.72	较宽	0.44	极正偏
A-Ⅶ-③	2.89		2.64		0.6		0.46	
A-Ⅶ-⑤	2.75		2.62		0.8		0.47	
A-Ⅷ-①	3.48	粗	2.63	较差	0.75	宽	0.18	正偏
A-Ⅷ-②	2.85		3.17	极差	0.83		0.38	
A-Ⅷ-③	3.52		3.11		0.72		0.24	
A-Ⅷ-④	2.67		3.47		0.62		−0.25	
A-Ⅸ-②	4.93	较粗	2.92	差	0.95	中等	−0.24	极负偏
A-Ⅸ-③	4.75		3.02		0.97		−0.24	

数越大分选越差，分选系数大于 2.0 均属于分选差的沉积。从表 7-6 看出 A 点剖面各层分选都差，是属于未经充分分选的近物源堆积层。为了进一步对比各层的分选状况，细分为分选极差的是Ⅴ、Ⅵ层和Ⅷ层，颗粒分布接近均值多峰型。Ⅴ、Ⅵ层是由于有坠积物的加入；Ⅷ、Ⅸ层分选差的原因可能是堆积过程中动力条件不稳定或有节奏性的变化，例如，第Ⅸ层频繁密集的薄钙板层的出现。此外，第Ⅷ层中曾有坠积的钟乳石堆积，因此该层也不排除有其他坠积物成分使分选变差。

（3）峰态系数（Kg），即粒度频率曲线（图 7-12）峰顶宽窄的程度。宽峰出现在 A 剖面的中下部层位，宽峰说明沉积物未经过改造就进入新环境，而新环境对它的改造又不明显。剖面的上部峰窄是否与物源较远的风积物的加入有关。

（4）偏态系数（SK），指中值粒径与平均粒径之间的关系和粒度分布不对称程度，搬运动力强的一般为正偏；反之，为负偏。剖面中只有第Ⅶ、Ⅷ层属正偏。

从以上粒度参数看出，A 点剖面堆积大部分为近源的一次性堆积，只是近中、底部地层的堆积是搬运动力条件较强或多雨气候条件下参与的堆积，而上部地层则相反，是少雨条件下的堆积。

3. 概率累积曲线类型

沉积物作为一个整体搬运时，其中的颗粒处于不同的搬运状态，即沿地面推移的滚动、时而离地面的跳动和始终悬浮于水面悬移三种状态。这种变化通过概率累积曲线表现出来（表 7-7；图 7-13），由此可了解沉积的成因类型、主要搬运状态等动力条件。

表 7-7　　　　　　　　　　　　金牛山遗址 A 点洞穴堆积粒度概率累积曲线特征表

采样编号	推移组分				跃移组分				悬移组分				概率累积曲线形态
	百分含量	区间（φ）	斜率	分选	百分含量	区间（φ）	斜率	分选	百分含量	区间（φ）	斜率	分选	
A–I–①	10	−1~4	15°	差					65	4~7	35°	中	推移加二悬移复合 下二段式
									25	7~10	25°	差	
A–I–②	20	−1~4.5	5°	差					55	4.5~7	30°	中	
									25	7~10	28°	差	
A–II–①	5	−1~2	5°	差	15	2~4.5	20°	差	55	4.5~7.5	35°	中	推移加跃移加二悬移复合 下三段式（多段式）
									25	7.5~10	30°		
A–II–③	10	−1~1.5	3°	差	20	1.5~5	25°	差	60	5~7	40°	中	
									10	7~10	30°		
A–II–⑤	15	−1~2	5°	差	15	2~5.5	25°	差	45	5.5~20	35°	中	
									25	7~10	30°		
A–IV–①	30	−1~5	5°	差					70	5~10	30°	中	推移加悬移 下二段式
A–IV–②	35	−1~4	3°						65	4~10	35°		
A–V–①	30	−1~2	15°	差	5	2~5	5°	差	65	5~10	22°	差	推移加跃移加悬移 上三段式
A–V–②	35	−1~2	25°		5	2~5	5°		60	5~10	30°	中	
A–VI–①	40	−1~2.5	20°	差	10	2.5~6	5°	差	50	7~10	40°	好	同上 上三段式
A–VI–②	50	−1~3	25°		20	3~7	10°		30	7~10	35°	中	
A–VII–①	60	−1~2	43°	好	15	2~5.5	10°	差	25	5.5~10	40°	好	同上 上三段式
A–VII–③	70	−1~2	45°		20	2~5	10°		10	5~10	35°	中	
A–VII–⑤	60	−1~2	40°		15	2~6	15°		25	6~10	30°		
A–VIII–①	45	−1~2	35°	中	10	2~5	5°	差	45	5~10	30°	中	同上 上三段式
A–VIII–②	50	−1~2	30°		10	2~5.5	7°		40	5.5~10	30°		
A–VIII–③	47	−1~2	35°		10	2~5	5°		50	5~10	20°	差	
A–VIII–④	50	−1~2	30°		10	2~5.5	5°		40	5.5~10	20°		
A–IX–②	20	−1~2	25°	差	10	2~4	10°	差	70	4~10	22°	差	同上 上三段式
A–IX–③	30	−1~2	28°		15	2~5.5	7°		55	5.5~10	20°	差	

通过图解分析，首先全剖面的共同特点是：

（1）各组分的截点向细粒方向推移，反映各样品整体物源本身偏细，因而各组分的粒度区间很宽，表现在推移组分和跃移组分之间的截点可出现在 2~4Φ，跃移组分和悬移组分之间的截点出现在 5Φ。

（2）截线之间混合度高，特别表现在跃移组分和悬移组分之间，说明搬运时组分之间界面不是十分清楚，属坡面片状水流的特点。

（3）跃移组分含量低，一般在 0~10%，分选差，其斜率小于 5°~10°，因水层不厚，不足以使颗粒呈跳跃方式搬运，这也是坡面水流的特征之一。

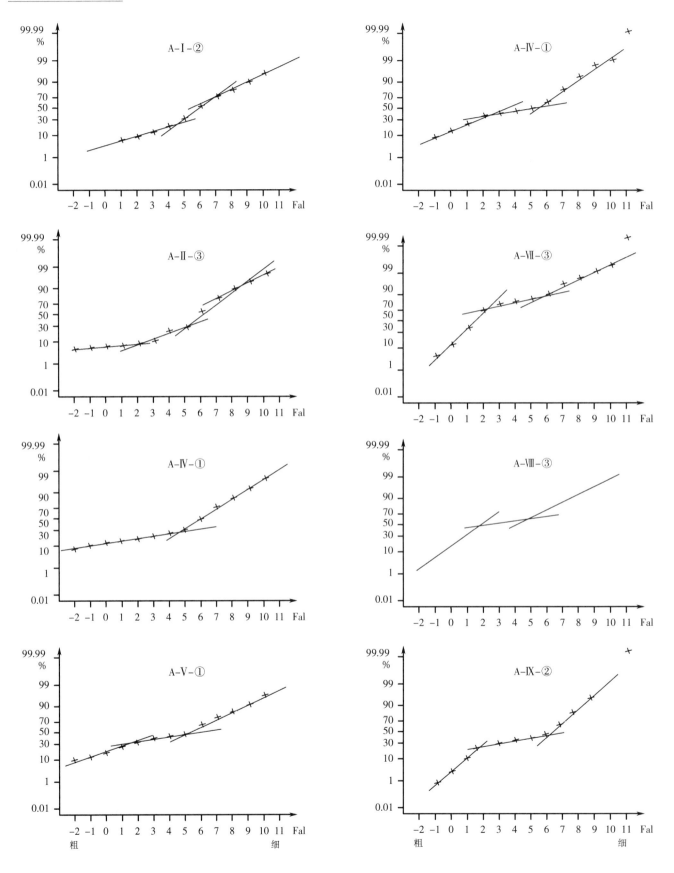

图 7-13 粒度概率累积曲线

（4）进一步分层比较：

Ⅰ层是以两组悬移质为主体的堆积，反映有来自不同地区或粗细不同的物源以及搬运力的变化，总体属于搬运介质低能环境。

Ⅱ层同样是物源分散，但有跃移组分的出现，水层厚度大于Ⅰ层，负载能力亦高于Ⅰ层，概率曲线近似多段式，是不稳定的动力条件或有阵发性的水动力变化的结果。

Ⅳ层推移组分比重增加，缺少跃移组分，是水体厚度不大的快速堆积。

Ⅴ、Ⅵ层搬运方式中推、跃、悬组分都有，说明崩塌堆积过程中仍有一定的水流作用参与其中，三个组分截线混合度高，其排列可近似呈一直线，是水流中固体负荷大的高密度流的特征，也近似浊流式的快速搬运快速堆积，大量坠积物和水混合形成的水石混杂堆积。

Ⅶ、Ⅷ层的共同特点是推移组分比重相对较高且分选较好，就本剖面的其他地层而言，是物源稍远，但物源供给较稳定，且水流充沛条件下的堆积。因跃移组分不发育和分选差，它们应属于流速较急的山间溪流或小规模山地河流的沉积，但Ⅷ层的水动力强度不如Ⅶ层，而Ⅸ层的水动力强度又低于Ⅷ层。因Ⅸ层层位较低，已接近地下水位，也不排除是洪水期地下水高水位所及波动时的沉积。

根据以上粒度分析结果，概率累积曲线跃移组分不发育，分选差，未见有典型河流沉积特征，A点洞穴堆积的成因类型主要是近源物的坡面水流和小型山地河流沉积，剖面下部是沉积物供给充分动能较强的沉积环境，上部是物源稳定性差的低能沉积环境，由此间接反映近底部堆积时期属于多雨的湿润气候，上部堆积时气候向干旱方向发展。

本洞处于岩溶垂循环带洞穴系统，仅在底部接近水平循环带。此洞为靠近侵蚀基准面地带发育的地下洞室，不是地表河流水平侧方侵蚀造成的洞穴，因而不会有较平整开放式的洞口，但仍可通过节理、裂隙溶蚀坍塌扩大后与外部有相通的空间，这种出入口通道往往高低不平，甚至常有多个出入口，为动物和古人类活动创造了条件。

（二）砂质矿物成分及其特征

对于碎屑岩中砂质矿物分析的意义在于：在砂质矿物中如重砂矿物虽然只占造岩矿物的1%左右，但它们是岩石经过风化、搬运和重新成岩石残存下来的，仍保留来自母岩的某些基岩岩性特征，因而根据这些特征可追索堆积物的源区。此外，不同成分的重砂矿物对风化作用有不同程度的抗风化能力。形成不同稳定程度的矿物群，可通过由不稳定矿物和次稳定矿物的百分含量之和与稳定矿物和极稳定矿物的百分含量之和的比值计算出风化系数。风化系数的大小与风化程度成反比，这样可间接了解各地层堆积时的气候状况。砂质矿物中的轻矿物如石英砂，在搬运过程中同样受到风化和磨损，从而被改造为不同圆化程度的颗粒，从砂粒的圆度（棱角、次棱角、交圆、圆和浑圆形状）可了解堆积物搬运距离的相对远近。与此同时，石英颗粒受到的撞击、风化等，在其表面留下不同的痕迹，即表面微结构，反映了其搬运过程中的动力性质即搬运介质（水、冰、风等）和强度。基于上述砂质矿物所能提供的环境信息，我们做了相关的分析。为了便于鉴定，我们用0.25~0.05毫米粒径的细砂分离出比重大于2.9的重砂作分析，轻砂矿物是随机提取0.5~0.25毫米粒径的石英颗粒，通过电子显微镜，作颗粒形态及表面微结构观察。需要说明的是，重砂矿物中的褐铁矿可以是自生矿物，也可以是含铁矿物风化后的氢氧化物铁的集合体，即不能作为稳定或非稳定矿物而论。褐铁矿进一步风化可水解为高价或低价铁，随元素迁移作为沉积物染色的化学元素存在于地层中，但作为风化的产物它的出现仍可作为环境标志，因此，可单独统计其出现几率。我们分析的结果如下：

1. 石英砂粒形态及表面微结构观察

将每个样品任选 10~15 个石英砂粒，在电子显微镜下观察微结构，然后再通过高倍双目镜统计各种微结构出现的几率。观察到微结构有以下几种类型：

（1）以水力或机械撞击作用形成的表面结构，表现为直撞沟和贝壳状断口（图版一○○，14、16）以及"V"形坑（图版一○○，8），它们是由水流挟带的砂粒相互撞击或是因重力作用崩塌过程中颗粒之间摩擦留下的痕迹，其区别是前者棱边稍钝圆，而后者棱边锐脊。

（2）风蚀作用形成的表面，石英砂的表面表现为毛玻璃状（图版一○○，2、3）以及深浅不同的蝶形坑（图版一○○，7），蝶形坑中可有溶蚀现象。

（3）强化学风化成因为主的石英颗粒表面，经化学风化表面呈细鳞片状包裹层（图版一○○，10、11），以及似"脑纹"状的弯曲纹沟（图版一○○，12）。

各种颗粒表面沟洼处常有次生细微淀积物，经扫描电镜的能谱分析，它们是在石英的 Si 质本底表面的附着物，以 Mg、Ca 质为主，其次为 Fe，Al 和少量 K，前者多为片状附着，部分 Fe 可呈网状或丝状，可能与针铁矿结晶有关，反映了近物源堆积后处于较封闭的安静环境中的沉淀和结晶。此外，在同一个石英颗粒表面可见到多种微结构，说明是不同外力作用下的综合反映。因此，微结构显示现象的几率数总是大于颗粒数，在双目显微镜高倍镜下任取 50 粒石英砂粒进行观察和统计，根据各种微结构出现几率作百分比统计，以初步判别堆积层形成时经历的主要动力条件，其统计结构如下（表7-8）。

综观上述统计可概括显示，靠近底部层位的石英颗粒受机械动力作用及化学溶蚀作用较为突出，在潮湿气候条件下以水动力为搬运介质是其特点，而靠近顶部的层位，相对受风力作用较为明显，即属于干旱、半干旱气候条件下的间歇性水流与风力堆积产物。而中部层位堆积时的动力条件介于上述两者之间。所有样品石英砂圆度极差，大部分为棱形和次棱形（图版一○○，1、4、6、9、13、15），都是只经近距离搬运或就地堆积的原基岩风化产物，少见有颗粒次圆形（图版一○○，5、2），而它们出现几率较多的是靠上部的层位，说明上部地层有较多的风积沙粒参与。至于各层石

表 7-8　　　　　　　　　　　　石英颗粒表面微结构几率统计表

微结构 层位	贝壳状断口	"V"形坑	直撞沟	毛玻璃面	蝶形坑	"脑纹"状面	鳞片状面
A-Ⅰ	19.1	1.1	9.3	32.6	26.8	/	10.2
A-Ⅱ	20	3.5	31.4	21.2	14.6	2.6	6.6
A-Ⅳ	14.3	/	35.7	23.4	2	7	18
A-Ⅴ—A-Ⅵ	31.3	/	43.6	/	/	9.4	14.8
A-Ⅶ	29	19.3	17.1	0.4	/	12.5	21.5
A-Ⅷ	24.2	13.6	16.4	11.1	7.2	9.2	18
A-Ⅸ	13.2	9.4	30.8	3.4	5	10.5	17.2

英砂表面结构的特征，将结合下面重砂矿物分析作进一步讨论。

2. 重砂矿物（粒径 0.25~0.05mm，比重 >2.9）分析（结合石英砂观察）

A–I–②样品，在极稳定矿物中的锆石多为无色、淡黄色，晶形保存完好，为四方柱或具单锥、双锥的四方柱。金红石为深红、红褐色，近似椭圆形粒柱状。电气石为棕褐色，呈三方短柱状，虽然晶体较小，但仍可见到平行柱面的晶面条纹。在稳定矿物中的磁铁矿为铁黑色，具不完整的八面体颗粒。钛铁矿为钢灰色、降红灰色，具金属光泽的不规则粒状，部分颗粒表面已局部白钛石化。次稳定矿物中的石榴子石为浅红色，呈由多个贝壳断口构成的不规则粒状。不稳定矿物中的角闪石为褐绿色扁柱，在柱面延伸方向可见到纤维状断口。以上晶形表现说明本样为搬运距离不远，且流速不大的缓流型堆积，因而各个晶形基本完好，很少磨损。本样矿物组合为磁铁矿、钛铁矿、锆石、石榴子石、角闪石。其物源母岩为以中、酸性侵入体为主的变质岩、结晶片岩。因有黑云母及黄铁矿的存在，应为比较干旱的气候条件（表 7-9）。

A–II–①、A–II–③、A–II–⑤样品，重矿物种类与组合基本与 A–I 样相同，但锆石、金红石含量有所增加。此外，重矿物不如前样完好，说明基岩经风化稍改造。石英颗粒形态为以次棱形、次圆形为主（图版一○○，1），说明堆积物曾经过一定距离的搬运；个别颗粒呈近似球形，且具有毛玻璃化表面（图版一○○，2、3），显示有一定比例风积的加入。因此，本层应为干旱气候

表 7-9　重砂矿物百分含量及风化系数表［（次稳＋不稳定）矿物／（极稳＋稳定）矿物］

采样编号	极稳定矿物			稳定矿物				次稳定矿物				不稳定矿物			褐铁矿	风化系数
	锆石	金红石	电气石	磁铁矿	钛铁矿	锐钛矿	榍石	石榴石	绿帘石	磷灰石	绿泥石	角闪石	黑云母	黄铁矿		
A–I–①	0.19	0.05	0.07	0.4	0.05	0.04	0.03	0.04	0.07	0.01	0.02	0.05	0.02	0.01	0.08	0.2
A–II–①	0.24	0.1	0.02	0.37	0.07	0.03	0.02	0.03	0.02	0.01	0.01	0.06	0.02		0.1	0.17
A–II–③	0.27	0.11	0.04	0.4	0.05	0.01		0.02	0.01		0.01	0.03	0.01	0.01	0.06	0.12
A–II–⑤	0.31	0.06	0.01	0.41	0.04	0.02	0.01	0.05	0.03	0.01		0.03			0.07	0.15
A–IV–①	0.23	0.03	0.07	0.38	0.12	0.05	0.02	0.05	0.01	0.01	0.01	0.02			0.12	0.11
A–IV–②	0.21	0.04	0.1	0.36	0.16	0.02	0.01	0.03	0.01	0.02		0.03			0.17	0.13
A–V–①	0.13	0.06	0.07	0.4	0.24	0.02		0.01		0.04	0.01	0.02		0.01	0.21	0.08
A–V–②	0.11	0.08	0.06	0.33	0.27	0.01	0.02	0.02	0.05	0.02	0.01	0.02			0.24	0.13
A–VI–①	0.12	0.11	0.04	0.26	0.37	0.02		0.02		0.02		0.03			0.22	0.08
A–VI–②	0.14	0.17	0.03	0.41	0.14	0.04		0.02		0.02		0.03			0.27	0.08
A–VII–①	0.17	0.12	0.06	0.43	0.16	0.01		0.02	0.01			0.02			0.26	0.05
A–VII–③	0.2	0.06	0.05	0.42	0.22	0.01		0.02	0.01			0.01			0.4	0.03
A–VII–⑤	0.11	0.14	0.09	0.44	0.12	0.02	0.02	0.02	0.02			0.02			0.35	0.09
A–VIII–①	0.13	0.17	0.04	0.4	0.13	0.03	0.01	0.02	0.03			0.02			0.31	0.07
A–VIII–③	0.19	0.09	0.07	0.45	0.1	0.01		0.02	0.03	0.01		0.03			0.25	0.1
A–VIII–⑤	0.15	0.08	0.1	0.42	0.12	0.02		0.02	0.04			0.04			0.28	0.09
A–IX–①	0.13	0.12	0.09	0.39	0.11	0.02		0.04	0.01	0.02		0.03		0.01	0.23	0.12
A–IX–②	0.16	0.1	0.08	0.34	0.18	0.01		0.03	0.02	0.03		0.04			0.19	0.16

下间歇性水流的堆积。

A–Ⅳ–①、A–Ⅳ–②样品，重砂矿物种类未变，但金红石减少，钛铁矿增加，褐铁矿比值亦增加。此外，尚见到黑云母有绿泥石化现象。说明以比较干旱、高氧的物理风化为主。石英砂形态仍以次棱形及次圆形为主（图版一〇〇，4），但圆度更强，颗粒表面在毛玻璃化的基础上可见有小的"V"形坑（图版一〇〇，5），是沉积物搬运距离稍远而动力强度亦稍大的阵发性水流堆积。因石英尚无明显溶蚀现象，因此，本层堆积时是处于干旱而温度适中的温凉环境。

A–Ⅴ–①、A–Ⅴ–②与A–Ⅵ–①、A–Ⅵ–②样品，重砂矿物种类大体如前，与上部各层相比矿物种类更趋于简单化，但褐铁矿的比例明显增加。与上层相比干旱程度更强。石英颗粒为棱角状和次棱状（图版一〇〇，6），颗粒表面有明显的贝壳状断口（图版一〇〇，7）和"V"形坑（图版一〇〇，8），是随堆积过程受挤压错动造成的微结构。颗粒表面溶蚀现象不明显，反映堆积时是处于干旱而温和的环境。

A–Ⅶ–①、A–Ⅶ–②、A–Ⅶ–③样品，重砂种类仍然趋于集中而简单，褐铁矿含量亦增多，致使本层野外观察颜色偏红棕，剖面中有铁锈纲纹是水锈，实为风化过程中形成的褐铁矿比较富集的现象。不稳定矿物减少，是气候高温高湿的表现。石英颗粒以圆和次圆为主，其中次棱形的棱边亦有磨损或圆化（图版一〇〇，9），说明是经过一般距离搬运而后的堆积。石英颗粒的表面有明显的溶蚀现象以及溶蚀残留下的鳞片结构（图版一〇〇，10、11），尚有石英颗粒表面为脑纹状（图版一〇〇，12），这明显是在温暖而潮湿气候下氧化硅受强溶解而流失剥离的现象。

A–Ⅷ–①、A–Ⅷ–②、A–Ⅷ–③样品，重矿物分布大致与Ⅶ层相同，但风化程度不如Ⅶ层，表现为褐铁矿含量略有减少，风化系数亦略大于Ⅶ层。石英颗粒以次棱形为主，少数为次圆形（图版一〇〇，13），但石英颗粒表面断口边缘仍有溶蚀现象，溶蚀后有分散的鳞片（图版一〇〇，14）。无论温度、湿度与Ⅶ层相比均有逊色。但从重砂矿物分布来看，本层的顶部A–Ⅷ–①样，比较接近Ⅶ层的底部，即气候应属温和而湿润的气候环境；而本层偏下部堆积应属温凉而半湿润的环境。比Ⅶ层稍多粉砂成分而且堆积于多个钙板楔状层之间，说明堆积期有干湿交替的波动。

A–Ⅸ–①、A–Ⅸ–②样品，重砂矿物与上层没有大的变化。石英颗粒以棱形、次棱形为主（图版一〇〇，15），颗粒表面为未经溶蚀的贝壳状断口（图版一〇〇，16）。无论从重矿物特征还是从石英砂的表现看，本层的风化程度均不如Ⅷ层，其底部已有被钙质胶结的巨砾层，可以认为本层应属于温凉而半干旱气候下搬运距离不远的堆积。

综合以上各层砂质矿物有其共同特点：

首先是重矿物分布极不平衡，即出现几率多的优势矿物为不透明矿物（磁铁矿、钛铁矿、褐铁矿），其总数之和占重砂矿物含量的50%以上，而透明、半透明矿物中又以极稳定矿物占多数，因而造成风化系数都很小，这除有气候原因以外，亦可能与物源母岩性质有关。

其次是重砂矿物种类不多，尚未发现超过15种，各层重砂矿物种类基本相同，反映各层物源没有太大的变化，没有见到不同层之间有物源的差异。其重砂矿物组合是磁铁矿、钛铁矿、锆石、金红石、电气石、石榴石及角闪石，其母岩为酸性中性侵入体和绢云母、绿泥石片岩。它们主要产生于酸性和中性侵入体接触和浅变质带以及在区域变质作用下形成的变质岩碎屑残余。

最后是A点各层的轻矿物（比重<2.9）中，绝大多数为碳酸盐岩类矿物，如菱镁矿、方解石等，而石英所含比重很少，一般小于10%。根据区域地层岩性分布，在田屯东北平二房、东南方向汤池，

再远至大清河水系附近的黄土岭一带均分布有大石桥、盖县组（Ptlhgx）的石英岩或变质石英砂岩的地层。说明这些周边地带富石英质地层碎屑对金牛山洞穴堆积影响较小。而包括田屯在内的邻近地区地层是大石桥组（ptlhd），其岩性除有变质碳酸盐岩（白云质方解石大理岩和菱镁白云质大理岩）外，就是上述的碎屑变质岩（片岩类，变粒岩类），由此也反映了金牛山洞穴碎屑的物源主要来自邻近或其本身，并未见明显涉及稍远的地区。

3. 黏土矿物及其组合

黏土矿物是各种岩石受物理、化学、生物风化综合作用下的产物，在常温大气条件下受气候（温度、湿度）及植被的影响产生不同种类的黏土矿物，产生黏土矿物的变异和不同黏土矿物间的组合关系。因此，通常把黏土矿物的这些特征作为判别沉积物堆积时地区的气候指标之一。对黏土矿物分析可采用多种方法进行，在这里只是用 X 衍射法测试所得结果进行讨论，即根据黏土晶粉 X 衍射曲线出现的反射峰确定矿物种类；反射峰的强度作半定量计算。在此必须说明的是随着科学的发展，时至今日目前最新的 X 衍射仪器所测出的矿物定性、定量精度均有很大提高。本文标本分析是使用挖掘年代当时的仪器，尽管如此，所测分析结果仍能大致反映堆积期的气候概况（参见表 7-10 及相关曲线）。

对于样品备制分析前的处理，首先是去有机质，可溶盐将黏土颗粒充分分散后，制成含黏土颗粒的蒸馏水悬浮液，将悬浮液搅拌再静置。按斯托克斯（stokes）沉降定律计算出小于 2 微米颗粒沉降时间提取所需的黏土浆于载玻片上，共提取一式三份载有黏土样品的玻璃片，等待玻璃片上的液体平摊并自然干燥后，分别制成未经处理的定向片、用乙二醇处理后的膨胀片和高温 500℃处理的加热片，最后根据处理前后各片做出的 X 衍射曲线 Å 值强峰变化对比分析。此外，还将膨胀片的 X 衍射线的（2θ 角 25Å 左右）线段另做放大处理以求 Å 峰高的读数，为统计黏土矿物的半定量作准备。作为补充对照手段，参见电子显微镜（透射）对黏土矿物结晶完好程度、大小共生组合作进一步观察。粗略分析各层的黏土矿物有其共同特点：

① 常见黏土矿物蒙脱石、伊利石、高岭石（含多水高岭石）、绿泥石在各层中都有出现，只是在各层中所占比例及结晶完好程度不同而已。

② 伊利石未处理前均稳定出现 9.9Å–10Å 和 4.9Å 以及 3.33Å，其中 3.33Å 因与石英的 3.33Å 重叠峰柱增高；高温处理后的伊利石和蒙脱石的衍射峰重叠使 9.9Å–10Å 峰柱增强。

③ 蒙脱石未处理前的 16–17Å 经膨胀处理可降至 15–16Å，未处理前的 14–15Å 可与绿泥石的 14–15Å 重叠，仍可根据绿泥石的膨胀处理后降为 13–14Å 将它们区别。

④ 未经处理的 7.1Å 是绿泥石和高岭石的共有 Å 值，经高温处理，7.1Å 消失说明有高岭石存在，可用 2θ 角 25Å 放大处理的 3.57Å 和 3.53Å 将其区别。

⑤ 未经处理的定向片在 2θ 低角度常有 12Å 的弱峰，经膨胀处理成为 22–24Å 的弥散峰，是伊利石—蒙脱石混层的表现，它们在靠近底部的地层尤为明显。

通过处理前后曲线对照，作半定量计算结果（表 7-10）可以看出，表中数据虽然只具有相对意义，但仍可以显示其含量的顺序。从表中看出，伊利石是所有样品中的主要成分，其含量变动为 45%~52%；在电镜中表现为水云母；从单一黏土矿物变化来看，蒙脱石含量在顶部地层居高位，其中尤 A–Ⅶ层和 A–Ⅷ层含量最低，而高岭石的含量适是其反，表明后者堆积时气候较湿，上部地层堆积时气候明显变干寒；A–Ⅶ层和 A–Ⅷ比较，A–Ⅶ层高岭石含量是全剖面最高的地层，

表7-10 根据主要黏土矿物 X 射线 Å 值峰高计算半定量及黏土矿物组合表（按含量顺序）

层位样号	主要黏土矿物百分含量相对值				黏土矿物组合
	蒙脱石	伊利石	高岭石	绿泥石	
A-Ⅰ-②	22.2	52.2	3.7	21.4	伊利石—蒙脱石—绿泥石
A-Ⅱ-①	23	51.2	5.6	19.8	含伊、蒙混层的伊利石—蒙脱石—绿泥石
A-Ⅱ-③	21	51.6	6.4	19.5	伊利石—蒙脱石—绿泥石
A-Ⅱ-⑤	20.9	51.2	8.3	19.6	含伊、蒙混层的伊利石—蒙脱石—绿泥石
A-Ⅳ-①	17.5	50.5	13.1	18.9	伊利石—绿泥石—蒙脱石
A-Ⅳ-②	16.2	52.4	13.9	17.4	伊利石—绿泥石—蒙脱石
A-Ⅴ-①	11.4	49.1	21.3	17.6	含伊、蒙混层的伊利石—高岭石—绿泥石
A-Ⅴ-②	11.7	47	21.7	19.2	含伊、蒙混层的伊利石—高岭石—绿泥石
A-Ⅵ-①	10.3	48.2	21.4	19.5	含伊、蒙混层的伊利石—高岭石—绿泥石
A-Ⅵ-②	12.3	49.3	21.8	16.7	伊利石—高岭石—绿泥石
A-Ⅶ-①	8.1	44.3	28.6	18.3	含伊、蒙混层的伊利石—高岭石—绿泥石
A-Ⅶ-③	8.8	45	26	20.2	含伊、蒙混层的伊利石—高岭石—绿泥石
A-Ⅶ-⑤	8.4	43	26.6	21.3	含伊、蒙混层的伊利石—高岭石—绿泥石
A-Ⅷ-①	9.5	46.5	22.4	20.5	含伊、蒙混层的伊利石—高岭石—绿泥石
A-Ⅷ-③	9.6	48.6	19.7	21.2	含伊、蒙混层的伊利石—绿泥石—高岭石
A-Ⅷ-⑤	9.3	50	18.9	21	含伊、蒙混层的伊利石—绿泥石—高岭石
A-Ⅸ-①	12.2	51.6	17.6	18.3	含伊、蒙混层的伊利石—绿泥石—高岭石
A-Ⅸ-②	12.9	51	15.7	19.7	含伊、蒙混层的伊利石—绿泥石—高岭石

说明气候湿热程度最强，而 A-Ⅷ层则应偏于温和湿润环境。底部 A-Ⅸ层，湿热程度变弱，因尚有一定量的蒙脱石增多，是气候温凉而干燥的表现。A-Ⅶ层向上至顶层之间的 A-Ⅴ层和 A-Ⅵ层，是干旱程度略有增强而湿热程度又有降低的过渡变化时的堆积，因尚出现一定量的高岭石，故应接近于温和而干旱时的气候堆积。

我们对 A 剖面各层的黏土 X 衍射线作以下分析（表7-11；图7-14）：

各层黏土矿物组合分布状况：

第Ⅰ层的 A-Ⅰ-②样品，定向片中的9.9Å、4.97Å 和部分3.33Å峰是伊利石的衍射峰，虽经过膨胀和高温处理 X 衍射峰Å值基本不变。定向片中16.3Å升为近17Å和定向片中14.2Å加热后降为13.6Å分别是蒙脱石和绿泥石处理后演变的特点，7.07Å虽为绿泥石和高岭石都共有的 X 衍射峰值，但在定向片中的3.56Å高岭石峰柱却不明显，说明含量少，半定量统计放大处理后亦如此，所以本样品黏土矿物组合为伊利石—蒙脱石—绿泥石。在电子显微镜观察并可看出较多的伊利石和蒙脱石边缘长条状为绿泥石，及其风化前的大片水云母（图版一〇一，1、2），说明本层是干旱而寒冷气候下的黏土矿物特征。

第Ⅱ层的 A-Ⅱ-①、A-Ⅱ-③、A-Ⅱ-⑤ 3个样品，它们的共同特点是未处理片中14Å为蒙脱石和绿泥石共有的Å值，膨胀后部分14Å转为15-17Å的蒙脱石，另一部分加热后变为13Å的

表 7-11　　　　　　　　主要黏土矿物 X 射线衍射峰 Å 值处理前后的表现表

层位样号	黏土矿物	未经处理定向片	乙二醇膨胀片	500℃两小时加热片
A-Ⅰ-①	蒙脱石	16.35Å	16.97Å	16.97Å
	伊利石	9.9Å, 4.9Å	9.9Å	9.9Å, 4.97Å
	高岭石	7.07Å（高＋绿）, 3.56Å	7.10Å	7Å 附近峰消失
	绿泥石	14.15Å, 4.71Å, 3.53Å	14.24Å	13.69Å
A-Ⅱ-①	蒙脱石	14.59Å（蒙＋绿）	15.78Å	未显示
	伊利石	9.93Å, 4.97Å	9.87Å	9.92Å, 4.97Å
	高岭石	7.13Å（高＋绿）, 3.57Å	7.08Å	7Å 附近峰消失
	绿泥石	14.59Å, 3.53Å	7.08Å（高＋绿）	13Å 附近弱峰
	混层黏土	12.3Å 弱峰	23.23Å 低峰	大于9.9Å 低弥散峰
A-Ⅱ-③	蒙脱石	14.24Å（蒙＋绿）	17.65Å	未显示
	伊利石	9.95Å, 4.96Å	9.83Å	9.92Å, 4.96Å
	高岭石	7.07Å（高＋绿）、3.57Å	7.07Å（高＋绿）	7Å 附近峰消失
	绿泥石	14.24Å, 4.72Å, 3.53Å	13.84Å	13.79Å
A-Ⅱ-⑤	蒙脱石	14.24Å（蒙＋绿）	16.9Å	未显示
	伊利石	9.94Å, 4.97Å	10Å	10Å, 5Å
	高岭石	7.07Å（高＋绿）, 3.57Å	7.13Å（高＋绿）	7Å 附近峰消失
	绿泥石	14.19Å, 4.71Å, 3.53Å	14.19Å	13.79Å
	混层黏土	12.0Å 弱峰	22Å 弥散峰	大于14Å 低弥散峰
A-Ⅳ-①	蒙脱石	15.35Å	16.67Å	未显示
	伊利石	9.94Å, 4.97Å	9.92Å	10.1Å, 5.0Å
	高岭石	7.07Å（高＋绿）, 3.57Å	7.13Å	7Å 附近峰消失
	绿泥石	14.24Å, 4.71Å, 3.53Å	14.24Å	13.79Å
A-Ⅳ-②	蒙脱石	16.65Å	16.97Å	16.8Å 弱峰
	伊利石	9.87Å, 4.95Å	9.90Å	10Å、5.0Å
	高岭石	7.07Å（高＋绿）, 3.56Å	7.07Å	7Å 附近峰消失
	绿泥石	14.24Å, 4.71Å, 3.53Å	14.19Å	13.79Å
A-Ⅴ-①	蒙脱石	15.6Å	16.67Å	未显示
	伊利石	9.88Å, 4.94Å	10.1Å	9.90Å, 4.99Å
	高岭石	7.1Å（高＋绿）, 3.56Å	7.10Å	7Å 附近峰消失
	绿泥石	14.19Å, 4.71Å, 3.53Å	14.20Å	13.75Å
	混层黏土	大于15.6Å 弥散峰	25Å	大于13.7Å 低弥散峰
A-Ⅴ-②	蒙脱石	15.7Å	16.9Å	16.6Å 弱峰
	伊利石	9.92Å, 4.94Å	9.93Å	9.92Å, 4.95Å
	高岭石	7.07Å（高＋绿）, 3.56Å	7.08Å	7Å 附近峰消失
	绿泥石	14.15Å, 4.71Å, 3.53Å	14.1Å	13.75Å
	混层黏土	大于15.7Å 弥散峰	2.3Å	大于13.7Å 低弥散峰
A-Ⅵ-①	蒙脱石	1.59Å 低峰	16.9Å	未显示
	伊利石	9.92Å, 4.95Å	9.93Å	9.92Å, 5.0Å
	高岭石	7.10Å（高＋绿）, 3.57Å	7.1Å	7Å 附近峰消失
	绿泥石	1.41Å, 4.71Å, 3.53Å	14.1Å	13.77Å
	混层黏土	12Å	2.3Å 附近弥散峰	大于13.7Å 无显示峰

续表 7–11

层位样号	黏土矿物	未经处理定向片	乙二醇膨胀片	500℃两小时加热片
A–Ⅵ–②	蒙脱石	15.3Å 低峰	17.4Å	未显示
	伊利石	9.94Å，4.92Å	9.97Å	10.7Å，4.93Å
	高岭石	7.12Å（高＋绿）3.56Å	7.14Å	7Å 附近峰消失
	绿泥石	14.1Å，4.72Å，3.53Å	14.29Å	13.9Å
A–Ⅶ–①	蒙脱石	17.24Å	16.1Å，24Å	16.6Å
	伊利石	9.92Å，4.97Å	9.92Å	10.07Å，4.99Å
	高岭石	7.10Å（绿＋高），3.56Å	7.13Å	7Å 附近峰消失
	绿泥石	14.24Å，4.71Å，3.53Å	14.10Å	14.0Å，4.99Å
	混层黏土	12Å 附近弱弥散峰	24Å	大于 16.6Å 无显示峰
A–Ⅶ–③	蒙脱石	14.12（蒙＋绿）	16.2Å	1.60Å
	伊利石	9.91Å，4.95Å	10.05Å	9.90Å，4.97Å
	高岭石	7.09Å（高＋绿），3.56Å	7.16Å	7Å 附近峰消失
	绿泥石	14.12Å，4.71Å，3.53Å	14.25Å	13.76Å
	混层黏土	12Å 弱峰	24.2Å	大于 1.60Å，无显示峰
A–Ⅶ–⑤	蒙脱石	14.19Å（蒙＋绿）	17.8Å	未显示
	伊利石	9.93Å，4.96Å	10Å	9.92Å，4.95Å
	高岭石	7.10Å（高＋绿），3.56Å	7.13Å	7Å 附近峰消失
	绿泥石	14.19Å，4.71Å，3.53Å	14.23Å	13.79Å
	混层黏土	12Å 附近弱弥散峰	24.3Å	大于 13.79Å 无显示峰
A–Ⅷ–①	蒙脱石	16.1Å	17.67Å	未显示
	伊利石	9.85Å，4.96Å	10.07Å	10.0Å，5.0Å
	高岭石	7.14Å（高＋绿），3.57Å	7.13Å	7Å 附近峰消失
	绿泥石	14.24Å，4.71Å	14.38Å	13.9Å
	混层黏土	12Å 附近弱峰	25Å	大于 13.9Å 低弥散峰
A–Ⅷ–③	蒙脱石	16.0Å	19.6Å	未显示
	伊利石	9.87Å，4.96Å	9.93Å	9.95Å，5.0Å
	高岭石	7.10Å（高＋绿），3.56Å	7.10Å	7Å 附近峰消失
	绿泥石	14.10Å，4.71Å，3.53Å	14.25Å	14.20Å
	混层黏土	12Å 附近低弥散峰	25Å	大于 14.2Å 无显示
A–Ⅷ–⑤	蒙脱石	16.0Å	18.6Å，16.3Å	未显示
	伊利石	9.94Å，4.95Å	9.93Å	9.92Å，5.0Å
	高岭石	7.10Å（高＋绿），3.56Å	7.11Å	7Å 附近峰消失
	绿泥石	14.19Å，4.70Å，3.53Å	14.20Å	13.79Å
	混层黏土	12.5Å	24Å	大于 13.79Å 低弥散峰
A–Ⅸ–①	蒙脱石	17Å	17–18Å 弥散峰	16.1Å
	伊利石	99Å，4.95Å	10Å	10Å，4.98Å
	高岭石	7.10Å（高＋绿），3.57Å	7.10Å	7Å 附近峰消失
	绿泥石	14.2Å，4.71Å，3.53Å	14.29Å（部分）	13.76Å
	混层黏土	12.3Å	14.29Å（部分）	大于 16.1Å 未显示峰
A–Ⅸ–②	蒙脱石	15Å	16–18Å	16.3Å
	伊利石	10Å，9.95Å	10Å	10Å，4.98Å
	高岭石	7.10Å（高＋绿），3.57Å	7.10Å	7Å 附近峰消失
	绿泥石	14.2Å，3.53Å	14.2Å（部分）	13.63Å
	混层黏土	12Å 附近低弥散峰	14.2Å（部分）	大于 16.3Å 未显示峰

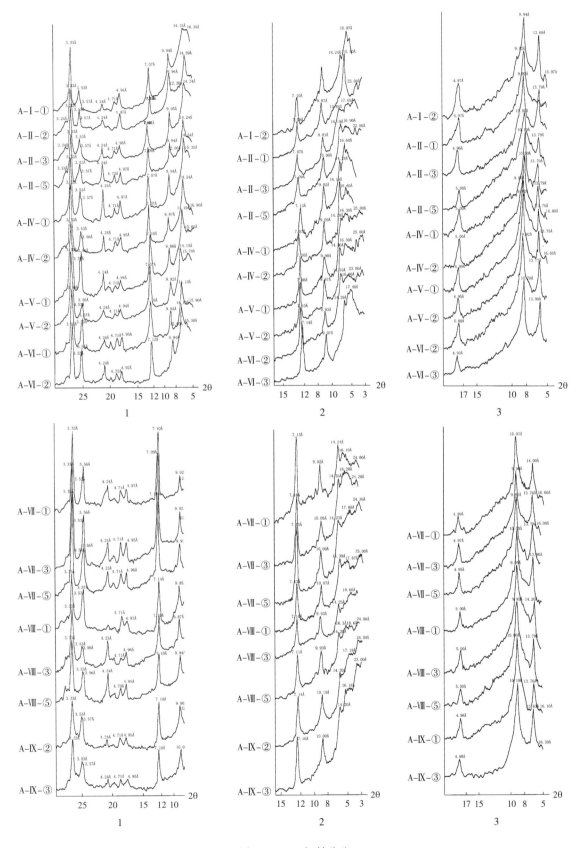

图 7-14　X 衍射曲线

1. 未处理定向 X 衍射曲线　2. 乙二醇膨胀后 X 衍射曲线　3. 经 500℃加热后 X 衍射曲线

绿泥石，在定向片中高岭石3.57Å峰似低于绿泥石的3.53Å峰。黏土矿物组合矿物顺序与A-Ⅰ-②相同，不同的是有的样品如A-Ⅱ-①、A-Ⅱ-⑤定向片中有弱的12Å峰，膨胀片中出现22-23Å，加热片中在低2θ甬段收敛为弥散峰，这些说明有伊利石—蒙脱石的混层黏土存在。此外在相应层的电子显微镜观察中亦见到云絮状的伊—蒙混层黏土（图版一〇一，3、4），但在A-Ⅱ-③样品的电子显微镜中见到少量高岭石之间有类似石盐的小立方晶形（图版一〇一，5），说明本层仍处于比较干旱的环境,由于混层黏土的出现,其干旱程度不如第Ⅰ层。本层黏土矿物组合为含伊—蒙混层的伊利石—蒙脱石—绿泥石。据半定量统计，本层高岭石相对含量亦略有提高，说明本层处于干旱而温寒的气候环境，只不过其干旱和寒冷的程度都远不如第一层。

第Ⅳ层的A-Ⅳ-①、A-Ⅳ-②样品，定向片中的15-16Å峰和膨胀片中接近17Å峰都是显示有蒙脱石的存在，但其峰柱都不够高，说明其相对含量值会降低。定向片的14Å和加热片的13Å峰是含绿泥石的典型特征。它的3.53Å和高岭石的3.57Å峰柱相对关系仍未变，即绿泥石峰仍高于高岭石峰，但经半定量统计高岭石的相对含量比第二层的高岭石含量增加了。从电子显微镜影像常见近六方形晶片的高岭石和板柱状的绿泥石（图版一〇一，6），以及伊利石和蒙脱石的水溶现象不明显（图版一〇一，7）。本层样品的黏土矿物组合为伊利石—绿泥石—蒙脱石，属于干旱而温凉的气候环境。

第Ⅴ层的A-Ⅴ-①、A-Ⅴ-②和第Ⅵ层的A-Ⅵ-①、A-Ⅵ-②样品，这两层的黏土矿物X衍射峰处理前后的变化比较相似，电子显微镜反映的图像亦有相同之处，它们都有较弱的但很典型的蒙脱石X衍射峰的变化，加热后的蒙脱石X衍射峰值包含在部分10Å峰内，其余的相似之处也表现在绿泥石及混层黏土显示。与上部其他地层的不同之处是7Å峰柱较高，而且3.57Å峰亦略高于3.53Å峰，也即高岭石相对含量略高于绿泥石。因此，第Ⅴ、Ⅵ层的黏土矿物组合为含伊—蒙脱石的伊利石—高岭石—绿泥石，反映堆积层处于温和而半干燥的气候条件。据电镜显示多数高岭石结晶完好、棱角清晰（图版一〇一，8、9），说明它们产生于空洞中或属于洞顶（壁）部分，是原岩风化后未经搬运、就地崩塌的堆积物。至于第Ⅴ、Ⅵ层之间的差别是，A-Ⅴ层比A-Ⅵ层更干旱，因干旱程度的差别而产生了分阶段的坠积。

第Ⅶ层的A-Ⅶ-①、A-Ⅶ-③、A-Ⅶ-⑤样品，其共同特点是在膨胀片中尚有16~18Å峰，说明有蒙脱石存在；14Å峰加热处理后是绿泥石Å峰值的变化，与其他层位相比，高岭石和绿泥石共有7Å峰表现为突出的强峰，而高岭石的3.53Å峰又高于3.53的绿泥石峰，表明7Å峰中的成分高岭石多于绿泥石；伊利石10Å峰变化不大或略有减弱之势，膨胀片中24Å出现。综合上述现象和半定量统计，本层黏土矿物组合为含伊—蒙混层的伊利石—高岭石—绿泥石。在电镜中可观察到有重叠很多不易分散开的高岭石集合体（图版一〇一，10）。同时我们也观察到高岭石晶片本身个体较大，个别晶片一侧局部有水溶现象（图版一〇一，11），有的高岭石晶片水溶膨胀后一侧变形为外层而后卷成为中空筒状的外侧（图版一〇一，12），即多水高岭石（埃洛石），这种中空卷在影像中常有出现。因此，本层所处环境应是暖和而潮湿的暖湿气候条件。

第Ⅷ层是剖面中的文化层，为此，我们重复取样作分析，分析结果是本层的黏土矿物属上部的A-Ⅷ-①样品与下半部的A-Ⅷ-③、A-Ⅷ-⑤样品略有不同。在A-Ⅷ-①样品的定向片中16.1Å和膨胀片中的17.67Å为蒙脱石的显示峰，加热片中蒙脱石10Å的成分重叠于加热片的伊利石10Å之中。伊利石10Å和5Å为样品的稳定优势成分，定向片的14Å和加热片中的13Å为绿泥石 X 衍射峰，定向片中 7Å 为高岭石和绿泥石共有的 Å 峰，与第Ⅶ层相比，定向片中的 7Å 峰的峰柱低许多，与第Ⅶ层相同的是高岭石的 3.57Å 峰柱仍高于 3.53Å 的绿泥石峰柱，不过它们的峰柱相差不多，也就是高岭石的含量略高于绿泥石。此外，膨胀片中还有 25Å 的混层黏土。据电镜观察仍见有较密集或呈六方形的高岭石晶片，其间可见到稀疏的伊利石和蒙脱石（图版一〇一，13、14）。A–Ⅷ–①样品的黏土矿物组合为含伊—蒙混层的伊利石—高岭石—绿泥石，堆积时应属于温和而湿润的温湿气候。与第Ⅶ层相比，湿热程度均不如前者。第Ⅷ层 A–Ⅷ–③、A Ⅷ–⑤样品的黏土矿物与上部地层的不同之处是定向片中的 7Å 又略有降低，相反 3.56Å 的高岭石峰略低于 3.53Å 的绿泥石峰。在电镜观察中仍可见到在Ⅶ层中所含有的水针铁矿结晶（图版一〇一，15）。因此，本层下半部地层的黏土矿物组合为含伊—蒙混层的伊利石—绿泥石—高岭石，其气候为温和而半湿润的自然环境。

第Ⅸ层的 A–Ⅸ–①、A–Ⅸ–②样品，在处理前后的黏土矿物 Å 值峰的变化中，显示有蒙脱石的 Å 峰，伊利石 Å 峰和绿泥石 Å 峰也很典型。此外，并含有伊—蒙混层，绿泥石的 3.53Å 峰比高岭石的 3.56Å 峰略高。电镜中可观察到高岭石晶片之间碳酸钙质的似石针类微形结晶（图版一〇一，16），说明土层的颗粒之间比较疏松，并含有一定水气，受气候小波动的影响在干燥阶段经蒸发的结晶。综上所述，本层的黏土矿物组合为伊—蒙混层的伊利石—绿泥石—高岭石，属半干燥的温凉气候条件下的堆积。

综观上述黏土矿物分布反映的 A 点各层气候的演变，由下至上，第Ⅸ层由于与地下水面更为接近，可能曾经因气候波动引起地下水的升降而产生水气干湿的变化，这种变化幅度频繁而短暂，形成了层次多而较密集的薄层钙板堆积，但总趋势是由此向上直至第Ⅶ层，气温由温凉向温和演变，与此同时湿度逐渐增强，第Ⅶ层已是潮湿温和的气候。第Ⅶ层堆积以后，气温逐渐下降，相比之下湿度变化却很迅速，即湿度明显地向干旱方向发展。在第Ⅶ层与上部地层之间湿度有较大的差异，上部地层堆积时因干燥气候的原因，碎屑物很快收缩使颗粒间的孔隙度加大，呈疏松状态的洞穴风化碎屑失去彼此黏结和支撑力，在重力的影响下产生大量崩塌，第Ⅴ、Ⅵ层成为 A 点主要集中的坠积层。在第Ⅴ层堆积后，为洞穴顶部后期堆积层留出了空间，从此后期的堆积气候就更加明显地向低温和干旱方向发展，A 点为更新世中、后期的堆积，它的中上部显示了向晚更新世过渡变化的气候特征。

（三）化学成分及其分布

沉积物中细粒组分（粒径 <0.001 毫米）随着自然界气候条件的变化，它们中的化学元素形成多种氧化物，因元素的迁移、流失、聚积等重新组合，这些演化均呈现出不同气候带的地球化学特征。它们与黏土矿物的氧化物结晶构造有一定的联系，在风化作用时间越长，受风化作用越强的情况下，它们与母岩的继承性越不明显，而是受外动力改造影响更大。因此，其化学成分数据的分布和变化，不仅可以作为研究黏土矿物的补充，而且是用来探讨气候标志的手段之一。

1. 主要化学成分及其在层间的变化

A 点洞穴堆积的垂直剖面对比分析见表 7–12。表中显示全剖面 SiO_2 含量在 20%~58% 之间，Al_2O_3 含量为 5%~15%，SiO_2、Al_2O_3 是较难分解而稳定的氧化物，这些氧化物由上至下的层位含量均同步降低，其中 A–Ⅵ层和 A–Ⅶ层降低尤为明显，说明这两层受风化和水解作用较强，在气

表 7-12 金牛山遗址 A 点洞穴堆积各层主要化学成分表（%）

采样编号	SiO$_2$	Al$_2$O$_3$	Fe$_2$O$_3$	FeO	MgO	CaO	Na$_2$O	K$_2$O	TiO$_2$	P$_2$O$_5$	MnO	烧失量	$\frac{SiO_2}{Al_2O_2}$	$\frac{FeO}{Fe_2O_3}$
A-Ⅰ-②	54.81	13.4	4.93	1.24	3.39	6.42	0.8	2.38	0.74	0.36	0.11	11.51	7.21	0.56
A-Ⅱ-①	58.32	14.08	5.22	0.92	3.37	3.71	1.12	2.6	0.76	0.68	0.12	9.03	7.3	0.38
A-Ⅱ-③	58.29	14.07	5.14	1.1	2.29	3.4	1.22	2.72	0.78	0.42	0.12	9.7	7.31	0.47
A-Ⅱ-⑤	57.64	13.86	5.39	1.03	3.12	3.64	1.18	2.66	0.74	0.52	0.13	10.1	7.33	0.42
A-Ⅳ-①	50.71	12.14	4.98	0.81	5.16	7.86	6.78	2.18	0.64	0.54	0.16	13.88	7.37	0.36
A-Ⅳ-②	52.12	13.05	5.1	0.86	4.37	6.77	0.95	2.56	0.71	0.5	0.14	12.67	7.05	0.38
A-Ⅴ-①	46.68	11.21	4.35	0.66	10.38	5.16	0.52	1.8	0.56	0.71	0.17	16.92	7.21	0.33
A-Ⅴ-②	44.51	10.43	4.3	0.72	11.14	7.05	0.64	1.96	0.55	1.14	0.16	18.48	7.24	0.37
A-Ⅵ-①	35.92	8.37	4.06	0.48	13.4	6.18	0.42	1.56	0.23	0.64	0.18	28.54	7.29	0.26
A-Ⅵ-②	38.19	9.63	3.84	0.32	19.32	5.14	0.56	1.72	0.44	0.56	0.16	22	7.02	0.18
A-Ⅶ-①	23.34	5.53	2.93	0.24	27.87	5.17	0.22	1.18	0.28	0.74	0.12	32.34	7.2	0.18
A-Ⅶ-③	19.94	4.73	2.65	0.2	31.35	3.32	0.25	0.98	0.24	0.53	0.12	35.7	7.17	0.17
A-Ⅶ-⑤	19.3	4.65	3.21	0.33	30.86	3.85	0.26	0.88	0.3	0.62	0.14	35.66	7.05	0.23
A-Ⅷ-①	17.15	4.05	2.4	0.27	33.85	3.27	0.26	0.72	0.21	0.42	0.11	36.3	7.25	0.25
A-Ⅷ-③	25.72	5.94	4.7	0.48	32.25	4.97	0.46	0.96	0.32	0.32	0.13	33.65	7.33	0.23
A-Ⅷ-⑤	29.42	6.76	3.64	0.4	23.83	4.92	0.48	1.12	0.3	0.69	0.14	28.45	7.38	0.28
A-Ⅸ-①	31.82	7.24	3.06	1.02	22.68	4.02	0.42	1.32	0.35	0.8	0.16	27.1	7.45	0.26
A-Ⅸ-②	30.56	6.93	3.44	0.81	24.64	3.43	0.51	1.18	0.31	0.57	0.12	27.48	7.47	0.18

候高温高湿度的条件下，化学作用比较活跃。至于 SiO$_2$/Al$_2$O$_3$ 比值在全剖面中均相同，只能说明堆积体各层的来源均相同。铁氧化物 Fe$_2$O$_3$ 在 2.5%~5.22%，FeO 在 0.24%~1.24%，二者在全剖面中只有Ⅶ层及其邻近的层位含量相对较低，说明该层堆积期相对湿度较大，铁元素流失更多。FeO/Fe$_2$O$_3$ 比值在相应地层中也偏低，在湿热气候和氧化充分的地区，低价铁 F^{+2} 极不稳定，其迅速转化成高价铁 Fe^{+3} 也印证了上述气候情况。MgO 的百分含量为 2.29%~33.85%，CaO 为 3.27%~7.86%，CaO 百分含量自上层而至下层减少，前者含量的变化趋势适为相反，由上而下的层位含量增加，就其原因是与所处的基岩岩性及后期气候变化有关。A 点洞穴基岩白云质大理岩为主的碳酸盐岩类，基岩成分中含有一定成分的方解石和白云岩，白云岩理论化学成分平均值为 CaO30.4%、MgO21.9%。本区基岩镁成分较高，为富镁地层开发区，剖面靠底部的层位镁成分较高，说明堆积体的物源更近于本地。表 7-12 中 K$_2$O 及 TiO$_2$ 的百分含量由上至下的层位呈减少趋势，同样是与地层堆积时气候干冷、湿热程度的差异有关，它们都是随化学风化程度加深而迁出。P$_2$O$_5$ 含量稍高的层位在剖面的中段，可能是与堆积过程中很少受流动的天然水扰动有关，只有在很少受搬运的环境中原岩内 P 元素的氧化物才保留较好。而剖面中的 A-Ⅴ、A-Ⅵ层为重力作用下的就地堆积层，它的成分相对含量稍高，MnO 在剖面中变化不大，Mn 是迁移性较差的元素。表中烧失量由上至下的层位增加，尤其在 A-Ⅵ层底部开始变化最大，至 A-Ⅶ层和 A-Ⅷ层上部烧失

量多达 30% 以上。一般烧失量中除有机炭以外，还包括其他挥发物，CO_2 和结合水等，在干旱而寒冷的气候条件下，化学风化和生物风化作用微弱，烧失量中应有的成分都比较单一或量少，在此表现烧失量 10% 左右的最低含量是 A-Ⅰ层和 A-Ⅱ层，其次是 A-Ⅳ层。烧失量多说明有机成分高，剖面靠底部地层的烧失量高，说明包括动物化石等有机成分相对含量更丰富。

2. 可溶盐、酸碱度天然有机质含量及灰烬层分析

可溶盐有多种，考虑研究对象处于碳酸盐岩的洞穴环境，与其他蒸发盐岩类生成环境相差较大，这里只对重碳酸盐中的 $CaCO_3$ 和 $MgCO_3$ 的分布作进一步探讨。地层中可溶岩尤其是 $CaCO_3$ 含量，可以反映堆积时的气候状况，其含量的变化也有助于了解气候变迁的经历和变化趋势。在其百分含量增多的地层，反映了气候干燥少雨，其中的可溶盐不但不致被淋溶并获保存，而且可能产生新的可溶沉积而保留如钙板层。而百分含量减少的地层，反映堆积时的气候温暖而多雨，可溶盐被淋溶而流失。表 7-13 中 $CaCO_3$ 和 $MgCO_3$ 百分含量在剖面中的总体变化趋势是一致的，最高值集中在剖面上部 A-Ⅱ 至 A-Ⅳ 层，其次是 A-Ⅴ 和 A-Ⅵ 层，最低是 A-Ⅶ和 A-Ⅷ层，A-Ⅸ层又略有增高。至于局部层段如 A-Ⅱ-③至 A-Ⅳ-①的 $MgCO_3$ 百分含量集中偏高分布的状况，可能属气候小波动的反映，但总体含量分布说明在此以前上述各层气候状况及层间的气候演变序列。即 A-Ⅱ层为干旱而温寒的气候，A-Ⅳ层为干旱而温凉气候，A-Ⅴ、A-Ⅳ层为干旱而温和的

表 7-13　金牛山遗址 A 点洞穴堆积各层可溶盐、酸碱度、有机质含量表

样号	主要可溶盐		ph 值	有机质（%）
	$CaCO_3$（%）	$MgCO_3$（%）		
A-Ⅰ-①	5.09	1.07	8.2	0.48
A-Ⅱ-①	9.55	1.22	8	0.41
A-Ⅱ-③	8.36	1.59	8.3	0.52
A-Ⅱ-⑤	7.86	1.7	8.1	0.59
A-Ⅳ-①	7.13	1.67	8.2	0.37
A-Ⅳ-②	7.1	1.32	8.1	0.32
A-Ⅴ-①	6.28	1.13	7.8	0.44
A-Ⅴ-②	6.58	1.06	8.1	0.3
A-Ⅵ-①	7.79	1.31	8.2	0.36
A-Ⅵ-②	4.99	1.16	8.3	0.41
A-Ⅶ-①	3.43	0.87	8	0.17
A-Ⅶ-③	3.07	0.92	8.2	0.14
A-Ⅶ-⑤	3.77	0.96	8.3	0.12
A-Ⅷ-①	4.65	0.95	7.8	0.18
A-Ⅷ-③	3.08	0.74	8	0.23
A-Ⅷ-⑤	4.04	0.91	7.9	0.3
A-Ⅸ-①	5.56	1.36	8.2	0.34
A-Ⅸ-②	4.81	1.09	8.3	0.27

气候，A–Ⅶ层为温暖而湿润的气候，A–Ⅷ层为温和湿润——半湿润的气候，A–Ⅸ层为半干旱的温凉气候。可溶岩的分布与气候对照出现的例外，表现在A–Ⅰ层的可溶盐偏低，在上述的其他分析中其为干旱而寒冷的气候，究其原因可能是因为我们在可溶盐分析中采用的是黏土更细的粒级，A–Ⅰ层堆积时间较晚，次生可溶盐的析出尚不如下部地层成熟；其次在空间上A–Ⅰ层物源与其他层位的物源不完全一样。在野外剖面露头的颜色也有异于底部层位，底部层都略带黄、红色，而本层为偏棕褐色，深了许多。

堆积层中的酸碱度取决于当地的气候和地形条件，在多雨气候而蒸发量小的地区，其ph值低，反之偏高。地形低洼河谷水流活跃区，ph值低；反之，偏高。在不同的地区ph值有一定的区范和相应的分布规律。A剖面各层ph值分析结果（表7–13）ph值为7.8~8.3，我们用将今论古的方法推演当时的气候，并对照现代土壤分析推理当时金牛山应处的自然地理带。如今安徽的黄棕壤ph值为5~6，南京的黄棕壤ph值为6~7，我国黄河中上游和华北地区碱性土ph值7.8~9，考虑到A剖面样品取自碳酸盐岩洞穴环境，周边的碱性岩层而且堆积于封闭洞穴都可使其ph值偏高，即实际能反映气候相关的ph值应低于表中数据。由此推理，A剖面ph值特征相当于我国现代黄淮之间的近黄河下游一带，属于温带—暖温带半湿润气候，本地又因位置近海所以应近似于现代山东滨海平原低山丘陵的气候条件，即属温带暖温带的海洋气候特征。但由于雨季时间较短暂且降雨集中，地表缺常年河流，地表岩溶作用微弱，大气降水沿岩石裂隙下渗。在孤立低丘吸收地面的降雨，因汇水面积有限所发育的隐伏型岩溶，虽然规模不大，但在溶隙和洞穴中，仍然可以是中更新世化石的产地，如大石桥附近的小圣水寺层群[1]堆积情况与金牛山堆积相似。

表7–13中有机质含量变化在0.12%~0.48%，这里指的是抗风化残留的有机质，其中有机质量最低的层位是接近湿热气候的A–Ⅶ层和A–Ⅷ层。按常规的自然现象，这种气候条件下，植物繁茂，生物活跃，是盛产有机质的时机。也正是由于气候的原因，与此同时化学风化与生物风化亦盛行，生物被分解的有机酸与雨水结合形成的水流对岩石更具有溶蚀力，土中只剩下耐风化的有机质成分。如果没有后继有机质的不断补充，在有机质有减无增的情况下，这时地层中有机质的含量反不如在干旱、寒冷气候下，原有少量的有机质在地层中的储存。

A–Ⅷ层为文化层，我们在A–Ⅷ层的中部深度大约为12~13米处（此段A–Ⅶ层和A–Ⅷ层部分交叠沉积于同一深度）分别采集了2个灰烬堆积，其颜色为黑灰色，质地疏松，手感重量很轻。当时大量灰烬堆积集中埋藏的位置是在采样点的下部，尚未挖掘出，所采集的灰烬堆积呈零星分布，分析结果：全氮含量分别是0.125%和0.901%，全磷分别是0.18%和0.12%，其中速效氮分别是22.75和58.9毫克/100克土，速效磷分别是3.5和11.3毫克/100克土，速效钾分别是11.6和17.7毫克/100克土。由上述分析可知灰烬层堆积后，虽经后期改造大部分灰烬的肥力会消失，但在埋藏条件下仍可部分保存，其中一个样品中还可见植物粗茎碳粒。

三　A点洞穴成因及其堆积过程

金牛山位于距海岸线不远的滨海平原之上，海拔高度近70米，海滨平原本身在此平均海拔

---

[1]引自区域地层资料。

7~8 米，即使不在碳酸盐岩构成的地区，按常态河流侵蚀和堆积演化，这里也距最终侵蚀基准面——海平面很近，是地表水和地下水汇集入海的水流的水平活动活跃地带。金牛山为孤立于平原之上的小山丘，处于山体余脉的边缘，无论是在与山体分割前还是目前的孤峰状态，因其山体高度和汇水面积都有限，再加上本地降雨较集中，水在山体中的充气带所经历的岩溶作用时间短暂，岩溶水的垂直循环作用是微弱的，这里只有在地下水活动地带即浅饱水带岩溶作用才能持续进行，地下水的升降和水平流动对碳酸盐岩的平原基底侵蚀和溶蚀起了主导作用，尤其在洞穴发育的初期更是如此。根据我们野外观察和采样室内分析结果，将本洞穴的发育分为以下几个时期：

第 1 期底部大型石块陷落，洞穴形成的雏形阶段。碳酸盐岩基底因地下水面涨落和流动，在化学潜蚀和机械淘蚀作用下，原本多裂隙的石块之间的溶隙加大，石块间彼此松动而进行位置调整，使波及的范围逐渐陷落，在它的上部留出孔洞空间。

第 2 期胶结倒石堆堆积，洞穴进一步扩大阶段。本洞穴基本发育在陡立的岩层之间，而南洞壁正处于岩层厚薄不同和岩性都有变化的交界处，因而产生了溶蚀速度的差异，厚层碳酸盐岩的南壁成为暂时的隔水层，这里也是水流汇集的富水带，地表水顺南壁层面渗流而下，在地表水和地下水的共同作用下，形成了本洞穴南壁洞底下沉深度最大的陷落点，使洞底向南倾斜。洞穴北壁为轻度变质的薄层碳酸岩，又因附近断层的影响，使其更加破碎，破碎带的角砾成为北壁倒石堆的物源，最大厚度约 2 米，倒石堆由北向南逼近南壁直铺洞底。此时洞穴已初具规模，平面和深度上都迅速加大。

第 3 期钙板、砂土互层堆积，洞穴初具规模且发育相对缓慢阶段。此时气候半干旱而温凉，沿南洞壁渗入水流缓慢而量小，流入洞穴低洼处呈浅水潭，或因地下水面变化频繁而变化幅度不大，在水面附近的水、气介面因 CO_2 蒸发碳酸钙胶结成薄板状，每层钙板厚约 4~8 厘米，频繁波动形成可达 11 层薄钙板群，钙板之间的砂土为脱离水面阶段的短暂沉积。与此同时，倒石堆中的角砾也经历了溶蚀和胶结过程，有的角砾成次圆形，倒石堆的表面因有钙膜而变得非常光滑。

第 4 期棕红色砂粉土堆积洞穴发育相对稳定阶段。此时气候温和而湿润，堆积区因堆积加高已不受地下水的影响，除北壁只有小范围的倒石堆的堆积，大部分为粉细砂土，此时因洞壁坍塌，洞顶扩展已较高，在早期发育的空间生成石灰华，如洞顶型的钟乳石、洞壁型流石壁，尽管其形态尚不够成熟，但仍可作为洞穴发育趋于稳定的标志。虽然洞穴空间不大，但此时的洞穴仍可作为遮风躲雨的地方，何况 A 点洞穴位于金牛山东南方向，更增添了它的避风有利条件，A–Ⅷ层成为文化层，是因这一时期洞穴处于相对稳定的阶段，从而使它得以成为临时避风场所。

第 5 期深棕红色砂土涌入，洞穴被淤积阶段。此时为暖湿气候，温暖而多雨，洞外的洪水高水面涌入洞穴（此层发现有淡水贝壳化石），沉积剖面显示有水平层理和斜层理的沙土，并具有沙层的透镜体，说明水流具有一定的流速，在高水面的淤积物，使原本高低不平的洞底从此被淤，洞底趋于水平。

第 6 期大型角砾堆积，洞顶集中崩塌阶段，包括 A–Ⅴ、A–Ⅵ角砾层。除特殊原因应力作用的改变（如地震等）外，洞穴崩塌增强一般是洞穴发育过程中的成年现象。A 点洞穴为平行岩层走向发育，洞穴延伸与岩层走向一致。洞顶岩层之间互相挤靠起拱砌体作用时间不会很长，尤其当洞底的宽度超过对洞顶所能支撑的跨度极限，加之在气候频繁干旱波动的情况下，洞顶的稳定程度更差，A 点洞穴这三种条件均具备，A–Ⅴ、A–Ⅵ层气候温和而干燥，从上述实验分析，从 A–Ⅵ

层底部向上至 A–V 层，干燥程度是增强的，这将会影响岩层间碎屑物的收缩，促进岩层松动，在重力作用下产生大量崩塌堆积。

第 7 期棕黄色黏土质粉砂、胶结角砾层和厚层钙板交互堆积，因洞外碎屑充填，使洞穴进入消亡阶段。因前期洞顶崩塌牵动了洞壁，使北壁破碎留下部分缺口，这些缺口接受大量坡面水流带来的碎屑。此时的气候已转为干旱寒冷，北壁冻裂并物理风化形成直径较小的岩屑角砾。它们经间歇性层状水流沿坡面而下，伴随流动的同时随时蒸发提高了水的矿化度，水流渗入碎屑使之成为胶结物并构成胶结角砾层，部分水流也可以断续地渗入形成透镜状钙结层。因水体厚度和矿化度及其所含碎屑饱和程度不同，形成了厚度不等的钙板层。这些钙板层不同于 A–IX 层中的薄钙板群，后者为洞裂隙流动的薄层水，缓慢流生低洼的浅水潭中，或近地下水面附近，是液态静水表层蒸发的结晶，其钙质较纯净。从粒度分析所知，A 点剖面上部各碎屑层中的粒径，是全剖面平均粒径最细的层位，这些地层粒度的两极化现象——角砾碎屑和黏土质粉砂，缺少或含量很少的中间过渡粒径砂质成分，其原因是底部除VII层外主要产生于洞中，而靠顶部地层，因洞顶部分与外已开通，部分物质可来自于洞外，表现在除有洞外残积物外，甚至还包含部分风积物，上述物质交互成层，直至洞穴所余空间被完全充填，溶洞亦走向终极。A 点洞穴演化，虽然由于其自身条件使有的发育阶段并不成熟，但也经历了溶蚀、侵蚀扩大洞室——相对稳定和崩塌填充的全过程，不同的是外来物的填充在末期起了重要作用，加速了溶洞的消亡。

综上所述，将 A 点洞穴演化简略为以下模式（由下至上）：

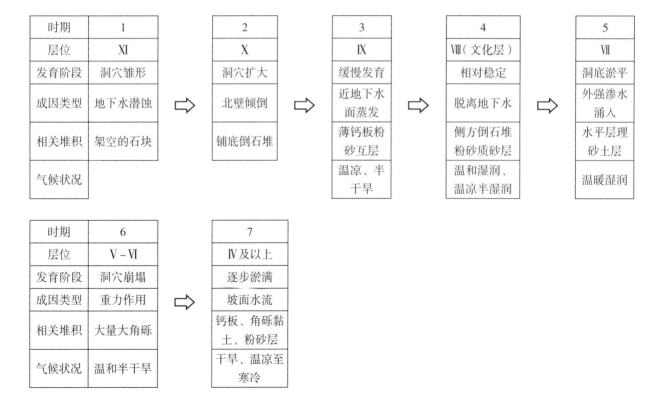

时期	1		2		3		4		5
层位	XI		X		IX		VIII（文化层）		VII
发育阶段	洞穴雏形		洞穴扩大		缓慢发育		相对稳定		洞底淤平
成因类型	地下水潜蚀		北壁倾倒		近地下水面蒸发		脱离地下水		外强渗水涌入
相关堆积	架空的石块		铺底倒石堆		薄钙板粉砂互层		侧方倒石堆粉砂质砂层		水平层理砂土层
气候状况					温凉、半干旱		温和湿润、温凉半湿润		温暖湿润

时期	6		7
层位	V–VI		IV 及以上
发育阶段	洞穴崩塌		逐步淤满
成因类型	重力作用		坡面水流
相关堆积	大量大角砾		钙板、角砾黏土、粉砂层
气候状况	温和半干旱		干旱、温凉至寒冷

第四节　孢粉分析与古环境

A 点洞穴孢粉分析是由王宪曾和姜钦华做的。王宪曾做的标本是 1986 年采集的 A 点西壁上部堆积的 I ～ VII 层。姜钦华样品系 1994 采自金牛山 A 点地层下部西壁剖面的 VII ～ IX 层。

一　A 点洞穴堆积第 I ～ VII 层孢粉分析

本部分运用微古植物（Mircopalacobotany）的分析方法，详细探讨了金牛山人生活时期的古环境。对洞穴中自上而下七个堆积层进行了系统采样，总采集样品 25 个，经实验室分析、鉴定发现，在七个层中除发现了许多孢粉化石（Sporo-pollen fossils）以外，还含有十分丰富的真菌化石（Fungi fossils）、苔藓孢子化石（Bryophyta spore fossils）和硅藻化石（Diatoms fossils），另外在个别层位中（表 7–14）还发现少量的绿藻类鼓藻化石（如空星藻 *Coelastrum* sp.）、粗面球藻化石（*Granodiscus* sp.）等。

如上十分丰富的微体古植物化石类群无疑对进一步探讨当时的古环境演变具有十分重要的意义。

现根据上述主要微体古生物类群的特征、生态环境等因素对金牛山古智人生活时期的自然环境作一简要分析。

（一）地层概述

金牛山人居住的洞穴堆积层，经近几年来的详细研究，自上而下可分为七层（图 7–15）。

上覆层：洞穴顶为前震旦纪系白云质灰岩、含镁大理岩。

晚更新统下部 Q_3^1

I 层：棕褐色黏土质粉砂土，厚 1.3 米。距今约 4 万~1 万年。

II 层：棕黄色黏土质粉砂土，含钙结核，厚 2.4 米。距今约 9 万~5 万年。

III 层：角砾层，厚 0.5 米。距今约 15 万~10 万年。

IV 层：棕黄色黏土质粉砂，含钙质结核层，厚 1.2 米。距今约 16 万年。

中更新统晚期 Q_2^3

V 层：棕红色砂质粉砂土，含角砾，厚 1.5 米。距今约 22 万年。

VI 层：棕红色砂质粉砂土，含角砾，厚 1.8 米。距今约 27 万~25 万年（金牛山人发现于此层）。

VII 层：棕红色粉砂土，厚 0.8 米。距今约 28 万年。

（二）微古植物体类群简介

对上述七个堆积层经野外系统采样，及进行详细的室内实验室分析，发现如下四类微体古生物化石。

1.孢粉化石

蕨类孢子计有：

表 7-14　　　　　　　　金牛山遗址 A 点洞穴堆积剖面微古植物化石组合表

时代	层号厚度	标本编号	主要微古植物类群			
			孢粉化石	真菌孢子化石	苔藓孢子化石	硅藻及其他化石
第四纪晚更新统 Q₃	Ⅰ 1.4 米	1	*Polypodium* sp. *Pinus* sp. *Larix* sp. *Ephedra* sp. *Betula* sp. *Quercus* sp. Compositae	*Inapertisporites* sp. *Dicellaesporites* sp. *Multicellaesporites* sp.		*Cymebella* sp.
		2	*Selaginella* sp. *Salix* sp. *Ulmus* sp. *Quercus* sp. *Artemisia* sp.	*Inapertisporites* sp. *Dicellaesporites* sp.		
		3	*Quercus* sp. *Salix* sp. *Aster* sp. Gramincae *Larix* sp. *Cupressus* sp.	*Multicellaesporites* sp. *Diporicellaesporites* sp.		
		4	*Polypodium* sp.	*Multicellaesporites* sp.	Bryophyta spora	
	Ⅱ 2.4 米	5	*Salix* sp. *Quercus* sp.	*Multicellaesporites* sp.		
		6	*Larix* sp.	*Multicellaesporites* sp.		
		7		*Multicellaesporites* sp.	Bryophyta spora	
		8	*Juglans* sp.		Bryophyta spora	
		9	*Pinus* sp. Compositae *Salix* sp. Gramincae		Bryophyta spora	
	Ⅲ 至 Ⅳ 1.6 米	10				
		11	*Osmunda* sp. *Quercus* sp. *Lilium* sp. Gramincae	*Multicellaesporites* sp.	Bryophyta spora	*Notholca* sp. *Granodiscus* sp.
		12			Bryophyta spora	
		13	*Rosa* sp. *Ginkgo* sp. *Cupressus* sp.		Bryophyta spora	
		14	*Rosa* sp.			
		15	*Quercus* sp. Gramincae		Bryophyta spora	*Epithemia* sp.
中更新统晚期 Q₂³	Ⅴ 1.5 米	16	*Cupressus* sp. *Lilium* sp. Compositae	*Multicellaesporites* sp. *Dicellaesporites* sp.	Bryophyta spora	
		17	*Quercus* sp. *Salix* sp. *Polypodium* sp.		Bryophyta spora	
		18	*Quercus* sp. Compositae	*Inapertisporites* sp. *Multicellaesporites* sp.		
	Ⅵ 1.8 米	19	*Pinus* sp. *Ephedra* sp. *Potamogeton* sp.	*Multicellaesporites* sp.	Bryophyta spora	
		20	*Polypodium* sp. *Pinus* sp. *Quercus* sp. *Lycopodium* sp. *Cupressus* sp. *Chenopodium* sp.		Bryophyta spora	
	Ⅶ 0.8 米	21	*Polypodium* sp.		Bryophyta spora	
		22		*Multicellaesporites* sp.	Bryophyta spora	
		23	*Polypodium* sp. Gramincae		Bryophyta spora	
		24	*Polypodium* sp. *Pinus* sp. Gramincae	*Multicellaesporites* sp.	Bryophyta spora	Chlorophya
		25	*Selaginella* sp. *Larix* sp. *Polypodium* sp.			Coelastrum sp.

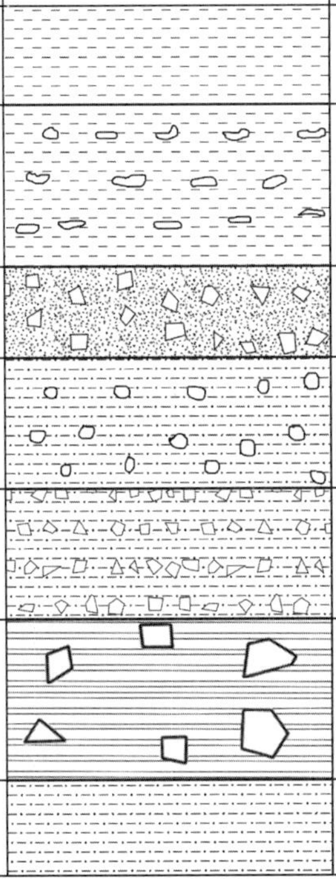

时代	分层及厚度	柱状剖面	岩性描述	微体化石	估计年龄
第四纪晚更新世 Q₃	I 1.4 米		黄褐色砂土	含孢粉及真菌化石	距今 4~1 万年
	II 2.4 米		灰黄色砂质土含钙结核	含孢粉、真菌及苔藓孢子化石	距今 9~5 万年
	III 0.4 米		角砾层		距今 16~10 万年
	IV 1.2 米		粉砂土含钙结核	含孢粉、苔藓及硅藻化石	
中更新世晚期 Q₂²	V 1.5 米		褐色粉砂土含角砾	含孢粉、真菌及苔藓化石	距今 22 万年
	VI 1.8 米		棕红色砂质土含角砾	含孢粉、真菌及苔藓孢子化石	上部：距今 25 万年 下部：距今 27 万年
	VII 0.8 米		棕红色粉砂土	含孢粉、苔藓及真菌化石	距今 31~28 万年

图 7-15 金牛山遗址 A 点洞穴堆积剖面综合柱状示意图

水龙骨属 *Polypodium* sp.（图版一〇二，6、11、12）

紫萁属 *Osmunda* sp.

石松属 *Lycopodium* sp.

蕨属 *Pteridium* sp.

卷柏属 *Selaginella* sp.

裸子植物花粉：

松属 *Pinus* sp.

柏属 *Cupressus* sp.

落叶松属 *Larix* sp.（图版一〇二，10）

银杏属 *Ginkgo* sp.

麻黄属 *Ephedra* sp.（图版一〇二，5）

被子植物花粉：

栎属 *Quercus* sp.（图版一〇二，14）

桦属 *Betula* sp.

榆属 *Ulmus* sp.（图版一〇二，9）

柳属 *Salix* sp.

胡桃属 *Juglans* sp.

蔷薇属 *Rosa* sp.

菊科 Compositae

蒿属 *Artemisia* sp.（图版一〇二，16）

紫菀属 *Aster* sp.

禾本科 Gramincae（图版一〇二，17）

藜属 *Chenopodium* sp.（图版一〇二，8）

百合属 *Lilium* sp.（图版一〇二，13）

眼子菜属 *Potamogeton* sp.

共发现蕨类植物孢子 5 属，裸子植物花粉 5 属，被子植物花粉 13 属。在三大类孢粉化石中以被子植物花粉占优势，约占总数的 60%~70%；次之为裸子植物花粉和蕨类植物孢子，在被子植物花粉中又以旱生的菊科、禾本科等草本花粉为主，乔木类型的花粉均为落叶类型。孢粉组合的总的特点反映了第四纪中晚期的森林草原植被。

2. 真菌化石

该类群化石属于植物界中的真菌植物门（Eumycophyta），其植物体能产生大量孢子。真菌类的各种孢子可保存为化石，故此次发现的均为真菌的孢子化石，又称菌孢化石（Fungi Spores fossils）。此洞穴堆积中共发现如下的菌孢化石：

无孔单胞孢属 *Inapertisporites* sp.（图版一〇三，13）

无孔双胞孢属 *Dicellaesporites* sp.

无孔多胞孢属 *Multicellaesporites* sp.（图版一〇三，1~8、10~12、14）

双孔多胞孢属 *Diporicellaesporites* sp.（图版一〇三，9）

其中以无孔多胞孢属占绝对优势。由于真菌植物绝大多数营寄生或腐生生活，而且多寄生潮湿土壤中的各种植物体上，所以真菌化石所反映的环境为潮湿而腐殖土十分丰富的土壤环境。

3. 苔藓植物孢子化石

苔藓植物体本身一般很少能保存下来成为化石，然而苔藓植物所产生的孢子由于具有坚固的外壁却能很容易被保存下来成为化石，如孢粉分析中经常发现各种各样的苔藓孢子的化石。由于苔藓植物也大多生活于阴暗潮湿处，故苔藓孢子化石所反映的环境亦是阴暗潮湿的环境。

由于目前对苔藓孢子化石（图版一〇二，1、3、7、15）研究不够，这里只分为苔类孢子（Liverwort spores）（图版一〇二，4；图版一〇三，16、19）和藓类孢子（Mosses spores）两大类，而且在此次发现的苔藓孢子中又以藓类孢子占绝对优势。

4. 硅藻化石

硅藻（Diatom）为藻类植物中一个特化类群，植物体为单细胞或相接成绿状或其他形状的群体，由于细胞壁由硅质组成，故名硅藻。硅藻在植物分类上属金藻门（Chrysophyta）中的硅藻纲（Diatomeae），约有 5000 余种，广布于海洋和湖泊之中，某些种在土壤中也能生活，由于其外壁由硅质组成，因而十分坚固，能大量保存为化石。当前从金牛山洞穴中发现的硅藻化石可能与水流浸入洞穴有关。此次从洞穴堆积层中共发现两个属，一为桥弯藻属 *Cymebella* sp.（图版一〇三，20），另一属为网眼藻属 *Epithemia* sp.（图版一〇三，15、18）。

5. 其他化石

绿藻类鼓藻（图版一〇三，17）：

空星藻属 *Coelaslrum* sp.

粗面球藻属 *Granodiscus* sp.

蠕虫类：

叶轮虫 *Notholca* sp.

（三）微古植物群组合及其古环境意义

在金牛山古智人居住洞穴堆积层发现了以孢粉化石为主，包括真菌化石、苔藓孢子化石及硅藻化石的四大类群微古植物群。

现根据各类群属种含量的多少、古生态环境的特性，自上而下将上述微古植物划分为如下三个组合：

1. 被子植物花粉——真菌化石组合

其时代为晚更新世的中晚期，距今约 9 万~1 万年（洞穴堆积层第 Ⅰ ~ Ⅱ 层）。

该组合的基本特点为孢粉植物群中以被子植物花粉占优势，其中又以乔木类的柳属（*Ulmus* sp.）、栎属（*Quercus* sp.）、榆属（*Ulmus* sp.）和胡桃属（*Juglans* sp.）等落叶乔木为主，其次尚有一定数量的喜干旱的陆生草本植物的花粉，如菊科（Compositae）、蒿属（*Artemisia* sp.）、紫菀属（*Aster* sp.）、禾本科等。本组合中还含有少量喜干旱的麻黄属（*Ephedra* sp.）花粉和喜温凉的柏属（*Cupressus* sp.）花粉以及喜寒冷的落叶松属（*Larix* sp.）的花粉。

该组合的另一个特点是真菌孢子化石特别丰富，其中以第四纪中常见的无孔多胞孢属（*Multicellaesporites* sp.）占绝对优势，其次尚有少量的无孔双胞孢属（*Dicellaesporites* sp.）、无孔单胞孢属（*Inapertisporites* sp.）以及双孔多胞孢属（*Diporicellaesporites* sp.）。在该组合的下部还出现了一些苔藓类的孢子。

2. 草本花粉——灌木花粉组合

其时代为晚更新世早、中期，距今约 16 万~10 万年（洞穴堆积的第 Ⅲ ~ Ⅳ 层）。

该组合中孢粉植物群占绝对优势，其中喜干旱的陆生草本植物禾本科、百合科（Liliaceae）的花粉十分常见。其次尚有一些以蔷薇属（*Rosa* sp.）为代表的灌木类的花粉，落叶乔木类的花粉大大减少，真菌的孢子化石几乎不见；但该组合中还可见到一般数量的苔藓植物的孢子，在该组合中还发现了硅藻类的网眼藻属（*Epithemia* sp.）。

3. 蕨类孢子——苔藓孢子组合

其时代为中更新世晚期，距今约 28 万~25 万年（洞穴堆积的第 Ⅴ ~ Ⅶ 层）。

该组合内的孢粉植物群中以蕨类植物的孢子占优势，主要属种为水龙骨属（*Polypodium* sp.）、石松属（*Lycopodium* sp.）、铁线蕨属（*Adiantrum* sp.）等，其中以水龙骨属占绝对优势。其次为被子植物花粉，常见属种为栎属（*Quercus* sp.）、柳属（*Salix* sp.），以及陆生草本花粉百合科（Liliaceae）、菊科（Compositae）、藜属（*Chenopodium* sp.）等，个别层位中还出现了水生草本眼子菜属（*Potamogeton* sp.）的花粉。

组合中还出现了少量裸子植物花粉，如松属（*Pinus* sp.）、落叶松属（*Larix* sp.）以及麻黄属（*Ephedra* sp.）等。

组合中的另一特点为苔藓类植物的孢子特别繁盛，从上到下都十分丰富，个别层（Ⅵ层）在整个微古植物群中占绝对优势，而且以苔藓类孢子为多。组合中还含有少量无孔多胞孢属（*Multicellaesporites* sp.）的孢子，本组合中个别层位还发现硅藻类的网眼藻属（*Epithemia* sp.）和绿藻类的空星藻属（*Coelaslrum* sp.）。

从上述三个微古植物组合的生态环境特性分析，它们明显地反映了洞穴环境的特点。在微古植物组合的四大类群中就有真菌类、苔藓类和硅藻类三个类群的植物群都需要潮湿的环境，特别是苔藓类植物在阴暗潮湿的环境中最为繁盛，而洞穴环境恰好为苔藓植物的生长提供了良好的水分条件和弱光环境。因为阴暗的洞穴当然极少有阳光照射进去，因此金牛山洞穴（A点）很可能就是一个大半封闭的洞穴，甚至可能只是一个不十分大的洞口。该洞穴一般来说是不会开天窗的。其次洞穴中应该是非常潮湿的，这一方面固然是因为大半封闭的洞穴中水分不易蒸发，而且更为重要的是在洞穴堆积层中还发现了因流水作用而形成的水平层理（Ⅴ~Ⅶ层内）。不仅如此，从微古植物组合中发现了水生草本植物的花粉——眼子菜也是一个很好的例证。

洞穴堆积的另一个特点是它既能受洞穴内阴暗潮湿的小环境影响，而且也受洞外的古气候条件和古植被类型的制约，这可以从孢粉植物群的组合特点明显地反映出来。由于在孢粉植物群中许多重要属种为风媒花的花粉，特别是榆属、栎属、桦属、柳属等荑荑花序类的落叶乔木树种大多为风力传播的花粉，这些花粉也可以由风力或水力搬运到洞穴中来，所以洞穴中的孢粉组合所反映的古环境条件基本上也反映了洞外的自然环境。从孢粉植物群的演变可以明显地反映出当时古环境演变的三个阶段：

（1）中更新世晚期（Q_2^3），距今27万~22万年

洞穴中孢粉植物群的优势类群为反映暖湿气候环境的水龙骨科（Polypodiaceae），这种植物特别繁盛。同时也由于洞外暖湿气候的影响，在古智人居住的洞穴中的四壁生长出了性喜阴暗潮湿的苔藓植物。在该阶段内，洞中有时在低洼处还可能有积水现象，在水中可能生有水生草本植物，如从发现于第Ⅵ层的第19号样品中就分析出了水生草本植物眼子藻的花粉。该阶段被子植物的花粉中，以栎属含量最高，反映了洞外的古植被类型为以栎为主的包括榆、桦、柳等落叶乔木类组成的落叶阔叶林，草本植物的花粉则仍以菊科、禾本科为主。

在洞穴内由于古人类的活动，特别是用火之后形成的文化层中腐殖质含量增加，加之暖湿气候，在某些层位还滋生有一些在腐殖质丰富且土壤潮湿的环境中特别繁盛的真菌植物。

（2）晚更新世早期（Q_3^1），距今16万~10万年

该时期的孢粉植物群反映为乔木类的花粉大大减少，灌木类花粉出现，草本花粉开始增加，真菌类植物大幅度减少，苔藓类植物也有所下降，这反映了由暖湿气候向干温气候的转变。这一阶段由于洞穴堆积层的加厚，距洞顶的距离越来越近，地下水位相对下降，使洞穴的潮湿程度明显减少，因而真菌类植物大大减少。而洞穴四周的洞壁上由于有雨水下渗，四壁仍然较为潮湿，苔藓类植物依旧相当繁盛。但从孢粉植物群的特点分析，洞外的古气候正处于较为干温时期，古植被的类型也以灌木草原为主。

（3）晚更新世中晚期（Q_3^{2-3}），距今9万~1万年

该阶段孢粉植物群的最大特点为被子植物的花粉占优势，其中以旱生草本植物和落叶乔木树种的花粉含量最高，古植被反映为森林草原型。古气候已经完成了由暖湿向干旱气候的转变，在该组合中出现了众多的代表干旱气候的属种，如裸子植物中的麻黄，旱生草本植物的菊科、蒿属、

禾本科等。由于大气候的影响，洞穴内也相应地干燥，所以在该阶段内耐阴而性喜潮湿的苔藓植物很不发育，而真菌的孢子却十分繁盛，这可能和人类活动的频繁、大量腐殖质被带入洞内有关。加之洞内环境仍然比洞外相对潮湿，从而为真菌类的生长提供了丰富的物质基础和适宜的环境条件，而要求有十分充足的水分条件的苔藓植物则在干旱的环境条件下不能很好地生长。造成苔藓植物减少的另一个原因可能是由于距洞顶较近，外部的阳光通过洞口直接照进洞内的可能性比第一阶段为大。

总之，由中更新世晚期—晚更新世早期—晚更新世晚期，古气候的变化趋势为暖湿—干温—干旱。其古植被的变化趋势为由阔叶落叶林—灌木草原—森林草原。而在洞穴内，由于暗潮的环境则只能生长一些低等的真菌植物和性喜阴暗潮湿的苔藓植物。洞穴环境演变的主要特点为洞穴由深逐渐变浅。

二 A 点洞穴堆积第Ⅶ～Ⅸ层孢粉分析

（一）样品及研究方法

1. 样品层位

样品系 1994 年 9 月由北京大学考古系金牛山发掘队采自金牛山遗址 A 点西壁剖面下部地层。共分析了其中 16 个样品，具体情况见表 7-15。

表 7-15　　　　　　　　　　金牛山遗址 A 点洞穴西壁剖面采样情况

样品编号	层位	深度	备注
1	Ⅶ	7.5	黄红色砂土，含动物骨骼
2	Ⅶ	8	黄红色砂土，含动物骨骼
3	Ⅶ	8.5	黄红色砂土，含动物骨骼
4	Ⅶ	9	土黄色砂土，含动物骨骼
5	Ⅶ	9.5	土黄色砂土，含动物骨骼
6	Ⅶ	10	土黄色亚黏土，动物骨骼多
7	Ⅷ	10.4	土黄色亚黏土，含植物根
8	Ⅷ	10.6	土黄色砂土，含动物骨骼
9	Ⅷ	10.8	土黄色亚黏土，含植物根、动物骨骼
10	Ⅷ	11	土黄色亚黏土，动物骨骼较多
11	Ⅸ	11.1	土黄色砂土，含动物骨骼
12	Ⅸ	11.3	土黄色黏土，含动物骨骼碎块
13	Ⅸ	11.4	土黄色黏土，少量砂级颗粒，含动物骨骼
14	Ⅸ	11.5	土黄色亚黏土，动物骨骼较多
15	Ⅸ	11.8	土黄色亚黏土，动物骨骼较少
16	Ⅸ	12.05	土黄色亚黏土，动物骨骼较少

2. 实验室技术

（1）每个样品取 100 克，置于 1000 毫升的大烧杯中，加入少量的稀盐酸溶液（10%），充分搅拌，然后每隔 4 小时搅拌一次，浸泡两天，去掉游离的碳酸钙。

（2）水洗：往上述溶液中加水，每隔 4~5 个小时换水一次，重复 5 次。

（3）离心：把上述溶液的多余水分倒掉，充分搅拌，把泥浆倒入离心管中，离心 10 分钟，转速 1200 转 / 分，然后倒掉离心管中的水，晾干。

（4）重液分选：加入重液，搅拌均匀，放入离心机内离心 15 分钟，重液由 10% 的稀盐酸与无水氯化锌粉末相溶而得，其比重至少要大于 2，最好为 2.1，因为孢粉比重一般在 1.4~1.9 之间。

（5）加稀盐酸清洗：把离心分选后的重液上部液体倒入小烧杯中，加入 5% 的 HCl 溶液，静置一天，每天换洗一次，共两次。

（6）过筛：用孔径为 10 微米和 100 微米的筛子进行过筛，可以过滤掉粒径大的砂粒和粒径很小的黏土，把剩下的吸入小试管中，其中就有孢粉粒，因为孢粉大小一般在 10~60 微米之间。

（7）制片：将保存在试管内的含孢粉液体用试管取出少量，放在盖玻片上，使其自然晾干，然后在载玻片上放入一小块甘油胶，稍加热，使其熔化，然后迅速盖上盖玻片，尽量避免气泡的产生，然后在封好的载玻片上贴上标签，注明标本的编号。

3. 鉴定统计方法

鉴定统计在生物显微镜下进行，放大倍数 ×100~ ×400，在鉴定孢粉属种过程中，以《中国植物花粉形态》（王伏雄等，1995）、《花粉分析指南》（P.D. 摩尔等，1987）等文献所描述的属种特征为鉴定标准。在统计过程中，尽量避免多次统计同一小区内的孢粉。在分析的 16 个样品中（表 7-15），孢粉的种类和数量都不太丰富，且样品之间孢粉数量相差悬殊，鉴定结果只有 24 个科属的孢粉，具体的统计结果见表 7-16。共鉴定孢粉 449 粒，其中木本花粉 68 粒，占孢粉总量的 15.14%，有松、桦、榆、漆树科、栎、柳、泡桐属、瑞香科、柏科等；草本花粉 345 粒，占孢粉总量的 76.84%，在组合中占优势，主要有菊科、蒿属、香蒲科、黎科、禾本科等；蕨类孢子含量最少，包括卷柏属和蕨属，但仅有 16 粒，占孢粉总量的 3.7%；未鉴定孢粉 20 粒，占孢粉总量的 4.5%（图版一〇四）。

表 7-16　　　　　　　金牛山遗址 A 点洞穴西壁剖面的孢粉粒数统计表

类群	样品*															
	1	2	3	5	6	7	8	9	10	11	12	13	14	15	16	
松 Pinus	1															
榆 Ulmns	9	1	1													
桦 Betula	1															1
桦木科 Betulaceae	1															
漆树 Rhus								1				1				
栎 Quercus	28		1													
柳 Salix	9	1	1	1			1			2		2				
泡桐 Paulownia	2															

续表 7-16

类群	样品*														
	1	2	3	5	6	7	8	9	10	11	12	13	14	15	16
沅子梢 *Campylotropis*	1														
豆科 *Leguminosae*												1			
百合科 *Liliaceae*			1												
蒿 *Artemisia*	14	1	4					4		2	3	1	1	2	3
藜科 *Chenopodiaceae*	8	2	3	5		2			1						
禾本科 *Gramineae*			1	1				1		1					
菊科 *Compositae*	140	1	115					1				5			
葡萄科 *VItaceae*			1												
蓼 *Polygonum*		1													
酸浆 *Phusalis*					2					1					
拟搂斗菜 *Paraquilegia*											1				
柏科 *Cupresaceae*	1			1	2										
蕨属 *Pteridium*	3	1		2					1		2	1		1	
卷柏 *Selaginella*	1		1							2				1	
香蒲 *Typha*	8		1									1			
瑞香 *Daphne*														1	
未定孢粉	3	1	1	1		2	1	4	1	1	1	1		1	2
木本植物花粉 *Aboreal*	52	2	3	2	0	0	1	1	0	2	0	3	0	1	1
草本植物花粉 *Herbaceous*	173	5	126	4	4	2	0	6	1	4	4	8	1	2	3
蕨类孢子 *Fern spores*	4	1	1	6	0	0	0	0	0	2	2	1	0	2	0
未定孢粉	3	1	1	1	0	2	1	4	1	1	1	1	0	1	2
孢粉总数	232	9	131	11	4	4	2	11	3	9	7	13	1	6	6
统计盖玻片数（20毫米×20毫米）	5	5	4	5	5	5	5	5	5	5	5	5	5	5	5

*4号样品除真菌孢子外，未见其他属种孢粉，故未列入。
未标明数字者，表示作者未见此种属孢粉。

（二）孢粉组合与古植被、古环境分析

根据孢粉组合特征，金牛山遗址洞穴堆积物自上而下可分为四个组合带。

第Ⅰ组合带为蒿—菊—柳花粉组合带（剖面深 12.05~11.1 米，样品号 16~11）。本带孢粉以草本花粉居首位，木本花粉次之。在草本花粉中，耐旱、耐寒的蒿属花粉含量最高有 12 粒，菊科花粉有 5 粒，尚有少量喜湿的水生植物香蒲科，其他花粉类型有豆科、禾本科、酸浆属、拟搂斗菜属等。在木本花粉中，适应性较强的柳属花粉较多，有 4 粒，还有少量耐干凉的桦、蕨类孢粉，有卷柏（3 粒）和蕨属（4 粒）。它们组合在一起，构成了清晰的疏林草原景观，反映了半湿润—半干旱的温凉气候。

第Ⅱ组合带为藜—蒿—菊花粉组合带（剖面深 11.1~9.5 米，样品号 10~5）。本带孢粉仍以草本花粉居于首位，其中耐干旱的藜科花粉最多，有 10 粒，菊科花粉有 3 粒，蒿属花粉有 4 粒，禾本科花粉有 2 粒。木本花粉中，广适性的柳属花粉有 2 粒，耐旱针叶乔木的柏科花粉有 1 粒。本组合带缺少喜湿性的水生植物孢粉，也缺乏蕨类植物孢子，反映了稀疏草原的植被景观，估计此时气候变得更加干冷。

第Ⅲ组合带为花粉贫乏带（剖面深 9.5~9 米，样品号 4）。除真菌孢子外，本带不见其他任何种属的孢粉，但从玻片上观察，可见大量的植物碎片。

第Ⅳ组合带为菊—蒿—阔叶树花粉组合带（剖面深 9~7.5 米，样品号 3~1）。本带孢粉含量大为增加，尤其在 1 和 3 号样品中孢粉数量更为丰富，但仍以草本花粉为主，木本花粉为次。本组合带中最显著的特征是木本植物花粉大量增加，蕨类孢子繁盛，虽然菊科、蒿属花粉还占据相当的优势，但阔叶树花粉增长较大，栎、榆属较多，桦属较少，推测植被是以阔叶林为主的针、阔叶混交林与草原，林下生长着卷柏属、蕨属为主的蕨类植物，反映了温湿的气候。温暖的气候改变了原有的植被，森林面积扩大，草原缩小，为动物和人类提供了较好的生存环境。

Dimbleby（1985）在研究现代花粉如何到达洞穴系统的不同部位时证明了距洞穴约 10 米的花粉科进入洞中，即除了正常的风媒、虫媒、水媒途径搬运花粉外，还有人类、动物等的活动，如人的手和足携带或被动物的脚爪及毛携带，甚至动物的排泄物，都可使花粉的浓度增加。

（三）讨论

张镇洪根据该遗址与旧石器和人类化石伴生的动物化石，认为该遗址的文化层可分为上、下两层。上部地层显然属于晚更新世，人的臂骨化石就出在此层，文化时代属旧石器时代晚期；下部地层则应属于中更新世，文化时代属于旧石器时代的早期（张镇洪，1981）。

王宪曾通过研究 1984 年在金牛山洞穴上部地层采集的孢粉样品，把这段地层堆积时的古气候分为三个变化阶段：（1）中更新世晚期，气候温湿，孢粉组合特征为菊—禾本科—阔叶树花粉组合带；（2）晚更新世早期，气候干温，植被景观为灌丛草原；（3）晚更新世中晚期，气候干热，植被景观为森林草原（Wang xianzeng, 1993）。本次研究的孢粉样品的层位，是在王宪曾所采集样品层位之下，因而在年代上更显老一些。本次研究的下部地层在沉积时，气候有过波动，即经历了干凉—干冷—温湿三个阶段。本文的第Ⅳ孢粉组合带与王宪曾的中更新世晚期的孢粉组合特征很相似，均反映了温湿的气候特征。

本文的第Ⅱ和第Ⅳ孢粉组合带的孢粉组合特征与汪佩芳、夏玉梅一文中的第Ⅰ和第Ⅱ孢粉组合带很相似，她俩也认为在中更新世晚期，气候开始为干冷，植被景观为草原，孢粉组合特征为藜、蒿花粉占据优势；后来，气候变为温湿，植被景观为森林草原，孢粉组合特征为阔叶树—菊—蒿占优势（汪佩芳、夏玉梅，1990）。故作者认为本次研究得出的温湿阶段与王宪曾和汪佩芳、夏玉梅得出的温湿阶段属于同一个时期，即中更新世晚期，可能还包括中更新世中期。

在第Ⅲ孢粉组合带中，除了真菌孢子外，作者未见到其他任何种属的孢粉，但从薄片可见大量的植物碎片。我们都知道，孢粉的集中是一个逐渐积累的过程，如果埋藏的时间长，在较长的时间里沉积厚度很薄，那么可想而知孢粉应该很集中；相反，如果埋藏时间短，在短时间内沉积厚度较厚，那么孢粉粒就相对很少。也许金牛山人曾在洞穴内焚烧木头（由零星的灰烬可证实），火灭后，用土掩埋灰烬，由于埋藏时间短，接受其他孢粉沉积的机会就少，故孢粉数量很少或几乎没有。

在第Ⅳ孢粉组合带中，草本植物孢粉占绝对优势，而木本植物孢粉只占 20% 左右。在草本植物中，菊科、蒿属花粉又占据主要位置。单依据这种组合，我们似乎可以认定其反映的植被条件为草原占主导地位的稀疏森林—草原景观。但是只要略微思考一下我们便不难明白，在原始人类的居住区，这时一般接近河边，大批的野生动物栖息于近河的草原上，加之在洞内生火时也大量地用到草类植物，因此，这些草本植物花粉必然比较多地被带到遗址上，成为洞穴堆积物中的孢粉，而木本植物却没有这样的有利条件。

（四）小结

从上面的孢粉分析结果可以看出，本区中更新世中晚期的环境几经变迁，古气候出现了干凉、干冷和温湿等阶段，随着各个不同时期气候的变化，相应产生的植被景观为疏林草原和森林草原。

第五节　A 点洞穴堆积的年代测定

金牛山人化石出土地层的年代测定采用了不平衡铀系、电子自旋共振、热释光和古地磁等四种方法。其中不平衡铀系法测年由北京大学考古与文博学院陈铁梅和原思训完成（Chen tiemei, et al, 1988），电子自旋共振由北京大学考古与文博学院陈铁梅、杨全和物理学院吴恩完成（陈铁梅等，1993；Chen Tiemei, et al, 1994），热释光断代由北京大学城市与环境学院郑公望、康永洙完成（郑公望等，1994），古地磁法是由北京大学地球与空间科学学院刘皇风等完成。

一　不平衡铀系方法

不平衡铀系法共测定了 1984 年发掘时采集的 13 个样品和 1985 年发掘时采集的 5 个样品，样品材料和出土层位及测定结果按照原来发表的报告列于表 7-17。

表 7-17 中标出了各个样品的出土探方和层位。由于我们 1984 年是从 1978 年营口市博物馆发掘的第 6 层往下发掘的，所以当时的地层是按 1978 年发掘时所划分的剖面划分的。金牛山人化石发现在当时划分的第 6 层。1986 至 1994 年我们对 A 点洞穴的西壁重新进行发掘，新旧剖面层位对应如下：

原第 4 层调整为新划剖面的第Ⅵ层。

原第 5 层调整为新划剖面的第Ⅶ层。

原第 5 层与第 6 层之间的钙化板（BKY84067）调整为新划剖面的第Ⅶ层与第Ⅷ层之间。

原第 6 层为新划剖面的第Ⅷ层。

各种测年方法具有各自的测量精确程度和原理及假设前提，抛开各自的测量精度不论，首先只有在充分满足测年方法的原理和假设前提条件下才能够得到可靠的年代结果。

已知自然界存在三个天然放射性衰变系列，分别为 ^{238}U 系、^{235}U 系和 ^{232}Th 系，他们各自经过

表 7–17   金牛山遗址样品铀系测年数据表

探方与层位	样品编号 BKY	样品材料	铀含量（ppm）	^{234}U / ^{238}U	^{230}Th/^{234}U	^{230}Th 年龄（Ka）	^{231}Pa/^{235}U	^{231}Pa/^{230}Th（x10^{-2}）	^{231}Pa/^{230}Th 年龄（Ka）
3–4	85066	兽骨	45.3 ± 3.0	1.382 ± 0.053	0.846 ± 0.039	175^{+19}_{-17}	0.880 ± 0.067	3.41 ± 0.11	343^{+30}_{-26}
4	85067	兽骨	45.1 ± 1.3	1.371 ± 0.034	0.941 ± 0.039	229^{+32}_{-26}	0.947 ± 0.048	3.33 ± 0.14	269^{+90}_{-42}
3–5	84063	兽骨	49.7 ± 1.3	1.334 ± 0.026	0.954 ± 0.031	243^{+29}_{-24}	1.051 ± 0.079	3.75 ± 0.25	205^{+42}_{-30}
5	84064	兽骨	46.9 ± 1.1	1.372 ± 0.029	0.955 ± 0.028	240^{+25}_{-21}	1.001 ± 0.064	3.46 ± 0.20	238^{+60}_{-39}
3–5/6	84067	流石	0.200 ± 0.008	1.082 ± 0.053	0.937 ± 0.053	269^{+91}_{-50}	^{230}Th/^{232}Th=30		
3–6	84071	犀牛牙	48.7 ± 1.2	1.345 ± 0.031	0.973 ± 0.031	258^{+32}_{-26}	0.989 ± 0.056	3.34 ± 0.20	265^{+62}_{-41}
6	84070	犀牛牙	59.8 ± 1.4	1.345 ± 0.028	1.015 ± 0.033	304^{+54}_{-36}	1.05 ± 0.048	3.49 ± 0.14	253^{+50}_{-37}
6	84065	鹿牙	35.8 ± 1.0	1.397 ± 0.037	0.958 ± 0.036	240^{+31}_{-25}	0.978 ± 0.068	3.32 ± 0.20	251^{+74}_{-49}
6	84068	犀牛牙	47.3 ± 0.9	1.336 ± 0.020	1.020 ± 0.033	314^{+61}_{-41}	1.017 ± 0.055	3.38 ± 0.25	288^{+70}_{-49}
6	84069	犀牛牙	42.1 ± 0.8	1.370 ± 0.020	1.234 ± 0.031	未测得年龄	1.409 ± 0.080		
6	84076	鹿牙	43.8 ± 1.1	1.441 ± 0.032	1.001 ± 0.034	273^{+39}_{-29}	1.059 ± 0.079	3.33 ± 0.22	221^{+61}_{-38}
6	84085	兽骨	46.2 ± 1.5	1.251 ± 0.037	0.957 ± 0.034	256^{+38}_{-29}	1.003 ± 0.050	3.80 ± 0.14	250^{+40}_{-29}
2–6	84082	兽骨	70.5 ± 2.5	1.314 ± 0.030	0.815 ± 0.036	164^{+16}_{-15}	1.002 ± 0.050	4.29 ± 0.12	143^{+11}_{-10}
			68.6 ± 1.8	1.300 ± 0.025	0.816 ± 0.027	164^{+13}_{-12}			
6	84083	兽骨	50.5 ± 1.3	1.252 ± 0.028	0.945 ± 0.031	246^{+43}_{-32}	0.999 ± 0.050	3.83 ± 0.16	240^{+46}_{-38}
			44.9 ± 1.2	1.311 ± 0.031	0.916 ± 0.029	218^{+21}_{-18}			
6	84084	兽骨	57.9 ± 1.9	1.384 ± 0.033	0.991 ± 0.037	276^{+43}_{-34}	1.074 ± 0.060	3.98 ± 0.17	183^{+27}_{-23}
			60.3 ± 1.8	1.305 ± 0.030	0.957 ± 0.032	233^{+28}_{-23}			
1–6	85047	骨样处于人化石上面 0.5m	63.5 ± 0.9	1.533 ± 0.018	0.938 ± 0.021	216^{+14}_{-13}	1.059 ± 0.060	3.34 ± 0.17	179^{+23}_{-15}
6	85050	骨样处于人化石上面 0.5m	89.2 ± 1.4	1.538 ± 0.017	1.017 ± 0.030	278^{+33}_{-26}	1.183 ± 0.055	3.43 ± 0.13	164^{+15}_{-12}
6	85051	骨样处于人化石下面	18.1 ± 0.5	1.652 ± 0.042	1.038 ± 0.031	286^{+36}_{-28}	0.981 ± 0.047	3.60 ± 0.11	307^{+60}_{-40}

一系列 α、β 衰变之后，最后分别衰变为铅的稳定同位素 ^{206}Pb、^{207}Pb 和 ^{208}Pb。

^{238}U 系：^{238}U（α）^{234}Th（β）^{234}Pa（β）^{234}U（α）^{230}Th（α）-----^{206}Pb。

^{235}U 系：^{235}U（α）^{231}Th（β）^{231}Pa（α）--------------------^{207}Pb。

^{232}Th 系：^{232}Th（α）^{228}Ra（β）------------------------^{208}Pb。

不平衡铀系法测量考古遗址的年代主要以地层中自生的碳酸盐沉积物和动物的骨骼及牙齿化石为对象。其测年的原理和假设前提是基于铀钍（^{238}U、^{230}Th）与铀镤（^{235}U、^{231}Pa）衰变系放射性平衡的破坏及重建，或者说是利用铀及其子体的不平衡程度来测定年代。它需要满足如下两个前提条件：第一，在古老的含铀矿物中 ^{230}Th（半衰期为 7.569 ± 0.023 万年）与其母体 ^{238}U、^{231}Pa（半衰期为 3.276 ± 0.022 万年）与其母体 ^{235}U 分别处于放射性平衡状态，即母体和子体核素具有等同的放射性活度。但 U 和 Th、Pa 的化学性质不同，六价铀离子容易溶于水而随地下水和地表水运移，而钍和镤的化合物是难溶于水的。因此新生成的碳酸盐沉积物，一般情况下，仅含有来自地表水中的铀而不含钍或镤。同样活体动物的骨、牙等硬组织本身基本上不含铀和钍。但在骨、牙埋藏的石化过程中，因样品中原有的有机质降解所形成的还原环境，使得周围环境水中的铀还原成四价而结合进骨、牙化石。亦即这两种材料在初始时只含铀，而不含钍或镤。

第二，样品形成后组成一个封闭体系，即样品形成以后不再有铀的进一步加入，也不发生铀、钍和镤的析（迁）出，亦即样品处于封闭状态。

如果上述两个前提条件均成立，那么样品形成后，随着铀的衰变，样品中的 ^{230}Th 和 ^{231}Pa 的含量将按照放射性衰变和增长的规律不断增长，直至与其母体 ^{238}U 和 ^{235}U 重新达到放射性平衡。根据 ^{230}Th 和 ^{231}Pa 增长的程度， ^{230}Th/^{238}U 和 ^{231}Pa/^{235}U 的比值（放射性活度比），就可以按照相应的公式计算得到碳酸盐样品形成或骨、牙化石埋藏至今的年代，也就是样品的 ^{230}Th（钍）年龄和样品的 ^{231}Pa（镤）年龄。

另需补充说明，在碳酸盐和骨化石等样品刚形成时，它们的 ^{234}U 和 ^{238}U 同样处于放射性不平衡状态，即 ^{234}U/^{238}U 放射性活度比一般是偏离 1.000 的。样品钍年龄的测定和计算，应该同时测定和由 ^{230}Th/^{238}U（或 ^{230}Th/^{234}U）及 ^{234}U/^{238}U 两个比值来决定。

由公式得出的是早期加入铀系模式年龄，分别称为被测样品的钍年龄和镤年龄。并且由于 ^{230}Th（钍）和 ^{231}Pa（镤）的半衰期不同，他们的最大可测年限也不相同，前者最大可测 35 万年左右，而后者最大可测 16 万年左右。并且一般情况下钍年龄的测量精确度高于镤年龄。不平衡铀系法的钍年龄和镤年龄是两个独立的年龄值，在满足前述两个假设前提之下，这两个年龄值应该在测量误差范围内相符，铀系测年结果将给出样品的真实年龄。如果假设前提不成立，测得的铀系年龄将偏离真值。

对于骨、牙化石的测年，往往不满足封闭条件，随样品埋藏环境的不同，有可能发生铀的后期次生加入或发生铀的析出，相应测得的铀系年龄将偏年轻或偏老。因此必须要同时测量每个样品的钍年龄和镤年龄，以检验封闭条件是否满足，判断铀系年龄（以钍 –230 年龄为代表）是否可靠，抑或是真实年龄的上限或下限。骨、牙化石的铀系测年中，经常根据测得的 ^{230}Th/^{238}U 和 ^{231}Pa/^{235}U 比值计算 ^{231}Pa/^{230}Th 比值，并由此得到样品的 ^{231}Pa/^{230}Th 年龄值。 ^{231}Pa/^{230}Th 年龄值是由前述的钍年龄和镤年龄衍生的，虽然它不是一个独立的年龄值，但它具有参考意义。如果初始条件和封闭条件均满足时，这三个年龄值在误差范围内是一致的，而当封闭条件不满足时，样品的真实年龄往往处于钍 –230 年龄与 ^{231}Pa/^{230}Th 年龄值之间。

铀系年龄的实际测量和结果讨论

铀系测年可以通过测量 ^{230}Th/^{238}U 和 ^{231}Pa/^{235}U 的放射性活度比，也可以通过测量 ^{230}Th/^{238}U 和 ^{231}Pa/^{235}U 的摩尔比来实现。放射性活度比使用 α 能谱测量，而摩尔比的测量是在质谱仪实现的。质谱法测量方法的建立较晚，它的灵敏度和精确度均远高于 α 能谱方法，但金牛山样品的测量是在 20 世纪 80 年代完成的，实验室当时只能使用 α 能谱方法。

表 7–17 显示了金牛山遗址 17 件骨牙样品和一件碳酸盐样品的铀系测年数据，其中 BKY84082、BKY84083 和 BKY84084 三个样品都曾经两次重复制样和测量，数据重复性良好，表明测量技术可信。由于金牛山遗址的年代早于 20 万年，超出了由 ^{231}Pa/^{235}U 比值所确定的镤年龄的最高可测年限（约为 ^{231}Pa 半衰期的 5 倍，即 16 万年左右），因此表 7–17 未显示镤年龄值。但

^{231}Pa/^{235}U 值依然可用来检验样品的封闭性，该比值应该在 1 左右，若明显偏离 1，则相应样品对铀不封闭。观察表 7-17 的 ^{231}Pa/^{235}U 数据，可判断 BKY84069 明显不封闭，曾发生铀的后期次生析出，其钍年龄不存在；BKY85050 样品也有可能封闭性不太好，或者其 ^{231}Pa/^{235}U 值的测量误差较大。对其他 15 件骨牙样品，封闭条件基本满足，其钍年龄应接近样品的真实年龄。

由表 7-17 可见金牛山遗址的原 4、5、6 层（新划剖面第Ⅵ层、第Ⅶ层与第Ⅷ层）的年代分别如下：

新划剖面第Ⅵ层两个样品的平均年龄为 20.1 万年。

新划剖面第Ⅶ层两个样品的平均年龄为 24.2 万年。

新划剖面第Ⅶ层与第Ⅷ层之间的钙华年龄为 26.9$^{+3.1}_{-3}$万年。

新划剖面第Ⅷ层（人化石层）所有 11 个动物样品化石的平均年龄为 26.4 ± 3 万年。

二　电子自旋共振方法测年

电子自旋共振方法测年又称 ESR 测年方法。测量考古遗址年代所采集的样品主要是动物牙齿化石的珐琅质（或称釉质）和自生的碳酸盐沉积物等晶态物质。电子自旋共振测年方法的基本原理是将测年样品看作一个放射性射线的辐照剂量器，记录样品自形成以来所接受的放射性射线辐照的累积效应。这个效应反映为样品晶格的电子陷阱中因辐照所导致的不成对电子数目的增加。每个陷阱只能捕获一个电子，捕获有不成对电子的电子陷阱也称为顺磁中心。样品中的不成对电子的数目，或顺磁中心的数目，正比于样品形成以来所接受的总辐照剂量，称为累积剂量，或历史剂量 AD，AD 值可以通过电子顺磁谱仪测量。样品每年所接受的剂量称为年剂量率 D，如果 D 是不变的常量，那么样品的年龄 T 为：

T（年龄）= AD（累积剂量）/ D（年剂量率）

如果 D 不是常量，而是随时间变化的函数 D(t)，那么年龄公式为：

$$AD = \int_0^T D(t)dt$$

ESR 方法测年的原理和公式虽然很简单，但是实际上有很多因素和过程会影响累积剂量和年剂量率的测量和精确度，从而影响测年的可靠性，必须认真地考虑和检验。

陈铁梅等用一个金牛山 5 层（新剖面第Ⅶ层）骨化石（91001）和 4 个 6 层（新划剖面第Ⅷ层）（表 7-18 中除 91001 之外）骨化石样品测定了 ESR 年代，并先后发表了两篇文章（陈铁梅等，

表 7-18　　　　金牛山遗址 5 件动物牙化石样品的铀系和 ESR 测年结果表

样品编号 No.	牙本质铀系测年		牙釉质 ESR 测年						
	^{230}Th Age（Ka）	^{231}Pa/^{235}U（±1σ）	AD (Gy)	U 釉质（ppm）	U 本质（ppm）	$\frac{^{234}U}{^{234}U}$	厚度（mm）	早期年龄（Ka）	线性年龄（Ka）
91001	237 ± 16	1.10 ± 0.06	708 ± 71	1.17 ± 0.29	60.1 ± 2.0	1.47	2.3	231 ± 27	343 ± 36
91002	197 ± 36	0.998 ± 0.040	572 ± 57	1.47 ± 3.7	71.3 ± 2.1	1.24	2.7	197 ± 23	296 ± 31
91003	198 ± 4	1.07 ± 0.06	675 ± 68	1.13 ± 0.28	71.0 ± 2.1	1.22	2.7	239 ± 28	356 ± 42
84070	304$^{+54}_{-36}$	1.05 ± 0.06	998 ± 100	3.0 ± 0.5	59.8 ± 1.7	1.35	2.2	241 ± 28	376 ± 39
84071	258$^{+32}_{-26}$	0.989 ± 0.056	799 ± 80	2.23 ± 0.40	48.7 ± 1.5	1.35	2.2	236 ± 28	358 ± 39

1993；Chen Tiemei, et al, 1994），前一篇文章的结果如表7-18。

表7-18中4个第6层（新剖面第Ⅷ层）样品采用铀的早期加入模式，年龄为22.8±2.1万年。后一篇文章据作者讲，由于年代计算方法不同，金牛山人化石年龄与前一篇文章有所差异，但是文章数据表明，金牛山人头骨化石的年龄约为20万年或更老。

三　热释光测年

热释光是长石、石英等矿物质受热之后所发出的磷光现象。热释光测年的基本原理为：石英、长石等矿物受放射性物质放出的 α、β、γ 等射线辐照，激发矿物中处于低能态的束缚电子，这些电子中的一部分能够被矿物中因为杂质和晶格缺陷所形成的电子陷阱所捕获。样品中的电子陷阱随着时间推移逐渐被充填，这就是能量逐步的累积过程。在常温下，电子陷阱中被捕获的电子是稳定的，能够存留很长时间。当加热含有石英、长石等矿物时，矿物陷阱中的电子运动加剧，并能够使其从陷阱中逃脱出来而回到低能态。其能量以发光形式放出，即为热释光。一般地说样品的年龄越老，其电子陷阱捕获的电子越多，热释光的强度也愈高。这个过程也是样品矿物热释光信号清零的过程，如果再次加热则不会再发光。矿物晶体受热释放出来的热释光量的大小能够用热释光仪器定量测量，称谓样品接受的总辐照剂量，也称累积剂量或历史剂量（AD）。假设样品每年所接受的辐照剂量或年剂量率（D）是个常量，那么样品的年龄、或者说样品最后一次受热至今的时间，就能够用如下简单公式表示：$T=AD/D$ 即：

样品年龄＝累积剂量/年剂量率

郑公望等采集样品的地点为：1986至1987年新发掘的金牛山A点西壁剖面，当时新剖面由上往下分为Ⅰ至Ⅷ层。郑公望等在新挖剖面的第Ⅵ层和第Ⅶ层的上下部位以及位于剖面西北角的第Ⅷ层采集了4个砂土标本，进行热释光年代测定。

不过由于沉积物往往没有经过类似陶器烧制时的高温退火步骤，标本的天然热释光量里往往含有堆积之前残留下来的部分热释光量。这也就是说，要测量沉积物的堆积年代，必须从总发光量中扣除堆积之前的残留热释光量。大量实验证明，标本暴露于阳光下一段时日之后，阳光会引起标本的天然热释光量减退，因此，实验室可用人工光源模拟太阳光晒退进行校正（Wintle, et al, 1979）。不过，这种衰减并不能使标本的天然热释光量为零，残留热释光量往往可以相对稳定在某个水平上，郑公望等采用仿太阳光晒退实验进行校正，扣除了这部分残留热释光量，年代测定结果列于表7-19。

表 7-19　　　　　　　　　　　金牛山遗址热释光样品统计表

标本编号	采样部位	地层描述	等效剂 （Gy）	含水率 （%）	晒退率 （%）	剂量率 （mGy/a）	热释光年龄 （KaBp）
JN-1	Ⅵ层下部	沙土夹大小碎石层	737	2.3	51.4	3.9	188.4±15.1
JN-2	Ⅶ层上部	砂砾石夹土层	838	2.3	26.5	4.3	197±70
JN-3	Ⅶ层下部	砂砾石夹土层	862	3.7	53.1	4.1	194.6±34
JN-4	Ⅷ层上部	砖红色夹黏土层	3410	2.9	44.6	8.8	388.7±50.7

需要说明的是，郑公望 1991 年是在 A 点西壁剖面的第Ⅵ、Ⅶ和Ⅷ层采集的样品。该剖面是 1986 至 1987 年我们新挖的剖面，其深度到 1984 年发现金牛山人化石回填的平面。该剖面从上到下共分八层，其最下的第Ⅷ层仅分布在西壁剖面的西北角，由大块角砾组成。当时我们将金牛山人化石发现的层位归于新剖面的第Ⅶ层。1993 年我们再次发掘金牛山遗址 A 点洞穴时，是从 1984 年发现金牛山人化石的平面继续往下发掘，发掘时发现从该平面往下堆积物含黏土成分增多，与其上的第Ⅶ层明显不同，第Ⅶ层主要是由细沙和粉砂夹角砾组成，因而将发现金牛山人化石的平面及以下部分划分为第Ⅷ层。1994 年继续往下发掘，发现在第Ⅷ层之下是由钙板和粉砂交互层构成，划分为第Ⅸ层，其下是出露在西壁西北角的大角砾堆积，划分为第Ⅹ层（即 1987 年划分的第Ⅷ层）。因而郑公望测定第Ⅶ层样品的时代应晚于金牛山人化石，而第Ⅷ层样品（即 1993 至 1994 年发掘的整个剖面的第Ⅹ层）的时代则早于金牛山人，代表该洞穴早期崩塌堆积的时代。

四 古地磁测年

古地磁，又称自然剩磁。古地磁法测年，不像前面的不平衡铀系法、电子自旋共振法、热释光等方法能够直接得到所测样品物质的绝对年龄，它是依据测定一系列岩石和沉积物样品中的剩余磁性方向，并和古地磁年表对比以得出所测定的系列样品的年龄范围。原理大致如下：

大量事实说明，地球的磁场基本上是一个地心偶极子场，地磁的北（南）极位置靠近地理南（北）极附近。当岩浆喷发出的含有大量磁性矿物逐渐冷却，或者泥沙、粉尘中携带的铁磁性物质在湖泊或海洋中缓慢沉积时，岩浆和沉积物内的磁性物质就会顺着当地地磁场的方向取向并保留剩余磁性（热剩磁或沉积剩磁等）。研究发现在地球的不同历史时期，地球的磁场方向发生过多次翻转，从而导致岩石和沉积物的剩磁方向跟着翻转。而且，地球磁场翻转所导致的岩石和沉积物磁化方向跟着翻转的现象具有全球一致性和同时性。

依据岩石和沉积物反向磁化具有全球一致性和同时性的特点，利用它们的磁化方向作标志，结合矿物的 K-Ar 等同位素方法测出的年龄，编制出地史时期的地球磁场极性倒转的时间序列表，又称地磁极性年表。依据地磁极性年表，450 万年以来包括有 4 个极性期，由老至新为吉尔伯特反向期、高斯正向期、松山反向期及布容正向期。期内还存在着更短的（反转现象），称"倒转事件"。借助采集的系列样品的剩余磁性和年表对比，便能够得知所测岩石和沉积物地层的年龄范围。

刘皇风两次采集的古地磁样品为：A 洞 15 块，C 洞 20 块，夏家屯剖面 52 块，主要结果如下：

（1）全部样品经退磁处理后作剩磁测试，极性全为正，即全部处于布容正向期，也未发现倒转事件。剩磁稳定，方向为现代地磁场方向。

（2）A 洞、C 洞的磁化率各向异性呈沉积岩特征：短轴近于垂直，面理较线理发育。

（3）Ⅶ层的磁化率高，指示为湿热环境。

五 讨论与结论

总观上述四种年代学方法年代测定结果，可以看出四种方法的结果是协调的。

首先，古地磁法所测定的 A 洞、C 洞、夏家屯剖面等三个采样点的近 90 块样品，"极性全为正，即全部处于布容正向期，也未发现倒转事件。剩磁稳定，方向为现代地磁场方向"，它意味着全部地层年代小于 78 万年。其他三种方法只测定了 A 点洞穴堆积年代，三种方法所测的结果也是协调的。

热释光法测定，根据所测定样品的地层分析，人化石层的年代应处于近 20 万年至近 39 万年之间。

电子自旋共振法，虽然使用相同样品的两篇论文由于计算年龄的方法有所不同，年龄结果有所差别，但是共同的结论是人化石的年代大于 20 万年。

不平衡铀系法，不平衡铀系法采集和测定的遗址层位及样品数量最多，所测定的样品中，仅出土人化石层的样品就有十多个，据表 7-17 该层样品的平均年龄为 26.4 ± 3 万年。

下面就所用四种年代学方法做具体分析。如前所述，每种年代学方法都有各自的假设前提、测量和计算年代的方法与影响测量精度的种种因素。显然在实践中愈能满足假设前提、满足测量精度的条件愈充分、影响测量可靠性的因素越少或越能够克服及消除掉这些影响因素的方法，所得出的年代也愈可靠。

首先古地磁法通过对遗址地层系列样品的剩余磁性测量只能够提供地层的年龄范围，前述测定金牛山遗址古地磁法得出的结论为小于 78 万年，这个结论和金牛山遗址出土的人化石与动物群是匹配的，我们不必做更多探讨。

其次，热释光法并未直接测定金牛山人化石层的样品，其所测定的样品层位位于人化石层的上部和下部，年龄为近 20 万年至近 39 万年，这些数据和下面讨论的不平衡铀系法与电子自旋共振法的年代是协调的，有关影响年龄结果的一些因素将在下面讨论电子自旋共振法时涉及。

不平衡铀系法测定的遗址层位和样品数量最多，电子自旋共振法有两篇文章发表，下面我们重点进行分析。

不平衡铀系法

前文由表 7-17 可见金牛山遗址的原 4、5、6 层（新划剖面第Ⅵ层、第Ⅶ层与第Ⅷ层）的年代分别如下：

新划剖面第Ⅵ层两个样品的平均年龄为 20.1 万年。

新划剖面第Ⅶ层两个样品的平均年龄为 24.2 万年。

新划剖面第Ⅶ层与第Ⅷ层之间的钙华年龄为 26.9$^{+9.1}_{-5.0}$ 万年。

新划剖面第Ⅷ层（人化石层）所有 11 个动物样品化石的平均年龄为 26.4 ± 3.0 万年。

不过这里需要对于新划剖面第Ⅷ层（人化石层）里的一个出自 T2 的 BKY84082 样品年代做说明，该样品经过重复制样，测量年代分别为 16.4$^{+1.6}_{-1.5}$ 万年和 16.4$^{+1.3}_{-1.2}$ 万年，样品年代两次制样测量一致性非常好，但是该样品数据不仅和同探方同层的其他两个样品的年代数据显得不一致，也与其他同层样品的年代离群。究其原因可能是由于 1984 年北京大学的发掘工作，是在 1978 年营口市博物馆发掘的第 6 层（新划剖面第Ⅷ层）往下开挖发掘的，开始发掘时虽然对于多年来由于自然和人为原因而导致的表面散乱堆积物做了清理，但是难免因为辨识不清，残留有上部坍塌的后期兽骨等混入，因此该样品年代应该由人化石层的数据中排除。排除之后 11 个人化石层样品的平均年代为 26.4 ± 3.0 万年。

前面已经在有关不平衡铀系法的测年原理和前提条件中述及，不平衡铀系法需要满足两个测年前提条件：（1）样品形成时只含有母体铀不含子体钍和镤。（2）样品形成之后处于封闭状态，即不发生母体铀和子体钍及镤的后期迁出与迁入。在实践中显然不是所有样品都能够满足这两个前提条件，从而导致所测样品年代不真实可信。不过不平衡铀系法可以通过同时测定一个骨化石样品的 ^{230}Th（钍）年龄和 ^{231}Pa（镤）年龄来检验判别。表 7-17 中的骨化石样品全部通过了这种检验，选择充分满足骨化石不平衡铀系测年条件的样品年龄数据作为样品的可靠年龄。不仅如此，原思训于 1994 年赴加拿大马克马斯特大学地质系做访问学者期间曾经与 Schwarcz H.P. 教授合作，用质谱铀系法测定出金牛山 BKY84070 样品的年龄为 32.49$^{+1.0}_{-0.9}$ 万年，而表 7-17 中本校实验室用 α 能谱铀系法测定的同一样品的年龄为 30.4$^{+5.4}_{-3.5}$ 万年，两种测定方法所得数据一致性良好，从而更加说明表 7-17 不平衡铀系法测定样品年龄的可靠性。

电子自旋共振法测定金牛山遗址所用的样品也是骨化石，测年方法的两个前提与不平衡铀系法相同，计算年龄同样采取的是铀的早期加入模式。但是它计算年龄所要测量和依赖的变量要比不平衡铀系法多得多，而且有些变量还是很难甚至无法验证的。例如，仅年剂量率的计算和测量就复杂和费时得多，不仅要考虑样品本身和周围环境中的各种放射性物质的 α、β 和 γ 射线以及宇宙射线的辐照贡献，要考虑到放射性氡的逸散，还要考虑可能影响种种射线贡献的影响因素，例如样品和周围环境的含水率。而有的因素，例如样品的含水率是无法准确测量的，其大小只能做合理的估定。以上种种都会影响计算年代数据，从而给年代的可靠性带来或大或小影响。而热释光测年计算年代时和电子自旋共振法一样，同样需要计算样品的年剂量率，也同样需要考虑和估定诸多的复杂因素，同样这些因素都能给最终的年龄结果带来或多或少的影响。

总结上述测定金牛山遗址的四种年代学方法和数据的讨论，虽然他们的结论是协调的，比较而言，从满足测年方法的前提、影响测量年代因素的多少、测量遗址层位和数据的数量，特别是人化石层年代数据的数量看，不平衡铀系法数据是合理可信的。金牛山人化石层的年龄为 26.5 ± 3 万年。

中文文献

1. 钱祥麟：《中国地质科学院院报（天津地质矿产研究分刊）》1980 年第 1 卷第 1 期。

2. 张镇洪：《辽宁地区远古人类及其文化的初步研究》，《古脊椎动物与古人类》1981 年第 19 卷第 2 期。

3. 辽宁省地质局水文地质大队：《辽宁第四纪》，地质出版社，1983 年。

4. 张晓初：《金牛山古人类文化遗址区洞穴形成的构造控制条件》，1987 年北京大学毕业生论文。

5. 黄万波等：《关于金牛山人遗址岩溶洞穴的探讨》，《中国岩溶》1987 年第 1 期。

6. P.D 摩尔、J.A. 韦布：《花粉分析指南》，广西人民出版社，1987 年。

7. 万波：《金牛山 A 点洞穴堆积成因及其环境》，1988 年北京大学毕业生论文。

8. 杨文才：《下辽河平原第四纪海、陆变迁》，哈尔滨地图出版社，1990 年。

9. 汪佩芳、夏玉梅：《营口金牛山洞穴堆积物中孢粉化石的研究》，《中国东北平原第四纪自然环境形成与演化》，哈尔滨地图出版社，1990 年。

10. 李培英等：《辽东海岸带黄土》，《地质学报》1992 年第 1 期。

11. 陈铁梅、杨全、吴恩：《辽宁金牛山遗址牙釉质样品的电子自旋共振（ESR）测年研究》，人类学学报

1993 年第 12 卷第 4 期。

12. 郑公望等：《金牛山人遗址下部地层的热释光断代》，《人类学学报》1994 年第 13 卷第 3 期。

13. 王伏雄、钱南芬、张玉龙、杨惠秋：《中国植物花粉形态（第二版）》，科学出版社，1995 年。

英文文献

1. Wintle, A.G. and D.J. Humtley, 1979, T L dating of a deep sea sediment core. *Nature*, 279: 710–712.

2. Geoffney W.Dimbleby, 1985. The Palynology of Archaeological Site Academic Press INC.

3. Chen tiemei, Yuan sixun. Uranium-series dating of bones and teeth from Chinese palaeolithic sites, Archaeometry 30, 1, (1988). 59–76.

4. Wang Xianzeng, 1993. Paleoenvironment of Archaic *Homo sapiens* from Jinniushan, Yingkou County, LiaoNing Province. In N.G.Jablonski (ed), "Evolving Landscapes and Evolving Biotas of East Asia Since The Mid-Tertiary", Proceedings of the Third Conference on the Asian Studies, The University of Hong Kong.

5. Chen Tiemei, Yang Quan & Wu En, 1994, Antiquity of *Homo sapiens* in China, *Nature* vol.368, 55–56.

第八章 结论

一 金牛山遗址 A 点洞穴遗址的堆积和时代

金牛山遗址 A 点洞穴现存洞顶厚 0.15~1.7 米，现存洞内南北宽约 8.6 米，东西长约 11 米。

1986 至 1994 年发掘的 A 点西壁剖面厚约 16 米，自上而下可分为 11 层，根据堆积物的岩性特征和动物化石，可分为上、中、下三部分：

上部地层为 Ⅰ ~ Ⅳ层，以棕褐、棕黄色黏土质粉砂和洞穴角砾堆积为主，颜色较浅。发现 18 种哺乳动物化石，其中洞熊 *Ursus spelaeus*、棕熊 *Ursus arctos*、赤鹿 *Cervus elaphus*、恰克图转角羚羊 *Spirocerus kiakhtensis*、牛 Bovidae gen. et sp. indet、马 *Equus* sp. 等都是晚更新世常见的动物种类，时代为更新世晚期。

中部地层为 Ⅴ ~ Ⅷ层，由胶结坚硬的洞穴角砾、棕红色砂质粉砂、粉砂质砂和巨砾组成，颜色较深。发现 47 种哺乳动物化石、28 种鸟类化石以及龟鳖等爬行动物和河蚌化石等。其中重要的哺乳动物有猎豹 *Acinonyx* sp.、最后斑鬣狗 *Crocuta ultima*、变异狼 *Canis variabilis*、中华貉 *Nyctereutes sinensis*、棕熊 *Ursus arctos*、李氏野猪 *Sus lydekkeri*、肿骨鹿 *Megaloceros pachyosteus*、葛氏斑鹿 *Cervus* cf. *grayi*、梅氏犀 *Dicerorhinus mercki*、河狸 *Castor fiber*、居氏大河狸 *Trogontherium Cuvieri*、小巨河狸？ *Trogontherium minus*、变异仓鼠 *Cricetilus varians*、布氏田鼠 *Microtus brandti*、硕猕猴 *Macaca robustus* 等，动物的种类与周口店动物群相似，时代为中更新世。

下部Ⅸ ~ Ⅺ层为洞穴形成初期坍塌的巨砾堆积，时代为中更新世早期或更早。

中部的第Ⅷ层是文化层，堆积物为棕红色砂质粉砂土，含有零星角砾，个别角砾个体较大，厚 1.7~2.3 米。1984 年发现金牛山人的发掘层面归于 93.J.A.Ⅷ–1。

在第Ⅷ层发现了大量的动物化石以及丰富的文化遗物和遗迹。文化遗物中有 190 件石制品、大量的动物烧骨和人类敲骨吸髓产生的碎骨片等，遗迹中有 9 个大小不一的灰堆。动物化石标本共 10102 件，其中蚌壳 6 件、鱼背鳍 4 件、鸟 392 件、哺乳动物的骨骼和牙齿 9699 件。这些文化遗物、遗迹和动物化石极大地丰富了金牛山遗址的文化内涵，为研究当时人类的生产和生活提供了重要的资料。

　　A点洞穴新发掘的西壁剖面是在1978年发掘剖面向西发掘1~2米，1978年的发掘报告曾将整个堆积分为6层，因在第3~4层发现有剑齿虎等时代较早的动物化石和转角羚羊等时代较晚的动物化石共出，张森水等在研究报告中提出这是由于A点是漏斗状溶洞，在发育过程中原有的溶洞产生了次生溶洞，将溶洞中部的原有堆积冲走，而被晚期的堆积物填充，因而靠近溶洞壁的堆积物的时代早于中部堆积，剑齿虎等时代较早的动物应出在靠近洞壁的原生堆积，而时代较晚的转角羚羊等动物应出在中部充填的次生堆积中。并将1978年发掘的剖面重新划分为9层，从上往下的时代为9~8层为全新世，7~4层为晚更新世，3~1层为中更新世（张森水等，1993）。

　　1986至1994年重新发掘西壁剖面，并找到了A点洞穴的洞顶、北壁和东部堆积的基岩，因而确定了A点洞穴的范围。A点洞穴保存有洞顶，洞穴南壁到北壁最大长8.6米，东西最大宽11米。洞内的堆积地层从南壁到北壁是连续的，没有中部被次生堆积物打破的现象。西壁新划分的Ⅰ～Ⅶ层是1978年发掘的西壁剖面继续往西发掘后的新剖面地层。第Ⅷ层是继1984年发掘平面继续向下发掘新划分的地层，在发掘深度不到1米位置就发现了金牛山人化石和保存完好的灰堆等遗迹，从遗迹和遗物的保存与分布状况看也没有被后期扰动和打破的现象。

　　金牛山人化石出土地层的年代学测定采用了不平衡铀系、电子自旋共振、热释光和古地磁等四种方法测定。

　　不平衡铀系法共测定了1984年发掘时采集的13个样品和1985年发掘时采集的5个样品，由于我们1984年发掘是在1978年营口市博物馆发掘的第6层往下发掘的，所以当时的地层是按1978年发掘时所划分的剖面划分的。金牛山人化石是发现在当时划分的第6层。1986至1994年我们对A点洞穴的西壁重新进行发掘，新旧剖面层位对应如下：

　　原第4层为新划剖面的第Ⅵ层。

　　原第5层和原第6层上部为新划剖面的第Ⅶ层。

　　原第6层下部（即1984年发掘层）为新划剖面的第Ⅷ层。

　　金牛山遗址新划剖面的年代分别如下：

　　新划剖面第Ⅵ层两个样品的平均年龄为20.1万年。

　　新划剖面第Ⅶ层两个样品的平均年龄为24.2万年。

　　新划剖面第Ⅶ层与第Ⅷ层之间的钙华年龄为26.9$^{+3.1}_{-5}$万年。

　　新划剖面第Ⅷ层（人化石层）所有11个动物样品化石的平均年龄为26.3±3万年。

　　电子自旋共振方法测年，测定了一个金牛山5层（新划剖面第Ⅶ层）骨化石和4个6层（新划剖面第Ⅷ层）骨化石样品，测定了ESR年代，并先后发表了两篇文章（陈铁梅等，1993；Chen Tiemei et al., 1994）。第一篇文章发表的4个第6层（新剖面第Ⅷ层）样品的年龄为22.8±2.1万年。后一篇文章据作者讲，由于年代计算方法不同，金牛山人化石年龄与前一篇文章有所差异，但是文章最后指出：数据表明，金牛山人头骨化石的年龄约为20万年或更老。

　　热释光测定了4个样品，其结果为第Ⅵ层下部：188.4±15.1千年；第Ⅶ层上部：197.0±70千年；第Ⅶ层下部：194.6±34千年；第Ⅹ层上部：388.7±50.7千年。出土金牛山人化石第Ⅷ层的年代应处于距今近39万年至近20万年之间。

　　古地磁测年两次采集的古地磁样品为：A点洞穴15块，C点洞穴20块，夏家屯剖面52块。

古地磁测定表明：A 点洞穴整个剖面都在布容正极性世之内，全部地层年代小于 78 万年，属中、晚更新世。其中第Ⅶ层的磁化率高，指示为湿热环境。

综上，A 点洞穴剖面都在布容正极性世之内，属中、晚更新世。骨化石不平衡铀系、电子自旋共振以及热释光测定金牛山人出土地层的年代结果，都大于 20 万年。综合考虑，我们采用骨化石不平衡铀系测年的结果，将出土金牛山人化石的第 6 层（新剖面的第Ⅷ层）年代定为距今 31 万~23 万年，平均 26.5 ± 3 万年。

下部地层未测年，时代可能为中更新世早期或更早。

二　金牛山人化石的研究成果

金牛山人化石材料十分丰富，计有头骨 1 件（缺下颌骨）、脊椎骨 5 件、肋骨 2 件、尺骨 1 件、髋骨 1 件、髌骨 1 件、腕骨 9 件、掌骨 2 件、指骨 7 件、跗骨 11 件、跖骨 2 件、趾骨 13 件，全部骨骼属于同一个体。根据头骨和体骨的形态特征进行比较分析研究，金牛山人属于古老型智人（Archaic *Homo sapiens*）。与金牛山人化石同一发掘层面的动物骨骼化石用铀系法测定结果，金牛山人的年代为距今 26 万年。

非洲直立人在早更新世到达东亚大陆，并持续繁衍到中更新世晚段。在中更新世中、晚期，东亚出现了体质上比直立人更为进步但仍较现代智人原始的古人类。金牛山人以及大荔人、马坝人、许家窑人、巢县人、长阳人等都属于这一类化石。不同学者将其归入不同的分类单元中，如海德堡人（*H. heidelbergensis*）、早期智人（early *H. sapiens*）、古老型智人（archaic *H. sapiens*）、前现代智人（premodern *H. sapiens*）、人属大荔种（*H. daliensis*）、人属马坝种（*H. mabaensis*）等等。为了讨论方便，我们仍按习惯将它们统称为古老型智人。虽然传统上，它们被当作从直立人向早期现代人演化的过渡阶段，但关于它们与直立人及早期现代人的演化关系、与欧洲非洲同一阶段古人类化石的联系，以及东亚古老型智人内部各人类化石之间的关系，都存在相当多样的观点和讨论。金牛山人化石材料是迄今为止中国地区旧石器时代早期最完整的一具人类骨架化石标本。根据骨骺愈合、牙齿萌出及磨耗、髋骨形态等判断，金牛山人是一个 20 岁至 22 岁的青年女性个体。因而金牛山人提供了一个生活于中更新世东亚地区的古人类女性个体的完整体质信息，是了解这一阶段东亚地区人类演化和生活、行为的非常重要的化石材料。

同很多其他古老型智人化石一样，金牛山人化石也表现出原始和进步特征镶嵌进化的特点。其原始特征主要反映在一些与东亚直立人化石相似的颅面特征上，如相对低矮的额部，较长而低平的脑颅，较为突出的眉间，近似直立人的眶上圆枕内、外侧较厚而中段较薄的特点。金牛山人具有的眶上突也存在于东亚多数直立人化石。然而在更多的特征上，金牛山人头骨却具有与直立人明显不同的更为进步的表现。这些尤其体现在脑量的扩大以及与其相关的一系列头骨及牙齿特征上。

金牛山人脑容量采用传统方法测定为 1335 毫升，采用颅内模测定绝对颅内模容量为 1324.7 立方毫升，这些数据表明金牛山人的脑容量不但明显大于直立人，而且与中国其他古老型智人相比也相当大，是同一时期女性个体中脑容量最大的。比时代相近的大荔人化石大了近 200 毫升，而与年代晚了 10 余万年的马坝人大致相当。其脑容量也大于欧洲、非洲同时期古人类化石脑容量的平均值，已达到了现代人颅容量分布范围之内。与脑量增大相关的是一系列头骨特征，如头骨尺寸增大、颅骨最大宽的位置开始上移、眶后缩窄减弱、颞鳞形态的变化等。金牛山人虽然仍保留有矢状脊、枕圆枕、角圆枕等直立人的典型特征，但发育程度明显较弱，枕骨曲度开始降低。

金牛山人头骨的一些特征属于东亚地区古人类常见或高发特征。鼻颧角、颧上颌角等面部角度表明金牛山人颧面朝前，说明金牛山人具有较大的面部横向扁平度，这不但是现代东亚蒙古人群所具有的显著特点，也表现在很多中国古人类化石上。金牛山人的铲形门齿、第3臼齿退化等牙齿的一些特征也是东亚地区人类连续进化的有力证据。金牛山人具有较低的上面高，较低矮的上面高是东亚古人类常见的特点，并在大荔人、东亚直立人等化石上有所表现，非洲、欧洲的同期材料则具有较高的上面高。

但金牛山人头骨的某些特征并非是东亚地区古人类常见特征。金牛山人左右侧颧骨和上颌骨连接处下缘虽然有不同程度破损，但仍可观察到其颧上颌结节较微弱，似乎没有明显的颧上颌切迹。这一特征与欧洲、非洲标本有一定相似处，而中国的化石材料以及现代人常常有比较明显的颧上颌切迹。金牛山人的面上部宽度（fmt-fmt）较大，既高于东亚现代人，也大于包括周口店直立人、大荔人在内的很多中国化石，甚至也大于欧洲中更新世古人类而与非洲同期化石更为接近。

金牛山人有些颅面特征非常进步。金牛山人具有较薄的颅壁厚度，其顶结节处的厚度仅为6.5毫米，已经处于现代人的水平，明显小于周口店直立人、大荔人等古人类化石。距今约10万年前的许昌人化石颅骨壁就有较薄的特点，但金牛山人的颅壁更薄。金牛山人面部突颌程度较直立人明显减弱，体现在面角、颅基底长和面基底长的相对关系及相关角度上。其总面角、中面角、齿槽面角分别为89°、88°、86°，显示其面部整体显著后缩，位于脑颅之下。非洲和欧洲同阶段人类化石的突颌也比金牛山人更明显。金牛山人脑颅和面颅的相对位置关系及突颌表现已经呈现出现代人的样式，其上面高指数也在中国早期现代人的分布范围之内。此外，虽然金牛山人的颅骨高度仍然较低、较原始，但金牛山人头骨尤其是额部的相对宽度明显增加。以最小额宽、最大额宽与颅宽的比值（ft-ft/eu-eu、co-co/eu-eu）来计算，金牛山人的这两项数值大于直立人、大荔人、非洲及欧洲同阶段人类化石，也达到了现代人的水平。

金牛山人额部宽度相对较大的特点也表现在颅内模上。根据其体形进行计算，金牛山人的相对脑容量与其他中更新世晚期人类化石接近，与古人类相对脑容量持续增大的阶段性表现一致。但金牛山人的脑宽尤其是额叶相对宽度明显增加。大脑额叶涉及人脑的很多高级认知功能。从脑演化看，额叶与人类群体内社会联系的增强、食物采集与分配等诸多社会活动的发展有关。额叶宽度增加这一体质特征在现代人和尼安德特人阶段才得到充分的表达。金牛山人额叶宽度的增加表明该进步特征在东亚晚中更新世古人类中就已经开始出现并发展。金牛山人遗址发现的多个原位埋藏的灰堆、大量烧骨的存在，都表明金牛山人具有较强的活动能力和控制火的能力，可能与其大脑的发育存在一定关联。

镶嵌进化的特点不但体现在头骨上，也表现在牙齿及躯干四肢等其他骨骼中。金牛山人具有较大的门齿，在形态上与直立人差异不明显，但后牙明显缩小，牙齿结构相对简单，明显表现出更为进步的特点。金牛山人的尺骨具有很多接近黑猩猩的古老特征，如冠突关节面形态、桡切迹的角度等。但同时尺骨表面整体光滑、纤细，也体现有相当多的独有特征以及一些与现代人类相似的特征。根据肌肉附着等部位的形态推断，尺骨整体上现出较强的伸肘及外展尺骨的能力，前臂的旋前能力较发达，可能与金牛山人上肢的功能状态相关。金牛山人手骨所反映的手部功能状况表明其手部运动灵活度可能不及现代人，而足部骨骼整体上则反映出了双足直立行走所应具备的足弓特征，内侧纵弓稳定性增强。但金牛山人足弓相对于现代人类更为低矮，横弓存在着更大的活动度，第 1 跖趾关节也不如现代人稳固，其步态应与现代人存在细微差异。金牛山人足骨提供了人类足部演化的一个重要信息来源。以上这些特征体现出了东亚地区古人类体质发展过程中的复杂性和不平衡性。

根据尺骨长度计算而得的金牛山人的身高约为 168 厘米。根据髋骨复原出骨盆而对体宽、体重并结合髋臼大小等进行推断，金牛山人的体重为 78.6 千克。金牛山人具有相对较宽的身体、较短的上肢和较壮的体型，这是对高纬度寒冷气候条件适应的一种表现。

金牛山人化石提供了生活于 26 万年前中国东北地区青年女性古人类个体的性别、年龄、身高、体重、肢体比例及相对脑量的全方位的重要信息，结合遗物遗迹等文化现象，对于了解当时古人类体质的时空差异及其适应含义、谱系发生、文化发展等具有极为重要的价值。

金牛山人具有镶嵌性的体质特征。与欧亚早、中更新世的古人类相似之处在于都具有较低矮的颅骨形态，但同时金牛山人头骨较为纤细而与包括早期现代人在内的晚更新世早期古人类某些方面比较接近。虽然因为这种古老和进步镶嵌的体质特点，古老型智人常被作为人类演化中的中间过渡类型，但近年来发现和研究表明东亚这一阶段古人类演化的实际情况要比想象中更为复杂得多。

这种复杂性一方面表现在东亚古老型智人群体内个体间差异较大。如金牛山人和大荔人就常被作为其中纤细类和粗壮类型的代表。两者在颅骨壁的厚度、眶上圆枕发达程度、额部相对宽度等诸多方面都有不同表现。虽然有学者用性别来解释这种体质上的差异，但直立人、早期现代人的性别差异都没有达到如此之大，单独的性别原因似不足以解释两者之间的差异。如果考虑到更广的地理范围以及时代更晚一些的化石如马坝人、许家窑人与金牛山人、大荔人的体质差异的话，那么可以确认东亚古老型智人这一类群内部体质差异很大。最近发现的演化地位不甚明确的许昌人化石也表现出比较复杂的体质特点，其脑量高达 1800 毫升，是已发现的中国古人类化石中最大的，其颅骨壁厚度也与金牛山人类似但略厚，额部也相对较宽，两者表现出一定的相似性。另一方面这种群体内变异较大的特点也出现在直立人以及晚更新世古人类中。如爪哇直立人与周口店直立人就存在很多差异，两者间的关系模糊不清（Kaifu，2017）。化石个体间的这种差异使得有学者认为东亚的古老型古人类如大荔人、金牛山人、马坝人、许昌人等可能属于不同类群（Li，2017；Athreya，2017）。

包括金牛山人在内的东亚古老型智人内部，以及他们与非洲、欧洲的古老型人类之间的关系仍然需要深入探讨。但从金牛山人所具有的诸多东亚古人类连续性进化的体质特征看，似乎不可能或至少完全由非洲、欧洲古人群扩散替代而来。金牛山人和其他该阶段东亚古人类化石的体质特征表明，该地区中、晚更新世古人类演化样式非常复杂，并还可能存在人群间交流的可能。同时，金牛山人具有很多非常进步的特质特征，其对于东亚早期现代人的形成一定发挥了非常重要的影响。

三 金牛山人的文化遗物

金牛山遗址 A 点洞穴遗址 1984、1993 至 1994 年发掘揭露的主要文化层是第Ⅷ层。从该层发掘揭露的 13 个发掘层面来看,在 A 点洞内从早到晚一直都有早期人类活动,留下了近 190 件石制品、9 处用火遗迹、烧骨、敲击骨片和大量的动物骨骼及碎片。这些遗物、遗迹在地层中的分布情况,也很清楚地记录了早期人类利用金牛山 A 点洞穴居住生活的情况,为我们提供了探讨复原金牛山人及其文化发展历史的重要资料。

首先,洞穴内发现的用火遗迹是古人类活动的中心。金牛山遗址 A 点各发掘层揭露出的用火遗迹也清楚反映出这一特点。已发现的 9 处用火遗迹的结构与大小并不相同。靠上部的几处多范围较小,遗迹范围的直径在 0.5 米左右,灰烬层也较薄,应是在较短时间内临时用火所遗。但靠近下部的用火遗迹则有明显的结构,显示在古人类生火之前,曾经进行过有意处理,通过摆放石块等来控制火的燃烧范围,同时也方便人类在火堆周边活动生活。尤其是第 9 号用火遗迹,大致呈圆角等腰三角形,底边的长径超过 1 米,是所有灰堆中面积最大者。在其灰烬层的中部,还分布着石块角砾,或平放在灰烬层表面,或微嵌入灰烬层中。灰烬层下部的周围,则是有意围起的石块。最下部也由石块铺垫。这些都很明显是经过仔细安排,类似旧石器时代较晚阶段的火塘遗迹。经过对比实验研究发现,这种结构,尤其是灰烬层中有意摆放的石块,应该是当时人类为了保存火种所为。

金牛山遗址 A 地点发现的在不同层面上的 9 个灰堆周边都分布着石制品以及数量众多、带有敲骨吸髓等特征的动物骨骼碎片。这种情况说明,围绕灰堆分布的遗物应该是当时人类在洞内居住生活所留。9 个灰堆及其周边的石制品与动物骨骼碎片构成的遗迹,反映了当时人类曾多次进入 A 点洞穴内活动生活。早期的第灰堆 No.9 应该是较长时间活动的遗存,经过有意摆放石块,控制了燃火的范围,并且方便保存火种,可以维持较长时间的居住条件。灰堆周边的遗物情况也与此相应。在靠近第Ⅷ层上部发现的几处范围较小、灰烬层较薄的灰堆,则可能都是较短时间临时活动所遗。这种有意安排、结构清楚的"火塘",或短暂使用的临时灰堆,都记录了当时人类用火的情况,说明当时人类已经可以很好地了解并掌握火的特点,能够根据不同的需要有效地管理控制用火。从火堆及周边的空间来看,当时人群的规模不会很大,在洞穴内活动的人数应该比较有限。

其次,对数以万计的动物完整骨骼及碎片进行观察,可以得到更多的关于金牛山人生活环境与生计方式的信息,了解当时人类行为特点与活动方式。大量鹿类与野猪类动物骨骼碎片的存在,尤其在灰堆周围出现,说明这两类动物应该是当时人类的主要狩猎对象。而熊类等食肉类动物的骨骼则多较完整,甚至有完整的骨架保存在洞穴的角落,说明这些凶猛的大型兽类并不是人类的猎物,而是和人类竞争洞穴居住地的对手。有的已分解的棕熊肢骨和体骨上也没有发现人工肢解或敲击的痕迹,则说明这些棕熊骨骼是死亡后被水冲入洞中保存下来的。

大量动物骨骼碎片的破碎形状、尺寸以及人工痕迹等都清楚地说明金牛山人对所获猎物,不仅剥皮食肉,还要将管状骨砸开,吸食骨髓。还有少量动物骨骼碎片上保留有动物牙齿咬痕,则说明当时人类的生存竞争压力很大,还要与食肉猛兽争夺猎物。从金牛山人自身的体质演化状况以及他们对洞穴居址的空间安排，特别是用火与管理火的计划性等情况综合来看，当时人类应该已经具有较高的生存能力，会有更多的狩猎活动，而不太可能仅仅是跟在食肉猛兽之后的食腐者。这一点也可以在同时代欧亚大陆其他地区古人类狩猎活动的发现中得到进一步证明。

第三，与丰富的用火遗迹及大量的动物骨骼碎片相比，金牛山遗址 A 地点保存的石制品数量却非常有限。第Ⅷ层 1 米多厚的文化堆积、以用火遗迹为中心的多个活动面，总共才发现 190 件石制品，且大部分是断块类。石制品中经过仔细加工的工具很少见，石核与石片的数量也很有限。这种情况一方面可能与金牛山附近缺乏适合加工石器的原料有关，另外也可能与遗址的性质有关。A 点洞穴适合古人类居住，因此金牛山人主要在洞穴内居住，进行生火照明、取暖、烤食猎物等活动。由于附近缺乏合适的石料，石质工具可能是需要在原料产地进行加工修理，被带到洞穴内的可能主要是成品石器，即经过仔细加工的精制品，或有继续使用价值的石器，在洞穴内使用后多数可能又被带走。因此，A 点所发现的石制品仅是不成形的断块，或少量石核、石片及个别工具。

虽然石制品的数量不多，更缺少有代表性的典型器物，但仍可看到金牛山人石器工业与周边已经发现的主要石器工业之间的联系。从主要应用石英原料、石制品多是形体较小的石片石器来看，金牛山 A 地点的石制品表现出更多的与周口店北京猿人晚期石器工业的共性。但一件用砾石加工的砍砸器，则与地理位置更靠北的本溪庙后山遗址发现的形体较大的石器工业特点相近。如果将其与欧亚大陆西侧中更新世晚期旧石器工业对比，则是既无典型的阿舍利技术迹象，也无预制石核与定向剥片等技术的发现，显然还是典型的简单石核—石片技术，与东亚地区同时代的石器工业并无二致。

综上所述，在金牛山遗址 A 地点发现的古人类化石以及丰富的旧石器文化遗存，为探讨早期人类适应东亚大陆北部地区更新世环境、不断发展演化的历史进程提供了非常重要的新证据。尤其是将该遗址用火遗迹、动物骨骼及碎片与石制品的空间分布等发现综合起来观察，并结合人类化石的体质特征的进步性来考虑，更是为我们开启了认识中更新世晚期东亚地区古人类与旧石器文化发展历程及其区域性特点等课题非常重要的新窗口。

四　金牛山人的生态环境及生活

金牛山地区位于下辽河平原东南隅，区内地貌主要由山地、山前黄土台地和平原三部分组成。在金牛山人生存时期地貌与现在基本相似。

孢粉分析说明金牛山人生活的中更新世晚期，孢粉组合以蒿属和阔叶树占优势为特征。草本植物以蒿属、藜科等中生草本为主，占 48%~72%；木本植物以桦属、榆属、椴属等暖温带落叶阔叶树为主，占 20%~47%，蕨类植物中有少量的水龙骨。说明当时这里属于气候温和湿润的温带森林—草原环境。

在金牛山人生存时期的第Ⅷ层发现 44 种哺乳动物，其中森林—林缘型动物占 61.4%，草原型动物仅占 15.9%。棕熊、猎豹、豹、中华猫、李氏野猪、硕猕猴等生活在森林地区；山麓和林缘地带有犀牛、狼、狐、鬣狗以及各种鹿类动物和羚羊等。平原上还有宽阔的河流、沼泽和湿地，生活着河狸、獐、龟、鳖和蚌等。多样的动物种类为原始人类的生存提供了丰富的食物资源，犀牛、硕猕猴等喜暖动物的出现说明当时气候比现在温暖湿润。

在第Ⅷ层发现的鸟化石大部分为古北区鸟类，其中有 5 种现生种属于东洋区的鸟类。东洋区鸟类的出现，也说明当时是温暖湿润的生态环境。鸟类中超过 1/3 的为肉食性猛禽类，其中鹰、雕和鹫等大型猛禽鸟类都为高山或旷野鸟类。金牛山草鸮、耳鸮、长耳鸮、林鸮、小鸮等鸮形类猛禽是栖息在山地森林和草丛林间的夜行性活动的鸟类。既有白天活动的也有夜间活动的鸟类，因而可以判断可供它们食用的中小型动物尤其是中小型哺乳动物是十分丰富的。金牛山地区还有不少大、中型涉禽类，如鹤和鹳类，其中还有一种现已绝灭的吕氏秃鹳，可以推测，当时这一地区还有大片湿地和河湖。

哺乳动物和鸟类化石研究都说明在金牛山人生活的中更新世晚期，金牛山地区是一种有高山、有丘陵、有平原、有低地，还有湿地和河流的地理环境，生态环境与现在的金牛山有些相似，但气候要较现在温暖得多。

在距今 26 万年前的中更新世晚期（第Ⅷ层），金牛山人在 A 点洞穴居住生活，以采集和狩猎为生计手段。当时金牛山地区的气候温和湿润，属于暖温带疏林草原环境，生活有犀牛和硕猕猴等喜暖的动物。他们住在洞穴中，会用火并采用土石封火的方法保存火种。当时人类主要猎获鹿类和一些小型的食肉动物，将猎物带回洞内，使用简单的石器处理动物，用火烧烤后食用，并敲碎肢骨吸取骨髓。在烧骨上发现有食肉动物的咬痕，说明当时人类也捡食一些动物吃剩的食物或赶走一些动物抢走它们的猎物，这也是古人类获取食物的行为方式之一。根据灰堆的大小、灰烬较薄以及灰堆分布在不同的层面分析，当时原始人群的数量不大，他们季节性地在洞中居住。

五 金牛山地质构造、第四纪地质及 A 点洞穴发育简史

根据有关金牛山地区的地质构造特征及洞穴的成因条件、金牛山地区地貌和第四纪地质、A 点洞穴沉积物和孢粉分析等综合研究，可以大致复原金牛山地区第四纪气候变迁和 A 点洞穴发育简史。

钱祥麟、张臣对金牛山地区的地质构造特征及洞穴的成因条件进行过专门的研究，他们从区域地质构造特征和金牛山地质构造出发，重点探讨了金牛山 A 点和 C 点洞穴形成的岩性与构造控制因素。金牛山 A、C 点洞穴的发育，除受可溶性碳酸盐岩层和具有充沛地下水的作用控制外，主要受区内北西向断层及其派生的剪切裂隙和岩层产状控制。区内地质构造特征决定了区内洞穴的发育及其形态和分布。

A 点洞穴发育在前长城系辽河群大石桥组的上亚组下部深灰色厚层状含镁大理岩中，洞穴的南侧为灰色薄层状细粒结晶灰岩夹微细层理完好的泥质板岩，北侧为灰褐色泥质板岩夹一层厚2.79米的白云质灰岩。两侧的泥质板岩作为隔水层使地下水在含镁大理岩集中并发生岩溶作用，成为 A 点洞穴发育的岩性控制因素的基础。A 点洞穴发育除受岩性控制外，还受断裂和地层产状的构造因素控制。A 点洞穴北侧 9 米处发育有断层，在伴随早期右行压扭性活动过程中，两侧发育有密集的剪切裂隙。A 点洞穴与剪切裂隙组延伸方向大体一致，沿裂隙有明显的溶蚀现象。断层还因受到新华夏系南北向力偶应力场作用影响，伴随新的左行张扭性活动，在两侧发育一组与陡倾地层产状大体一致的张裂隙，沿该组张裂隙亦有溶蚀现象。A 点洞穴明显受早、晚两期的两组裂隙控制，两组裂隙呈网格状交叉，岩石破碎，成为地下水的良好循环通道。岩溶作用活跃，在陡

倾的层理面控制下，岩溶作用进一步发展，通道扩大并联合成较大的洞穴，从而形成了与裂隙面和层里面近乎一致的规模较大的洞穴。

　　夏正楷对金牛山地区地貌与第四纪地质的研究详细论述了金牛山地区的地貌特征、区域第四纪地层、第四纪环境演变、第四纪古气候和第四纪海侵、第四纪洞穴发育和金牛山人的生态环境。研究认为在金牛山人生活时期，渤海发生过一次规模较大的海侵，称水源海侵，从海侵层位的埋深来看，当时金牛山 A 点洞穴的位置要高于当时古海面约 161~98.2 米左右。在海岸线与金牛山之间为平坦的冲积—海积平原。

　　由于 A 洞高于海面，因此基本上处于地下水的垂直循环带，其底部接近水平循环带，属于靠近侵蚀基准面发育的地下洞穴。这类洞穴中地下河不发育，水流侧方侵蚀作用微弱，不具备平整开放式的洞口，洞穴主要靠溶蚀作用形成的裂缝与外部相通，其中较大的裂缝通道高低不平，为动物和古人类进入洞穴的主要通道。

　　金牛山人生活在金牛山洞穴发育相对稳定的时期，当时由于气候比较湿润，洞内堆积以细粒物质和化学沉积为主，缺乏快速的崩塌角砾，是人类在洞穴中居住最适宜的时期。

　　金牛山位于郯庐断裂活动带上，地震频繁，受地震的影响，在金牛山洞穴北侧洞壁附近可以见到由于洞壁崩塌岩块坠落形成的地震楔状体，金牛山人的主要文化层恰好位于上、下两个地震楔状体之间。这表明金牛山人在洞穴中活动的时期属于两次地震活跃期之间的构造相对稳定的时期。

　　周慧祥对 A 点堆积物进行室内分析，从堆积物的粒度特征、砂质矿物成分及其特征、黏土矿物特征和化学成分及其分布等分析，并依据野外观察和采样室内分析结果，重建了金牛山 A 点洞穴及其堆积过程。

　　第 1~2 期（第Ⅺ～Ⅹ层）为底部大型石块陷落、洞穴形成的雏形阶段——胶结倒石堆堆积、洞穴进一步扩大阶段。

　　第 3 期（第Ⅸ层）为钙板、砂土互层堆积，洞穴初具规模，发育相对缓慢阶段。此时气候半干旱而温凉，沿南洞壁渗入水流缓慢而量小，流入洞穴低洼处呈浅水潭，在水面附近的水、气介面，因 CO_2 蒸发碳酸钙胶结成薄板状，每层钙板厚约 4~8 厘米，频繁波动形成可达 11 层的薄钙板群，钙板之间的砂土为脱离水面阶段的短暂沉积。

　　第 4 期（第Ⅷ层）为棕红色砂粉土堆积，洞穴发育相对稳定阶段。此时气候温和湿润，堆积区因堆积加高已不受地下水的影响，除北壁只有小范围的倒石堆堆积外，大部分为粉细砂土。此时洞顶扩展已较高，在早期发育的空间生成洞顶型的钟乳石和洞壁型流石壁。虽然洞穴空间不大，但此时的洞穴仍可作为遮风躲雨的地方，加之 A 点洞穴位于金牛山东南方向，更增添了它的避风有利条件，成为古人类避风的场所。在洞穴空间形成早期（Ⅷ～Ⅻ），棕熊也曾进入洞穴，或遇突发事件死于洞内。

　　第 5 期（第Ⅶ层）为深棕红色砂土涌入，洞穴被淤积阶段。此时为暖湿气候，温暖而多雨，洞外的洪水高水面涌入洞穴，在该层大石块下发现保存完好的龟化石、厚蚌壳等淡水贝壳化石和完整的野猪、棕熊的骨架。靠洞南壁的沉积剖面显示有水平层理和斜层理的沙土，并具有沙层的透镜体，说明水流具有一定的流速，在高水面的淤积物，使原本高低不平的洞底从此被淤，趋于水平。

　　第 6 期（第Ⅵ～Ⅴ层）为大型角砾堆积，洞顶集中崩塌阶段，包括角砾层。除特殊原因应力作用的改变（如地震等）外，洞穴崩塌增强一般是洞穴发育过程中的成年现象。

第7期（第Ⅳ～Ⅰ层）为棕黄色黏土质粉砂，胶结角砾层和厚层钙板交互堆积，因洞外碎屑充填，使洞穴进入消亡阶段。

六　金牛山地区环境和气候变迁

王宪曾和姜钦华关于A点洞穴孢粉分析可了解A点洞穴地层堆积期间的古气候和环境的变迁。

王宪曾所作标本是1986年采集的，从早到晚将A点洞穴地层堆积时期的古气候分为三个变化阶段：（1）中更新世晚期（第Ⅴ～Ⅶ层），气候温湿，孢粉组合特征为菊—禾本科—阔叶树花粉组合带；（2）晚更新世早期（Ⅲ～Ⅳ层），气候干温，植被景观为灌丛草原；（3）晚更新世中晚期（Ⅰ～Ⅱ层），气候干热，植被景观为森林草原（Wang Xianzeng，1993）。

姜钦华所做标本是1994年从新发掘剖面的第Ⅶ～Ⅸ层采集的。根据孢粉组合特征，将A点下部堆积物自上而下可分为四个组合带。

第Ⅰ组合带（第Ⅸ层）为蒿—菊—柳花粉组合带，为疏林草原景观，反映了半湿润—半干旱的温凉气候。

第Ⅱ组合带（第Ⅷ层～第Ⅶ层下部）为藜—蒿—菊花粉组合带，反映了稀疏草地的植被景观，估计此时气候变得更加干冷。

第Ⅲ组合带（第Ⅶ层中部）为花粉贫乏带，除真菌孢子外，本带不见其他任何种属的孢粉，但从薄片上观察，可见大量的植物碎片。

第Ⅳ组合带（第Ⅶ层上部）为菊—蒿—阔叶树花粉组合带，反映了温湿的气候，温暖的气候改变了原有的植被，森林面积扩大，草原缩小，为动物和人类提供了较好的生存环境。

从四个组合带可见本区中更新世中晚期的环境几经变迁，古气候出现了干凉、干冷和温湿等阶段，随着各个不同时期气候的变化，相应产生的植被景观为疏林草地和森林草原。

孢粉分析研究表明，金牛山地区第四纪期间植被变化不大，主要以疏林草原和草甸草原植被为主。其中早更新世主要为森林草原和草甸草原；中更新世以疏林草原—森林草原为主；晚更新世以草甸草原为主，并出现沼泽；全新世出现以阔叶树为主的森林草原。植被的变化指示本区第四纪气候总体上偏温湿，属于温带气候，受全球气候变化的影响，早更新世以温凉湿润为主，中更新世由冷湿向温和湿润变化，中更新世晚期金牛山人来此栖息，当时气候温和湿润，蒿属、藜科等草本繁茂，分布有较多的落叶阔叶树，主要为温带森林草原—疏林草原环境。晚更新世气候由温凉—湿润向寒冷阴湿变化。全新世早期比较干燥寒冷，中晚期以温暖湿润为主。

中文文献

1.张森水等：《金牛山（1978年发掘）旧石器遗址综合研究》，《中国科学院古脊椎动物与古人类研究所集刊》第19号，科学出版社，1993年。

2.陈铁梅等：《辽宁金牛山遗址牙釉质样品的电子自旋共振（ESR）测年研究》，《人类学学报》1993年第12卷第4期。

英文文献

1. Chentiemei, Yuansixun.Uranium-series dating of bones and teeth from chinese palaeolithic sites, Archaeometry 30, 1, (1988). 59–76, Printed in Great Britain.

2. Wang Xianzeng, Paleoenvironment of Archaic Homo sapiens from Jinniushan, Yingkou County, LiaoNing Province.In N.G.Jablonski (ed), "Evolving Landscapes and Evolving Biotas of East Asia Since The Mid-Tertiary", Proceedings of the Third Conference on the Asian Studies, The University of Hong Kong. 1993.

3. Chen Tiemei, Yang Quan & Wu En, 1994, Antiquity of *Homo sapiens* in China, *Nature* vol.368, 55–56.

4. Athreya S., Wu XZ., A multivariate assessment of the Dali hominin cranium from China: Morphological affinities and implications for Pleistoceneevolution in East Asia. Am J Phys Anthropol. 2017; 164: 679–701.

5. Kaifu Y., Archaic Hominin Populations in Asia beforethe Arrival of Modern Humans. Current Anthropology, 2017, 58, suppl 17: S418–S433.

6. Li Z Y, Wu X J, Zhou L P, et al. Late Pleistocene archaic human crania from Xuchang, China. Science, 2017, 355 (6328): 969.

附录

中国北方中更新世一个古老型人类的
体型、身体比例和脑部发展[1]

凯伦—罗森伯格[1]　　吕遵谔[2]　　克里斯多夫—拉夫[3]

（1.美国特拉华大学人类学系　2.北京大学考古文博学院　3.美国约翰霍普金斯大学医学院）

　　属于同一个体的中更新世头骨和头后骨人类化石极为稀少。因而在评估这一时期诸如相对脑量这类重要特征的时间性改变时，或者是依赖于脑量、体型群体平均值的比较，或者是根据眼眶大小等头骨尺寸来间接的估算体型。而且由于缺少来自同一个体骨架化石的关键部位，这一阶段关于身体形状这一既具系统演化也有适应含义的特征，如相对于身高和肢体长度的体宽的时空变异等的分析，同样也需要通过这些间接方法来评估。

　　这里我们提供了一个来自中国东北金牛山，年代大约26万年前的中更新世人类化石骨架的数据。这个标本包含了足够多的颅后骨及颅骨材料，可以用来估算该个体的体重、脑量以及身高、体宽。这是唯一一件时代上处于东非约160万年的KNM-WT 15000与黎凡特12.2±1.6万年的Tabun1之间的骨架化石。实际上即便是这两个化石也不适于做这样的分析：KNM-WT 15000是一个青少年个体，成年后的体重必须通过生长外推法来估算；而Tabun 1没有一个完整的骨盆，因而无法对体宽进行直接的估计。这样，金牛山标本几乎是唯一一个可用来评估这一人类演化重要阶段这类关键形态特征的材料。在这一时期脑量快速增加，体型的地理差异随着人类物种足迹遍布旧世界大部分地区而变得越来越显著。

---

[1] 金牛山人化石通过与国外学者的合作共发表了两篇英文研究论文。第一篇是与美国特拉华大学 Karen R. Rosenberg 教授合作的对金牛山人髋骨与体型的分析【Rosenberg K R, Zune L, Ruff C B, et al. Body size, body proportions, and encephalization in a Middle Pleistocene archaic human from northern China[J]. Proceedings of the National Academy of Sciences of the United States of America, 2006, 103(10): 3552-3556】；另一篇是与爱达荷州立大学 D.J. Meldrum 教授合作进行的金牛山人足骨的研究【Lu Z, Meldrum D J, Huang Y, et al. The Jinniushan hominin pedal skeleton from the late Middle Pleistocene of China. Homo-journal of Comparative Human Biology, 2011, 62(6): 389-401】。后一篇文章的足骨研究成果在金牛山研究报告已有较充分体现。而作为一个极为难得的骨架化石，金牛山人有其独特的价值。这里将对第一篇文章进行翻译，以使相关成果能供给更多同行参考。

背景和年代

金牛山化石发现于中国东北辽宁省营口市附近的一个位于独立喀斯特孤山上的坍塌石灰岩洞穴裂隙中（N40°34′40″，E122°26′38″）。1984 年由北京大学考古系吕遵谔教授带领的考古队发掘出土。人类化石发现于 15 米厚堆积中第 7 层的底部[1]，伴生有更新世动物群，较重要的有 *Macaca robustus*、*Trogontherium* sp.、*Megaloceros pachyosteus*、*Dicerorhinus mercki* 以及 *Microtus brandtioides*。对第 7 层动物牙齿的 ESR 和铀系测年的结果显示为约 26 万年，与动物群组合年代相符。这一化石之前曾报道过更晚的年代，但其年代是遗址中几个层位的平均值，其中一些层位在剖面上要高于人类化石的层位。因而我们认为含有金牛山人化石的地层年代为 26 万年是合理的。

金牛山遗址的纬度较高，位于北京的东北方向，尽管由于 *M. robustus* 和 *D. mercki* 的存在以及根据沉积学分析，26 万年前的气候要比今天更为温和。

金牛山人化石样本

金牛山骨架的化石都发现于不到 2 平方米的范围内，包括 1 个保存有上颌牙列的头骨，6 个椎骨（1 个颈椎，5 个胸椎）[2]，2 个左肋骨，完整的左髌骨，完整的左尺骨，若干可以拼接的双手、双足骨骼，完整的左髋骨（图 1）。这些标本没有重复的部分，相邻骨骼关节可以很好地吻合，因而都属于同一个个体。

化石的性别对于分析非常重要，理由有二。首先身高、体重的估算需要使用特定性别的回归公式。其次对这些估算数据的解释需要考虑到性别因素。

人类最可靠的性别鉴定特征位于髋骨，尤其是耻骨部分。对 Phenice 提出的关键性别鉴定指征进行检验，给出了非常可靠的证据表明金牛山人是女性。由于耻骨内侧残损，无法判断是否有腹侧弧的存在。但其存在耻骨下凹，且坐骨耻骨支的内侧缘呈嵴状而非平面。根据 Phenice，通过这两个特征可以将金牛山人鉴定为女性。坐骨大切迹在所有人群都表现为女性比男性更宽，金牛山人具有中等宽度。与 Kebra 2 这一保存有完整髋骨的男性尼安德特人比较，金牛山人在很多特征上表现得比较纤细，如髂柱、坐骨结节等，这些也与女性的鉴定结果相符。坐耻指数（耻骨上支长 / 坐骨高 ×100）在女性会大于男性。金牛山人坐耻指数为 132.3，而 Kebara 2 为 126，符合两者分别为女性和男性的判断。金牛山人唯一略偏男性的证据是其髋骨的绝对尺寸较大。

头骨比现代人粗壮，因而一些学者曾将其鉴定为男性。然而如果将其与中国西北同一地质年代的陕西大荔人相比较，则金牛山人标本就显得比较纤细而可能是女性了。金牛山人化石的外部

---

[1] 此文章发表于十余年前，少量细节信息有误。金牛山人洞穴堆积剖面厚应为 16 米，分 11 层，金牛山人发现的层位为第 8 层。详见发掘报告。

[2] 金牛山人的脊椎骨最后确定为 5 件，即第 6 颈椎，第 4、8、9 和第 10 胸椎。详见发掘报告。

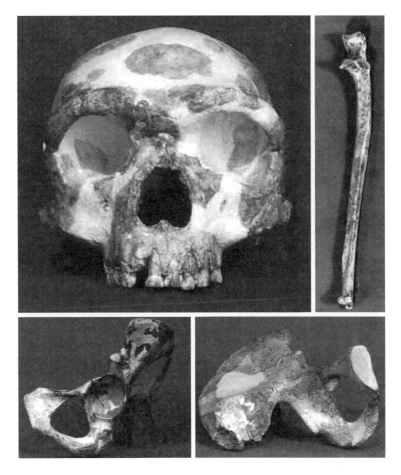

图 1　金牛山人的头骨、左髋骨和左尺骨。注意，不同标本有不同的比例尺

尺寸与大荔人相近，但颅骨壁更薄因而脑量更大（大荔人脑量 1120 毫升，报道的金牛山人估算脑量为 1260~1400 毫升）。金牛山人眶上区比大荔人更薄，这两个大致同一时期人类化石形态上的差异可能来自性二态性。

身高重建

身高估算根据左尺骨这一唯一保存下来的长骨。这一完整尺骨的长度为 260 毫米。这里使用 Trotter 的以现代欧美女性为参考人群所得公式来推断金牛山人身高，因为金牛山人也属于高纬度人群。使用这一公式所复原出的身高为 168.78 ± 4.3 厘米（在之前的分析中，使用 Trotter 和 Gleser 白人女性与蒙古人男性公式，得出的估算身高约为 168 厘米）。

身体比例和体宽

因为金牛山人没有骶骨保存，因而无法直接从完整骨盆测量双髂宽（骨盆整体的内外径）或骨盆入口尺寸。我们使用完整髋骨来重建骨盆的入口形状和双髂宽。我们根据髂骨边缘指数（iliac brim index）这一评估骨盆入口曲度的指数来估计整个骨盆入口的形状。髂骨边缘（iliac brim）是指髂骨上骨盆分界线（linea terminalis）的从骶骨关节面边缘到与腰大肌沟（psoas groove）相对

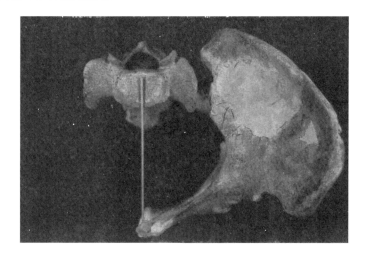

图2 置于骨盆宽（双髂宽）测量位置上的金牛山人髋骨模型，见正文描述。骶骨来自现代人，可以帮助我们从视觉上判定中线的位置。以髂嵴最外侧缘到中线的最大垂直距离乘以2来估算双髂宽。注意由于视差以及照片的透视缩短，是无法通过图片来测量准确大小的

应的那个点之间的部分（见参考文献25的图15）。髂骨边缘指数的计算方法为髂边缘深和髂边缘长的比值。髂边缘长度为两个端点之间的距离，髂边缘深为骨盆入口曲线最深点到边缘长的弦高，金牛山人的值为11.1毫米。髂边缘长为56.8毫米，指数为0.195。髂骨边缘指数与不同地区现代人骨盆入口的形状相关。尤其是髂边缘指数越高（即边缘更为弯曲）则骨盆入口的内外向越宽，前后向越窄。尽管这一方法存在一些误差，但它的确可以成功地预测不同地理位置、不同时期，以及诸如南方古猿（AL 288-1）和尼安德特人（Kebara 2）等不同人类物种的骨盆入口形状。参考文献25的图16给出了一个回归方程（整体骨盆入口指数 =1.1677-2.2608 × 髂骨边缘指数，r=0.743，标准误差 SEE=0.079），我们用这个方程估算出金牛山人的骨盆入口指数（即骨盆入口的前后径/内外径）为0.73，95%置信区间为0.57~0.89。这一骨盆入口的形状非常扁平，但并非不切实际：4个现代美洲原住民女性样本的平均骨盆指数（根据样本量加权）为0.7495，平均值分布范围为0.685到0.83。也还有证据表明更早的人属成员要比现代人具有更为扁平的骨盆。

接着我们将金牛山人髋骨放置于解剖位置以获得骨盆入口形状。首先，我们根据一系列的现代女性骨盆的测量数据估算出，骨盆入口的从耻骨到骶骨岬的前后径，要比从耻骨到两侧骨盆分界线（linea terminalis）后端连线的前后径大了约1厘米。根据这个数值以及骨盆入口指数，就可以估算出从正中矢状面到骨盆入口最外侧点之间的内外径。最终确定的髋骨的位置如图2所示。这一位置看上去很合理，其耻骨和骶髂关节面都大致与矢状面平行。之后将从中线到髂嵴最外突的点的距离乘以2，就获得了金牛山人344毫米的双髂宽数据。我们还相对于耻骨联合面旋转髋骨，调整骶骨宽度，以使骨盆入口的前后径/内外径这一指数位于前述95%置信区间内。通过这样的步骤得出的双髂宽估算值为327~361毫米。将骶骨岬相对于骨盆分界线缘的前后位置在 ±5 毫米范围内进行更进一步的调整，只略增大了前述估算范围到325~363毫米。根据髋骨的整体形态以及极值背后所暗示的极窄或极宽骶骨，我们认为这些极端值不太可能出现，但在后续体型及体重的分析中由于都用到了这个数值，因而对其变化范围进行估计以帮助确定最佳的双髂宽度。

相对肢骨长

如同其他地理上分布广泛的哺乳动物物种一样，人类也符合将体型与气候相联系的生态地理规律，来自寒冷气候区的人群体表面积相对于体重较小，而来自温暖地区的则相对体表面积较大。这一样式在相对肢体长度（艾伦定律）以及体宽都有所反映。在现代人，来自寒冷区域的人

群要比来自温暖地区的具有相对更短的肢体和更宽的身体。图 3 展示了适应赤道环境中的东非人以及北极地区的因纽皮特人和阿留申人（Inupiats and Aleuts）双髂宽与尺骨长的关系。如同所预期的一样，适应寒冷要比适应温暖环境的现代人具有相对与体宽更短的尺骨。全新世之前的来自高、低纬度古人类与现代人具有同样的样式。包括金牛山人在内的 6 个可测量或估算骨盆宽及尺骨长的人类化石个体（详见参考文献 10）在图 3 上也有展示。4 个自高纬度地区样本（La Chapelle-aux-Saints 和 Kebara 2 尼安德特人，中更新世的 Atapuerca 和金牛山人）全都具有相对于前肢长度很宽阔的骨盆，接近或超过了现代高纬度人群的上限。金牛山人标本尤其特殊，部分是因为她是女性，因为女性要比男性具有相对更短的上肢。两个全新世之前的非洲样本（WT 15000 和 Sahaba 16）都具有所预期的相对于尺骨长较窄的身体。

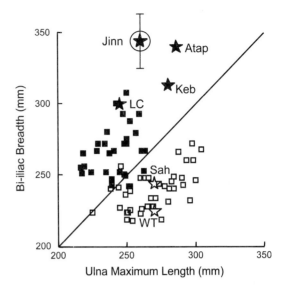

图 3　现代人尺骨长与双髂宽的关系
空心方块代表现代东非人，实心方块代表现代因纽皮特/阿留申人。空心五角星代表 KNM-WT 15000 和 Sahaba 16，实心五角星代表 Atapuerca、Kebara、La Chapelle-aux-Saints 1 以及 Jinniushan（外有圆圈者）。圆圈上的竖线代表所估算的金牛山人双髂宽的 95% 致信区间

体重

体重通过两种不同的方法来估算：利用估算出来的身高和双髂宽，以及通过股骨头径来估算。前一种方法可称为形态测量方法（morphometric），后一种则为力学方法（mechanical）。身高/双髂宽法是根据地理上不同区域的现代人群样本得出，并在很多已知体重现代人群中经过检验和校正，包括运动员，正常的中、低纬度人群，具有宽身体的高纬度人群等。最近调整的女性回归公式为：体重 = 0.504 × 身高 +1.804 × 双髂宽 –72.6（r=0.82，SEE=4.0）（将骨骼的双髂宽转变为活体双髂宽的方法。参考文献 1）。利用前面推算出来的金牛山人身高和双髂宽，这个公式给出了金牛山人体重为 79.6 千克这一估算结果。

第二个估算体重的方法是通过股骨头径，股骨头在身体运动和站立的时候传导体重。金牛山人没有股骨保留，但可通过髋关节的另一部分即髋臼高，通过回归公式来估算股骨头径。公式来自 39 个个体的考古样本：股骨头径 = 0.9877 × 髋臼高 –8.39（r=0.95，SEE=0.3）（与 E. Trinkaus 的个人交流）。金牛山人的髋臼高为 59.3 毫米，推算出股骨头径为 50.2 毫米，95% 致信区间为 49.6~50.8 毫米。之后我们使用这个数值，通过两个已经发表的以中到大体型现代人为参考人群的回归方程（理由和细节请见参考文献 30），计算出的金牛山人体重分别为 77.4 和 78 千克（利用股骨头径的 95% 致信区间计算，体重范围为 76.0~79.3 千克）。这两个估算值的平均值为 77.6 千克，与通过双髂宽计算出来的体重 79.6 千克相差在 2 千克以内，约为 2.5%。我们将这两种方法估算出体重的平均值 78.6 千克作为金牛山人体重的估算结果（注意两种方法估算的结果接近，也间接地支持了我们所复原出的双髂宽值）。

如同表 1 所示，估算的金牛山人体重相较于现代人平均值或其他的更新世人属化石标本是相

当大的。表 1 的数据除了 6 个晚中更新世 Sima de los Huesos Atapuerca 新样本的之外，也都使用了与金牛山人同样的方法而得。此外根据这个遗址的新年代数据，Atapuerca 化石属于早、中中更新世样本，略微地增加了这一时段的平均身体大小。更新世有几个男性化石，包括 Atapuerca 的 1 号骨盆（Pelvis 1），明显地超过了金牛山人体重。但是金牛山人仍然是已报道的全新世之前体重最大的女性。对比样本中第二重的女性是晚更新世早期的 Grotte du Prince（10 万年前），估算体重为 74 千克。人属的身体大小似乎在中更新世达到顶点，如 Boxgrove、Atapuerca 以及金牛山人化石都表现出这种样式。所估算出金牛山人的较大体重也与生态地理规律相符（贝格曼定律），即地理上广泛分布的物种在高纬度地区会有体型增大的趋势，可能是较冷气候下体表面积减少的适应性表现。这也与对中更新世古人类的观察一致，他们被认为没有那么发达的文化缓冲应对环境压力，如保暖衣物和用火等技术适应，因而身体比例渐变分布会比现代人类的更急剧。

表 1　　　　　　　　　　　　　现代人和更新世人属的体重及 EQ 指数 *

样本	时代 BP	体重，千克		合并性别的 EQ	
		合并性别 均值 ±SD（n）	女性 均值 ±SD（n）	骨架标本 均值 ±SD（n）	样本 均值
现代人，全部	–	58.2 ± 7.1** (51)	54.7 ± 5.7** (23)	–	5.288
现代人，高纬度	–	61.2 ± 6.7** (24)	57.2 ± 5.7** (13)	5.349 ± 0.555*** (29)	–
旧石器晚期晚段	10~21,000	62.9 ± 7.6 (71)	57.0 ± 5.9 (23)	5.479 ± 0.352 (18)	5.406
旧石器晚期早段	21~35,000	66.6 ± 7.5 (33)	59.6 ± 6.4 (7)	5.467 ± 0.449 (10)	5.352
晚期的古老型 Homo sp	36~75,000	76.0 ± 5.8 (17)	67.2 ± 0.4 (2)	4.984 ± 0.467 (8)	4.781
Skhul–Qafzeh	90,000	66.6 ± 7.0 (10)	58.4 ± 4.4 (3)	5.369 ± 0.166 (4)	5.293
晚更新世早期	100~150,000	67.7 ± 7.6 (10)	65.4 ± 5.5 (6)	4.682 (1)	4.732
中更新世晚期	200~300,000	65.6 ± 12.3 (6)	54.1 (1)	–	4.198
金牛山人	260,000		78.6	4.150	–
中更新世中期	400~550,000	71.2 ± 11.3 (11)	64.6 ± 3.3 (2)	–	3.770
早更新世晚期 ~ 中更新世早期	600~1150,000	58.0 ± 7.4 (3)	66.6 (1)	–	3.400
早更新世	1200~1800,000	61.8 ± 8.9 (5)	–	3.064 (1)	3.458

* 除了金牛山人及 Atapuerca 化石之外的体重数据都来自参考文献 1（Atapuerca 样本被归入中更新世阶段，见正文）。Atapuerca Pelvis 1 的体重是根据文献 35 给出的估算身高和双髂宽计算而得的数值（94.2 千克）以及根据髋臼宽依金牛山人同样方法计算出数值（78.7 千克）的二者平均值，也就是 86.4 千克。另外 5 个 Atapuerca 标本的体重是根据已经发表的髋臼宽度的数据计算得出：AT-800，75.1 千克；AT-835，77.5 千克；AT-2350，75.1 千克；Coxal I，66.9 千克；AT-1004，62.2 千克。前 4 个标本被鉴定为男性，后面两个为女性。

** 性别 / 人群的平均值的均值和 SDs，而非个体的（见参考文献 4）。

*** Pecos Pueblo（见文献 1）。

脑部发展

最后，因为金牛山人化石同时保存了相当完整的头骨和头后骨，使我们有了不同寻常的、如果不是唯一的，去检验一个中更新世个体的体型与颅容量关系的机会。多数相对脑量的估算是通过来自不同样本的脑量、体型估算值来计算，或者是通过头骨大小估算的体型，而这可能不够精确甚或导致循环论证。金牛山人提供了一个机会，将一个个体的 EQ 指数（encephalization quotient）去与通过样本脑量、体型平均值计算出的 EQ 进行比较。

为了确定金牛山人的 EQ，我们使用 1330 毫升这个颅容量估算范围中值的数据。之后我们根据参考文献 1 的方法计算了其脑质量（brain mass），其公式是来自 27 个灵长类物种的数据，脑质量 $=1.147\times$ 颅容量 $^{0.976}$，计算出金牛山人的脑质量为 1284g。使用估算而得体重 78.6 千克和 Martin 的哺乳动物的公式，EQ= 脑质量 $/11.22\times$ 体重 $^{0.76}$，确定了金牛山人的 EQ 为 4.150。这与根据晚中更新世化石平均体重和平均脑量计算出 4.198 的 EQ 值非常接近（表 1）。后者是通过 13 个化石的脑量平均值（1132 毫升，来自文献 1，但不包含 3 个 Atapuerca 标本以及金牛山人），和 6 个化石的体重平均值计算而得。根据样本均值估算出的中中更新世平均 EQ 为 3.770，比我们以前的估计略微降低，这是因为包含了 Atapuerca 样本。这些结果更进一步记录了中更新世古人类脑部的快速发展。

总　结

金牛山在地理位置上位于中国的北方，表明这是一个适应寒冷气候的人群。我们发现这反映在了金牛山人较大的体型、较宽的躯干以及相对短的肢体长度上。因而为早、中乃至晚更新世人属化石体型和体形的生态地理渐变提供了新证据。金牛山人相对于体型的脑的大小与预期的晚中新世样本平均值非常相近，为验证这一阶段的特征性脑部发展增长假说提供了非常重要的数据。

参考文献

1. Ruff, C. B., Trinkaus, E. & Holliday, T. W. (1997) *Nature* 387, 173–176.

2. Rightmire, P. (2004) *Am. J. Phys. Anthropol.* 124, 109–123.

3. Aiello, L. C. & Wood, B. A. (1994) *Am. J. Phys. Anthropol.* 95, 409–426.

4. Ruff, C. B. (1994) *Yrbk. Phys. Anthropol.* 19, 65–107.

5. Ruff, C. B., Trinkaus, E. & Holliday, T. W. (2002) in *Portrait of the Artist as a Child: The Gravettian Human Skeleton from the Abrigo do Lagar Velho and its Archaeological Context*, eds. Zilhão, J. & Trinkaus, E. (Instituto Português de Arqueologia, Lisbon), 365–391.

6. Trinkaus, E., Stringer, C. B., Ruff, C. B., Hennessy, R. J., Roberts, M. B. & Parfitt, S. A. (1999) *J. Hum. Evol.* 37, 1–25.

7. Walker, A. & Leakey, R. E. F., eds. (1993) *The Nariokotome Homo erectus Skeleton* (Harvard Univ. Press, Cambridge, MA).

8. Grün, R. & Stringer, C. (2000) *J. Hum. Evol.* 39, 601–612.

9. Ruff, C. B. & Walker, A. (1993) in *The Nariokotome Homo erectus Skeleton*, eds. Walker, A. & Leakey, R. (Harvard Univ. Press, Cambridge, MA), 234–265.

10. Ruff, C. B. (2002) *Annu. Rev. Anthropol.* 31, 211–232.

11. Lü, Z. (1990) *L'Anthropologie* 1990, 899–902.

12. Lü, Z. (2003) in *Current Research in Chinese Pleistocene Archaeology*, eds. Shen, C. & Keates, S. G. (Archaeopress, Oxford), 127–136.

13. Chen, T., Yang, Q. & Wu, E. (1994) *Nature* 368, 55–56.

14. Wolpoff, M. (1999) *Paleoanthropology* (McGraw–Hill), 2nd Ed.

15. Pope, G. (1988) *Annu. Rev. Anthropol.* 17, 43–77.

16. Phenice, T. D. (1969) *Am. J. Phys. Anthropol.* 30, 297–302.

17. Washburn, S. L. (1948) *Am. J. Phys. Anthropol.* 6, 199–207.

18. Wu, X. & Poirier, F. (1995) *Human Evolution in China: A Metric Description of the Fossils and a Review of the Sites* (Oxford Univ. Press, Oxford).

19. Rosenberg, K. R. (1998) in *Neandertals and Modern Humans in Western Asia*, eds. Akazawa, T., Aoki, K. & Bar-Yosef, O. (Plenum, New York), 367–379.

20. Trotter, M. (1970) in *Personal Identification in Mass Disasters*, ed. Stewart, T. D. (Natl. Museum of Natural History, Washington, DC), 71–83.

21. Martin, R. D. (1981) *Nature* 293, 57–60.

22. Ruff, C. B., Niskanen, M., Junno, J.-A. & Jamison, P. (2005) *J. Hum. Evol.* 48, 381–392.

23. Trotter, M. & Gleser, G. C. (1952) *Am. J. Phys. Anthropol.* 10, 463–514.

24. Trotter, M. & Gleser, G. C. (1958) *Am. J. Phys. Anthropol.* 16, 79–123.

25. Ruff, C. B. (1995) *Am. J. Phys. Anthropol.* 98, 527–574.

26. Tague, R. G. (1989) *Am. J. Phys. Anthropol.* 80, 59–91.

27. Schreider, E. (1964) *Evolution* 18, 1–9.

28. Roberts, D. F. (1978) *Climate and Human Variability* (Cummings, Menlo Park, CA), 2nd Ed.

29. Trinkaus, E. (1981) in *Aspects of Human Evolution*, ed. Stringer, C. B. (Taylor and Francis, London), 187–224.

30. Auerbach, B. M. & Ruff, C. B. (2004) *Am. J. Phys. Anthropol.* 125, 331–342.

31. Ruff, C. B. (2000) *Am. J. Phys. Anthropol.* 113, 507–517.

32. Grine, F. E., Jungers, W. L., Tobias, P. V. & Pearson, O. M. (1995) *Am. J. Phys. Anthropol.* 97, 151–185.

33. Ruff, C. B., Scott, W. W. & Liu, A. Y.-C. (1991) *Am. J. Phys. Anthropol.* 86, 397–413.

34. Bischoff, J. L., Shamp, D. D., Aramburu, A., Arsuaga, J. L., Carbonell, E. & Bermudez de Castro, J. M. (2003) *J. Archaeol. Sci.* 30, 275–280.

35. Arsuaga, J. L., Lorenzo, C., Carretero, J.-M., Gracia, A., Martinez, I., Garcia, N., Bermu'dez de Castro, J.-M. & Carbonell, E. (1999) *Nature* 399, 255–258.

后　记

　　本报告是 1984 至 1994 年北京大学考古系（现为北京大学考古文博学院）和辽宁省博物馆、辽宁省文物考古研究所及营口市、大石桥市等文物部门对金牛山遗址 A 点洞穴进行考古发掘所获取的资料以及多学科综合研究的成果。北京大学考古系的吕遵谔教授是该项发掘的领队，先后参加考古发掘的人员有北京大学考古系的教师黄蕴平、王幼平、李卫东，研究生袁家荣、夏竞峰、刘景芝、戴成平、吕烈丹、周军、房迎三、朱晓东、陈胜前；辽宁省文物考古研究所的傅仁义、顾玉才、顾罡、孙勇；营口市博物馆的崔德文、杨洪琦；营口县文物管理所的庞维国、李军以及金牛山工作站的惠忠元等。1984 年从事人骨化石现场提取工作的有王矜（中国社会科学院考古研究所）、李宏伟（辽宁省博物馆）。北京大学除考古系的师生参加了金牛山遗址的发掘和研究以外，还有地质系（现为地质学系）的张臣、钱长麟；地球物理系（现为地球物理学系）的刘皇风、郑公望；地理系（现为城市与环境学院）的夏正楷，周慧祥；遥感技术应用研究所（现为遥感与地理信息系统研究所）的范心圻和电教中心王新华等专家学者参加金牛山遗址的野外考察、现场采样与实验室分析等综合研究工作。

　　报告执笔的人员分工如下：

　　主编吕遵谔。第一章金牛山遗址概况，傅仁义、高飞。第二章 1984 至 1994 年金牛山遗址的发掘与收获，黄蕴平、李霞。第三章金牛山遗址的堆积，黄蕴平、李霞。第四章金牛山人化石研究，吕遵谔、何嘉宁。第五章金牛山人的文化遗迹和遗物，赵静芳、王幼平、顾玉才。第六章金牛山的动物化石，黄蕴平、傅仁义、李霞、惠忠元。第七章金牛山遗址的相关问题研究：第一节地质构造特征及洞穴的成因条件，张臣、钱长麟；第二节地貌与第四纪地质，夏正楷；第三节 A 点洞穴堆积物的特征及其形成环境，周慧祥；第四节孢粉分析与古环境，王宪曾、姜钦华；第五节年代学研究，陈铁梅、原思训。第八章结论，何嘉宁、王幼平、黄蕴平。附录，中国北方中更新世一个古老型人类的体型、身体比例和脑部发展，何嘉宁翻译。英文摘要，张颖。中国科学院古脊椎动物与古人类研究所的侯连海教授鉴定鸟化石种类，并撰写了鸟化石的讨论部分；首都师范大学生命科学学院的张子慧教授撰写金牛山秃鹫和吕氏秃鹳部分；中国科学院古脊椎动物与古人类研究所的郑绍华教授鉴定了啮齿类化石种类，并绘牙齿构造图；中国科学院动物研究所的刘慧英教授鉴定了软体动物种属；北京大学遥感技术应用研究所的范心圻教授对金牛山遗址进行了地形测绘，并对航空像片作了释读。

金牛山人化石线图由中国科学院古脊椎动物与古人类研究所的沈文龙绘制；动物化石线图由湖南省文物考古研究所的谭远辉绘制；动物化石照片是北京大学考古文博学院的吕文渊和辽宁省文物考古研究院图旭刚拍摄；石制品照片是辽宁省文物考古研究院图旭刚拍摄；动物化石的修复主要是由金牛山遗址博物馆的惠忠元完成；金牛山人头骨化石的修复是在中国科学院古脊椎动物与古人类研究所的吴汝康教授指导下，由赵忠义完成；1991 年作头骨 CT 发现头骨枕部修复处没有完全结合，又请该所的曹应湖先生修改后再次修复，并制作金牛山人化石模型；头骨复原像是由该所张建军完成的；金牛山人颅内模的扫描得到北京大学信息科学技术学院视觉与听觉信息处理国家重点实验室查红彬教授、裴玉茹教授的大力帮助；报告的编纂和电脑清绘图及图版的加工编排是由辽宁省文物考古研究院李霞完成。

1984 至 1994 年金牛山遗址的发掘工作得到辽宁省文物部门各级领导的大力支持。1984 年在辽宁省文化厅、辽宁省博物馆、营口市博物馆、营口县文化局的大力支持下，北京大学考古系的师生顺利完成了考古田野发掘实习。1986 至 1994 年北京大学考古系与辽宁省文物考古研究所合作再次对金牛山 A 点遗址进行发掘，辽宁省文化厅的郭大顺副厅长、辽宁省文物考古研究所的孙守道、辛占山等所长多次亲临现场指导，营口市副市长马惠生、文化局副局长李德泰、文物科长张盛华，营口市博物馆馆长李有升、副馆长杨庆昌，营口县副县长王杰、文化局局长丁洪禄、杨乃艳，永安乡乡长孙荣茂等也多次到金牛山检查工作，看望大家。营口县文化局的领导总是在第一时间及时解决我们工作中出现的问题，辽宁省博物馆、辽宁省文物考古研究所和大石桥文化馆的同志不但参加发掘工作，还负责繁杂的后勤工作，保障考古工作的完成。对上述支持、关心与帮助谨表示最衷心的感谢。

为了保护和建设金牛山遗址，辽宁省文物考古研究所和地方的文物工作者做了大量工作。1986 年辽宁省文物考古研究所在金牛山建立了考古工作站，负责遗址的发掘、保护和管理。同时建立了北京大学考古实习基地，先后有多名学习旧石器考古的硕士和博士研究生在此完成田野考古实习，为培养旧石器考古人才发挥了重要的作用。辽宁省文物考古研究所的傅仁义、顾玉才、李维宇、李龙彬、李霞等先后担任金牛山工作站站长，负责金牛山工作站的惠忠元同志多年来一直默默地坚守在金牛山，为金牛山的建设付出了青春年华。在这里也向他们致以深深的谢意。

自 1984 年发现金牛山人化石以来，已经过去了 34 年。有太多的人在这儿学习和工作，其中有老一辈的专家学者，他们现今已是耄耋之年，有的已离开人世，报告迟迟未出，深感惶恐不安和愧疚。现在这部汇集了所有参与工作同仁辛勤劳动的金牛山遗址发掘与研究报告即将付印出版，特别向参加过金牛山遗址发掘、综合研究以及报告编写等不同阶段工作的各位，表达最诚挚的感谢与敬意！同时也特别向已经离世的诸位先生表示深切怀念！

尤其遗憾的是作为金牛山遗址发掘项目领队和综合研究总负责人的吕遵谔教授，因病于 3 年前不幸逝世。吕先生自 1984 年金牛山遗址发掘工作开始以来，长期主持金牛山遗址的发掘、保护、综合研究及报告的编写，操劳之至，一直到离世前仍念念不忘。现在这部报告终于完成并付印，这更是对长期致力于金牛山的工作，并为此做出最重要贡献的吕遵谔先生的告慰。值此之际，特别向吕遵谔先生表达最深切的敬意与怀念之情！

自 1984 年金牛山人化石发现以来，国家、省、市、县等各级政府与文物管理部门对遗址的保护、发掘与综合研究等工作高度重视，一直给予大力支持，确保遗址的发掘、保护与综合研究工作得以顺利进行。在报告的编写过程中先后得到辽宁省文物考古研究所的田立坤、吕学明、李向东、吴炎亮所长及辽宁省文物考古研究院马宝杰院长的大力支持，使这部发掘与综合研究成果得以顺利完成。随着金牛山遗址发掘与研究报告的出版，金牛山遗址的保护与研究工作将迈入新阶段。非常欣慰地看到，大石桥市已经专门成立了大石桥市金牛山博物馆，负责金牛山遗址的日常管理、保护、宣传展示等工作。愿金牛山遗址在今后的科研、保护和宣传中发挥更大的作用，成为我国旧石器时代考古和古人类学领域的一颗永远闪光耀眼的明珠。

黄蕴平　王幼平

2018 年 8 月

The Jinniushan Hominin Site

(Abstract)

Jinniushan is an important Early Paleolithic site in northeastern China. The site is located southeast of Jinniushan Mountain, to the west of Tiantun Village, Yong'an Town, Dashiqiao County, Yingkou City, Liaoning Province (N40°34′40″, E120°26′38″). In September 1984, fossil remains of the Jinniushan hominin were excavated at Locality A at Jinniushan by Prof. Lü Zun E and graduate students from the Department of Archaeology, Peking University. From 1986 to 1994, the Department of Archaeology of Peking University cooperated with Liaoning Provincial Institute of Cultural Relics and Archaeology on the excavation and comprehensive research of Jinniushan site, and the results are listed below.

Deposition and date of Locality A at Jinniushan

The remaining shelter of Locality A cave at Jinniushan is 0.15-0.70 meters thick. The maximum width of the cave (north-south) is 8.6 meters, and the maximum length (east-west) is 11 meters.

The west section of Locality A, which was excavated from 1986 to 1994, is 16 meters deep and can be divided into 11 stratigraphic layers from top to bottom. Theses layers can be further grouped into three phases according to geological sedimentology. The upper phase includes Layer I, II, III, and IV, which are mainly composed of brown and yellowish-brown clayey silt and cave breccia deposit, lighter in color comparing to the other phases. 19 species of mammalian fossils have been unearthed and identified, among which, cave bear (*Ursus spelaeus*), red deer (*Cervus elaphus*), spiral horned antelope (*Spirocerus kiakhtensis*), wild horse (*Equus* sp.), are common representatives of the late Pleistocene fauna in Northern China.

The middle phase (Layers V to VIII) is composed of cemented cave breccia, reddish-brown sandy silt, silty sand and boulders, and darker in color than the upper layers. Fossils of 51 mammalian species, 28 avian species, reptile species, and fresh water shellfish are unearthed. Among the mammalian fauna, significant species, such as Acinonyx (*Acinonyx* sp.), spotted hyena (*Crocuta ultima*), wolf (*Canis variabilis*), raccoon dog (*Nyctereutes sinensis*), brown bear (*Ursus arctos*), wild boar (*Sus lydekkeri*), Megaloceros deer (*Megaloceros pachyosteus*), Cervus deer [*Cervus*

(Pseudaxis) grayi], rhinoceros (*Dicerorhinus mercki*), beaver (*Castor fiber*), giant beaver (*Trogontherium cuvieri*), minus giant beaver (*Trogontherium minus*), hamster (*Cricetinus varians*), vole (*Microtus brandti*), macaque (*Macaca robustus*), etc., resembles the Zhoukoudian (Choukoutien) fauna, indicating that the layers belong to the middle Pleistocene.

The lower phase, including Layer IX, X, and XI, are composed of the collapsed boulder deposits at the beginning of the cave formation, and can be dated back to the early phase of the middle Pleistocene or potentially earlier.

Layer VIII from the middle phase is a culture layer, composed of reddish-brown sandy silt with a few breccias. Some of the breccias are large, up to 1.3-1.5m in thickness. The Jinniushan hominin was discovered at excavation plane I of Layer VIII in 1984 (numbered as 93.J.A. VIII-1).

Major findings in Layer VIII include 190 stone artifacts, burnt bones, bone fragments from marrow extraction, and 9 ash piles of various sizes. A total number of 10102 animal fossils have been collected, including 6 shells, 4 fish dorsal spines, 393 bird fossils, and 9699 mammalian bone and tooth fossils. The cultural remains, archaeological features, and animal fossils enrich our knowledge of Jinniushan site, providing an important source of material to study the life and subsistence of the Jinniushan hominin.

Studies on the Jinniushan human fossils

The unearthed hominin fossils include 1 cranium (mandible absent), 5 vertebrae, 2 ribs, 1 ulna, 1 os coxae, 1 patella, 9 carpals, 2 metacarpals, 7 finger phalanges, 11 tarsals, 2 metatarsals, and 13 toe phalanges, belonging to a female individual. She is named 'the Jinniushan hominin' following paleoanthropological and archaeological conventions. Paleomagnetic dating, fluorine dating of the fossil bones, uranium series dating, electron spin resonance dating, and thermoluminescence dating suggest that the geological age of the Jinniushan Hominin is approximately 265 ± 30ka BP, in middle Pleistocene.

The cranium of the Jinniushan hominin is preserved in a good condition, showing a mosaic morphological pattern combining both primitive and derived features. The primitive traits are those similar to *Homo erectus*, such as long and flat frontal bone, and prominent glabella. However, there are more derived features that are different from *Homo erectus*, such as large cranium size, large cranial capacity, thin cranial vault, higher location of maximum cranial breadth, reduced post-orbital constrictions, the height and shape of the squamous temporal bone, weaker occipital torus and angular torus, and short and relatively nonprognathic face. Comparative analysis of the cranial morphology suggests that the Jinniushan hominin belongs to the archaic *Homo sapiens*.

Jinniushan endocast demonstrates several advanced features, such as an increased cranial capacity of 1324.7 ml, which is nearly 200 ml larger than the Dali hominin of the same evolutionary stage, about 60 ml larger than the average cranial capacity of the archaic *Homo sapiens* in Europe and Africa, and slightly lower than the average of modern *Homo sapiens* females. The distinct increase in the breadth of cerebrum especially the frontal lobe suggests that this advanced feature first appear in East Asia as early as late middle Pleistocene. This could be related to the development of the advanced cognitive functions of the human brain, implying intensified social connections among humans and the development in social activities, including food gathering and food sharing.

The cranium of the Jinniushan hominin also provides evidence for the human evolutionary history in East Asia. The nasio-frontal angle and zygomaxillary angle suggest considerable transverse flatness which is the characteristic of modern humans in East Asia. Apart from the facial profile, dental traits like the shovel-shaped incisors and the degeneration of third molar, also stand as strong evidence of the continuous human evolution in East Asia.

The postcranial bones of the Jinniushan hominin also show the mosaic of modern, archaic and their unique features. The ulna bears many primitive characteristics resembling those of *P. troglodytes*, ranging from the shape of coronoid process articular surface to the angle of the radial notch. However, this gracile ulna also presents some unique traits and some features similar to modern humans. Judging from entheses morphology, the ulna could have a generally strong capability in elbow extension, abduction and an advanced ability of forearm pronation, which could be related to the functional status of upper limbs. The hand bones indicate less dexterous than modern humans. The foot bones offer the evidence for increased stability of the medial longitudinal arch in bipedal walking, while retaining a number of primitive features which belongs to the premodern hominins, including lower arches and a less stable hallucal metatarsophalangeal joint than in modern humans, indicating her gaits being slightly different from that of modern humans. The Jinniushan foot bones provide important information to study human foot evolution, which, together with other features mentioned above, reveal the complexity and imbalance of human evolution in East Asia.

The extent of fusion observed on the cranial sutures and the presence of the erupted but unworn maxillary third molar suggest that the Jinniushan hominin died at around 20–22 years old. Morphological comparison and morphometric analysis of ox coxae indicates a female individual. Body height is calculated to be 168 cm on the basis of the length of the ulna. Judging from the pelvis width, stature and size of the acetabulum, the Jiniushan hominin is considered weigh 78.6kg. She has a relatively wide trunk, short limb length and robust body size which is consistent with adaptation to the cold climate in high latitudes. The relative brain size to body size is very similar to that predicted from other fossils in the late middle Pleistocene and provides important data in studying encephalization of this time period.

The Jinniushan fossil assemblage provides us with important information about the young female who lived in Northeastern China around 260ka BP, including sex, age, stature, mass, limb proportions, motion mode, relative brain size, etc., which are extremely valuable for our understanding on various paleoanthropological topics, including phylogenetics, social development and adaptation.

Cultural remains of the Jinniushan hominin

Stone artifacts

A total number of 190 stone artifacts are recorded from Layer VIII during the 1993–1994 excavations, and can be classified into 5 categories: raw materials, cores, flakes, tools and chunks. Chunks take about 62.6% of the stone artifacts, more than any other category.

Most of the stone artifacts are made of vein quartz, some are made of siliceous limestone, and only one is made of quartzite. All three materials can be found from the nearby rock formations, and some of them are probably collected from a river bank close to the site.

Cores and tools only take a small number of all stone artifacts. They are mainly made by direct percussion, and occasionally by anvil percussion. The retouching techniques are rather primitive, rarely with continuous and evenly distributed retouching traces. Most tools are for expedient use. The lithic assemblage consists of scrapers, points, and choppers, with the majority of tools being scrapers. The fact that Jinniushan hominin uses many chunks further supports the expediency of Jinniushan stone tools.

The technology utilized in manufacturing the Jinniushan stone artifacts shows similarities to most early Paleolithic cultures in the northern reaches of North China, but also displays local features: anvil percussion is applied to process quartz; lithic tools are produced with simple techniques; chunks are widely used. In brief, the Jinniushan lithic industry is a local type in the Northern China flake industry system.

Fire using features and remains

Nine ash lenses are found in the excavation planes I, III, V, and VI of Layer VIII. The ash lenses are round or oval shaped with the diameter ranging from 45cm to 119cm, mostly between 55 and 60cm. The ash lenses usually have shallow round bottoms, some with large stones arranged in an oval shaped circle at the bottom. The ashes are 1 to10cm in thickness, containing burned stones and bones. The analysis of the deposits structure and simulating experiment suggest that the stones at the bottom of ash lenses are arranged with gaps in between for a functional purpose, in order to guide air into the hearth to support combustion, and stones in the ash are used to stone fire. This research indicates that the Jinniushan hominins had already developed sophisticated techniques to use and store fire. The ash lenses from different excavation planes are each surrounded by stone artifacts and plenty of bone fragments from marrow extraction, representing the contemporary living ground of the Jinniushan Hominin in the cave.

The Jinniushan Hominins are hunter-gatherers. The research on fossil fauna, sporo pollen, artifacts, and archaeological features demonstrate that the climate at Jinniushan 260,000 years ago was warm and humid, supporting a warm temperate steppe flora, with animals which inhabit warm environment such as rhinoceros and macaque. The archaeological record provides evidence for a small group of ancient hominids who lived this area, utilizing caves for habitation. There is evidence for fire using and fire control, while the presence of burnt bones suggests that hearths were used for the cooking of hunted animals, such as cervids and small carnivores. In addition, the archaeozoological evidence demonstrated the deliberate fragmentation of long bones for marrow extraction. Carnivore gnawing marks are sometimes present on burnt bones, indicating occasional scavenging. The size and thickness of the ash lenses suggest small populations, probably 10 to 20 people; the uneven distribution at different layers indicates seasonal occupation in the cave.

Interdisciplinary and comprehensive research on the Jinniushan Site has been undertaken in the past decades, including chronological research of Locality A, sporo pollen analysis, paleoenvironment and paleovegetation analysis, mammalian fauna study, topographic mapping and aerial photograph interpretation, studies on the geological structures and cave formation, quaternary environment research, and research on cave depositions of Locality A and diagenetic environment.

图　版

图版一

金牛山全景（由东南向西北）

图版二

A 点

1984年发掘前的金牛山（由东向西）

1984年发掘时A点洞穴全景（由东向西）

东部堆积

图版四

1984年A点洞穴发掘现场（由东向西）

金牛山人部分足骨化石出土现场

1.金牛山人头骨、尺骨、髋骨、指骨出土细部

2.吕遵谔先生现场观察金牛山人骨

金牛山人骨化石出土现场

1.头骨加固现场

2.提取现场

3.完整提取

金牛山人头骨提取

与金牛山人同层出土的动物化石

金牛山人头骨出土位置

1984年发掘回填前的发掘面

1984年发掘结束时A点洞穴全貌（由东向西）

1984年参加发掘的工作人员合影

1.安志敏、苏秉琦、贾兰坡、吴汝康先生观察头骨化石（自左向右）

北 京 大 学

北京大学受国家文教委委托，于1985年8月9日上午，在北大临湖轩，举行一次金牛山人化石科学鉴定会。

鉴定会主任委员：吴汝康（中国科学院古脊椎动物与古人类研究所）研究员

鉴定会 委 员：贾兰坡（中国科学院古脊椎动物与古人类研究所）研究员

苏秉琦（中国社会科学院考古研究所）研究员

安志敏（中国社会科学院考古研究所副所长）研究员

郭大顺（辽宁省文化厅副厅长）

宿 白（北大考古系主任）教授

鉴 定 书

北京大学考古系旧石器时代考古实习队在辽宁营口县金牛山发现的人类化石是重要的发现。营口头骨化石的形态明显比周口店后发现的北京猿人头骨为进步，而与陕西大荔发现的早期智人头骨更为接近，作为早期智人的一种类型，似较为合适。其生存的年代根据头骨特征估计在距今十多万年至二十万年左右。铀系法测定人骨出土层位的初步结果是31万年。准确的年代有待结合其他多方面的证据未确定。

电报挂号：3601　电话：28.2471（总机中断线）

北 京 大 学

这个发现的重要意义，在于其头骨相当完整，在国内外的这一时期中都是少见的。而且除头骨外，还有若干体骨和肢骨，特别是相当完整的上肢的尺骨和手骨，下肢的髋骨和足骨，这些骨骼化石在国内是首次发现，在国外也是很少见的，填补了这方面的空白。

通过对这些化石的研究，将会提供丰富的从直立人（猿人）过渡到智人的具体形态结构的知识，进一步提高对人类发展过程中这一时期的认识。

这次金牛山洞穴的发掘，为旧石器时代考古和洞穴保护积累了经验。

1985年8月9日

鉴定委员签字：

吴汝康　贾兰坡
苏秉琦　安志敏
宿白　郭大顺

电报挂号：3601　电话：28.2471（总机中断线）

2.金牛山人化石鉴定书

金牛山人化石科学鉴定会现场及鉴定书

1.金牛山人化石发掘成果表彰会

2.旧石器考古实习队先进集体合影

考古实习队接受表彰及合影

A点洞顶保存现状（由北向南）

清理出的洞顶和北壁堆积边界（由东向西）

图版一六

第Ⅰ层发掘现场（由东向西）

1.洞熊下颌骨

2.转角羚羊角化石

第Ⅱ层部分动物骨骼出土现场

第IV层发掘现场

第IV层发掘现场

第Ⅳ层出土的赤鹿头骨化石

第Ⅴ层发掘现场

第Ⅵ层发掘现场

第Ⅵ层发掘现场

第VI层中区和南区发掘现场

第VI层中区和南区发掘现场

第Ⅶ层下部堆积发掘现场

1.中区的河蚌和鹿化石

2.南区的龟化石

第Ⅶ层中部堆积出土的动物化石（一）

1.南区的幼年猪骨架

2.南区的1号棕熊骨架（1）

第Ⅶ层中部堆积出土的动物化石（二）

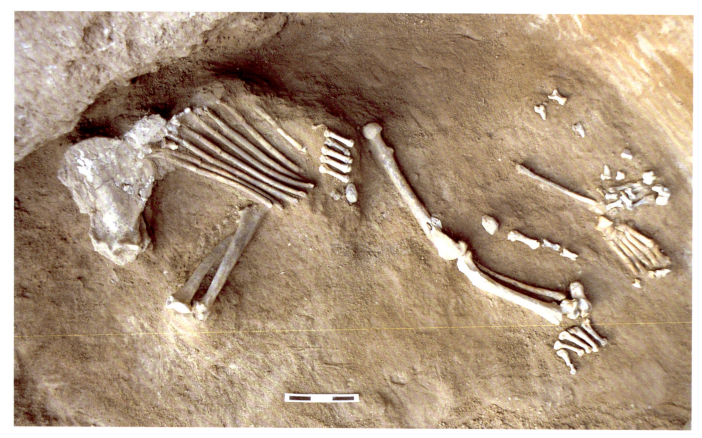

1.南区的1号棕熊骨架（2）

2.下部堆积北区的犀牛下颌骨

第Ⅶ层堆积出土的动物化石（三）

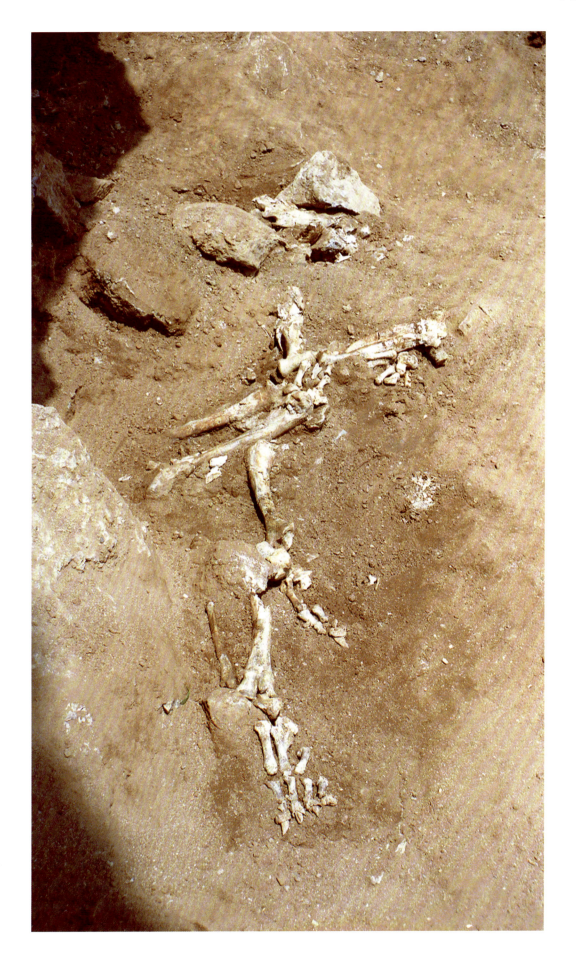

第Ⅶ层下部堆积中区出土的2号熊骨架

第Ⅶ层底部发掘现场

第Ⅶ层底部发掘现场

1987年发掘结束时A点洞穴全景（由东向西）

A点洞穴西壁1986至1987年发掘剖面

A点洞穴北壁外侧面近景

1988年发掘结束时A点洞穴全景（由东向西）

A点洞穴加固现场

A点洞穴加固后全景（由北向南）

1.Ⅷ-Ⅰ发掘平面

2.灰堆No.1~No.5

93.J.A.Ⅷ-Ⅰ发掘平面

93.J.A.Ⅷ−Ⅱ发掘平面

93.J.A.Ⅷ-Ⅲ发掘平面

93.J.A.Ⅷ-Ⅳ发掘平面

93.J.A.Ⅷ－Ⅴ发掘平面

93.J.A.Ⅷ–Ⅵ发掘平面

1. 93.J.A.Ⅷ–Ⅶ发掘平面

2. 93.J.A.Ⅷ–Ⅶ.B10–11棕熊骨架

93.J.A.Ⅷ–Ⅶ发掘平面

93.J.A.Ⅷ-Ⅷ发掘平面

93.J.A.Ⅷ-Ⅸ发掘平面

93.J.A.Ⅷ-Ⅹ发掘平面

94.J.A.Ⅷ–Ⅺ发掘平面

2.A9近景

94.J.A.Ⅷ–Ⅻ发掘平面

3.A11、B11近景

4.B9、C9近景

1. 94.J.A.Ⅷ−Ⅻ发掘平面

94.J.A.Ⅷ-Ⅻ发掘平面

0 ⎯⎯⎯⎯⎯⎯⎯⎯ 20 厘米

金牛山人骨骼

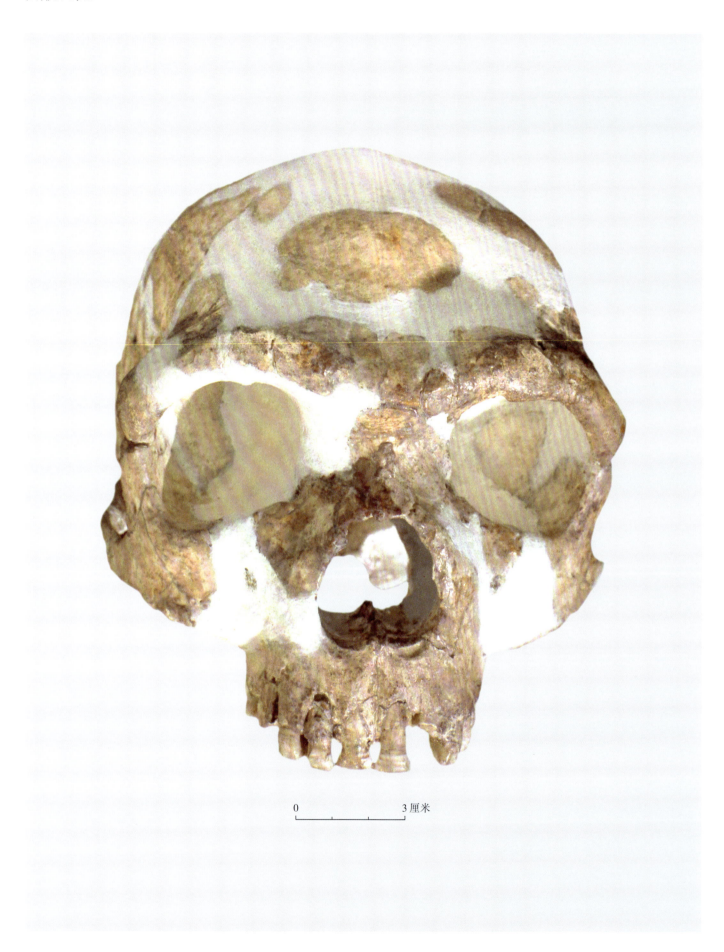

0   3 厘米

金牛山人头骨正面

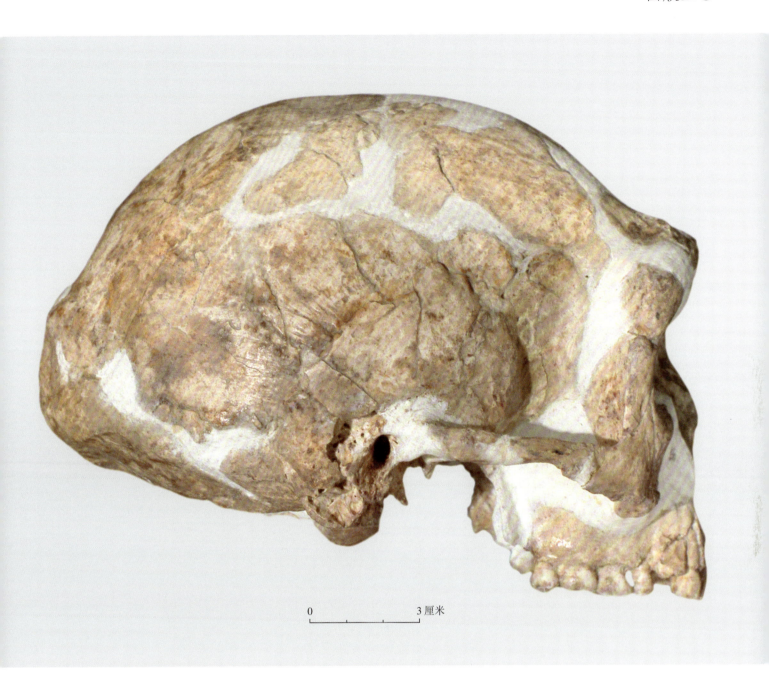

0 ___|___|___ 3厘米

金牛山人头骨侧面

0   3 厘米

金牛山人头骨顶面

金牛山人头骨后面

0   3厘米

金牛山人头骨后面

0   3厘米

金牛山人头骨底面

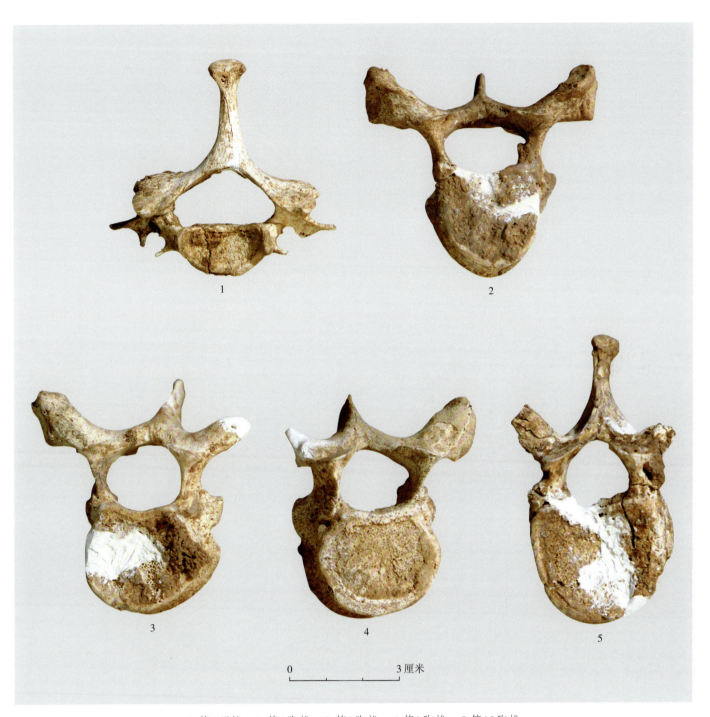

金牛山人脊椎骨

0   3厘米

1.第6颈椎　2.第4胸椎　3.第8胸椎　4.第9胸椎　5.第10胸椎

金牛山人脊椎骨

1.第5肋骨内侧面　2.第2肋骨内侧面　3.第2肋骨外侧面　4.第5肋骨外侧面

金牛山人肋骨

金牛山人髋骨

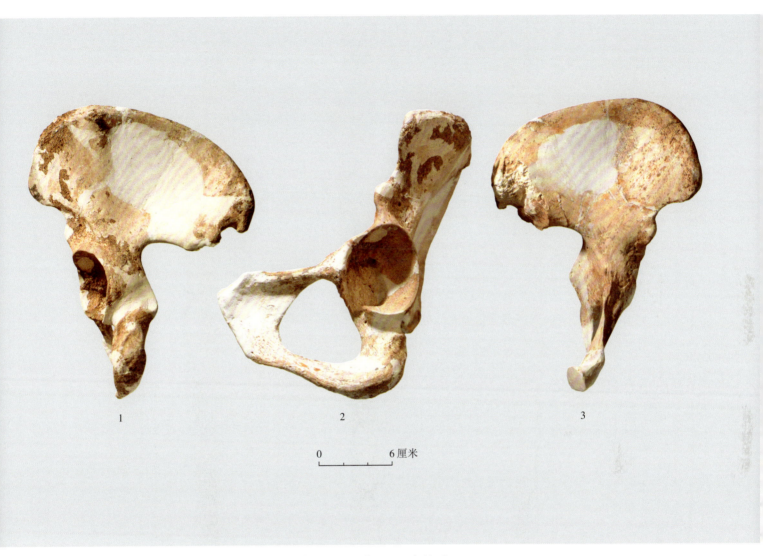

1 2 3

0 ⊢——————⊣ 6厘米

1.外侧面　2.前面　3.内侧面

金牛山人髋骨

1　　　　　　　　2　　　　　　　　3

0 ┣━━━━━━━┫ 3厘米

1.内侧面　2.前面　3.外侧面

金牛山人尺骨

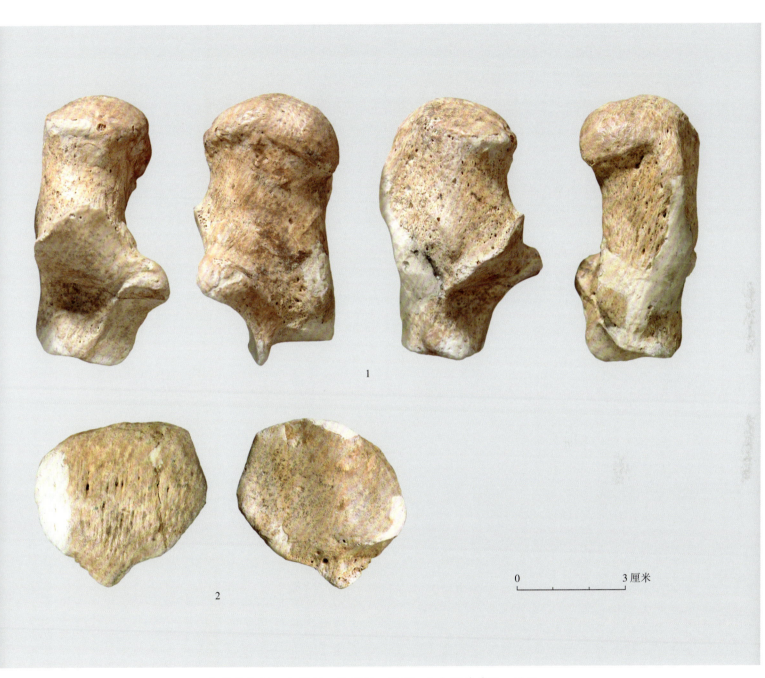

1

2

0   3厘米

1.右跟骨上面、内侧面、外侧面、底面　2.左髌骨前面、后面

金牛山人跟骨及髌骨

金牛山人腕骨

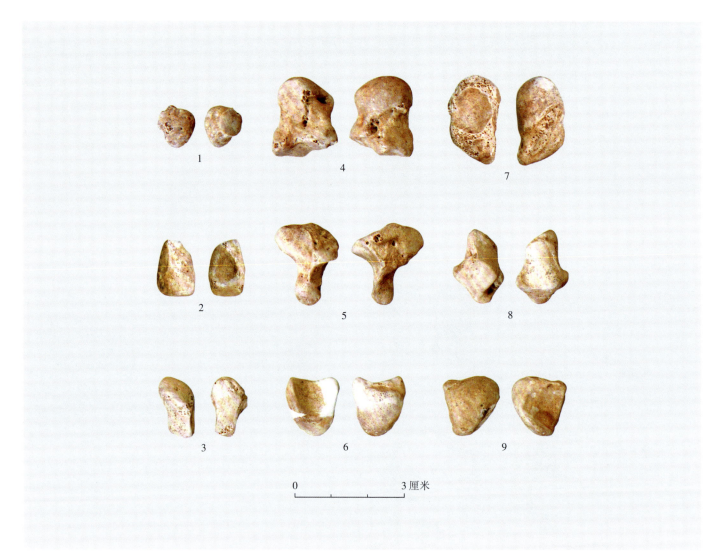

1.左豌豆骨　2.左三角骨　3.右小多角骨　4.左头状骨　5.右钩状骨　6.左月骨　7.左舟状骨
8.右大多角骨　9.右月骨

金牛山人掌骨

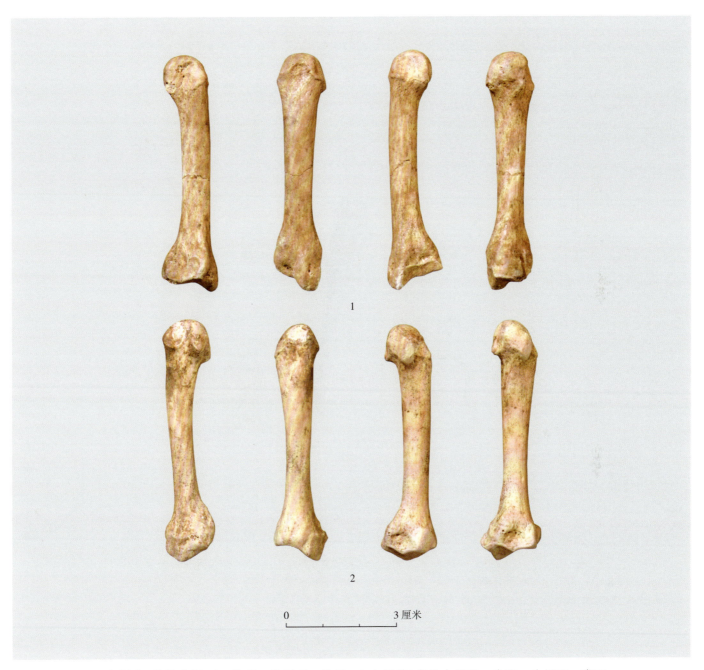

1

2

0   3 厘米

1.左侧第3掌骨内侧面、背面、外侧面、掌面　　2.右侧第2掌骨内侧面、背面、外侧面、掌面

金牛山人掌骨

金牛山人指骨

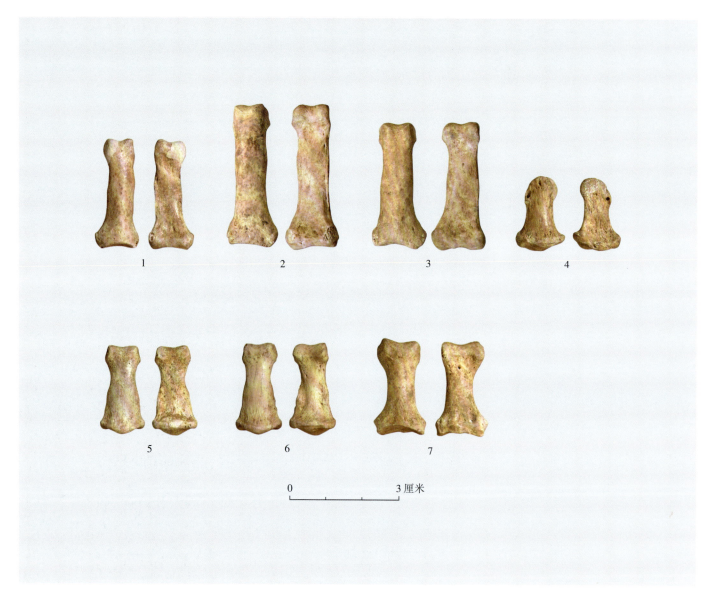

1.左侧第5近节指骨　2.左侧第3近节指骨　3.左侧第2近节指骨　4.右侧第1远节指骨　5.左侧第2中节指骨
6.左侧第3中节指骨　7.左侧第1近节指骨

金牛山人指骨

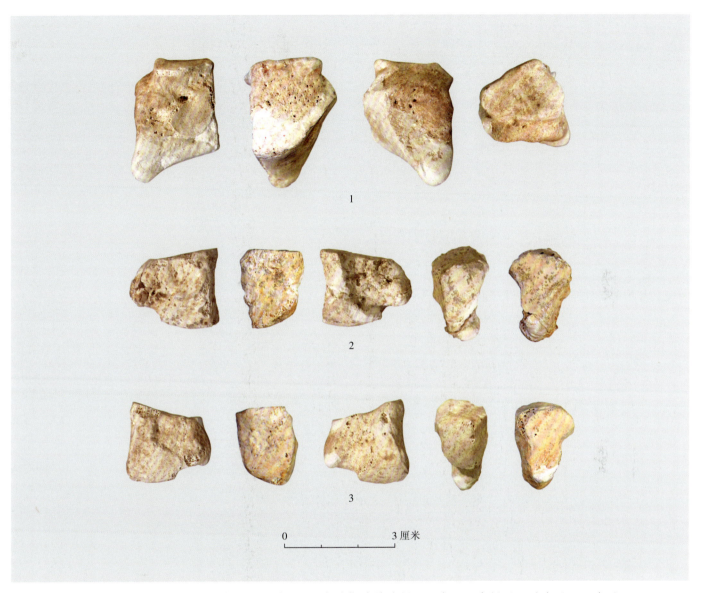

1.右骰骨内侧面、上面、底面、远端面　2.左外楔状骨外侧面、上面、内侧面、近端面、远端面
3.右外楔状骨外侧面、上面、内侧面、近端面、远端面

金牛山人骰骨及外楔状骨

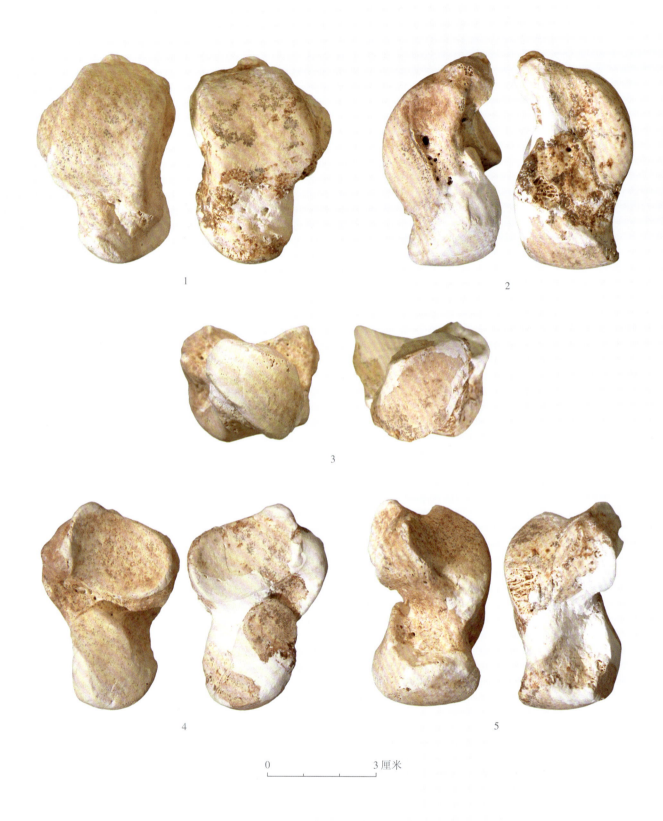

1.上面　2.内侧面　3.前面　4.底面　5.外侧面

金牛山人距骨

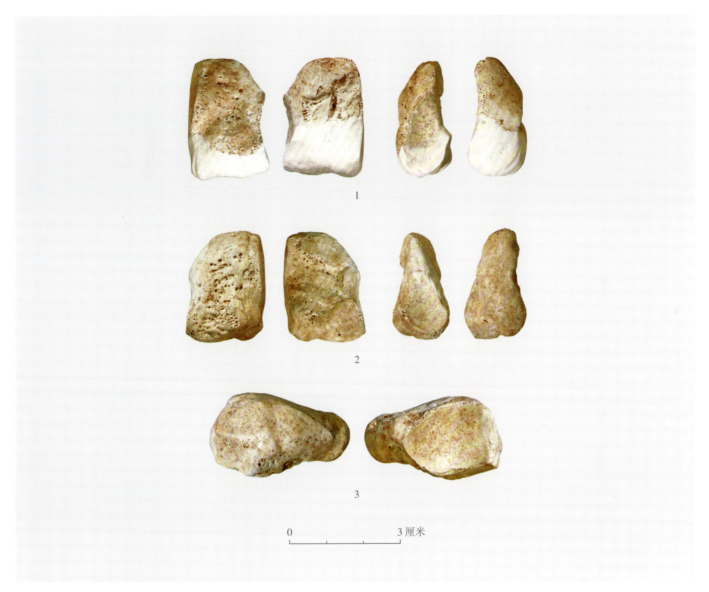

金牛山人内楔状骨及足舟骨

1.右内侧楔状骨外侧面、内侧面、近端关节面、远端关节面　2.左内侧楔状骨外侧面、内侧面、近端关节面、远端关节面　3.右足舟骨近端、远端关节面

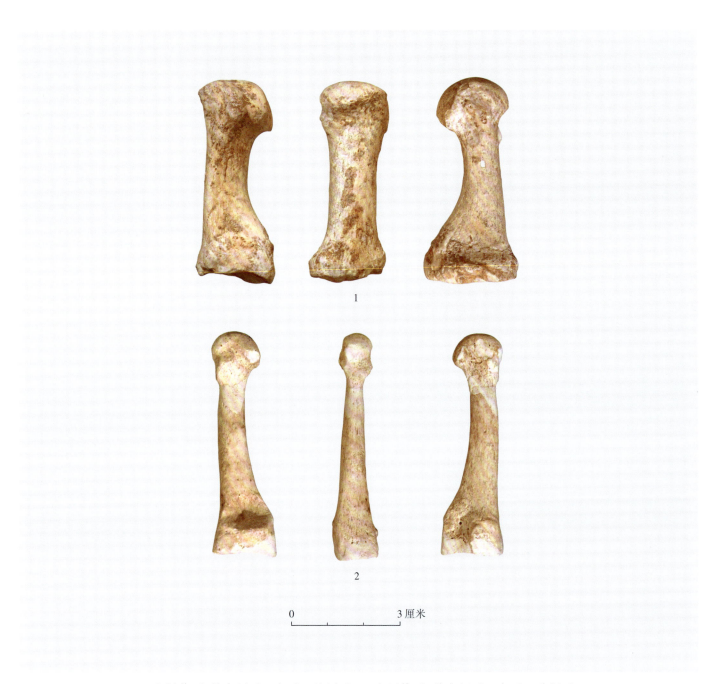

1

2

0   3 厘米

1.左侧第1跖骨内侧面、上面、外侧面   2.左侧第2跖骨内侧面、上面、外侧面

金牛山人跖骨

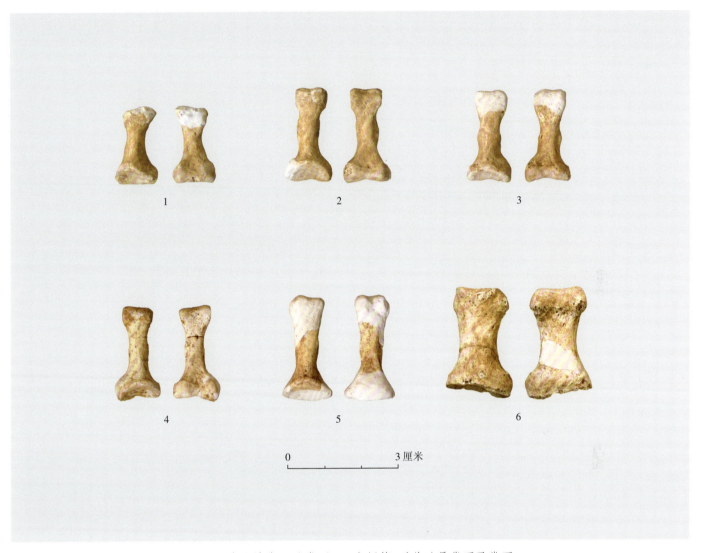

1~5.近节趾骨背面及掌面　6.左侧第1近节趾骨背面及掌面

金牛山人中、远节趾骨

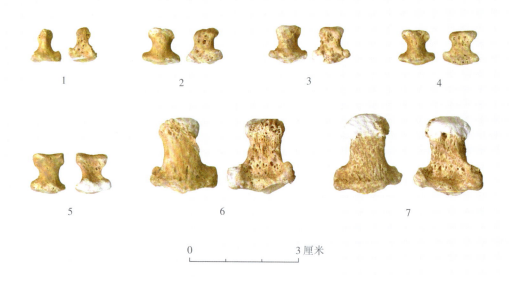

1.远节趾骨　　2~5.中节趾骨　　6.左侧第1远节趾骨　　7.右侧第1远节趾骨

金牛山人中、远节趾骨

1. 93.J.A.Ⅷ−Ⅷ.D6−7   2. 93.J.A.Ⅷ−Ⅱ.B4−5   3. 93.J.A.Ⅷ−Ⅸ.D7−46   4. 94.J.A.Ⅷ−ⅩⅢ.E7−49   5. 94.J.A.Ⅷ−ⅩⅠ.E10−1
6. 93.J.A.Ⅷ−Ⅶ.E8−39   7. 93.J.A.Ⅷ−Ⅶ.D7−23

金牛山遗址石核

1. 93.J.A.Ⅷ-Ⅱ.D7-33　　2. 93.J.A.Ⅷ-Ⅵ.D5-14　　3. 93.J.A.Ⅷ-Ⅹ.D8-61　　4. 93.J.A.Ⅷ-Ⅵ.E8-42　　5. 93.J.A.Ⅷ-Ⅴ.D10-24
6. 93.J.A.Ⅷ-Ⅴ.D7-84　　7. 93.J.A.Ⅷ-Ⅲ.E6-1　　8. 93.J.A.Ⅷ-Ⅹ.D8-114

金牛山遗址石片

1. 93.J.A.Ⅷ－Ⅸ.F9-1   2. 93.J.A.Ⅷ－Ⅸ.E9-37   3. 93.J.A.Ⅷ－Ⅴ.E7-46   4. 94.J.A.Ⅷ－Ⅻ.F8-1   5. 93.J.A.Ⅷ－Ⅴ.E9-46
6. 93.J.A.Ⅷ－Ⅷ.B6-30   7. 93.J.A.Ⅷ－Ⅶ.B6-25   8. 93.J.A.Ⅷ－Ⅳ.E7-35

金牛山遗址刮削器

1. 尖状器（93.J.A.Ⅷ−Ⅶ.E7−24）　　2. 尖状器（93.J.A.Ⅷ−Ⅸ.E4−33）　　3. 尖状器（93.J.A.Ⅷ−Ⅻ.E9−19）

4. 尖状器（93.J.A.Ⅷ−Ⅷ.D7−35）　　5. 尖状器（93.J.A.Ⅷ−Ⅸ.E4−32）　　6. 砍砸器（93.J.A.Ⅷ−Ⅷ.B6−31）

金牛山遗址尖状器、砍砸器

1. 93.J.A.Ⅷ−Ⅸ.E8-4　　2. 93.J.A.Ⅷ−Ⅵ.E9-45　　3. 93.J.A.Ⅷ−Ⅷ.C8-8　　4. 94.J.A.Ⅷ−Ⅺ.B7-5　　5. 93.J.A.Ⅷ−Ⅶ.D8-37
6. 93.J.A.Ⅷ−Ⅹ.F8-32　　7. 93.J.A.Ⅷ−Ⅴ.E7-45

金牛山遗址使用断块

1.第5号灰堆

2.刚发现时的第9号灰堆

金牛山遗址灰堆（一）

1.清理底部时的第9号灰堆

2.模拟封火实验现场

金牛山遗址灰堆（二）

0   3厘米

1. 93.J.A.Ⅷ–0敲击点掉下的骨片　　2. 93.J.A.Ⅷ–Ⅴ.E7–22肢骨片烧骨——敲击痕　　3. 93.J.A.Ⅷ–Ⅹ.E7–63肢骨片——咬痕
4. 93.J.A.Ⅷ–Ⅷ.D7–8肢骨片　　5. 93.J.A.Ⅷ–Ⅴ.D7–30中型鹿右跟骨　　6. 93.J.A.Ⅷ–Ⅲ.E8–1中型鹿股骨片　　7. 93.J.A.Ⅷ–Ⅲ.
E6–13大型鹿股骨髌面外侧残块　　8. 93.J.A.Ⅷ–Ⅹ.E7–2肢骨片烧骨——咬痕　　9. 93.J.A.Ⅷ–Ⅸ.B5–10肢骨片烧骨——咬痕
10. 93.J.A.Ⅷ–Ⅷ.D7–11鹿肢骨片烧骨——敲击痕　　11. 93.J.A.Ⅷ–Ⅳ.D7–54中型鹿股骨头　　12. 93.J.A.Ⅷ–Ⅰ.E6–18獾左下颌残
块　　13. 93.J.A.Ⅷ–Ⅴ.D5–25大型鹿胸椎　　14. 93.J.A.Ⅷ–Ⅳ.D6–18肢骨片——咬痕　　15. 93.J.A.Ⅷ–Ⅳ.E9–23小型鹿炮骨下滑车

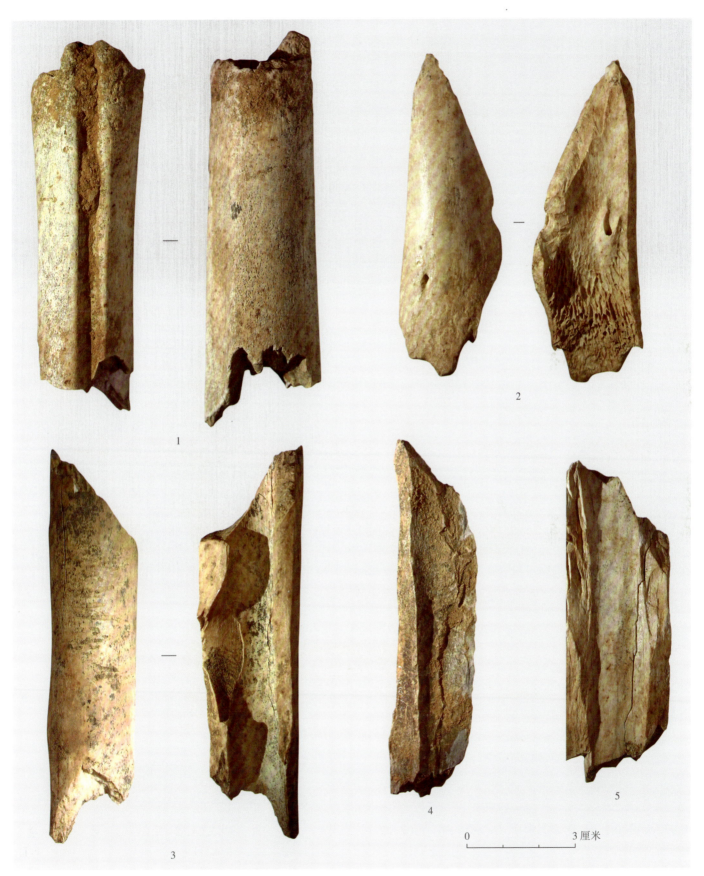

1. 93.J.A.Ⅷ-Ⅹ.C7-30大型鹿跖骨骨片——咬痕 2. 93.J.A.Ⅷ-Ⅵ.D7-33鹿股骨骨片——咬痕 3. 93.J.A.Ⅷ-Ⅴ.F8-2大型鹿
掌骨骨片——咬痕 4. 93.J.A.Ⅷ-Ⅱ.C4-54鹿肢骨骨片——敲击痕 5. 93.J.A.Ⅷ-Ⅹ.B7-15大型鹿跖骨骨片——敲击痕

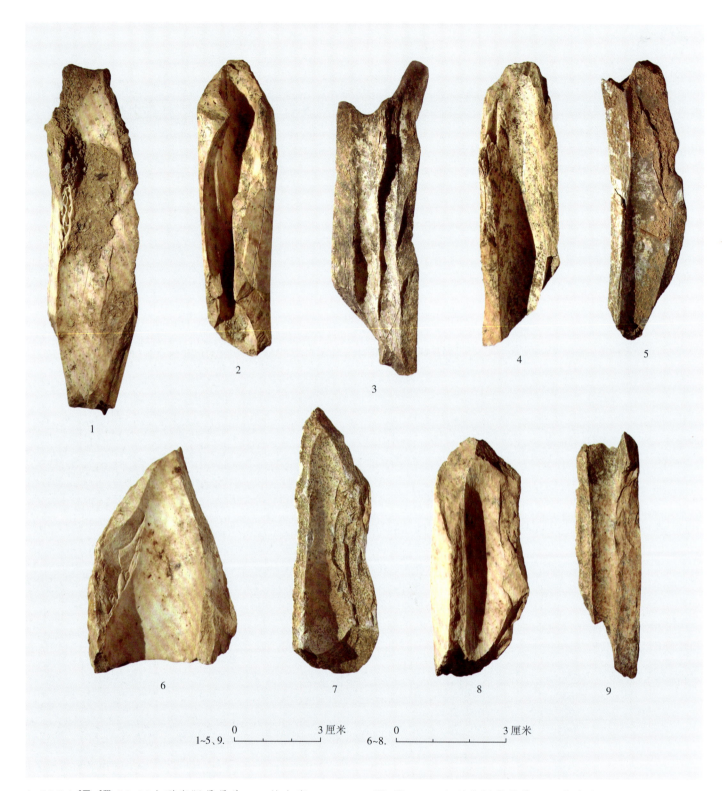

1~5、9. [0 —— 3厘米]   6~8. [0 —— 3厘米]

1. 93.J.A.Ⅷ–Ⅷ.C6–20大型鹿胫骨骨片——敲击痕   2. 93.J.A.Ⅷ–Ⅹ.A5–3大型鹿胫骨骨片——敲击痕   3. 93.J.A.Ⅷ–Ⅶ.
B5–22大型鹿跖骨骨片——敲击痕   4. 84.J.A.T2.⑥大型鹿胫骨骨片——敲击痕   5. 93.J.A.Ⅷ–Ⅱ.B5–37鹿股骨骨片——敲
击痕   6. 93.J.A.Ⅷ–Ⅰ.E8–5大型鹿股骨骨片——敲击痕   7. 93.J.A.Ⅷ–Ⅱ.D7–49鹿肢骨骨片——敲击痕   8. 93.J.A.Ⅷ–Ⅹ.
E7–29大型鹿桡骨骨片——敲击痕   9. 93.J.A.Ⅷ–Ⅲ.A5–1大型鹿胫骨骨片——敲击痕

1
2
3
4
5
6

1. 93.J.A.Ⅷ−Ⅱ.B5−51丽蚌　　2. 93.J.A.Ⅷ−Ⅱ.C4−49矛蚌　　3. 93.J.A.Ⅷ−Ⅱ.C8−3丽蚌　　4. 93.J.A.Ⅷ−Ⅵ.C8−4珠蚌
5. 93.J.A.Ⅷ−Ⅻ.A10−11黄颡鱼胸鳍棘　　6. 87.J.A.Ⅶ.鳖3

金牛山遗址软体动物及鱼、鳖

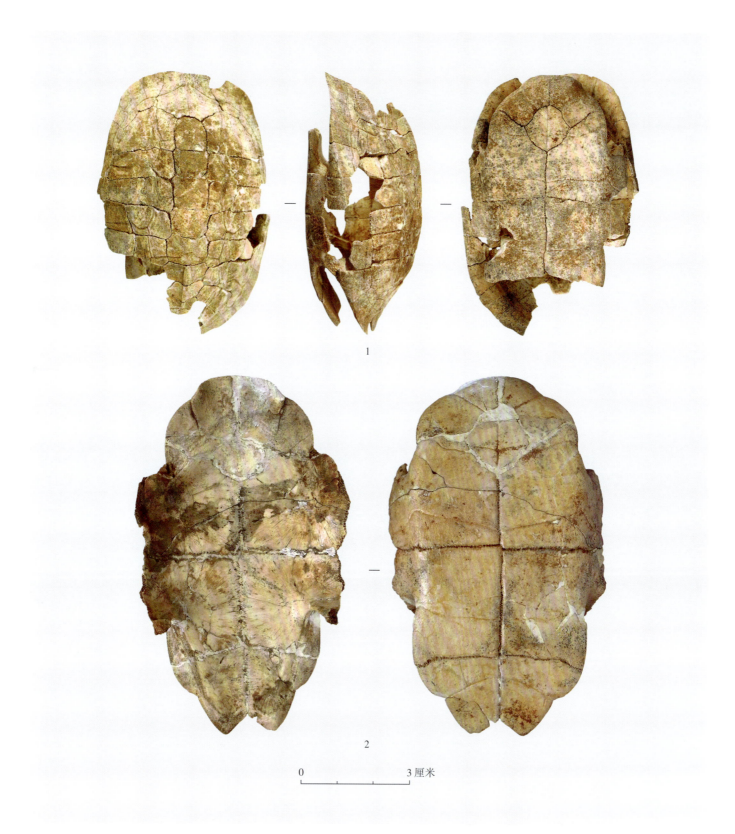

1

2

0 _____ 3厘米

1.87.J.A.Ⅶ：1号龟背侧、右侧、腹侧　2.87.J.A.Ⅶ：11号龟腹甲内面、外面

金牛山遗址乌龟

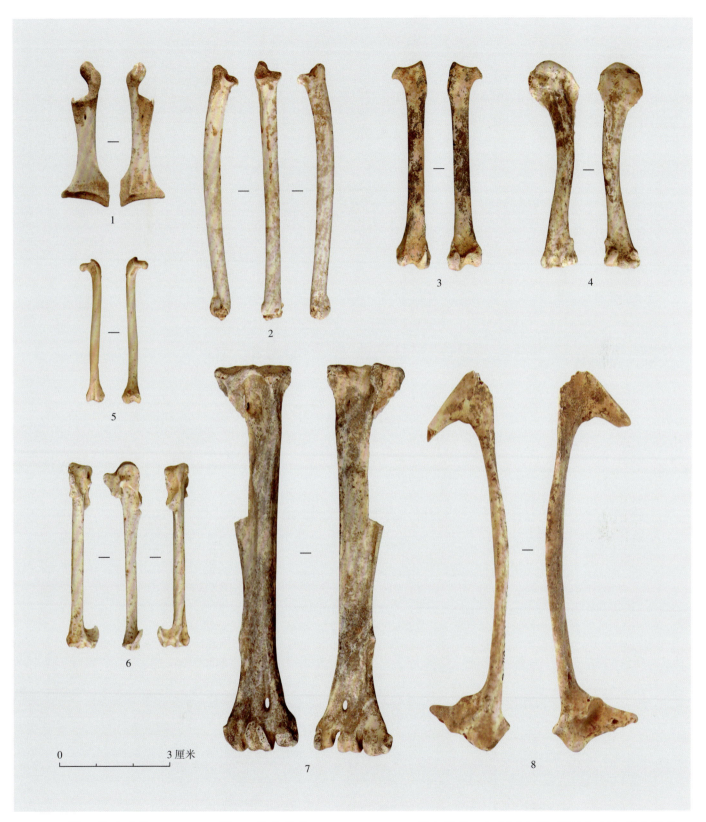

1. 87.J.A.Ⅶ：9隼右喙骨　2. 87.J.A.Ⅶ：26隼左尺骨　3. 84.J.A.6.T2-4隼左股骨　4. 93.J.A.Ⅷ-Ⅸ.D4-66红隼右肱骨
5. 87.J.A.Ⅷ：13雀鹰左股骨　6. 87.J.A.Ⅷ：32鹰右腕掌骨　7. 86.J.A.Ⅵ：4雕左跗跖骨　8. 87.J.A.Ⅶ：6秃鹫下颌骨

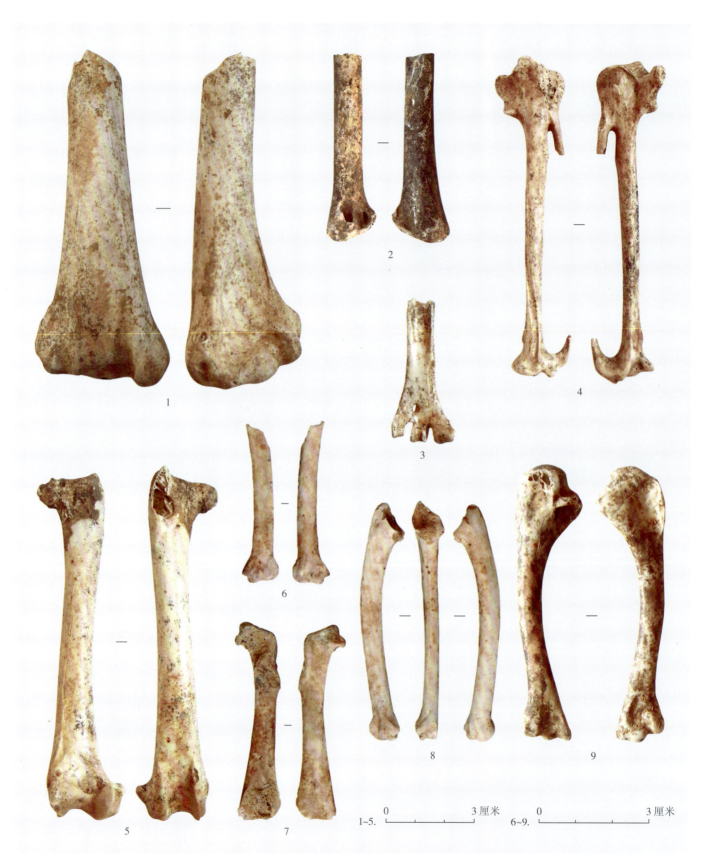

1. 85.J.A.Ⅵ：1秃鹫左肱骨　2. 87.J.A.Ⅷ：33秃鹫右桡骨　3. 87.J.A.Ⅶ：30秃鹫跗跖骨　4. 87.J.A.Ⅶ：47秃鹫左腕掌骨
5. 87.J.A.Ⅶ：44秃鹫右股骨　6. 84.J.A.6.T4-5鹛左肱骨　7. 84.J.A.6：26环颈雉右喙骨　8. 84.J.A.6.T2-2环颈雉左尺骨
9. 84.J.A.6.T2-1环颈雉左肱骨

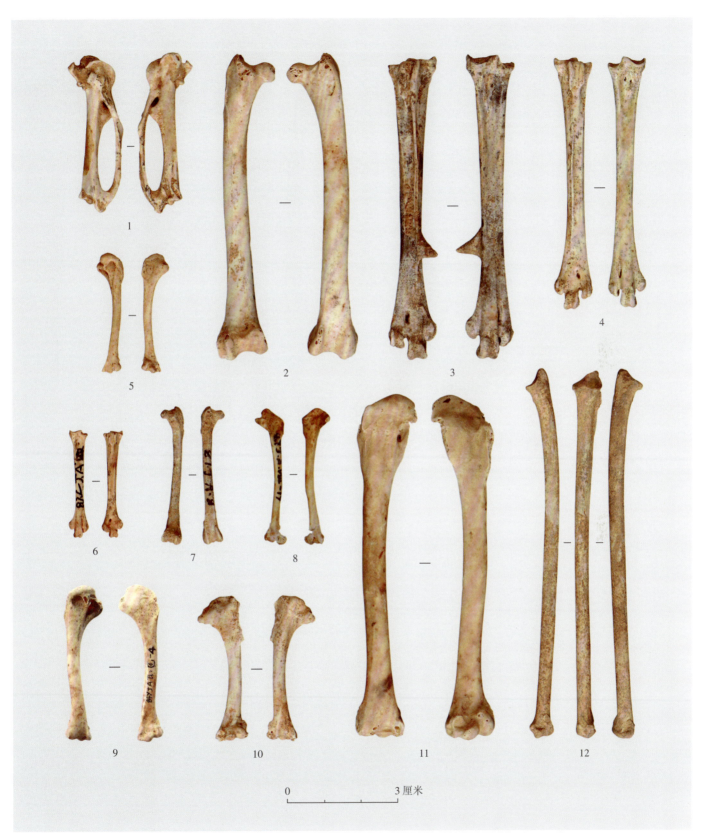

0   3厘米

1. 93.J.A.Ⅷ-Ⅶ.C7-40环颈雉右腕掌骨   2. 84.J.A.6.T2-3环颈雉左股骨   3. 84.J.A.6.T3-3环颈雉雄性左跗跖骨
4. 87.J.A.Ⅶ:27环颈雉雌性左跗跖骨   5. 84.J.A.6.T3-1鹌鹑右肱骨   6. 87.J.A.Ⅷ:31鹌鹑左跗跖骨   7. 87.J.A.Ⅷ:14鹌鹑左
股骨   8. 87.J.A.Ⅷ:19苇鳽左肱骨   9. 84.J.A.6.T3-4山鹑左肱骨   10. 85.J.A.Ⅵ:1鹦鹉左肱骨   11. 93.J.A.Ⅷ-0:246金牛山
草鸮左肱骨   12. 87.J.A.Ⅷ:25金牛山草鸮左尺骨

金牛山遗址鸟类肢骨（三）

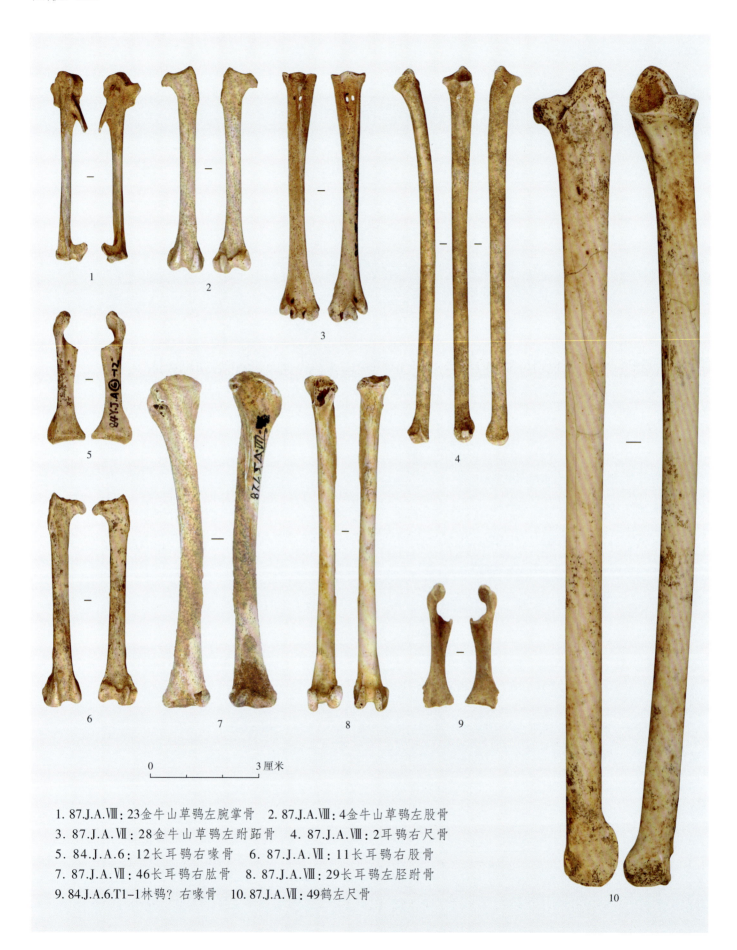

1. 87.J.A.Ⅷ：23金牛山草鸮左腕掌骨　2. 87.J.A.Ⅷ：4金牛山草鸮左股骨

3. 87.J.A.Ⅶ：28金牛山草鸮左跗跖骨　4. 87.J.A.Ⅷ：2鸮右尺骨

5. 84.J.A.6：12长耳鸮右喙骨　6. 87.J.A.Ⅶ：11长耳鸮右股骨

7. 87.J.A.Ⅶ：46长耳鸮右肱骨　8. 87.J.A.Ⅷ：29长耳鸮左胫跗骨

9. 84.J.A.6.T1-1林鸮？右喙骨　10. 87.J.A.Ⅶ：49鹤左尺骨

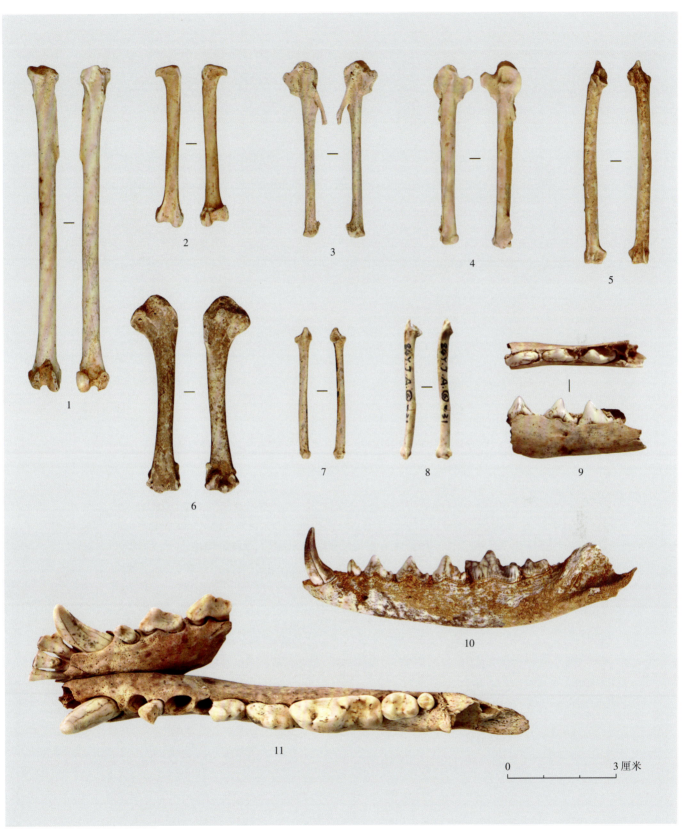

1. 87.J.A.Ⅶ：45林鸮？右胫跗骨　2. 84.J.A.东.6：11小鸮左股骨　3. 84.J.A.东.6：1赤膀鸭左腕掌骨　4. 93.J.A.Ⅷ-Ⅵ.E7-39绿头鸭右腕掌骨　5. 87.J.A.Ⅷ：10丘鹬右尺骨　6. 86.J.A.Ⅵ：2丘鹬右肱骨　7. 93.J.A.Ⅷ-Ⅷ.B4-8鹬左尺骨　8. 84.J.A.6：31鹬鸰左尺骨　9. 84.J.A.6.东：狐4狐左下颌骨　10. 94.J.A.Ⅷ-ⅩⅢ.E8-44沙狐左下颌骨　11. 93.J.A.Ⅷ-Ⅸ.C8-11变异狼下颌骨

金牛山遗址鸟类肢骨及哺乳动物

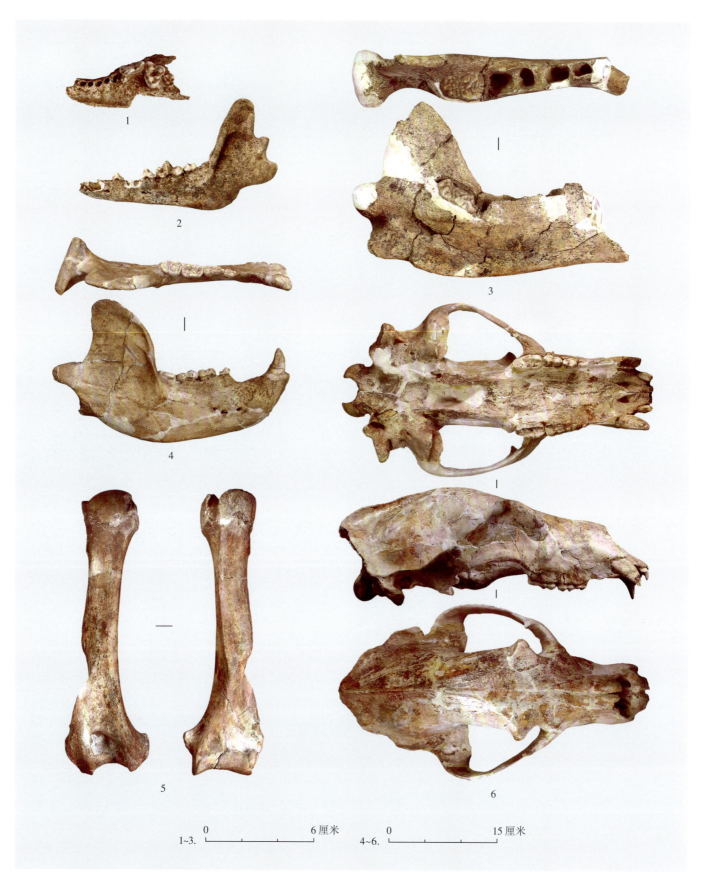

1. 93.J.A.Ⅷ-Ⅷ.B4-11中华貉左上颌骨   2. 93.J.A.Ⅷ-Ⅴ.E8中华貉左下颌骨   3. 86.J.A.Ⅱ③钙下：2洞熊左下颌骨
4. 86.J.A.Ⅱ③钙下：11洞熊右下颌骨   5. 86.J.A.Ⅱ③钙下：10洞熊左肱骨   6. 87.J.A.Ⅶ：U1熊头骨

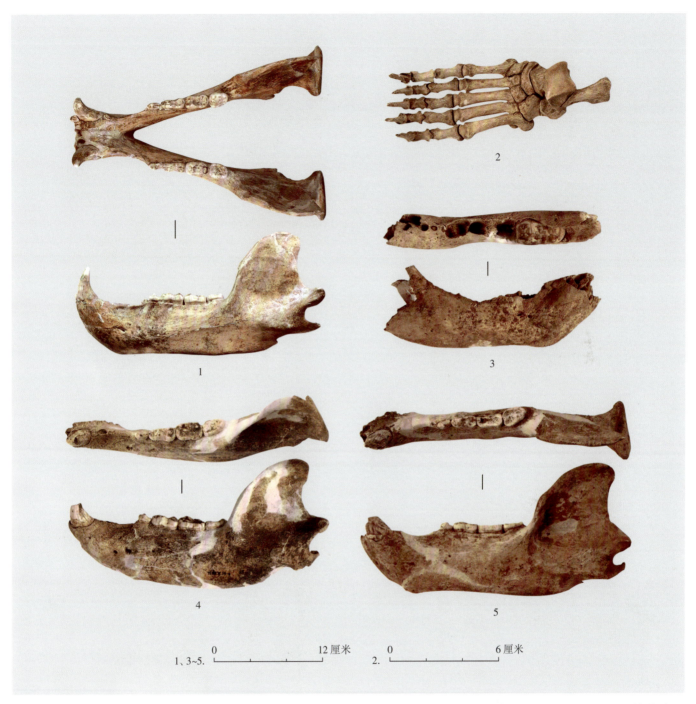

1、3~5. 0 _____ 12厘米   2. 0 _____ 6厘米

1. 87.J.A.Ⅶ：U1熊下颌骨　2. 87.J.A.Ⅶ：U1熊左足骨　3. 94.J.A.Ⅷ－ⅩⅢ.D8-52熊右下颌骨　4. 93.J.A.Ⅷ－Ⅳ.F9-4棕熊左下颌骨　5. 93.J.A.Ⅷ－Ⅶ.B4-29棕熊左下颌骨

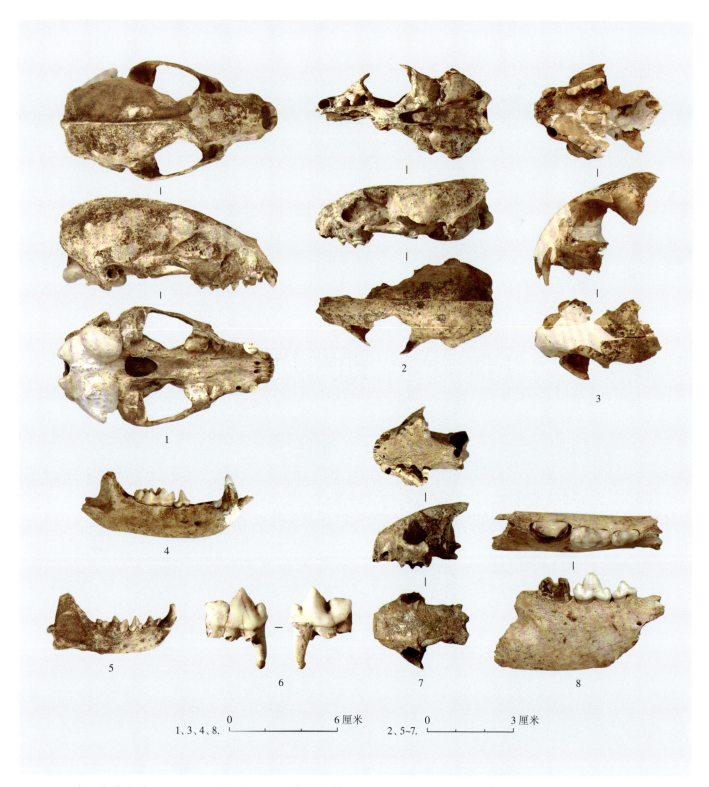

1. 84.J.A.东.6狗獾头骨　2. 93.J.A.Ⅷ-Ⅹ.A6-13黄鼬头骨　3. 93.J.A.Ⅷ-Ⅸ.D8-24中华猫头骨　4. 93.J.A.Ⅷ-Ⅷ.C6-25
狗獾右下颌　5. 93.J.A.Ⅷ-Ⅸ.D3-42黄鼬右下颌骨　6. 84.J.A.6.东.猎豹1猎豹右上裂齿　7. 84.J.A.6.T3-鼬9鼬头骨
8. 84.J.A.6.T2-豹1豹右下颌骨

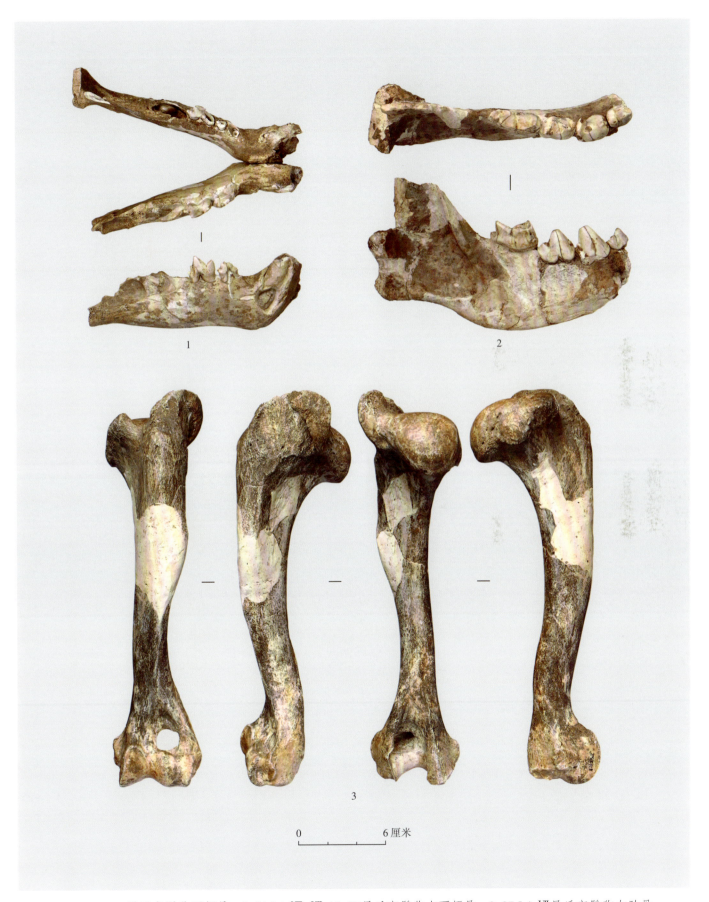

0 _____ 6厘米

1. 84.J.A.6.T3最后斑鬣狗下颌骨　2. 94.J.A.Ⅷ−Ⅻ.A9−37最后斑鬣狗右下颌骨　3. 87.J.A.Ⅶ最后斑鬣狗左肱骨

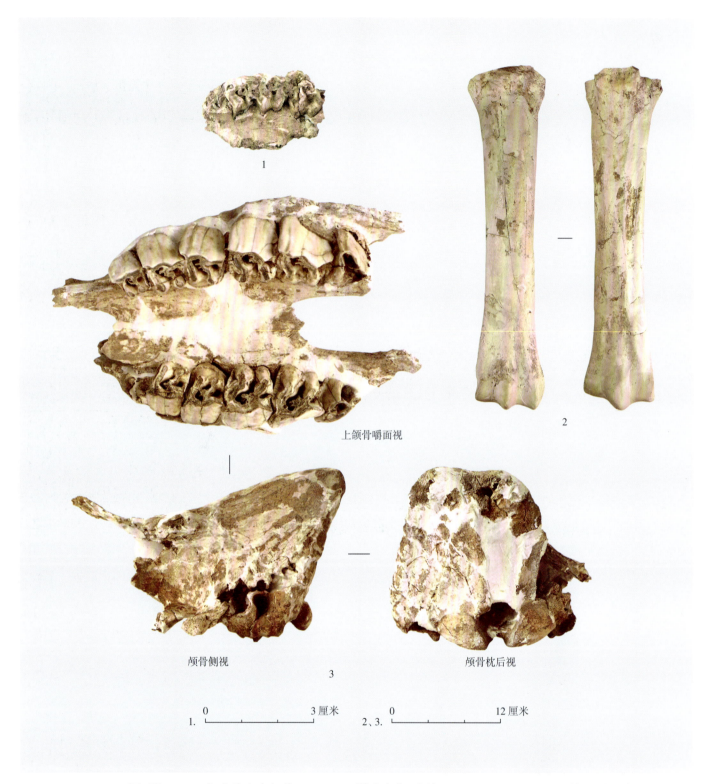

1

上颌骨嚼面视

2

颅骨侧视

3

颅骨枕后视

0   3厘米
1. ⊢————————⊣

0   12厘米
2、3. ⊢————————⊣

1. 93.J.A.Ⅷ–Ⅸ.E10–12梅氏犀左上颌骨　2. 86.J.A.Ⅳ马左第3掌骨　3. 94.J.A.Ⅷ–Ⅻ.B11–3梅氏犀头骨

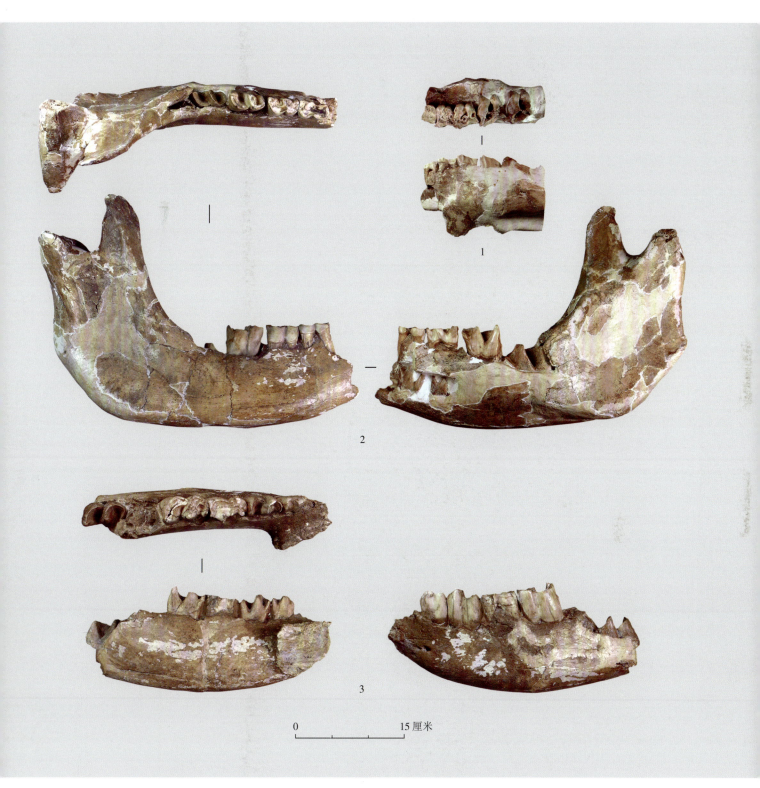

0 _____ 15 厘米

1.86.J.A.Ⅵ梅氏犀右上颌骨　2.86.J.A.Ⅵ梅氏犀右下颌骨　3.87.J.A.Ⅷ梅氏犀左下颌骨

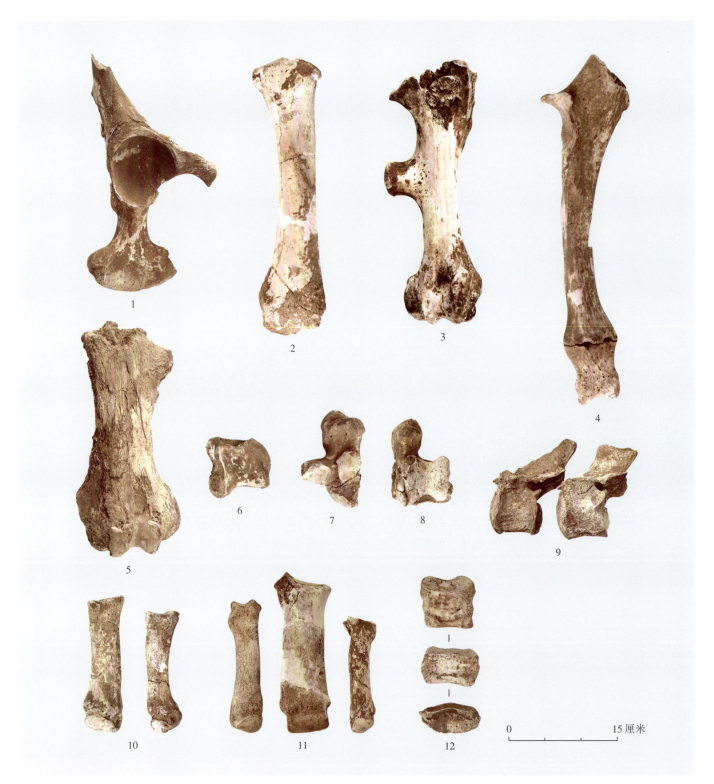

1. 87.J.A.Ⅷ梅氏犀髋骨　2. 87.J.A.Ⅷ梅氏犀右桡骨　3. 87.J.A.Ⅷ梅氏犀右股骨　4. 87.J.A.Ⅷ梅氏犀右尺骨　5. 87.J.A.Ⅷ梅氏犀左股骨　6. 87.J.A.Ⅶ梅氏犀髌骨内侧面　7. 87.J.A.Ⅶ梅氏犀左跟骨　8. 87.J.A.Ⅷ梅氏犀右跟骨、距骨　9. 87.J.A.Ⅷ梅氏犀脊椎　10. 87.J.A.Ⅷ梅氏犀左第3、4掌骨　11. 87.J.A.Ⅷ梅氏犀第2、3、4跖骨　12. 87.J.A.Ⅷ梅氏犀第1、2、3节指（趾）骨

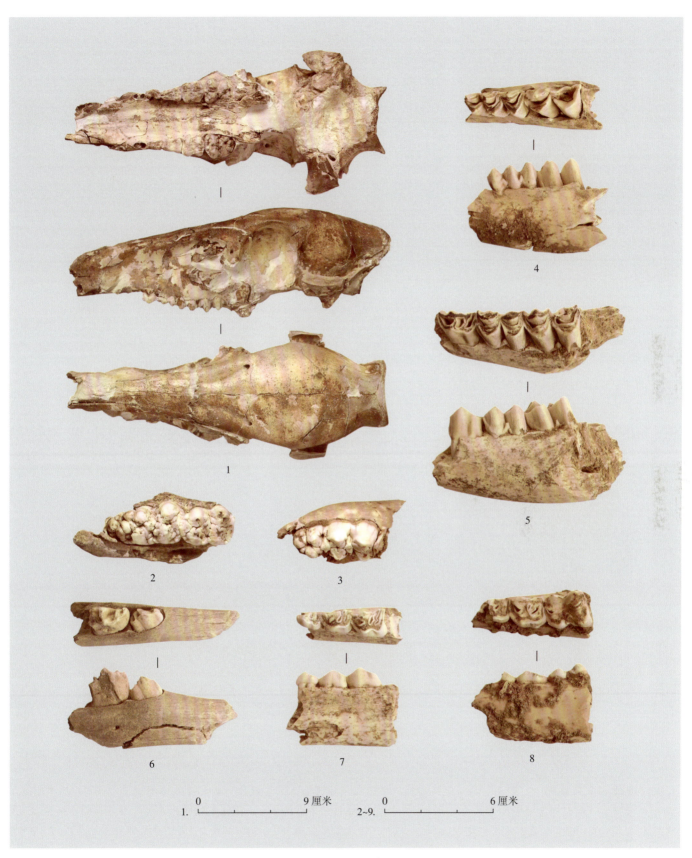

0　　　　9厘米　　0　　　　6厘米
1.　　　　　　　　　2～9.

1. 87.J.A.Ⅶ.S1-12野猪头骨　2. 93.J.A.Ⅷ-Ⅷ.A5-46野猪右上颌骨M2-M3　3. 93.J.A.Ⅷ-ⅩⅢ.D9野猪右下M3
4. 93.J.A.Ⅷ-Ⅱ.E7-31肿骨鹿左下颌骨　5. 93.J.A.Ⅷ-Ⅸ.B6-41肿骨鹿左下颌骨　6. 87.J.A.Ⅶ肿骨鹿右下颌骨
7. 94.J.A.Ⅷ-Ⅺ.D6-9肿骨鹿左下颌骨　8. 93.J.A.Ⅷ-ⅩⅢ.E7-32肿骨鹿左下颌骨

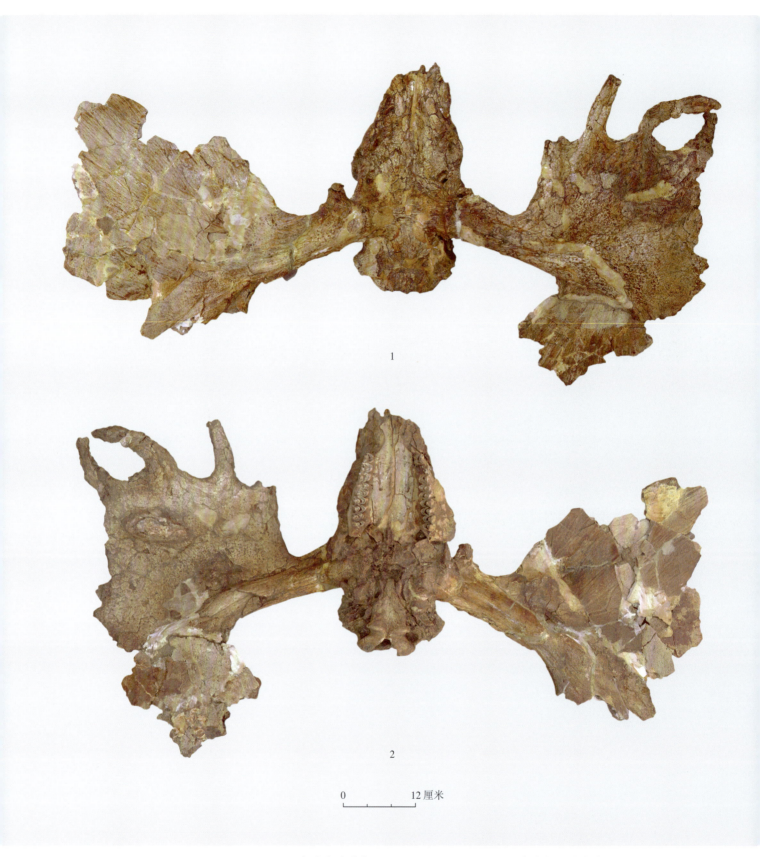

1

2

0   12厘米

1.94.J.A.Ⅷ-Ⅻ.B11-1肿骨鹿头骨颅顶   2.94.J.A.Ⅷ-Ⅻ.B11-1肿骨鹿头骨颅底

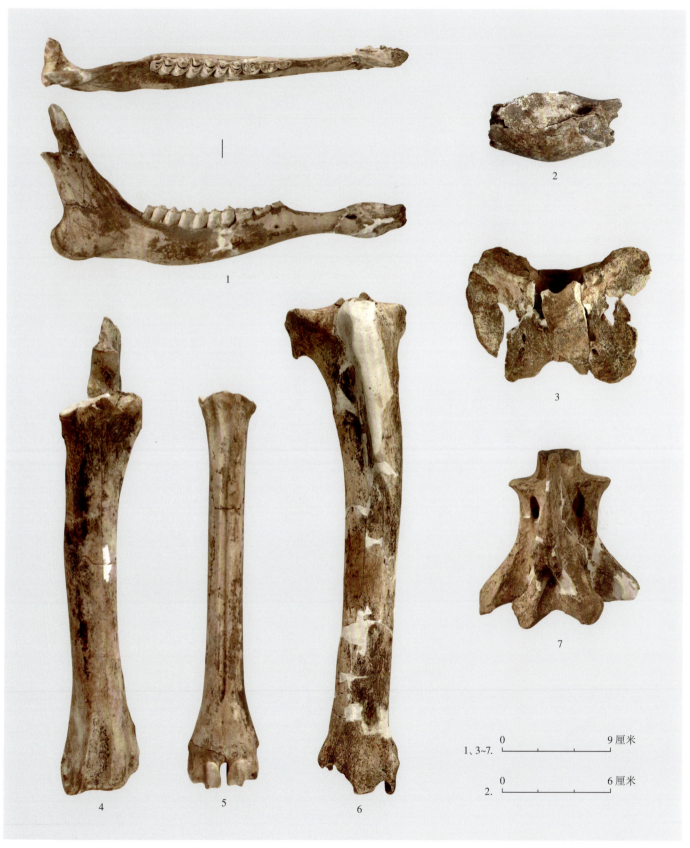

1. 94.J.A.Ⅷ-Ⅻ.D11-1肿骨鹿右下颌骨　　2. 93.J.A.Ⅷ-Ⅸ.C5-5肿骨鹿下颌骨有崩疤痕　　3. 94.Ⅷ-Ⅻ.C11-4肿骨鹿寰椎

4. 94.J.A.Ⅷ-Ⅻ.C10-2肿骨鹿左尺桡骨　　5. 94.J.A.Ⅷ-Ⅻ.C10-1肿骨鹿右跖骨　　6. 94.J.A.Ⅷ-Ⅻ.B11-37肿骨鹿右胫骨

7. 94.J.A.Ⅷ-Ⅻ.B11-3肿骨鹿枢椎

1. 93.J.A.Ⅷ-Ⅱ.A4-23獐头骨　　2. 84.J.A.6.T1-2狍角　　3. 84.J.A.6.T3-7獐左上犬齿　　4. 93.J.A.Ⅷ-Ⅹ.C10-4獐右上犬齿
5. 84.J.A.6.T3-1獐左上犬齿外侧　　6. 84.J.A.6.T2獐右上犬齿外侧　　7. 94.Ⅷ-ⅩⅢ.E7-1狍右下颌骨　　8. 84.J.A.6.T2-1獐右下颌
骨　　9. 85.J.A.Ⅵ牛左下颌骨

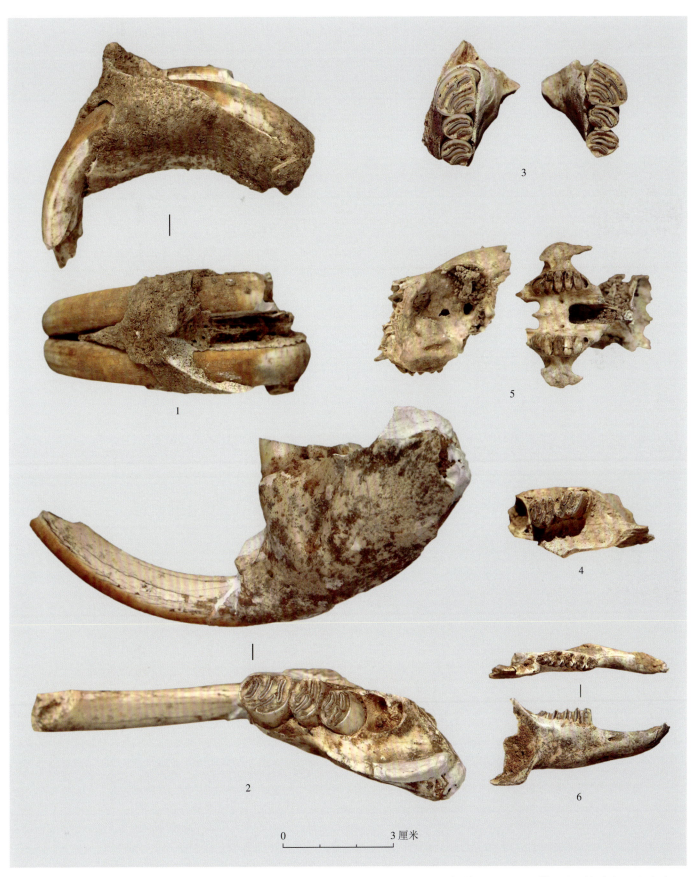

0　　　　　3厘米

1. 84.J.A.6.T2.河狸16居氏大河狸前颌骨　2. 87.J.A.Ⅶ：河狸17居氏大河狸右下颌骨　3. 84.J.C.①河狸1居氏大河狸上颌
4. 93.J.A.Ⅷ-Ⅱ.C5-6小巨河狸？左下颌骨　5. 86.J.A.Ⅵ.兔1兔头骨颅底　6. 93.J.A.Ⅷ-Ⅲ.B2-3兔右下颌骨

金牛山遗址啮齿动物

图版九九

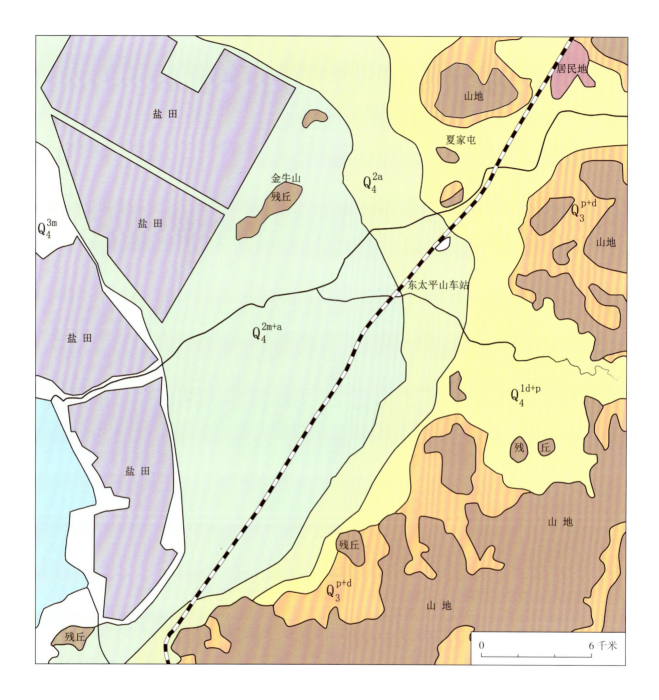

金牛山地区地貌与第四纪地质略图

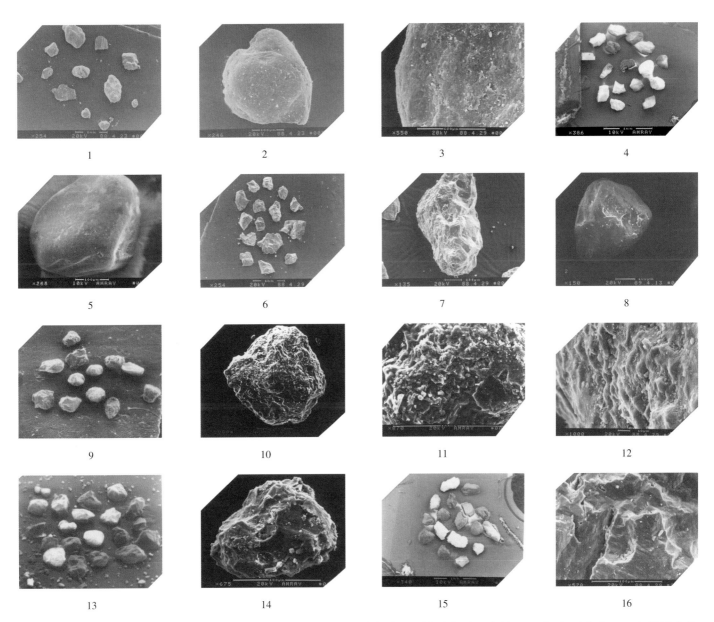

1、4.次棱及次圆状　2、3.毛玻璃状　5.小"V"形坑状　6.棱角状　7.蝶形坑及贝壳状　8."V"形坑状　9.磨损圆化状
10.细鳞片包裹状　11.鳞片结构状　12."脑纹"弯曲纹状　13、15.次圆及次棱状　14、16.直撞沟及分散鳞片状

金牛山遗址石英砂粒及表面微结构观察

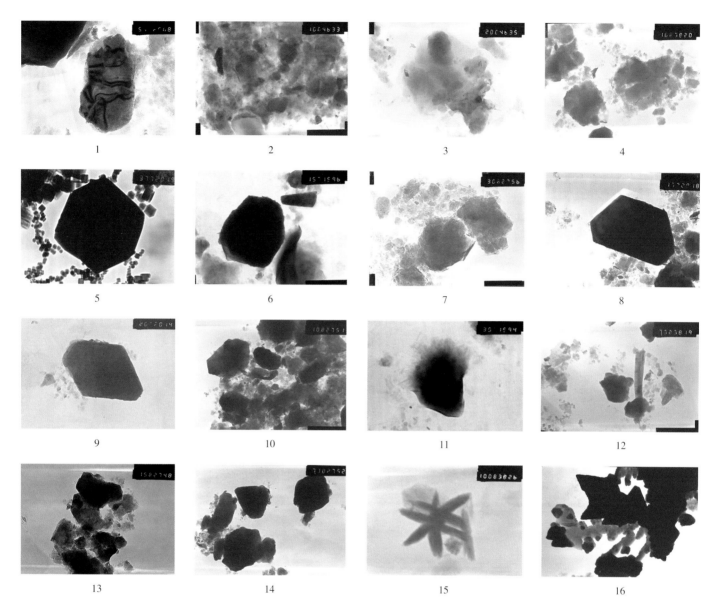

1.水云母 10000×　　2.A-Ⅰ-② 5000×　　3.云絮状黏土 15000×　　4. A-Ⅱ-⑤ 10000×　　5.A-Ⅱ-③ 20000×　　6.A-Ⅳ-①
17000×　　7.A-Ⅳ-② 13000×　　8.A-Ⅴ-① 25000×　　9.A-Ⅵ-① 25000×　　10.A-Ⅶ-① 10000×　　11. A-Ⅶ-③ 20000×
12. A-Ⅶ-⑤ 7300×　　13. A-Ⅷ-① 15000×　　14. A-Ⅷ-③ 15000×　　15. A-Ⅷ-③ 100000×　　16. A-Ⅸ-① 15000×

金牛山遗址黏土矿物电子显微镜照片

1、3. 苔藓孢子类型 1 Pryophyta spores type1　2. 凤尾藻属未定种 *Pteridium* sp.　4. 苔类孢子 Liverworts spore　5. 麻黄属 *Ephedra* sp.　6、11、12. 水龙骨属 *Polypodium* sp.　7. 苔藓孢子类型 2 Pryophyta spore type2　8. 藜属 *Chenopodium* sp.　9. 榆属 *Ulmus* sp.　10. 落叶松属 *Larix* sp.　13. 百合属 *Lilium* sp.　14. 栎属 *Quercus* sp.　15. 苔藓孢子类型 2 Pryophyta spore type2　16. 蒿属 *Artemisia* sp.　17. 禾本科 Gramincae

1、2、8、10. 无孔多胞孢属未定种 1 *Multicellaesporites* sp.1　3~6. 无孔多胞孢属未定种 2 *Multicellaesporites* sp.2　7. 长型无孔多胞孢属新种 *Multicellaesporites longiformis wang* sp.nov.　9. 等称双孔多胞孢属新种 *Diporicellaesporites isotalus wang* sp.nov.　11. 无孔多胞孢属未定种 3 *Multicellaesporites* sp.3 12、14. 无孔多胞孢属未定种 4 *Multicellaesporites* sp.4　13. 无孔单胞孢属未定种 *Inapertisporites* sp.　15、18. 网眼藻属未定种 *Epithemia* sp.　16、19. 苔类孢子 Liverworts spore　17. 鼓藻未定种 *Cosmarium* sp.　20. 桥穹藻属未定种 *Cymebella* sp.

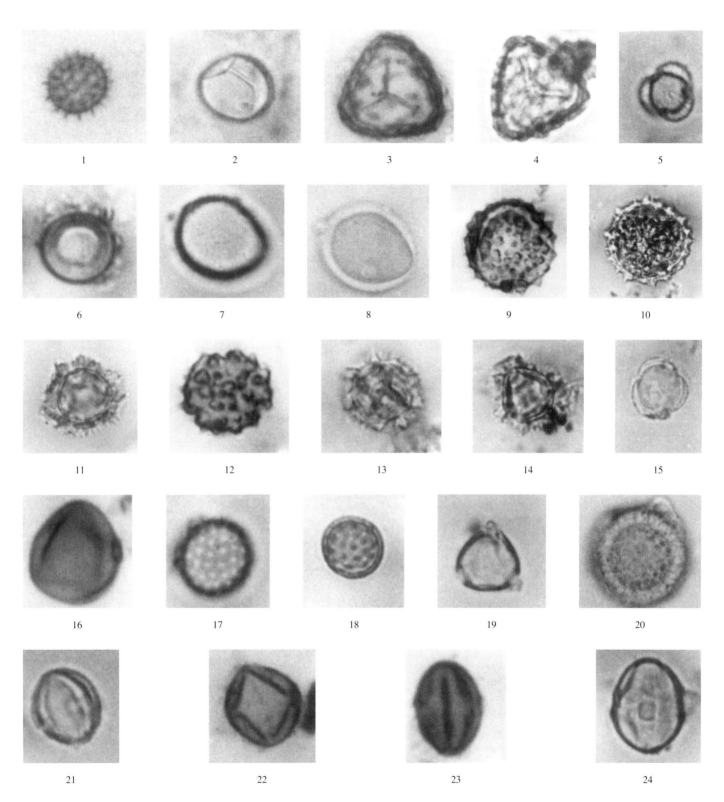

1. 真菌（Polypodiaceae），14 号样品　2. 蕨属（Pteridium），2 号样品　3、4. 卷柏属（Selaginella），分别来自 11 号和 3 号样品　5. 松属（Pinus），1 号样品　6. 柏科（Cupresaceae），5 号样品　7、8. 香蒲属（Typha），1 号样品，其中 8 号为镜筒下降　9~14. 菊科（Compositae），其中 9、10、12 来自号样品，其余来自 1 号样　15. 蒿属（Artemisia），3 号样品　16. 禾本科（Gramineae），3 号样品　17、18. 藜科（Chenopodiaceae），分别来自 1 号和 3 号样品　19. 桦木科（Betulaceae），1 号样品　20. 瑞香（Daphne），15 号样品　21. 泡桐属（Paulownia），1 号样品　22. 酸浆属（Phusalis），1 号样品　23. 栎属（Quercus），3 号样品　24. 沅子梢属（Campylotropis），1 号样品